民国年度出版时评史料辑编 第三卷

吴永贵　张学科　编

華中師範大學出版社

新出图证(鄂)字 10 号

图书在版编目(CIP)数据

民国年度出版时评史料辑编.第三卷/吴永贵,张学科编.—武汉:华中师范大学出版社,2019.6

ISBN 978-7-5622-8494-9

Ⅰ.①民　Ⅱ.①吴　②张…　Ⅲ.①出版工作—史料—汇编—中国—民国　Ⅳ.①G239.296

中国版本图书馆 CIP 数据核字(2018)第 299648 号

民国年度出版时评史料辑编　第三卷

ⓒ吴永贵　张学科　编

责任编辑:郭志刚

责任校对:刘　峥　　**封面设计**:罗明波

编辑室:学术出版中心　　**电话**:027-67867792

出版发行:华中师范大学出版社

社址:湖北省武汉市洪山区珞喻路 152 号

电话:027-67863426/3280(发行部)　027-67861321(邮购)

传真:027-67863291

网址:http://press.ccnu.edu.cn　　**电子信箱**:press@mail.ccnu.edu.cn

印刷:武汉中科兴业印务有限公司　　**督印**:王兴平

开本:710mm×1000mm　1/16　　**印张**:42.25

版次:2019 年 6 月第 1 版　　**印次**:2019 年 6 月第 1 次印刷

字数:625 千字　　**定价**:190.00 元

欢迎上网查询、购书

目　　录

1932 年

1933 年

1932 年

六十年来中国之出版业与印刷业

陆费逵

一　绪言

《申报》六十周纪念，要我作一篇《六十年来之出版业与印刷业》。我十八岁那年（公历一九〇三年），在武昌教书。有几位朋友，因为买书贵而费事，于是开一家小书店。黄镇磐君领东（这是湖北商界习语，意谓股东之领袖），我任经理，到现在恰恰三十年了。后来我任昌明公司上海支店经理，又进文明书局任事二年弱，进商务印书馆任事三年强，到中华书局任事差不多二十一年了。所以我于这六十年中的出版印刷事业，前三十年是耳闻的，我现在称它为“萌芽时期”；后三十年是亲历的，我现在称它为“苞胎时期”；再三十年或则可以称为“发达时期”罢！叙述起来，前三十年只能略说大概；后三十年可以比较详细一点。

我国习惯，对于出版业和印刷业，向来界限不分。古昔不必说了，就现在两个大的出版印刷业说：商务印书馆谁都知道它是我国惟一的出版家，它的营业，出版占十分之六，印刷占十分之三，但是它最初是专办印刷的，所以它的牌号到现在还有“印书馆”三字。中华书局在印刷业也占着全国第二的位置，彩印且占第一的位置。但是它最初只营出版业，不从事印刷，所以到现在仍是以书局为名。英文译名 Chung Hwa Book Co. Ltd. 更是表明以图书出版为专业了。还有许多招牌用某某书局，实际上或专营出版，或专营印刷，或兼营出版与印刷，就是我们同业，也很不容易分清它到底是出版业或印刷业，习惯上统称书业。所以同业公会也是称书业同业公会。就这两业性质说，在理论上应该分开讲，然而事实却无从分开，那是无可如何的。

二　萌芽时期

此时期无编译新书出版，印刷多用石印铅印，所以可用石印、铅印两名词包括出版业和印刷业。

雕刻术本系我国发明的。其起源虽不可考，然刻石总在二千年前，即周代末年。秦汉之际，到处勒石；现在汉碑存留的还很不少，即其明证。木版刻书，大概始于唐末；活字开始于宋，盛行于明，到清代武英殿聚珍版更有铜铸的活字；武英殿聚珍版丛书印至八百种之多。

刻书与火药、罗盘一同输入欧洲，为近代文明发源的三大功臣。近百年来，西人利用科学改良发明，印刷业在此短时期中，有形形色色之进步；若非身历其境，几乎不能相信。

约八十年前，教会为印新旧约等书，用西洋制铜模铅字方法，制成汉字的铜模，是为外孙回外婆家之开始。此种字模，稍觉笨拙。当时除教会书之外，应用极少。惟申报馆用以排报之外，并刊行《申报馆丛书》数十种；我少时还看过。所用的墨，因调和不得法而渗油，笔画的四周，有黄黑色的油迹。

四十余年之前，集成图书局——本西人所办，后归席君子佩——制一种扁体铜模，排印《图书集成》全部及《二十四史》全部，其工程也很不小。且当时不会制纸型，全部制泥版浇铅版保存，工本既大，占地又广。——此铅版直保存到民国二年，因集成图书公司改组民国第一书局，继而停办；其中有鄂政府公款，于是将全部财产运往汉口，此铅版也渐散失了。——这是外孙直接回来的一段历史。

另一个外孙往游日本，适当彼国维新的时候，彼国印刷界、知识界不满于教会的一副铜模，自己重行制造。结果有两种最著名：一为筑地式，即筑地活版所所制。一为秀英式，即秀英舍所制。筑地式约于四十年前传入我国，现在我国通行者，大概是就筑地式改良的。秀英式较秀丽，惟笔划较细，我国印刷界无用之者。惟自三十余年前以来，留日学生托该舍所印的书，流传国内也很不少。那时上海铅印业最著名的，为商务印书馆，但规模还不大，要让图书集成局和教会办的美华书馆做老大哥。

萌芽时期的铅印业，如前所述，殊不足道。所印的书既寥寥，每年营业也不过数十万元。

同时石印业却印书多而营业盛。因为科学时代携带便利的缘故，各种经书及《大题文府》、《小题十万选》一类的书，都缩成极小的版本。后来科学①改革，要考史鉴策论，于是《二十四史》、《九通》、《纲鉴》以及各种论说，又复盛行一时。一方为供参考玩赏起见，所有文学书画任何书籍，如《佩文韵府》、《骈字类编》、《佩文斋书画谱》……各种诗文碑帖等，均翻石印；一方为投一般民众的嗜好，所有旧小说如《三国演义》、《水浒传》、《红楼梦》等书，也都以石印印行。当时最著名的石印书局如点石斋、蜚英馆、慎记书庄等都很著名。

当时的石印书局，因自己不编译，专翻印古书，所以没有甚么编译所的名称。大概在发行所或印刷所另辟一室，专从事校阅。总校一人，一定要翰林或进士出身，月薪三十两。分校若干人，举人或秀才出身，月薪十两左右。搜觅到一种书，经理决定要印，便照相落石，打清样校对，校过便印订，所以出书是很快的。当时纸墨质佳而价廉，故彼时石印书，颇有极精美的。

平时生意不多。大家都注意“赶考”，即某省乡试、某府院考时，各书贾赶去设临时商店，做两三个月生意。应考的人不必说了，当然多少要买点书；就是不应考的人，因为平时买书不易，也趁此时买点书。——夏清贻著《金陵卖书记》即记赶考情形，形容书贾及赶考士子，淋漓尽致。到考期完了，各店要收歇而去时，颇有便宜书可买，比新开时竟有差至一倍以上的。

此时期的全年营业，虽无统计，但大概石印书总有一二百万元。三十年前清朝废科举，于是石印书一落千丈。考试的书，原售一二元的，此时一二角也无人要。大的石印书庄，因考试书的倒霉，都关门了，只剩几家专印古书或小说的小石印书坊了。

---

① 科学旧指科举之学。

三 苞胎时期

此时期开始于光绪壬寅（公历一九〇二年），到现在恰恰三十年。

此时期之发轫，由于前清之废科举，兴学校。就新式教科书说，我国第一部小学读本为朱树人编《蒙学课本》，出版于壬寅前一年；我国第一部有图画的小学读本，为文明书局出版无锡三等学堂编《蒙学读本》七编，出版于这年。朱编内容仿外国读本体例，用二号铅字排，但无图画，颇风行于一时。三等学堂编者系石印。前三本为初级读本，第四本完全系修身书，第五本系摘子史中之寓言，第六本系记叙文，第七本系论说文，由俞复、丁宝书、吴敬恒等执笔，丁宝书绘图，杜嗣程缮写，书画文有三绝之称。

因《蒙学读本》之印行，于是有文明书局之创办。文明书局所出蒙学及中学高小各科课本，尤其是历史地理风行最广。丙午（一九〇六年）以五万元资本，营业到三十余万元。其中有可述的两事：一、正式的出版家，尤其是教科书出版家，当以文明书局为第一家。二、照相铜版当时日本能制，我国不能制。赵君鸿雪本工书画，解机械——能修打簧表——精照相，往日本欲习照相制版，日人不肯真实教授。赵君遂自己研究，居然成功。

商务印书馆比文明书局早五年成立，但最初仅代印铅印印件，后来刊行《华英初阶》《进阶》、《华英字典》……文明开办之后，商务方编印教科书，由张元济、高凤谦主持，日人长尾慎太郎、加藤驹二等任顾问。以日本明治三十七八年教科书体裁为蓝本，标名“最新”，其长处有三：一、各科完备。二、具教科书体裁。三、内容精审。其短处亦有三：一、程度太深。二、分量太多。三、各科欠联络，前后欠衔接。后来丙午、丁未、戊辰之间，集成图书公司、中国图书公司等，编印新书，体例各不同。我在文明另编一套新书，因资力不足，未完成。商务又编简明教科书，仅成修身、国语两种。其时学部所出教科书，听各省翻印，然编法体例，完全仿商务最新本，其太深、太多、欠联络、欠衔接，更有甚焉。但因政府的势力，销数却占第一位。

商务印书馆自丁未宝山路新厂落成，对于印刷努力进行，铅印、石印、雕刻，均独步一时。文明书局因资本小，逐渐退步。集成图书公司、中国图书公司复失败，到满清末年，各小书局之印刷机械，不如商务一家之精且多。

民国成立，中华书局开办。先出版教科书，次办印刷。教科书体例一新，风行颇广。民国五年新厂落成，设备亦渐完备。然以资力不足，竞争太烈，民国六年几至不能支持。其后逐渐恢复，民十以后，稍能自立。全国所用之教科书，商务供给什六，中华供给什三；近年世界书局的教科书亦占一部分——政府及商界种种印件，亦略称是，商务、中华两家印刷较前大为进步。雕刻、凹版、凸版、橡皮版、影写版……以及种种印法，或为从前所未有，或为从前所未精，现在颇有观止之叹。但比之欧美，相差尚远；比之日本，也还不如。

近年又有一可纪之事。杭县丁辅之兄弟费十余年心力，取宋版书字体仿写制铜模，名为“聚珍仿宋版”。有方体、长体、扁体三种，款式古雅，字体优美。后归中华书局，排印《四部备要》二千余册，古香古色，可与清代最精之仿宋刊媲美。近年印名片者亦喜用此种字体。因为既较普通铅字雅观，又无缮写制版的麻烦。又有所谓“新四号字”“新五号字”者，形式与普通铅字相同而略小，与西文字母大小相同，中西合璧之书，尤为便利。现在中华书局及《申报》、《新闻报》都有此种铜模。

上海书业——包括出版家、印刷家——现有一百余家。但除上述者之外，资本都不大，设备亦不全。惟英美烟公司之印刷厂，规模宏大，机械精新，为华商所不及。此外北平有财政部印刷局，以凹版著名。香港有永发公司，以橡皮版著名。而日人在上海所设之印刷厂不下十余家，大率均代日人印刷，并承印卷烟盒，在印刷业上为华商劲敌，在文化及教育上却无甚影响。

四　杂谈

上海书业公会会员共四十余家，资本九百余万元，其中商务印书馆五百万元，中华书局二百万元，世界书局七十万元，大东书局三十万元，此外都是一二十万元以下的了。非书业同业公会会员尚有五种：一、彩印局——有公会，二、石印局，三、铅印局，四、旧书店，五、新书店。资本大概数千元乃至数万元，十万以上的很少。统计出版业、印刷业百余家的资本，共计不到一千五百万元。资本之外，有用存款的，有用钱庄银行放款的，有以房地产作押款的；活动资金就算与资本相等，一共也不过三千万元。资产有二三十年前置的，当时价值低廉，结账又复陈旧，照现在新置计算，总财产时值大约五六千万元。但是今年“一·二八”日军炸毁闸北，有的总厂在闸北，有的货栈在闸北，就是厂栈不在闸北，大多数的订书作都在闸北，所以差不多无一家不受损失。损失的总数，大概占总财产的百分之六十以上——仅商务印书馆一家，已经一千数百万元，不知如何恢复，更不知何时恢复。其中如东方图书馆之精本书籍，商务印书馆之稿本版子，更非金钱所能恢复，实在是我国文化上的一大打击！

书业的营业，在前清末年，大约每年不过四五百万元：商务印书馆约占三分之一，文明书局、中国图书公司、集成图书公司等合占三分之一，其他各家占三分之一。民国初年约一千万元，商务印书馆占十分之三至四，中华书局占十分之一至二。近年约三千万元，商务印书馆约占二十分之六，中华书局约占二十分之三，世界书局约占二十分之一。

美国纽约市，近年各种实业中，以印刷出版占第二位置，年约四五万万美金，约合国币二十万万元。美国系联邦制，各邦各有其教育制度，工商业又发达，所以纽约不能为全国集中之地，至多占全国五分之一。然则美国全国的印刷出版，每年有一百万万元了。我国人口四倍于美国，应该每年有四百万万元，今尚不到三千万元，不及千分之一，岂不可叹！反过来说，便是前途发展的希望却非常之大。

美国有一种《星期六周刊》，每期销三四百万份，每份每年售美金二元，封面广告每期须五千美金。全年售报及广告收入，约一千五百万至二千万美金，合国币六千万至一万万元。一种杂志的营业，等于我国印刷出版业全部之二三倍，我们还说甚么？

德国有一种《图画周刊》，用四十五部卷筒机连接印刷，真是洋洋大观，一种杂志所用的机械，比我国印刷出版业全体大几倍，我们还说甚么？

洋纸——印刷用纸——每年输入数千万元，我们已经觉着漏卮太大。但以各国人口与用纸量比较起来：各国用纸最多者，每人每年用三十余元，少者也要五元十元。我们现在每人仅合一角几分。倘若每人每年用一元，便要四五万万元；每人每年用二元左右，便要十万万元。现在自制的新式纸张，每年不过三五百万元，如何是好？

现在一般舆论，总怪无好书出版，但是在现在教育状况、经济状况之下，要出好书，实在不容易。欧美日本每一种普通书的销数，少则一二十万部，多则三五百万部，销一百万五十万是很平常的一回事。我国出版之书，多则销二三万部，少则销一二千部，譬如一部书的装版费一千元：他们以十万部计算成本，每部制版费只合一分：我们以二千部计算成本，每部便要制版费二角。他们如果售美金一元，著作人照定价提版税百分之五，以十万部计，便有五千美金；我们售得国币一元，著作人照定价提版税百分之十，以二千部计，只有二百元。所以抽版税的作家，除有特别情形，如林语堂、周越然、鲁迅等外，每年收入不过数十百元。胡适也不过二三千元，甚至有一年只得几角几分的。照此情形，著作人那能安心从事著作呢？

说到买稿，欧美我不知道，日本则每原稿一页约五百字，最低者售二元日金，最高者五十元，即每千字四元至一百元。稿费越大者销路越好，各书坊越争买其稿。我国通常稿费每千字二元至四元，五六元的很少；小书坊甚至收每千字五角至一元的书稿。试问著作人每日辛苦著作，得数元乃至十数元的酬报。倘无主顾，只好自己鉴赏。照此情形，著作人那能安心从事著作呢？或以为薄待著作者，一定肥了发行者，但是发行者得利之书很少，蚀本者很多。每一书坊开若干年，只剩些不销之书籍和无着落之欠账，便不得不关门了。前清末年的许多书坊，至今存在的差不多只有商务印书馆和广益书局几家；其余不是关门，便是出盘。即民三开办的中华书局，艰险备尝，慎重紧缩，股东在近十七年中，或无利，或得利一二厘，最多亦只四厘。办事人待遇也很薄，苦了十余年，总算勉强站住了，其他与中华书局先后开办的，现在已一家都不存在了。试问如此情形，资本家和事业家谁肯来经营这种事业呢？

杂志是文明国必需品，即如前述美、德两国，杂志的情形已经可见一斑。前年我游日本，略略调查它们杂志的情形，最盛行的一种名为King，系月刊，每期销九十万至一百五十万册。此外普通杂志、妇女杂志、儿童杂志……销三五十万的很多。有一种专门的经济杂志每期销八万，也有一部卷筒机。回观我国，销到三五万份的杂志，便如凤毛麟角。怎么是好呢？

五　结论

我国的印刷业出版业，现在确实太幼稚了！

我国的印刷出版业，前途还有一千倍以上的发展，我们要努力！

“一·二八”之日军暴行，予我国印刷业出版业一个大打击。它们是有意摧残我国文化，我们要努力恢复进展！

中华民国二一，六，一，上海。

（载《申报月刊》1932年第1卷第1期）

最近的出版界

舜　生

在这个对内对外非常紧张的时代，全国的出版界忽然表现一种活泼的气象，这真是苦闷中一件极可喜的事。

在这一个趋向上，假如大家能够好好的努力，或者能产生一度的“新五四运动”也不一定，政治的新生命，教育的新生命，整个国家的新生命，都要靠这一着，参与这种工作的人们，责任是何等的严重啊！

民八五四时代的新文化运动，就大体说，似乎是利害参半：例如文字的解放，新文艺的产生，对世界情势一般的了解，若干旧观念的改变，学术兴味的渐趋广博……这些都是属于利的一方面；浅薄，杂乱，个人主义的猖獗，世界倾向的误解，政治兴味的淡薄，实际问题研究的缺乏……这些都是属于害的一方面。

这一次文化运动的复兴，动机比较的复杂，情势比较的严重，各方面努力的情感也比较的来得真挚、热烈，同时无论政治的、经济的、外交的、教育的、思想的，一切一切的实际问题，都逼着大家不能不谋一种临时的或根本的解决，因此我相信这一度的运动，一定比上一次的收获要良好。

对于这样一个伟大的潮流，假如有人还想以他们微弱的力量来加以遏抑，这实在是过于不智。

以中日问题的紧张之故，引起多数人对于日本的注意，因此对日研究的论文与书籍也逐渐的加多，中国人对于日本大体的了解，在最近六十年间，大概以这个时候为最，只要能够继续不已的努力，我相信这是解决中日问题的一个基础，同时或许也是改善中日关系的一个关键。

我决不愿以不赞成“中国共产党”的行为之故，而反对他人的研究苏俄，但研究应该是研究，研究并不同时就是宣传，宣传是一切真理的蟊贼，也是一切事实的烟幕；凡一切宣传品，大概同时就是某种意义的“货样”；一切宣传家，大概同时就是某种意义的“商人”。现在关于介绍苏俄的论文和书籍，正在陆续不已的出版，可是大抵是一些展转重译的宣传品居多，根据历史、事实，或直接考察的真有价值之作，似乎还是绝无仅有。我希望研究苏俄的责任，能够从贩卖苏俄的“商人”手里，转移到真正研究苏俄的学者手里。

出版界的中心，无疑义的还是在上海。以最近上海的日报而论，《时事新报》总算是力争上游：不仅社论中随时可以看见他们大胆的批评，就是一切新闻的编辑，也很可看出他们努力的痕迹。例如最近日本的政变以来，能以较有系统的介绍、说明日本政情的，我想要算《时事新报》首屈一指。

《大晚报》也是最近一种很可看的报纸，不但新闻敏捷、排列清醒，就是他们的社评，也颇能发挥其独见，不苟且的同乎流俗。

国民党最近在上海出了三种报纸：其一是由过去《民国日报》复活的《民报》，其一便似乎是汪派立场的《中华日报》，这两种我都不敢赞一辞。此外还有一种进步的可能性较大的，便要算《晨报》了，

《晨报》的持论，自然还是党的立场，但他们不肯否认客观的事实，有时并且还能对党对政府发为诤言，我觉得在党的立场而能采这种态度，是很容易博得读者的称许的。此外他们对新闻的选择和排列，也很可和《时事新报》争一日之长，假如他们能够永远保持这种力求精粹而不贪多的精神，我想《晨报》在上海日报中所占的地位，一定可以在过去的《商报》之上。

上海方面出版的杂志，种类很多，周刊、半月刊、月刊、季刊，应有尽有，大概有三四十种之多，我想有机会分别的谈一谈，此处不愿多说。

近来的南京，似乎也出了不少的刊物，资格较老的《时事月报》、《苏俄评论》、《俄罗斯研究》等等，本来都有供参考的价值，而目前尤其有生气的，大概要算《时代公论》了。《时代公论》大概是以中央大学教授们为主体的一种刊物，不仅按期出版、内容充实，值得恭维，而他们公允的态度和敢言的勇气，我相信不单只会影响到政治，同时或许还可以转移学风，希望他们好好的干。

我在最近的一天，同时看见北平出版的四种刊物：一、《再生》，二、《独立评论》，三、《国风》，四、《明日之教育》。这四种刊物，各有一批人主持，内容都很充实。

《再生》比较从前的《新路》要好得多，很可看出几位作者的大卖气力。我对这个杂志今后的希望：第一，能如期出版，并能有一较长时期的持续；第二，根据第一期《我们所要说的话》，就各方面加以切实的发挥，总以针对目前急切的需要为主；第三，不要因为怕被禁止，而保留一些想说的话；第四，主持这个刊物的两位张先生——张君劢、张东荪——都欢喜谈哲学，自然大有不能不谈之势，可是在这一个刊物上，我仍希望属于这一方面的篇幅不宜占得太多。

《独立评论》我已经看见三期，大体都很好，尤其丁文江、翁文灏两位先生朴实研究的文字，更合于我个人的口味。只有第一期蒋廷黻先生一篇《参加国难会议之回顾》我不敢恭维，因为我还没有发现汪精卫是什么“天生的民众领袖”！

《国风》我仅在一位朋友的手中借着看了一下，至今我在上海还没有买着，批评与介绍都暂时保留。

《明日之教育》很好，他们要求改造今日的教育这种心理，大概关心教育的人们都是有同感的。上海教育界的同人，也有一种“救亡教育方案”的研究，我相信该刊第一期杨廉先生一篇《复兴中国的教育政策》，很可以供他们的参考。

上海出版界最不幸的，是商务印书馆至今还没有复业，其余几家较大的书店如中华、世界、大东，又都忙于赶印一些绝无生命的党义教科书，以致与学术能发生关系的书籍一本也不能出版。幸而几家较小的书店如华通、神州国光社、新生命、太平洋等，反而出了若干较有价值的书籍，尤其是神州国光社，居然出了几部近百万字的大书，因此这个第二度的新文化运动，我们不能不对这些小书店多寄一点希望。

（载《民声周报》1932年第29期）

算是一种希望或忠告

唯 明

中国出版事业虽然有几十年的历史，但他并不曾随着历史而有适当的进展，反之，他是蛙步牛行般停滞在四五十年前的出版原始时代。当然，中国出版界不是没有进步，不过这进步是细微得可怜，有负于他这几十年的悠久的历史。这里，我谨以我个人的观感所及，献给热心文化事业的出版界。

中国出版界不能十分发展的主要原因，固然由于国民的不识字者占了百分之七八十以上，因而不需要大量的读物供给。在另一方面，整个的国民经济凋敝，使幸而能识几个字的同胞也没有许多闲钱来购置如许高价的读物。这是无可如何的客观原因。不过就另一方面看来，上海书坊林立，并不年有减少，反之，还略有增加，可知在某种界限内出版界是有发展可能的。我们应从主观的原因上来批判他。

第一，我以为出版界的兴隆衰替，应以出版物“量”和“质”为权衡。前者表示读者的需要率，后者则为读者所追求的对象。所以“量”的多寡仍然以“质”之真伪为准绳。中国出版界对于“质”似乎太欠抉择了。佶屈聱牙的翻译，使读者头痛目眩；东抄西袭的著作，千篇一律的公式文艺，不是充满市场，占了出版物的大半么？这在贫乏的中国出版界是迎头痛击的损失。当然，出版者也许告诉我这译者或作家正是名流学者哩！这种或那种出版物的销路还不恶劣，也能再版三版哩！啊，啊！可怜的出版家呵，你未免太狭量，太容易满足了！名流学者就能做你的出版物保险凭单么？智者千虑，或有一失，就不需要再度抉择审查吗？何况名流学者本身是否货真价实，还成问题哩！你仗着广告的力量或是得着风气之先，使你的出版物能够销到三五千册，能够一版再版，这正证明出版界可怜！你为什么不想多翻几版？雷马克的《西线无战事》的广播全球，正是你应取为榜样的。莫故步自封吧！

说到“质”，这是说也说不尽的。我以为出版界太少“个性”，这也许是我人乱诌出来的。换言之，各个出版家常将其精力消耗在模仿、仿造的竞争上。这只要看中学生读物之大同小异，教科用书之争相袭取（这是周知的事实），便可知道出版家对于“质”的问题太少提炼了。譬如东京共造社的社会科学的书籍，岩波书店的长篇巨帙的各种丛书，皆使其各具有独特的地方，而适应读者多方面需要。这样在竞争中有合作的所在，这样才能各提供其劳绩于文化事业。也惟有这样才能使出版家联精会神于其事业，而能臻繁荣之境。当然，我的意思并非要有一家一家的“文学书店”、“科学书店”、“社会科书店”，我要求的是出版家应创造出个性，莫要成了一个个脱胎的模型。因为只有如此，才能在中国社会现状中争取生存。倘若你不信，我便问你，在国难期间你们所印行的抗日救国出版物的成绩如何？千篇一律粗制滥造的出版物自有其必然运命的！获取“个性”无疑的是要注意到出版物的“质”的，莫再信任名流学者和广告吧。

还有一点值得提起的，有些出版家（其实是一般的）未免太缺少认真的态度，这当然是不利于其事业的发展的。譬如定期刊物之“必然”的愆期，初版上误排错字之保留到再版三版，正误表上有更多的误字等，这虽然琐细或近于滑稽，但未免太暴露出我们出版家的弱点了。出版是近代一种重要企业，近代企业是如何需要钩心斗角，聚精会神呀！

往者已矣！我谨祝出版界新的时代早日到来！

四，三十，沪西。

（载《中国新月书报》1932 年第 2 卷第 4—5 期）

著作家、出版家和读者

颂　棣

著作家、出版家和读者是站在同一条直线上，而出版家夹在当中，其地位有如旧式婚姻中的媒婆，要担负两方面的责任，所以也顶容易遭怨。

著作家往往把出版家看作剥削者，而自己是被剥削者，我有一位从事文学的朋友，大概是前年五月里吧，因为妻要生产，拿一部二十万字的稿子，送到一家书店去，他要求每千出二元，而书店老板明白了这个情形之后，只肯每千字出元半。双方争论了许久，毕竟是书店老板脊骨硬，他可以不买稿子，而我的朋友因为需款孔急，却不好不忍痛割售了。后来我碰到他，偶然间说起这回事，他捏着拳头对我说："我有一个很好的比喻，我说，著作家和卖身的窑姐儿并没有两样，出版家用最低廉的价钱购买著作家的作品，不论她是处女作或寡妇作，照例替她修头修脚，画两条长眉毛，乱涂些胭脂花粉，再穿上一件长到脚背的旗袍，便把她当做摇钱树，叫她出去应酬贤愚老幼成千成万的顾客。如果运气好，在这一转手间，就可赚到十倍以上的利益。而著作家的心血是被卖了，还要意外地受人家糟蹋。万一这作品是有毒的，那就不免传染给读者，而蔓延在社会上。"

这段话虽然未免说得过火，但可见著作家对于出版家的歧视和愤慨的一斑。

读者呢，他们看出版家是骗子。无论怎样坏的书一到出版家手里，便成为非读不可的书，在广告上总是大吹大擂，说什么"文笔流丽，内容充实，某名人校定，曾经某名人推许，无论先生、太太、小姐、公子，都宜人手一编，既可作为案头参考之需，亦可作为茶后酒余消遣之助。”使读者垂涎三尺，自愿掏腰包，面红心跳地把这位姑娘讨进门来。等到定情之日，新郎亲自揭去遮头布，还没有仔细端详，便吓一大跳，原来是五官不全，满脸黑麻，甚至于口里还带着大蒜气，冲鼻欲呕。于是大叫“倒霉！受骗！罢了！”

实际上呢？在民众智识程度幼稚，事事落后的中国，出版家并赚不了多少的钱，对于著作家施行剥削的固然有，但赔本的也多。有一位小书店的老板告诉我，他们出版的书籍，在十本之中有五本总是比较失败的，四本是绝对失败的，能够赚钱的只有十分之一。据他的分析，大概是下列几种书籍，销数上较有把握：

1. 名人著作。

2. 适合于大众需要的书籍，如辞典、写信必读之类。

3. 文字通俗、充满奇迹的小说。

这家书店不出版教科书，教科书当然不在此项分析之内。你看，中国的读书界所赏识的作品，范围多么狭隘！见识多么幼稚！高明的著作家要想借著作谋生，得到优厚的报酬，这个责任当然不是出版家所能单独负担得起的。

至于出版家对于读者，本来将作品的内容和特点提示出来，作一个简略的介绍，在读者选择书籍未始没有帮助；就是略为吹嘘几句，也不能不说是营业竞争上所必须有的手段。但不能闭着眼睛，乱吹瞎说，离开实际太远。将一本极平庸的作品，说得如同世界上独一无二的名著，这是和把一位斜眼塌鼻子的女人比作天仙化身一样的罪过；尤其不应该的是拿几个政客官僚的头衔来做幌子。

在中国似乎设有著作家协会一类的团体，著作家自己脚跟不实，无组织，无目标，缺乏力量，且不能更进一步，和出版家成立整个密切的关系。他们所受出版家的压迫，实在还不算什么，而从其他方面和出版家一同受到的压迫，不知要比这个深重多少倍呢！

在中国，似乎很少专门介绍书报的杂志，缺少强有力的批评家，没有真正教育民众、指导民众的机关，这欲求智识的大众、读者们，仿佛在黑沉沉的森林里摸索着的群盲，他们所希望的一切，并不曾到来，而到处只是充满着诱惑、麻醉和欺骗。这是整个的中国文化问题，无论著作家、出版家和读者，自己都该担负一部分责任的。

现在，我要提出如下的劝告：

著作家不可自视太高，以为自己是智识劳动者，报酬应该比一般劳动者丰富得多。千万不可因为报酬太少，就拿粗选滥造的作品去搪塞一时，你们第一，应该储备自己的学问，有一贯的正确的思想体系；第二，应该自己互相团结起来；第三，应该以整个的文化问题为前提，和出版家充分联络，以抵抗外来压迫。

出版家也该知道著作家那种“昏夜握管，斗室彷徨”的苦处，报酬方面应竭力从丰。尤其对于无名作家，不可故意抑压，因为这直接的影响，是足以灰壮士之气，戕杀天才，间接的影响，是阻碍文化发展。同时，对于作品的选择却不能不严。不可只顾到营业方面，而忘记传布智识、促进文化的重大责任，如果作品的内容是不正当的、有毒的，那无论是鼎鼎大名的名人作品，也应该一律拒收。

高明的读者们呢？你们是站在最后决定者的地位，应该引导这迷失在森林里的大众，严厉地督责著作家和出版家，走上正当的道路。最好有“新书介绍”、“读者杂志”一类的刊物，来负担这种责任。

总之，著作家、出版家和读者，不可只着眼在个人利益，各走各的路；应该集合在同一的阵营里，有着同一的要求，同一的目标——那就是，扫除一切思想的障碍，填筑文化永远前进的大道。

（载《中华书局图书月刊》1932年第13期）

由中国出版界说到书报专刊

万　里

中国出版界贫弱得怪可怜，由实质上说，不过稗贩抄袭。由分量上说，平均每年不过二三千种。还有一点是大家共通的弊病，就是不肯为文化为学术而努力。大家都集中注意力于“做生意”。民国十六七年间乘着革命高潮，各家书店都抢着印行党义和社会科学的书籍，十八九年的时候，社会科学过了风头，就转变方针到“学生什志”身上去。继学生什志之后，“画报”和“儿童读物”也曾盛极一时。受着国难的影响，出版界衰落万分，不得不另想法子，以谋补救。他们以为发行教科书，是一桩好生意经，由是都攒到“中小学的教科书”的身上去。出版界本身没有立脚点，跟着时尚相追逐，这是多么危险啊！

其次，出版家因为追逐取巧的缘因，顾到量就不能顾到质。现在出版界里，翻译的书籍，多于创作。以为外籍都是好的，抓到一本书不管好坏，就把它译过来，其结果，不是错误百出，就是恶劣不堪。这样的做法，那能有生气呢？

复次，出版家没有预定的计划和步骤，杂乱无序跟人瞎跑，这也是个致命伤。固然，有的出版家曾经预定了计划，可是中途竟会走错了路程，也是难免的。像某大书局的万宝文库，就是个好例子。主持的人们，无不自信他的法子，再好没有了，但是，人们却都认这个宝贝是一堆垃圾。这谁说不是畸形的发展？这要否去纠正和指导？

可是，纠正和指导的责任，谁来负呢？这是一个很重大的问题。在各国都有若干种出版界的专门刊物，居着指导和批评地位，公正无私地去督促他们。并且在那些刊物中，谁都可以发表合理的言论。在我们中国，可说是绝无仅有。三五年前上海西门书店，出版一种《出版月刊》，内容大致很不差，可惜太偏重过激的理论。以后只出七八本就停刊了。继起者，有光华书局之《读书月刊》，华通书局之《中国新书月报》，神州国光社之《读书什志》，书报评论社之《书报评论》与《读书》数种。在这几种中，虽各具特长，然除《中国新书月报》外，不是偏重理论，便是含有宣传作用。《读书月刊》及《读书杂志》，即属于前者。《书报评论》及《读者》，即属于后者。眼前出版界中，据记者所知，只有《读书什志》、《读书月刊》、《中国新书月报》而已。其他两种，事实上早已寿终正寝了。

《中国新书月报》的内容，更有许多特点，比任何一种都好（这或许是我的偏见）。就是日本的《东京堂月报》，我看也不及她丰富。她既不替自己宣传，又不瞎捧人家，取材的严格，尤为罕见。她的内容有：《论坛》、《新书评介》、《出版界消息》、《文坛消息》、《杂辑》、《中国新书分类目录》等栏。其中最有精采、最切实用者为中国新书分类目录及新书评介两栏，既可纠正出版界，而且可使读书界得到购书与读书的指导。其他各栏，虽稍涉专门，然无一不足以供参考之助。惟该报《论坛》一栏范围似尚太狭，《文坛消息》一栏，国内著作界消息太少，《出版界消息》一栏，国外材料全无，殊为憾事。记者极希望该报编者努力改革。

最后记者觉得我国出版界中，与该报同性质之什志实在太少。在日本出版界中据《一九三二出版年鉴》所载，关于研究图书出版之刊物，多至五十余种。而我国出版界竟不及其十分之一，岂不是奇耻大辱吗？

（载《循环》1932 年第 1 卷第 45 期）

读物印刷的卫生问题

——小学读法心理之一：读物在读法上之重要

汤鸿翥

读物在读法中占极重要之地位；无读物即无读法之可言，此为人尽知之者。其实读法本有两种普通的含义：一为阅读活动；二为所读之物；为免除混淆计，前者不妨简称之为读法，而后者亦即吾人之所谓读物也。如再从读法之意义而言之，则读法（Reading）一字，本从拉丁“lego”而来，意即要从书中或其他读物里印的或写的符号里，取得意义或和他们商议之谓（The Latin word for read is “lego” which means to pick up，to gather or choosing，or to give counsel from a book，or printed or written symbols）。如果再从刺激反应的假设来说，则读法是对读物刺激的一种反应。读物之对读法，既是一种刺激，那末读物问题之重要，自不待言。读物上的问题，固不一而足；惟比较起来，则以印刷的卫生问题，较为重大。盖读物印刷的适合卫生与否，直接能影响我们目力的疲劳，眼球活动的和谐，以及阅读的速度。而间接则能影响阅读的理解，读书的效率等等。故海欧（Huey E. B.）在其所著之《读法心理及教学法》（*The Psychology and Pedagogy of Reading*）一书上有言曰：吾人如要减少目力的疲劳，要增进阅读的效率，恐怕再也没有比印刷的卫生与否的问题重要的了。因其重要如是，故吾人特加以讨论。万不能视为寻常问题而随意忽视。须知欲将读法教学建立于科学基础之上，似非从大处着眼、小处入手不可！

关于本问题之研究与实验，在欧美已层见叠出，在国内则仅凤毛麟角。惟中西文字，根本组织不同，未便完全采用。故本文除参酌国外各种专门研究及实验外，又尽量搜集国内已有之研究或实验。惜乎寥寥无几，尚希同志急起直追，努力实验，以资比较。篇末另附国外各家研究之论文或实验之报告，使从事研究者，得作借鉴或参考之资料焉。

甲、字体大小的问题

读物印刷字体的大小，影响于阅读之速率及理解甚大。盖字体过大，高年级的学生或已有阅读训练的人，在每一眼停里（fixation）要减少其认知的字数，从而识别距（span of Recognition）因之而狭窄。虽云吾人之能阅读，固全赖眼之能动，然此种运动决不是平平滑滑的继续无阻的而一行一行的向前推进，乃是一时跳跃一时停顿的向互前进，因此吾人之能见外物却不在眼动而在眼停。要是字体过大，则在每一眼停里所见到的字数必少；所见字数若少，则眼停次数必多！眼停次数若多，则识别距必窄；识别距窄，则阅读速率必慢，而理解程度亦随之而减低，此皆为必然之事。反之，如字形过小，则在低年级的学生，每因印象不清楚，而认识不正确，耽搁其阅读速度，降低其了解程度。即成人亦恐因字体过小，视力疲劳，而致近视或其他之眼疾。我想我们年幼的时候，看市上购来的字迹细如蚂蚁的《水浒传》等的当儿，总也感觉到相当的疲劳吧？故字形的大小，非但须有一律的度数，且亦须随年龄或年级而递变。关于本问题之科学实验，在欧美实屡见不鲜。最著者如Griffing、Huey、Franz、Weber、Cohn、Javal、Blackhurst等，皆有其研究之结果，供人参考。惟因中西文字字形之配合，笔画之组织，根本不同，似亦未便完全采择。兹将国人已有之结果，介绍如下：

（a）南京市低级教学研究会及曹刍氏的规定——此二项之规定，前者系根据研究或讨论之结果，仅适用于幼稚园及低级者。后者乃参酌国外已有之结果而规定者。兹将此二项之规定，合并录之如下：

一年级　　至少须九耗见方（即头号字之大小）；

二三年级　至少须七耗见方（即二号字之大小）；

四年级　　至少须五耗见方（即三号字之大小）；

五年级以上　至少须四耗见方（即四号字之大小）。

（b）周邦道氏之实验——周氏曾就东大附小高小三年级的学生作一试验。他的试验，计分六组；所用的字体，自二号字起至五号字止。核算成绩之方法，除计其阅读速率（以限定阅读的时间除各人所读书总字数）及了解分数外（另出十几个问题使学生用是非法回答），再计其读书的效能（以速率分数乘了解分数）。所用的材料是依照被试之程度而选择，其种类是语体文的小说和故事，其来源是料想被试者没有看见过的杂志和报章中选得，实验时将每组里再分程度相等的甲乙两组。兹将其结果转录如下列第一表：

表一　字体大小影响于读书速率了解及效能之中成绩（周邦道之实验）

组别	字的号数	速率（md.）	了解（md.）	效能（md.）
第一组	二号	150.00	4.68	702.00
	三号	162.50	5.57	905.13
第二组	二号	200.00	6.66	1332.00
	四号	193.75	7.57	1466.69
第三组	二号	219.65	9.75	2141.59
	五号	237.50	6.80	1615.00
第四组	三号	306.25	12.00	3675.00
	四号	306.25	10.80	3307.50
第五组	三号	237.50	8.75	2078.13
	五号	212.50	11.00	2337.50
第六组	四号	208.25	8.50	1970.13
	五号	262.50	9.16	2404.50

吾人如再将各组所实验的每号字之成绩求一平均数。当能益见明了，兹求之如下列第二表：

表二 上列表一之平均成绩

字号的数	速率	了解	效能
二号	189.88	7.03	1391.86
三号	235.42	8.77	2219.42
四号	236.08	8.96	2248.11
五号	237.50	8.99	2119.00

一观上列第二表，则知就速率方面讲，凡字体愈小速率愈大。就了解方面讲，以二号字为最逊，三号四号五号字相差无几。就读书效能方面讲，则亦以二号字为最逊，五号字次之，三号字第三，四号字最优。故以周氏之结果而言，则二号字之不适用于高三学生，似可不成问题。如以五号字而言，速率与了解，虽略超过于三号及四号，然读书效能，则不及四号者甚大。至三号与四号之相较，虽相差不远，然四号字无论就速率了解而言，皆能超过于三号，而尤以效能方面为尤多。故高三学生之应适用于四号字，似亦可有一实验上之根据。

综括上述各项之规定及实验，则对于各年级所拟定字体的大小，似可予吾人作一暂时之标准。惟所规定者，似并无经过可靠之实验。周氏据其自己在实验报告上之申明，以为人数太少，且未将六号字列入试验，恐未必可靠。吾人苟能就此项标准，作一较大规模之实验，则对于此项问题，似不难得一根本而且可靠之解决。

乙、行间与时间之距离问题

所谓行间的距离，即第一行与第二行间相隔之空隙。在英文名之曰"Leading"，即排印时插铅片或嵌铅条之谓也。所谓字间的距离者，即甲字与乙字或乙字与丙字相隔之空隙也。行间与字间距离大小之影响于读书效率，与字体大小之影响于读书的效率有同样之重要。据多数学者之主张，以为字与字间、行与行间之距离，当与字形之大小成正比例。换言之，亦即字形愈大，距离当愈大；字形愈小，距离亦当愈小；这当然是一定的事实。关于行间之距离，曹刍氏亦参酌国外已有研究之结果，有一个规定。他主张一年级至少须四・五粍，二年级及三年级至少须四粍，四年级至少须三・五粍，五年级以上至少须二・五粍。曹氏所规定之标准，大概与邵氏（Shaw. E. R.）所定的标准并无何种出入，或亦参酌邵氏之研究亦未可知。本问题中西文字，虽云不同，然其行间之距离，则彼此仍可应用。如异日汉字横排，则此问题或更当小。兹将邵曹二氏所定的限度，列表如下，以备参考：

表三　邵曹二氏对于行间距离所定之标准

年级	所定标准（以粍计）	
	Shaw	曹氏
一年级	4. 5	4. 5
二三年级	4. 0	4. 0
四年级	3. 6	3. 5
五年级以上	2. 5	2. 5

关于行间距离问题，邵氏虽如此规定，但白拉克赫斯脱（J. H. Blackhurst）却不赞同。白氏从他自己所举行之实验之结论，以为一年级最好三・八〇粍，二年级最好一・三三粍，至三年级以上则一粍已足。邵白二氏之结果，相差不得谓之不远，是则有待于继续之实验者也。

至于字间的距离问题，则国内又是极少有人注意者。据南京市低级教学研究会之规定，以为至少限度须一粍半。惟据海欧氏之意见，以为字间相隔以二粍为最妥善者。其他如贝杰斯丁及芮妥利士等（Burgerstein and Netolitzky）亦赞成之，惟并不分出各年级或各年龄之区别，是则亦有待于继续之实验者也。

丙、行列的长度问题

行列的长短影响于阅读的效率甚大，尤其是在速度一方面。法儒亚法（Javal）曾从其实验中作一推论，他以为行列太长，是读时疲倦的一个重要原因；并亦为产生近视或加甚近视（aggravate myopia）的一个原因。盖行列过长，眼动每致不规则，回视时常发生困难及迷乱，换行时（即读完一行以后读第二行）亦常费寻察的时间（to spend some time in scouting）。因此一般研究者，莫不主张行列的长短，须有一定的限度。该问题之在国外研究较早者，当推亚法、科恩（Cohn）、韦盘（Weber）。三氏研究之结果，统以为行列过长对于阅读颇为不利。亚法曾规定至长不得过九十粍者。继续实验者有狄也庞（W. F. Deorborn），狄氏实验的结果，以为每行长七十五粍至八十五粍者为最适当。厥后海欧综合各家之结果加以研究，他以为与其定九十粍为最长度，则不若定八十粍为最长之为佳。因此当时一般的意见及趋势，大概统认八十粍至九十粍为最合式者。晚近白拉克赫斯脱又做了一个实验，他的实验的结论，以为最好是九十粍至一百粍。是则与先前之规定，又不同了。白氏根据他自己的实验下结论，他以为要是一百粍的长度，为最利于养成有规则而和谐的眼球活动（developing regular and rhythmic eye movements），且对于速度及正确，均能比较为优胜。他又以为行列过短，读者对于阅读的时间，非惟不能节省，且亦不免发生疲劳。兹转录其实验结果如下，殊足令吾人之注意者。

表四（a） 行列长短影响于阅读时间及错误数之多寡之实验（Blackhurst 之结果）

一年级						
七十二人之结果（每人各读六篇）						
阅读所费之时间（以秒计）						
阅读材料或样本	1	2	3	4	5	6
行之长度（以粍计）	55	80	91	103	123	142
阅读时间之均数（以秒计）	113.76	111.14	108.50	108.22	114.75	112.02
阅读时间之均方差	2.74	2.58	2.56	2.81	2.89	2.88
阅读错误数之多寡						
错误之均数	3.01	3.25	3.00	2.82	3.35	3.25
错误之均方差	2.41	2.50	2.43	2.39	2.18	2.61

表四（b）　续表四（a）之结果

二年级						
四十八人之结果（每人各读六篇）						
阅读所费之时间（以秒计）						
阅读材料或样本	1	2	3	4	5	6
行之长度（以耗计）	55	80	1	103	123	142

续表

阅读时间之均数（以秒计）	79.73	77.44	76.60	75.10	78.13	78.81
阅读时间之均方差	1.42	1.22	1.40	1.29	1.56	1.51
阅读错误数之多寡						
错误之均数	3.00	2.54	2.58	2.46	2.56	2.73
错误之均方差	2.17	1.84	2.05	1.89	1.55	2.04

表四（c）　续表四（a）之结果

三、四年级						
九十六人之结果（每人各读六篇）						
阅读所费之时间（以秒计）						
阅读材料或样本	1	2	3	4	5	6
行之长度（以耗计）	55	80	91	103	123	142
阅读时间之均数（以秒计）	65.71	65.29	63.74	63.63	64.26	65.33
阅读时间之均方差	1.83	2.02	1.79	1.77	1.77	1.79
阅读错误数之多寡						
错误之均数	2.99	3.07	2.94	2.86	3.24	2.91
错误之均方差	2.72	2.77	2.77	2.66	2.69	2.88

回观上列白氏实验之结果，则知被试之各年级，其所费之阅读时间，皆以长度一百〇三耗及九十一耗者为最少。虽其中不免有一二例外，然其相差微乎其微。至就其错误数之多寡而论，则亦以一百〇三耗

及九十一粍之长度者为最少。是皆足证明行列之长度，应以九十粍至一百粍为最佳。

除上述各家研究以外，在美国曾有人做过最近四十年间之在美国最通行之各种小学教科书对于行列的长度之调查及统计（另附表如下）。如果照此统计结果而论，则各书行列之平均长度，似较近于白氏实验之结论，兹转录之如第五表：

表五 最近四十年间美国最通行各小学教科书对于行列之平均长度

年级	一八九〇年以前		一八九〇年至一九〇〇年		一九〇〇年至一九一〇年		一九一〇年至现在	
	被调查之书籍数	长度之平均（以粍计）	被调查之书籍数	长度之平均（以粍计）	被调查之书籍数	长度之平均（以粍计）	被调查之书籍数	长度之平均（以粍计）
一年级	32	89	30	98	32	101	63	101
二年级	12	89	5	106	7	102	16	102
三年级	2	84	2	94	4	97	5	102
四年级	6	89	4	93	9	103	14	101
五年级	8	89	2	96	4	102	10	97.5
六年级	3	88	1	94	4	97	6	101

关于行列的长短，除有一规定之长度外，而各行的长短除万不得已者外，必须一致。据海欧等之研究，以为读一种文字，每行眼停的数目，不久即可有一定的习惯。故全篇文字的行列，除另起段落者外，必须整齐。盖因眼动之有规则与否，恒视行列之整齐与否为转移。故教科书内的插画，不宜夹入行列之中间，以致字形有不整齐之弊。每观我国有许多小学教科书，行列长短每不一致，此应亟须改革者也。

丁、纸张的颜色及厚薄问题

纸张的颜色及厚薄，非惟影响于读书的效率甚大，且亦影响于儿童之视力。据英国科学前进会的眼医委员会（The Oculist Subcommittee of the British Association for the Advancement of Science）最近的报告，以为大部分学校儿童视力之缺陷（Visual defect），皆因他们用书之不良，在用书不良之各种因子里，尤其以纸的关系为最大。所以他们极力主张用纸要无光而质坚的，要不透明的，要乳白而无研光的。我想我们中国可惜没有这种精密的调查，如果有了这种调查，那末因此而致视力缺陷者，一定也不占少数呢！盖有光而且平滑之纸张，极易伤儿童之目力，使发生疲倦。稀薄之纸张，非但容易弄破，而且正面所印的背面亦可以看出；或这面所印的，每致妨碍那面的平度（Evenness）等等。关于该问题之研究者，考之欧美，亦已不乏其人。如霍尔（C. L. Hall）及爱美斯（W. R. Ames）二氏之在惠斯康辛大学（University of Wisconsin）受施塔启教授（Prof. Starch）之指导而研究者，为其最著者。

表六　纸张的颜色影响于读书效率之实验（Hall. Ames之实验）

纸张	最后的平均			最后的等级			
	视觉敏锐之损失	每分钟霎眼之次数	十五分钟所读之行数	视觉敏锐之损失	霎眼次数	所读行数	平均等级
白而无光	1.8	7.5	415	1	3	3.6	2.5
粉红	3.0	7.2	422	10	1	1	4
蓝色	2.7	8.1	414	5.4	7.2	4	5.5
白而有光	2.0	8.5	398	3.4	10	10	7.8

霍爱二氏之研究，用四种不同颜色的纸张作材料：一为白而无光者（matte white paper or dull white paper），二为粉红色（pink），三为蓝色（blue），四为白而有光者（gloss white）。各种纸张，都同样印成合式优美的书。阅读时，与眼的距离，书的角度，采光的方向及强弱，都是一样。读后，纸张对于眼睛所生的变化用下列三种方法测量之：（一）十五分钟内所读的行数，（二）每分钟内自然霎眼（Spontaneous winks）之次数，（三）读十五分钟以后作一辨视远处细淡的平行线（Faint parallel lines）的试验，借以测定其视觉敏锐的损失。兹转录其实验之结果如上。

回观上列霍爱二氏实验之结果，则以白而无光者为最佳，白而有光者为最劣，粉红第二，蓝色第三。盖纸上反射的闪光为减低视力最重要之原因，此就实验中的霎眼次数及所读行数而观之，亦不难明了。又粉红与蓝色的二种纸张，对于读后视觉敏锐的损失特别的大，而尤以粉红为最甚，此吾人之不可不特别注意者也。

又据其他之研究，以为纸张稍带有黄色者，或亦无甚害处。亚法氏之研究，亦以为可用，盖亦因其无闪光及无炫耀夺目之烈光也。不过亚氏又说，印刷的明度，全恃所印的黑色与纯白的背景两相对照的程度如何以为定，即所谓托映而出者。要是略带颜色或非纯白而带灰色的纸张，就要减小此等两相对照托映而出的明度，所以印刷的纸张，还是以白而无光者为最佳。关于明度大小的问题，吾人亦可从贝杰斯丁及芮妥利士二氏（Burgerstein and Netolitzky）之研究来证明。据贝芮二氏之研究，以为在有颜色的地图中，所印的名词要比寻常书中所用而认为合式的字体要格外大一些，然后其明度方能与之相等。此亦因带有颜色的背景，其印刷的明度，要比纯白的为小的缘故呢。

此外如纸张厚薄的问题，过于厚重，固亦所不取，过薄则为害却甚大。据科恩及帅克（Cohn and Sake）的意思，以为质料须坚密而不脆薄，大约至少限度须有·〇七五粍的厚，方称合用。

戊、标点问题

论及标点有否的问题，如从历史上观，则古代罗马文字以及中国以前的古文，都是没有标点的。到了现在还有人主张不用标点者，此种争执，初固并未谈到读书的经济问题。我在三年前曾听过人的学术演讲，据这位演讲的先生说，他曾做过实验，据他的发见，以为有标点的读物，读时要快得多，在六千七百人中，可说有六千六百九十九人如是。要是这个实验是很可靠的，那末标点之有无，似无问题之可言。其实这种问题，只要从我们各自的经验上去看，已经有一部分，可以推测其重要了。盖标点也是符号的一种，其功用在帮助文字表明作者的经验，与文字有同等的价值。不过标点的位置，有的夹在句子中间，有的放在句之旁边，此实值得吾人之研究。有人以为夹在中间，好像打断一贯的思想，且所占空间较多，一个认识距所识别的字必将减少，因此不免要影响到阅读的速度。但从对方面讲，则以为放在句的旁边，地位固较省，然而好像眉目不清醒，也不免要减低阅读的效率。二者均言之成理，在未有精密的实验以前，似难判断其孰损孰益。

己、文字分段落的问题

关于文字分段落的问题，则我国古代书籍，每多全篇相连，无段落的分配。如是读者对于意义之明了，纲要之提撮，均甚费思索的工夫；而对于读书的效率，当然有妨碍。故欲使理解更加容易，速率愈益增加，则所读的材料，便须有段落的分配。普通每段起首低一格或二格，借以清醒眉目，实属妥适。

庚、横排与直排的问题

字体的横排与直排问题，为欧化东渐以来我国印刷上的一重大问题。盖汉字排列向为直式，读者目光之所注，亦为由上而下，尽一行则往左移，故阅读之次序之自上而下自右而左，其由来者久矣，其习惯之养成亦可谓深矣。自欧风东向，蟹行文字见于国中，尤其是公式及算式一方面，故才有自左而右的排法及读法。自是，与吾国固有文字阅读的习惯，完全相反矣。虽说是中西文字结构不同，然汉字之组织，皆为方形，直排固可，横排亦无不可。从眼的生理方面而言，则视域之广度，横大于直；眼球上下的移动，其疲劳每过于左右的转动。此皆可由实验中而得之者。然直读之习惯，国人已根深蒂固，要从旧习惯另换一种新习惯，其中当然免不了有许多复杂的因子。十余年来，国内学者，对此从事于科学实验者，不乏其人。然因其所获之结果，迥不相同，故各家所下之结论，亦随之而不一致。不过就各家已有之研究结果之趋势而观之，则如果毫无直读之习惯，或免去直读之习惯，或直读习惯较浅者，横排似胜于直排。本文因限于篇幅，万不能将各家之研究结果，作有系统的叙述，易日得暇，当另为专文介绍。不过我以为关于该问题在未得多数相同而且强有力的实验结果以前，似可不必遽行改革，或者至少可免除一部分的牺牲呢！

辛、其他零星的问题

关于读物印刷上的卫生问题，除上述七点外，尚有其他零星的问题。例如书本之大小，页边（margins）之阔狭，插画之多少，封面之颜色等等，无一不足以影响儿童阅读之兴趣。对于这许多问题，彭勃甘

（F. E. Bamberger）在霍布京大学（Johns Hopkins University）研究教育时，曾就五个小学，做过许多实验，据彭氏的发见，以为儿童对于书本认为最合意的大小，乃是七吋半长，五吋宽。页边则宜阔而不宜狭，普通的平均宽度，至少须一吋之数。蓝红黄是他们所最喜欢的封面颜色。凡是书中插画多的，儿童就格外喜欢，尤其是年级较低或年龄较小的儿童。插画中如能有笑谈和动作之表演者，则年幼之学生，格外爱看。图画中如有讲述故事意味者，则吸引的力量尤其大。所以故事短的每篇均应有插画，插画的底下，须写明图的名称，使儿童能看图识字，帮助学习。至于插画中所用的颜色问题，则据一般之研究，以为最好是黑白分明，比较粗劣而单纯，除非不得已时，不宜用特别的颜色。盖印工既贵，而颜色的刺激，亦有相当的妨碍于眼动之正确。关于这一类的问题，国人似未从事于科学之实验，此当为吾人所应急起直追者也。吕伯攸氏在本志十九卷四号中为文讨论小学教科书的封面和插图，吾人进行实验时，大可作为参考或借鉴也。

足供本问题参考或阅读之书报

1. Pyle, W. A. *The Psychology of the Common Branches*, page 20-24, 1930.

2. Bamberger, F. E. *The effect of Physical Make-up of a Book upon Children's selection. Johns Hopkins University*, *Studies in Eucation*, No. 4, 1922.

3. Berkowitz, J. H. *The Eyesight of school children. Department of Interior Bulletin*, 1919, No. 65.

4. Blackhurst, J. H. *Investigations in the Hygiene of Reading. Baltimore*, *Warwick and Fork*, 1927.

5. Blackhurst, J. H. "*Leading as Related to the Readability in the first Four Grades*", *School and Society*. Vol. 17: 363, 1923.

6. Blackhurst, J. H. "*Length of line related to readability in the first four grades*", *School and Society*. Vol. 18: 328, 1923.

7. Blackhurst, J. H. "*Size of type as related to readability in the first four grades*", *School and Society*. Vol. 16: 697, 1922.

8. Blackhurst, J. H. "*The typograhpy of Elementary school readers*", *School and Society*. Vol. 14: 407, 1921.

9. Gilliland, A. R. "*The effect on reading of changes in the size of type*", *Elementary School Journal*. Vol. 24: 138, 1924.

10. Goldsberry, L. D. "*Eyesight and Paper Glare*", *Elementary School Journal*. Vol. 21: 782, 1921.

11. Gray, W. S. *Summary of Investigations Relating to Reading*, Chap. XI. 1925.

12. Starch, D. *Educational Psychology*. PP. 303-306, 1928.

13. Bantley, M. "*Leading and Legibility*", *Critical and Experimental Studies in Psychology from the University of Illinois*, PP. 48-61.

14. Huey, E. B. *The Psychology and Pedagogy of Reading*, Chap. XXI. PP. 406-418, 1908.

（十五）周邦道《字体大小的测验》（本志教育测验专号）

（十六）吕伯攸《小学教科书的封面和插图》（本志十九卷四号）

（载《中华教育界》1932 年第 20 卷第 5 期）

嗅嗅中国的出版界

至 公

如其一个民族大多数的青年，怕碰着数目字和较有论理性哲理科学等的文字，而一味地倾情于所谓文艺，有闲的文艺或无闲的文艺都可。这样的民族，惟有没落而已。自然在一般爱好时代文艺的青年看来，他们是如何的上进了。他们从有闲无闲等类的文艺中，获得了一种所谓似是而非的新意识，真伟大啊，这时代的文艺。

文艺的创作和欣赏，顶多只能算个人的分内事吧！似乎不应把这件事当作在社会国家招摇撞骗的大勾当，然而中国正是这样的，无论你怎样的没落，只要能描写一些所谓文艺之类的东西。你就成了家，马上就有抬入祭坛做偶像的资格，只有这样没落的中国民族，才会有这样没落的偶像。

我们估计十几年来在中国出版界最畅销的书籍杂志吧！畅销的除少数有价值的以外，其余反是最没有意义最低贱丑恶的东西呢！十几年来，大多数青年所最倾心研究的有什么呢！

《性史》、《性艺》这类东西不是最占优势吗？什么书都赶不上它呢！

再次握着时代威权的，便是那千篇一律以实行性交为中心的恋爱小说。陈旧的道德观念自然必须绝对地铲灭。但是仅仅教导青年走上性的魔宫也只有堕落。在欧洲文艺复兴以至浪漫主义大度展开，是不是如现代中国民族解放这般的浅薄呢！

再次便是所谓文艺或所谓普罗文学横行无阻的时代了。普罗文艺应当以唯物实践为中心。教导几千年来沉死在玄虚空幻的魔窟里底中国，走上自然科学的途径，这样才能重新地建筑一个有力的社会基础。然而中国的许多许多所谓普罗作家，根本，就只能以新的玄虚去代替旧的玄虚。什么新的社会意识，还不是在玄学之鬼的掌握里吗？走不上科学的门径。这是中国普罗文学的没落。虽然它成功了一种时代术语的创造来桎梏那无知的青年，但是这种的成功，对于中国民族的上进，反正是一种阻碍呢！

从普罗文艺影响到中国高等中等的教育。这个病症很显然的。不信的人，可以随便去那一个学校里去调查。如其在大学，嗜好普罗文艺的青年学生，多数是属于不好深思研究的文学系、社会学系、法学系之类的学生，这些普罗化的青年，如其可以在理学院或高深研究而实在的学科里，找得出他们的踪迹，那便是普罗文艺真正的成功了。在这点，多数学校里的普罗化的青年，不是束书不读的，便是不学无术；否则单是除了看几本普罗化的小说外，别的简直完全不懂了。人类思想何等的博大，普罗化以至唯物论在这大智慧中，只不过是一个小萤光吧。算得是什么样的了不得呢！

中国人是专门崇拜偶像的民族，在出版界更易见出这怪象了。某一本书只要一个名流学者题字或作序，就可以欺骗了许多偶像的崇拜者。

办一本杂志，只要有几个所谓成了家具足了偶像身分者的大名排列在其中，这本杂志便也可畅销一时了。

因为偶像就可以欺骗了许多人，因此中国才会有大名鼎鼎的作家，却专以贩卖稿件为能事的怪剧。无名作家的稿件——本来先前在各书店的大老板们看来一文不值的东西，一经到了有名作家的手头，只需化签了大名，某某作，便马上变成千字五元十元的珍品了。

中国的青年便在这样可怜的出版界里受欺，受欺的原委，大都是由于自己没有良好的辨别力。

叔本华曾经十分痛心而郑重地告诉我们，读书必须有良好的辨别，否则一个好好的人会中毒呢！没有意义的作品，比毒物更易传染的。中国出版界不过是一个毒菌的总结吧！只须沉思回忆，便可明了十年来整个民族的精神意志，愈趋愈下的，这些毒菌传播的功效不小呢！再估计十几年来的有数书籍吧，从《雪鸿泪史》起，经过《少女日记》、《情书一束》、《性史》转到了《啼笑因缘》的现今，这些书竟就是最得中国人底欢迎的。

刊物方面，年来似乎谁都要屈指到××周刊了。究竟它的言论对于个人社会国家及民族自强的根本问题，有什么正确的启示呢？差不多办刊物的朋友们也都以它为效则了，以为能够办得像××一样，便是很了不得的。自然，它也有其长处，但是以它来做舆论的圣者，这适足以见到中国民族之没落而已。

自然，也很困难，在现代的中国社会，办一种刊物，或是所谓主持舆论的人，如其不投机取巧，极力地迎合这时代大众的低劣心理，便不容易销行，而且也不会成为这中国人底社会的舆论了。

再没有人会比苏格拉底更有勇气的，为真理而欢笑地勇敢地饮了死酒的；也没有人会像易卜生所描写的《国民公敌》一样吧！

中国民族要找出一些的生气吗！

我们先要把这专门传毒菌的出版界医治一下。

（载《救国周报》1932年第12期）

出版界之病态

赓 夔

出版界之趋向，可以觇国运察民风焉。盖致力于出版事业者，纵多以发扬文化自诩，而严格论之，其目的当不外乎贸利。故出版之书籍，其内容之何若，影响之何若，可不深究，而是否能迎合读书者之需要，乃成为第一问题。于是，出版界遂在此种心理之下作畸形的发展。观下列之统计，诚可以知我国衰微之征矣。

据本局于十九年十月之调查，本市各书局所销售之书籍，以小说文艺为最多，竟占总数百分之四十；次为翻印旧书，占百分之十五弱；又次为外国文，占百分之十强；又次为教科书，占百分之五强；又次为党义，占百分之五；此外，则杂志仅占百分之三弱，社会科学书籍仅占百分之二。而尤可叹者，则自然科学书籍，以及地图与儿童用书，乃仅仅各占百分之一犹不足也。

于此，愚敢作坚决之断言者，则（一）小说文艺之所以销数独多者，可以觇我国空闲者之多，而绝不能诿为研究文学者之多。（二）外国文之销数所以较教科书为多者，可以觇西方文化侵略力量之雄伟与我国教育事业之实不发达。（三）自然科学、地图与儿童用书之所以销数独少者，可以觇我国人对于科学交通，以及儿童本位教育之漠不注意也。

“此非出版界至大之病态乎？”曰：“否。我人与其谓为出版界之病态，无宁自承为整个民族之病态。”此病态而不加急治者，长此以往，殆不能自免于覆亡矣。悲夫！

（载《上海市教育局教育周报》1932年第153期）

再论出版界之病态

赓　夔

上期本报，愚感于小说文艺之独得畅销于社会中，论为极大病态。既揭刊，家有疑愚之说者，曰：“此未足以言病态也。近观日本，远察欧美，其出版物之占有最大权威者，莫小说文艺若；譬如雷玛克氏所作《西线无战事》一稿打破任何出版物之比例记录，可为明证。盖以小说文艺感人之深，其效力有在科学书籍之外者。子岂可以硁硁然为刻舟求剑之论耶？”

其然！岂其然耶？爰再申论之。

（一）我国之社会环境固未能与欧美列强比，故小说文艺之需要，亦因之而不同。譬如欧美富翁多兴办实业而我国富翁则好守财，虽同为富翁也，而其表现之行为则前者为可敬而后者为可耻。

（二）小说文艺仅为一混统之名称，分析之可得若干类。兹姑就有益与无益两方而言之，譬如科学小说、冒险小说以及其他含意在劝惩善恶、批判得失、辨别真伪、分析美丑之种种文艺作品，固未许与神怪小说、淫秽小说以及其他意义浅薄、思想落伍、精神颓废、描写恶劣之种种文艺作品相提并论也。

（三）小说文艺之出版数量应与其他出版物之数量得一平均之发展，试问若我国之小说文艺占出版物全数百分之四十而自然科学书籍仅占百分之一者，此得谓为平均发展耶？

小说文艺感人之力量固至深，然而感人为善，与感人为恶固同是感人也。我不敢谓我国之小说文艺胥感人为恶，作□□然可□而□□者，则以坊间艳情小说出版之众多，与夫描写龊龌社会之无微不至，诚不敢言其影响之何若矣！

（载《上海市教育局教育周报》1932 年第 154 期）

贫乏的出版界与出版界的贫乏

高新一

世界经济恐慌的暴风，吹彻了资本主义的各地，到处是农村破产、工厂关门、工人失业、商业凋敝、银行倒闭，包着不景气的黑云。然而境况最为凄惨的，要数产业落后的殖民地。在这里，原始的榨取仍保着支配的势力，人民经济没有一点的保护，犹如连一株遮风蔽雨的树也没有的沙漠平地，暴风过处，便飞沙漫天，暗不见日。中国的农村，加速度的堕落于破产的境地了，人民的购买力，自是大为减少，百业衰落，出版界当然不能例外。这便是出版界所以贫乏的由来。

时候是九月，正是学校开课、学生入学的季节，除了春季，是出版家一年的营业最有希望的机会。但是今年，“一·二八”沪变，中国出版界的独裁皇帝，商务印书馆，被毁于日军的炮火，开明、世界、中华虽托了租界的保护，但亦在颠沛流离中。因为上海出版家的装订事业，多数皆在闸北，沪变既起，所有各书局在闸北装订中的图书，便尽给蛮横的日军化为灰烬了。这是上海出版界直接的损失。

自“九一八”来，国难当头，政府财政陷于非常的困境，学校经费的拖欠，成为最平常的事。“一·二八”沪变，不仅上海学校，且使许多地方的学校不能如期开学。学校关门，学生青年少了求学之地，上海的出版界丧失了惟一的市场。这是出版家营业上的损失。

国难以来，全国学生愤政府外交的失策，起而作抗日救国的运动，抛弃了书本，走出了课堂，游行请愿，示威宣传，出版界当然要直接受其影响。而当此之时，政府之政策依然，日寇之侵凌益甚，救国运动，毫无所用，于是青年学子，感觉前途之无望、人生之短促，不期然而流于颓废享乐，跳舞场、咖啡馆，女人、烟酒，欲以此来麻木其神经，读书遂根本无所用。固然，青年好享乐的现象，不是随国难以俱来，但以对于国事的悲观，我觉得至少可以增加这个倾向。譬如专刊女人照片的画报的发达，红男绿女的恋爱小说的流行，足见其中含义的一般。电影院、百货店，车水马龙，书铺子则门可罗雀。二元钱一双丝袜，十元钱一双皮鞋，或者二十元钱的饮宴，是极寻常而普通的事，一元钱的一本教科用书，便要到万不得已始忍痛购买。饮食装饰的重要，远过于知识的粮食。这是何等可悲的现象呢！

然而最可悲者是有钱的青年，有读书的机会而不欲读书，穷苦的学生没有读书的能力却要读书。考富家子弟之进学校，目的不过是求一个资格，学得一点交际的本领，读书与否，还在其次。现在的学校，本是黄金为阈，穷人莫入，无怪享乐消费是主，而学问的讲求反为不必要了。在这样的学校中，贫苦的青年，自是身心二方都要感受极度的苦痛。在讲求服饰与享乐的环境中，他们免不了要发生“自愧勿如”或“自惭形秽”的苦痛。而为了自己将来的生活，欲专心学问，则图书之购买，又力有勿逮。

所以虽然是九月秋季始业的时候，上海出版界中心的福州路棋盘街一带，不管大赠品的招纸贴满了陈列窗，大减价的广告遍登于各大报，依旧是冷落凄凉，店员坐在柜前打盹，买主少到了如游鱼之可数。消费市场的不景气，造成了出版界的贫乏。因了出版界的贫乏，于是形成贫乏的出版界。这一年来，新书的出版，实是从来未有的稀少。

但除不景气的影响与国难战争的缘故，致出版家以经济的贫乏不能多出新书外，还有一个重大原因，造成今日贫乏的出版界的，是政府当局对于书报检查的严厉，往往因为偶不经心，致罹法网，书店被封，经理遭捕，还落了个“反动”的罪名。近年以来，老实说一句，出版家是无时不在战战兢兢如履薄冰的状态中，欲其有发扬蹈厉的气概，当然不可能了。但出版家既以经营出版为事业，于是不得已只好另辟生路，不出那类最易犯禁的社会科学及关于俄国的书。本来，这类书籍的读者，不外那些要求打破现状的分子。而这些人们，则大抵穷困居多，以经济恐慌的激化，他们的生活且感困难，读书一层，自然惟有暂缓了。

因此之故，在这一二年来的出版界，我们看到一个很明白的现象。有巨大资本能力的则专力于旧书的重印，其次便是中小学校的教科用书。那些资本微小的则以恋爱小说、武侠小说、黑幕大观等为其惟一的出版物。整个出版界都陷于衰落颓唐之境，没有一点创造的生机，没有一点蓬蓬勃勃的朝气。

教科书的编印，操于以营利为目的的商人之手，姑不论现在是一党专政的时代，无论怎样的说，都不是统一有组织的国家所应有的现象。因此之故，我们打开现今各书局的教科书，编制的杂乱无章，内容的粗制滥造，且休提起，而意识之不正确而缺乏统一，尤给学生以不良的影响。

至旧书的翻印，虽未可厚非，然以中国最大的出版家如商务、中华等，都竭其全力以事于此，而置新知的介绍于不顾，则究不能不说是一种开倒车的现象。诚然，他们对于新的译著亦有出版，但就书籍出版的比例言，则在一二年中，我敢大胆地说是新书不及旧书远甚。而如商务印书馆的《万有文库》，把三十年来商务所出版的书籍，都重来加以一番印刷，尤足见现今的出版界，贫乏、空虚，已成为不可否认的现象了。不然，又何致乞灵于过去的尸骸呢！

流行小说的出版，目的在与人以消遣。然而若其为陶冶性情的消遣，则又何害，且正是社会的需要，乃今之出版物，事实却正相反，小说中的所述，惟以迎合一般人的低级趣味为事。从礼拜六派的毕倚虹到张恨水，从所谓新文学的郁达夫、张资平到 XYZ，几无不以对于性欲的夸大的描写，为其惟一的内容，没有前进的思想，没有发扬的精神，只是引诱人们去堕落、颓废、堕落、颓废！

出版界是现社会的镜子，现社会是怎样呢？——整个经济组织在崩溃，前途没有一点的希望，只见各方面的挣扎蠢动，政治的黑暗，社会的混乱，对外无办法，对内也无办法，怎能不使人消极颓唐呢？但文字的表现，不仅在反映现状，要当从这当中，求得新的出路，指示人们以努力前进的方向。这是出版界所应担负的使命，出版界既负着“文化”的招牌，当然不如现在这样助长衰落崩溃的倾向，可以说是宣传文化的。

贫乏的出版界只有这样，才能把内容充实起来，也只有这样，才能以经济组织的转变，生产能力的提高，社会成为富有，民生趋于安定，使出版界的贫乏转为富裕。

（载《社会与教育》1932 年第 4 卷第 16 期）

谈出版界——关于书店老板

天　冰

在原则上讲，一个书店，和一个米铺一样，都是为的赚钱，而赚钱有的是为维持生活，有的是为当大资本家。站在赚钱的基点上，书铺的老板，管不着社会的幸福，管不着国家的前途。所以出版物的内容，都是与当代的社会同一性质。社会是浅薄的，出版物随之浅薄；社会是拆滥污的，出版物也随之而拆滥污。所以《性史》、《七侠五义》一类的书籍摆满了整个的市场。那都是因为老板向着赚钱的方向所努力的结果。这个结果是好是坏，读者闭目想想，自然知道。

一个社会如果真的叫老板们来爱国而要损及他们的资本，我们以为这是蠢想。书店老板之要赚钱，和米铺、煤铺的老板要赚钱的性质，无有二致。你叫他们多印几本物理、化学，少印几本《性史》和《七侠五义》，他们情愿关门！实不愿作此赔本生意。因为物理、化学的书籍在咱们这个古文明社会中没有人去买，而《性史》却又是人们的圣典，所以关于《性史》一类的书籍，是应极端多印的。爱国的人们，专门责备书店老板没有心肝，恐怕他们不会心服吧。

然则怪谁呢？天冰以为这似乎只能怪西洋人不该发明些甚么科学；发明之后，又不该利用它来做枪炮；做了之后，更不应该利用它来侵略中国。书店老板与读书人原是相依为命的，你们既不买科学书，当然咱不愿印。外国人的机关枪向闸北扫射，谁中上了，只能怪谁的命短，与书铺老板有什么相干？与不买科学书籍的读书人又有什么相干！

老板和读者既相依为命，在平时固然尽管去与淫书为友，在国难时期，也只须任关外的义勇军用拳头去抵抗日人的机关枪。科学不科学，制造不制造，谁管？

（载《中央日报》1932 年 10 月 9 日）

谈出版界——关于作家

天 冰

中国的著作家，说起来又是五花八门。这也许是时代演进的结果，因为历史进步到二十世纪这个时期，的确是个要命的而又肉麻的时期。你瞧帝国主义利用那不可一世的坚甲利炮向中国那么奔击过来，物质文明这个怪物引诱着摩登男女的肉麻冲动，使美国的爱情影片输入中国数量格外的增加，使上海按摩院的生意格外的兴隆。认真说来，一方面呈现一个要命的国家存亡问题，他方面呈现一个个人的吃饭问题和个人性的问题，构成中国社会的病态。所以著作家的工作，似乎已经走了三条路：第一是在宣传帝国主义的内在的矛盾，将西洋的社会科学尽量的输入中国，以求达到挽救危亡的目的，这就构成书摊上三分之一的销售品。第二是产生了现在中国的时髦文学，这种著作，内面充满着女人，酒，凡哑林……种种为人生归宿的必需品，这也成为书摊上三分之一的商货。第三是刊物上潜在的普罗文艺，充满着阶级的意识，想避免政府的取缔而鼓起阶级的革命，造成赤色的恐怖，书摊上的商货，这种刊物也要算上几分之一。而他们对于普遍失业现象，则只能呻吟，终没有方法来解决。

中国的著作家果真在这几条路上用工夫，所以才形成现代的出版界。看书的人们，似乎也就在这几条路上追寻着，因为他们正彷徨在歧路之上，也想找出一方法来解决这个要命的国家存亡问题，个人的吃饭问题，精神上的和肉的问题。

有了这些作家，便有这些读者，有了这些读者，便有这些书店的老板。

中国不是没有科学家，虽不曾发明甚么科学，但吸过洋空气的人们，也曾受过科学的洗礼。自己并不怎么蠢，去了解人家现成的学问，似乎并不是受罪。留过洋，学过科学的人们，都知道爱国，都知道真正要救国，还得从科学上下手。然而了解科学的人，不能把书的市场抢过来，他们积极一点的，到大学去当教授，用原文书本；消极一点的硬着心肠去做官，连自己学过的都用不着。所以物理化学只限于中学的教科书。

其实不能怪他们不在这上面努力，因为有了这样的稿子书店老板不给他印；也不能怪老板，因为有了这样的书，没有人去买；也不能怪读书人，因为有了这样的学问，在咱们的社会中用不着！

然责怪谁呢？说来说去，又只能怪西洋人不该来侵略我们，假使他们不来侵略，就是用桐油灯，咱们都享福呢！乖乖！

（载《中央日报》1932年10月11日）

谈出版界——抄袭篇

天　冰

一个真正的文人没有一个不是穷的。至少中国人的文人是如此。不过因为他是“真正的文人”，他不会挨饿。他至少可以卖卖稿子。只可怜一些假文人，如果真的过着道德的生活，恐怕真会要挨饿了。于是有戴镀金帽子的，冒充文学家的人们去骗书店的老板或报馆的编辑。他们常常抄袭几篇东西去骗饭吃。用意是太可怜了，其行为则甚可恼，当骗子的事，多至不可胜数，独要干这勾当，惹起大众的热骂。戴着镀金帽子，最好去骗骗做大官的姨太太，第一对于她是绝端的有利，第二对于他可以叫她由老爷的荷包中偷几个铜钿来“倒贴”。认真说，是这样干，反为有功于社会。抄袭对于读者，似乎没有坏处，充其量是对于原来的作者有点损害。这里并不是骂抄袭的人们没有道德，却有点可怜他们。在中国的社会，当骗子原不必去骂他，因为他若太正经了，会没有饭吃。不过去骗骗姨太太似乎好一点，若骗书店老板而对于原作者有损，则良心似乎又有点过不去。

我的结论：若有人戴着镀金帽子冒充作家去骗饭吃，那只是一些可怜虫！

（载《中央日报》1932年10月12日）

谈出版界——无名作家篇

天 冰

这是事实，无名作家的作品，多么好，也难得到书店老板的欢迎。一个名流，他不一定能作书，他往往写出文章来狗屁不通。因为他是名流，书店老板却要巴结他，所以凡是他的稿件，都被老板排印了。大书店，就说商务印书馆吧，六七寸厚的一本《动物学辞典》，里面有名流的序文。只要把初级中学的课本读完了之后，便可以发见其中的错误了，分明赫克尔，偏要说他是黑智儿，这样牛头不对马嘴的序文，偏偏在那么厚的一部《动物学辞典》中排列着。第一可见中国出版界是多么的穷得可怜，第二可见名流与书铺老板有多么深切的关系。

不少的青年们因为社会的混乱，因为个人前途的渺茫，不顾一切的奋勉、刻苦。只希望以十年窗下的工夫，求得一门高深的学问。第一可以使个人经济问题、精神问题由著述上得着归宿；第二可以使中国因为自己的努力而多得一部有价值的著述，说不定因为此种著述而使中国的前途有点办法。谁料费了九牛二虎的力量，写出一部东西，送到甲书店，嗤之以鼻，送到乙书店，又被拒绝，送到丙书店，大遭白眼。其结果稿件仍是稿件，无名作家仍旧倒霉。再去翻翻书店新出版的书籍，仍不免幼稚、错误，虽然内面有不少名人的序文和题署。

名流不必要当作家，他却有操纵出版界的本领，无名作家的稿子若能得名流的介绍，一定给你印出来。在这年头儿，善作文而无名的人们，若不认识名流，只好干脆的把裤带捆紧一点！

（载《中央日报》1932 年 10 月 14 日）

谈出版界——关于画报

天　冰

二十世纪的出版界，其特色是模特儿化。你到书店去买书，站在街心就远远的看见书店门首挂着许多女人的画相。出版界的人们对于女性美在特别的用心描绘；买书的人们对于女性美也在特别的留神赏玩。真的，这是“肉感”二字促成二十世纪的出版界一个花花绿绿的现象。似乎生就了，只见女人的“肉”给男人们尽量来“感”，不见男子的“肉”，给女人们公开来“感”一下。时代愈趋于近代，女人的“肉”，越公开的给男人们来“感”！书中，报中，杂志中，充满了肉，女人的肉！也不知是故意的侮辱女性，还是女性甘愿给男人们来感。

一本书本来只能销五百份，有了女人的肉，可以销到一万份；一种报本来只能销一千份，有了画报——充满了女人的肉——可以销到五万份或竟十万份。

有了这样的社会，便有了这样的书店和报馆。

高才生、皇后、电影明星、女伶、妓女……在出版界所出的风头，着实在头等的文学作家之上。唉！画报画报，女人女人，民族民族，消沉消沉，中华民族，睡着没有醒呀！

山海关外，现在是血肉横飞，画报的材料，真是无千无万。在此国难临头之际，不多刊载一点关于国难的稿子，却老沉在醉生梦死的大海中，真是不知死活！藕般的腿，S形的股，尽量的刊载，使有血气的青年男子，得着无量数的幻梦中的性的对象，消灭自拔的力量，是何等的危险！出版界诸公，其亦为中华民族前途设想否乎？

（载《中央日报》1932年10月15日）

谈出版界——骂人篇

天 冰

中国的出版界，在表面看来，似乎好得出人意外。因为有一般爱骂人的“疯狗”。在原理上说，一个封建的社会，有了人们来骂一下，似乎可以改造过来。不过我们应该看看事实，就因为有了一般爱骂人的疯狗，才把个好好的出版界，干得他妈一塌糊涂。出版界之发见疯狗，不自今日始，骂了若干年，一个国家倒弄得向灭亡的路上走。虽不能归罪于某一种人，骂人的疯狗也该负几分责任！

刚刚只会执笔，就存着一个骂人的念头。其用意实在可怜，因为他并不真的有心改造甚么社会，救救甚么国家；他的目的，就在出人头地。他管不着什么叫做真正的学问，什么叫做国家的危亡，他只要在报上骂得一个痛快，他便心满意足了。官场中有几分之几的官儿，可算是由骂人出身的。出版界中涌入了这么些个毫无学问、毫无见识、毫无爱国心肠的、只希冀由骂人而得个小官的人们，还保得它不会糟吗？他既由骂人而做了官，这个官场还好得了吗？所以说，中国之糟，这般疯狗应负几分责任！

作文的人只望由骂人而做官，办报的人也希望用这种方法来多销几份报，可说完全是站在私人的利益方面着想。一个社会，有了这般只顾私人利益的人们，没有不坏的。因为浅薄一点的读者很容易被他溶化，那末，这个社会岂不坏在他手上吗？唉！骂之功大矣哉！

一个真正有见识，有学问的作者，就是要刻薄人，也得用理服人，绝不能杂丝毫情感。像现在许多的疯狗在乱咬人，更加上一个私人的利益观念，其有害于社会，还堪设想吗？

凡事以理智为行文标准的文人，虽然骂了人，那是骂了社会中的一些恶人，该骂的人。凡是只顾个人利益而不讲理智的疯狗，简直是社会的害虫！

（载《中央日报》1932 年 10 月 16 日）

瘟神书店

卿

昨天看见《申报》上登有××书店出版广告，“山东义士梁作友外传”。我想××书店的主人，自然也是聪敏人中的一个，当他请人编著《梁作友外传》的当儿，满望这种富于投机性的出版物，将来问世，定可不胫而走，不翼而飞，骗到阅者不少金钱的。所以连日带夜，加工赶排，能够这样很迅速地出版了。可惜这位滑稽财神爷的西洋镜，已经戳穿，结果在汉口被陈希曾驱逐出境，于是乎和我一样的一辈无聊文人，挥动毛锥，在各地各报，又有一番发噱的议论。但到今，所谓义士，所谓财神的梁作友，只落得受人唾弃，受人诽笑，在唾骂声中，他已经回到山东老乡不知多久，居然××书店这种《山东义士梁作友外传》的背时货，还会拿出广告费大登而特登。

在当时因为梁作友这种无名财神，谁不想研究他的历史呢？所以《山东义士梁作友外传》，要能在他到京一星期内出版，那不消说一版二版，就是三版四版，也是要供不应求的。这种投机的目光，真是聪敏到了绝顶，可惜××书店主人，人虽聪敏，时运不佳，这时大家已经看见梁作友在舞台上跳了一会假神财，和艺员下台卸妆一般，看得一清二白，什么《山东义士梁作友外传》，还会有人过问么？时运不济，何必投机，投机失败，只有咬着牙忍痛吃亏，印了多少山东义士？还是早些火葬，免得占据寸金地的地方，方不至出乖露丑。

（载《社会新闻》1932年第1卷第18期）

万般苦闷的沪江出版界

记　者

吾们沪江大学是以富于读书空气出名的。那果然是极好的现象。你看，大江南北，能有几只如吾们一般终年风平浪静的学校？能有几只能使学生安心读书的学校？可是美中自有不足，这是天然的道理。据我几年来——尤其是这半年中——的经验看来，吾们沪江的学生，极像一条蚕儿，只知整日整年忙着吃叶，竟其吐不出丝来，要他们写上几篇东西，真是千难万难。

鉴于这种苦闷的局势，记者倒有些惄焉忧之。因此同学校当局商量过几次，得知吾们当局也正和记者有同样的感觉。可是“丈二和尚，摸不着头颅”，到底吾们的毛病在什么地方？要投几味滋补之品，还是要用一点兴奋之剂？或者恐怕肠胃出了毛病，因之食而不化，必得用一些疏导的泻药。再不然，或者因为工作支配不得其法，体力神筋，受了不必要的疲惫，医之之道，其唯暂时加以休养，工作的内容，加以整理。读书者一同审察一下，吾们到底犯了什么毛病？

吾们为什么要养蚕？当然要它吐丝结茧，结了茧，做了丝，吾们才可致之于用。所以饲叶养蚕是吾们一种“手段”、一种“方法”。吐丝结茧，以致之于用，乃是吾们所祈求的“目的”。吾们现在读书，当然逃不了“学以致用”的目的。所以读书后所得的新智，应当和吾们固有的智识和经验，溶成一片。取之于他人的死书，化成为自己的活智。所谓活智也者，无非能把它随意引用，帮助吾们应付瞬息千变的一切事物，而使之有得心应手之妙。我想起来，这就是教育最大效用。不然，简直一个死读书的书呆子，任凭你把所有的书籍，读得烂熟，问起来，必答无误，那末充其量，也不过是一座两脚的书橱，决不会同你的生活发生什么关系。这种呆头呆脑的死读书，有何用处？我觉得这班人有一个根本的错觉，就是他们不认读书是一种“手段”竟认为“目的”了。

所以他们向这错觉的“目的”进攻，虽是读书很不差，绝不能收教育的实效，那是不用怀疑的。写到这里就想起从前有一个“徒读父书”的头等书呆子赵括，竟把赵国四十五万的大兵，都断送在他的读死书里，真是一桩滑稽的惨剧，或者读者也都知道罢？

吾们试看现在国内的出版界，虽是依然贫弱，可是最近颇有一点儿蓬勃的朝气，就是各只大学的周刊，材料也很丰富，清华的周刊、南开的周刊等，吾们撇开现实的背景不论，把吾们所出的周刊，同他们一比，不禁相形见绌，自惭形陋。然而读者须得知道事实到底是事实，就是这薄薄的几页周刊，就材料而论、就经济而论，每期不知经过主持的人多少考虑。“巧妇难为无米之炊”，恐怕读者没有挑过这付担子，不能领会此中真实的滋味罢？

现在把经济的问题存而不论，只就材料的问题，加以讨论。我尽可推开天窗说亮话，目下出版经费（共五百十九元）和旁的大学一比，又觉太少了。然而要把它去好好消费掉，在主持的人想来，倒也是一桩不大容易的事，因为实在闹了稿子的饥荒。然而职责所在，无法可想，每期只好实行拉夫主义，再三央求人家特别帮忙，所以此是很惭愧的，每期只有薄薄几页，内容自己也觉得不充实，可是就吾个人讲，已极尽其区区绵薄了。

话又说还来了。我们的毛病，到底在什么地方？就管见所及，不外下列几种：

（一）对出版物不发生兴趣——这是一部分人的通病。在上一段已经论及，他们以读教科书为“目的”，所以他们全部视线，都放在几本教科书和教员指定的参考书上，其余一切的书籍报章，他们都觉得没有意义，同时也不要发生兴趣，因为他们看来，这许多没有经教员指定的，就是看得烂熟，也没有什么荣誉来。所以吾们图书馆里几十种中西杂志，终年是崭新、懒洋洋的躺着，不大有人去惊动它们好梦的。人家说“货弃于地”表示十分惋惜；我说“智弃于书”（按：这是指一切未经教员指定的书籍报章而言的），觉得更为可惜。有一次一位总编辑对吾说，“我们的出版物，尤其是天籁，最好刊印一些有趣的东西，使大家都欢迎，否则何用”？我倒好笑了，“那末一般人所最欢迎的，就是你不出什么东西”。一般人对人家现成做好印好，同时送到他们面前，尚不愿一看，那末怎样去劳他们“荣誉”的宝贵精神，来写他们以为无关紧要的文章？这简直是不可能的事。

（二）教授们指定的功课太忙——好像人家这样说：“吾们学校的政策，就是要把多量指定的功课（Assignment），使学生一天忙到晚，使尽量利用在校的时候，同时没有时候去作奸犯科。”不知确否？要是确的，当然这也是一片办学的苦心，岂可厚非？然而有一利，必有一弊，这样一来，把学生全部注意力都归束到几册课本上去了。我把这个意见曾对一位先生说，他以为“吾们读课本，总比上海连课本都不读的野鸡学校，高出万倍”。当然当然，千真万确。然而吾们有一些意志的人，总不要以“比下有余”，聊以自慰才是。吾们现在怎样在可能范围内，减轻一些指定功课，同时使学生们不愿荒嬉，利用课闲的时候，阅读课外的书籍，并且勤于课外的写作。这种教育的功效，恐怕比只顾几本课本，价值还大呢！

（三）没有养成写作的习惯——俗语所谓“拳不离手，曲不离口”，没有养成写作习惯的同学，每每觉得举笔不易，真的觉得三寸毛锥，有如千钧之重。同时感觉到一时脑海中实在空洞，搜索枯肠，也苦于找不到什么东西可以发表，凡此种种，就是没有养成写作习惯之征候。对于这种同学，吾认为应当进一些滋补之品。课外书籍多看，同时不妨将脑中一时涌现的思想细心的写下来，那末写了几时，自会文思滔滔，一时奔赴腕底，这个毛锥子，有如竹筷子一般地家常便饭了。

（四）空口提倡，是无济于事——在一二年来，校中当局，也觉得校中出版界的销沉，特地打起“提倡”的呼声，吾们文告上常看到，在口头上常听到，可是提倡者独自提倡；销沉依然是销沉，二者绝没有发生相互的关系。足见提倡决不是空口高唱所能奏效，必须予以事实之佐证才是。所谓事实之佐证，就消极方面来讲，各教授间课内之指定功课，应当酌量减少，那末一般学生也有空闲的工夫来从事于课外的阅读和写作，否则事实上崇拜课本，口头上提倡写作，那是绝没有效果的。

更就积极方面来讲，应当予一般写作者以奖励。果然有一部分同学，他们天生就好写，你就是禁止他写，他也要偷偷摸摸写的。所以奖励并不是为这少数好写的同学，乃是为一大部分没有养成好写习惯的同学，借奖励之力，希望渐渐引导他们入于写作的路上去。你看学校对于阅读课本的奖励，已属不遗余力，我对此并不反对，因为一般未脱稚气的宝宝，自要这种玩意儿去奖励。那末对于提倡课外的出版事业，有什么新鲜具体的办法？清华里对于投稿者有稿费，我们学校闹穷，当然不敢效法，舍此外吾想总有“惠而不费”的办法。不过我敢说，这种“颁给课外积点”的老把戏，在现在情形之下，早经人家道破此中玄妙，似乎已没有什么惊人的效用，我希望学校当局赶快在这沉闷的出版界中，投一二味兴奋之剂，以起死回生。然而这兴奋之剂是什么。愿学校当局有以语我来，以证实他们有真的有提倡之决心和勇气。

现在沪江的出版界，真是奄奄一息，生气全无。在这出版界里生活的人们，真的是觉得万般苦闷，吾们应当要求学校当局合作，站在一条战线上，打出一条出路——万般苦闷的出路！吾平常总是相信教育是万能的，如果大家一致要找求一条生气勃勃的出路，那里不可能，岂是“挟泰山以超北海”？教育之功未尽耳。然乎否耶？

（载《沪大周刊》1932年第20卷第8期）

上海电影出版界之新局面

急 就

关于上海所出版的电影刊物，印刷内容比较上可算为全国之冠；著名的如《新银星》、《电影》、《影戏杂志》，《影戏生活》等，都很有可观。然而去年上海出版界有一种新局面，就是出版电影小说。

电影小说在美国可算风行一时了；在电影公司方面，每出版一张影片，当然先把这片的小说刊出，是为了推销这片，二来为了使观众看了这书感觉趣味而再看电影的原故。在美国出版这一类书籍的，最著名者莫如 Readers Library。

上海首创罗聘名家担任译述，致全力并以全个计划侧重在出版电影小说的为北四川路七二五号之正午书局！最近我们已看见它出版了好几种，如《璇宫艳史》、《浮士德》、《灵与肉的冲突》、《可歌可泣》、《蓝天使》、《邓裘安》等。

正午实行了几个月之后，我们现在又看见有“中国电影服务社”之诞生，该社在上海四川路二　七号，除经营各种电影事业外，并加设出版部，计划规定每月出版一册，而已出版者，我们已看见《节育问题》（*Bad Girl*）一书。

我们对于中国的出版事业如此蓬勃，心中当然有说不出的愉快；因为文化事业的立场，原本书籍的出版是多多益善的，戏院杂志将来在相当的时期，也拟出版这一类的丛书。

（载《戏院杂志》1932 年第 1 期）

离奇的北平出版界

半　农

北平为过去中国的文化中心，现在尚有人以为如此。我此次于沪战后飘然北上，勾留北平二月，虽未专事调查此间文化情况，然目睹耳闻，知北平文化依然是七八年前旧况，而远落于上海之后，此后恐再也不能称之为文化中心了。

一日，我和友人杨君往东安市场，此间书摊甚多，有一本叫郭沫若著《孤鸿零雁记》。起初我颇惊奇，怎样郭君有这样一本书出现，翻开一看，此书原为已故诗人苏曼殊所著，他偏要以郭沫若名字来骗钱。我还顺便翻了一本《中国文学史》，面上注明为上海泰西书局出版。我因久留上海，从未听说有什么泰西书局，谁知其内容即为泰东书局曾毅所译（泰东版也说是曾著，其实系译自日文）的《中国文学史》。其余什么张资平等名作者所著的不堪入目的小说尚多。

总之，我所看到的书，不是翻印上海版，便是冒充名作者著。没有看到一本有价值的书是纯粹出自北平的。其价格虽较上海原版书籍为廉，其著者、书店名目之冒充乱命，实使无甚判断能力的读者目眩眼花。

好处是北平的出版界较为自由，而很少受到检查、封闭，甚至检查官员的敲诈——这三种礼物是上海出版界所常受到的（据上海市出版界向一中全会请愿书）。

（载《中国新书月报》1932年第2卷第4—5期）

修正《出版法》

延　祯

中政会决议修正《出版法》原则："一为除意图颠覆政府、扰乱治安之出版物，应受合法制裁外，其他一概不在禁止之列；二为人民出版自由权，除受法院及有警察权之行政机关之合法制裁外，任何团体或个人，不得干涉。"查《出版法》原订禁止登载之事件凡四款："一为意图破坏中国国民党或三民主义者；二为意图颠覆国民政府或损害中华民国利益者；三为意图破坏公共秩序者；四为妨害善良风俗者。"今兹中政会决议修正之原则第一项，只注重于"意图颠覆政府扰乱治安"，而对于破坏国民党及三民主义，损害中华民国利益，及妨害善良风俗，似均在"除"之之例。此殆中政会尊重国难会议之意见，而予人民以真正言论自由之机会欤？则吾人诚不胜馨香而祝祷之，但吾以为此项修正原则，仍不免束缚意志自由，倘能完全废止，始符言论自由之旨。盖所谓"意图颠覆扰乱治安"者，范围殊为浩博，其意义与国民党受人指摘后，所赋予之反动罪名等；故政府视为意图颠覆扰乱治安，在一般人未必承认其为颠覆扰乱。譬诸最近政府对淞沪事变之措置，吾人认为丧权辱国，而政府决不自承其为丧权辱国者也；以此例彼，中政会对于此项之修正实不能不谓为多事。

物必自腐，而后虫生，颠覆扰乱者，必自有其可以为人颠覆扰乱之处，而后有人颠覆扰乱之。盖乱者非常人所愿有，而竟有之，必政府先已失人民之爱护。言论为人心向背之索引，亦即人民公意之显露，若视为颠覆扰乱，而加禁阻，势必激起怒潮，政府可以不颠覆者而竟颠覆，治安可以不扰乱者而竟扰乱，则其过失，不在言论之“意图”，而在政府立法之失当。故欲政治臻于合理之域，即须广开言路，以人民之言论，为改进之标准，英政治学者赖斯基有言：“国家政治之改进，得力于反对者之批评，阻塞人民之批评，即自趋于灭亡。”有灭亡之危险，始有人民之批评，若以人民之批评为意图颠覆扰乱，是讳疾忌医，自速灭亡，此愿中政会对于此条之修正，应加以考虑者也。

《出版法》原定纠正警告处分之责任由内政部执行之，顾此法虽在十九年十二月颁布，而各地党部，自持党权高于一切，每多非法处分，如去年十二月间，上海各大日报之被扣，即其一例。最近本刊四五一期出版时，鄞县党部，借审查为名，将本刊寄鄞报纸，并予扣留，至今尚未闻有发还消息，此项举动，姑不问是否合法于《出版法》“行政处分”之手续。但中央十九年四月二十日所颁布之“凡在中华民国法权管理之内，无论个人或团体，均不得以非法行为侵害他人身体财产，违者即依法严惩不贷”。言论出版自由，亦为自由范围中之一部分，鄞县党部纵不解《出版法》为何物，对于此种明显之纪载，亦当耳目所能详，讵能默焉而无闻？若曰“中政会先无此修正之原则，故党部得以擅自处分”，但昨年国民会议三读通过之《约法》第二章第十五条“人民有发表言论及刊行著作之自由，非依法律，不得停止或限止”又岂能无所见？夫法律原所以保障人民之自由，今在党权高于一切之下，有法等于无法，则中政会所修正第二项之原则，又乌能制止“任何团体或个人，不得干涉”之者！

（载《礼拜六》1932年第454期）

《出版法》与言论自由

中央政治会议前日议决修改《出版法》，冀可减少束缚，以示尊重言论出版自由之意。修改原则，大致如下：一除意图颠覆政府、扰乱治安之出版物，应受警察制裁外，其他概不在禁止之列。二人民出版自由，除受法院或有警察权之行政机关之合法裁判外，任何团体或个人不得干涉。此乃国民政府开放言禁之具体表示，自有重视之价值。惟此两项原则，是否足以保障言论自由，不能不加以讨论。查现行《出版法》，为十九年十二月十六日所公布，全文六章都四十四条；而最重要者，厥为四五六等三章。第十九条规定出版品不得纪载之事项，一意图破坏中国国民党或三民主义者；二意图颠覆国民政府或损害中华民国利益者；三意图破坏公共秩序者；四妨害善良风俗者。此为拘束言论之概括原则。条文用语过于简略，故适用上殊多弊病。所谓“意图破坏中国国民党或三民主义”者，从具体事实言之，究竟何种言论，始得认定为意图破坏，法无明文，胥赖临时裁量。欧美各国事例，法律上决无规定对于破坏一党或一主义之言论，不许纪载者。盖在民主政治之下，数党竞争，彼此批评，大抵皆有破坏作用，在国家固无能禁止，亦不应禁止。我国《出版法》首列此条，殆取法于俄意，以表现所谓党治精神者乎？然此乃变态现象，今若修改，尤应删除。二三四等项，虽极普通，但亦嫌用语含糊，殊费解释，不如更易确定文字，较为明显。据第三十五条规定，“违反第十九条之规定者，处发行人、编辑人、著作人及印刷人一年以下有期徒刑拘役，或一千元以下之罚金。但其他法律规定有较重之处罚者，依其规定”，是处刑甚重，更不容预留牵强附会之余地。“意图颠覆国民政府”一罪，在《刑法》第一百零二条有特别规定，“意图以非法颠覆政府，僭窃土地，或紊乱国宪而着手实行者，为内乱罪。处七年以上有期徒刑，首谋处无期徒刑”。该条第二项规定，

“预备或阴谋，犯本条之罪者，处六月以上五年以下有期徒刑”。在《刑法》上，以着手实行，及预备或阴谋为构成内乱罪之要素，盖以行为为标准也。着手实行者为既遂犯，预备或阴谋者为未遂犯。预备或阴谋，亦以确有预备或阴谋行为为必要条件。但照《出版法》规定，所谓意图颠覆政府者，则指言论而言。虽无行为，亦当受第三十五条之处罚。是《出版法》所处刑之范围，较《刑法》为广大。意图颠覆政府，当然含有以暴力推翻政府机关之意义，但近年我国解释，辄多附会，竟有指批评政府政策或组织者，为触犯《出版法》第十九条或《刑法》第一百零三条之规定，而强加以内乱罪之罪名。在民主国家通例，推翻内阁，本为家常便饭。当然不发生法律上问题。但在我国，则认为重大事件，严格处刑，无能幸免。是皆对于政府二字，未为正当解释。故于修正时，非特别慎重，窃恐无以贯彻保障之精神也。妨害秩序罪，《刑法》自第一百五十六条至第一百六十九条，亦有具体规定，但《出版法》所谓破坏公共秩序，究何所指，苦无限界。何种言论，始得为破坏秩序，应有明晰规定，否则悉待法官或警察官吏之认定，殊属危险。妨害善良风俗，或与《刑法》所指妨害风化罪相当。但《刑法》自第二百四十条至第二百五十三条，均取列举主义，而《出版法》则寥寥六字，有令人无从摸捉之感。凡此禁止登载事项，苟非一一列举，附以明确范围，则《出版法》成为恶法，妨害民意之表现，阻碍文化之发展，祸患之大，有过于洪水猛兽矣。

今当局既悬两原则，以为修改该法之鹄，则上述四点固当加以严密之检讨，而为两原则所未能包含者，尤应有充分之商榷，现行《出版法》所规定禁止纪载之事项，虽仅四条，但其所包括之范围，甚为广泛。苟非详加分析，则未来之《出版法》，恐亦未足以解除民众项上之枷锁。吾人以为制定《出版法》，应以保障言论思想自由为基本原则，不应以拘束言论思想为立法精神。此能确立，而后条文规定，字句斟酌，始有标准。现代立法，意在保障。但我国则反是，往往以法为维持政权之武器。致法文既失原旨，处刑亦背作用。法虽多而国不治，刑虽重而犯不减。《出版法》关系民族文化、国家进步，规定失当，出入甚大。而各国之政治革命或社会革命，每多基因于是。夫防民之口，甚于防川。古训昭昭，毫厘不爽。以法箝口，为害尤烈。是以《出版法》规定宜宽不宜严，条文字句宜详不宜简，处刑程度宜轻不宜重，惩罚场合宜少不宜多。如现行《出版法》第三十五条规定（文见前），及第四十一条规定“因新闻纸或杂志所载事项，依第三十五条所定之处罚，而其情节重大者，得禁止其新闻纸或杂志之发行”，此则未免过重。处新闻纸或杂志以禁止发行，等于处自然人以死刑，岂容随便？第四十一条规定，基于第三十五条而来。第三十五条乃对于负责之自然人之处罚，第四十一条则对于登载事项之出版物之处罚。一罪两刑，已属不可，况其处刑之峻严竟达极点乎？吾人以为《出版法》处罚之对象，既为自然人，则对于出版物，至多不过将登载该禁止事项之当日报纸或杂志，予以扣留而已，决不宜因此即令停止发行。中政会所定原则第二条，谓人民出版自由，除受法院或有警察权之行政机关之合法裁判外，任何团体或个人不得干涉。此虽足以制止党部或其他团体之干涉，然犹未足保障出版之合法自由。“有警察权之行政机关”一语，殊嫌含混。盖我国行政制度并不明了，有警察权之行政机关为法令所未许者，正复不少，苟经由此种机关，以执行《出版法》上所规定之一部处罚，流弊甚大。更有一事最当注意者，政府果有保障出版言论自由之诚意，允宜于《出版法》中明白规定，凡违反《出版法》之规定，妄加干涉或处罚者，应受司法机关之审判及高级行政机关之处分。信能如是，则《出版法》精神，始能贯彻。综合上述理由，可归纳之，而得下列九大原则。

一、《出版法》应以保障出版言论之自由为基本精神。

二、《出版法》对于禁止登载事项，应采明晰列举主义。

三、《出版法》对于禁止登载事项，应以直接危害国家、扰乱社会者为限界。

四、《出版法》对于处罚负责之自然人之刑，最重应以三个月拘役为限度。若为罚金，最高不得超过五百元。

五、《出版法》对于出版物之处分，应分警告、扣留、禁止发行三种。禁止发行至多不得过一星期，杂志视情节之轻重，或将登载该禁止事项，全部删除，或令禁止发行一期。

六、《出版法》之处罚，应经司法机关之判决。

七、警察机关对于出版物，虽得为扣留之紧急处分，但于处分后，仍当移送司法机关审判。倘审判结果，认为不合时，立应恢复原状。其未能恢复原状者，须负赔偿责任。

八、出版物之负责自然人，除受《出版法》规定处分外，不得再适用其他法律

九、司法及警察机关以外之任何官厅不得干涉或处罚出版物及其负责之自然人。违者其干涉或处罚无效，并得由被害人向司法机关控告及受高级机关之行政处分。

（载《国闻周报》1932 年第 9 卷第 14 期，录自三月三十日《北平晨报》）

关于言论出版自由

佳　矢

最近一中全会对于李烈钧等十一委员所提切实保障人民实行集会结社言论出版居住信仰之自由权案，以人民享有此项权利，为中山先生遗教所规定，《约法》所赋与，绝对不容侵夺，已一致议决通过，交政府切实施行了。这自然是正合乎一般民众急切的要求而值得一提的事；尤其是关于言论出版自由一项，我们既是舆论界的一份子，不必说，更感到切身的痛苦与需要。

本来，一个民主国家，即使没有法律上明文的规定，在事实上人民也尽有取得这言论出版自由权的自由权；不过，现在既经一中全会将人民所失去的完璧归赵，除遗教的规定、《约法》的赋与外，又加上一层白地黑字的有形的保障，我想，自一九三二年起，中国民众在国民党统治之下，多少□可以喘一口气罢？

不过政府此后是否能切实保障人民的言论出版自由，我们虽不敢以小人之心度君子之腹，但根据过去的经验，这似乎已成为一个问题。我们所希望于政府的是，凡事贵能立而行，贵能见诸事实；否则，若是徒托空言，或是仍借什么“戒严”以及其他动人听闻的名义来任意箝制人民的自由，那末，一纸议决案也就等于具文。我们并不是不信仰政府，但我们站在人民的立场上，却有随时忠告并监督政府的必要。

同时，我们也希望舆论界的领袖能真正地替民众——不管是那一部分的民众——说话，坚决地抛弃过去的新闻封锁政策，有什么话就说什么话，有什么被掩蔽的真相，就尽量地揭露给一般人看。不要限制材料，武断地说某种倾向是好，某种倾向是不好。报馆主笔应以身殉言论！新闻记者应以身殉新闻！否则，若还是像以往那样的怕死畏难，不但不配代表民众的喉舌，而且也辜负了一中全会的一番好意呢！

（载《上海青年（上海1902）》1932年第32卷第1期）

争取言论出版之绝对自由

履　冰

淑宇先生：

《新创造》刊号出版后，就曾给我一个极大的安慰，以后我每期都手不释卷的读它，我觉得它代表我——不，代表大多数的青年说了许多痛快的话，替我们解决了许多重要的问题。也许正因为《新创造》是大众所爱护的刊物吧，听说南京政府要渐渐的加以压迫了。我也订了《新创造》一年，第四期我就没有收到，起先我以为无故给邮局遗失了，以后一打听一下，才知道是被扣留了。真奇怪，政府不是几次声明不再检查报纸刊物吗？同时，汪院长在去年十月十三日，招待新闻界席上，不是说过“同人等曾当面要求蒋先生不再检查报纸，使人人有自由发表意志的机会，蒋先生昨天已经切实答复，这点是不成问题了，以后我们可以有接受各位新闻界批评的机会”吗？汪先生现身为行政院长，当然更要以身作则，一洗以前专制独裁之弊，为什么还是和从前一样，压制舆论呢？堂哉皇哉的政府要人，为什么自己打自己的嘴巴？政治是儿戏吗？政府不能代表民众利益，是事实，民众之不满于政府，也是事实，欲求民众不厌恶政府，政府只有站在民众面前，为民众的利益而奋斗，否则，民众对于政府，必由言论上之不满，进而表现于行动上的反对。党与政府之所以弄成今日分崩离析的局面，其最大的根由，即在于不肯接纳民众的批评。即所谓民主政治的精神，也是要使民众有自由发表言论的机会，不受任何方面的压制。政府应当是代表民众利益的，不是背叛民众利益的，否则，民众为什么应要压迫自己的政府？《新创造》虽然不免受着外力的压迫，但希望仍能保持固有的精神，批判到底，奋斗到底！

履冰 六月七日。

（载《新创造》1932年第1卷第5期）

言论出版集会结社信仰自由如何保障

诸青来

自东北事件发生以后，要求自由之呼声大起，此本由于人民之自觉，吾侪极端赞同。惟所谓自由者，其意义若何，范围又若何，不可不明白提出；若不明白提出，则国民党政纲中早有空洞条文（即对内政策第六项），确定人民有完全自由权矣；所谓《训政时期约法》，亦在第二章中列举人民应享种种权利矣；然而人民之被压迫如故，人权之被剥夺如故，不自由之痛苦亦依然如故，其原因果安在耶？曰今日人民所以深感被压迫之痛苦，不能回复人权，因有最大之障碍在；此最大障碍一日不除，即人民一日不脱离奴隶地位，享受真正自由，永久无望矣。兹列举各种障碍如左：

（一）言论出版之障碍

按照《训政时期约法》第十五条云："人民有发表言论及刊行著作之自由，非依法律不得停止或限制之。"而在《约法》未颁时，先有《出版法》（十九年十二月公布）；对于一切出版品加以种种限制，如报纸之须声请登记；有关政治之传单标语须经警察机关许可等。其有最大障碍者，为该法第十九条第一项，其条文如左：

第十九条　出版品不得为左列各款之记载：

（一）意图破坏中国国民党或三民主义者

又十八年六月六日第三届中央常务会议通过各项原则，其关于统一党的理论之第三项载明："确定新闻政策，在法律范围内人民得享有言论之自由权，但须严厉取缔反动宣传。"所谓反动宣传，不仅指违背三民主义者而言；即在三民主义范围以内，苟有碍统一理论者，亦可认作反动矣。吾侪主张真正自由，人民言论出版，不问其在党义范围内与否，应许其自由发布。《出版法》应立即废止。

（二）集会结社之障碍

十八年六月十七日第三届中央执委会议通过《人民团体组织方案》；其中规定，凡欲组织职业团体者，须先向党部申请许可，经许可后，再拟订章程呈请核准，核准后方可进行组织；其组成之团体必须遵守左列事项：

一、不得有违反三民主义之言论及行为；

二、接受中国国民党之指导。

十五年一月第二次全国代表大会通过《工人运动决议案》；其第四款中载明："党对于工会在政治上立于指导地位。工会中之党员，应做成工会之中心。"又《妇女团体组织大纲》第五条（据十九年七月国民政府训令）载明："妇女团体不得于三民主义以外为政治运动。"《文化团体组织大纲施行细则》（二十年二月第三届中央常务会议通过）第十三条载明："如有违背法令或三民主义情事，得依法解散之。"凡属人民团体选举职员，须先呈报党部，其选举时须有党部所派指导员监选员出席，方可举行（《二十年二月国民政府公布人民团体职员选举通则》)。人民团体选出理事监事就职，须依据特定规则宣誓（十九年九月第三届中央常务会议通过此项规则)。其誓词如下：

> 余谨以至诚实行三民主义，（中略）如违背誓言，愿受严厉制裁。

观以上所述，可知一切人民团体，莫不受国民党之层层束缚，重重箝制，意志自由完全丧失，集会结社自由完全剥夺矣。匪特此也，据《危害民国紧急治罪法》(民国二十年一月公布）第六条载明："以危害民国为目的而组织团体或集会，或宣传与三民主义不相容之主义者，处五年以上十五年以下有期徒刑。"人民组织团体或集会，不问其主义若何，苟非挟持武力或蓄暴动阴谋，安能目其有危害民国之企图乎？以上所述各项法令，均应立即废止。对于人民集会结社仅须有消极的限制，参照《德宪》第百二十三及百二十四两条用意可矣。

《德宪》第百二十三条　凡德人平和的不携武装，有集会权利，无庸声明，并不必得特别许可。

又第百二十四条　凡德人不背《刑法》上之目的，有结社权利。且此项权利，不得以其团体所抱为政治上社会政策上宗教上之目的，从而拒绝之。

(三）信仰之障碍

信仰有二：一为宗教上之信仰，一为政治上之信仰。国民党特定新仪式，勒令人民服膺党义，不啻以其党义为教义，以其党魁为教主矣；此为信仰自由之最大障碍。兹列举各项不合理之条文如左：

(甲）纪念周条例。纪念周以每周之月曜行之。其秩序如（一）全体肃立，(二）向遗像行三鞠躬礼，（三）主席宣读《遗嘱》（此条例系十五年二月第二届中执会决议公布)。

(乙）规定恭读《遗嘱》之范围令。凡各级党部各级政府及民众团体一切正式集会行之（十八年十二月国民政府训令)。

(丙）宣誓令。文官就职应宣誓曰：余恪遵《遗嘱》，服从党义，

（中略）如背誓言，愿受最严处罚。

武官就职应宣誓曰：余以至诚实行三民主义，（中略）此誓（十四年十一月国民政府公布）。

（丁）《乡镇自治施行法》。凡年满二十岁，无论男女，居住该乡镇区域一年，或有住所达二年以上，经宣誓登记后即为乡镇公民。其宣誓文曰：（上略）实行三民主义，采用《五权宪法》，（下略）此誓（十八年九月国民政府公布）。

（戊）《国民会议组织法》。国民会议代表于举行开会式时，应宣誓。其誓词曰：（上略）实行三民主义，《五权宪法》，谨誓（二十年四月国民政府公布）。

（己）《训政时期约法》第四十七条。三民主义为中华民国教育之根本原则（二十年六月一日国民政府公布）。

以上各项条文均应立即废止，若不废止，所谓信仰自由，根本即不能成立。闻第四届一中全会近日通过一议案云："切实保障人民言论出版集会结社居住信仰之自由权。"（系中委李烈钧等提案之第一项。）苟非将以上所述种种障碍，摧陷而廓清之，吾不知各项自由将何以切实保障耶？

（载《民声周报》1932年第14期）

论中国所须要的言论出版集会结社的自由

何子恒

一　小引

言论出版集会结社的自由，本来是国民党的党纲之一，可是这四年来，国民党虽掌握了中国的统治权，这一个基本的政纲，几乎没有切实的遵行过。直到全国人心十二万分的失望之后，于是为收拾人心计，再于去年五月间，订立一种约法，旧账重提地对这几种人民基本的权利，再加一重文字的保障。当时，我曾作了一篇批评这个《约法》的文章，叫做《写在国民会议及约法制定之后》，登在《新生活》周刊第四期（此刊物不久即停刊）。我当时即说，这个《约法》，在文字上总算对于人民的自由，加了一重保障，可是这种保障，只是一种文字保障，实际上必然绝无半点效力，因为国民会议并没有产生一个站在政府相对地位的人民参政机关来监督政府恪守《约法》的规定。后来政府一举一动所给我们的事实，几乎和未订这个《约法》时，绝无不同，言论的不自由，和未订《约法》时一样；新闻的被检查，和未订《约法》时一样；许多理论书籍的不准发行，也还是老样；集会和结社，也并不因这个《约法》订立之后，而稍呈活气。最妙的，就是和《约法》精神大相径庭的《出版法》，和《危害民国紧急治罪法》，竟一仍其旧，丝毫未经国民会议修正！

在不明了中国情形的外人，看了中国《约法》上所载着的自由，或许会误认为事实，那知在事实上，这些所谓人民的自由，只是纸上的自由；所谓人民的权利，只是一个骗骗小孩的空心汤圆！

直到国难发生，政府的威信扫地之后，为保持它的残喘计，对于拂逆人民意志的种种高压政策，总算渐渐在人民革命的威胁之下，敛迹了！本来肆行无忌的新闻检查政策，在各方的反对抨击与胁迫中逐渐废止了；本来动辄得咎的言论界，在国难的召唤之下，比较地敢于说话了。大规模的集会向来是梦想不到的，遂在长期的禁压之下，纷纷爆发了！唯有人民可以自由组织政党的结社自由，在所谓“反动”、“反革命”等等口号的威吓之下，尚少人大胆地来运用这种人民应有的权利。

但是这种言论出版集会等等比较的自由，纯粹是国难中偶然得来的短期的暂时的自由；统治者的地位一稳定，或又想禁压的时候，随时都可以取销这些自由。世界各国的统治者，决没有自动地给人民以自由，自由的获得，完全出于被压迫者向统治者争斗，而统治者则因形势的不可违抗和抵抗，始对人民让步。这次国难发生，充分地证明了这一点。

没有这次国难，南京前政府的弱点，还不致尽情暴露；人民对于前政府的信仰，还不致全然失坠；人民自决与监督政府的心理，还不致如此迫切；言论出版集会结社自由的要求，还不至于若是之强烈；即其命运，也不至于这样地短促。这是明眼人谁都能看得出来的事实，毋容我来赘述。我们所须认清的，便是一切的自由，决不是一纸空文的《约法》所能保障，乃是从争斗中得来的。现在我们的言论出版集会结社所以能稍形自由的缘故，全因国难中无数青年不绝的示威运动与奋斗牺牲换来的。换句话说，便是自由的保障，不在白纸黑字的党纲和《约法》，而在被压迫者自己肯起来争斗。

自从蒋主席下台，学生的运动，因小小的枝节，竟致受国府的禁止，至今，除中学生外，尚不敢有所举动，于此我觉得这数月内因国难所争得的自由，随时都有被统治者剥夺收回的可能。现在一中会虽又锦上添花通过切实保障人民言论出版集会结社一案，但对于保障这些人民权利的监督立法机关，至今尚未容纳人民参加，同时对于代表人民的参政机关（如宣传已久的国民救国会议案），则至今消息全无。保障的机关既未具备，假若现政府也循前政府的故辙，来侵犯人民这几种基本权利，试问人民究竟有什么力量去制裁它？

我们在现在的政治状况之下，可说没有相当的方法来制裁政府违法的行为。我作这篇文章的动机，就深恐国人误认自由的争斗，已到止境。无须再事抗争，致使最近所获得比较的自由，重复葬送于国人姑息因循的惰性之下。所以我在这里所要说明的，就是我们为什么须要自由。到什么时候，我们才不须要自由？在现在的社会里，我们应当怎样地去保障自由？或者现在的社会国家里，我们应该有怎样的最小限度的自由？现在请分别一说。

二　我们为什么须要自由?

自由，不论是言论出版集会结社的自由，都是不平等的社会里所特别发生的要求。在这种社会里，因经济上的不平等，所以不论在政治上社会上教育上，都发生了显著的差别。而言论出版集会结社自由，就是想凭借其本身的力量，来打破经济上政治上社会上教育上种种的不平等。所以自由的要求，就在打破不平等的社会，实现平等的社会。自由是由不平等的社会，进到平等社会中的一种争斗的手段。必待社会的经济平等了，自由的争斗，才变成不必要的事件。至于这个经济不平等的社会，一日存在，则自由的争斗，自然一日不可停止。

就现在世界各国而论，英美德法日本等资本主义国家，言论出版集会结社的自由，已不成问题，而在共产主义的俄国，言论出版集会结社虽存在，至于自由，那便不能随便了。我们中国在这种场合，究应效法欧美日本诸国呢？还是效法苏俄呢？要解答这一个问题，就看我们中国现在的社会，究竟是经济平等的社会呢？还是一个经济不平等的社会？欧美日本各国的所以不能舍弃自由，乃是因为它们的社会在经济上是一个宝塔形的、多阶级的社会，上层阶级与下层阶级的利益，有显著的矛盾冲突，所以下层阶级为谋解除其痛苦与不幸计，始有争言论出版集会结社自由的必要。至于苏俄则根本上否认了私有财产制度，铲除了经济上的不平等，大多数人在政治上社会上教育上皆有一般平等的趋势，自然无须乎自由的言论出版集会与结社了。因为现在世界上的政治制度，根本上说来，不过有产与无产两种形态，前一种的社会是不平等的，后一种的社会是平等的。在不平等的社会里，有向平等社会进发的趋向，所以须要言论出版集会结社等等的自由；在平等的社会里，目的已达，那做手段的自由，自然不再须要了。设在一个平等的社会里，更要求有自由的言论出版集会与结社，那因个人主义发展的结果，势必至于将惨淡经营而成的平等社会，重行毁坏而复返于什么都不平等的资本社会之域，所以在一个经济不平等及其他一切都不平等的社会里讲自由，有使社会经济进于平等境域的可能；在一个经济已平等而各方面皆有趋于平等趋势的社会里讲自由，那便有颠覆平等社会恢复不平等的危险，除非推进社会平等的言动。因此，在欧美日本诸国是非讲言论出版集会结社自由不可，而在苏俄则实无一丝一毫的须要。

至于我们中国的社会，究竟是怎样的一个形态呢？像欧美日本等资本主义国家呢？还是像苏俄共产主义的国家呢？在好些安闲阶级的大人先生们眼里，中国还没有大资本家，所以和欧美资本主义国家不同。不知资本主义的社会与非资本主义社会的判别，不在资本家的大小，而在私有财产制度的存在不存在。有私产制度，同时并不企图废止的，那便是资本主义的社会；废除私产制度，同时防止它的复起的，那便是共产主义的社会。因为前一种社会，资本家的资本纵或不大，可是发展起来的时候，便会有大资本家。例如美国在独立革命之后，国内并无大资本家，直到南北战争时还如此，但到近数十年来，那便大大的不同了，什么煤油大王、银行大王、钢铁大王、铁路大王、汽车大王，都起来了。这便因为美国的政治制度，是保护私有财产的，所以自始便是一个资本主义的国家。至于现在的苏俄，再过十年二十年之后，国富必然大大地增加，可是仍必不失为一共产主义的国家。因为它没有私产制度，个人的财富累积不起。

中国没有像美国那样的大资本家，固是事实，但是这并不能认中国不是资本主义型的国家，因为若照现状发展起来，大资本家即会产生。所以，中国这个社会，在量的方面讲，果然够不上是大资本主义国家或者是帝国主义的国家，可是在质的方面，中国却已是一个资本主义国家了。况国际资本主义早已侵入中国，中国既无大资本主义之名，亦已有资本主义之实。故说到中国的社会是欧美日本型的社会呢？还是苏俄型的社会？我们从经济的事实上来解答这个问题，又不能不说中国是欧美资本主义型的社会。

中国的社会，在本质上，既同于欧美资本主义型的社会，所以言论出版集会结社的自由，在中国是有绝对的须要，绝不能步武苏俄……因为苏俄的社会，是经济平等的社会，而我们中国正是什么都不平等的一个社会。我们没有苏俄那种主义而去禁压言论出版集会结社的自由，果然不当，看了苏俄的行为，而盲目仿效，那便更无是处了。

明白了上面这一点，便知言论出版集会结社等自由，在中国有绝对的须要。必待中国的社会，在各方面，尤是经济的方面，都平等一律了，这些自由，才成为不必要的东西。假若不平等的状态，继续一日，那被压迫的最大多数的民众，便不应放弃其言论出版集会结社的自由。

三　我们如何去求自由的保障?

我们如何去求自由的保障这个问题，在这国难时期中的个人的与群众的言动，已给我们解答了一部，就是唯有争斗，才能给自由以保障，除了争斗以外，决不是仅仅一个党纲或者《约法》所能保障。唯有群众的运动与争斗，才能防止政府官僚的胡作妄为。如王正延的被打而免职；陆游佁之撤职查办；陶百川、陈希曾之销声匿迹；施肇其、顾维钧之中途撤销锦州中立区案与天津共管案；又如张学良之声誉扫地，洪违忌之被保释放；扣留报纸之中止以及蒋主席之下野；推源溯流的研究起来，无一不是群众合力斗争所得的结果。在国难未发生前，国民党的党纲上及《约法》上固明明白白地写着保障言论出版集会结社自由的文字，但事实上所谓言论，只有对政府与党说恭维话，不然便装痴作聋地说些不关痛痒的话；出版呢，有许多的书籍，都在悬禁之列，许多的书店，尝被罚款与封闭；照例讳言国家大事；结社那便不必说是绝对不容许的反动行为，假使没有这次悲痛国难发生，这种文章与事实矛盾的滑稽局面，必会无尽期地延长下去。那知连年对内擅威作福的结果，竟给耽耽虎视的暴日侵夺了东三省，长期郁积禁压的民愤，也就乘时迸发，举一切言论出版集会上的束缚牵掣，自动地挣脱，并使政府当局在严重激越的民众感情与压力之下，勉强遵守了历年视为具文的人民自由的保障。

于此，可知人民若不以重大的压力，加诸统治者，统治者必不会自动地遵行其对于国民所发的信诺与所立的《约法》。我们读西洋的历史，也充分证明了这一点。人，不论是谁，本来是一种容易滥权舞弊的动物，非四围的监视与关防严密，必不能使他做一个绝无罪过的人物。必待懂得了这一点，而后才配谈政治，而后才配争自由。所以，我们此后，若欲确保言论出版集会结社的自由，那我们第一便不可失却在国难期中所表现的争斗精神。

但是，单有争斗的精神还不够，必须这种争斗的精神，不仅成为一种一时的感情的勃发，稍待时日，便由怠忽而中止，由中止而销沉。一种群众的运动，必须不仅喊几个不关大体的口号，请统治者注意人民的要求；必须助成几种可以拘束统治者权力的制度，使统治者不独不敢拂逆人民的意思，并且无法违抗人民的意思。所以在国难期中各地人民，尤其是学生所表现的精神，确乎配讲自由了，可是他们对于保障自由的种种其他的必要制度，却始终没有要求。从这一点上看，我又觉得这种运动，似乎还不足以谈自由呢。因为他们的精神，固足以争言论出版集会结社的自由，而他们运动的结果，除了这个运动以外，却并未替言论出版集会结社的自由，设立了制度上的保障。我在前面已说过，党纲上的保障，不是确实的保障；《约法》上的保障，也不是确实的保障；一中全会的保障，也不是确切的保障。真正确实的保障，只在结社的自由上面。有了结社的自由，始有敌党的监视，有了敌党的监视，执政的政党始不敢胡作妄为。而自由的保障，就不费人民吹毫之力而成全在异党的交哄互斗之中。所以言论出版集会等等的自由，要靠最后一个结社自由来保障。若事实上，结社不自由，异党不能参政，则无论在党纲上、《约法》上、提案上、写了“保障”，“保障”的金字，终必成为一种偶然的暂时的宽容，而不能成为一种没法摇动的确立的制度。可是，我们在国难期中所看到的，言论果然自动地自由了，出版当然不久也会跟着自由起来，集会也风起云涌地爆发起来了；独有所谓新的政党，却不见有人敢于组织，这也许给“反动”两字吓退了。因此我对于“反动”两字，便免不了又要饶舌了。“反动”两字，我以为只配苏俄去应用，我们中华民国实在没有资格来滥用。世界各国拿“反动”视为罪恶的国家，只有苏俄……苏俄和共产党的所谓“反动”，便是指那主张保持有产阶级的社会或破坏共产社会的那种思想和行为。他们所谓正动，便是用革命的方法去破坏有产阶级的社会而实现共产的社会。而我国民党的革命，理论上和实行上都没有走向共产社会的可能，为什么要盲目地去引用共产党所特有的名词？换句话说，国民党，无论在理论上和实行上，都和欧美的资产阶级的政党差不多，为什么不学欧美日本资产阶级政党的那种宽容的态度？便要学那极不相类的共产党的榜样？我现在奉劝国民党，劝你们此后，不要再开口“反动”，闭口“反动”了，因为你们并不是主张破坏资产阶级社会的政党，拿“反动”两字来吓人，实在太不伦不类了，你们还是学欧美日本的资产政党吧，不要将反对党看作不共戴天的仇敌！

但是，单有结社的自由，也还不够哩！人民，不论地方或中央，必须有普通的选举权，而后人民有力量可以相对地制裁一个失信溺职的政党或者一个政党里的几个政客。不然，言论出版集会结社的自由，不独有时受侵犯的危险，同时即使一时侥幸自由了，言论的力量，恐怕只止于言论，在政治上恐怕发生不出什么强有力的制裁和影响。

因此，国会和地方会议的设立，是绝不可少的一种举动。有了国会和地方议会，各党才有合法的政争的场所，在这种政争里，各党为了买好人民以为下届当选的缘故，对于人民的意思，决不至于十分的违抗，对于人民的自由权利，决不至于大胆蹂躏。可是在这次国难中，一般舆论与群众的运动中，对于这样一个可以防止政府滥权与保障人民自由的机关，竟至没有人提出来作一个民意所在的口号，所以我觉得现在所侥幸获得的暂时的自由，是生命脆弱得很的自由，除了纸上的保障之外，全然没有制度上的保障。

再如，司法独立，也是所以保障人民言论出版集会结社自由的一种设备。但在一个没有国会和异党自由的国家，那执政的政党或者行政官吏，便很易与司法官结托起来执法枉刑。所以没有国会和异党的监督和牵制，司法便不能独立，言论出版集会结社的自由，便没有保障。

最违背司法独立精神而危害人民自由的行为，便是逢到与政府当局中人有宿怨的人，逮捕到手，不交给普通的法庭去审判，而由军事长官或行政官吏自己组织特别的法庭去审判。一到那种法庭里去审判，人的自由与生命，十分之九，那就随当局感情的喜怒好恶而定了。例如国民党行动派领袖邓演达在去年十月二十六日在南京判处死刑，便是由军事长官或行政官吏自己组织的特别法庭去审判，现在我们不问邓演达应否有罪，我们觉得交给特别法庭去审判他，根本便是违反了司法独立的精神。南京的执政者，天天说尊重总理的遗教，天天说遵循党义，天天说《约法》，但是事实上仍组织了摧残人民自由的特别法庭去实人以罪。

这种自相矛盾的事实和行径，都是没有异党制裁的结果，也是没有国会的结果。

所以，要讲自由的保障，切不可再蹈迷信文字的覆辙。以为只要党纲上或《约法》上写了上去，便会发生效力。要讲自由的保障，第一要注意争斗的精神，第二要能利用争斗的精神来实现几种确实可以保障自由的制度，尤其在培养一种与执政政党立在对抗地位的政党势力，以为制裁牵掣的关键。若欲确保人民的种种自由，同时便得召集国会，使异党取得参政的地位，同时使人民获得普选制，俾人民得以制裁政党或政客的失德与违法，再借国会异党斗争的势力，造成司法的独立。这几点若能做到，则言论出版集会结社的自由，才算确立。

但是，很奇怪地，一般人都不敢自由地组织政党和提出普选与召集国会的口号来。在天皇神圣的日本，都能举办能早已实现的事情，中国国势凌夷到这个地步还没有人敢于呐喊，这我又觉得中国的国民性太弱了！中国的国民呀！你们凭已经表现过的精神，再来实现这几种确保自由的制度和设备吧！

自然，这些确保人民自由的制度成立之后，我们不妨更添几种确保自由的制度出来，如罢免官吏的罢官权，创制法律的创制权，修正法案与政策的复决权。我想只要有了国会，有了异党的存在，一手包办或者官官相护的事情，必致无所施其技了。

这是在一个经济、政治、教育等等都不平等的社会里所必要的自由的保障，除非到了经济以及其他一切都平等的社会，不容放弃这等保障。

四　我们所应有最小限度的自由

我们现在的所谓言论出版集会结社的自由，其价值不过是白纸上的黑字。其所谓保障，不过是绝无保障的保障。政府当局若一旦打起官话摆出官架来的时候，便可将这些白纸黑字的保障和自由加以蹂躏。而在将蹂躏的时候，又没有一个机关能设法阻止它；正蹂躏的时候，更没有一个机关能立刻制止它；已蹂躏了之后，不必说是没有一个机关去惩戒它。具体而有效的保障既没有，当然更说不到什么限度的自由了。

例如，民国十九年十一月二十九日在国民政府立法院通过的《出版法》，便是侵犯人民言论出版自由的一种特别法。但是到这个侵犯人民自由的特别法颁布之后，人民当然慑于“反动”、“反革命”等罪状，固然没说一句话，可是在政府方面，有无足以制裁政府这种侵犯自由的机关？完全没有，监察院是立法院的一个平行机关，管不了立法院的一举一动。中央党部监察委员会，是和政府一鼻孔出气的，决不会去打理立法院的事情。按照美宪，国会假使通过侵犯人民自由的法律，大理院可以宣布无效。这是拿独立最高的司法机关来防止立法部的滥权。英国虽不同美国，可是英国有普选的代表人民的国会，绝不至于通过这样限制人民自由的法律。

我在前面已讲过，若要人民自由有保障，必先扶植一种与政府立在相对地位或反对地位的势力去参政。所以国会是不可少的，反对党的参政，更是不可少的保障自由的条件；普通的选举是不可少的，司法的独立是不可少的。现在的国民政府，在理论的组织上，好像是五权分立，但在实际上，不独这五权绝不分立，而集中在一个清一色的集团的手里。所以这五个院，名义上虽然是分立，实际上这五个院之间，始终没有发生过什么争执与冲突。监察院理论上事实上并不能对政府提不信任案，或对于其他的院或机关提出弹劾案：政府的一举一动，始终没有受到那一院的牵制和反对。整个儿的南京，既是一个清一色的集团，自然要怎样办，便怎样办了。所以，政府的不能保障自由，并不在政府没有贴过保障自由的标语，订过保障自由的《约法》，而在没有容纳与政府党处于反对地位的政党参政。

《出版法》最不近情而应加以商榷的地方，便是第十九条的一、二两款。第十九条说：“出版品不得为左列各款之记载。”接着该条第一款说“意图破坏中国国民党或三民主义者”，第二款说“意图颠覆国民政府或损害中华民国之利益者”。

我觉得第十九条的第一款，实在是不必要的。中国国民党，假使它的所作与所为，足以满足人民的意思，我相信没有谁能以文字破坏它。假使国民党的政绩不独全不足道，并且它的所作所为遭人怨恶，那末即使没有人以文字来指斥国民党，我相信国民党的声誉也就扫地，他人不给它破坏，它自己也走到破坏的路上去了。

并且“破坏”两字，究竟怎样解？拿文字来批评国民党的作为，就能破坏国民党吗？我想国民党假使能虚心若谷地受人批评，不独不会受人破坏，并且还会因人的批评指摘，而有所顾忌，改正自己的缺德。若做国民的稍稍说几句不满意的话，便说他是破坏中国国民党，试问国民党所标榜的言论自由，还有什么价值？我始终以为文字的批评，不独不会破坏国民党，并且更足挽救国民党的堕落，所以我觉得这第一款的规定，反足以使国民党蒙偏狭之□而结无形之怨，所以大可取销。

至于三民主义，不过是世间无数主义中之一种，为是为非，为好为歹，为完全为缺陷，为可行为不可行，都有待于世人的自由批评。没有经过自由批评与自由讨论的阶段，而欲强人以必信，结果必致造成大批热中名利、口是心非的投机的伪信徒。今日国民党的声望所以失坠到这步田地，就在禁人自由批评三民主义，致使大部的信徒，都不是真信徒，而是伪信徒。假使三民主义，自始便容许人家自由批评与自由讨论，那一定不至于发生这种不可挽救的恶现象。

三民主义，确实是有至理存乎其中，那必不怕什么批评。同时，任何批评，也必致会损伤三民主义的毫末。例如马克思主义，经过了近一世纪的全世界的严格的批评，到现在不独没有破坏，并且势力愈来愈大了。

若三民主义果真含有至理，试问为什么要怕人批评？总之，这一条款，根本是限制了言论出版的自由，同时也是锢闭民智的恶劣办法，假使把人民看作有脑筋有理性的人，那便不容施行这类的愚民政策。

至于《出版法》第十九条第二款，比较的合理些，它的毛病，在用字的不妥。它说：“意图颠覆国民政府或损害中华民国利益者。”我的意思在“颠覆”两字上，应加“以武力”三字，所以改成“意图以武力颠覆国民政府或损害中华民国利益者”。因为不以武力的颠覆政府行为，我们不应该认为不正当。我们中国现在唯一的要图，就在避免以武力来作政治的斗争，若不以武力来作政治的斗争，那我们便应该欢迎之不暇。所以，假若政府有应倒之罪，那末只要倒之合乎非武力的原则，那便当予以容许。我们中国所以连年内战不息的缘故，就因为非武力不足倒政府的缘故。假若非武力，即可以倒政府，则一切的内战，也可以不必了；人民跋涉千里的请愿，及学生们愤慨激昂的运动，也无须了。关键即在当局开一非武力可以倒政府的道路，而后才能禁止以武力颠覆政府的行为。所以，第十九条第二款非加以修正不可，同时非召集国会，赋以监督政府及不信任政府等等人民应有的大权。

至于集会结社的自由，在二十年一月二十日以前，当局是用《暂行反革命治罪法》来严厉的限制，在此以后，便用《危害民国紧急治罪法》来限制，其中第六条说："以危害民国为目的而组织团体或集会或宣传与三民主义不相容之主义者，处五年以上十五年以下有期徒刑。"这一条上半段还不错，但下半段如说"宣传与三民主义不相容之主义者"那便侵犯人民集会结社的自由了，我以为应加删除。所谓自由者，即人民有自己选择主义或加入政团之谓也。现在，这一条规定，便只许人盲从三民主义，只许人加入国民党，试问所谓集会结社的自由在那里？

但是《出版法》与《危害民国紧急治罪法》中侵犯人民自由的地方，在国民会议里也没有加以修正；这次一中全会里更没有人提起。照样子看来，这两个危害自由的法，一辈子不会有改正的希望，除非我们人民自己提出来要求废止或修正。

关于人民所应有的最小限度的自由，在中国我还没有看见人谈过，所以我现特地将这个问题提出来，作为一个讨论的引子。我以为在言论出版方面，应该有较大的自由。按照欧美日本各国的通例，凡仅有言论，而无暴力推翻政府与社会组织的行为的，不应当受限制。照这原则□论，即使言论上说暴力革命，而事实上并无暴力革命的事迹，或环境的形势上不致发生暴力革命的事实的，或其言论仅为一种理论，事实上并无行动的，那便不应限制他的言论自由。

所以言论出版自由的最小限度，就是仅有言论没有行动，或环境的情势上不足发生危害政府与社会的事实的，不应加以限制。

至于集会与结社，按照欧美日本的通例，只要这个集会和结社，没有采用武力以推倒政府或改变社会组织的行为，而仅在国会中运用合法的方法以推倒或改变社会组织，那便不能予以禁止。照这原则，即使以暴力革命为信仰，而事实上并无暴力革命的事迹的，那便不容予以解散。

所以，集会结社的最小限度的自由，即是凡事实上不以武力谋推翻政府或改变社会组织的团体与政党，都应当予以切实的保护。不独予以切实的保护，同时应当在国会里给他们行使合法活动的权利，不然，我恐欲禁止诉之武力的政团或政党，是一件不可能的事。

例如，我们的学生运动，因为激于外交失败的义愤，殴打官吏，这在其他国家，是少有的事情，其根本的原因，就在中国的政治制度，根本无法制裁官吏的失职，人民想望郁积到极点，遂不期然而动武。这和中国的循环不绝的内战是一样的原因。所以今日最根本的要图，就是政治上非给人民以制裁行政官吏的力量。必待人民有了合法的制裁官吏的方法，而后因长期的郁积而发的动武的行径，才能消灭。

五　尾语

所以归结起来，我们若欲确保言论出版集会结社自由，除了争斗的精神之外，同时还须建立几种限制政府权力的机关，最要的，不仅徒有机关之名，而须这些机关中，确有与政府处于反对地位的势力存在。

（载《现代学术》1932年第1卷第5期）

可怜的出版物

陈觉是

近来港例，凡书肆及售报人所发售各种报纸及杂志，必先呈由华民政司检查，然后准予售卖。现在各报每晚必先送检，乃得发刊。此种检查，比以前之上海检查尤严。即如外埠寄来报纸，如属代理推销，必须由代理人亲送检查处检过，乃准发售，如有犯港例，则不准发售。譬如关于抗日一事，言论或有过激，即是犯例之一。《礼拜六》所持言论，固得港中一般人同情，但恐于港例仍未免有多少抵触，故现在广州各报，香港无一张发售，报馆所需为交换者，亦须由检查处检过，乃送交报馆。从前《生活》准在港发售，现因《生活》有涉及国家政治问题，已不准售，只有各书铺暗中发卖，取双倍价钱；如被查知，势必被罚。又如《东方杂志》，亦须检查，曾有一次将杂志内所指为犯例之处，用墨涂污，致有满纸涂鸦者，其情形如此。至于广州，其检查更比香港多两个机关。此种束缚言论出版自由，为之一叹！

（载《礼拜六》1932 年第 455 期）

著作人和出版人应知道的一些法律

一 之

出版人对于著作物不得增减或变更。

出版人对于印刷新版前，应予著作人以订正，或修改著作物之机会。

著作物翻译之权利除契约另有订定外，仍属于著作人。

著作物交付于出版人后，因不可抗力致灭失者，出版人仍负给付报酬之义务。灭失之著作物，如著作人另有稿本者，有将该稿本交付于出版人之义务；无稿本时，如著作人不多费劳力即可重作者，应重作之，但著作人得请求相当之赔偿。著作物未完成前，如著作人死亡或丧失能力，或非因其过失致不能完成其著作者，则著作人与出版人间之契约关系，即归消灭。

凡书籍、论著、说部、乐谱、剧本、图画、字帖、照片、雕刻、模型，及其他关于文艺学术或美术之著作物之著作人，一经依法注册，得就该著作物享有著作权，而就乐谱剧本有著作权者，并得专有公开演奏或排演之权（注意就他人之说部，排演戏剧或拍摄影戏，毋须向享有该说部著作权人征求同意，或购买排演及拍摄权，故上海大华影片公司拍摄《啼笑因缘》，虽未征得原著作人张恨水之同意，而拍摄又在明星公司之后，但注册在先，在法律上占优胜地位也，如果《啼笑因缘》系一剧本而非说部，则原著作人张恨水亦专有排演戏剧及拍摄影戏之权）。

著作权归著作人终身有之，并得于著作人亡故后，由继承人继续享有三十年。

著作物于著作人亡故后始发行者，其著作权之年限为三十年。

不著姓名或用假设名号之著作物，其著作权之年限为三十年（例如不肖生著之《留东外史》），期限未满前而改用真实姓名者，得终身享有之，其继承人仍可享有三十年之著作权。

照片之著作权，定为十年。

翻译本之著作权定为二十年并不得禁止他人另译。

著作权人亡故后若无继承人，其著作权视为消灭。

讲义演述虽经他人笔述，其著作权仍归讲演人有之。

法令、约章、文书、案牍、各种劝诫及宣传文字，公开演说而非纯属学术性质者，均不得享有著作权。

揭载于报纸杂志之事项，得注明不许转载，其未经注明不许转载者，转载人须注明原载之报纸或杂志。

就他人之著作人阐发新理或以与原著作物不同之技术制成美术品者，得视为著作人，享有著作权（注意：上海大华影片公司根据此条法律取得《啼笑因缘》之拍摄权）。

新闻纸或杂志，应纪载发行人及编辑人之姓名、发行年月日、发行所、印刷所之名称及所在地。

新闻纸或杂志登载之事项本人或直接关系人请求更正登载辩驳书者，在日刊之新闻纸，应于接到请求后三日内，依照更正或登载辩驳书之全部；在非日刊之新闻纸及杂志，应于接到请求后第二次发行前为之。

更正或辩驳书之登载，其地位与字体之大小，应与原文所登载者相当。

有关政治之传单或标语，非经该管警察机关许可，不得印刷或发行。

报纸登载侮辱公署事实，无特别明文规定者，应依刑法诽谤罪处断；攻击个人阴私，损害其名誉，达于公然侮辱之程度者，得依刑法诽谤罪处断。但能证明其为真实者不罚，惟涉于私德而与公共利益无关者，不在此限，以善意发表言论而有左列情形之一者不罚。

一、因自卫自辩或保护合法之利益者。

二、公务员因职务而报告者。

三、对于可受公评之事而为适当之评论者。

四、对于中央及地方之议会，或法院，或公众集会之记事，而为适当之载述者。

私人信函，其所有权归于收信人，而著作权归于写信人。发表私人信函而未征得写信人之同意者，一切责任，由发表人负责，经写信人同意者，由写信人与发表人共同负责。

（载《中国出版月刊》1932 年第 1 期）

翻版书的展望和没落

可怜不死

我们在私有财产制度下挣扎的人们，我们在资本主义没落的前夜的被剥削者，微微的传来了翻版书的消息，没有什么惊奇，也用不着作无谓的欢喜。

这是过去的事实：一件事的发生，必有那件事的社会环境，不管是经济的或政治的，翻版书自然亦不能例外，一般的书贾们，他们是怎样的大登广告，是怎样的廉价，是怎样的爱护读者；然而终于说书的内容是怎样的丰富，一元或二元的实价，在他们的主观上，是再没有如此贱价以飨读者了，著作家呢，更难说，他们觉得他们（一般的著作家，自有不在经济而图以广宣传的）的大作再好没有了，版税的丰收，更是他们一致的要求，在这两种客观环境下，廉价数倍的翻版书必然的应运而生。

我们深刻的了解到翻版书的社会环境，所以我们对于翻版书的展望和没落，用不着如何的探讨和分析；我们只有静待着它的环境的转变，而判断它的展望或没落。

目前的翻版书，已经成为很严重的问题，尤其是在著作家、书贾和读者的三方面。胡适之等的《呈市政府文》，无非是表示他们是资本主义的拥护者，争取他们的共同利益，是他们一致的要求；在另一方面说来，就是加紧的向读者进攻，加紧的向读者剥削。这一般受经济压迫的读者们，他们没有枪械，更没有握着政权，他们只有呼喊，他们只有用亲历的苦痛，去号召一切的同盟者，五月十九的《世界日报》的《读者论坛》中所发表的言论，就是铁的事实。

一切的著作家和书贾们！你们如果要诚意的取消翻版书，获得你们最后的胜利，就是你们取消法律政策。加倍封闭书店，加倍多罚“五十元”，于你们有何补益？难道翻版书就取消了吗？试问书店是不是你们的同盟人？如果所有一切的书店，都因翻版书局遭封闭，那吗，你们的著作，你们的书籍，怎样送给读者？所以这个政策，是你们自己撞击你们自己的警钟，如果你们要根本的铲除翻版书的话，你们就应消灭翻版书产生的社会背景，一种书的刊出，印两种本子，一种用好一点儿的纸张，使一般资本家购买；另一种用极贱的纸，如报纸等，卖极贱的价，虽不如翻版书的贱，比翻版书，亦高不了多少。

一切的读者们！你们亦不要忧虑，你们静待着，在这一次的斗争中，你们还可获得更好的书籍，因为斗争是只有进步的，一切的著作家及书贾们，依然的用压迫政策去用法律解决，而不设法根本铲除，以后的翻版书，更精巧，更优美，或许因客观的环境，形成集团的组织

（现在翻版书，有没有集团的组织，不得而知）。对于错字方面，特别注意，难道不是你们的福音吗？如果开明的著作家和书贾，采取我上述的意见，极贱的本子，你们亦可以获得，所以你们终于可得着胜利的。

（载《中国新书月报》1932年第2卷第4—5期，录自《世界日报》）

关于翻版书之我见

赵 真

这几天来，北平的翻版书商，遭了大大的抨击，大概是他们的末运到了。记得去年这时，冰心女士曾为翻版的《冰心女士全集》，给翻版书商一个严重的警告，张恨水君也曾为他的《啼笑因缘》有人翻版，想提起诉讼。在著作者和书局的老板，实指望着借此恫吓着，便可使翻版书绝版，而一般书商竟置若罔闻，依然如故。警告自警告，起诉自起诉，而他们翻印亦自翻印。

前几天，张君恨水已实行提起诉讼，各著作人声援，胡适、谢冰心、刘复等亦函市政府，请严为取缔。继之，北平市翻版书商人，日必捕数人，关于此类论文，亦时见各报，真是闹得满城风雨。

翻版书之直接蒙其害者，即该书之原出版处。以重金购得版权，销路因受翻版书之影响而减少，当然要亏累；因此不得不低价收买版权，以维血本，若是则著作人当然要吃亏了。一般作教授的，固然没有什么要紧，而仅恃著述为生的作家，则诚难不受影响。同时，又因为销路不佳，不得不提高书价，以补损失，则读书者亦受其害矣！原版书越贵，读者越不买，则出版业必至破产而后已。翻版书商人之罪恶为何如哉？

一般读书人，经济困难的，为便宜不得不购买比较价廉的翻版书；还有不懂得的，受其蒙蔽，更有想借此摆书架，不是真正想读书的。于是，翻版书便充斥市场了。翻版书商之日见其多，非无因也。吾亦读书界之一份子，谨将翻版书之劣点列左，以贡献于读者：

（一）错字百出：凡业此者，尽不学无术之辈，只顾鱼目混珠，欺骗读者。得一好书，则仓猝翻版付印，不暇校正，且亦不会校正。在小说易解者，固无多大关系；而研究古学诸书，如王允《论衡》、《诗经》、《中国文学史》等，研究社会经济之名著，如《原富》、《经济学大纲》、《中国古代社会研究》等，皆深奥费解，或有主要字句及名辞，苟错一字，则以讹传讹，贻害匪浅。

（二）纸张不良：彼辈书商，只顾自己利益，遑计他人蒙害。为获得更大之利润计，纸张力求其坏，印刷力求其糟，以期成本至最低额，获利则最高额。不易保存，时虑毁破，且伤耗目力，不适阅读，细为计较尚不如勉为其难，忍贵以购原版书，既美丽，且坚固耐久。

（三）页数错乱或遗落：书商既非为谋读者利益，错字时出，页数之错乱，前后倒置，或遗落多页，读时恐困难百出矣！

翻版书既有如许之害处，翻版书商人实为读书界、出版界、著述界之公敌。我们总要站在一条战线上，向他们迎头击去，使他们一败涂地，一蹶不振才好。

（载《中国新书月报》1932年第2卷第4—5期）

为翻版书人进一言

桐城吴宝珪

近一个礼拜，为着翻版书籍，闹得乌烟瘴气，这时的我，也是如鲠在喉，要说几句话。在这里我要声明的：不是著作家，同时也不是大书局的掌柜，当然的，不给他们来说话，我是因为得着过去的经验教训，我要说几句话。

一向《读者论坛》所登载的，都是拥护翻版书的，而给他庇护的，怎样有益，怎样无害，这个觉得未免过火一点，因为翻版书根本是害多而益少——至于没有。它的害处，略举三端。

第一，目的错误。

上次有一位说过："造成翻版书的原因，是各书局售价太高。"这句话只能翻版书人说来塞责的。要是站在客观地位，就不应该说这句话，例如有一个买者要是不知道它是翻版书，他一定是昂其价，结果把买书的人吃了一个亏，这是事实告诉我们，他的目的是在贪财求利。

第二，使学生多花无谓金钱。

当一学生，看书选择，最要紧的事；培根说："有些书宜尝之，有些书宜吞下，有些书宜细咀细嚼以求其消化。"尤其是一般穷学生，要买一本书，真不易得，这样就不能不注重选择，所以买一本书，是必要有价值，根据上次有人说过："翻版多是小说，没有看第二遍的必要，换言之，就是没有保存的必要。"那么花难得的钱而买看过不要的书，这未免太不经济了，我觉得这种书，根本不需要买，假如要是看，图书馆多的是，又何必出此得不偿失之钱呢？所以现在学生，以为有了翻版书是很巧的，可以多买几本，摆在书架上，又能装装美观，以致买了几个名称、几样花色的书，终于是一本，这就是"贪小利则大事不成"的明证。

第三，贻误青年学识。

翻版小说错字，固然是看得出来，这是浅而易见的，但是中国文字书，错字就未必看出来，不能比冯玉祥，决不能离鲁，因为他是现代的人；并且有历史的，谁都会知道，假如中国文字书"李晟未吴人善画山水"，在看书的人，能够看得出来吗？殊不知这"晟"字是这"成"字，要是这李晟，当然是唐朝临泽人，又"王维是晚清文学要人"，在看书的人，就能够一见即解，殊不知少了一个"国"字，像这样的重要书，当然不能为省得几文钱——省与否还是问题——而把古来的要人，弄了一塌糊涂莫名真象，甚至于盲从了，多么危险，这不是翻版书籍的人给学生一个打击吗？在现代的中国，拿真钱买不到真书，这是最可痛的一件事。中国的一切，固然是虚伪，但是我不相信神圣的书籍，都会虚伪起来。真的，我有一次，花了我平生所最难得的两块多钱，去买三本《国故学讨论集》，谁知可怜虫的我，就遇到这位奸商骗起来了，结果是个翻版，所谓古语"国家将亡，必有妖孽"。

对于大书局及著作家，当然的没有便利给我们，不过我也不愿多说，因为近来报纸披露很多，无庸我再画蛇添足。

（载《中国新书月报》1932年第2卷第4—5期）

我亦一谈翻版书籍

悼　春

三年前我初到北平，不知何为翻版书籍，因此买书恒被欺诳。我花两角钱买一本《莕莉》，别人花八分钱就买了。后来我也渐渐知道那价格无定的书叫做“翻版”。其特征纸张恶劣，字迹差误，这可以《屠场》为代表。现我在北平住了三年，翻版的伎俩看来大为进步。闲步市场，见书摊所摆，几莫非翻版书籍。敢问其如何进步？曰：不过奸商牟利之方法益精，而其翻版之办法益复杂耳。前我初到北平，翻版与原版之分别惟纸劣与错误二点。今则不然，请试为分述：

（一）更换书名。如《鸭绿江上》改为《碎了的心与寻爱》，《我的幼年》改为《沫若自述传》，《彷徨》改为《幸福的家庭》……

（二）割裂与拼凑。如《冰心女士全集》为割裂《寄小读者》、《超人》、《往事》、《春水》等拼凑而成。《冰心女士全集续编》则与“不续编”者内容差不多相同。《鲁迅全集》（即《文艺小说全集》）则为割裂《旧时小说集》及《杂感集》、《文集》并《转变后的鲁迅》拼凑而成。《胡适散文选粹》则为割裂《胡适文存》拼凑而成，而所选又非必其“粹”。《沫若创作集》则割裂郭著《小说集》及其《文艺论集》等拼凑而成。《沫若文选》亦割裂郭著作拼凑而成，而又将郁达夫《给一个文学青年的公开状》杂入之。《京津纪游》则为割裂《橄榄》与《星空》拼凑而成。……

（三）改人名。苏曼殊《断鸿零雁记》则书“郭沫若著”。成仿吾《使命》既改名《仿吾文存》，《成仿吾文艺论集》，还不知足，还要题为“郭沫若著《现代中国文学评论》”；《中国社会结构》为周谷城所著，则题为《中国社会原理》而书以“沫若”二字……

（四）其他。合《黑猫》与《塔》而为《黑猫与塔》犹可原谅，乃又改题为《桌子跳舞》，荒谬孰甚？

翻版如果样子不改，虽然纸张恶劣，错字杂出，然而“贱”，则尚福国利民不浅，现在翻版伎俩既然进步到更换书名、更换人名乃至割裁拼凑，虽“贱”亦不可取矣。所以自从翻版事业进步以来，我发誓不买翻版书，无钱则宁不看其书亦不买其翻版书，等到“发财第二年”再买原版书看。

看官！你道翻版家何以出现？他们也是鉴于穷学生们买不起原版书而作这种投机事业以渔利的，要想取缔此种奸商，也要顾计到穷学生。著作家、出版家虽以得钱为目的，然同时其责任则在文化之进步，故望著作家、出版家想一个抵制翻版的办法而不要仅在求官方取缔，去年水沫书店的《西部前线平静无事》为抵制翻版起见，曾自印“普及版”，价格很低，错字又少，只是纸张次些，人争购之，我看此种办法很可大家采用。本来著作家的著作，也不一定怎样可贵，随便用报纸印出来也就是了，书局每本所得虽少，而“多卖”亦足以弥缝之。

诸位著作家们啊！诸位出版家们啊！你们如果采纳鄙见，则自己之利益可增，究察之麻烦可灭，穷苦之学生可便，中华之文化可光！何乐而不为此！不然，假使我们穷学生联合起来，全等待“发财第二年”再买书看，我想你们的书店也该关门了。

（载《中国新书月报》1932年第2卷第4—5期，录自《世界日报》）

说说关于翻版书籍的问题

孟　班

近来关于翻版书籍的问题闹得很厉害。上海各书局组织联合公会找到北平来了，这的确是一般奸商的一个致命的打击，然而给北平一般穷学生的打击也不轻！

本来社会上发生一个问题，并不只简单的就是表面上的几个问题，背后却有许多连系，就拿翻版书籍这件事来说吧，表面上固是奸商牟利，侵害版权，在法律上说，是无疑的是要取缔。然而如果真的市场上没有了翻版书籍，不知有多少穷苦的学生在背后叫苦连天哩！

真的，翻版的书，实在是太便宜啦，原版的要二三元才可买到手，而翻版的只要几角钱，无论它是纸张怎样恶劣罢，内容是错字太多罢，但除去一般以书籍为装饰门面的阔学生们，像我们这般无钱的穷光蛋，当然是要买翻版的了，原因是很简单的，用不着细讲。

但这是私情，没有资格拿来搁在桌面上的，所以，穷学生们虽是心里着急，却不能说一句。

现在我的意见是：翻版书籍的奸商这种行为，是极该取缔的，同时，对于上海各书局及诸位作家也进几句忠告。

书局的老板们：我们穷学生的购买力实在太弱，请诸位也要顾及一点我们的利益，少赚一点！把价目定低着一点，纸张无妨坏一点，只要内容不错误就成。假如贵局出版的书籍也和翻版的一样价格，稍贵一点也可，那样至少可比以先多销售数倍，一方对学生给了莫大的帮助，但你们也比以前不少赚钱。举个例来说罢，《中国古代社会研究》这部书，原版的是一元八角，这个价格，便令穷学生们望而却步，以我来说罢，在该书未有翻版之前，实在没有能力购买，随后翻版的出来时，我的案头上居然也置有一部了。像我这样的情形的学生，很多很多，所以诸位老板们若只把翻版书籍打下去，而不想别的办法，结果，销路也见不得比从前畅快。

敬爱的作家们，你们的职责是提高社会文化的，领导青年思想的，不是牟利的。固然，饿着肚子提笔著述是不可能的，然而，自己吐出来的心血，让书商们拿去榨取穷学生，也是太不值得；所以我希望诸位想一个办法顾及着读者的利益，救一救无购买力的学生们，使你们的作品每个青年都可读到，每个青年都受了你们的指导，那时诸位才尽了职责，才感觉愉快。

记得郭沫若先生在一章文章里曾经说过，原文不记得了，大意是在现代有一大部分的青年，没有钱买书，而书店老板们把价格定得太贵，他自己想找几个同志，开一个书店，自己创作，自己出版，把价格定得极廉，使作品普及于一般的读者。我当时正感觉着无力买书的痛苦，看了郭先生这段话，非常高兴，于是期待着，期待着，然而期待至今，郭先生的计划，还是没有实现，于是我大大的失望。现在，诸位作家们，能否从郭先生之议，把这个计划试一试，如果能成功，那真是我们穷学生的莫大的幸福了，我们十二万分的企望着。

（载《中国新书月报》1932年第2卷第4—5期，
录自5月19日《世界日报·读者论坛》）

现下翻版书籍与原版书籍之比较

田逆生

前些日子各大书局见到营业的不利，群起反抗，请当局严加取缔翻版书籍。昨日又见报章上胡适等著作家亦联名请市府严饬取缔，他们并且高骂着翻版书籍的弊害，对于中国的文化是有多大的害处。

事实上是不是翻版书籍有莫大的害处，对于中国文化是不是有恶劣的影响，我们须具体的比较一下，而不能白说空话，就算完事，现在以我常看翻版书的经验，把原版书籍与翻版书，比较一下。

（一）纸张的恶劣

翻版书籍所用的纸张非常的恶劣，不像原版书籍用甚么上等道林纸；但与原版书籍之比较，翻版书籍有甚么好处？有甚么坏处？它的坏处是纸不坚固不宜保存；它的好处是纸不反光，于读者的眼睛却有莫大的利益。但是翻版书多是小说，没有看第二遍的必要，换言之，就是没有保存的必要，试问读者买甚么书籍呢？

（二）错讹字的研究

的确，翻版书籍比原版书的错讹字太多了，是容易惹得读者讨厌的；但所错的字都是极明显的，一见便知的，不容受错字的害处。我尚以为还有三件好处：第一可养成改错的能力，第二可养成读书的能力，第三可养成细心的好习惯。譬如下面的句子，谁看不出错误之何在及错误之来源呢？

A. 共同委员会今陈开会。

B. 冯王祥决不离鲁。

C. 法国政局剧变后如何影响国际政治。

D. 日木吞并东北野心益亟。

E. 苏俄小觉生，秘密组织“反动”机关。

（三）价目之比较

翻版书籍价目特别的便宜的好处，却是原版望尘莫及了。

以上的比较，知道翻版书籍并没有损害，只有宣传文化的益处，怎能不使一般读者购买翻版书籍呢！况且翻版书籍如有莫大之害处，读者自然按着优胜劣败的定律而不买了，似乎用不着你们各大书局的劝导。

最后我劝各大书局想取缔翻版书籍，唯一的方法不是“查获”、“取缔”、“呈请”所能办到的，而是根本自己觉悟，低廉自己书籍的价目。

（载《中国新书月报》1932年第2卷第4—5期，录自《世界日报》）

看了胡博士等请市府取缔翻版书业函以后

光　化

这几天报上关于翻版书籍的消息，也可说盛极一时了，其实平市上之有翻版书，决不是自今日始，在数年前就有了。大凡社会（当然是现资本制的社会）上各种罪恶的发生，都有它产生的社会的因素，就此翻版业来论，确是侵犯他人权利，为国法所不许，应加以禁止，但我们从大的方面来着想，这翻版书籍是不法事业，正是现社会的征象，正是中国经济穷困的表现，假设占全国人口少数的读书人们，都像那一衣数百金，一饭数十金，在跳舞场的当差给提提衣即赏一元二元的人们那样富有，他们也决不购买这样装潢不美、错字满篇的盗版书籍。翻版业者若不是受多数的欢喜购买，他也决不去冒着险去翻版，再退一步说，他若能在社会上找得其余相当职业，他也决不干此不法勾当，况且其中也无甚大利可图；我们不用去清算他们所下之成本及所得之利益，来估计用二角多钱所买的厚有三百多页十八开（或是二十开，我是外行故不甚清楚）大小的书籍，就可知其所获无几了。我们没听说那家大书局是由盗版发财而成的，我们却都知道商务印书馆在清朝时不过一小书店而已，今竟成了驰名全国首屈一指的书业者了。

此外还有造成翻版书的一个大原因，就是各书局的书籍售价太高，与成本——版权原料工资等费之数相差太远。一本不过二百多页，十八开大小的书，竟售价二元多，试观我们中国有此购买力的有几人？无怪乎其不顾危险犯法，而作盗版业，读者不嫌错字满篇而购翻版书啊！

书业诚然有关一国文化之盛衰，若一大书局能站在社会立场上，以发展文化为前提，以营利为次要，而把书价定在适当价格上，不但社会文化受其益，也未始不是一种消灭盗版书籍的良法。今反观事实，乃大为不然，凡一稍有价值而为名著者所著之书，著者固索高昂之版权代价矣，而书业者于已含有大利价格内更加上一般人对著者的心理价格，所以常有一书，必用三四元，至少也须一元以上才可买。今阅胡博士等致市府函云："各书局亦多能以福利社会为怀，不斤斤于利益之厚薄。"若以此征诸事实，真是欺人之大笑话。我记得去年上经济学原理的课时，有位有名的大教授说，某大书馆现在藏着数十种有价值的新著作及翻译书稿，但是他非等着他的已出版的同种书籍卖的有相当利益后不出版，可是他对此等书稿的版权都是用极大价钱买来的，且用尽了力量来搜求名著者的为时代所需要的新著作，而著者为得善的代价不加详察的就把版权出卖了。我还有本书在二年前因当时不知道他们有这种黑幕就卖给他了，可是到现在还没印出书来，依这样看来，书局不但不福利社会，反把持印刷业，阻碍新文化之进步、新思想之发展，乃社会之极大罪人！

吾为此言，绝不是拥护错字满篇——胡博士等所说之“割裂拼凑，杂复成文”，“甚或以反动思想，混入期间”，吾曾读盗版书大小二十余本，却未曾见有此情形者，但也没有同真版对照阅读，也不知胡博士等所指之反动思想为什么，所以我今是不敢相信有此种盗版书，但也不敢断言没有。我得到的是错字——的盗版书业，实以胡博士等和各书局老板们，不求翻版及欢喜买翻版书籍原因之由来，去对症下药，以消灭此不法误人事业，反舍本求末，袭取帝国主义者的高压故技来强力禁止，吾恐此事业绝不是一纸法令，甚而几个暗探所能禁绝的吧！

（载《中国新书月报》1932年第2卷第4—5期，录自《世界日报》）

翻版书籍不应焚毁

白　水

翻版书籍在北平特别的多，一般穷苦学生多因价廉争而购之，故其营业颇为发达。年来上海各书局受影响甚大，因联名告发并在各处派代表秘查，数月以来相继在北平、天津、济南等处查获者不下十数起，致一般翻版书商大为敛迹。近又在平查获翻版书籍一大批，翻版书商陈某已被告发，并在杨梅竹斜街赵某家中查获翻印书籍多种，解送公安局讯办。报载公安局进行调解，除罚被告洋五百一十元给原告了事外，并将此大批书籍实行焚毁。

翻印书籍，侵害版权，此种投机奸商，实应严厉取缔，原告所受之损失当然必须依法赔偿，至于所余之翻版书，原属有价值书籍，捐与各学校、各图书馆及一切文化机关，对于民众及社会上都有莫大裨益。现在中国文化不振，教育落伍，国人提倡尚不及，焉可作“焚书”之举。翻印书籍，固属犯法，但法有明文、不妨严办，对此不幸之翻版书焚之殊为不当。

（载《文艺战线》1932年第1卷第31期）

出版界之肃清运动

霄

这几天北平市上各书店东家被搜查翻印书籍，颇有雷厉风行之势，尤以劝业场搜出《冰心全集》一幕活剧为最有声色，因为搜者一方面虽然得着真凭实据，而被搜者一方面可以诿为贩自他处，不负责任也。此种情形，与行使伪钞，制造假票大略相同；而作孽更大。

最大不同之点，就是伪钞之行使，只能蒙骗一时。假使我们明知钞票是假的，决不肯接受。而书籍则愈是翻版，愈能畅销；价钱便宜，青年学子经济力薄，只图价贱，对于纸板之优劣，字句之讹舛，不暇顾虑，于是“奸商”愈发得意了。

闻上海、北平书业公会，中华著作人出版界取缔翻版联合会各巨头已作大规模的肃清运动，这的确是一件很可注意的事。

（载《大公报》1932 年 5 月 12 日）

北平破获翻版机关

记　者

自去年十月间，北平各书局联合具呈当地官厅，声请取缔翻版书以来（参看本月报第一卷第十、十一合刊本第二十七页），上海各书局对于此事非常认真，曾派员前往北平会同该地各书局与著作界联络，实行侦查。结果于本年五月二十一日，破获翻版机关，并抄获各种翻版书籍二百余种，约计值价二万余元。兹摘录平津各报之记载于左：

北平《全民报》（二十一年五月二十一日）

本市翻版书籍连日因检查严厉，奸商遂乘机纷纷运往外埠，或秘密收藏，以图灭迹，讵前晚八时许，有人向新书业代表□告密，谓东城梅竹胡同二号，赵姓家内，储有大批翻版书籍，当由该代表等邀集新书业各同行，乘坐汽车至内一区第五派出所报告，会同该所白润齐巡长及警士三名，至梅竹胡同检查。该屋院子极大，除房东徐姓自住外，租与文治书社主人赵勋臣及昆仑书店经理杨绥亭合住。当在四院赵之宅内搜获翻版书籍三大间，共计二百余种，约计数万册之多，其中有张恨水之《啼笑因缘》千余册，周佛海之《三民主义之理论的体系》六七百册，胡适之《胡适文存》二千余册，《大公报》之《苏俄视察记》数百册，世界书局之《银汉双星》等数种，开明书店之茅盾《幻灭》数种，现代书局之《脱了轨道的星球》等十余种，北新书局之《寄小读者》、《鲁迅全集》等三四种，太平洋书店《三十年中国政治史》、《经济学新论》等数种，光华书局之《新文艺辞典》等十余种，亚东图书局馆之《少年飘泊者》三四种，其他如上海华通书局、大江书铺、南强、启智、湖风、乐华、光明、文艺、水沫、乐群、泰东、新宇宙、新学会社、民智、新生命等各书局，版权所有之书，均被翻印（书名从略）。当由警士代雇汽车数辆，将伪书悉数送至内一区，由该区季署员分别保管；同时在赵宅搜到簿据多册，均登载往来各户及印刷细账，并各种发票证据多种；又有诲淫书籍《和尚缘》、《双梅景暗》、《株林野史》等多册，警士以有碍风化，亦一并送区，并将文治书社伙友王某带署，据供此项翻版各书，除该社自有外，尚有新亚书社陈炳光以及杨某等均有重大关系，当由署按名侦缉。讵赵某等已闻风潜逃，闻该案今日将移送公安局严办，内幕重重，牵连必多，为翻版中破天荒之巨案云。

北平《世界日报》（二十一年五月七日）

上海新书业公会鉴于近来北平翻版书充斥，月前特派代表数人，由沪来平，分头严密调查，兹悉日前在琉璃厂地方，查获上海现代书局版权之《中国古代社会研究》八百本，当将在途押运商人刘长森，连同伪书并解外二区，送公安局讯办。经刘某供认翻印不讳，并指出承印此书印刷所为琉璃厂聚珍阁，当派警搜查，已将赃物搬去，遂将该店掌柜魏某传案，一面复由刘某供认此书翻印主动者为东安市场文华书局，当将该局掌柜杨某拘到，定期严讯拘罚。昨日上午九时，北新书局经理史某行经杨梅竹斜街，见有新书一车。后随一人，形色张皇，遂上前查问，讵适为该局出版之《曼殊全集》　百本，及其他翻版书二种，当鸣警将人赃解送外二区，后悉该书为皈子庙十九号恒记兴装订作装订，遂派警向该作坊查抄，尚有一千四百本正在装订，乃将该作掌柜张振海，连同伪书带区。闻此书翻印人张某，已由公安局缉传，归案讯办，本市书业同业公会，昨特具呈市政府及公安、教育、社会三局，请求从严取缔，以保书业版权，而维营业云。

北平《京报》（二十一年五月九日）

翻版书籍，充斥市场，鲁鱼亥豕，陷误读者不少，而出版者与著作家之损失，尤所不赀。平市连日破获翻版多起，已依法控诉，当可寒奸商之胆。上海新书业等二公会昨特发表调查北平翻版书籍之经过，以明真相，兹录原文如左：

北平为全国文化集中之区，我书业素所重视。民国十二年新文学勃兴，新书业遂应运而生，然一书出版，须以重价收买文稿，或与著作人订立契约，抽收版税，而印刷纸张装帧等必力求完美，故成本浩大，绝非旧书业印行无版权无版税之书所可比拟。幸荷读者赞许，销路与日俱增，因此引起北平书业中不肖之徒，翻印牟利。殊不知新兴之文化事业，为其捣乱既尽；究其翻印之书，内容错误百出，而印刷纸张，尤觉恶劣不堪，贻误读者，实匪浅鲜。查民国十八年间，营此翻版事业者，尚只二三人，而被翻之书，亦仅五六种而已。迨至民国二十年，以此为业者，竟达六七十人，被翻之书，不下五六百种，甚至某书馆某书局篇幅极厚之《辞源》辞典，各巨著，亦公然依式翻印。若辈除在本市发售外，且运销至津浦平汉正太北宁各路线重要商埠，我新书业之华北营业，固被其打击殆尽，而数千万华北青年学子，受其蒙蔽诈欺，为害尤烈。出版界虽直接受莫大损害，而著作人权利间接更剥削无遗。推厥其因，最初发生翻版案件，各出版家以远在上海，鞭长莫及，无能为力，固属其因；然昔日官厅之不明《出版法》及保护著作权，亦属其果。兼之平市之印刷界，间有不法之徒，不顾利害，勾结翻版奸商，任意印刷，因此愈演愈烈，我新书业为其剽窃，焉有底止。文化前途，何堪设想。今为急救存亡起见，不得不下决心，彻底查究，幸此次鄙人等连日举发翻版案件多起，深蒙当轴依法办理，严加取缔。但一般奸商，难免图穷见匕，势必无所不用其极，尚望舆论界予以相当援助，冀在最短时间内，将翻版各书全部肃清，以保我新书业固有版权，而免著作人受无形损失，则无任欣幸之至。上海新书业公会代表洪雪帆、北平市书业同业公会常委史佐才、中华著作人出版界取缔翻版联合会发起人张啸空，二十一年五月八日。

北平《时言报》（二十一年五月九日）

廊坊头条劝业场各书铺，陈列翻版书籍甚多。琉璃厂北新书局经理，因版权被人侵害，特于昨晨前往三段派出所报告，一面亲往查看，在劝业场文华书局内果有大批翻版《冰心全集》等书多种。史某即行指出，拟报告场内警察，讵该书局伙友三四人揪住痛打拳足交加。史某见势凶猛，当即喊叫救命，迨场警赶到，始将该翻版书籍，并文华书局掌柜郑朝栋连同史某带区解送公安局第三科讯办云。

北平《世界日报》（二十一年五月十五日）

本市自取缔翻版书籍以来，已引起著述界之注意，公安局各署，协助查究亦非常努力。昨日（十四日）西单游艺商场各书摊，尚有翻版书籍出售，当由新书业代表数人，会同内二区警察四名，向该场各书摊检查，旋在德兴书局及文学书店及各摊上查获《胡适文存》、《胡适文选》，开明书店出版《处女的恋爱》，光华书局出版之《文学小史》及现代书局出版《沫若诗集》、《古代社会研究》、《飞絮》、《最后幸福》等，亚东图书馆出版之《白话书信》，新月书店出版之《白话文学史》，北新书局版权之《鲁迅全集》多种。当将人赃一并解区移送公安局讯办。又闻：日前在劝业场拘获之文华书局经理郑朝栋，因原告胡适、冰心及北新、神州国光社、新月书店等呈请追究，尚在严讯中云云。

北平《世界日报》(廿一年五月廿一日)

最近上海新书业代表等，来平办理取缔翻版书籍事项，经官厅方面协助，颇见成效，故迩来各书摊伪册，已稍稍敛迹。但一般奸商因无利可图，竟勾结不良份子，作宣传攻讦，以冀死灰复燃。兹悉市政府特发一九六七号训令，内云为据商务印书馆各书店，呈请取缔翻版书籍，以维文化，而安商业等情，(中略)令行社会、公安、教育各局，迅予核办等语。同时准胡适等函请翻版书籍，设法肃清，闻市府亦指令各局从严彻究，公安局已分别令饬各区队查禁，社会局并抄录《出版法》及《施行细则》，令饬印刷同业公会，暨书业公会转知各该同业遵照。嗣后如有新出版书籍，应照《出版法》第十六条之规定办理，以明责任，并饬各装订作如无该法第十六条规定之确实记载，不得代为装订，仰各遵照云云。

《北京晨报》(二十一年五月二十三日)

平市翻版书籍虽发觉数处，尚未能澈本清源。日前又探闻八面槽梅竹胡同二号赵勋臣所办文治书社，为翻版书籍之总机关，遂由新生命、现代、北新各家书店，派员会同内一区五段白警长，于昨日午前一时，前往该处破获。该屋院子极大，除房东徐姓自住外，租与文治书社主人赵勋臣及昆仑书店经理杨绥亭合住。当在西院赵之宅内搜获翻版书籍二百余种，约数万册，其中有张恨水之《啼笑因缘》千余册，周佛海之《三民主义之理论的体系》六七百册，《大公报》之《苏俄视察记》数百册，世界书局之《银汉双星》等数种，神州国光社之《云鸥情书集》等数种，开明书店之茅盾《幻灭》数种，现代书局之《脱了轨道的星球》等十余种，北新书局之《寄小读者》、《鲁迅全集》等三四种，太平洋书店《中国政治史》、《经济学新论》等数种，光华书局《新文艺辞典》等十余种，亚东图书馆之《少年飘泊者》三四种，其他如上海华通书铺、大江书局、南强、启智、湖风、乐华、光明、文艺、水沫、乐群、泰东、新宇宙、新学会社、民智、新生命等各书局，版权所有之书，均被翻印。当由警士代雇汽车数辆，将伪书悉数送至内一区，由该区季署员分别保管。同时在赵宅搜到簿据多册，均登载往来各户及印刷细账，并各种发票证据多种。又有诲淫书籍《和尚缘》、《双梅景暗》、《株林野史》等多册，警士以有碍风化，亦一并送区。并将文治书社伙友王某带署，据供此项翻版各书，除该社自有外，尚有新亚书社陈炳光以及杨某等，均有重大关系，当由署按名侦缉，讵赵某等已闻风潜逃。闻该案今日将移送公安局严办，内幕重重，牵连必多，为翻版书中破天荒之巨案云。

天津《大公报》（二十一年五月二十四日）

（北平通信）北平向为文化中心，书籍营业，异常发达。惟国内各大书坊及个人出版书籍，每以定价极昂，一般学子苦于置书之难；而一般书贾，为投机获利计，不顾法令，暗组翻印伪书机关，资本雄厚，组织严密，举凡国内名著，一经出版，即行仿印，省工节料，定价特廉，惟书中字句间，未有无错误者；但一般顾客，因贪价廉而争购之，不顾其为真伪也。故平市各校学生，不分贫富，其书架间，可满列新版书籍，但其所费书价无几也。

翻版书市场

王府井大街东安市场内丹桂商场，为书贩荟萃之区，而全场几为伪书所占据，全场书摊书店凡三十余家，几无一家不售伪书，各地大书坊出版书籍虽有版权，但以离平甚远，无法查究，而一般个人出版之作者，亦多因版权立案手续未办，不便深查。因之伪书机关，益放胆印制，始终无人举发。

总机关破获

迩来上海各新书店，因书籍销路大减，渐渐不支，遂于最近派员北来，侦查伪书机关。小说家张恨水，亦因著作发生伪版，联合究查，结果破获伪书机关数处。日前新生命、现代、北新各书店复在八面槽破获伪书总机关，该机关为文治书社，藏有伪书二百余种，凡数万册，此种风声传出，一般书贩甚为震动，纷纷将伪书藏起，一时有凡关法律处分之书籍，忽焉绝迹。

书摊多倒闭

昨日记者特赴伪书市场之东安市场之丹桂商场中调查，见情景大异于前。全场书摊有将新书收起，改卖旧书者，完全倒闭者有十家之多，复有将真版摆出，并参杂一部伪版者。但此种伪书，均无版权关系，多为旧小说之类，如月前畅销之《苏俄视察记》、《莫斯科印象记》等，均一册不见，惟闻书店中一般店伙，纷纷谈论各处查获伪书之新闻而已。

天津《大公报》载《苏俄视察记》真伪辨认之八点

（本报特讯）本报出版部刊行之《苏俄视察记》，乃介绍最近苏俄国内情形之大概，出版以后，销行极速，计三个月间，已印至三版，尚有供不应求之势；一般投机书贾，以为大利所在，竞相翻印，本社同人，刻正访查伪印之来源，藉免读者受愚。闻日来北平书业公会常委史佐才（北新书局代表），及北平世界书局经理刘弘任，因访查各该书局刊物被人翻印事，由平来津，当会同公安局特务组长，在北马路中间谦祥书局，查出翻印之伪本《儿童新尺牍》二十册，同时查出翻印本社出版之《苏俄视察记》三册。当时刘君以事关本社，未便处分，即在该书背面签字，禁其售卖或转送。下午史君亲来本社报告此事，本社当于昨日下午一时，派员前往谦祥书局接洽，该局同人以经理戴蓬仙，已于前日被特务队送公安局讯办，一味推诿，或称并无此事，或称书已被外客携去。本社以其如此造作，愈见其伪，遂报告该管一区三所，经警士赴该局传讯。该局同人有温盛如者，出与接谈，该警促其将书交出，交由本社社员携回，与真本参证，然后由本社自行请求官厅，追究翻印之人。乃该局一味推辞，最后被警察将伪本《苏俄视察记》三册搜出，遂将温盛如连同伪书，一并带归一区三分所，到所以后，经本社社员会同该所王巡官刘巡长，以真本对照，发现伪造痕迹甚多，最易辨认者，(一)书本体积较真本约宽五分之一，短五分之一。(二)封面字系木刻。(三)书皮纸极薄。(四)正文前缺少铜版纸插画。(五)序文系四号字，真本系新三号字。(六)缺少书外封套。(七)页数不足，并缺勘误表。(八)书皮背面及封底“版权所有翻印必究”方格上，无本社圆形图徽，种种痕迹均足证明其为翻印者。该所当讯温盛如，据供此书系戴经理之北平友人所寄售，售价约六七角，温并要求该所与前日世界书局案合并办理，该所以案关刑事，未便擅专，并应本社请求根究翻印者，遂备文连同伪书，一并呈送公安局讯办。按本社本不欲与书贾为难，惟翻印者侵犯版权，且有违《出版法》，故本社最高限度，仅要求官厅根究翻印人，肃清伪书，毁其书版，以保版权，而维法令，实非与一般无知商人争短长也。

《上海时报》

上海新书业公会，因近年来所出各种新书，凡有相当价值而能销行者，北平各市场均有翻版，影响华北营业甚巨，特于月前派洪雪帆赴平，会同北平书业公会常委史佐才，北平著作人出版人联合会胡适、俞平伯、张恨水等分道密查，前后查获十余起，最后并在东安市场附近搜获翻版书七卡车之多。该会昨为此事，特召集会议，议决（一)呈文北平市政府严厉取缔。（二)向上海市商会及书业同业公会请求援助。(三)公函北平代表从严取缔，所用经费由上海同业分担。(四)定本月三日召集各书局代表大会。

（载《中国新书月报》1932 年第 2 卷第 4—5 期）

北平市查获各种被翻书籍一览表

写在前面

著作家费了不少的心血写成一部书，由出版界印行传播；无耻商人，私行翻印，使著作出版两界，均蒙莫大损失，丧尽道德，藐视法律，实属可恨！年来北平方面，私行翻印之书，充满市上，印刷恶劣，错误百出，甚或剽窃割裂，将原著者之本旨，荡然无存。更有改变书名，改变出版书局，改变作者姓氏，以取巧之伎俩，骗读者之金钱，遗误社会，阻碍文化之进展，莫此为甚！本会会员同人，觉得无耻商人之倒行逆施，为维持道德和法律计，为保障个人的权利计，为社会文化之进展计，因此合力搜检翻印之伪书列表印行，俾读者购书时知所鉴别。同时，希望翻印商人及贩售翻版书籍的商人，明白道德虽然可以沦亡，法律尚能干涉，免为图私利而自投法网，所以除了搜查出之翻印书籍列表外，再摘录《出版法》、《著作权法》及《刑法》之要点附入，使无耻商人有所觉悟；则不独著作出版两界之幸，实亦社会之幸也！这就是我们印此调查表的一点小小的意思。

大家注意

根据《出版法》，出版品均应记载发行人之姓名住址，发行之年月，发行所、印刷所之名称及所在地。查上海开设之书局，印刷所均在上海，决不会到别地去印行，偶或有在别地印行者，亦有该局出立正式委托书，否则，所印者即为私行翻印。

私行翻印，根据《著作权法》第二十九条，除依法处罚外，被害人所受之损失，应由侵害人赔偿；又同法第三十三条，侵害他人之著作权者处五百元以下五十元以上之罚金，其知情代为出售者亦同。又根据《刑法》第二百六十八条，意图欺骗他人而伪造已注册或未注册之商标商号者处二年以下有期徒刑得并科三千元以下罚金。又同法第二百六十九条，明知为伪造之商标商号之货物而贩卖，或意图贩卖而陈列，或自外埠输入者，处六个月以下有期徒刑拘役，得并科或易科一千元以下之罚金。

朋友，请你注意，不要自投法网！现在我再简单的说一说：翻版商人和印刷商人，要受二年以下之有期徒刑，三千元以下之罚金，还要赔偿被害人之损失。贩卖商人要受六个月以下之有期徒刑，一千元以下之罚金。

所以我这样的特别提出来一说，为的是供给各处公安侦缉人员于查获翻版书籍后，可以作为处置的参考；同时，忠告翻印商人和贩卖翻版书籍的商人，要知道将图得的私利，完全赔偿了损失，还得受好大的罚金和拘役，未免太不合算，还是及早觉悟了的好！

各种被翻书籍一览表（民国二十一年五月）

中国著作人出版人联合会北平总会调查

原书名	著作人	原出版家	翻印之书名	识别	备考
《少年维特之烦恼》	郭沫若	现代书局	《少年维特之烦恼》	伪版书纸质恶劣，印刷不良	假造创造社名义翻印
《中国古代社会研究》	同上	同上	《中国古代社会研究》	同上	用联合书店名义照原书翻印
《橄榄》	同上	同上	《橄榄》	同上	用创造社名义翻印或用其他书店名义不一
《沫若诗集》	同上	同上	《沫若诗集》	同上	同上
《最后的微笑》	蒋光慈	同上	《胜利的微笑》	同上	翻版用光华书局（此书原版已停刊）
《异邦与故国》	同上	同上	《异邦与故国》	同上	
《丽莎的哀怨》	同上	同上	《丽莎的哀怨》	同上	
《归家》	洪灵菲	同上	《归家》	同上	翻版用创造社名义

续表

原书名	著作人	原出版家	翻印之书名	识别	备考
《最后的幸福》	张资平	同上	《最后的幸福》	同上	翻版用创造社名义
《北极圈里的王国》	同上	同上	《北极国王的情妇》又剽窃在《资平小说集》内	同上	
《脱了轨道的星球》	同上	同上	《脱了轨道的星球》	封面与原版有同与不同	
《飞絮》	同上	同上	《飞絮》	伪版书纸质恶劣，印刷不良	翻版用创造社名义
《划时代的转变》	郭沫若	现代书局	《划时代的转变》	伪版书纸质恶劣，印刷不良	
《最后胜利》	周毓英	同上	《最后胜利》	同上	翻版用创造社名义
《黑猫》	郭沫若	同上	《桌子跳舞》	同上	翻版用仙岛书店名
《郁达夫评传》	素雅	同上	《郁达夫评传》	同上	
《胜利的悲哀》	谢晨光	同上	《胜利的悲哀》	同上	
《达夫代表作》	郁达夫	同上	《达夫代表作》	同上	
《野祭》	蒋光慈	同上	《野祭》	同上	
《浮士德》	郭沫若	同上	《浮士德》	同上	翻版用创造社名义
《西线无战事》	洪深 马彦祥	同上	《西线无战事》	同上	
《水平线下》	郭沫若	同上	《水平线下》	同上	翻版用创造社名义

续表

原书名	著作人	原出版家	翻印之书名	识别	备考
《曼娜》	杨荫深	同上	《曼娜》	同上	
《石炭王》	易坎人	同上	《石炭王》	同上	
《三对爱人儿》	邹枋	同上	《三对爱人儿》	同上	改著作人为蒋光慈
《林娟娟》	金满成	同上	《小母亲》	同上	拼凑其他短篇小说
《反正前后》	郭沫若	同上	《反正前后》	同上	此书已停版
《新文艺辞典》	顾凤城	光华书局	《新文艺辞典》	同上	
《中国文学小史》	赵景深	同上	《中国文学小史》	同上	
《小说论》	郁达夫	同上	《小说论》	同上	
《群星乱飞》	张资平	同上	《群星乱飞》	同上	
《苔莉》	同上	同上	《苔莉》	同上	
《为了爱》	张松涛	同上	《为了爱》	同上	
《菊子夫人》	叶灵凤	同上	《菊子夫人》	同上	
《三个不统一的人物》	胡也频	同上	《三个不统一的人物》	同上	
《煤油》	郭沫若译	光华书局	《煤油》	伪版书纸质恶劣，印刷不良	
《女神及叛逆的女性》	郭沫若	同上	《女神及叛逆的女性》	同上	
《饮水词集》	谢秋萍校	同上	《饮水词集》	同上	
《南唐二主诗词》	贺扬灵校	同上	《南唐二主诗词》	同上	
《塔》	郭沫若	同上	《塔》	同上	
《梅岭之春》	张资平	同上	《梅岭之春》	同上	

续表

原书名	著作人	原出版家	翻印之书名	识别	备考
《冲积期化石》	同上	同上	《冲积期化石》	同上	
《苦笑》	周全平	同上	《苦笑》	同上	
《楼头的烦恼》	同上	同上	《楼头的烦恼》	同上	
《烦恼的网》	同上	同上	《烦恼的网》	同上	
《我的女朋友们》	金满成	同上	《我的女朋友们》	同上	
《处女地》	马宁	同上	《处女地》	同上	
《圣母像前》	王独清	同上	《圣母像前》	同上	
《三个叛逆的女性》	郭沫若	同上	《三个叛逆的女性》	同上	
《我的幼年》	同上	同上	《我的幼年》	同上	
《文艺论集》	郭沫若	同上		同上	
《文艺论集续集》	同上			同上	
《落叶》	同上	同上		同上	
《漂流三部曲》	同上	同上		同上	
《离婚》	张资平	同上		同上	
《给青年十二封信》	朱光潜	开明书店	《给青年十二封信》	同上	
《幻灭》	茅盾	同上	《处女的恋爱》	同上	
《动摇》	同上	同上	《动摇》	同上	
《白雪遗音选》	郑振铎	开明书店	《白雪遗音选》	伪版书纸质恶劣，印刷不良	
《往事》	谢冰心	同上	《冰心全集》	同上	将《往事》全部剽窃在《冰心全集》内

续表

原书名	著作人	原出版家	翻印之书名	识别	备考
《政治学纲要》	高一涵	神州国光社	《政治学纲要》	同上	照原书翻印
《政治经济学批判》	郭沫若译	同上	《经济学批判》	同上	改用政治经济学会出版
《雪鸥情书集》	唯建 庐隐	同上	《雪鸥情书集》	同上	改用文艺书店出版
《中国哲学史》	冯友兰	同上	《中国哲学史》	同上	
《归雁》	庐隐女士	同上	《归雁》	同上	将全部剽窃入《女作家小说集》内
《胡适〈中国哲学史大纲〉批判》	李季	同上	《胡适〈中国哲学史〉大纲批判》	同上	
《三民主义理论体系》	周佛海	新生命书局	《三民主义理论体系》	同上	
《三民主义基本问题》	同上	同上	《三民主义基本问题》	同上	
《三民主义政治学》	萨孟武	同上	《三民主义政治学》	同上	
《中国社会之史的分析》	陶希圣	同上	《中国社会之史的分析》	同上	
《唯物史观的文学论》	樊仲云	同上	《唯物史观的文学论》	同上	
《最近国际政治初编》	同上	同上	《最近国际政治初编》	同上	
《各国革命史》	文圣举	同上	《各国革命史》	同上	
《莫斯科印象记》	胡愈之	同上	《莫斯科印象记》	同上	

续表

原书名	著作人	原出版家	翻印之书名	识别	备考
《家族私有财产及国家之起源》	李膺扬	同上	《家族私有财产及国家之起源》	同上	
《中国社会之结构》	周谷城	同上	《中国社会之原素》	同上	著作者用郭沫若名
《政治之基础知识》	萨孟武	同上	《政治之基础知识》	同上	
《青年之路》	戴季陶	民智书局	《青年之路》	同上	
《日本论》	同上	同上	《日本论》	同上	
《三民主义连环性》	胡汉民	同上	《三民主义连环性》	同上	
《法学通论》	白鹏飞	同上	《法学通论》	同上	
《新经济学》	陈授荪	民智书局	《新经济学》	伪版书纸质恶劣，印刷不良	
《全民政治》	廖仲恺	同上	《全民政治》	同上	
《社会进化史》	蔡和森	同上	《社会进化史》	同上	
《母亲》第一二集	沈端先译	大江书铺	《母亲》	同上	
《苏俄文学理论》	陈雪帆	同上	《苏俄文学理论》	同上	
《宿莽》	MD	同上	《宿莽》	同上	
《韦护》	丁玲	同上	《韦护》	同上	
《社会意识学大纲》	陈望道施存统译	同上	《社会意识学大纲》	同上	
《经济科学大纲》	施存统译	同上	与原书同	同上	

续表

原书名	著作人	原出版家	翻印之书名	识别	备考
《社会进化论》	施复亮译	同上	同上	同上	
《毁灭》	隋洛文译	同上	同上	同上	
《蟹工船》	潘念之译	同上	同上	同上	
《野蔷薇》	茅盾	同上	《野蔷薇》或《处女的恋爱》	同上	
《新文艺作文辞典》		南强书局	与原书同	同上	
《屠场》	易坎人	同上	与原书同	同上	
《新术语辞典》	吴念慈 柯柏年编	同上	与原书同	同上	
《费尔巴哈论》	同上	同上	与原书同	同上	
《铁流》	杨骚译	同上	与原书同	同上	
《新文艺描写辞典》	钱谦吾编	同上	与原书同	同上	
《中国文学史纲》	谭正璧	光明书局	与原书同	同上	
《中国文学进化史》	同上	同上	与原书同	同上	
《明珠与黑炭》	张资平	同上	与原书同	同上	
《天孙之女》	同上	同上	与原书同	同上	
《跳跃着的人们》	张资平	南强书局	与原书同	伪版书纸质恶劣，印刷不良	
《爱之涡流》	同上	同上	与原书同	同上	
《胡适文存》（一集四册）	胡适	亚东图书馆	与原书同	同上	

续表

原书名	著作人	原出版家	翻印之书名	识别	备考
《胡适文存》（二集四册）	胡适	同上	与原书同	同上	
《胡适文存》（三集四册）	胡适	同上	与原书同	同上	翻版书《散文粹集》即《胡适文存》集合而成
《胡适文选》	胡适	同上	与原书同	同上	
《白话书信》	高语罕	同上	与原书同	同上	
《国文作法》	同上	同上	与原书同	同上	
《少年飘泊者》	蒋光慈	同上	与原书同	同上	
《鸭绿江上》	同上	同上	与原书同	同上	
《纪念碑》	宋若瑜 蒋光慈	同上	与原书同	同上	或用《青年新书信》书名，改为新新书店出版
《白话文学史》	胡适	新月书店	与原书同	同上	
《骂人的艺术》	秋郎	同上	与原书同	同上	
《人权论集》	胡适 罗隆基	同上	与原书同	同上	
《爱力圈外》	张资平	乐华图书公司	与原书同	同上	
《红雾》	同上	同上	与原书同	同上	
《落叶》	郭沫若	同上	与原书同	同上	
《素描种种》	张资平	同上	与原书同	同上	
《长途》	同上	同上	与原书同	同上	
《糜烂》	同上	同上	与原书同	同上	
《威尼市》	王独清	乐华图书公司	《威尼市》	同上	
《战争与和平》	郭沫若	文艺书局	与原书同	同上	

续表

原书名	著作人	原出版家	翻印之书名	识别	备考
《士敏土》	蔡咏裳 董绍明	启智书局	与原书同	同上	
《呐喊》	鲁迅	北新书局	《鲁迅全集》《鲁迅小说集》	翻版书纸质恶劣，印刷不良	将原书大部剽窃在内
《彷徨》	同上	同上	《彷徨》《家庭幸福》	同上	照原书翻印
《寄小读者》	谢冰心	同上	《冰心女士全集》	同上	将原书大部剽窃在内（改文华书店、日日新书店印行）
《迷羊》	郁达夫	同上	《恋爱之花》	同上	改称开明书店印行
《中国文艺论战》	李何林编	同上	原书名	同上	改新文艺书店印行
《寒灰集》	同上	同上	《寒灰集》	同上	改创造社出版印行
《渺茫的西南风》	刘大杰	同上	《渺茫的西南风》	同上	改新文艺书店印行
《曼殊全集》（第三集）	柳亚子编	同上	《曼殊小说集》	同上	改光华书局印行
《冲出云围的月亮》	蒋光慈	同上	与原书同	同上	改新文艺书局印行
《鲁拜集》	郭沫若	泰东书局	原名	同上	
《中国文学史》	曾毅	同上	原名	同上	
《现代中国文学作家》	钱杏邨	同上	原名	同上	改新亚书局
《苏俄视察记》	曹谷冰	大公报馆	原名	同上	书内并无铜版图

（载《中国新书月报》1932年第2卷第4—5期）

买旧书

施蛰存

吾乡姚鸿维先生有句云："暇日轩眉哦大句，冷摊负手对残书。"近来衣食于奔走，殊业暇日，轩眉哦句之乐，已渺不可得，只有忙里偷闲，有时在马路边看见旧书店或旧书摊，倒还很高兴驻足一看，我觉得这"冷摊负手对残书"，的确是怪有风味的。

上海的旧书店，大概可以分为三种：第一种是卖线装旧书的，这就等于骨董店，价钱比新书还贵。第二种是专卖中西文教科书的，大概在每学期开始时总是生意兴隆得很，因为会打算盘的学生们都想在教科书项下省一点钱下来，留作别用，横竖只要上课时有这么一本书，新旧有什么关系呢？第三种是卖一般读物的西文书的，也就是我近年来常常去消遣那么十几钟的地方。

在中日沪战以前，靶子路虬江路一带很有几家旧书店，虽然他们是属于卖教科书的，但是也颇有些文学艺术方面的书。我的一部英译《莫泊桑短篇小说全集》便是从虬江路买来的。

西文旧书店老板大概都不是版本专家，所以他的书都杂乱地堆置着，不加区分，你必须一本一本地翻，像淘金一样。有时你会得在许多无聊的小说里翻出一本你所悦意的书。我的一本第三版杜拉克插绘本《鲁拜集》，就是从许多会计学书堆里发掘出来的。但有时，你也许会翻得双手乌黑而了无所得。可是你不必抱怨，这正也是一种乐趣。

蓬路口的添福书庄，老板是一个曾经在外国兵轮上当过庖丁的广东人，他对于书不很懂得，所以他不会讨出很贵的价钱来。我的朋友戴望舒曾经从他那里以十元的代价买到一部三色插绘本《魏尔仑诗集》，皮装精印五巨册，实在是便宜的交易。

说到这部《魏尔仑诗集》，倒还有一个好故事。望舒买了此书之后一日，来了一个外国人，自称是爱普罗影戏院的经理。他上一天也在添福书庄看中了这部书，次日去买，才知已经卖出了，他从那书店老板处问到了望舒的住址，所以来要求鉴赏一下。我们才知道此公也是一个“书淫”，现在他已在愚园路和他底夫人开了一家旧书铺。文学方面的书很多，本报的读者假如高兴去参观参观，他一定可以请你看许多作家亲笔签字本、初版本、限定本的名贵的书籍的。他的定价也很便宜，一本初版的《曼殊斐儿小说集》只卖十五元，大是值得。因为这本书当时只印二百五十部，在英国书籍市场中，已经算是罕本书了。

买旧书还有一种趣味，那就是可以看到各种不同的题字和藏书帖（Exlibris）。我的一本爱德华利亚的《无意思之书》，本来是一种儿童用书，里页上却题着：

To John

Fr. His loving wife Eliza

X'mas 1917

从此可以想象得到这一双稚气十足的伉俪了。藏书帖是西洋人贴在书上的一张图案，其意义等于我国之藏书印，由来亦已甚古，在旧书上常常可以看到很精致的。去年在吴淞路一家专卖旧日本书的小山古书店里看见一本书中贴着一张浮世绘式的藏书帖，木刻五色印，艳丽不下于《清宫皕美图》（即《金瓶梅》插绘），可惜那本书不中我意，没有买下来。现在倒后悔了。

（载《申报·自由谈》1932年12月25日）

“门板书摊”

吴泽霖

教育局曾经卖过力气取缔私塾，为了我们的子孙计，这自然是一件值得颂扬的事。但是横在我们眼前，其影响比较私塾来得更重大更恶劣的另外一件事实，教育局却似乎从未注意过，那便是马路上的“门板书摊”。

门板书摊可以说是世界上最简单的文化机关；两扇竖在墙壁上的门板，装几十部书，一张长凳（自然，在夏天和雨天会加上一把洋伞的）：即便是全部的资本，整个的设备了。书籍的内容大概可以分成山歌、时调、小说和连环图画两大类。观众亦分作两种：前者的主要观众是成年的识字工人或店员，后者是自六七岁至十八九岁的儿童。

所谓山歌时调，亦即所谓“淫辞艳曲”，例如《泗洲调》、《十想郎》、《荡湖船》、《十八摸》、《四季相思》等，其原意是在刺激色情，满足下等社会人无法解决的低级趣味。但因为成年人思想型式比较固定，色情的冲动多少有些自制，所以其影响倒反不如连环图画对儿童的那么大。

连环图画的解释，即是说用图画的体裁，连续的描绘着一件故事的始末。一件故事常有延续十余卷、百余卷的。连环图画的材料虽以根据于向来流行的章回小说为多，但采自别种材料的，亦颇不少，据我们的调查：

纯粹根据旧日章回小说的——如《三国志》、《英烈传》、《风波亭》、《岳飞尽忠》等。

根据章回小说而加以夸诞的描绘的——如《陈塘关》、《李靖出世》、《呼延赞出世》、《武松血溅鸳鸯楼》等。

根据近代人所作小说的——如《江湖奇侠传》、《红莲寺》、《荒江女侠》等。

根据于现代电影的——如《罗克》、《卓别麟》等。

根据于旧日京戏或连台戏的——如《狸猫换太子》等。

根据于社会时事的——如《黄慧如与陆根荣》等。

根据于国事的——如《奉天惨案》、《马占山演义》等。

出于自撰的——如《飞仙传》等。

就其性质，我们又可分成：

武侠的——如《江湖奇侠传》、《三剑客》等。此类书籍几乎占全数百分之七十以上。

神怪的——如《孙行者大闹天宫》、《济公活佛》等。

滑稽的——如《猪八戒游上海》、《卓别麟》等。

爱情的——如《珍珠塔》、《法海水漫金山寺》等。此类比较少，因不合儿童的心理。

这种书摊，在全上海至少有二千个。它的营业状况亦随地段而异，在住家区域一带的自然要比工人区域的生意发达得多，因为在那里的儿童比较有钱。举具体的例说：同孚路、卡德路等的门板书摊，每隔一二星期，便要批进几部新书；而在曹家渡一带，门板上老是那么几本，一年上换不到二十套。阅书的规则有出租与当场看的两种，每本普通收费一个铜板，老主顾还有相当的折扣。我们假定一个书摊每日平均有三十位儿童去阅读（实数决不止此，因为一、表面上由一个人租回去而经辗转传阅的，二、由几个儿童当场租了共阅的）。换言之，每日就有六万个儿童在受门板书摊上连环图画的教育，单就这一个惊人的数量，已经足够使我们明了门板书摊对于儿童的严重影响。

毋须心理学的专家才知道，儿童的求知欲最强，好奇心亦特别发达（但有钱人是不大会去注意他们儿子这一方面要求的）。他们中幸运些的进了学校，可是学校给他们的印象，只是一些干燥无味的教科书，和一群呆板面孔的教师；不幸的或者连学校都不得进，只好以马路做他活动的中心。他们都同样不能满足自己小小心灵的要求。在这种情形之下，儿童们自然会去追求别一种能使他们餍足的事物，于是便找到了门板书摊上的连环图画。连环图画的浓烈的趣味，的确是对儿童们的一种诱惑：第一，是图画，不须识字便可看懂，又不要勉强记忆；第二，连环图画中人物都是古装，奸臣都是獐头鼠目，侠士都是威风凛凛，可以刺激儿童们的好奇心；第三，供给儿童们无数争论辩驳的材料，因为儿童们是无时不想找出一些事物来争辩的；第四，也可说是最重要的，它满足了儿童的英雄崇拜心理。翻开这些动人的图画来，英雄豪杰的幻象便立刻涌现出来。

现在我们来看看连环图画对一般儿童的影响。我们知道要强迫一位儿童去记忆这个，记忆那个，远不如一种暗示刺激的力量可以使他终身不忘；就是暂时压制于意识中，一有机会便会爆发。连环图画并不直接在教训儿童，但其间接暗示的力量却是极大。当然好的影响未始没有，譬如说做人应正直，恶人没有好结果等，但不良的影响的严重性却远过于此。最足令人注意的至少有下列二端：

一、神怪的迷信的思想。连环图画的作者们都明白，只有神怪的故事，最是离奇诡谲，容易引人入胜，所以在任何一套故事中，都要加一些“祭法宝”、“天书”、“××道人”、“××大仙”……作为点缀。一个英雄的出生，必是什么星君下凡，薛仁贵是白虎星，包公是文曲星，狄青是武曲星，岳飞是大鹏星等。这样一来，使头脑简单的儿童阅读以后，自然深信不疑，在不知不觉中便造了一种浓厚的迷信思想。去年屡次报载，说有儿童潜自离家，遗书云入山求道，未始不是此种专以神怪来吸动儿童的连环图画影响所致。

二、非法治观念。据几个门板书摊的老板说：武侠类的连环画最受儿童欢迎。所谓武侠，不外下面几套形式：半夜取人首级，或者是含辛茹苦了几年，最后终于“刺刃仇人之胸”；或者是劫法场，再不然，因为奸谗当道，便上“忠义堂”去过替天行道的生活。这一些举动，从法的观点，都是有干法纪的。侠以武犯禁，然而一般人终于崇拜侠客者，是因为“其行虽不轨于正义，然其言必信，其行必果，已诺必诚，不爱其躯，赴士之厄困。既已存亡死生矣，而不矜其能，羞伐其德，盖亦有足多者焉”。但无奈这种“有足多”的举动，往往与立国根本的法治精神冲突何？“二十年后再来一条好汉”的英雄气概，决不能教我们将绑票匪罪减一等。苏格拉底说过：“一国有坏的法律终胜于没有法律。”而连环图画中武侠典型思想却是：与其有好的法律，不如多生几个大侠。儿童对于武侠的企慕愈甚，对于法的观念就愈淡薄。

我们愿意我们的后代——文化的赓续者活受这一种磨劫么？如不，我们须想一个改革的办法来。如何把科学的知识去充实儿童们强旺的求知欲？如何去满足儿童们喜活动的和好奇的要求？如何可使儿童们得着一种高尚而有兴趣的生活？如何改善现代的小学教育以收最大的效能？以上诸问题，我们着实有研究的必要。

简单的说，在消极方面，我们要求教育局和社会局取缔这一种门板书摊业，至少也应该将所有的书籍加以极严格的审查。

在积极方面，设法多编些有益的图画集和故事书，组织许多巡回文库，把图籍分批放在游行图书车上，供给一般儿童阅读，以代替富有危险性的连环图画。

（载《华年》1932年第1卷第9期）

“门板书摊”毕业生的自述

越　闲

在第九期的《华年》上读到了吴泽霖先生的一篇《“门板书摊”》的文章。关于这个问题我本来老早就想要说几句话，这次读了吴先生这篇文章，更觉得有一吐的必要。

不瞒读者说，在下从小就受着“门板书摊”的教育，不过我所受的并不是连环图画的教育，而是旧小说的教育。当民国十一年就是我十一岁那一年在故乡初等小学三年级读书的时候，我就开始了“门板书摊”的教育。当时我还有好几位同志。我记得在我们学校的那条街上，除了三四家大书坊外，这种“门板书摊”的数目总在六七家以上；而他们的主顾大多是我们校里一班小猢狲。我所以会成为“门板书摊”的老主顾，原因也就是吴先生所说的“求知欲过强”的缘故。那时适合我们儿童的读物实在太缺乏得可怜了。（其实十年后的今天又已增加了多少？）在教室中闭着眼读完了的书本，一下课谁还愿意去翻它？喜动的同学在课余可以去做他们“猫捉老鼠”、“三头骑马”的游戏，而我们一班恬静的就不得不另找消遣了。最适合我们心理、引起我们兴趣，且为我们经济力所能应付的就只有旧小说。先前我们还不知道“门板书摊”有这种好东西，所以先是大家轮流着去买中华书局出版的“小小说”来读，可是那薄薄的几页篇幅是经不得我们看的，不多几时这百来本的《大闹……》、《大破……》、《火烧……》等等的“小小说”已被我们读光了。后来我们当中有一位“门板书摊”小开的同学在家中偷了一部《狄青平西南》来，在这里面我们发现了更多的“大闹酒楼”和“大破番邦”等一类的有趣材料。于是此后我们就津津有味的受着正式的“门板书摊”的教育了。一直到高小毕业，才算脱离了这种麻醉性的教育。

我受这种教育足有四年之久，在我的生命史上这是紧要的一页。因为一百多种旧小说入了我的脑海，给与我的不是一种很寻常的影响；虽则这种影响有好也有坏。

你知道小孩子是最善于模仿的，所以当时我们看完了一部小说之后，往往以书中的某某人自居。（其实这不仅小孩是如此，就是青年男女看了《红楼梦》也没有不以贾宝玉、林黛玉自命的。）再不然就是演习书中的有趣的举动。我们几个同志那时也曾对天立誓，歃血为盟，同时也说过几句“不能同生，但愿同死”、“有福共享，有祸同当”等等的话。结了盟之后“大哥”、“贤弟”居然也叫得异常响亮。以后也摆过擂台，也模拟了几种所谓“泰山压顶”、“黑虎偷心”的姿势，然结果终被人家打得皮破血流。此外我们也学着说“合字儿，线上的朋友”等几句从《彭公案》中看来的绿林话。总之，书中所能描摹的动作，我们几乎没有不学过。现在想起来固然是毫无意识，然在当时，这种种真能令人废寝忘餐，感到无限的兴趣。

据我所知，在我们四五个同志之中，大家都是很早熟的，这不能不说是受旧小说之赐。因为无论何种小说，性欲的描写常是不免的，有的更形容尽致；因此，日子久了，竟促成了我们的早熟。同时因多情佳人风流才子的观念灌输到脑中，更使我们艳羡着多妻者的幸福。一直到今日我脑海中仍还存着这种不合法理的念头。这可见旧小说毒人之深。此外我们感到同病的就是大家现在都成了近视者。尤其是我，小说看到有兴时往往在朦胧的傍晚时分或闪烁的油灯下继续的看着，那种书本都是有光纸，字又细又密，日子久了，眼睛焉得不坏？

“门板书摊”教育的害处已经一一说过了，但它的好处也不便完全抹杀。

小学时代的同班中，国文程度以我们几个“小说迷”为最佳，所以还常得到老师的垂青。其实，我们当时既没有比别人用功，更没有什么超人的天才；所以国文的进步倒不得不归功于旧小说的阅览。因为旧小说中往往文章也有做得很好的，这在刘复先生的《中国之下等小说》里面似乎也曾很详细地叙述过。此外，小说的材料不知不觉地输入儿童的脑海，是最容易记忆的。所以我们读了《草木春秋》，不知不觉地可以记得许多中国药名。读了《东周列国演义》再去读《左传》就觉得容易得多；读了《西汉演义》再去读《前汉书》也是事半功倍。因此在旧小说中往往可得到许多历史上以至于地理上的智识。

两方面比较起来，这种“门板书摊”的教育实在利少而弊多。如受了这种教育之后就没有机会再受学校教育的儿童，往往听凭小说的播弄而注定了他一生的命运。这实在是万分危险的。我们教育当局对于中小学教科书尽管审查得怎样严格，但对于这种麻醉的教育含有毒素的书籍如无相当的处置，虽不能说他们完全白费气力，劳而无功，然而他的效果实在是很难说的①。至于对付这种“门板书摊”的手段，取缔与禁止并不是最妥善的办法；况且事实上实行起来也是非常困难。所应当做的就是去造出相当的替代品来以供给儿童的需求。给与他们应当知道的知识，而削去那种含有毒素的思想与文字。目前坊间固然也有几本所谓儿童的丛书与杂志之类；然而它们大多数的内容，仍是空虚、无聊，虽不能给儿童以坏处，然也未见得使儿童得到多大的益处。再者，这种新书店老板总是脱不了市侩的行为，所定的价钱实在不是大多数儿童的家庭所能供给的。因此，我前天在一个小学图书馆的书架上看见《江湖奇侠传》、《血滴子》、《大侠甘凤池》与几本《小朋友》、《少年杂志》一同排列着，觉得这是不足为怪的，至少在今日这种情形之下。

（载《华年》1932年第1卷第21期）

出租小人书的小铺子

工

记得去年报纸上登过上海有几个小孩子，受了小人书上所讲神仙剑侠的影响，竟然私自离家要去寻仙访道。拿最近小人书的发展情形来

---

① 疑有误，原文如此。

看，的确值得叫我们非常惊异。

天津地方，近来不论那一界的小孩子们，几乎没有一个不看小人书，而且看得都像上了瘾似的，一天不看便没精打彩。法租界马家楼地方，有一家专门出租小人书的铺子，只是小小一间门面，但是每天座上小客常满，架头小书常空。租价呢，带回家看一个大子儿看一本；在他铺子里看，一个大子儿可以看两本。而且还带售冰梅汤汽水之类，小孩子们身边带上几个大子，就可以喝一碗冰梅汤，看几本小人书，所以那个铺子，竟成了小孩们日常消遣的所在。生涯之好，自不必说。

但是我总觉得这种铺子，有注意或改良之必要，当这虎威未杀的时候，冰梅汤的清洁问题关于小孩的健康甚大，这是应该注意的。小孩子们没事就去坐着看小人书，小人书大部分是述神怪仙佛的事，又影响于小孩的思想极大，这是应该改良的。

新近那个铺子里出租的小人书非常之多，玻璃窗上贴着新到的书名便有三四十种，内中比较新颖而略有意义的，是雷马克的《西线无战事》和最新的《淞沪抗日战史》一类的小人书。如果将来小人书都能照着这种样子出版，那当然可以多少激发儿童的爱国思想，比神话的故事高明得多了。

我很希望教育当局能够把所有的小人书大加整理、分别改良，因为这是关于儿童教育很重要的一件事，但我终恐怕吾的话是白说。

（载《大公报》1932 年 8 月 12 日）

谈古书今译

何　容

有那么一个时期，本刊登了几段儿《古书今译》，读者之中对于这件事颇感兴趣的，似乎还“不乏其人”。投稿的是那么样的踊跃，以至于编者的抽屉里到现在还有余稿存焉。可是，你猜怎样着，登出来的却是真不很多。这并不是编者太“法西斯蒂”，他也“自”有道理。现在把道理“讲”出来，大家伙儿商量商量。

我们先说古书今译的目的。我以为古书今译有三种不同的目的。

第一种目的是国学的。有些古书确是太难懂了，关心国故的人眼见能读古书的人越来越少，这样下去，不免有伤国故，于是以为要想使古圣先贤的书中的大道理，普遍于摩登青年界，必须把它译成白话。这个目的比较“严重”，这种工作确也是“嘉惠后学”之一道，然而作起来却是不大容易。因为古书中文字上的问题颇多，要想译得又信又达又雅，恐怕非精通国学的人不能胜任。而且这种工作实际上也不见得会有什么大效果。热心国故的青年，自然会去看古书，不怕费事。因为肯研究“国故”的人，总不免要存点“功利”的念头，想弄出点“成绩”来，试问单读白话译本会弄出什么成绩来？至于不爱读书（或者说不热心国故）的青年，你译成白话，他还是不看；要想让他欣赏国故，除非把国故制成有声电影。像现在电影院里印的那文言的说明书，老实说，也够别扭的，然而看电影的人们并不提出抗议。

第二种目的是语言的。现在我们要研究方言，不能不从文学作品里去求材料。我尝想：倘使各种方言里都有几部文学作品（或别种著作），对于方言研究上，一定有很大的便利。所以精通本地方言的人，要想把他的方言整理出一个系统来，先不用去填表格、编辞典，最好是用方言写几部小说、戏剧之类，把方言的语词句法等等如实的记录下来（别的著作也可以，不过不如文学作品容易运用方言）。但是，作小说、戏剧并不是那么容易的事，文学家不是人人能当的。而作翻译总比创作容易些，因为观察、想像、布局等等工作都由原著者做了，自己不过把那本书的文字换个过儿就是了。这一种目的也相当的“严重”，这种工作比较容易作，容易有成绩。

第三种目的是趣味的，说严重点儿也可以说是“文学的”。一种话换成另一种话来说，就觉得别有趣味，尤其是把古文译成“方言”。这种工作虽然也不大容易，不过既以趣味为目的，当然可以挑选容易的译；而且就是译得不大“信”，也不负学术上的责任，别人不致板起面孔来骂你“曲解经文”。只要你善于运用方言，能译得有趣味就算好。这种工作的评价，似乎还没有定论。有人似乎以为凡是趣味都是低级的

(因为他们并没有拿出“高级趣味”来给人看过)，而且是小资产阶级的。不过在小资产阶级没有“绝种”以前，趣味总还是需要的。有“味”人士，何妨译古书以求“趣”呢？

我们再谈译法。我以为古书今译的方法也可以分为三种，按着译书的目的，而采用不同的方法。

第一是意译，意译这个名词，本是跟直译对待的。而直译跟意译的主要差别，依我看来，在是否要保存（或模仿）原文的句法（有人说是“原文的风格”），文言跟白话（甚至于方言）在句法上的差别，虽然没有中国文跟外国文相差之甚，却也有些不同的地方。遇到句法不同的地方，我以为还是改变过来好，不要保存原式。比如“人不汝尤”这一句话，要译成国语应当说“人家不怨你”，或“人家不把你来怨”，而不能说“人家不你怨”。若译者认为，实词不能放在动词之前，是国语的缺点，而直译成“人家不你怨”，在懂文言的人，或者□不懂文言而肯硬着头皮往下看，看惯了这种翻译的人，自然也可看懂。但有时候懂得原文的人也得硬着头皮去安排。例如下边两句保有原文风格的译文，就是懂得英文的人，怕也难以“一目了然”。

（一）这一切，我们是从虽然似乎不稳，实在也同我们筑信仰上地基一样稳固的证据上推测出来的。

（二）这才印度现在是对于西方的眼的一本差不多翻开的书了。

因此，我还是主张牺牲点原文的风格，把它译成译文的风格，也就是，要意译。

但我所谓“意译”还有一层意思，就是“照原文的意思译下来，不变、不增、不减”。因为我主张古书今译除了意译之外，还可以采用有“变”、有“增”、有“减”的译。

第二是神译，神译之名创于丁西林先生，他在《现代评论》上介绍赵元任先生的《阿丽思漫游奇境记》，说那本书是神译。意思是：把原书精神用另一种文字，甚而至于用另一种——我想不起适当的名词，姑且说“材料”吧——表现出来。或者说把原书的“德”用另一种“体”表现出来。(要想明白我这句说不明白的话，请买本《阿丽思漫游奇境记》对照原文看一看吧。)

第三种是演译。赵先生的神译法我觉得还太□紧，因为对于原书似乎只有“变”而没有“增、减”。我觉得还应当有一种译法，就是在不伤“原神”的范围内，词句上可以加添些花样。实在表达不出来的地方，牺牲点也不要紧。例如从前本刊发表的那段《晋国天下莫强焉》的今译，开头一句就是“梁惠王两眼泪巴巴”，这“两眼泪巴巴”，就可以说是新添的花样。因为原文只是“梁惠王曰”，并不是“梁惠王泣曰”，也不是“梁惠王含泪曰”。但是添上“两眼泪巴巴”并不过多，而且还能传神，因为梁惠王说话的时候，确乎有点儿悲哀。倘使要译成“梁惠王开口笑哈哈”，那便伤了“原神”；若译成“梁惠王一把拉住孟二爷的手，说道是：‘请你坐下先把酒来吃’”，那就又添得太多了，那不是“演译”，而是“演义”了。演义也可相当的达到翻译的一种目的，不过那不能称为“译”。这种又“译”又“演”的办法，吾无以名之，姑且杜撰个名词，叫做“演译”吧。

要为第一种目的而译古书，应当用意译法；要为第二种或第三种目的，则于意译法之后，还要参用神译与演译法。

本刊以研究语言为主，不大提倡国学，而编者私人的癖好又爱讲点趣味。所以合于研究语言的目的，或是有趣味的，或是合于研究语言的目的而又有趣味的译文，不论是国语的或是方言的，本刊都乐于发表，用“国语文”译的“呆板板的”译文，虽信达雅三德具备，因格于本刊性质，也只好割爱了。

（载《国语周刊》1932年第3卷第53—78期）

读古书应有之认识

赖栋生

读古书三字，表面观之，甚为浅显，然而深究其源，诚非易也。何谓书？何谓古？从何而读之？非一语所能释明也。今分言之如后：

一、何谓书

《说文》云："书者，箸也。从聿，者声。"属于六书中之形声字。此书字之形成也。但书之义，纷纭不一：《法言·问神》："书者，心画也。"《广雅·释言》："书，如也。"《孝经援神契》："书，舒也。"《说文》："箸于竹帛，谓之书。"《史记·礼书》索隐："书者，五经六籍之总名也。"《尚书序》疏："圣贤阐教，事显于言，言惬群心，书而示法，既书有法，因号曰书[illegible]"故书之一字，古人有为形容词者，有为动词者，有为名词者，总之吾人心之所思，而欲表之永久，一切之事物，而欲纪之远垂，遂以文字而书之竹帛简册是谓之书。

二、何谓古书

今书既明矣，然则何谓古？古者今之对称也，非今即古。但若加之书字之上，则不能若是之解矣。所谓古书者，必先有确定之界限，方有研究之对象与标准。因今日之所谓今，明日又所谓古矣。安能不确定其时期乎！《抱朴子》云："古书者虽多，未必尽美，要当以为学者之山渊，使属笔者得采伐鱼猎其中。"据此则魏晋以前之书，谓之古书。但《南史·江淹传》云："开古冢，得玉镜及竹简古书，字不可识。"因其字为科斗文，则拟以周宣王以前之书，谓之古书。然此二者，言词泛举，自不确定，非过宽，则过狭，后世亦无用者，但后又有人谓，古书自秦火以后，载籍沦亡，汉兴所有之书，俱为秦隶。及东汉孔壁书出，字与隶殊，至有今古文之分，遂有以非秦隶者则为古书之说，形虽近似，实则不通。今以《尚书》而论，伏生与孔壁同者，然则今书欤？古书欤？若就形而分，岂能曰妥，故余以为古书之界，当以两汉为断。不惟范围较广，且汉人对于以前之书籍，加以不少辩正、训诂、整理工作。且书籍较多，大有裨益于后代之学者也。

三、论读古书

读，为三者之最要。苟无读字，则二者可弃矣。然则何谓读？此今日学者之最大问题也。近世之学者，对于读古书有二种之态度，一为必须读，一为不须读。必须读者，以为中国之文化，实由古书而来，故古书具有超越之价值，为世界各国所不及。故古人遗下之书籍，为中国民族争不少之光荣，不论其为玉树琼枝，抑或烂铜破铁，咸视为圣经；须毫无怀疑而保存之，不许批评之，更极端而崇拜之，此为吾国古书保守论者之主张。所称为国粹派者是也，余则安之曰腐儒派者也。而其另一者，立极端相反之地位，以为中国之古书，具有卑劣性，使中国学者拘古而不化，以至文化落后，与他国较，概属望尘莫及。故对于中国之古书，宜全部摈之毛厕中，何必加之研究。此则为近代新学者之主张，所谓过激派者是也。

今对于此极端相反之二者态度，何去何从之？苟从后者，则可以不必读矣！苟从前者，则宜读之。但亦有不然者，今日之时代，非科举之时代，为前人之奴隶，惟死读而已。故读古书，须以时代之眼光，认明古书应如何读法也。今已舍二者而弗从，当取长弃短以定读书之方针，是以不得不先批评二者之是非，而得中庸之道也。今则评判其是非，穷其本末，探其源流，以追寻其二种态度发生之所在，而分述之。

（一）尊崇者之主张与批评

国粹派对于中国古书之所以极端崇拜，陷于顽固之主张，盖非朝夕之故，而由来远矣！兹究其源，有下数种：（1）由于吾民族天生之惰性，人类之生活，一方面虽徐徐演进，但他方面又须凝成习惯，若此则社会然后有所遵循，并易于解决问题，俾不至人见各异。然以其有习惯也，故往往有保守之倾向，泥古而憎新，此中国人较他国人为尤甚。（2）由于自己民族之夸大心理，在海禁未开以前，中国确具有最高文化之古国，在四围之诸民族，均较低下，而常遣使来朝，遂造成民族自夸之心理，以为中国之古书，诚超越一切，当万世昭垂，不能有丝毫之损益。（3）由于思想学说之影响，吾国古代学说之力量极大，能左右当时及后代之思潮，如道家对于社会之演进，反持为退化观，主张弃圣绝智，剖斗折衡，欲恢复小国寡民之原始社会，陷于极端崇拜保守之主义。他如墨家之崇拜大禹，儒家之假托尧舜，无非今不如古之论调，以上为造成此派思想之主因也。

总观以上而批评之，如此偏僻之主张，实非正确。人类生活，固有赖于习惯，亦有赖于变化，彼偏于变化而弃绝习惯，固不可能。若偏于习惯而反对变化者，亦有碍于社会之进化；若以中国民族，与古代诸邻族较，则中国之文化固属优越。然以今日中国民族与欧美诸民族较，不但无优胜于人，且不及之处尤多，亦明显之事实。况在此民族平等之思潮中，更不许唯我独尊之偏僻态度之存在。自达尔文发明进化论以后，人类思想因之丕变。盖认定社会为进化，而非退化，已成公理。今我国学者，以今不如古，而竟泥古者，殊为谬误。由此国粹派之过于崇尊古书之错误也。

（二）遗弃者之主张与批评

过激派为国粹派之反动，盖有鉴于国粹派之主张，而有碍于社会之进化，不惜趋于极端之地位也。过激派之发生，由于中国民族与帝国主义接触以后，而相形落后之故。因自雅片战争以后，中国每与外人战，无不失败，赔款割地，时有所闻。而外来势力之压迫，日愈紧急，瓜分豆剖之祸，悬于眉睫。国人因此而觉悟，对于中国之旧文化，初则发生怀疑，继而极力反对。以至连发生中国古代文化之古书，亦因之而鄙弃，因此崇拜西洋，极端媚外，遂失民族自信之能力，亦甚可哀也。今再追溯厌旧迎新之源，可分为三时期：（1）自鸦片战争以后，中国与外人较，以为所缺乏者，惟坚甲利兵耳。于是张之洞、曾国藩等遂奏请设立造船厂、兵工厂等，并派遣留学生专习工程事业，然而衰颓如故，于是有第二期之觉悟；（2）梁启超等何以提倡维新？孙中山等何以又提倡革命？因此时已知西洋之所以胜我者，不但在兵器物质之文明进步，且于政治制度之良好，实远超乎中国；（3）任［由］五四运动以后，以至于今日欧美强国之优于吾国者，不惟物质文明，政治良好，即其他各哲学、科学、艺术、文化——无不在中国之上，于是一班好新之学者以中国之不进，实由于古书思想之作祟，非打倒古书，而从新创造时代之文化，不足以改造今日之中国。此过激派之主张也。

今此派以为一时代有一时代文化产生之来源，绝不能以古书而再生今日中国之新文化，应及时努力而创造。此种主张，颇为正确。然而其视中国之古书，曾敝屣之不如，毫无价值，无读之必要，吾实不敢赞同。因吾人欲知中国先民之现状，其政治如何？文化如何？其流毒于今日何在？欲治今日之病，必先明过去之来源，非在古书中，从何而求之？而今日谈社会学者，更为不可少之读物，奚云无研究之价值乎！就以创造新文化而论，亦非古书应付诸遗弃，而一切皆从新者得来也，古书乃前学者研究之总遗产，苟全不接受，恐无创造之可能。孙中山之学说，何一而非新旧兼陈，故其言曰："吾之主义，有因袭吾国固有者，有规模欧洲学说事迹者，有独创者。"可知创造诚不可少，而古书亦不可无也。何况吾等为中国之国民，对于中国之古书文化，无相当之了解，则何以生出自爱民族之决心，使吾人之生活思想，融合乎民族之内，则民族方无灭亡之患。曾见生自外国及留学外国者，终身受外国书籍文化之陶熏，每自忘其为中国人，或鄙弃中国文化，甘为外人奴隶，爱祖国爱民族之观念荡然无存。其之所以至此者，与中国之古书绝缘故耳！故欲谈民族主义者，更不能离古书而空谈也，今新学者，视古书如敝屣，应弃诸毛厕无再读之必要，此乃偏激之谈，与旧之学者，一臧一获，其失维均耳！

（三）折衷之主张

孔子曰："学而不思则罔，思而不学则殆。"旧日之读书者，因科举之关系，每多读而不思，以至有书呆子之称；今之学者，及其道而行之，则思而不读，以至空言无补，罔殆并至。故今日之学，须如《中庸》之言，"博学之，审问之，慎思之，明辨之，笃行之"，方为真正学者之态度。生居今日之世，须溶古而汇今，无偏无袒。故吾以为读古书者，该注意下列几点：（1）吾人当以科学之精神，为读古书之态度。科学精神，首重虚心，故吾人研究古书，不先存信仰之观念，亦不先存反对之观念，信仰与反对，由读者所得之结果为衡。善者取，劣者弃，然后得古书之真象，加以公正之评价，无偏见之弊。（2）当以今日之科学方法，为研究古书最要之工具。科学方法者何，重证据，求系统。大都应用论理学之种种，如分类、分析、归纳、演绎、假说、证明等，诚为研究学问最大之关键。因吾国古书，缺乏系统，至为复杂，不但使学者时倍而工半，甚至圣人之真理，难得真象。清代之学者，已渐知此法之重要，其读古书之成绩，较前为宏。近代如胡适等，尤有颇多贡献。（3）当站在时代之立场对于古书加评价。在今日之社会、日常之生活及世界潮流，与古时颖异。是以对于古书，有舍取、遗弃、尊崇之必要，故今日之对于古书，应如斯之读法也。

四、读古书应有之认识

古［吾］国典籍，自隋以还，分为经史子集。而古书，惟有经史子三种而已。对于古书之应读，及如何读法，上文已论及。但三者之中，书籍既多，其界限甚为宽大，而分类又欠明显，苟无根本之知识，则门径莫辨，用力无从，故不得不再论之也。

（一）识字

读书必先识字，读古书，亦必先识古字。所谓识古字者，不仅识字之形，当识字之义。古人造字，一字一义。后人用字，展转假借，不知本义而读古书，每有笼统不分之弊，不知借义而读古书，每有望文而生义之弊，故读古书最难。因是而有人谓“不识小学无以读古书，不明佛理不能读今书”，言颇切实。因古多为汉以前之书，今书多为汉后之书，因汉后佛教侵入中国，引佛入儒者颇多故也。何谓小学，即文字学是也，今人之谈文字，首推《尔雅》及《说文》。《尔雅》为训诂之始书，《说文》为解字之始书。《尔雅》者，释古今之异言，通风俗之殊语，可以知各字之通义，亦可以明一字之专义。何谓各字之通义，如“初、哉、首、基、肇、祖、元、胎、俶、落、权舆，始也”，始字为各字之通义。何谓各字之分义？初者，裁衣之始。哉者，才之借字，木之始。首者，人之始……是也。至于《说文》，而后之注者，当以段氏为佳，本书为古形、古义、古音之总汇，则凡古书上之文字、训诂、声音之递变，皆可由此得之。读古书者，不可不备也。

此外尚有王引之《经传释词》，将古书中文章之语□、古今之差异、语词之不明、意旨莫达者，引而申之，触类而长之，以尽语词之条。故自九经三传，以及周秦两汉之书，凡有助词之文，无不博事搜寻，详加采释，则后之学者，凡古今异语，别国方语，其口舌之轻重，声气之长短，皆可涣然而冰释。他如俞樾之《古书疑义》，因古人之文与今大异，不但用字之不同，句法各异，而章法亦悬殊也。若以后人之文法读之，则疑义日滋，伪解日出，故本书刺取群经、诸子、两汉之书，专为解说古书疑义而作。此而读经，则纠纷之处，可以立解。此亦读古书者所应备也。

（二）派别

战国之世，百家叠出，三教九流，各倡其言，以至古书中之各派学说，混乱不堪，欲知其派别之源流，及其发展，不能不读《汉书·艺文志》。吾国学术分类之始，始于刘向《七略》，今虽无存，而班氏之《汉文志》乃本于《七略》。本书将各家之学术派别，条分缕析，既可知书籍之类别，且悉学术之源流，而根基渐备，深而求之，可得其各类之要旨，如《易》之哲理，为上古社会之情形也；《诗》为文学，后之彭音韵文训诂在也；《尚书》为古之政治史；《礼》为上古典章史；《中庸》为人生哲学等。故读古书者不可不读也。

（三）辨伪

（A）伪书之由来。上古之世缣楮未兴，政府法制，书于简册，私人著述，寄于口耳。及时代迁移、人物变革，以至传论遂异为古书真伪之第一时期也。战国之世，周道衰微，王室将毁，而各国诸侯，违法放肆，将王室之典章，有害于己者，悉摈弃之。加以当时学风大坏，处士横议，又多托古以自重，此古书真伪之第二时期也。自秦火以后，载籍湮没。在后汉兴，令求古书，献者颇多，使刘向父子，秘府校古，但学官未立，习者殊鲜。东汉末，郑康成出，精通六艺，注书极多。但因郑为今文家，招古文家之妒忌，于是有王肃之徒，专造伪书以攻郑，此为古书真伪之第三时期也。晋室丧乱，汉之遗籍，几荡然而无存，于是新说日滋，伪书层出，此古书真伪之第四时期也。两晋之世，纬书大盛，方术之士日多，恒托古以售其技，甚至儒学诸家，亦相仿效，此古书真伪之第五时期也。自此以后，古出者亦不在少数，鱼目混珠良可慨叹！在二千余年学术之中，古书若是之多，不但代表中国学术之衰颓，更足以使后者对于真者亦施诸攻击、破坏、遗弃而生摇动，故辨真伪诚不可少者也。

（B）古人辨伪之源流。辨古书之真伪非肇自今日，二千年前早已有之，孔子删书，以唐虞为断，此为孔子辨古之方法。孟子曰“尽信书，不如无书”，此孟氏辨古之主张。刘向校书，为专辨古书真伪之事。然前者皆未有显著之表现，及到著《汉书·艺文志》之班氏，辨伪直切，如道家杂《黄帝》五十八篇，云六国时贤者所作；《力牧》二十二篇，云六国时人作，托之力牧；杂家《大命》三十七篇，云传言禹所作，其文似后世语；于农家《神农》二十篇，云六国时诸子疾时怠于农业，道耕农事，托之神农；小说家《伊尹说》二十七篇，云其语浅薄似依托也，成绩甚为可观。自是，柳宗元之于《鹖冠子》，欧阳修之于《系辞》，郑樵、朱子之于《诗小序》，梅鷟之于《古文尚书》等，皆存怀疑之心，遂行辨别真伪之事。及到清季，辨伪之学大进，首推太原阎氏百诗之《古文尚书证》。此皆过去学者之功劳。然而今日所存之古书，伪者而未经辨正，尚在不少，故今之学者虽不望创特殊之成绩以留光于后人，然自己亦须认清而不为前所蔽，而误今为古，为识者所笑，是亦至要也。

（C）辨伪法之我见。辨伪之法首在多读，不惟古书，今书更要；苟今书未明，何以知古书之伪。当读之际，须彻底明了其内容，然后在其字只上考求之，句法上研究之，章法上推测之。苟为后人之伪托，则思想上或有矛盾，字只类似后世之浅显，句法不如古人之老到，章法不似古人之结构。所谓旁敲侧击，苟细心、精密、博证而求之，不难得其伪造之证据也。

五、版本之选择

中国版本之流变情形，本刊第二期甘若莹之《中国版本概论》已有论及，兹因篇幅关系，不复再述。但中国版本既如是之多，学者当不能一一而读之，是以不得不再略论之也。吾国版本，起自隋而盛于宋。

宋之版本，有官本、私本、坊本三种。官本者，亦称监本。因此为政府之刻书，以国子监主其事，而得名也。既以政府之力量及财力宏厚，且人才亦众，自能得较好之底本，而雕刻校对，亦必优于其他，故此本为中国版本书之最珍贵，惜乎今日不存耳。而私人刻者，亦在不少，如王善夫本、百衲本等等。要之，私本之刻，虽不如官本之精美，但仍有独到之处，为官本所不及者亦有之。至于坊本较二者为次也。总之宋版书，在今日极视为珍贵，不幸在中国尚不可多见，而法之巴黎图书馆及东京之帝国图书馆，尚有不少也。元之版本无甚精彩，得之亦佳。及明之世，刻版之书，而商贾以谋利为目的，坊本恶劣，几不可读。而私人镂刻，有以为沽名钓誉者，以别具作用，错误在所不计，如此版本，今虽得之，亦不足喜。但其中佳者，亦有可取也。及清之季，私人刻书最盛，且能选其孤善本刻之，颇为可贵，而乾隆之《四库全书》之古书抄本，实为空前之佳品，而《皇清经解》亦近代之最足贵者也。

清季所有之版本，而今市面，不可多见，非为藏书家所藏，即为图书馆之保存。若学者近北平，而北平之图书馆之好版者尚得鉴阅，其次则为浙江图书馆，若酣居吾桂者，诚梦想亦难得好之版本观阅也。而今日市面之有卖者，惟中华书局之聚珍仿宋版《四部备要》内之古书，字体秀美，印刷明晰，及商务中之《百十史》与《四部丛刊》尚堪一读，至如其他小书局之铅印本、石印本等，错误百出，无不恶劣极点。此等通行之书本，前学者或勉强可读，而研究者诚不足一盼也，若为时间金钱两者经济起，买古书读者不宜不细心鉴别良莠也。

（载《桂潮》1932 年第 3 期）

我对于读古书的一点意见（古书通例）

李林雅

国内学者对于中国古籍的校读方法，这五六年来很发表了不少的论文，我都是十分热诚去读它，并且从许多先生们专门见解里，得到了不少读书的方便，我真是“感激”，并且要谢谢各位学者先生们的。

依鄙人的愚见，觉得还有一点不满足的地方，就是一班的学者，太注意了书本上形质上的个体的存在，而忽略了智识上精神上的联络，这是无可讳言的。据鄙人的意见，应该还有三个须注意的要点，是古书的连锁，是古书的命脉。好像循环器上□□分的筋脉，均有连带的关系；任你把那一部分切开，各处的血液□□要灌注到这里来而要喷溢出的：这是我所谓的“连锁”，我所谓的“命脉”。“闲谈少说，话归正传”，我对于读古书，就是应注意到三个对象，把它举出来，就是（一）辞气，（二）事实，（三）著书的体例。

一 辞气

怎么叫做辞气，《论语》上说：“出辞气，斯远鄙倍矣！”远鄙倍不远鄙倍，我且不管它，但这“辞气”两字，是要注意的。凡是人类的语言，所用以表出来的方式，必定是带一点动作，所以发言的时候，因为情感的不同，中枢神经的指挥，就显现出了快的、慢的动作。（我是不懂语言学的，只是推测罢。）到了习惯以后，才把动作的态度，改为语调上的快、慢、顺、逆，这虽然是大家所不言而喻的，但是他对于古书上，却有很多的趣味。

俞樾的《古书疑义举例》，是一部集合了清儒校勘上的工作，把它分类起来的一部很好的书（这是我友人伍君说过的）。他举了几个例子，如同：

语急例

语缓例

倒句例

一人之辞而加“曰”字例

两人之辞而省“曰”字例

语词复用例

助语用“不”字例

这几个例子我可以归纳起来，都是因为辞气的关系。现在不必详细的说明了，就单举了“助语用‘不’字”例罢。俞氏说：

> 不者弗也，自古及今，斯言未变，初无疑义。乃古人有用不字作语词者，不善读之，则以正言为反言，而于作者之旨大谬矣！

《诗经·大雅·文王》篇：“有周不显，帝命不时”，《毛传》曰：“不显，显也，显，光也。”戴震《毛郑诗考正》曰：“《传》盖以不为发声”，又本篇“无念文王”，《传》云：“无念，念也”。王引之《经传释词》十，“不”字曰“不发声也”，“无”字曰“无发声，助也”，除了“不”字“无”字以外，有为前人未举到的，要算“靡”字了，《诗经·氓》篇：“三岁为妇，靡室劳矣！夙兴夜寐，靡有朝矣！”《郑笺》云：“靡，无也，无居室之劳，言不以妇事见困苦，无有朝者常早起夜卧，非一朝然。”朱子解道：“言我三岁为妇，不以家室之务为劳，早起夜卧，无有朝旦之暇”，添出“之暇”二字，勉强拿来贯串。

但我想这几句是弃妇怨愤的口气，她说是：“三年在你家中，帮助你们家庭的事务，我是很劳苦的；清早要起来工作，很晚才睡觉，已是经过了很多的日子！”所以加上一个“靡”字，也是把语气加重（此类我定名为“重读词”）。又如：“王事靡盬”是一句周初的成语，叠见《诗经·唐风》之《鸨羽》，及《小雅》的《四牡》、《采薇》、《杕杜》、《北山》各篇，有的也解“靡”字作“无”字义（如《北山郑笺》）。至于“盬”字是不坚固——不攻致的意义，加上“靡”字，便要解作“我迫王事，无不攻致”（《鸨羽笺》）。我想如此曲折，决非诗人的本意。靡盬就是“盬”，就是不攻致坚固，就是说王事。觉得不好，换上一句俗语，就是“糟糕”，就说国家中的事情，糟糕透了。“靡”也是一个重读词罢了。

假使有人问，为什么要重读词，这是进一步的推求，我是很欢喜的，我就提出一个很普遍的条例，就是古书中凡是表示出这事情的紧张状况的文句，多是逆的——不顺的口气，有两个原因：

一、记事的人，照直的把那语急的——逆的口气写下来。

二、要想把这紧张的神情，暗示我们的读者。

《论语》上“使乎使乎”就是这个例子，今再举例明白的两个关于古书辞气的例子：“孟子曰：……自反而不缩，虽褐宽博，吾不惴焉；自反而缩，虽千万人，吾往矣！”

“吾不惴焉”即是逆句，犹言“吾惴焉”。又如《史记·商君列传》：“魏惠王曰：公叔病甚悲乎？乃欲令寡人以国听公孙鞅也。”

就是“悲乎！公叔之病甚矣！乃欲令寡人以国听公孙鞅也”。从语气之倒逆，与文句装置之颠倒，均可证明这是根据上面两个原因生出来的结果。我拉杂的举了几个例，是不很正确的。其余如《古书疑义》中倒句例，一人之辞而加“曰”字例，也有加重语气的，我因为话说得太琐碎了，所以也不再详举了。（例句有因协韵的关系，不在此例。）

二　事实

读古书真困难了，第一书籍遭了几次的大劫，这是大家知道的。第二，中国遭了几次外族的蹂躏；未开化的民族用野蛮的手段，毁灭了不少在他心目中以为无用的东西——书籍。假使没有五胡之乱，梁隋《经籍志》（梁《七录》）多少可以保存了不少的古书，或许可以流传到现在。这两种是古籍的外祸。还有两种内面的腐蠹，就是“托古”与“作伪”。托古是周秦学者迷信了一种学说，就相信了那相传的祖先，更其是喜欢推他最远的祖先——黄帝哩，周公哩，孔子哩——或者假定了这种学说出于某偶像。作伪是并不从学问为立脚点，只用自己的聪明，造成假书，欺骗社会群众：这些话凡是研校古书的人，说得很多了。对于外祸，除非是政治修明，才可免除，我们读书的人，是无法可以补救的。对于内蠹，却可以做廓清的工夫。近来很多的学者，正向着这一条路上走，这是从后汉王充以来直到清代的崔述、康有为一派师儒的工作，真是古学界的明星了。可是近人如胡适先生，用考伪方法，往往太过分些。我看了他《读楚辞》一篇文章，所举有五个可疑。其第四“可疑”曰：“怀王拿来换张仪的地，此传（《屈原列传》）说是‘秦割汉中地’，《张仪传》说是‘秦欲得黔中地’，《楚世家》说是

‘秦分汉中之半’，究竟是汉中，是黔中呢？”（《胡适文存》二集卷二，一四一页）

胡先生根本不相信，古书传述亦有异同一例，那么有一件史事，只有两个传说，换个很浅的比喻。

A 说：某甲是怕老婆的，

B 说：某甲是不怕老婆的，

现在胡先生因为两个说某甲的话是矛盾的，就不肯再去论断，或再去找证据，决定了下列的主张：

一、究竟是怕老婆呢，不怕老婆呢？

二、某甲没有这个人。

三、A、B 两个人的话，均不是我们断定某甲的资料——均是不可靠（可参观《读楚辞》原篇的考语）。

胡先生虽然十分宛转的说是“可疑”，其实他就是断定罢（这种地方，切不可轻易放过）。但是此处却有《楚世家》、《屈原列传》、《张仪列传》的 A、B、C，胡先生以审慎的眼光，不肯用三人行从二人的办法，这是我十分佩服的（误用从多数的方法，大有危险，此另外再讨论）。又有他第三“可疑”曰：“‘秦虎狼之国不可信’，二句依《楚世家》是昭睢谏的。”

胡先生没有断定这理由是可以不可以成立，倘使胡先生因为屈原是既疏既放，不能谏怀王，这是很有充分的理由；若专指《楚世家》有昭睢谏的，即不容有屈原的存在，那我就要提出古书的事实问题了。从我们稍稍去读古书以后，定很会发现了为什么。

一、有些事实，好像读了甲书，读了乙书（丙书以至……），从甲乙二种不同的书中，都是碰见了同样的事实，不过这一剧主人公姓名不同便了。

二、有些事实，在一书当中亦有十分相同之处。（《韩非子・内外储说》，在一篇中，多两三载类似的故事。俞樾所谓两事连类而并称，尚不在此例。）

先者举例，如《战国策》邹忌说齐王的故事，与刘向《新序》所载田巴鉴于淄水相似。

后者举例，《汉书·项籍传》：项梁既追章邯，邯兵益盛，项梁使使趣田荣共击之。荣曰："楚杀田假，赵杀田角、田间，乃发兵。"梁曰："田假与国之王，穷来归我，不忍杀之。"《田儋传》则载楚怀王曰："田假与国之王，穷而归我，杀之不谊。"这种事实，只可并存，再去找寻证据，在未得到确实那面可靠的佐证以前，谁也不能抹杀一边的证据。最上面一段话，多是关于《读楚辞》，对于屈原，我并不要平反冤狱，要作什么冤词，不过因这点触发了我的思绪，请胡先生不要说我是要做屈子的忠臣，我就感谢不尽了！

三 著书的体例

近人对于研究古籍的方法，可谓"水银泻地"无处不替它想到，这是国故学上极大的努力，使我们有心无力的人，都有了很好的工具，去寻求工作了。可是我们有时就很奇怪，为什么在古书中时常有：

一、两部真的书中，碰到了彼此抄袭的文字。

二、两部伪书中，碰到了彼此抄袭的文字。

一例，如《墨子》是真的书，《吕子》（即《吕氏春秋》）也是真的，而《吕子·当染》篇却大同于《墨子·所染》篇。

二例，如《文子》是伪书，《淮南子》是真书，《文子》很多抄《淮南》的文字。贾谊《鹏赋》是真的，《鹖冠子》是书，而《鹖冠子》的文章，多本《鹏赋》。

关于第二例，是可以说凡作伪者，因为他的学力不够，所以把现成的文字抄几篇以充篇幅。对于第一例呢，统是无法解释了，只好借了章学诚先生《言公》篇所说："古人之言，所以为公也……志期于道，言以明志，文以足言，其道果明于天下。而所志无不申，不必其言之果为我有也。"

这是很通达、很确当的见解。我觉得古人著书，到底有几种方法，也应该把它分类起来，令我们一见即知这是属于那一类的。只是浅学的我，心思的简单，不周密……如其要做这区分古人著书的大类，那是"么蚊负山"，只有对之感喟了。回观各学者的论文中，并未注意到这一点，只好冒昧的写出来了。

古人的著书，不是矜于文辞，而私据为己有，这是章实斋先生很精的论断，因为“志期于道，言以明志”的缘故，很不得已地才把它写出来，但是因为道——这字十分含糊，难下正确的定义，不如换了“学术”二字罢——学术是多方面，所以借以发表出来的形式，也不相同。一个学者，用清晰的头脑，灵巧的手段，就各从其便的用下列各种方式：

一、组织一篇（或多篇）带宣传性质的文字，以发挥自己或传统的学术政论……使人读了，信从他的主张。这如《老子》、《韩非》、《荀子》、《墨子》（除《经》上下及《经说》）等是。

二、专从一家或一种的学术，作有系统有条理的研究，变成学科的性质。如《易经》即是此例，他如《孙子》、《墨子·经说》，以至区别书籍的《汉书·艺文志》，文字专书的《说文》等是。

三、杂记式的。这是门人或后学者记录一先生（广义的）的言论行为，大半是不加批判的直记下来。

如《论语》、《孟子》、《管子·大匡》篇《中匡》《小匡》《霸行》《霸言》诸篇、《晏子春秋》等，亦类似乎此。胡适先生谓《老子》也是杂记体，但他的文字颇有分章的可能（不必照今本的八十一章，余另有分章研究），首尾完具，不宜归入此类。

四、史料——历史，是古代史官的记载，把前代或当时统治阶级的一切努力的材料，照直记下来，中间写一点劝善惩恶的意思。如《书经》、《春秋》、《国语》、《左传》、《国策》、《史记》等（表、志亦入此类，《春秋》稍论书法）。

五、分类的纪载。把多种的典制或史事学术……依著书人的分类法，分成若干篇，合则成一书。如《礼记》及《吕氏春秋》、《说苑》、《新序》等，这类与前面第二类很相似，我本不想分了，经过再三的考虑，觉得仍有分的必要，就是前一种是带近代科学精神的，这一种却是我们中华古国著书者最好的法门了。

六、解释古语。这一类更觉得不重要了，本可以不必分，但是前人却讲得很少，所以我也把它独立一类，引起批评我者的注意。宋陈善《扪虱新话》说：“《论语》中固有因古语而为说者，如‘祭如在，祭神如神在’，此两句正是古语。其下曰子曰‘吾不与祭，如不祭’云者，乃孔子因此语有所感发而为说也……”

这话不知前人有否讲过，我却觉得是很新颖了，因想到《老子》书中的“谷神不死，是谓玄牝”也是古语（今本第六章），“曲则全”六句也是古语（今本二十二章）。所以下面也道：“古之所谓‘曲则全’者，岂虚言哉。”章实斋先生说：“《论语》则记夫子之言矣，‘不恒其德’，证义巫医，未尝明著《易》文也……”也是很好的佐证。（经注皆其流变）

七、文艺，如《诗经》、《楚辞》以及古歌辞也是发表出来的，算它为一类。

以我的不周密的头脑，只能分成七类，倘使有遗漏的地方，要请学者原谅的。（若以章氏“六经皆史”这种的话，那大可不必分了。）我又想到了一点意思，就是近代出版界有一部著名的书，对于古史发明了很多的精见。但有人疑心他为怎么只把有名学者的笔札聚集起来？这是发表的方式，本不是一条路，任我们的自便的，这不必要疑心了。

完了！我写了一堆拉杂荒谬的读古书的一点意见，太觉散漫了。综括起来结束几句话，就是读古书注意到辞气，注意到文句的逆顺，凡是表出紧要紧张的情态的，多用逆句或重读词。其余从语气语调上讲究的如《书·顾命》“肄……肄……”示病人的口气；《史记·周昌传》“期……期……”活写出吃口人的最忌的语音，皆属此类，这是第一点。对于古书中有两书重复的或异同……类似的……只好作为资料，互相比较，把那个证据充分，理由完足的显示出来。而那个证据不充分，理由不完满的，保留起来，待后人去解决。不可用极强的主观，硬派定那个是，那个是没有的，或两个俱是伪的。因为既是两手两足用脑思索的动物，决不能说他无相同的动作和事实，这是第二点。对于古书，将它著述的方式明白了，才知道古人著述，是十分坦白的公心的，但是他发表出来也必定有一种巧妙的手段与方法。

我题目说的是“古书通例”，就是读古书有了一个贯通的方法，就不至于在枝枝节节上做工夫，走上大道，就走不通了。通例只有这三条吗？这是一定要疑问的。我想决不止这三条，不过我见到透澈点的，只是这三大端罢。我很怀疑，就是近代的人，著一种书，很讲究门面。譬如造屋一样，不想造一座特创而适于居住的房子，却要一厅二厢……呆板板的造成“一成不变”的样子，弄得“大而无当”了。我的意思是每个建筑师都用他的心思造出不同的式样，在古学的园地上，如其有各式不同的特别样子，也是很好的现象。慢慢集合起来，也是这村落的特色。我的话太噜苏了。可是我又不是什么建筑师，只是随这笔要写的，信口胡谈罢！

一个故事：一个吝啬的丈夫，出门去了，客人来访他，妻子出来招待，就请他“坐”，请他“饮茶”。客人要走了，他妻子便说道：“慢些！我请你吃点心。”就用双手一比，像一个五寸直径月饼一样。客人欣然的去了。丈夫回来了，妻子就告诉他请客人坐坐吃茶的礼节——是指壁上粘贴“请坐”、“吃茶”二字来代替的。最后又说出吃月饼，依旧做一个五寸月饼手势；丈夫就不高兴了，说：“请他吃点心是可以的，但是月饼不必如此大个。”这是很能刻画出吝啬丈夫的神情的。我并不是吝啬的人，很想把这篇写点真确的见解，像一个一尺直径先施公司的龙凤月饼，来送给我们看官先生的。只因为我的学力太差了，思想太坏了，正譬如我的手太小了，像黄口乳臭小孩们的手，所以比成的月饼，也只有一二寸大小了，这是我很抱歉的。

李先生这一篇文字，很能指示我们一条研究古书的捷径；但末段未免过于谦抑了。现在节近中秋，如此月饼，实胜先施龙凤百倍，小人之腹，属厌而已！谨志数语，以谢盛观，一笑！

——编者

（载《循环》1932年第1卷第46、47、48期）

中国社会教育与出版事业

杨锡君

（一）现在社教机关的出版物

在这支离破碎，一切落后的中国，社会教育实在是桩很值得注意的事业。民众生活方面的穷困，与文化程度的幼稚，都是社会上极重要的问题。现在国内民众教育机关，一个一个的成立起来，在表面上看是很好的现象。这些机关一成立之后，不论馆和场，除了各项设施而外，无论怎样，一定要出版刊物。刊物的性质，总不外 1. 理论的探讨，2. 实施的报告，3. 民众的阅读物。我们试把这些刊物的内容检考一下。理论的探讨，多数是你抄我，我抄你，或转述他人的言论，造成接笋式的文章。实施方面的报告，实际的固然很多，假借的亦是不少。而且甲地的报告，乙地看了之后，未必可作为参考。至于民众的阅读物，大多数不合民众的胃口，有的太浅，有的太深，或许编辑的先生们，并不是拿民众的需要做对象，所以多数的民众也不需要看它。既然不切合民众的实际生活和社会经验，还犯着呆板和腐旧的毛病。根据教育部社会教育司最近的调查报告统计，全国民众读物，从二百多种到现在已增加到九百多种，这种空前突破的记录，似乎表示中国社会教育进步的飞速。但是我们如果细细研究它的原因，就可以发见许多现象。每一个民教机关，看见人家出版刊物，为着撑场面关系，也不得不出。报告之外，还要出民众的读物，还要出各项的小册子，在事实上恐怕未必是为了民众们罢，或者是为着耗费了公家的钱，没有成绩好交代，出几页刊物，也好算是成绩，而且还可以供长衫先生参观了带回去做书架上的装饰品。这就是现在的社教机关里最时髦的事业。

据我个人的观察：譬如一张小小的《民众报》，从征稿到编辑，从编辑到发稿，从发稿到看大样，一直到出版，到发行为止，耗去的精神，费去的金钱，也实在不少，出版了之后，还要加上邮费，或者派了人出去分送。所得着的结果，究有多少？全国九百多种的民众读物，耗费的精神和金钱有多少，所收的效果又在那里，究竟值得不值得？这是一个不容忽视的问题啦！

（二）现在真正的民众读物

在现在中国社会上，文盲固然多着，不过扫除过了之后，和现在许多所谓略识之乎的民众，又当怎样地教育他们。整个的社会教育，需教育整个的民众才是。文盲如果变了不盲，和多数略识之乎的民众，当然要有相当的阅读物给他们去阅读，并且要引导他们自动研究生活上必需的知识。现在社教机关的出版物，看来不能满足这个要求。我们姑且先检讨一下现在实际上民众的读物是些什么。

我根据我的朋友范放君的报告，他说中国现在流行的小书，像《花名宝卷》、《五更调》等一类小书，实在足以惊人。就上海一埠而论，小书摊的摆设，至少有二千多处，多数是租阅性质，还有到四乡去贩卖的，也不知多少。还有卖画的贩子，一年的销数，也不知多少。旧的小说，像《三国》、《水浒》、《红楼梦》以及字小到像蚊子一样大的《粉粧楼》等等小书，销路都非常之大。其次闸北新民路一带的小书店，据我个人实地调查，至少在一百家以上。一年的营业，也就可想而知了！而且出版的循环画特别来得多，销场也比较来得大。这许多流传很广的刊物，所传布的思想，无非是迷信，神仙妖怪、奴隶强盗、才子佳人、色情狂等封建的非人的违反时代的思想，然而民众们却视为甘醸，当作醒泉，甘心浸润在这种毒液里。在民众思想及行动上，一定有很多的影响。流毒所及，或者不在鸦片、红丸、吗啡之下。但是民众们为什么欢迎这些刊物呢？这在整个的社会教育上一定有极重大的意义。

（三）我们需要的民众读物

从上面的两点看来，社会教育机关出的刊物，过问的人甚少。除送长衫先生参观时带回作装饰品之外，民众是多数不要的。有时间性的刊物，过了一二个月或一年半载，便要送上花生米摊去包花生米，或者是去包铜板和擦洋灯罩。这种事实到处可以看得见的。而旧式的出版物，却流行得如此利害，竟会受到民众热烈的欢迎。在这种对立的形势上，我认为三方面——社会教育机关、私人小书坊、阅读的人——都是损失，都是浪费，而且都是追不上社会。民众的需要，却是非常迫切，民众的要求，倒又非常广博。在社教机关刊物之不认清楚对象，和踏上了依样葫芦的老方式；私人小书坊之迎合一般人的恶劣心理，犯着不知所云的毛病，发行那些刊物，是散布毒液；出版者是从来没有知道的。民众的本身，本来无所谓好坏。三方面永无凝和的希望，更无行相见礼的可能。影响社会的进化是非常重大的。

我们看了这样严重的情形，一定要大声疾呼地来设法补救。我们现在所需要的民众读物，是要抓住民众们追求，尽验［量］利用民间读物的优点。1. 形式方面，必须用旧瓶盛新酒的方法，保存原来小调、歌谣、连环画演义的形式，而换入新的材料。2. 印刷方面，要醒目，要多加插图，而且装订和折叠要牢固，而合民众看了转送别人的原质，可以收着许多民众阅读的效能，就是达到教育民众的彻底主张。3. 取材要建立在民众的旧经验上。4. 内容要稍复杂而有趣。对旧的读物说，就是要：1. 用群众的福利来代替个人的荣富。2. 用人群的努力来代替命运天定。3. 用合理的社会生活来代替剥削制度。我们要抓住民众心理，一定要认清道路。仔细观察现在中国本身，在国际间所处的地位，考查中国国民的实在需要，和民众真正的出路。这是一件非常伟大的重要工作，我们要求其实现，一定要用全国社教机关和社教同志的力量，来办一件合理的出版事业。这样可以节省无谓的浪费，省出许多光阴，而且可以更有效的得着向民众用刊物去施教的效能。这全在志在社会教育同志的努力啊！这全在志在社会教育同志的努力啊！

二一，四，二〇。

（载《民众教育季刊》1932 年第 2 卷第 4 期）

从民众文字教育联想到书摊

耕　莘

一

一提起“民众文字教育”，我们便会联想到“戏剧”、“说书”、“宝卷”、“故事”、“连环图画”等等东西来。

这是的确的，学校教育的力量太单薄了，太有限了，太呆板了；怎能敌得过看演戏、听说书、唱宝卷、念故事、浏览连环图画等等的力量来得浓厚、普遍而且生动呢？

譬如乡间有社戏，台下不是挤满了人吗？茶店里不是请人说书来做招揽顾客的广告吗？“正月里来是新春”、“梁山伯与祝英台，草桥门外双双会拢来”等等，不是常常可以听到从不识字的人们的嘴里唱出来吗？“侠客一飞刀，割下了仇人的首级”、“法海和尚祭起紫金钵盂，镇服了白蛇”、“王文听琴，刘氏娘娘游四门”等类的故事，常在野老的口头流传着。至于连环图画的魔力，那可更不得了了。我们随意地走去，凡是有书摊的场所，一定可以看到有许多人在那儿翻阅；就是学校里的小学生的抽屉里，尽可找不出一本《小朋友》、《儿童世界》等类的读物，倒可寻出许多的连环图画来的。

改造教育的呼声中，大家都认为“私塾”是一个障碍。固然，改良私塾是一个要图，然而我以为同时还得加紧地来改造书摊。书摊之在中国，尽可以说是一所十二分普遍的学校；就是在三家村里，也没有不受到它的教育的。

剧本、说书本、宝卷、故事、连环图画等等，都可以从书摊上去找到；也可以说，书摊学校的教本，就是连环图画等类的东西。

书摊教育的力量，是直接影响于民众的思想、言语、行动的；也可以翻转来说，民众的智识，多半是取得于书摊上的。然而我们把书摊上的智识来下一回整个的探讨，自然而然地可以明白有两股思潮在流行着。这两股思潮，就是“神怪”与“淫猥”。

神怪在义和团后，本来已经受了一个重大的打击；但现在却又在抬头了，近几年的报章上，不是常有揭载十多岁的孩子弃家入山修道的新闻吗？性欲本是天性，但是描写得太露骨了，殊令人起难堪之感。譬如男女同床，本是常事，而在舞台上偏偏要用手拉着帐子使其抖动起来，委实大可不必。

这种露骨的描写，完全是因为鉴赏的对象的程度，是属于低级趣味的缘故。低级趣味，不能任它永远老是这么低着；然而要提高，也不是一下子可能的事；况且它自有几千年流传下来的历史。

在这既不能任它老是低着，又不可一下子使它提高之中，删改其错字与露骨之处；同时模仿其外形，改变其内容，以旧瓶盛新酒的办法；却是而今而后的一桩重要的工作。

二

而今而后的一桩重要的工作，便是书摊的改造。因为书摊上所贩卖的读物，是民众一切智识的源泉。现在就来谈谈改造的步骤吧。

（一）搜集

1. 采购书摊上所贩卖的；2. 录写口头流传着的。

（二）整理

接着收集之后的工作，就是分类的整理。

（三）研究

研究的态度，可分三派，略述于下：

1. 历史派。这派的态度，是注意“起源”、“变迁”方面的，是研究“民族学”者所走的路。

2. 艺术派。这派的态度和历史派却相反，不但是“起源”、“变迁”被他们所不注意，也为他们所不管的。他们只知道民间文艺里，尽有许多宝藏；只知道努力地向矿洞里去开采。

3. 教育派。这派的态度，和上述两派的态度，又是不同。他们完全是旧瓶装新酒的办法，也就是我在下文要说及的“仿作”的办法。

我们站在民众教育的立场，其态度当然是属于教育派；然而如历史派的那么的精细的比较和艺术派的那样的热情地开采的态度，也必不可少。譬如说，我们要分析某种读物的内容怎样、思想如何，就要用历史派的态度；我们要考究某种读物的描写的技巧好坏，就要用艺术派的态度。我们要明白某种读物的流行的普遍能否，就要用教育派的态度了。

（四）改造

首先择其流传的最普遍的加以改造，而后渐及其他。改造方法如下：

（1）划分段落；（2）增加标点；（3）改正错字；（4）改正错句；（5）难字加以注音；（6）难句加以释义；（7）增加或改良插图；

（8）删改内容。

一至七项，无庸说明，也不至于引人怀疑。只是第八项的删改内容，却为历史派与艺术派所共同反对的。但，说法各有不同，而且也各有其是处。我们既以教育为立场，对于认为不妥的，不妨加以删改；只是不要离开民众的趣味太远，而同时也不至于失却教育的目标就好了。

（五）仿作

所谓“仿作”，完全是模仿固有的民众读物的流行得最普遍的外形——即利用其句法、调子来装新的内容的法子。尤其是对于连环图画，更须充分地予以利用。

（六）创作

这是最后的而且最不容易着手的工作。不但是内容全是新鲜的，而且连外形也是现代的了。民众文字教育到了这个时代，已完成了一半。

三

我的朋友魏君说：“只要把墙壁书店（他称书摊为墙壁书店，因为书摊往往把书籍在挂在墙壁上的细麻线上挂着）改造好了，民众教育就完成了一大部分。”日来担任了民众夜校的国语，看到学生的作文，不论形式上、词句上，都带着宝卷的意味，越觉得魏君的话是真实而可信；改造书摊的工作是重要而迫切了！

（载《浙江民众教育》1932年第4期）

注意书摊上的民众读物

罗　以

记得去年不知那一期的《社会与教育》上有一篇陶希望先生作的关于连环图书与儿童教育的文章，大意说书摊上的画本对儿童的吸引力与给与儿童的影响，比任何教科书来得大。热心教育的人，对这类向来少人注意的书摊，的确有考察并设法改良的必要。在那书摊上，除连环图画之外，我们还可看到许许多多演义小说、宣卷、弹词、滩黄、时调山歌一类的书籍。这些书籍大都册子很小，纸张印刷极劣，小说弹词等多是五号字大小的石印，字与字挤得密密紧的，错误又多，真是最容易伤害眼睛的东西，可是销路却不坏，多少摊头老板靠着这个渡过他们的生活。

这一类的书籍，有几种特点：

一、内容适合中下等社会一般人的口味。如忠孝思想、豪侠行为、重“义”观念等等，满贯在这一类的书籍里，造成了许多中下等社会中人认为可歌可泣的故事。此外是“私情”的讴歌或描写；才子佳人的姻缘，农村少年的恋爱，都替这类拙劣的书籍招引了许多读者。

二、字句通俗，易于了解。这类书籍的文字，大概是白话，也有许多是用方言写的，读的人可不必要怎样高的程度便能将意义了解。文雅一点如弹词宣卷之类，虽也夹有许多五七言诗句，但所在多是不重要的部分。

并且在这类“通俗”的读物中，还流行一种简笔写字的方法，不仅如“擔”为“担”，“擒”为“捦”之类为书写与认识的方便而从简，并且还有许多别字（如“生”字可代“笙”、“参”、“牲”等字），只要声音相似，不管意义的对错；在滩黄唱本或山歌唱本中特别见的多。由“读书人”眼里看来，显然这是一种错误，无须疑惑的；但在阅读这种唱本的人，却非这样不能明白，他不惯从字面上探索意义，只要声音与口说的相近，便行了。

三、这一类书，大都是可以实说、实演、实唱的。读这一类书的，可以像听书听唱一样的态度来对待书本。并且，把演义或唱本读熟了，还可以照“本”在一般人前面说或唱。要是背的熟，口传的清楚，便可受到热烈的欢迎。我们家乡常有“串客”（即滩黄）一类的戏，年青的佃家郎几个人串成一剧，在庙会中或其他娱乐场所出风头，所靠的便是以仅仅识得二三百字的能力读得的滩黄唱本。

这几个特点使书摊上的书籍成为最普遍的民众读物。虽然印的坏，装的坏，可是价钱便宜，容易购买，而且内容体裁等等又适合一般民众的要求，无怪乎书摊生意不坏了。

书摊书籍内容思想大都陈腐错误，看过的人，都能知道。“忠君”、“守节”等等旧伦理观念不必说，还有许多儒表佛里的“怪物”，我们在历史上看到“宋儒”一班人提倡的东西，如今是保存在书摊上的“小书”里面，流行在广大的民间！“小书”中，《三国演义》、《西游记》、《封神榜》、《七侠五义》算是顶上乘的，但分量不多。此外荒诞的、无聊的、恶俗的，不知有多少。我们常见的如《征东》、《征西》、《果报录》、《珍珠塔》、《双珠凤》、《刘香女》一类，都是没有一点价值的东西，可是在民间，它们却有极大的力量。有许多故事差不多是大家爱听而且爱说的。我们要认识现今民众的读物，须到书摊上去，我们要认识现今在民间发生大力量的民间文艺，也请到书摊上去。

文艺原是人类所爱好的东西；它具有教育民众改移风俗的力量，似乎也可以不必说了。我们在事实上看到书摊里的民间文艺大有影响于民众，那末，书摊上民众读物的为功为罪，办民众教育的，实有加以注意的必要，并且利用书摊（模仿书摊、改良书摊）倒也是一条实施民众教育的道路。（现在有许多民教同志正在努力设法输送民众读物到民间去，这读物形式印刷较之书摊小书优美得多，可是因为内容不对味，收效不大。书摊不过是一种输送的手段；现今各地民教馆备办的流动书车和它有点相像，不过所备的书，无论如何，总难能有如书摊小书那样受人欢迎。我们当研究书摊的内容，探索书摊小书受人欢迎的原因所在，把握住了，然后利用书摊的方式以作民众教育的工具，这样，才可有好的效果。）

（载《民众教育周报》1932年第3期）

民众读本的编辑问题

罗　以

一

用最经济的手段达到最完满的结果，是我们工作的理想或要求。这种要求在民众教育事业中更显得迫切。因为当今为民众教育原是带有一种补救性质的事业，它的目标早达到一天，便是中华民族早离灭亡的危境一天；我们希望着在最短的时间内以最简捷的办法收到广大的效果，所以我们的行程不愿间断，我们的态度不许观望，我们的时间与精力，不愿浪费丝毫。虽然事实上因无过去经验可供取法或参考，往往难免走冤枉路或竟徒然辛劳而不得结果，但我们的存心却实是纯正地欲求成功。

我此刻就在这个大题目下提出一个“编辑民众读本”的小问题：谈一谈民众读本要怎样才适合民众学校的需用。教民众识字的工作，当然也和其他民教工作一样，希望有一条经济的路。民众读本编辑之好坏，虽不能全部决定这一点的成功与失败，却可以说是与有重大关系的。现今所有的民众读本，能够在材料文字各方面都做到完美地步的很不多见，觉得是件大缺憾。

民众读本和儿童读的小学课本不同。一个是成人读的，一个是儿童读的；一个为应付目前的需要，一个则仅为将来生活的准备，所以要是用编儿童课本的态度和方法去编民众读本，那便大错而特错了。民众教育是一种新的事业，民众读本的编辑，乃新事业中之一部分。做这工作的人，没有什么“老文章”可以抄。而且因为要适合实际需要，顾到时代环境，所以外国的东西，也只方法一样可作参考。民众职业不同，生活背景不同，其需要亦随之而各异，所以最好的办法，是按职业的不同供给不同的民众读本，工人读工人读本，农民读农民读本，使适合各职业特殊的需要。

现在请将在下个人对于编辑民众读本的意见，从材料与文字两方面约略叙述如下。

二

在没有提出民众读本取材原则之前，有一点要请大家注意，便是：不要忘记语文教育只是一种手段，不要当它作为目的看待。它在全部的民众教育事业当中，可以比做一间房子的门户，经过这门户，便可以详细地看到房子中的一切了。我们教民众识字，决不是识了字就算，最大的意义还在使他们识了字后获得种种生活上必须的智识，应付生活上种种的需要。语文教育的价值在此，语文教育的重要亦在此。

从上面一段说话里，可以知道民众读本所负使命为如何了。我还该进一步说，民众教育的工作，是整个的，正如民众的生活是整个的一样，分开生计健康等等许多部分不过是抓住了几个中心在工作上比较有秩序而能得较良的结果而已。他们包含在“民众教育”里面，同时活动，有时各走各的路，有时碰头了，也不妨二个三个在一起走。不必在生计教育的范围里，就不许夹带道德教育，或在健康教育的范围里，就不许夹带休闲教育。语文教育，如上文所说，仿佛是一块“敲门砖”，是一种手段。语文本身没有内容，它是个躯壳，全靠“智识”、“感情”一类东西来充实它，给它生命。所以语文教育中必须夹带旁的东西，而且可以夹带得很多很多。语文教育的目的原在识字。但字是代表意义的，就学习心理说，识字的时候，要靠意义的帮助，才容易识得，而且识得有用。所以识字必然同时还识得字的内容，读一篇书必然还读到书的内容。字的内容还属“语文”，书的内容却别有所属了，这便是所谓“夹带”。所以语文教育的功能，除识字以外，还兼及别的教育。

为语文教育工具之一的民众读本，应该怎样夹带呢？就是，民众读本取材标准怎样呢？最简单的回答，自然是，“依照民众教育的目标与范围”；但是不免笼统。在下以为，取材一方面，至少应当注意两条原则。

1. 适合实际需要。教育原是实际生活的准备，在民众教育中，这意义更显得迫切、重要。实际需要可以分两方面来说，一是就民众本身着想的，一是就社会国家着想的。

a. 就民众本身着想。民众读本的材料应是民众生活上必要的智识与技能，就是看他们需要什么，就取什么做材料。但民众二个字包括着一切阶级，一切职业，他们的生活不同，需要不同。所以最好的办法是依需要读本的民众的职业或生活不同来编不同的书。譬如工人和农人，他们的生活状况不同，生活上必需的各种智识技能当然也不一样，所以工人读的书给农民读，觉得有许多地方似乎是多余的，也有许多地方是欠缺的，农人读的书在工人也是这样。所以农民应有农民读本，工人应有工人读本。

同是工人或农人，因为职业性质或所居环境不同而生活上的需要也便彼此有互异的地方。比方手工业工人和机械工人，他们所属的职业性质不一样，所住的环境不一样，生活情形也不一样，他们的需要自然亦有不同。又如南方农人与北方农人，种的东西不同，过的生活不同，所以需要也不全同。民众读本的编辑，最好自然在能够做到适应各地各业民众的特殊需要的地步。

b. 就社会国家着想。民众读本的取材，不仅应适合民众本身的需要，并且还当适合社会国家的需要。比方在政治智识、道德训练各方面，都应以社会国家的需要为前提，这样，教育的结果，才可有大的利益于社会国家。

民众教育的发生，原是因为社会国家有这种需要。民众教育的成败，便在于它对社会国家有好处没好处。办理民教事业的人，应时时顾到这一点；做民众读本的编辑工作，也是一样。

社会国家的需要是多方面的，要具体地说出来一时怕说不完，现在只拿“合群思想”一端做例子。我们不是常说我们中国人欠缺群的观念，欠缺团结力量么？这“群”的观念与由群的观念而发生的团结力量正是我们所迫切需要的。一般下层民众，不知道合群的意义与需要。这是我们的责任了：我们在教育当中，应设法向他们暗示或说明合群力量的伟大和合群的必要。

2. 适合成人心理。现今民众教育的对象是十六岁以上的成人。我们编辑民众读本，就应当以成人心理学研究结果为依据。这里有两点须加注意，第一是引起兴趣的问题，第二是学习过程的问题。

a. 引起兴趣的问题。大家知道学习一件东西必须有“兴趣”作为先导，然后学习易成，所以引起兴趣是教育上重要工作之一。民众读本的取材，要注意到民众兴趣的引起。成人和儿童不同。成人是比较接近人类实际生活的，实际生活上各种重要问题，因为切身之故，较易引起他的注意。有许多材料如神仙故事之类，适合儿童的口味，却不适合成人的口味。我们找材料，要从适合成人口味一点上去着想，顾到他们的生活背景，顾到他们的理想。

b. 学习过程的问题。这里所要谈的，已不是材料取舍问题，而是材料安排问题。在教育上，因为要收得大的学习效果，所以很有许多人致力于学习心理的研究，有许多研究儿童学习心理，也有许多研究成人学习心理。我们从成人学习心理研究所得的结果，知道成人的学习能力并不比儿童差，知道成人学习过程是怎么样。民众读本材料的编排当利用此结果——按照成人学习过程而定次序与速度。

三

现在请再容在下从文字方面谈一谈民众读本的编辑问题。民众读本的文字应当是怎么样的？就是，民众读本应当用怎样的文字来写？关于这一问题，个人有几点意见略述如下：

1. 用民众生活上必需的字。民众识字教育只希望民众能读写普通应用的字——便是生活上必需的字，就够了。必需范围以外的，没功夫去识也不必要识。这一点在编辑工作上有两种办法：

a. 积极的——采用最常用的字。这个有专门学者的统计可作依据。最常用字的数目，一般人以为有一千左右。民众若识得一千个字，差不多就够用了。

b. 消极的——避免艰深的字。这意思就是上一项的反面，凡不常见，不常用的字，一概不用。

2. 扩大“字”的范围。中国文字，严格地说来，已经超过了单字的阶段，就是代表意义的“字”，常是二个以上的单字组成的，这个为方便起见，与字分别称为“词”。比如“人生”一词，代表“人”字“生”字以外的另一意义，“兴奋”一词，代表“兴”字“奋”字以外的另一意义，我们日常所见到的“字”，许多都是这类二个以上单字组成的，随处都是例子，可说举不胜举。

据文法学家如刘半农先生一班人的意见，中国文字到了多数单字代表一意义的阶段，是文字的进步。西洋人常谓中国文字幼稚，看到一字一音就说还在单音字的时代，其实是一种武断。我们觉得这意见不错。我们看待“字”，不应该以音为单位，换句话说，就是要承认“字”的范围里，还有许许多多二个以上单字组合的“词”。有许多用时总是两字连起来的，如“踌躇”、“仿佛”等双声字，实在已是不能拆散的“双音字”了。

上面曾经提起以一千字为民众识字标准，这“字”是指单字。一千单字互相组合，还能够产生许多代表另一意义的“词”。“词”的读音，就是单字的读音，可无须另费教学的气力，但词的意义，却非在单字以外另加解释不可了。

简单地说来，便是应注意词的地位，注意词的认识与运用。在日常生活中，一般民众所需要的不只是一个个单字，且更需要多数单字组成的词。我们应当注意到这一点；在选择的时候，不仅选择了最常用的字就算，还得选择最常用的词。我们要把字的观念扩大（以代表意义为字的单位），把民众识字的范围扩大，不以“单音”的“字”为限。

3. 利用句子以识字。据一般心理学家的研究结果，记忆的成立，有联想作帮助者较单独记忆为易。从前编小学教科书的人，不曾注意到这一点，以为教儿童识字，拿字给他们识去便行，于是几个生字一课，叫他们去死认。现在我们知道单独认一个“天”字，一个“头”字，远不如把他们连起来成为“天在头上”来得容易记忆，因为字与字在意义上发生了关系，就可借联想来帮助记忆了。

再就字的使用一方面说，要识字的人知道字的用法（这样才算真正识得字），非利用句子不为功。

所以编辑民众读本，应尽量利用句子，由句子帮助字的记忆，同时由句子暗示字的用法。

4. 由易至难，由简单到复杂。按照学习的程序，先使民众认容易认的笔划简单的字，然后慢慢地认较深较难的，这样较易收得效果。如果开头就教认写笔划繁多的字，民众认写不来，也许因为怕艰难而减少读书的勇气。

5. 注意复习。认一个字，总要经过几次复习才能记得牢。儿童是这样，成人也是这样。有些编民众读本的，不注意到这一点；预备给民众识多少字，就把这多少字写在书上教民众认，没有计及这字在书中出现的次数，这是错误的。我以为课文长些不要紧；每一课必须包含几个生字（词亦在内），若干复习的字。多给复习的机会，一个字最好隔几课发现一次，隔几课有一个总复习。

6. 采用俗写字、简笔字。俗写字与简笔字的好处在于容易认、容易写，而且是在民间已经使用惯了的。比如“一擔两擔”的“擔”字，笔划多不好写，省作“担”，就便当多了；而且在民间大家所写的，也是这个“担”字。“檀香”的“檀”字省作“枟”，“一點两點”的“點”字省作“点”，“毫釐”的“釐”字省作“厘”，亦已普遍通用。又如“筆”字写作“笔”，“算”写作“筭”，“畝”略作“么”，“两”略作“㒳”，“钱”略作“刍”都是。（例子很多，不胜枚举。）这些简笔俗字，在意义不混淆的范围内，尽可采用到书上去。理由是：

a. 这种写法已经在民间通行；

b. 便于学习；

c. 便于书写。

文字原不过是一种符号，不必因认为那一种写法典雅，便非用那种写法不可（而且“典雅”也者不过习惯所生的一观念而已），反过来说，便是不必怕“俗化”。就文字变迁的历史上看来，文字写法的改变，不算什么一回事；从“便”从“俗”，更常是改变的原则：“俗”一到成为习惯，便不复“俗”了。我们现在认为正统典雅的写法，在产生当时何尝不是一种俗写呢？古文变篆，篆变隶，隶变楷，都是由雅化俗而俗坐了雅的交椅。所谓“正统”，所谓“典雅”，如是而已，所以我们正可不必怕俗。

现今有一部分热心民众教育的人，正在提倡一种减笔字，用意很好，不过尚在创始时期，还不见有怎样大的影响。如果减笔字经过试验，大家认为可以应用，那它对于民众文字教育，一定可以有很大的帮助。

7. 语句通俗化。文字应当是活的东西：现代的人写，现代的人读，造句用字，应适合现代语言。在民众文字教育上，尤其须要注意这个原则。而且谈话的语气以及所用的词句，越接近民众日常的谈话越好，不应有“文绉绉”的气味。因为适合现代语言，学起来容易，而且又容易应用。

写到这里，想起了一个问题，便是民众读本中可不可以夹杂方言或全用方言。方言对于一地方，乃是最合“通俗”二字的，民众读本要是只以一地方民众为对象，似乎可以采用方言。但现在各地的方言没有一定的写法，也从来没有一定的组织方法，而且在另一方面，还有统一语言的需要与统一语言的趋势，在这人群关系日趋复杂的时代社会里，标准语的成立与共同使用，是必然的事情，所以在这一点上我主张不容纳方言。

8. 同音异义而笔划相似的字分开编插。中国文字中同音异义而笔划相似的字很多，如“蜂”、“烽”、“锋”，“陪”、“倍”、“赔”等等，应特别注意各个字的方法，且不要把它们放在一起，以免混乱而发生错认。

9. 用注音符号注音。帮助识字并且使读者照“标准音”读音。

四

在下对于编辑民众读本的意见，已分材料、文字两方面略述之如上，自知挂一漏万，而且错误难免，真有点怕问世。但是既写下了，公开出去，也许可以作为民教同志的参考，也许可以得到更好的意见，所以便大胆地刊在周报上了。望明达有以教正：若得如此，那便不枉我抛这一块“砖”了。

（载《民众教育周报》1932 年第 7、8 期）

中学生国文课外读物的一点商榷

胡兰成

1. 国文在中学课程里的地位

要讨论这个问题，有两点应该注意的：

甲、中学生出校后的生活——他们出校后的生活，有一大半中学生是不能升学的。他们一出学校，便走进社会里去找一个职业，这种职业可以说是全属于工商业制度之下的，就是那些找不到事情做的中学毕业生，也决不会再回到旧式的农村里去，他们虽然飘泊失业，还是在整个的工场社会的气氛之下的。此外，便是几个少数的人能够进到大学里去。

看准了这个事实，我们便该研究：对于出了中学即去找职业的人该怎样给与生活的准备，这里包含了生活技能和生活情意的训练。这是普遍的现象，一个人在脱离学校和实际生活接触的时候，就会觉得在学校里所读的东西全不相干，当时为着考试，为着分数，会以全力从事的功课，几乎是全都用不着，除出一点简单的常识，和一些书写的技能以外——而这些在实际上所需要的限度是只要完全小学里出身的优良生就能胜任愉快的，正不必费那么多的时间到中学里去读三角几何一类的东西。这个错误可说是社会制度的本身的错误，也可以说是整个教育计划的错误，实则近几十年来中国生吞活剥地被外来的资本制度——一个生疏的突然而来的东西——投到另一个世界里去，在短期间的不调和里，这种错误的现象是很自然地会发生的，因为在浮动变动的表面上，是什么事都找不到一个重心，不但教育界感着了这个困难。要剖析这个，是要从全部的社会制度入手，那会超出本题的范围，我们只就中学生的地位来说，更确切地指出他们身受的错误，或者有几分可能地找到一个补救办法。

除技术上的不合实际外，中学生感到最大的打击，是生活情意的破产。他们都还是些热诚的年青人，没曾受到不良的影响，然而也没有受过切实的生活情意的训练。在学生时代，他们只听了些训育主任的道德论，还服从了些学校规则，而这些道德论和规则，搬出到社会里去是一点用处也没有的，因此他们的生活情意没有一个标准，只好在社会的盲目的不正确的宣传式的和阴谋式的规律下渐渐枯萎下去，虽然他们还不至于像大学生或留学生那样给社会一激就反本加厉地做起害人的上等流氓来。

从这里我要单独地提出国文这一个题目。中学生踏进了社会，什么功课都抛弃了，除了切实要用的一两门之外，而这一两门在应用上也缩到最初步的程度的，唯有国文他们还拈弄着。这虽然是因为国文在生活工具上的地位比较更广阔，深一刻讲，却是在国文里多少能找到一点生活情意的发现。我们只要看那些店伙，工厂里的办事员，邮局海关央行的办事员——那些中学出身的人，比例地总多亲近点小说之类的书。然而我们在中学里教国文的时候不曾注意到这点，除了仅仅的教了他们识字书写的能力以外不曾更多给他们一点东西，在生活的情意上，国文是负有如何重大的阐发的责任，可是很少的被施行过。因此他们出了学校，为着生活的干燥与困惑，便自己去找一点低级趣味的读物来看，这是社会的一般的文化降落的症结。

我们还可以更深切的说：他们感到别种功课的散漫不切实际，找不到一个生活的统率，把各种智识集合起来，有一个最高的效率。这一点，国文是负有对于全部生活的责任的，这留到下面来说。

乙、中学校里各科的关系——中学校里有许多门不同的功课，简括起来，可以分做自然科学和社会科学两种，而国文却是游离两间，又似完全独立的。第一应该认清楚的是，功课虽有几等几样，而生活却只一个。这是在原则上应该把各种功课有一个统一的中心，事实上每一种功课在它的范围之内，总是和旁的某几种功课有密切的关系的，例如同属于自然科学的几种功课，或同属于社会科学的几种功课，这个相互间的联络尤其显示着。这其间国文和旁的功课有什么关系没有呢？这于国文的教学上很有影响。过去有许多人为了这个问题的不确定，因此定不了一个国文的标准。他们都普遍地承认着国文是和社会科学有深切的关系的。意见便从此分歧了：有些人以为应该把国文的范围缩小，因为国文里所包含的内容既然有各种社会科学的功课分门研究，国文科可以不必在这些理论上越俎代庖的卖力，只要注重在文字的技术上的工作就够；有些人又嫌这太把国文缩到纯文学研究的窄路上去，而中学校里的国文比不得大学里的文学专科，所以应该各方面都涉及的，他们便费了许多力气想把国文的分量定出一个分配的标准，理论文该占据多少，文艺文该占据多少，然而怎么也定不出一个十分适合的量表来。

这两者都有错误，都有不澈底的地方。我们知道各种科学并不是离开了生活的意识，而把学生造成一架专会动作的机器，去供这工商社会以盲目的依顺者服从者。我们是要了解各种技能给与生活的意义，那范围该有点超出功利主义之外，这并不是说要提倡人心万能论，却是我们要在现实的生活里，从各种生活的技能和各种智识上，要有一个综合的观念，从这里产生出来的整个的生活意识。这个重心惟有国文科能胜任愉快。

国文是和社会科学更有关系的，这谁都知道，但我们更要准确的说：不但和社会科学，就是和自然科学，国文在开发生活的意识上也是同样的有关系的。不然，什么物理化学算术之类，我们光懂了一点方程式，除掉狭窄的功利的用处以外，对我们有什么关系呢？二十世纪的生活情意是建筑在社会科学上，而社会科学是建筑在自然科学上的。一具杠杆的作用，一个公式的数目字，渗透了人们的心灵，我们已不再把自然科学当作无机体，像沙石般无生命的东西，它是液体一般融解在我们的生活观念里的。中学校里各种功课是把程度限到常识领域的，就只在这样一个常识的学习里，我们该有一个整然的系统，把它连转起来，从散漫的各点上求出一个整然的生命，那就是国文的义务，是国文应有的本质。

认清了这一点，我们便可以批评那些人把国文范围缩小到文字技能为已足的，他们是不曾注意到国文有融解各种功课效力，而各种独立的功课都得仰仗国文的综合是不容易脱离生活的圈外去的。而那些人以为国文是应该含有两个对立的原素——理论文和文艺文，他们虽然把国文的范围扩大了，然而他们也犯了一个错误，把理论文和文艺文化做截然不相关的两回事，是他们还没有认识国文的本质只是一条鞭的，是整个生活的综合、表现与开展。

在从前私塾里，国文是一门绝对的功课，其余如史地礼制一类的学问都是包含在国文的大题目之内的。无论那一门的学问都受国文的润饰，使它适合于实际生活，他们这样的把学问整个化的办法实在是很对的。私塾的失败并不是因为这制度有什么不对，而是全部的社会——学问的对象在最近起了一个大变化，在蜕壳的进化里私塾才因为质地上的浅缺而崩溃了的。

新起的教育又因为□于分工的学说，把什么都专门地独立起来，其实专门学问只是有闲阶级喝够了咖啡躺在沙发上当作消遣的东西，而且真个专门也不会产出什么了不得的人才来的，这个我们只消看几个大学问家如卢骚、马克思之类，都是从各种复杂的归纳里自然地形成了的一个重心，这才是实在的学问；光抱定了一个专门的对象和旁的脱离关系，想从一个虚拟的大前提上去演绎开去，那很容易堕到空白的野狐禅去，这专门学说的毒害是已经有人说起过的，我可以不必再多说，不过我要补说一句的是：有些人，如鹤见佑辅他们的攻击专门说是站在唯心论的立场来说，这和我从物质生活的观念形态的说法根本上是不同的。从唯心派的反对专门底机械化的说法是很会错误到梁漱溟、陶行知那一类的良知良能的麻醉里去的。

然而现在的教育正急急于专门化，他们恨不得在中学里都采行专科制，这不晓得会毒害了多少人。我们该认识中学教育的意义，虽然中学生所学的还是些初步的浅薄的东西，但是能够把他们所学的各种智识——虽然仅仅是些常识——贯通起来，中学生是很可以拿作理想的社会的中坚分子的。从前曾经有修身科来训练学生的人格，近来更把范围扩大了，有公民科与党义科来规正学生的生活，还以训育部及班主任来指导学生的日常行动，但虽然有这种种的办法，国文还是有它训练学生的生活情意的最高效率的，因为国文除文字的技能外，在思想上，在情感上都能深入学生的心，其影响之大是超乎区区的几条规则之上的。

国文既负有那样重大的使命！我以为应该多注重于文艺的教材，只要避免风花雪月的一类肉麻文艺，和高等流氓所提创的为文艺而文艺的东西。这有两个理由：一、文艺是最切合于学生的脾胃，它能正确地养成学生对于生活的观念，在这一点上，文艺能充分地尽它的使命——把学习得来的各种智识情意化；二、在文字的技术上，照经验来讲，也是文艺比枯燥的读物更能使学生有兴味地进步。这里或许有人反对，以为太注重文艺而把理论太疏略，结果会造成徒然的一班空洞的学生出来。这我可以答复：所谓课外读物并不是国文科单独有的，每一种功课都该有它课外的理论读物的，关于社会学底或自然科学底理论文，性质比较分明的都该列入各该科的课外读物表里，尽可不必由国文科一手包办。光是文字的技能的修养，则中学里所采用的课本几乎全是用本国文字的，各科都该有训练关于该科应具的文字技能，正不必拿国文科以每周五六小时的时间来专替别科训练文字的工具。同时我们明白国文采用文艺文教材的意义是在贯通各科智识，来情意底地渗入生活里去，这样，自然不会只造成一般空洞的文人。

讲明了上列两点——中学生的出路，和中学校里各课的关系，便可以认识国文在中学课程里的地位和它采用教材的标准了。

2. 国文与学生的情意生活

中学生在社会上的地位是非常广大的，从他们的数量上，从他们学识的程度上，他们是稳实地占了中坚分子的身份。在中学生之上的大学生和留学生，因为太偏于学者化或官僚化——在今日一般文化低落的中国大学生所受的教育很会落到这个畸形的发展上去的——只成为社会活动里的空幻的闪烁的光，或是沾沾自喜的魔术师而已，从他们这些少数的人，从他们所学得的畸形的智识，大学生对于整个的社会进行是很少能够做出什么好事情来的，反之，他们宁可说是社会活动里所泛起的一层无用的浮沫而已。一方面，下层社会，那些完全没有机会读书，或仅仅在小学校里学会了写信上账的群众，又正在深切地感到生活力的缺陷。在这两者的中间——高等流氓的大学生和无智识的大众的中间——中学生无疑地是占了重要的地位。他们受有现社会所需要的智识——虽然只是些常识，却比大学里研究的学问实际上对于生活是更为切合——但他们还不曾养成了像大学生那样的特殊身份，他们还是民众的人。而中学生的集团对于无智识的大众是能够分明地有时代性的感受与其了解，他们是大众的生力军，然而是在大众的里面的，并不显然地把自己看做领导者，像大学生那样的以居高临下的态度来看取大众。这是中学生可以宝贵的地方。

然而不幸的是，负有这样重大意味的中学生正陷在一个动摇苦闷的境地中。时代的变乱，社会的不安定，生活的各方面的刺激，整个时代的打击都压到他们身上来，把他们撕碎了，消灭了。他们在学校里的时候，是被农业社会的遗传的浪漫思想所充满，把自己看做英雄，以农民的纯洁的道德观念来支持自己，他们抱着空洞的影子，怀念着神圣温丽的恋爱，对于学问的空虚的尊崇，和为社会谋幸福的梦想。然而这些观念，给工商业的社会冲破了，他们一进到社会里，被这新的社会的结构完全弄得迷乱了。他们困惑，消沉，感到自己的无力和幼稚，于是无声息地被现实的社会吞蚀了。他们曾经受过的中学教育只剩下一些日常应用的工具，即这些工具于他们也只是机械地运用着，他们已跌落到不可理解的生活里。

所以，在这里应该特别提出注意的，就是我们应该把这个时代的意义显示给中学生。现在是农村经济破产，资本主义的社会挟着它那淫靡的骚扰的气氛来到，这一个时代的波涛，首先便冲荡了中学生。我们要指示学生去认识这个现实的社会，这农业的崩溃和工商业的突进的这两个潮流的交绕里，青年人应如何沉着地明确地探取他们自己的生活。将来的社会是工商业和农业的调和，不复如今日的工商的胜利是建筑在农业的破产上的，而是工商业扶助了农业，两者携手前进。处在这样动乱的过程中，这显露在人们的意识，是要把整个生活的情操都重新改弃过的。中学生在求学时代，他们的事业观念、道德观念、恋爱观念，都该有一个统一的中心，那中心——对于生活的见解，从情意的感染来养成它，是比零碎的学习一些智识更为有力，更为深入的。这便是国文科应该注意的一点。

即使学校当局不曾留意到这问题，而事实上学生是那么在做着的。我们只消看中学生常常课外自动地找些文艺读物来看，旧一点的看

《红楼梦》、《水浒》、《七剑十三侠》，新一点的看张资平、胡适、梁启超、郁达夫一类的作品。不要以为这些对于功课是没有关系的，这些课外读物却会注定他们一生的命运。当他们被麻醉在封建时代的浪漫思想里，或被欺骗于近代工商社会所恶化的错误思想里的时候——如那些读物所感染了他们的——那末他们虽是学了些社会科学和自然科学的智识，知道英文怎样讲，地心引力是什么，而他们整个的生活观念是不准确的，这些硬贴上去的一点科学智识是毫不会渗透他们的内心，这个在他们出了中学后，便显出毛病了：那些立刻进到社会里去的人，便会像一只初出壳的鸟被一阵狂风打碎；而那些进大学的，便做起专门的研究来，但是因为在中学里所学的常识没曾给与他们一个系统的概念，以后他们所学的专门学问会更加远远地脱离社会。

如此，国文课外的读物是有特别提出来讨论的理由，以下我要就现在一般中学生里边所流行的文艺读物来估值一下。

3. 一般文艺读物的时代性

我们对于中学生课外文艺读物的指导应有认识清一点，就是要以最短的这几个学期里养成他们正确的思想与情操，为了时间上的经济，应该就目前的作品来取材。本来，每一时代的作品，无论是古典主义的，浪漫主义的，只要有工夫，是尽可以统统看一看的，因为那些作品虽然已经是过去的东西，但我们从当时社会的背景来分析，有一个中心观念来估量它本身的价值，就是从反面来看，也可以看出它的意义。相形地把现实的眼前生活更显明出来。然而那是专门研究的工作，在中学生是不可能的。往往有一些教师贪图顺便，全力地拿浪漫文艺，那些为艺术而艺术的作品来介绍给学生，把他们宝贵的时间都消耗在这上头，等他们读满个年限，连现代的作品还不曾接触过，这太趋于畸形的了。所以我以为应该把全力倾注在现代文艺。

就现代的作品来说，可以分做本国的和翻译的两门。先就本国的来说，中国近代的作家似乎还不曾有什么成绩，兹稍为扩大文艺的界限，就中学生心目中的偶像来批评一下：

胡适、梁启超、蔡元培的作品，是一向国文教师当做学生作文的指南的，他们的文字是清通，可是他们都没有一个准确的思想。在他们文字里所表现的还是些由封建时代初进到资本主义时代的一种不健全的思想。胡适只知道捧住了一个美国学者的实验主义，硬拉上些民治的空洞理论，梁蔡二氏则态度更不分明，然他们的气质和胡适同样的无聊不切实际。他们还是封建时代的人文主义学者，这和后来的梁实秋大提创其白壁德的人文主义，梁漱溟的综合王阳明与柏格森的唯心论，是一样的玩意儿。青年人对于这几个人的盲目崇拜，是应该纠正的。

更就纯文艺来说，则郁达夫、张资平、章衣萍的颓废作品，充满了低级趣味的肉感拍卖，全是些小资产阶级由没落而堕落的表现，是些不健全的，有毒害的思想，中学生是用不着去看的。

纯粹山林文学的作品，这在俞平伯、朱自清、冰心、周作人等的文章里都流露着的所谓东方人的气氛，是微弱无力地与实际生活不发关竟系［不发生关系］，同时也多少引人到麻醉的路上去，如丰子恺的散文竟在大谈其佛学精神，这是这一派文人的末路，也大可以不必看它。

此外如正统派的《小说日［月］报》，和施蛰存、戴望舒几个人办的《现代》，都是些死气沉沉的东西。

以上关于本国文艺读物的几个偶象是必须以极严正的态度去批判，不该让中学生受他们的坏影响。

关于译本方面，哥德时代的代表小说和日本的温情的短篇，俄国革命时期的小说，比较地在中学生里普遍地流行。要一一加以甄别，事实上在如今还不许可。不过译本的作风比之今日中国的创作总纯粹一点，只要指导者有一个系统的见解，使中学生读了某一种作品后，不至于忘了眼前的现实，是不妨多看看的。

4. 中学生文艺读物的标准

要定这个标准不是容易的事情，本文也不能轻易下一个决定的答案，因为更直接地和国文有关的社会科学必须和国文采取同一步骤，才能有显著的成效。这个一时还谈不到，我只能就国文课外的读物定一个原则上的标准，就是（一）要避免空虚的人文主义的思想；（二）要扫除低级趣味的作品；（三）要纠正山林文学的习气；（四）要避免太过的病态心理的作品，如日本的谷崎润一郎描写一个女人的脚，就写上几万字的这一类东西。

以上还只能说是消极的意见，要积极地拿出点贡献却很难。不过这个缺陷可以由教师来活动地填补。为了学生的程度关系，叶绍钧、周作人、胡适之一类的文章也不妨叫他们看看，只不过要随时指出他们思想上的错误，欧洲的浪漫派作品、日本的温情小说也可以同样的方法介绍给学生。

程度高一点便可以多介绍他们多看些文艺批评的文章，由小泉八云、厨川白村、托尔斯泰的艺术论进到蒲列汗诺夫的文艺批评，这里时时要注意把文艺和社会联在一起来说明。在创作方面可以多介绍屠格涅甫、陀思妥夫伺基、契诃夫、戈里基，以至于绥拉菲摸维支、法耶克夫、草拉特考夫的作品，随着每一期的时代心理来解释。

这里我不愿意列出一个书目单，我不过是举出几个原则，希望别人能更缜密地做这部工作，因为在活动教学的范围里，随着学生的程度教师的适应方法不能太死板地规定的。

一九三二，十一，廿三，一中。

（载《教育论坛》1932年第2卷第2期）

儿童的课外读物

易正伦

什么是儿童课外读物

我们要知道什么是儿童课外读物？我们应该先知道什么是儿童？在把儿童当成人的预备的时代，当然是无所谓儿童课外读物。儿童读的东西，不过是些威严赫赫的、枯燥乏味的《三字经》、《百家姓》、《千字文》、《四言杂字》等等；高深一点的，则有《论语》、《孟子》、《左传》等等。自欧化东迁，一般人对待儿童，才慢慢地改变态度，而儿童在社会的地位，也慢慢增高。但儿童所以有儿童的地位的理由及儿童到底是什么东西，恐怕还有许多人不太明白。兹特根据儿童的生理和心理，来研究儿童到底是什么东西。生理学家言，儿童的头骨与四肢，和成人的不同，将儿童和成人相比，儿童的头盖骨较大，颜面较小，四肢较短，胸部较为庞大，生殖器也未完全发达。若与成人的同部分相比较，则头长的比例是二和一，胴长是三和一，腕长是四和一，脚长是五和一。若依照这个比例，把儿童扩大到身长五尺的成人的样子，便成为一个脚短头大的畸形人了。儿童与成人之不同，各部分都可以看得出来，这不过举其最显明易见的。儿童和成人，生理方面既是两样，心理的表现也自然不同，但没有生理方面的显明：如本能发现状态，想像作用的强度，思想过程的性质，感情与意志表出的情状等等，都与成人两样。儿童生理与心理，既与成人不一致；则其生活也不是附属于成人，也应该是独立的，并且是随着年龄改变的。我们既知道儿童生理心理与生活了，则儿童读物与成人读物，自应该有显然的界限，所以儿童课外读物，就是一种建筑在儿童经验和儿童心理的基础上面，以适应儿童的需要，满足儿童的要求的读物。这种读物，不论它是图画，或诗歌，或童话，或故事等等，都可以叫它做儿童课外读物。故儿童课外读物的本质是：

①不枯窘乏味；②不表现严厉的教训；③不平板；④不用恐怖事实；⑤不用残忍事实。

儿童课外读物在教育上的价值

儿童身体的生长与发育的必要条件，除疯人外，无论是谁都知道是靠食料滋补。但儿童精神的发展的必要条件是什么，却鲜有人注意了！其实儿童读物，即儿童精神的食品，滋养的原料，故儿童课外读物在教育上的价值，有下列几点：

1. 供给儿童个性发展的机会。各个儿童的秉性不同，就好像各个儿童的面孔一般，聚数十百个儿童在一块，给以同样的东西他们吃，未免合到甲的口胃，合不到乙的口胃。所以负小学教育之责者，除供给儿童课内一律材料外，还须预备多量的课外读物，备儿童们选择其合口胃的，则儿童们虽各有各的个性，也不患没有发展的机会。

2. 养成儿童独创判断的能力。办小学教育的，若想儿童尽量发展天赋的本能，而成为真正的人材，就不能不养成儿童一种正常学习的习惯。要养成儿童的正常学习的习惯，就应该先培养儿童的独创判断的能力。马克末利（Mocmurry）说：“独创能力是正当学习的锁钥。”

3. 可以减少儿童课外不正当的活动。儿童天性好动，除白痴残废和疾病外，无论那个儿童，在他没有睡觉的时候，决不能静坐五分钟。负儿童教育责任者，若不懂儿童心理，任其乱动，不设法来代替，或引导，则此活泼泼的小天使，势必走向不正当的活动上去，危险至了！要免去这种危险，儿童课外读物，实能负这个责任。因儿童课外读物的内容，包涵儿童的小天地、小世界，儿童既到了他的小天地、小世界内面，自然是恋恋不舍，很感兴趣的。

4. 可以陶冶儿童的性情。儿童读物的内容，是美的，是含有浓厚的兴味的；其思想，是高尚纯洁的；其魔力，是最大无比的，能吸引儿童的小心灵，与他相亲相爱相友善。它的潜移默化的势力，比较教师板起面孔，在教室内口讲指画大多了。

5. 养成儿童利用闲暇时间的习惯。胡适之先生常说：“中国人的时间，总是不当数。”的确，中国人真有这种毛病，考其所以致此的原因，岂不是中国人从小没有养成利用闲暇时间的习惯吗？现在小学校，设有图书室，而备有各种有趣味的儿童读物，也可以说是寓工作于游戏，并且可以养成儿童利用闲暇时间的习惯。

6. 可以扩充儿童求知的范围。若专靠每日规定的上课时间来增加儿童的学识与经验，则儿童所得的学识与经验也有限，故必须广备各种儿童读物，使儿童扩充经验而满足求知的欲望。

7. 可以养成儿童自动求学的习惯。学生的心理，多数是含了几分依赖教师的心理，此种心理，也许是过去的被动教育的出产品。教师若不设法去引诱儿童、指导儿童、培养儿童自动求学的习惯，则依赖成性，教育也必失败。故学校如能广备儿童读物，即所以养成儿童自动求学的习惯。

8. 养成儿童组织发表的能力。组织发表的能力，是在幼年时期训练成的。幼时若不培养这种能力，则任其多读多记，也是枉然，而组织发表能力的养成，儿童读物实具可能。

9. 给儿童以愉快。愉快与身体的健康、精神的生活和道德的性格，都有极大的关系，所以愉快在教育上，应占有地位，而儿童读物，又为供给儿童愉快的来源。

10. 扩张儿童的社会关系。儿童读物中，往往说及种种关于家庭生活的事实，使儿童于无形中明了父母兄弟姊妹戚族等关系，而同情仁爱之心，也从此滋长。

儿童课外读物的分类

儿童课外读物在教育上的价值，已经明白了。现在我们要将所有的儿童课外读物，分为歌谣、笑话、童话、故事、谜语、谚语、寓言、歌剧、诗歌、剧本、小说、游记、论说共十三类，说明于下：

1. 歌谣。都是音节和谐而自然，为儿童爱读易记的韵文，内分儿歌、童谣二种：①儿歌是一种含有美术性的，很顺口的歌。它的内容，有时很有意思，有时没有什么意思，为一般儿童爱听爱唱的。②童谣也是一种与儿歌相似的歌谣，很有文艺的价值，有时与谜语相仿佛，含有讽刺的意味，特借儿童传出，以当讽刺。

2. 笑话。在英文为 Humorous Literatures，有滑稽的意思，内含很激烈的刺激性，使人一看就要发笑。他的功效在能启发儿童的思想及开导儿童的理智，且能使儿童愉快，而有帮助儿童体育发展。

3. 童话（murrery tale）。这种文学，多是凭空捏造，神话（Myth）、神仙故事（Fairy tale）、动植物故事（animal and nature stories）等，都属此类。此种故事，很能迎合儿童心理，而满足儿童的好奇心；但不可离实际大远，要能引起儿童的怀疑心。①神话是民间各种的传说，对于某故事，牵强附会，以圆其说，并加以许多神祕怪诞的话，凡属此类，都可以说是神话，都可以选作儿童读物。②神仙故事，是一种以神仙为主体的故事，重在趣味，儿童很爱读。③动植物故事，是一种以动植物为主体的故事，即代物说话，假托兽言物语，以达其意。此种读物，既富兴趣与想像，又可增加儿童的常识与经验。

4. 故事。凡一切传说，无论是新的旧的，只要事实合乎人情，不是荒诞无稽的，都是故事，故事是有思想、有情感的，其实质不如小说的偏重文艺，也非若童话之荒唐无稽，能使儿童感到实际的生活。

5. 谜语。有字谜、物谜、诗谜等等。凡将自然界的现象和日用的事物等等，用一种有韵的诗歌，把它描写出来，给儿童去猜，就叫做谜语。谜语的功能，在启发儿童的想像与思想。

6. 谚语是一种子传孙受，由经验得来的，有道理，含教训的成语。对于儿童虽有相当暗示力，但缺乏趣味，故非经艺术化的支配不适用。

7. 寓言。是一种假托事实，而含有教训和讥讽的意思，能唤醒儿童的自省，策进儿童的自励。

8. 歌剧。是用歌词来编成的戏剧，有很好的音节，很美的词句，既可为舞台上表演的戏剧，又可为音乐舞蹈的混合教材，最与儿童的活动性相宜，而能满足儿童的好奇心，使儿童于无形中，得到许多经验与知识。

9. 诗歌。包括新诗与旧诗，为一种纯粹的文学，音节自然，韵语和谐，既便于吟诵，又易于记忆，故最合乎儿童的意志。但须选较浅的，合于儿童心理的。

10. 剧本。即一种可以表演的白话剧本。前面所讲的故事、神话、笑话等等，都可以编为剧本，给儿童们表演。一方面使儿童知之即行；一方面使儿童得到团体生活的快乐；且可以给儿童们许多模仿的机会。

11. 小说。无论是长篇或短篇，都是偏重文艺的，与故事不同的地方，也在此点。故故事只须描写丰富的事实，小说则完全凭着高明的理想，用活泼灵妙的手腕，烘托出来，有陶养儿童性情的力量。

12. 游记。是记述风景或事物的文章，有很美丽，很流利的词句，具情景逼真的力量，能引起儿童流连山水的观念。

13. 论说。是专讨论某事的得失，或某人的长短的一种文章，富于推理与判断，能养成儿童的思维与判断，但不宜于初年级。

选择儿童课外读物的标准

我们既明白儿童课外读物在教育上的价值及分类，而后我们当然是要竭力搜集儿童的课外读物，以期达到我们的教育目的。儿童课外读物在中国，虽不太发达，但近年来从事儿童课外读物之著述者，很不乏人，同时儿童课外读物之出现，也象雨后的春笋一般，这不能说不是好现象，不是儿童的幸运。因儿童课外读物为铸造儿童知识品性的大洪炉，负儿童教育责任的，不可不格外慎重，对于儿童课外读物加以考察与选择。今将选择的标准，列举如下：

1. 在儿童经验中的。据教学法的原则，是要利用儿童的旧经验。所以选择儿童课外读物时，也要选儿童经验中所有的。但内中组织，却须选儿童经验中所无的，使儿童觉得新奇。

2. 切近儿童生活的。密勒氏（Miller）说："教育为现在的，不仅为将来的。"可见以儿童为成人预备，用教成人的方法来教儿童，拿成人的读物来给儿童读，是不合理的，故必须选择与儿童生活有关系的。

3. 要适合时代精神的。譬如中华民国，是民主国家，又是以党治国的国家，选择儿童读物时，当然要选适合民治国家与党治国家的精神的材料。

4. 含有美感的。有优美的情感，才能陶冶性情。有优美的情感，才能引起儿童阅读的兴趣。卡特氏（Cearters）说："文学最特异之点，就是遵循美感律。"我以为儿童读物，不但文学书须含有美感，他如常识故事等等，也须有此条件。

5. 要多变化：儿童有好奇的本能，故儿童读物的内容，非不板不滞，变化无穷的，决不能够满足儿童的欲望与要求。

6. 要适合儿童的程度。要适合儿童程度的材料，儿童才能发生兴趣，而不至于灰心，卡特氏说："为各级儿童分配读物，务必按其需要与本能以为选择材料的标准。"也是这个意思。

7. 适合儿童心理的变化。儿童的心理，随年龄而变迁，如自初生至三岁为幼儿期（Infancy Child-hood），此时是儿童感觉发达的时期；

自四岁至七岁为儿童初期（Early Child-hood），此时已到了自发活动时期了，故此时富于模仿性；自八岁至十二岁，为儿童末期（Latter Child-hood），此时已到了情绪发达的时期了，所以选择儿童读物，必须注意儿童心理的变化。

8. 能提醒国人知耻的。自鸦片战争后，中国的国耻委实多，推其所以多的最大原因，就是人民不知什么是国耻？故国耻年年增加，人民心里并不觉得怎样难过。雪耻复仇，就要靠这班小朋友，故选择儿童读物，应当以国耻与国难的材料选入。

9. 足以唤起国民奋斗精神。中国民族性的缺点，因循懦怯，实居大半，负教育责任的，应该多选关于国民奋斗的读物，给儿童读，以唤起儿童奋斗精神。

以上十［九］条，都是关于儿童读物内容方面的，至于形式方面，也须依照下列的标准：

1. 层次要明晰。层次明晰的文章，既易阅览，又便记忆，成人且如此，何况儿童。故儿童课外读物，不可不注意此条。

2. 语气要自然。语气自然，更是儿童读物中的重要条件，若艰涩无味，或过于雕刻，都是不宜于此活活泼泼的小朋友的。

3. 文句须舒畅流利。儿童读物中的文句，务须畅达流利，含文学意味，才能吸引儿童欲罢不能的去看。

4. 文字须由浅入深。儿童意志薄弱，非用由浅入深的方法来引导他们，他们不但不感兴味，恐怕还要发生厌恶读物的反应。

5. 生字新词不宜过多。据心理学家言，儿童思想简单，记忆薄弱，注意力又较成人为暂，故儿童的课外读物，生字新词，不宜过多，以免儿童见难思退。

6. 标点符号要明显。标点符号的作用，是帮助文意的，若用之不适当，不能显明语意，倒使人难懂，儿童判断力不强，更不能不用显明的符号来证确其观念。

7. 低年级用的文字要简单。低年级儿童，更是脑筋简单，不能多费思索，故低年级的课外读物，更要适合低年级儿童的心理。

8. 低年级韵文要多。韵文是很自然、很美的纯文学，没有散文时，即有韵文，为易读易记的最适合儿童心理的读物，又因韵文是音乐的，儿童都有音乐的本能，故儿童对于韵文，也非常爱好。

9. 外观要美。外面须用各色图画，视儿童的年龄而变易其形式。如低年级读物的封面，须用大红大绿的颜色图画，高年级则须雅淡一点。

10. 字体要大。据美国 Chow 氏的研究，普通儿童用的书，当以二耗至三耗为标准。

11. 装订要坚固。无论那个儿童，都具有天然的破坏性，所以儿童用的东西，总要坚固耐用，读物也自然是一样。故儿童读物的装订，务须特别坚牢。

儿童课外读物的书目

开儿童课外读物的书目，实在是一件不容易的事情，所以难的原因有二：第一因时间匆促，不能广事搜集；第二是儿童课外读物之在中国，还算是初生时期，不甚发达，所以搜集起来真觉得困难。今将比较的我个人熟悉一点的开列于后，以供研究儿童课外读物者的参考。以毫无经验的我，来负此困难责任，缺点一定是很多很多的，还望读者指正。

一、歌谣

《唱山歌》《小小虫》《十希奇》《吃糕饼》

以上四种，上海儿童书局出版。

《儿歌》商务 《小朋友儿歌》北新 《小朋友山歌》北新 《中国童谣》商务 《各省童谣集》商务 《儿歌》中华 《儿童歌谣》大东 《新儿歌》世界 《童谣大观》世界 《月妈妈》中华 《黄猫》中华

二、笑话

《儿童笑话》商务 《小朋友笑话》北新 《儿童笑话》大东 《小笑话》世界 《笑话》共六集，中华

三、童话

《无猫国》《勇王子》《小铅兵》《除三害》《小王子》《三姊妹》《皮匠奇遇》《和平会议》《玻璃鞋》《山中人》《如意灯》上下

《寻快乐》《哑口会》《橄榄案》《哥哥弟弟》《河伯娶妇》《笨哥哥》《能言鸟》《睡公主》《狮螺访猪》《义狗传》《麻雀认母》《海公主》《我知道》《红线领》《云雪争竞》《红帽儿》《大槐国》《怪石洞》《三王子》《万年灶》《姊弟捉妖》《鹦鹉螺》《点金术》《风波亭》《飞行鞋》《好少年》《火牛阵》《睡王》《扶余王》《螺大哥》《蛙公主》《书呆子》《兔娶妇》《金龟》《怪花园》《麻雀劝和》《牧羊郎官》

以上各书，商务出版，每册五分。

《小人国》《大人国》《风雪英雄》《梦游地球》上下《审狐狸》《无瑕璧》《芦中人》《巨人岛》

以上各书，商务出版，每册一角。

《猴儿的故事》《长鼻的矮子》《鸟兽赛球》《白须小儿》

以上各书，商务出版，每册一角五分。

《小英雄》《金山》《小博士》《好兄妹》《石狮》《飞车》《猿岛》《卖豆童子》《喜鹊林》《花铲》《少年宰相》《光明露》

以上各书，商务出版，每册八分。

《金色鸟》《牧羊童》《少年国》《犬王子》《冯尾案》《小猎师》《豆藤梯》《三王冠》《夜光剑》《硬壳王》《全发姬》《白马将》《黑学校》《尸报恩》《蔷薇姬》《九傀儡》《三驼背》《魔卵缘》《极乐草》《木马谈》《恶戏术》《怪洋灯》《吃炭男》《小人鼻》《巨人塔》《林中女》《龙宫使》《雪中牙》《三难题》《大食童》《铁王子》《驴公主》《法螺君》《魔博士》《二王子》《大洪水》《惊人谈》《指环魔》《幸福花》《三大刀》《黄金船》《黑足童》《无头箭》《洞庭波》《血书衣》《怪头颅》《飞将军》《隐身术》《炭煮饭》《巨蚁王》《狐中毒》《梨道人》《女儿剑》《痴人福》《玉面猫》《车中猴》《千金恨》《红烛泪》《童女箭》《老人履》

以上各书，中华出版，每册五分。

《相思树》《渔夫的情人》《换心后》《金田鸡》《鬼哥哥》《瓜王》《菜花郎》《红花女》

以上各书，北新出版，每册三角。

《木偶奇遇记》《金河王》《风先生和雨太太》《月的话》《玫瑰与指环》《如此如此》

以上开明书局出版。

《安徒生童话集》绿波　《安徒生童话新集》亚细亚　《阿丽思漫游奇境记》商务　《王尔德童话集》泰东　《给海兰的童话集》光华　《爱罗先珂童话集》商务　《稻草人》商务　《小约翰》未名　《玫瑰花》春野　《鬼》真美善　《十二姊妹》北新　《两条腿》北新　《镜中世界》北新　《旅伴》北新　《纺轮的故事》北新　《灯火仙子》朴社　《京语童话》商务　《家庭童话》商务　《童话集》群益　《童话大观》世界　《中国神话》商务　《希腊神话》商务　《上古神话》中华　《小朋友神话》北新　《搜神记神话》中华　《玫瑰花后》中华　《金杯》中华　《鹅头伞》中华　《仙苹果》中华　《长生水》力华　《魔盒》中华　《阿香的扇子》中华　《和合镜》中华

四、故事

《孙猴子理发店》《糊涂先生》《鹿的故事》《聪明的农夫》《蜜蜂困敌》《珍珠灯》《珊儿的马》《三个傻子》《四个难题》《一封信》《一场虚惊》《小猫咪》《自己的麦田》《怪礼物》《表哥的礼物》《红毛野人》《祝你健康》《笨鹦鹉》《万知博士》《蜻蜓哥哥》《表的原价》《囊头侠客》《忏悔》《驴背侠》

以上中华书局出版。

《日本故事集》《意大利故事集》《鹅妈妈的故事》《从民间来》

以上开明书店出版。

《中山先生故事》《〈史记〉故事》《〈左传〉故事》《中华故事十二册》《象的故事》

以上中华书局出版。

《鸟的故事》《徐文长故事》《穷秀才故事》《新仔婿故事》《文人的故事》《吕洞宾故事》《民间传说》上下　《小朋友中国名人故事》《鬼的故事》《小朋友故事》《小朋友西洋名人故事》《巧舌妇故事》

以上北新书局出版。

《中国神童故事》大东　《儿童故事》大东　《新故事》大东　《人类的衣》《人类的食》《人类的交通》《中国故事》《儿童故事》《卫生故事》《前期穴居人》《后期穴居人》《树居人》《前期海滨人》《前期游牧人》《人类的住所》《儿童理科常识故事》三十一册

以上商务出版。

《只好看看》《你是什么》《我叫得最好听》《都有本领》《客来了》《好学生》《上学去》《小白鹅》《洋娃娃》《做工的有得吃》《小玩具》《推呀推》《中山先生》《五九恨》《我变鸹》《找姑娘》《小豆儿》《春游》

以上为低年级儿童读物，上海儿童书局出版。

《仙人比本领》《黄狗与金子》《小猪过桥》《小青蛙》《猫要尾巴》《小银元》《三只猪》《牛与马》《哥哥弟弟》《小老鼠》《三只小猫》《大石头》《海公主》《阿大寻快乐》《大老鼠》《小狗吃饼》《风痴子》《大男看菜》

以上图书故事，商务出版。

《大蜘蛛》《小鼠跳绳》《虾蟆看画》《两只洋狗》《两只小猫》《儿童故事书》

以上为图画故事，中华书局出版。

五、谜语

《谜语》中华　《小谜语》世界　《新谜语》大东　《儿童谜语》大东　《谜语》商务四册　《小朋友谜语》北新　《家畜》儿童书局　《野兽》儿童书局（上二种为谜语画）

六、谚语

《中国谚语》商务

七、寓言

《伊索寓言演义》商务　《莱森寓言》商务　《印度寓言》商务　《印度寓言》开明　《土耳其寓言》开明　《白话伊索寓言》世界　《中国寓言》商务　《〈百喻经〉寓言》中华　《小朋友寓言》北新三册　《西藏寓言》上下

八、歌剧

《月明之夜》《神仙妹妹》《春天的快乐》《七姊妹游花园》

《葡萄仙子》《麻雀与小孩》《三蝴蝶》《可怜的秋香》《因为你》《寒衣曲》《春深了》

以上中华出版。

《天鹅歌剧》商务 《小小画家》中华 《三个小宝贝》中华 《小朋友歌剧》

九、诗歌

《小朋友诗歌》北新 《儿童诗歌》商务 《新诗歌》大东 《儿童诗歌》大东 《采花女》中华 《湖水妹妹》中华 《驯鸽》大东 《蔷薇姐姐》中华

十、剧本

《小朋友戏剧》北新上下 《新剧本》大东 《儿童剧本》大东 《桃色的云》北新 《名利网》开明 《快乐的幸湖》商务 《和谐的歌声》商务 《戏剧集》中华

十一、小说

《闹天宫》《芦中人》《癞头和尚》《读书刺股》《浔阳江》《僧道斗法》《花果山》《花痴》《生死朋友》《火烧赤壁》《火焰山》《五龙阵》《天河怪》《大闹五台山》《君子国》《采石矶》《武松打虎》《风波亭》《看金灯》《红孩儿》《酒中仙》《旅店除奸》《无底洞》《女将军》《小儿城》《七擒孟获》《八卦阵》

以上中华书局出版。

《儿童小说》十六册 《财迷》《少年军事侦探》《竞走》《平山镜》《谎言会》《蔷薇公主》

以上商务出版。

《小朋友小说》上下北新 《儿童小说》大东 《爱的教育》开明

《小三国志》《小列国志》《小岳传》《小封神传》《小西游记》《小水浒传》《小济公传》《小七侠传》《小五义传》《小小五义》《小英雄传》《小薛家将》《小说唐》《小彭公案》《小施公案》《续小施公案》《小大八义》《续小大八义》《小包公案》《小十三侠》《新今古奇观》《新笑林广记》《新七侠五义》

以上各书，世界书局出版。

十二、游记

《儿童中国旅行记》大东 《小朋友游记》上中下北新 《儿童环游世界

记》商务　《普陀游记》中华　《阿丽思漫游奇境记》商务　《小游记》世界分外国中国二部

《珍儿旅行记》商务

十三、论说

《小朋友论说》北新

结　论

上面所述，乃根据儿童的心理生理与经验来介绍些小朋友课外的读物。我们江西的小朋友，实在太可怜了，就南昌而言，也有住户四万五千六百多户，试问此四万多家的儿童，有多少儿童能够享受读书看书的利益？当然是少数的少数了。（这种情形，岂独江西为然，全国也差不多吧。）我很希望我们江西教育当局，对于这些没有机会看到儿童读物的儿童们特别注意，务须想想方法，使他们有亲近儿童读物的机会。一方盼望儿童读物的著作者，加倍努力，多多的贡献些有趣味、有价值的读物到小朋友们！

（载《江西教育行政旬刊》1932年第2卷第5期）

研究课外读物应该注意的几点

陈伯符

凡是一个学生，他除了课内应该研究的几本课本以外，一定还有许多的人，很愿再抽出一部分的时间，另外找些材料，供给自己研究。不过研究课外读物，一无头绪，非但无补于事，并且还白耗了光阴，岂不可惜！所以我不揣冒昧地，写了这一篇文字。

在未说注意点以前，有一个问题就是："我们为什么要研究课外读物？"能明了这问题，那末，对于研究课外读物，才肯努力前进。

"为什么要研究课外读物？"换句话说就是："研究课外读物，有什么益处？"本来，我们研究课外读物的益处很多，归纳起来，可分为下列三项：

（一）补助课本之不足。我们读书的目的，是为将来立身起见；假使没有丰富的学识，就难立足于社会。但是要有丰富的学识，仅靠着教科书里的一点，真是“杯水车薪，无济于事”，因此，不得不仰给于课外的补助。所以说我们研究课外读物，是补助课本之不足的。

（二）减免无味的闲愁。谁都知道苦闷的来源，一部是由空闲。因为一个人空闲之后，一切的苦痛和幻想，都群集于脑海了。所以多读书，可以免掉许多的胡思乱想，以致悲观而消极。

（二）改良个性。文字的魔力，不但是能减免闲愁，并且还可转移个性。譬如性情乖戾的人，倘使读了修养身心的文字，定可平心静气，返妄归真；又如神志颓丧的人，倘使读了侠义的、革命的文字，或许能奋发精神，努力前进。曾国藩说：“人之气质，由于天生，本难改变，惟读书可变化气质。”由此可知此言之不谬了。

为什么要研究课外读物，已如上述了。但是研究课外读物，又要讲什么注意点呢？因为“差以毫厘，就要失之千里”的。谨将管见所及，择其要者，述之于左：

（一）注意选材。文字的能力，既然可以减免闲愁，转移个性，则我们对于材料一层，尤宜特别注意，以定取舍从违的标准。须知现在的出版界犹如三春嫩笋，层出不穷，内容纯洁的，固然不少；但是芜秽的，亦未尝没有。在年轻的学子们，思想不能镇静，一旦上了圈套，不但得不到效果，反要陷于深谷！所以对于选材，不可不审慎。

（二）认定性质。研究课外读物，本是希望补助正课之不足的，不过各种读物的性质，无论是长篇或短篇，各有不同。假使一种文学，你用科学的眼光去研究，或者一种科学，你用文学的眼光去研究，那就糟了。眼光看错，非但不能长进自己的学识，并且还是白吃辛苦。所以对读物各种性质，应该加以相当的判断。

（三）阅读方法。无论阅读什么书籍，切不可用“粗枝大叶，走马观花”的方法，把它模糊的过去。朱熹说：“看文须如猛将用兵，直是鏖战一阵；如酷史治狱，直是推勘到底，决不恕他。读书须读到不忍舍处，便见得真味。”曾国藩《论治文法》上也说，读书如“富人积钱，日夜摩挲”一样，要专要熟；看书如“商贾趋利，闻风即往”一样，要多要快。我们现在因为时间的关系，虽不能像朱熹的“猛将用兵，酷吏治狱”，曾国藩的“富人积钱，日夜摩挲”。我们看读的标准，却至少要对于那书之明白了解才终止；并不是模糊地从头至尾，看了一遍，便算了事的。那末阅读的方法怎样呢？华因先生说：“第一遍阅读时贵快，贵懂得大意；第二遍就该把不易了解处，仔细考虑，以期懂个透澈。所述要旨或原则，应求其实例与应用处，不要含混过去。”（见《学生杂志》十三卷八号《学习法概要》的注释）朱孟实先生说：“第一，凡值得读的书，至少须读两遍。第一遍须快读，着眼在醒豁全篇大旨与特色。第二遍须慢读，须以批评态度，衡量书的内容。第二，读过一本书，须笔记纲要精采和自己的意见。”（见《一般》一卷三号《谈读书》）至于为什么要记笔记，他也说过：“记笔记不特可以帮助你记忆，而且可以逼得你仔细，刺激你思考；如果自己选择了某种书籍，觉得可以做我的读物的，不妨就照这样做去。不过我们阅读小说，却要另具一付眼光：在普通一般人，阅读小说，都是看事实如何开始，如何结尾；从没有研究它的布局、背景和描写的手腕。所以我们看小说，要着重一篇的布局、背景和描写的手腕。”

（四）阅读时间。这一层似乎值不得要我多费纸墨，因为谁不知道研究课外读物，什么时间都可以呢！我恐怕有人像这样的回答，所以特别提出。我所以要说到这一层的，有着两个要点。

（1）不可荒正课而阅读课外读物。有一般人看某种书籍，乘一时兴味，竟要把一篇或一本，一直看完，因此正课也无暇复习了，甚至于有的在上课的时候，也偷偷摸摸的看课外书籍，这种行为，不但犯了校规，却又荒了正课，这是何必呢！

（2）阅读课外读物，须在精神充足不感疲乏的时候。我们无论做件什么事，没有精神，总难得到好的结果。假使你在精神疲乏的时候，去拿一本书在手里强迫自己阅读，结果不但没有收到效力，反花了时间，昏了头脑，这又何必呢！

有此两端，所以对于阅读的时间，不得不加以相当的注意。

（五）心要沉静。古语说：“心似平原走马，易放难收。”所以无论读什么书，心都要静，不可把它放肆。假使你心在逛公园、吃大菜、看影戏、叉麻雀，你身体虽是在自修室，手里拿了书，目光注视着，嘴里呻吟着，一页一页的向后翻去，试问所得几何？程颐说：“性静者可以为学。”朱熹说：“人要读书，须是先要收拾身心，令其安静；然后开卷，方有所益。”可见得阅读书籍，必定要心静了。

（六）怀疑的态度。我们研究课外读物，注意了上列五项，还不能算圆满，此外尚有一件事，就是要有“怀疑的态度”。因为我们有了怀疑，才能求出真理，不致为书所欺骗。梁任公说：“任你古人今人所说的话，我总要求出个真知灼见。”惟能“怀疑”，才得“真知灼见”；能得“真知灼见”，则自己之思想，才得日进；思想能日进，则不愧为补充课本之不足了。

上面六项，虽是我个人的意见，但是能照样做去，便可以走入门径，不再做“门外汉”了。

（载《学生文艺丛刊》1932年第7卷第2期）

死读课本与课外工作

竹　光

我这一点小小的意见，蕴藏于心胸中而未能写出以发表的，算起来，已经有一个多年头了。这其中未能写出而发表的原因，大半是为着功课纷忙，无暇握管，其余三分一的理由就是因为在稍余闲的时候，也不一定能时时记起。昨听了樊教务长在朝会很诚恳的劝告我们应多做些课外的工作时，于是重复把我从前的志愿提起，又加以周刊的总编辑先生惠然肯给我在周刊之《小小言论》栏发表，我才毅然决然的来着手写这篇文章。

我们的学校当局总算已苦心孤诣的尽了他们的能力来劝我们多做些课外的工作了。但这无异于劝一个营养不足的瘦弱的穷人去多食一些关于滋补身体的食物一样。你想，一个穷到连两餐都无由供给的贫人，姑无论你对他讲牛奶的维他命怎样的充足，鸡蛋的蛋白质又是怎样的丰富，当时他或许因而垂涎滴滴，但过后他也只不过沉思地摇摇头吧了，因为他根本就无能为力呵！

至于我们之想努力于课外工作的，也何尝不是一样的呢？我们的课本工作之繁重，我想唯有我们自己设身处地然后了解其中的真味。当我和别的大学的旧同学讲及我们课本生活之繁忙来时，他们简直有些不相信。至于那些特别天聪或完全放任的人，自当别论，否则如你的天慧是不大出众，虽你是一个认真读书的人，我敢担保你即每天开足你的马力——连动也不动，也不一定能把教员所吩咐你的工作做得尽善尽美。这样一来，每个人都碰［拼］命的向课本里来钻。在这种课本工作竞争得如此严厉的环境当中，不必你还敢去做甚么的课外工作，倘若你偶一不慎——稍为松一松你的筋骨，你就有跌落陷坑之虞——“5”与“4”的奖号就不难落到你的身上，那时恐怕你追悔也无及了。

我们常常听到先生说，只要你能每天用两个钟头来预备你的书就够了。其实有很多课用两个钟头去预备是不够的。别的我们暂且不说；我们现且谈谈大二的英文吧。

“朋友，你整天的坐在那里死‘读’，不信你连老命也不要了么？还是起来动动吧！”我有一天见着一个读大二英文的同学，我见他日形消瘦了，就这样的劝告他。

“哼！运动！你过了难关就来和我说风凉话。你看，每次都是百多页的书，我已费了三个多钟头了，现在连一半还没有看完。”

“为甚么不看快一点？”

“可惜我没有梁启超一目十行的天聪！而且先生问得又那么细微，甚至某人给了某人多少‘便士’、‘先令’都要记着；某人某时某日某分钟到了那里也非记不可。答不出来时，费了时间与精力，还要挨骂；骂完还要给你一个大‘5’……”

我们知道食饭食得太快，是于身体很有妨碍的。有一次我很诚恳的劝告一位朋友说：

“朋友，我们这里又不是兵营，外面也并没有落黄金，为甚么要吃得这样快的呢？”

“因为，因为我们下课又要有英文‘Quiz’了！”

还有，即你在寒假的时候想看一点课外的书了；而还要指定你读了一本英文的课外阅读，先生之用心或许是良善的，但我们已不是小孩了，为甚么不让我们自己去自由阅读呢?

照这样的讲来，既自顾课本工作之不暇，至于甚么课外工作，那根本就谈不到了。

无疑地，到了大三、大四时，功课似乎比较的空闲些；然也算不得怎样真的空闲，只不过先生没有那么严厉吧了。然倘若你是主修政治，而在大二那时不把“心理学一〇三”念完的话，我敢担保你于那半年中不能轻易抬起头来。因为你不独要懂得先生所指定的书中之大意；而且你还得把它们通背出来（因为考试是要填字的），否则你就不能得到完满的结果。照这样算起来，大约只有大三那一年或半年可以出来做一点课外工作而已。因为一到了大四，毕业论文与职业问题又非等着解决不可了。

总之，我想无论任何一位同学——至少是大多数，都会想加入一种或一种以上的课外工作——智力或体力的。现在唯一的问题，就是他们或她们没有余暇吧了。

（载《沪大周刊》1932年第20卷第7期）

注意儿童读物

黄姚英

当一个小孩子有了五六岁的时候，他的求智欲渐渐发展，那时他最需要的是一种有多量图画的读物。做父母的，那时对于这种读物，应该有谨慎的选择，以适合儿童为主。最重要的是他所看的读物的性质，因为那时期的孩子的思想最纯洁，其坦白正如一块没有染色的白布。在他的理解力和判辨力还没有完备时，总是有“先入为主”之弊；所以如果有好的读物，便可以使他是［的］思想趋向正轨；不然要弄成思想不健全之弊，所谓“近朱者赤，近墨者黑”，便的［是］这道理。在欧美和日本的小孩读物都充满了养成儿童爱国的题材，同时一切不正当的儿童读物都在取缔之列。在我国，因为对于这种儿童教育，还没有充分的计划，所以在社会上有许多不合儿童之读物充斥其间，常把一个知慧初开的小孩，引入了歧途。故此做父母的应该随时随地对于儿童接近的读物加以注意。因为这对于小孩，一生的基础，一旦出了正轨便要错误的呢。

（载《玲珑》1932年第2卷第71期）

再论儿童歌谣与补充教材

梁上燕

在《教育周报》第一期里，旦天先生对于我那一篇《小学低年级国语补充教材的研究》，发表了许多意见，在我个人确是增益许多。因为我发表某一种意见，当寄稿的时候，我便十分希望有人指导。

儿童歌谣，无论在教育上、民俗上，都有研究的价值，可是，也有许多人以为是没有价值的。据说：在英国，意利查白女王有禁止唱歌谣，把他们列在乞丐棍徒之列。

一首歌谣，它的意义与其价值，鉴赏者常有不同的见解。下面这一首歌谣："麻野雀，就地滚，打的丈夫去买粉。买上粉来她不搽，打的丈夫去买麻。买上麻来她不搓，打的丈夫去买锅。买上锅来她嫌小，打的丈夫去买枣。买上枣来她嫌红，打的丈夫去买绳。买上绳来她上吊，急的丈夫双脚跳。"周作人先生说这是一首趁韵歌，但朱天民先生却注云："形容不贤的妇女，不知道自己不好，对于别人，总不满意。"由此我们知道各人的衡量某一首歌谣的价值，实有不同的见地。好像我，说及以歌谣来作补充教材的意见，便惹起了旦天先生的说话：这自然又是各人的意见不同了。

闲话少说，言归正传。旦天先生和我不同的意见有五点：（1）"儿童因懦怯及刁蛮而发生的问题，这是训育的问题，更与教材问题很少涉及。

意即指现今各小学校都已采取级任制，担任国语科的教师当然就是该级的主任，就负有训导学生的责任。可是专用国语补充教材，像你所列举的童谣，就能把儿童的恶行改善吗？教师可以不叫苦吗？”（2）“但要提高低能儿童智力，须用补充教材为唯一的工具，则鄙意实不敢苟同。因为，低能儿童的教学法、训练法已成为教育上的特殊问题。若是照梁君所列举的国语补充教材的那几首童谣能把低能的儿童智力提高，和聪明的儿童的智力齐一，这算是教学上的最大成功。”（3）“这种东西，在小弟的脑海里连一个糊涂的概念都没有。……就儿童唱歌谣时的情状来说，不过是说话器官和听觉器官的一种活动，而所用的口音声调，大都属于方言，在国语科，是否有裨益？”（4）“当梁君用国语补充教材提高低能的儿童智力时，同时，聪明的儿童是否阻止他们的进步。”（5）“所有的童谣都可以一毫不变的拿来做小学低年级的国语科补充教材吗？待我再来探讨：我虽不是考古家，对于童谣的起源没有多大根据去考究，但我敢相信，多是那些管带小孩的老婆妈，为着想给孩子的心得到一点声音的诱导而唱出来的。”

上面五点，是从旦天先生的文中抄出的，但我对于旦天先生的措词上有些不满意的地方，就是第一点中的“专用国语补充教材”一句“专用”两字。第二点中的“须用补充教材为唯一的工具”一句中“唯一”两字。因为我并不说这种教材是“专用”，是“唯一”。

现在依据上面所列五点，逐一和旦天先生讨论，还请旦天先生指导。

第一点，旦天先生说儿童刁蛮发生的问题，是训育的问题，与教材问题很少涉及。又说教国语科的教师训导学生的责任。再问我补充教材能否改善儿童恶行。

许多人以为训育学生是训育主任的事，不关于各科教师的；以为训育学生只由三民主义、公民的教师担任，其他就不担任了。其实这种见解是错误，错误在于教与训分家。我们知道不单三民主义、公民，可以训练学生，就是社会、艺术、国语等科亦可以训育学生的。关于这种见解的错误，崔载阳先生在《新时代的训育方针》一文里说得非常之明白，斯不多拾唾余而说罢了。我敢说各种教材都与训育有关，旦天先生说训育问题，与教材问题很少涉及，大约是一个教训分家的教育论者罢？国语教材姑无论是否补充教材，是否童谣剧曲，假使内容含有道德的陶镕的成分，未尝不可以训育儿童改善恶行。不过我选录的那些歌谣却没有这个条件；况且又是选录；这我在那篇文中曾经声明，想必不再以此为争论。

第二点，儿童歌谣，我相信它对于国语方面的学习，总有些功效，但以我所列的那几首，在量的方面讲真是少之又少。我的意思是需要这种补充教材时，大家还得作大规模的搜集。若果单拿我这几首选录的来读，来收效果，事实就不可能，因为量这一方太少，质这一方又不甚优。不过我选录的时候已声明是要选择。至于有没有功效，待将来有机会实验时才得到证明，现在我决不为自己辩护。

第三点，旦天先生认为《月光光》这种东西，在小弟弟的脑海中连一个糊涂的概念都没有，我想，旦天先生有没有经过测验我实在不知；不过，《月光光》这一首东西连糊涂的概念都没有，难道六岁以上的儿童连一张床、一个月儿的概念都没有？我实在有些不信。再旦天先生说："儿童唱歌谣时的情状来说，不过是说话器官和听觉器官的一种活动。"这是自然的，难道要使排泄器官活动？不是这样的补充教材，就不用说话器官与听觉器官活动么？难道用屁股上的毛孔说话？旦天先生又以为这种歌谣"大都属于方言，在国语科，是否有裨益"？是的，歌谣本来是与方言有密切关系的，据周作人先生说："歌谣原是方言诗。"我以为不能因是方言，就没有裨益，正是因为它是方言才有裨益呢！这并不是故意瞎喊来和你吵嘴，因为这一种方言，假如没有汉字记录得出，是不是应该用国音字母注音出来，因为如此，是不是可以给儿童以一种认识国语注音字母的机会。方言的有裨益还不止此，有人还说于国语文学上有相当的价值。

第四点，旦天先生以为这种补充教材既能提高低能的儿童智力，反之对于聪明孩子就被这种教材压低下去。其实旦天先生对于这一层，还没有见到我的使用这种教材的手段。我不是说过：每一个歌谣里面，多少含有故事的题材，因为故事的题材，就不至于压迫聪明的与低能的"齐一"。我使用这种教材是想，低能的注重读与看；聪明的可以帮助他将歌谣改编故事，演述出来。这样对不对呢？

第五点，旦天先生问我，童谣可以一毫不变的拿来做小学低年级的国语科补充教材吗？不能不能，这种童谣必须加以选择和整理才可以作为教材，在发表那篇文字时已经说过了，何必又要问。旦天先生又以为这种童谣，是那些管带小孩的老婆妈造出来的。是的，儿童歌谣多数是大人造的，间亦有儿童自造，《歌谣论集》已有人证古引今的说了，难道以为是婆妈作的，就不该要了吗？难道一定要文学博士之作，出之于雪苹，拜轮，李白……之口的东西才要得吗？如果这样，就无须谈歌谣了。

末尾，旦天先生说："儿童更中意吃糖果呢，教他们吃糖果，岂不是更需要吗？更没有大错吗？"是的，儿童中意吃糖果，当教他吃有益卫生的糖果，难道旦天先生把泥给儿童们吃吗？

二一，四，三〇。

（载《教育周报》（桂林）1932 年第 2 期）

欲求未来青年的健全
莫忽略电影和小人书

寒

通俗教育和社会发生密切的关系，它的潜势力足以左右一般略识几个字以及小学生的思想。记者昨天和一位教育家谈话，他觉得现在的教育当局，多半只注重于大学高中，却忽略了普遍于民间有关通俗教育的许多事情，这实在是一件很危险的事。

在以前除了书籍之外没有别的顽艺，近几年来本国电影事业日盛一日。就像明星的《火烧红莲寺》而言，虽说是叙述武侠的故事，可是流入神奇怪诞的一流，双方斗法，把嘴一张就是一道白光，再不然轰的来上一个掌心雷。他们一共连摄了十八集，因为迎合下层社会的心理，很得到不少的盈余，后来被教育内政部电影检查会取缔续制。可是一般大都会里的小学生以及工商界的伙友，谈到这部影片总是头头是道、津津有味。其余小资本的影片公司见有利可图，于是《火烧九曲桥》、《火烧……》，烧的乌烟瘴气。在这科学昌明时代，民间对于反科学的事沾染极深，岂不是极大的矛盾，真有意义的影片反而不受人家欢迎。听说最近明星公司又要续摄《红莲寺》了，他们的理由是说这种影片是内地和南洋各影戏院的养命之源（其实是公司的养命源还是影院的养命源却分不清），所以将已出的十八集由检委会修正，准许公映，以后从十九集起继续摄制。据他们自己说以后把剧情由技巧和武侠以外，转入民族革命途径，所以此后的国产影片怕又要走入神奇诡秘的一途，真替国产影片前途发生无穷的悲观。除此以外，极普遍的就是稍加说明的“小人书”，实际也就是连续图画，识字的人呢，看了说明又看图画，不大识字的呢，看了图画也能够懂得。

这种书本流行极广，在天津方面有好些书摊子专租这种“小人书”，一个大子就可以看完一部，许多小学生以及商店学徒之类，对它简直是如醉如迷。我们若是调查它的名称，《红莲寺》、《七剑十三侠》、《白蛇传》、《封神榜》、《西游记》、《诸葛亮招亲》、《阎瑞生》、《黑衣盗》等，不知有多少。考究它的内容，十分之六七都是流入神怪，再不然就是诲盗诲淫的居多。像这种读物，侵占了小孩们纯洁的心里，岂不是种下了许多未来的祸根。教育当局因为学校闹欠薪、学生起风潮，排难解纷还恐不及，哪有工夫管到这种小地方。一般教育家呢，不是发挥他们自以为是的理论，再不然就染上了政党竞争的风气，也没有留神及此。至于小学教员呢，拿微薄的束脩，有时还欠，本身生活就须顾虑，儿童功课又要批改，自然格外无暇及此。

所以单就这两件事而论，已足以影响到全国的整个社会的将来，照理讲是一种极大的问题，惜乎无人注意。而且小学生、中学生、大学生的缺乏读物，也是极明显的现象，在百废待兴、有心无力的时候，谁更顾得到这种小事？所以目前唯一的挽救方法，全在家长方面。

对于儿童或青年的读物，至少得留些意先审查一遍，若是有益的可以给他们看，而且加以鼓励，否则便须极力禁止。不过大都会中的学生家长，一味的讲究装饰和娱乐以及怎样的享乐，孩子们送到学校就算了却责任，至于回家以后的督责温习以及替他们选择应看的书本，在穷愁潦倒的家庭中还有希望，只要是有些资产的人家那就满不放在心上。这位教育家慨乎言之，记者觉得实在有介绍给都市以及城镇里的读者的必要，因此把他的意见宣布出来，希望读者能够注意。

（载《大公报》1932 年 5 月 18 日）

读尚仲衣君《再论儿童读物》乃知“鸟言兽语”确实不必打破

吴研因

尚先生《再论儿童读物》似针对“拥护幻想性童话”者而发，可是对鄙人的问题，所答未能十分圆满，虽未圆满，但我也觉得很满意了。

骤读了尚先生的大作，空气非常紧张，好像现在中国小学教科书，充满了尚先生所说的“幻想性童话”，而且有许多“幻想性童话”的信徒，方在大声疾呼地拥护它，而提出问题的我，正是拥护“幻想性童话”的渠魁。其实呢，我可以用笑话安慰尚先生，我们敝国的小学教科书，根本就未尝和美国的教科书一样，关于“幻想性童话”的材料，实在不多，所谓自然社会或者常识等教科书，关于“幻想性童话”教材，固然一点都没有，就是国语教科书有一些儿，也是微乎其微的，至于“拥护幻想性童话”的人呢，尚先生的论文好像指定是我，其实尚先生误会了，我虽茅塞未开，决不致于做“幻想性童话”的忠臣，我的态度，正和尚先生一样，以为应该“审慎地选择，保留其有艺术价值和游戏兴趣的第一流童话”，要是尚先生肯看一看教育部所定的《小学国语暂行课程标准》关于国语选材的种种限制，那就可以不致有此误会了，可是鄙人也并不以为尚先生的言论是“无的放矢”，中国的小学教科书，将来或者变成美国的教科书一样充满了“幻想性童话”，而鄙人也需要尚先生的指导，尚先生这样一说，使我们以后“格外审慎选择”，这也实在是很好的。

以上是对于尚先生《再论儿童读物》篇中出于误会之处的答复。

至于尚先生应该答我的是一个“鸟言兽语是否就是神怪故事”的最紧要的问题，尚先生对这问题，并未明白答复，这是我所认为不十分圆满的。

我以为鸟言兽语有些是一种作文法中的“拟人法”，有些是说明生活的自然故事，和《封神榜》、《聊斋志异》的记载截然不同，不但不能和神怪故事混为一谈，而且也不能和“幻想性童话”混为一谈，固然也有许多神怪故事和“幻想性童话”而不离鸟言兽语的，但是确有许多鸟言兽语而毫无神怪成分，且不尽含有幻想，例如禽言诗的《快快布谷》借以勖勉农夫，《猫和蜗牛》（见《新制国语》第五册）的问答，借以说明蜗牛的生活，这何尝有一些神怪幻想的成分呢？尚先生前次把鸟言兽语和神怪故事混为一谈并且有“低年级……不用鸟言兽语”的绝对主张，此次又把鸟言兽语和“幻想性童话”混为一谈，真是一误再误了；但是尚先生对鸟言兽语，却在这次的论文中流露赞成我的“不必打破”之说了。他说：“把童话数量大加删削，格外审慎选择……像吉卜林的《象儿》则不妨保留”，鄙就把《象儿》来研究，象儿既和鸵鸟说话，又和长颈鹿说话，并和蟒蛇及鳄鱼说话，不但有鸟言兽语，并且有蛇言鳄语，他叙述象鼻本短，给鳄鱼拉了而后长的一节，更含有神怪而带幻想性（译文见开明书店出版之《如此如此》此书中），在中国小学教科书，现尚有人敢采用这类教材，而尚先生却主张保留，则尚先生赞成鸟言兽语的程度，实在还比我们更进一步呢，这是尚先生承认不必打破鸟言兽语的一个有力的证明。

尚先生虽未明白答复我那“鸟言兽语是否就是神怪故事”的问题，但他已实在赞成鸟言兽语了，所以我说尚先生的答案虽不圆满，而我却认为满意。

尚先生既赞成鸟言兽语，何以鄙人还要多说呢？鄙人只怕我国小学教育界和关心小学教育的一般人，还未明白尚先生的意旨，把我们的议论弄糊涂了，而反同情于某省政府主席所谓“打破鸟言兽语”的论调。

可悲的很，我国小学教科书方才有“儿童化”的趋势，而旧社会即痛骂为“猫狗教科书”，倘不认清尚先生的高论，以为尚先生也反对“猫狗教科书”，则“天地日月”、“人手足刀”的教科书或者会复活起来，果然复活了，儿童的损失何可限量呢。

最后，我还要请大家注意，童话固然包括一部分的神话和物话，（不是全部，因为神话物话中，有许多不能算为童话。）但物话也有两种，一种是含幻想性的，一种就是自然故事。尚先生的议论，虽不赞成物话，但他对“自然故事”并未反对，我们以后要是编辑小学教科书，别误会了尚先生的意思，“自然故事”也不敢用。我并希望尚先生以身作则，自出心裁的编一两篇模范的中国儿童读物出来，以使鄙人心目中认识一认识《新园地》的真面目，要是能编出一两部给全国儿童读的教科书，则更馨香祷祝，为全国儿童欣幸。

附带声明，我方才急于要完成一种低年级充满自然故事（不避鸟言兽语）的国语教科书，无暇多讨论，尚祈尚先生除“鸟言兽语是否就是神怪故事而应该打破”的一问题外，别再发不很关于本题的言论，否则不但离题太远，鄙人也不敢再和尚先生讨论了。

（载《中华基督教教育季刊》1932年第8卷第1—2期）

关于《儿童读物应否用鸟言兽语的故事》的一番雄辩

本年儿童教育社在沪举行年会时，尚仲衣于讲“选择儿童读物标准”一题时，有“反对用鸟言兽语的故事”的一点，与教育部吴研因对于此点，互有卓见。双方辩答之文，散见于四、五两月《申报》“教育新闻特载栏”中，见仁见智，各是其是，因录其原文，以供爱读《观摩录》者之观摩。末缀陈鹤琴著之《鸟言兽语的读物应当打破吗》

与儿童文艺研究社之《童话与儿童读物》二文，以资参证。

编者识。

尚仲衣《选择儿童读物的标准》演讲纪录（《时事新报》）

略谓今日得与诸君讨论儿童读物标准问题，颇为高兴，我人调查各种儿童读物，约可分为二种：一、传达事实给儿童的读物。二、传达情绪的读物。这种读物的选择，可分二种：（一）消极方面不要的那几种。（二）积极方面的那几种。前报载湖南省政府主席提议，打破鸟言兽语等神怪读物，采用古今名人名言谠论的材料，此种主张，粗视之，似不合现在的思想，但从教育研究立场上批评，确有可注意之点。我们知道我们不能把违背自然现象与自然势力的材料给儿童，除非有特别的理由。现在的“鸟言兽语”的读物，莫非是持着“兴趣”为理由。以前常以为神怪的事实，使儿童发生兴味，但据美国 Dunn 氏研究，用分析相关法（Partial correlation），分析各种读物的所有的品质，研究结果，一部分的神怪故事，反使儿童发生反感，大部分不能使发生兴趣。Jodan 与 Terman 教授等亦主张不用不合情理的神怪故事作材料，因为神怪并非引起兴趣的唯一方法。余以为：一、我人仅可用合于事实方面不违背自然势力以内的作材料，不够，再用当然范围以内的，再不够，再用可能范围以内的，再不够，始及于不可能的范围内取材料。二、取各人言行作材料，此说英斯宾塞亦有此主张，但余主张不能用空洞结论，或空洞原则的故事作材料，使儿童不易明了，不易实行。三、儿童读物中，不应有封建及贵族化的思想，此余同情于教育部最近颁布的儿童读物标准。四、打破采用迷信的材料。五、取缔足以引起儿童心理上变态的材料，如太奇离的恐怖的颓废的材料。六、淘汰有幸运性质及颓唐志气的材料。总之，此种材料，对于儿童兴趣上，并不能怎样增强。我们尽可用合于自然的势力的故事，或合于社会组织、人群生活的材料。用最有兴趣的方法，写述鸟言兽语的故事，儿童智识上尚易修正，而违背人类社会价值的故事，其影响甚大，不可不注意！现在又有几项选择读物的积极标准，约略一谈：一、有事实当一贯而有严密的接连的故事。二、有永久兴趣的材料，欲使有永久兴趣，即可取人生基本的事实为材料。三、语气当诚实恳切而正当。四、描写故事当有活泼的生气。五、事实（张本）与描写当一致的和谐。在这种标准，同时不可忘了兴趣。所谓兴趣亦有五项标准：一、有活泼的动作与材料。二、低年级读物有动物的故事，但不用鸟言兽语而描写动物的生活。三、有优美的人格可表现的。四、读物当有精美的结构。五、有非平凡的材料而使儿童不能直接推知普通材料。此项 Dunn 氏亦主张。总之，儿童读物当在自然社会现象以内，便是它唯一的目标。

（载《中华基督教教育季刊》1932 年第 8 卷第 1—2 期）

“鸟言兽语的读物”应当打破吗？

“鸟言兽语的读物”究竟应否打破？这是要看以下两个问题如何的解决：

（1）这种读物小孩子喜欢听、喜欢看、喜欢讲吗？

（2）这种读物小孩子听了看了讲了，究竟受到什么影响？

若是小孩子不喜欢这种读物，我们当然不应该给他。否则我们要看这种读物究竟对于他有没有坏的影响。若是小孩子喜欢而受到的影响却很坏，这种读物当然不适用。我们晓得有许多东西小孩子喜欢的而未必对他有好处；所以要断定鸟言兽语的读物究竟有没有价值，只要看以上两点就可以决定的。

照我个人的经验看来，鸟言兽语的读物，年幼的小孩子——尤其是在七岁以内的小孩子——是最喜欢听最喜欢看的。至于害处呢，我实在看不出什么。不过究竟这种读物是否儿童所需要的，让我约略的说一说：

小孩子在一岁以外的时候，对于各种事物，发生许多动作许多兴趣，我们成人看起来，恐怕要觉得很希奇，其实从小孩子眼光里，是一件很平常的事，不信，请看下面的几桩事实：

（一）骑马。我的小孩子一鸣，在一岁半的时期，对于无论什么可骑的东西，如桌腿椅背、棒头等，都拿来当马骑。不但如此，有时他一听见别人说“马”这个字的声音，或“骑马”两个字的声音，就立刻把身子上下跳动，作骑马的样子，并且嘴里喊着：a——a——a——的声音。

这种“棒头当马骑”的情形，在各国小孩子生活中是一桩很平常很普遍的事，这种很平常很普遍的儿童生活，我们成人应否让儿童享受呢？关于这种生活的读物故事我们成人不应当让儿童看，让儿童听，让儿童讲吗？

但是我们又要仔细想一想：这种“棒头当马骑”，不是比鸟言兽语还要神怪，还要不近情理吗？

（二）洋娃娃。一个一岁多点而尚未能讲话的小孩子，就能抱了一个洋娃娃，用手拍拍他，嘴里还发出一种 a——a——的声音，表示同他讲话的意思，等到再大一些——三岁——他就能同洋娃娃谈话，好像做双簧的样子。

他真的相信洋娃娃是真的小孩子吗？不！如他当洋娃娃是真的，那就有一种神经病了！试问那一国的儿童，不论是野蛮的，是开化的，是古代的，是现今的，不玩这洋娃娃呢？而当洋娃娃是真的小孩子，那恐怕是绝无仅有的事吧！

（三）滑稽图——下面两张图画，那一个小孩子看见不喜欢呢？关于这种图画的读物，那一个小孩子不喜欢看呢？但是他们相信猪真的会跳舞吗？水果真的像人吗？绝对不会的；那末，为什么我们成人不准他们享受这种好玩的东西呢？

（四）滑稽电影。（甲）昨天我带了我的五个小孩子（从一岁半到十岁）去看电影，第一张片子就是《Felix（黑猫）》，那时全场的小孩子一看见“Felix”（黑猫）出现，就大声鼓掌，高兴非常。这个滑稽故事，在中国大陆报上常常登载的，这只黑猫，不但会讲话，而且所做的事情，往往出乎情理违反自然，而人力所不能做的。

但是小孩相信黑猫真的有这样能力吗？他们是绝对不相信的，但是看的时候，他们表示十二分的快乐。看了之后，他们并没有回家去把自己家里的猫，也当作“Felix”一般看待。

（乙）记得上星期也看到一张滑稽副片，很可以做我们的参考，这张片子叫做《动物音乐会》。开会之前，有许多动物穿了衣服，戴了眼镜，坐了各种交通器具，来赴这盛大的音乐会，有的坐了飞艇轧——轧——的从天上飞下来，有的坐了汽车呜——呜——的从桥上开下来，有的坐了火车共——共——的从远处冲过来，有的坐了马车得——得——的从街上跑过来，形形色色，非常热闹。

开会的时候，节目颇觉有趣，忽有三四青蛙姑娘拉着手，张着口，跳舞唱歌，忽而有五六位老鼠小姐，跷着尾，抬着头大唱特唱，唱得非常出色。忽而有一位白猫先生，挂着身子，吊了尾巴，两手弹琴；两只眼睛，忽大忽小，神气十足。那时黄狗、雄鸡、乌鸦……有的敲铜鼓，有的拉凡亚铃，叫的叫，跳的跳，各献各的本领，忽而这样，忽而那样，约有十分钟的功夫，这张片子演了之后，全场不期然而然的鼓掌起来。像这种“动物音乐会”纯粹是一种鸟言兽语的物语，而这种物语，不但小孩子喜欢看，就是成人也非常欢迎。

（五）实在的阅读经验。鸟言兽语的读物，在欧美非常风行，我不知道那欧美的小孩子看了听了这读物，究竟受到什么坏的影响。我现在且把我自己所得到经验来说一说。我的几个小孩子，对于鸟言兽语的读物，可以说是都很欢喜的，不但一种很普通的鸟言兽语的读物，就是很神怪的一种材料如《西游记》——二郎神捉拿孙猴子，《封神榜》等也都是非常喜欢听，喜欢看。

我有时讲了之后或者他们自己看了之后我就问他们这种事情是真的吗？是真有孙猴子吗？他真能一个筋斗翻十万八千里路吗？他们都回答说：“没有的！不会的！”有时候甚至于回答说：“这是故事，讲讲的！”

这样看来，这些认为消遣的儿童读物，于年幼的小孩子实在没有什么妨碍。

总结起来，小孩尤其在七八岁以内的，对于鸟言兽语的读物，是很喜欢听，喜欢看，喜欢表演的，这种读物，究竟有多少害处呢？可以说是很少很少，他看的时候，只觉得他们好玩而并不是真的相信的。

至于这种鸟言兽语的读物，常常讲给小孩子听，或给小孩子看，当然有种危险，这种危险与平常小孩子所需要的东西是一样的。犹如“吃奶”，我们都晓得奶是很好的营养料，小孩子非它不能生存的，不过到了一岁半以后，那他还是吃奶，而不吃旁的东西，他虽然不致于有什么危险，但是要受损失的。我们应当慢慢儿给他吃些别的东西，鸟言兽语的读物与吃奶是有些仿佛的。年幼的小孩子是很喜欢听鸟言兽语的故事，恐怕在那时候只有讲那些故事给他听，好像一岁时小孩子只有奶是他唯一的营养料，到了大了以后，奶应当少吃而鸟言兽语的读物也应当少讲，多给他看些旁的读物。我绝对不能说奶是坏的东西，不能给他吃的。

最后我要慎重声明的。鸟言兽语的读物，自有它的相当地位、相当价值，我们是没有权力去剥夺儿童所需要的东西的，好像我们剥夺小孩子吃奶的那一种权利。

不过小孩子到了大的时候，我们应当供给他看别种材料。犹如奶吃了，再给他吃别的营养料一样。

现在我国成年的儿童读物，还是那种鸟言兽语以及各种神怪的故事，好像成年的小孩子，还是要一天到晚吃奶的样子，请教小孩子怎样会强健呢？我们应当竭力地多编各种科学故事，来丰富他的经验，来引起他的兴趣。这大概也与成年儿童的饮食，是同出一辙，同一情理吧！

还要附带声明的，就是现在书坊上所出的各种神怪小说、武侠小说实在是不合儿童心理，而且含有一种诲淫的意味，甚至出售荒诞不经的读物，如各种鬼的故事等：这种故事，最好不要给小孩子看。

（载《中华基督教教育季刊》1932年第8卷第12期）

教科书潮

猾　公

最近出版界中有个新潮，就是上海、南京、北平各地有好几家书店，出版了大量——上自高中下至初小各级——教科用书。姑无论这些书的内容如何，我们总觉得这是失策的。在不明底蕴的人看来，以为编印教科书的店家，就是最稳健的书店，说他们失策岂不是太过了吗？其实这种趋骛时尚的办法，的确不大高明。并不是记者一开口就要说拆台话，我想看透事实的人们，大多数一定也有这样感觉吧。

在今日教育界里，一提到采用课本，学校当局和各科教员，会不约而同地说："我们还是用老铺子的比较靠得住。"他们所谓"老铺子"，第一就是指商务印书馆，第二是中华书局，其次才挨次轮到世界书局。这差不多是成为一种风气，把采用"老铺子的"看做原则，反之，则为例外。各家新出版的教科书，除该科教师本人之大著或与书店有相当交情外，谁也不肯轻易采用。

因为"九一八"和"一·二八"的影响，出版界衰颓到不可收拾，四马路棋盘街各家书店，几有"门可罗雀"之慨。出版界因为"买书慌"的缘故，势不得不另觅生财大道，以谋补救。由是教科用书的编印，就成为他们唯一的目标。殊不知教科用书的编印，比不得普通用书来得便当，编制要统一，结构要精密，意识要正确，文笔要畅达，倘使欠缺一些，给学生不良的影响，还堪设想吗？

教科书的成本，是比普通书本大得多，广告宣传费暂且休提，单说"制版"、"印刷"、"纸张"三项就很可观。资本有限的店家，颇不容易应付。如果销路不畅的话，所下的资本不能收回，那么你不发生"周转不灵"的恐慌吗？还有销路是有"季节"的，一年到头眼巴巴地只望到春秋二季开学时期，倘使秋季没有人采用，又要等到春季，春季没有人采用，又要再等半年。并且你们没有几十家的分店，无疑地推销的力量也不及他们，到那时真叫你喊死叫活。

在"准备充足，欢迎采用"标语之下，每种至少要不要先预备三五千本呢？假定有一家书店编印了十种教科书，它的总数，就很不少。在这十种里面，有二三种销路能够较好的，就算是侥幸了。试问在销路呆滞和供多于求的情况之下，营利的目的，还能达得到吗？况且教科书的定价不能十分高昂，老铺子能够赚钱，端赖其大量生产大量消费，才有盈利可言。

编印教科书，还有一个"审定的难关"；这难关，在有钱复有势的老铺子，当然不成问题。他们的秘诀是：在每本教科书未出版以前，牺牲一二百元，孝敬一两个数一数二的学阀，请他们做“校订人”或“名誉的主干者”。财可通神，学阀们也乐得大开方便之门，出卖老牌幌子。由是老铺子有了“灵符在握”，可以百无禁忌地做去。对于那些审定机关的大小官员呢？那更容易敷衍；只要你不惜小费，请客送礼以外，再接受他们二三张荐条，包管你不会发生枝节。况且，那些官员们多系出身“学阀”门下，这老牌的幌子，无异“泰山石敢当”了。

书店的广告，没有一篇不是自吹自擂，惟独教科书的广告，可不用自己费力，我们常常看见他们就是利用那篇“推许备至的捧场式的批语”来做广告。老铺子的巧妙，真可使人佩服高明。你们新出版的教科书，“送审”当然不能例外，你们没有手段，没有学阀声援，他们对于你们的出版物，就要假装认真起来，幸则批令修改，不幸则不准发行。哑子吃黄连，你们向何处去诉苦？

这些话，并不是记者替“老铺子”摇旗呐喊，的确那二三长袖善舞的书贾，有出奇制胜的魔力。在右述各种情形之外，他们还有法子运动教育部替他们发一张通令，要全国各学校采用他们的教科书。像这样操纵垄断的手段，你们自问有没有比他们更高明的法子吗？八月十七日那通“……仰即转饬各学校，一体照常采用”的通令，你们读过了吗？

还有一层，现在国立编译馆已经成立多时了，据该馆所发表的计划，开宗名义章第一，就是改良中小学教科书，即前已审定之书，也要照新标准改良，你们敢说半个不字吗？并且该馆对于“商营教科书”微闻已内定一种办法，于干涉之外，大概还要抽些薄税给国家。如果真的要实行，那无异雪上加霜，不顾出版家的死活。记者很希望老铺子的老板们，施展你们的手腕，把这桩事打消下去。这是你们切肤的事情啊！

总结说一句，编印教科用书是不容易的事，要面面顾到，不然的话，对己对人都没有益处，反妨害了出版家常态的发展。希望编印教科书的书店，往后应当慎重将事，保持出版界一线垂绝的生机，切不可助长衰落颓唐的倾向，才对。

（载《中国新月书报》1932年第2卷第8期）

名人和教科书

卫　玉

近几天来，各大日报的封面广告，满载着各书局出版新书，尤其是中小学校的教科书。这无非使各校当局，准备在下学期用书的时候，可以有所参考，法良意美，百无间然。惟中间有一点，使吾怀疑的，各种教科书的编辑者，大部分是时下名人，至少也要署一二位名人的大名，为校订人。不通世故的吾，就发生了几个疑问：一、名人不一定是教育家，真教育家，不一定是名人，中小学的教科书，是否必须请社会上大名鼎鼎的人物编辑？二、现在的所谓名人，大多数为国家，为社会，乃至为他个人的事业，整天的忙于奔走接洽开会集议，尤其是一般所谓党国名公，如吴敬恒、蔡元培诸先生，事实上能否有余闲，可以编辑，或者校对？三、我们所希望的好教科书，是在适应儿童心理和环境，没有教育实际经验的名人，是否可以凭他的高见，来作主观的判断？

假如请名人编辑或校订的用意，仅不过在取信于社会，或抬高它声价，和教科书的本身没有深切关系，这种务名不务实的暗示，于教育上要发生什么影响？这许多都是吾个人的疑问，还望主持编辑的先生们予以指示。

（载《教育与职业》1932 年第 137 期）

对于编辑教科书和教授书的意见

徐允昭

一、引言

在今日中国的小学教育界，要是再谈到教科书和教授书，那简直是落伍者了，开倒车了。试看那些有名的实验学校，根据他们多年的实验结果，有几个在主张用教科书和教授书的呢？所谓教科书和教授书，在他们确已成了历史上的名词了。虽然，就我个人所知道的，有许多学校因为上课不用教科书和教授书，如自然、社会等课，常会发生许多问题。譬如：儿童的意见太多，不容易使研究集中；单元的内容太深，不容易使儿童了解；甚者题目的范围太广，不能在短时间内教学得完，因此减少儿童学习的兴趣；有些生冷的问题，教师非但要像平常一样忙于准备，往往连准备都无从准备起；于是教室的秩序，往往因此不得安静；教员的精神，亦觉得苦极不堪，有疲于奔命之慨；至于儿童究竟能得多少实益，那是更不得而知了。但是废止教科书在那个学校，已成为天经地义视为当然的事，又谁能哼半个不是呢？可是凭我们的良心讲，像这样的废止教科书采用设计教法，还不如老老实实用了教科书的好！我们知道小学校里所以要废止教科书而采用设计教法，是因为要使各科教学适合于儿童的学习兴趣和生活需要，借以增进教学的效率的；然而流弊所及，如不切合教育部所订的课程标准，不能普遍注意到课程标准的各方面，浪费教学的时间，减少教学的效率等，常足以招世人诟病。故非教员对于所授之课，有丰富的技能学识和教学经验，且学校有相当的图书和仪器等的设备的，不容易见出很大的教育效能；而从另一方面观起来，往往反而有许多遗误的地方。至于用教科书教学，形式上虽然觉得呆板些，然而只要教科书选得适当，运用得合法，流弊却可免去不少。试看世界各国的小学校内，除美国而外，大多数还是采用很严正的呆板的书本教学法，凡是他们所认为必须教授的材料，都归纳到教科书里去，依一定的过程实施教学，绝对不讲什么新奇的花样，这是什么缘故呢？我们能说英法的教育劣于美国的教育吗？可知教科书在教育上，确有不可忽视的价值呢！关于这点我想在下文加以申说。

最近，我因为受了商务书馆编辑高级小学健康教科书的约，因此引起我对于这教科书存废问题的兴趣；这在从前江苏实小联合会里，是一个讨论得最激烈的问题，最后差不多大家都认采用设计教学法废止教科书，是为适应新教育思潮的当然的事情，但是事实上，有许多学校采用设计教法的，有如上述的流弊，而多数乡间小学，可以说还是完全用教科书，并无若何的变更。所以不炫奇立异，切切实实改革一般学校所采用的教科书，以谋教育上根本的建设，实在是我们今日小学教育界所当努力的。兹将个人对于编辑教科书所有的一点意见贡献出来，以供关心这问题的同志参考。

二、教科书的教育价值

关于教科书的教育价值，从前似有不少人说起过，兹就个人暂时所想到的几点，写在下面：

1. 多数教科书的编制，都是系统井然，前后互相衔接的，所以采用教科书，可使儿童所得的知识，很有系统，而非琐碎的记忆。

2. 教科书的材料，都是经过严密的组织，和审慎的锻炼的。所以都是人生必须的智识，能够包括课程的全部，不会偏到那一方面。

3. 教科书的程度都是由浅入深，循序渐进的；凡过分高深的材料，非儿童所必需的，或所能领悟的，不放入，故儿童容易了解，无躐等之弊。

4. 教学既有教科书做根据，故教者学者思想都容易集中，研究都容易有归宿；而事前可以从容准备，事后可以反复温习，尤为应用教科书所具的特别好处。

5. 用教科书教学，既可按程进行，故可省却许多设计问题的麻烦，于教学的时间上和精神上极为经济。

三、怎样利用教科书

教科书的价值既如上述，现在那些用教科书的，是否尽得教科书的利益呢？就我个人所知道的，有许多学校，上起课来，只把课文里的字义，给儿童讲解明白为止，机械式的一课一课教下去，研究的内容如何，对象如何，往往莫明其妙；教师既以讲解课文塞责，儿童自亦以上课为尽义务；于是兴趣索然，教学的效率，几等于零。所以究竟怎样利用教科书，免去这里所说的种种弊病，这是很值得我们研究的，现在我提出几个具体意见，请读者指教。

1. 我们知道世界上是没有一套十分完善毫无缺点的教科书的；往往一种教材，这地方适用了，那地方不适用；这时期适用了，那时期不适用。人类的生活既随着空间和时间而展开变化，那就不能有一种定型的教材，施以呆板的方式，如模制瓷器一般，来适应儿童的需要。譬如我们自编的讲义，在从前是和儿童共同讨论编成的，在现时虽有一班儿童研究同样的问题，但是他们所需研究的内容，并不和从前完全一致，所以从前所编的材料，除供他们参考以外，实不能完全满足他们的需要；有许多地方还须加以补充和修改的。我们对于教科书也是这样。在教学的时候，我们仍应该顾到儿童学习的兴趣，和生活的需要，令儿童就教科书范围以内，自动提出研究的问题，依应有的过程实施教学；如果儿童所提的问题，教科书没有讲到，教师应给以补充，当由做而学，由搜集、探讨、观察实验、思考、判断，而后及于教科书的诵习。教科书的体裁，也不必为一种肯定的直说体，如自然科方面，关于日常所经见的事物，可设为问题，指示观察试验的方法，令儿童依正当的途径，自己去找解答；上课时候，则用以为教学的根据，教师和学生共同研究。这样不是仍不失设计教法的精神吗？

2. 在今日中国的小学教育界，谁都承认“教育即生活”的学说的。教科书既不能作为儿童生活的模式，所以在实施教学的时候，非但要把教科书的各课次序变更，并且遇有偶发的事项，也应当随时插入；例如社会科方面，关于去年长江流域水灾的情形，以及最近日本侵占东三省的事件，应当随时由儿童提出研究，不能因受教科书的限制，而不去注意；这样儿童所得的智识，才能切合其生活的需要，而达到我们教育的目标。

四、对于改进教科书的意见

我上面已说过教科书的价值和运用的方法。自然，教科书的组织愈完善，内容愈适当，那它的价值愈大，运用愈便利，而收效当愈宏。但是现在坊间所出的教科书怎样呢？

先以内容而论，已出的教科书，大都取材不切实际，不能适应儿童生活的需要，地方性太重，不能兼顾到农村和城市的各方面。这种弊病，大概是因从前编辑教科书，没有课程标准作为根据的缘故，现在教育部已有具体的课程标准颁布出来，此弊当可免除。次以形式而论，如自然、社会等科，太重论理的排列，不注意儿童心理和生理发展的状况。往往一套自然教科书，或卫生教科书，常按规定的字数编制课文，包括许多事实于二三百字的课文之中，名词术语，不一而足。有许多地方，我们知道他是从中学教科书节删而来的，所以读起来，非特枯燥无味　而且尤不易了解；我有时拿中学教科书给儿童参考，他们反觉很有兴趣，容易明了，可知文字实为一大问题了。据我们平常的经验，一件事情要对小学生说明，总比大学生困难，非要反覆几遍，那才容易明白；而现在事实上关于说明的字数，小学比中学反少，这不是很可诧异的吗？总之，教科书里的材料，既须适合儿童的程度，故为儿童经验和智力所不易领悟的，概不可放入；至于收入的材料，务须有详细的说明，或详细指示研究的方法，务使儿童阅读以后，有豁然贯通之乐。至于图画和纸张装订方面，现在坊间因为要顾到一般购买力的关系，也太欠优美，不能引起儿童阅读的兴趣。尝见欧美小学里的课本，图画的精美，装订的美观，以及字体大小排列的适当，正令人不能望其项背。故我们对于今后所编的教科书于图画纸张和装订方面，不可不予以相当的注意。所以总括说起来，我对于改进小学教科书的意见，有下列几点：

1. 课程内容，须包括最普遍和最重要的材料，而与教育部所订的课程标准符合。

2. 课文排列，须以性质相类的材料归并为一单元，俾教学时可以互相联络，并有活动的余地。

3. 叙述的文字，须详尽正确，生动有趣，使儿童容易了解并乐于阅读。

4. 课文之前或后，须附有足以启发儿童思想的问题，借供教学时推考和讨论之用；并须插入丰富而精美的图画，俾儿童的理想成为具体化。

5. 凡日常习见的事物，为儿童经验所能了解的，在教课书内，只须设为问题，指示观察试验的方法，不必直接加以说明，借以陶冶其独立研究的精神，而免养成其依赖教科书的习惯。

五、对于改进教授书的意见

我们知道要使教学有效率，第一要使儿童对于研究的问题发生兴趣和感觉需要，然后他们才会努力，否则徒劳而无功。故于实施教学时，应以引起动机居先，然后继以“决定目的”、“搜集材料”和观察实验等项，最后殿以演述整理；但是各课的性质不同，那教学过程就不能出以完全相同的形式，故编辑教授书，须注意提示教学法的原则，各课教学的过程，务必视性质而有所变更；平常有一种材料而可引用几种方法教学的，或一种方法，而可适用于几种教材的，都须加以说明，务使教者得了教授书以后，对于实施教学的方法，有左右逢源、措置裕如之乐。关于参考材料，普通虽很丰富，但是列在教学法主文之后，似与实际教学无关系者，究竟怎样容纳进去，由什么方法而运用这教材，我们很难知道。所以参考资料，须要放到讨论和研究等项内，就作为问题的答案；这样一来，在教学的时候，关于讨论和研究事项，可以不限于课文的范围，而所谓参考资料，因附注在问题之后，一一做成了答案，却得了实际的用处。或者说参考资料，原所以济教师之穷，并非完全可拿来授诸学生的；但是参考资料而不设法插入教学过程中间，那不是仍为一种死材料吗？不然，多办些图书好了，有了图书，各方面都有用处，而且逐渐扩充起来，可以找到有系统的完整的参考资料，这样又何贵有教授书呢？尝听人说，编教授书，最为容易，一课教授书里面，头上教材可把教科书的课文完全抄上，末尾参考资料，又可照别的书抄上许多，中间所有准备事项，教学过程，只要略略加以说明，就得了几万字的一部教授书，照这样用剪裁方法编起来，真是值不得什么难事；虽然抄袭人家的著作，会被发见起诉，但是本馆里所出的书，是不禁的。因此无论那一家所出的教授书，前后总是陈陈相因，虽然什么“新教育”、“新学制”、“秋季”、“春秋”名目换了许多，实质方面，几乎完全相同，无怪乎他们出书的容易了。这样的教授书对于使用的人究有多少帮助呢？所以我主张对于今后教授书的编辑，务使构成像教学实例一般，以最合理想最有效率的教学方法贡献出来，使一般小学教师得到了这样的教授书以后，好像在一个有名的实验学校里参观，目见应付灵敏的教师，酬对活泼的儿童，语语有力量，事事有意义；从而认识教学某一课时，那课的要旨是什么，事前应有怎样的准备，临时自身的态度应该怎样，如何而引起动机，如何而决定目的，如何而进行教学工作，如何而再加以补充整理，一一皆有成竹在胸，于是引起其教学上的兴趣而自乐于尝试了。总括起来说，我以为教授书的作用，应具有下列四个条件，就是：

1. 介绍教育的原理；
2. 指示教学的方法；
3. 补充教师的学识；
4. 鼓励教师对于教学法研究的兴趣。

（载《国立中央大学实验学校教育研究汇刊》1932 年第 2 期）

小学教材问题

邢幼杰

一

经过无数学者研究，费去了几十年的时间，到了现在，所编纂成的各级小学教材的宝库——各书坊所出的小学教科书，虽说比较的有令人满意的地方，但是各样科目——尤其是常识自然，社会等科时间、地域……的不适合，恐怕所有的小学教师，都会深刻感到的吧？我写这篇文字，就是简略地指出过去各项小学教材的缺陷，并提出今后应行改进的途径，借以引起各研究小学教育者的注意及教育当局的采择，因而使小学教材问题，得到比较圆满的合理的解决。

二

“教材”，所包括的范围，自然是极其广泛，就教育即生活的意义来讲，凡日常生活所接触的各种现象，都是教育。则认识此种现象因而利用之能解决之都是教材。不过，理论是这样，事实上，能够以宇宙为学校者有几校？以自然界、人事界之一切现象为教材者又有几人？为使司教职者有所根据，各研究小学教育者，又依教育部颁布标准，编成各科小学教科书。各书馆所印行之小学教科书，已成为各地小学教材之中心。

就河南省内各地小学言之，教师选择教材，可分教科书、活用教科书与死用教科书三种。前者仅带有实验性质之极少数学校以数字表示之，恐尚不及全学校千分之一，且仅限于初中级常识、社会、自然等科，高级各科和初中级的算术更少乎其少了。中者亦仅在省立及各县较良好之学校，其所占比例成数，恐亦不过百分之一二。

利用偶发事项或环境时间的机会，因学生自动的乐于学习，而为适当的设计，经过研究视察讨论之后，作一整理结束，教师即以整理所得，按学生年的程度，编作教材，供学生过后温习的资料，自然是极合理极适宜的。这方法，我在十八年担任省立第二小学校教员时，曾有一年的试验（仅限于自然，社会，党义），结果，虽更明白地证明不用教科书在原则方面是对的，然就实际成绩言，竟完全失败了，其原因：（一）由于个人经验缺乏，对学生临时偶发之、不甚合理而溢出正当知识范围的问题，无良好方法在不违背学生兴趣原则下予以适当地处理，因而白费较长时间，不能使全体学生，得正确良好知识。（二）担任钟点太多，每日除上课准备，及改阅学生作文、算术、大字小字日记外，没有时间将已教教材作有系统的整理与修辞，使适合于学生程度及经验。（三）学校设备简陋，经济支绌，应有准备物品不能充分准备，学生学习时，因而减少兴趣，应有观察什物，往往无机会作正确之观察。因而所得知识，未能十分正确。（四）学生过去经验习惯及心身之发展，甚正确，因而其所发问题，不能切合其实际应求得之知识及技能。

基于上述经验，可以推定组（一）教师有良好学识，丰富经验，（二）每周担任功课在八百分钟以下，（三）学校经济充裕，设备完善，环境良好，（四）学生自幼时起即受良好教育。四种条件如不圆满，决不能离开教科书，收得良好效果。我们检查以下，河南全省小学教师完全师范毕业者之比例成数，就知道第一项事失败了。再看一看乡村社会的情形及各小学的经济状况，就知道第二、三、四项更是失败了。所以“选择教材，根本不靠教科书”按原则来说，固然是对的。但想用屯往方法以获得良好教材，在目前师资缺乏，教款奇窘的河南，实属“望梅止渴”。

以教科书为准则而斟酌采用之。遇有时机不合，将其次序颠倒，感其材料过少时，设法补充；感其繁杂时，酌予删减。按课文的次序，该讲太阳光和热，适值风雨交加，不妨暂把云雨的成因和用处，提前教授。学生昨天去外旅行了，今天不妨讲些旅行时所见闻的事物。这样，自然比着完全不用教科书较有根据；比之死用教党［科］书，较为适合学生兴趣与心理，可以说是差强人意的方法了。不过此种方法，既以教科书为依据，自必有校［较］良好的教科书，可供采择。最好所采选之教科书，大部材［分］均能适用，现在的小学教科书，实在有些难满人意——尤其是对于春季始业的学生。因为他所取的教材，多半是利用时机的，我们看一看，《新主义自然》第八册教科书，要是教春季始业的四年级去采用，恐怕适用的所占的分量很少吧！再者，学生既有了教科书，书内有的教材没有教，学生批阅教科书时，必发生种种疑问；而书本外增加的教材的编纂整理，也很费工夫，况且，那些是应该增加的，那些是应该削减的，查学识经验少差的教师，自然也是不容易监［鉴］定的，所以用活用教科书的方法选教材，虽属合理，然实行时亦难免发生困难。

小学教师之选用教材，除上述两法外，就是占有绝对的全靠教科书了，这方法，据学理言，当然不尽合适。然在经济艰窘，环境不良，教师学识能力未见完善的学校，也就不得不出此了。不“由学而教”反必“由教而学”的以“教完教科书”为克尽教师职责，固然违背教育原理，然如有适合儿童身心及物质环境教科书，教师因机善用，使学生依此得到有组织有系统的知识，就选择教材来说，自然也可差强人意。盖目前各地小学之经济环境人材诸项，未能达到理想的境地，为一无可讳言的事实，而救济目前困难，自当就事实为出发点。基于上述，则欲解决小学教材问题，审订编纂合理的良好的小学教课书，实属必要了。

三

目今各书馆，所发行教科书之最大缺陷，对于春季始业，部分学生时间性之不能适合。“教学”，是应该以“学”为主体的，“做”、“学”、“教”是应该合一的。教学更利用机会，而机会多是由时间来的，所以各项小学教科书，大都含有时间性，这个自然是很对的。然其结果，竟把二分之一以上的学生，弄得“颠倒错乱”、“无所适从”了。因为他们发行的各科用书，都是按秋季始业编纂的，而各地小学，都是采用双轨制，多数乡村小学，更都相沿新年入学的旧例，全属春季始业。以春季始业的班次，用秋季始业的教材，在时间上，自然是困难丛生了。

种棉和种荷两单元，几占《新主义自然》第八册内教材分量四分之一，如果是春季始业的班次，此两单元教授的时间，依次约在十月或十一月，即使设法提前至九月或移后至十二月，这两样东西，恐怕也没法实行种植和观察，在教授上，自然是难免困难的，《新学制自然教授书》，高级第二册，共二十四课，第三《梅花》，第四《桑的接木》，第五《怎样种桑》，第六《油菜的花》，第七《蜜蜂》，第八《蚁和蚜虫》，第九《蝶》，第十《怎样养蚕》，第十一《怎样种甘蔗》，第十二《麦》，第十三《草帽和硫磺》，这几占二分之一的教材，都是带有时间性的。如果春季始业的班次，应该在秋间教授这些教材，怎样观察，怎样实习？其困难与背理，自然是不言可知的。此外《新时代社会教科书》，第六册第一课为《寒假中的故事》，《常识教科书》第十面，课文是“今日是中秋，夜里的月色，特别明亮”，当然也不适于春季始业班级的采用。其他在社会、常识、国语等科中，以“三月十二”、“三一八”、“五一”、“五三”、“五四”、“五五”、“五七”、“五九”、“五卅”、“六二三”……以至双十、“十一月十二”等特殊事件为教材中心的，当更数见不鲜。此项教材，用之于春季始业之班次，都是绝对不适宜的。

像上述各种教科书中在时间上这样的不适用于春季始业，而各小学中春季始业的班次，又占全体小学班级数目二分之一以上。这样的不合理的事件，许多研究小学教育的人，竟无人注意；各发行小学教科书的书局，竟未顾及，而身任小学教师的，竟亦模模糊糊的教下去而未见有人提出讨论，实属一出人意外的怪事！不错，在高明一些的小学教师，自然不是呆教教科的，春季始业的三年级也可先教教科书第六册，到第二学期再教第五册；四年级第一学期教第八册，第二期再教第七册。这办法，大致说起来，比较顺序教下，自然可减少许多时间上的困难，不过就各科课本研讨，似少带有前后衔接的层次，倒转来教，间亦有不妥处。像这种关系最大、销路极广的小学教科书，就不应该依照双执制而另行编订春季始业学生应用课本，而必榨斥过半数班次于合理教材范围之外吗？

现在各书店之小学教科书，第二个大的缺陷，就是地域问题了。在这一点上，有两项不合处：

第一，各项教科书所选教材，多半以南方社会情况作中心，生在北方的儿童，因不合于过去已得之经验，故学习时极感困难。《新时代社会教科书》第二册（初级用）第二十一面课文是“他偕我看许多种田的器具”，下边的画图有七种农具，大约都是种稻和收稻用的。在已有二十多的年纪而曾受过中等教育的我，还有一部认识不清它的名字和用处。这一点，当然我自愧我的常识缺乏，但是要教六岁或八岁生在北方的幼童看，恐怕不免“茫然”吧？固然生在北方的小孩子，对于南方的景物，也都应该知道，但是要利用旧经验的道理，也是不能完全忽视的，此外各科教材内所叙述的社会情况之南方化，随时随处都可见到，用不着一一列举了。

第二，各项教科书中所选教材大部以都市为中心，不适用多数在乡村小学读书的儿童，且不合于目前国家情况。近年以来，中国各项手工业，因受机器工业的压迫，渐失其存在的地位，农村经济，亦因而陷于破产。一般人民——尤其是少受教育的知识分子，如蝇赴馑似的集中都市，致使中国社会成一畸形的发展，整个占有百分之八十以上的农人所相依为命的农村的随渐呈日趋萧条，而行将归于荒唐的状态。以“以农立国”，随度，而有如斯现象，简直是重大的致命伤痕。此种病状，如无合法之救济，恐怕我们的国家和民族，势必趋于灭亡。在小学教材上，自然就应该以农村社会为中心，使多数乡村儿童，都受到合理的教育，成为改造农村发展农村的健全分子；同时都市内的儿童，亦应养成其爱好乡村的情感，发展其爱好乡村的观念，使其成年之后，专于从事乡村事业。但是，目前的小学教科书，恐怕负不起这样的使命。我们看看那一本教科书所考的教材，不是以都市为中心？那一本教科书，不是为都市儿童而设？举个实例来说："今天我们远足去，排齐了队，拿着国旗校旗，一路走，一路唱远足歌，很快乐。我们远足到乡村，各人做各人的事。有的对了风景作图画，有的采集昆虫花草。我在乡村地方认识一个朋友，他告诉我种田的故事。他给我看许多种田的器具。"（《新时代社会教科书》第二册第十七至二十一面）这不是明白表示为都会或市镇儿童而设的吗？这材料在乡村小学中，自然是不适用的。还有一本教科书，完全是为乡村儿童编的，原文大意是"某生的姑母住在城里，一天，他到姑母家去，看见城里的市街很繁盛，来往的人很多，非常热闹"。这段教材，自然是适合于乡村学儿，但是一部分城市的儿童却被除外了。这样，恐怕都不能算是完全无缺吧？

现行的各种小学教科书除了时间和地域两种缺陷以外，如材料的失之简略，失之繁杂，或文字过于抽象，或内容过于单调，或程度浅深不合，在所有教学的人，都时时感觉到的。此种缺陷，在理论上都有研究的必要。限于篇幅和能力，不及多说。不过只前途时间困难和地域上的不适合，现行的教科书，就已失去其存在的价值了。

四

大多数的小学，都以教科书为教材的唯一所在；而现行的小学教科书，又都满布着种种的缺陷。则名校所取得的教材，自难完美无缺，教育的效果，恐不免因此减低，教育的价值，亦必因此丧失。负有改进小学教育责任的先生们，对此自应予以强烈的注意，进而求适当的解决。

想教大多数的学校教师，无论其学识经验能力如何，无论教在城市或乡村都能得到比较合适的教材，惟一普遍而有效的办法，就是重新编订各级小学教课用书了，我们鉴于目前小学办［教］科书的缺陷与失败，在重新编订时，应行注意左列特殊事项：

1. 依照各级小学春秋始业的二重制，增编成春季始业办次适用之教科书，教学能用时间上的机会，可以费力少，收效多，如教一年内之各种纪念日，最好利用当日举行之纪念式，或事前筹备，或事后研讨复述，都极易行引起学生兴趣，而获得圆满成效的。在自然及常识中所教授之花木种植，及气象变化等材料，为观赏及实习便利计，某项教材，须有相当固定时间（如种棉的教材须在四月间讲授等），反之，则感受种种困难。现行的各级小学制度既有春秋雨季始业，则备各小学采用之教科书，自应有此要求增刊春季始业班级学生适用之必要。小学教科书，就河南一省言之，每年销售不下百万份，即就春秋始业，暂有二分之一计算，年为五十万份，将来小学教育普及之后，每年销售，可达有五十万份，为此巨大销路而编订刊行一部教科书，在经济上，自亦不为浪费，况且小学教育是立国的基础，教材在教育上占有极重要的地位，纵使稍有不经济处自亦不能因此即行废止，所以，在重新编订教科书时，必须发行春季始业班次适用与秋季始业班次适用的二种。

2. 以黄河流域风俗习惯为中心——最好以本省——编订适于本省小学学生用的教科书。现有小学教科书中所取材料，大多但以南方社会为中心，不适于北方儿童的经验及习惯，前已述及处。为补救此项缺陷，适合学童需要，重新编订小学教科书时，应以北方——最好是本省的社会情况及风俗习惯为教材中心，编订适合本省学童采用之教科书。

3. 打破以城市或乡村为本位的教材，以普遍的原则，编订城市中及乡村中儿童俱能适用的教科书。如以乡村景物为教材中心的课文，应编作“乡村里，有青的草，绿的树……很是好看”，不必要远足时候，才到乡村。又加以城市情况为教材中心的，可编作“城市里，市街整齐，行人众多……很是热闹”。这样，自然城市里的儿童用着合适，乡村里的儿童用着也合适，不致再有现在教科书中的毛病了。

4. 取消党义科目，将三民主义的精神，渗入于各科教材，编订革命化的教科书。将党义单列一科于小学——尤其是初小课程中，在理论上既未尽合，在教授上，又感困难，此为一般从事小学教育者所公认。

况我们所期盼的党化教育，绝非单靠每周占六十至九十分钟时间的党义课程，在六年内教完十二册党义教科书可以实现。必使三民主义的根本精神，深深的渗入于各项科目中，使各项科目，都受三民主义的洗礼，成为革命化的教材。在训育方面，务培植儿童爱种族，爱人类，牺牲自己以求大多数人之最大幸福之利他精神，以养成其革命人格。在知识方面，将三民主义及其他总理遗教，择宜编入常识、社会、国语及其他适宜科目中，使学生明了主义的真谛及奉行之必要。如此，在教育理论上及实际教学上俱臻完善，而所谓“党化教育”，亦可从此实现。

上述四端，系重新编订教科书时，所急须注意的特殊事项。此外程度的浅深，字句的难易，材料的繁简等项，自必遵照教部颁行之小学课程标准，参酌各家教育学说，依学校长期实际教学之上经验，遵照本省实际情况，详加研讨，期成完璧。使各地小学教师，得由此有改良好教材之资，小学教育之效率，亦赖此以增进。

五

重新编订教科书之必要与编订时应行特殊注意事项，前已分别述其梗概。兹再进而研究编订的办法及其程序。

小学教员为国民教育，是各级教育的基础，关系至为重要。各科教材，在小学教育中，既占有极紧要的地位，则此项教材的选择——教科书的编订，似不可完全委之于以营利为目的的书店负其全责。况任何事业之举办，有政治力量以上机会之便利，自较私人或公司举办为便利，故对于重新编订小学教科书事项，最好河南省教育当局来担负这个责任，由教育厅组织小学教材编订委员会，酌量延聘专门研究小学教材的理论的专家及富有小学教师经验者各若干人（估计各五人或七人即可）负编订各级小学教科用书之责。以现有小学教科书为依据，参酌各家学理及前提四项应行注意事项，预计于六月内可编订完成，由教育厅以所完成之稿暂印若干份，分发各小学，令各小学教师负责审核，于三月内审核完竣，将意见附注送还，然后召集各对小学教育有研究有经济人士，共同讨论，予以合理的修正，期得完美的课本，交外埠大书局代印，再由教育厅通令全省小学，一律采用。在书未印成前，所有编订人员生活费用及编订时之一切消耗，暂由教育厅移款垫付，书成之后，或售版权于书局，以所得一部，偿还教育厅，其中一部，为编订人员之报酬，以资勉励。或以版权为教育厅所有，而以销售书籍纯利百分之五十，抵补教育厅之垫款，至以其他之一半为编订者之报酬。就目前河南小学教育情况言之，受小学教育儿童约在五十万与百万之间，则小学课本之销行，每年当为百万至二百万份（每期一份），以平均每份四角计之，当达四十万至八十万元，此编订时所需之些许用费，自不难抵偿。这样，官厅方面可以说毫不费力，而各级小学教材问题，可赖以圆满解决。

上述各节，自然不是小学教材的理论的研究，而是它底现状的检讨及其解决的方法。切盼从事小学教育的先生们赐加以注意，尤望本省当局酌予采择。

（载《河南教育月刊》1932 年第 2 卷第 9 期）

改善小学教科书之提议及其反响

京沪苏浙等处小学教育界代表陈鹤琴、施仁夫、庄息岑、易克导等数十人，于九月二日联名具呈教育部请奖励私人著作，限制书商之垄断，以改善小学教科图书。原呈云：

窃查欧美各国小学教科图书多采自由审定制，其理由大抵为容许私人自由竞争，则可精益求精，善本迭出。我国自有教科书以来，亦即采用斯制。然名虽容许私人竞争，而实际则由二三长袖善舞之书商，操纵垄断，绝无自由之余地。二三书商以小学教科图书销路极广，乃大利所在也。于是编辑则以极微之工资佣雇无以为生之笔工，支配工作，限以时间，只求抄袭旧本，迅速成书，不顾时代需要、儿童心理，亦茫无理想目的。印刷则插图简陋，彩色绝无。课文忌长，纸张务减，以使成本愈少而获利愈多。发行则广设推销员，贿赂教育界，四出运动，百计钻营，但期广销，不择手段，故其出品名目虽多，内容未改，陈陈因袭，迄于今兹。教育界固不乏学识经验俱富，力能著作较善之小学教科图书者，然售稿则书商必抑其价，呕尽心血遍觅不得。自印则资本既无，销路又乏，绝对不能与书商竞争。即有一二小书商愿纳版税，承印所著，然亦以资短力微，必遭托辣斯之吞噬。故虽有志者，亦皆逡巡却顾，不敢尝试。以是书商操纵垄断于上，私人逡巡却顾于下，我国小学教科图书，遂无改善之望，其遗误教育实有非言语所能尽述者。窃闻中央以小学教科图书之不善有延揽专家自行编辑之议，此固可矫正书商垄断之弊。然兹事体大，实不易为。盖小学教科图书之编著，必具客观态度，并用科学方法，一字一句之成，往往呕心吐血，虽于吟咏旧诗，未若中学以上之教科图书较易著笔，更未若作论文著小说之可下笔千言也。故政府如何罗致专家，即觉无从着手，而况费用浩繁，成书不易，实在意计之中。同人等以为诚欲改善小学教科图书最简便之法，莫如采用自由审定制。一面奖励私人著作限制书商垄断，兹不揣鄙陋，胪陈具体方法如下：一、大部对于小学教科图书之优良而富有创造性者，在审定后，似应明令嘉奖，或给予奖金以示鼓励。二、优良图书由书商发行，著作人抽取版税者，在审定后，得呈请大部令行各省市教育行政机关通饬所属小学尽先采用。三、规定小学教科图书之著作，以抽取版税为原则，由部通饬各书商遵照。四、由部通令各省市教育行政机关转饬小学教育行政人员及学校教职员，除与书商发生出版著作物之关系外，不得接受书商之津贴及优待。其受津贴而代为拉拢推销者，一经查明，立即斥革。情节较重者，并以受贿论罪。如是奖励限制双方兼顾，则私人竞争之效，可得而睹。小学教科图书既不患不精益求精，善本迭出，中央亦可坐观教科图书之改善，而无庸计议自编矣。同人等或身为小学教员，窃望图书改良或曾任著书工作，洞悉此中情弊，故敢综陈所见，敬祈鉴核采择施行，小学教育前途实利赖之。

自右列之呈文发表后，迟三数日即有王志瑞等三十六人具名致函与陈鹤琴讨论关于改善小学教科书之问题，对于陈君所主张，大不满意。其原函云：

鹤琴先生足下：读九月五日《申报》所载由足下领衔之呈文，请教育部奖励私人著作，以期改善小学教科书，俾脱离书商之操纵垄断，语重心长，甚感甚感。惟查尊呈中论及小学教科书之编辑，乃有书商“佣雇无以为生之笔工，只求抄袭旧本，迅速成书”等语，并下笼统之批评，谓其书“不顾时代需要、儿童心理，亦茫无理想目的”，某等固尝□辑小学教科书，读此如中毒矢，愤而自省，岂诚陋劣至是，竟劳足下诛伐。夫教科书为社会之公器，儿童之粮食，销售者虽属书商，然编辑者初非为书商而致力。某等纵极愚暗，斯义尚能通晓。故于“时代需要”、“儿童心理”云云，未敢不竭其知能，多方兼顾。所谓“一字一句之成，往往呕心吐血”，此种况味，固已惯尝。足下亦尝编辑小学教科书矣，其若何“呕心吐血”不可知。第以成绩验之，知某等之用力，未必便远逊于足下。彼“客观态度”、“科学方法”俱名词耳，腾之于口，笔之于纸，遂谓怀宝在已，人俱莫识，其事至易，谁则弗能，苟欲循名责实，则得失亦正难言，足下评衡他人之作，不举编者谁氏，不标书籍何名，不列具体之例证，不作分析之研究，而惟笼统出之，一笔抹杀。“客观态度”之谓何？“科学方法”之谓何？至称某等为“无以为生之笔工”，在足下虽系贬辞，在某等乃罔所愧怍。若不识是非，莫知廉耻，斯诚大辱，终身难涤。“无以为生”岂亦有关知识行谊耶？世方以劳动相尚，操笔作工，亦奚惭于俯仰，“笔工”岂遂不足为耶？推足下之言，似编辑小学教科书必由拥有资财之有闲阶级任之，此复成何逻辑？其立言失体，不能为足下讳矣。且某等或尝服务教育界，或至今犹执教鞭，固与足下同其业也，或迫于需求，或动于兴趣，自谓尚能编书。故操笔作“笔工”，是又与足下同其能也，所与足下不同者，服务之所耳。而遂以之相轻，未知自居何等？足下主张奖励私人著作，取缔书商垄断，某等固极表赞同。但对某等非特辱詈其书，并且辱詈及其人，更以此辱詈之词呈诸教部，刊诸报章。是否蓄意公然侮辱，尚请仍于报端明白赐覆。对人公然侮辱，应负何等责任，足下明达，当必有以自处也。专此，即请近祺！王志瑞、王伯祥、王剑星、朱文叔、朱翊新、朱苏典、沈百英、沈秉廉、吕伯攸、宗亮寰、周建人、金兆梓、范祥善、韦息予、孙伯才、张匡、张筱楼、华汝成、华襄治、傅彬然、喻守真、叶绍钧、杨复耀、杨鸿卿、董文、葛绥成、雷君粹、蒋镜芙、赵景源、刘□宇、黎锦晖、郑昶、糜赞治、魏冰心、苏兆骧、龚昂云同启。

王志瑞等之函发表后陈君又有复函，解释误会，其原函如左：

志瑞先生：阅九月二十九日《申报》教育新闻，诵悉足下领衔致鹤琴之惠函，对于同人呈文所云书商"佣雇无以为生之笔工，限以时间，支配工作，只求抄袭旧本，迅速成书，不顾时代需要、儿童心理，亦茫无理想目的"等语，指为对足下等教科书著作人诛伐辱詈，殊为骇异。

同人等亦尝著作教科图书，或且曾受佣雇，故呈文中有"同人等或曾任著书工作……洞悉此中情弊"等语，即云诛伐辱詈，亦不过自供自责而已。且所谓"笔工"、"无以为生"各语，诚如惠函所云"无以为生，岂亦有关知识行谊……操笔作工，亦奚惭于俯仰"，目为辱詈，指为贬辞，不知从何说起？至"只求"、"不顾"云云，本非指著作人而言，文意甚明。以同人经验言之，编辑教科书，往往因他方限制支配，"只求"、"不顾"，故有虽"呕心吐血"而结果仍属不良者。此非著作人之咎，实另有负责者在耳。同人之言，正为著作人辩白，而反指为诛伐，可谓误会极矣。

同人呈政府之目的，固在改善小学教科图书，但亦为著作人本身利益计，故原文有"取稿费或薪资者，在二十二年八月之后出版之新著作，仍应予以若干之版税"（按此在发表时，已被删去）。足下等来函云"奖励私人著作……某等固极表赞同"，可见对于呈文大体，彼此本无相反之意，幸勿断章取义，遽加责难。

我辈同为无以为生之笔工，正宜团结自救，若其不顾本身利益而自相龃龉，以乱其阵线，不特被他人所窃笑，且犹工人之因罢工而互殴，旁观之人或将疑为另有挑拨离间者在也。最后应声明者，同人所上呈文，由同人全体负责，虽由鹤琴领衔，其责不专在鹤琴，并祈勿专责鹤琴为荷。专此祇颂，撰祺，不尽！陈鹤琴、蒋息岑、马客谈、李清悚、施仁夫、胡叔异、易克德等谨复。

（载《中国新书月报》1932年第2卷第9—10期合刊）

从采用课本谈到自编教材

朱怡父

采用课本和自编教材，互有利弊，且互为因果。自编教材的优点，就是采用课本的劣点，采用课本的长处，也就是自编教材的短处。因为就理论方面讲，当然以自编教材为适宜，可是在事实方面讲，又当然以采用课本为便利。我们若完全偏重于理论而不顾及实际情形，或完全偏重于事实，徒沾沾于实施便利，似乎都有点不对。现就管见所及，提出来商榷一下：

采用课本最大的弊病，是书坊里课本上的教材，关于“地方性”和“时间性”，常不能合乎儿童所处的环境。因为书坊里编辑课本，是以全国为目标，折衷于大多数。以中国幅员的辽阔，各地方风俗、习惯、气候、物产，种种的不同，此种“削足适履”的课本，当然是不很合用。且课本上的教材是固定的、机械的，导师不能随时随地利用环境和偶发事项，引起动机，迎合儿童心理上的需要。不但施行设计教学的，绝对不能采用课本，就是实施其他一切教学的，也不能依课本如泰山，奉课本为圭臬。

自编教材最大的弊点，是事实上的困难，主要的困难是在（1）人材（2）经济（3）时间三者。书坊里的课本，是费很多的款项，经过长时间的参考和编辑，多数专家的校订和审查，他如图画、印刷、装订，都很精良美观。苟自编教材，以导师个人的学识、心思、精神、才力，连续不断的所有教材，都要在短时期自编，纵有少数优良导师，可以做到，但是所编的教材，是否优于书坊里的课本，恐怕是很值得讨论的问题。至参考书籍的购置，纸张的消耗等，都与学校经济有关系，这种种问题，有一不能解决，儿童就受很大的影响，所谓“画虎不成反类犬”徒唱高调，无裨实际！

综上所说，采用课本既不妥，自编教材又不好，那么，应该如何？据我个人主张是，二者既各有所长，各有所短，可按各科性质、各校情形，采其所长，去其所短。在现在我国小学教育状况之下，各科各级，决不能整个的采用课本，或整个的自编教材。依此目标，谨将鄙见，缕陈于后，并附理由，借供商榷。

1. 幼稚园和低年部宜自编教材。

理由——幼稚园和低年部，儿童年龄既幼，经验很少，所取教材，最宜切合环境，不但儿童容易发生兴趣，且所得智识也比较正确。若采用课本，则每课教材，未必尽能恰合儿童所处环境，倘因课本上是某种教材，导师就以人力硬去布成某种环境，不但不易做到，就是能做到，和利用自然的环境作教材相比较，未免事倍功半。且幼稚园课程，各科混合，低年部也最注重各科联络。苟采用课本，则各课本各有它的目标，各有它的顺序，各有它的系统，纵勉强联络，也不过形式而已。甚至某科采用甲书局出版的，某科又采用乙书馆发行的，则更难使各科联络。况幼稚园和低年部教材，都较简单，对于人材、经济、时间三方面，都不致发生什么大问题。所以幼稚园和低年部，最好能自编教材。

2. 自然科不宜采用课本。

理由——自然科学，最重实验，这是人人都知道的。在普通小学里，对于自然科各种仪器、标本，设备上大都均付阙如；苟所用课本，除少数部分能搜集实物，或设法仿制，或利用图表外，大部分均无从实验，成为书本教学，纸上空谈。权宜的好方法，只有活用教材，利用校外教学，或由导师就学校中已有仪器、标本、图表作为基础，再以能搜集到的实物，或学校力能购制，和个人能力能仿制的仪器、标本、图表为补充，然后再斟酌儿童程度、社会需要，制成教材大纲。中年部就可照这大纲去选教材，高年部程度较高，既有教授大纲，为导师经济时间，儿童容易记忆起见，也不必再去用教本，可令儿童随时笔记。照这种方法实施，则每次上自然课，既都有实物、仪器、图表等，可以实验，不但导师教学便利，儿童观念正确，并且也觉得很有兴趣，所以自然科不宜于用课本。

此外还有一点要注意，就是因为顾及搜集便利，购置容易，事实上往往会偏于动植物方面，对于矿物和理化方面，分量太少，这是我们编教材大纲时，不可不注意的。

3. 国语科和社会科可以选授，并另编补充教材。

理由——国语科为各科的基本，儿童知识的增进，纯以国语为媒介。而国语科又以养成儿童阅读能力为要素，所以国语科的教学，决不能限于课本。除鼓励儿童自由阅览外，最好是选授，导师再随时自编教材去补充。至社会科，照理论上说起来，以自编教材为佳，但照事实上看起来，却还是选授，再随时另编补充教材，比较的于儿童有利。

4. 算术科可以采用课本，并另编补充教材。

理由——算术科的法则，是固定不变的，虽各课本方法不同，解释有别，习题互异，详略有差，要皆殊途同归。就是去自编，亦大致不能出范围，所以不妨采用优良的课本，有不适宜的地方，可以把它删除，随时自编教材去补充。

至于工作、美术、音乐等科，对这课本问题，本不发生何等关系，似无商榷的必要。——以上说的，都是个人的主观见解，对于教育原理上和教学实施上，当然要待商榷的地方很多，尚希阅者加以指正。

（载《进修半月刊》1932 年第 1 卷第 8 期）

怎样选择教材？

陶觉己

凡是作教材研究的人，都知道这个题目的重要；凡是创编教材的人，都不能不有所依据，当他着笔的时候。自从实验小学发达以来，除了对于学校制度、教育方法及各种小问题实验以外，大家都感觉现在通行的教科书，不能适合一般的需要。因之，不用已有的教本，而代以自编的教材，遂为一般实验小学所重视。不过，“说在口上，拿在手上”，不无多少困难，曾记往年办海中实小时，特请一师范学校毕业而富有多年教学经验者往任教师，因感觉自编教材之不易，到校不数日而自请告退。可知编制教材，若无素有研究，决难从容将事，胜任愉快。民国十七年五月，大学院招集全国教育会议于南京，认为课程标准之重要，特组织中小学课程标准起草委员会，编订中小学课程标准。经过□年之久，才将第一册《幼稚园及小学之部》产生出来。但是在缘起上，即郑重声明：“完成的标准……总不免有许多可以商榷的地方……各种标准上，都加‘暂行’两个字，就是留待试验的意思。”在各科标准之中，虽有目标，作业类别，各学年作业要项，以及教学方法要点等等，而对于各科选材之共同标准，尚付缺如。兹参考中外专家之选材标准，附以个人的意见，分述于后：

甲、Miller以选择教材，有重要二准则：

子、教材以合于社会的与个人的需要为第一准则；

丑、教材以能否充厚生活为第二准则。

乙、Thorndike研究各种知识，而举其最有价值者四种：

子、能增进人类福利者；

丑、应用之次数多而范围广者；

寅、真实者；

卯、能为将来行动之指导者。

丙、Kroupskaia（苏俄国家学会教育组主席）对于实施新课程有三个中心的和根本的观察做基础：

子、教材组织应以人类工作为中心；

丑、教材内容应根据儿童的兴趣；

寅、注重实现和实际。

丁、范寿康氏以选择适当的教材，应注意下列的各种标准：

子、为日常生活所必需的；

丑、适合儿童身心发达的程度的；

寅、适于道德的陶冶的；

卯、适于国民的陶冶的。

注：最近在范氏所著的《教育概论》中，已将寅、卯两项改为：适合本国及本地社会的需要，适合时代性。上面标准，可以代表革命前的主张。

戊、张九如氏以选择教材之标准，视其能否适合党义教育之旨趣而定。适合党义教育旨趣之教材标准有十二：

子、足以发展儿童之才能者；

丑、适应儿童身心发育程序者；

寅、切合儿童实际生活之需要者；

卯、足以发扬民族固有之道德能力者；

辰、足以培养独立自强之知德者；

巳、足以陶冶抑强扶弱之知德者；

午、足以适应世界进化之需要者；

未、切合民本主义者；

申、足以修养公民资格者；

酉、足以培养利用厚生之知能者；

戌、足以改善物质生活者；

亥、足以丰富精神生活者。

注：上面子、丑、寅三点为适合儿童本位教育的，卯、辰、巳三点为适合民族主义教育的，午、未、申三点为适合民权主义教育的，酉、戌、亥三点为适合民生主义教育的。此可以代表“以三民主义施教”的主张。

己、扬州中学实验小学选择教材有五个目标：

子、革命化；

丑、民众化；

寅、生活化；

卯、社会化；

辰、科学化。

庚、苏州中学实验小学以为课程的内容，应具四种要素：

子、现代生活的方针；

丑、种族固有的经验；

寅、社会实际的要求；

卯、儿童切身的需要。

上面已将资本主义的美国，共产主义的苏俄，革命以前的及革命以后的我国，以及代表实验小学的种种选材标准，分别介绍，吾人试分析各点而归纳之，不外下列数者：

甲、要适合儿童的身心。“挟泰山以超百海”，成人之所不能，儿童更是办不到。《尔雅》为入学之门，教授启蒙儿童，当有格格不入之势。

乙、要适合时间性。《圣谕广训》可在前清教学，反正后当无存在之余地。公民科在民八前后为时髦之教材，目今又消灭于无形；至于夏日谈雪炭，冬日讲蚊蝇，也是背时的事情。

丙、要适合空间性。美国与苏俄之国情不同，广东与甘肃之风俗有异，宜于城市者未必适应于乡间，宜于水边者未必适应于山中，这是很显而易见的。

丁、要有生产的价值。教女子绣花，不如教之缝衣。教儿童打网球，不如教之开辟校园。教学生背数学公式，不如教之调查物价。

戊、要与民众生活有关。高楼大厦，娇妻美妾，贫民没有这个幸运；吃西餐，穿洋服，坐汽车以兜风，穷小子更无此福气；八股之文，四六之诗，只适宜于有闲阶级，与一般民众没有关系的。

上面各点，为选择教材之一般标准。是否有当，还望大家研讨！

（载《教育（开封）》1932 年第 1 卷第 1 期）

改革小学各科教材刍议

朱维新

“教育失败了”这种话头，在近数年来，不断由一般人口中说出，钻进我的耳鼓，真的，中国教育制度向是东仿西摹，什么军国民主义教育，什么“德谟可拉西主义”教育，什么“日本式”、“美国式”的教育；在教学法上也翻了不少的花样；自动主义啊，“设计教学”啊，“道尔顿制”啊，真是五花八门，乌烟瘴气，闹得不亦乐乎！如今中国教育，效颦美国，十足美化，但兴办学校数十年之久，何以不见有明治维新的效果？反而国弱民贫，继长增高，内忧外患，纷至沓来，弄得国将不国呢？归宗一句话，中国教育失败是在只知模仿外洋教育形式而没有得到真精神，把资本主义社会的教育搬来放在产业落后的中国，简直有“削足适履”的痛苦！

从事实上得到的教训，中国教育失败了！要谈通盘改革的话，自然须靠教育专家来负这个重任，我却是一个在小学教书的人，对于教育一知半解，如何谈到改革？但我教学行将十载，仅就一得之愚，把对于改革小学各科教材的主张，写下来借作刍荛之献，以求就正于教育名哲。

小学为培养国民基本知识的地方，换句话说：一个国家的强弱贫富，全视小学教育之优劣为转移，普战胜法，日战胜俄，伊藤博文所以异口同声归功于小学教育也！①

目今我国每年小学毕业的学生，奚止万千，升学者，固不乏人，而有十分之六七到乡村去了，社会上既然多了知识分子，生产上为何不能增加，而反有江汉［河］日下的趋势？恐怕是因这般人对于生产没有什么裨益，甚且只是善于消耗，我们过细考察一下，便知此话的不谬了！再说这般人为什么受了教育反不能从事生产？只能消耗？他们本身固不能辞其咎，而教育制度及实施之不良有以使然，也是无可讳言的事！

一个国家有一个国家的特殊的环境，特殊的国情，也就是一个国家的教育，应具有特殊的教育精神，师其意，取人之长，补己之短则可，生吞活剥，舍己从人，则不可。日固不能效俄法，亦不能效德，我们农业立国的社会，安可全盘搬进资本主义社会的美国教育呢？喧宾夺主，害曷可言？

我们的小学教育，应切实从适合本国乡村社会状况，改良农民经济着手，方为有效，而过去小学教材上，要想找着此种对症下药的知识，

① 疑有脱文，原文如此。

简直是比沙里澄金还难！再一方面却暗示不少的阔绰的坏的思想，养成一种奢靡的习气，你只要一搬开初级小学的课本，便见满眼盈幅的讲究插图，什么高大洋房，什么整洁宅舍，什么安适用具，人物呢！洋其装，革其履，行则汽其车，坐则汽其椅；名词呢，什么沙发，什么摇篮，什么天使，什么上帝，一切的一切，没有不是想用外国灵魂装进中国躯壳内，驯至培养成资本主义社会中的人的消耗，放在产业落后的社会中生活着，爱用洋货，爱穿洋服，变成帝国主义国家物品的购买者，陷本国经济于破产地位，洋货侵入每年损数万万元，大约是中国教育洋化的功效吧！再看本国农业生活怎样呢？每年需要大批美麦美棉以及绸绒洋布进口，以供衣食之需，这固然由于天灾人祸所构成之险象；但天灾一层，我们竟听其自然，旱了任其干，潦了任其淹，无法预防施救，这不能不说是教育上最大的耻辱！这样的抄摹教育，这样的无魂国家，不即灭亡，真是邀天之大幸，堪自尊自大的僭称神明贵胄、天之骄子呢！

生产技能既未增加，普通知识应该充足了，其实不然，小学毕业的学生，竟有些连一封平常信札也写不通，其他应世常识，固无论矣。中国教育如此办下去，将见教育愈普及，愈日趋穷困，国家前途何堪设想？

话匣子开了，拉得很远，言归正传，究竟怎样去改革小学教材呢？我以为须如以下的办法：

（一）农业教材——在小学教材里，农业须列主科，并且不是如已往抄摹外国的，而是切合中国地域作物，实事求是的研究，改良种子，配制肥料，就本地土壤气候，确能普遍农村，增加作物收获量，自初级至高级，一贯研究；而不是崇拜什么外国肥田粉，智利硝石，或讲什么收获机、耕种机，中国根本无此物，而又无此购买力，徒为悬揣也！并且每小学应设农事试验场，自五年级起，实地试验，凡瓜果蔬菜以及各该地种种常有作物，均从事栽培，考查成绩，小学毕业与否，以农业试验成绩是否及格为标准，如此毕业之学生，对于农业，不但富有知识，且广有经验，将来回到家庭，操持耕种，何患成绩不斐然可观呢？

（二）国语教材——国语一科，向称重要，但材料多为启发儿童思想的读物，而少切实用者，固然为养成文学、科学等专门人才设想，此为要着；然同时更须注意，一千人中也不能出一二个专家，这千分之九百九十八九人，跟他们一同去走背道，岂不冤头煞？所以于启发思想的教材外，须特别加入应用上的文字，如书启、契据等类，使得小学毕业不升学的，对于处社会的常识，显然比常人丰富，读者才有用，不然徒识一些字，诌两句洋化小诗，写一篇爱情小说，拿到乡村中有什么用呢？

（三）数学教材——除笔算外，应注重珠算的练习，小学毕业，大多数要到乡村去，前面已经说过，而以前小学课程中认珠算为无足轻重的功课，只注意笔算，甚且没有珠算一科，此为大谬，要知笔算亦仅为升学之准备，到社会与人交际，远不如珠算简便而实用，要是一个受过小学教育的人，计算一数，须费九牛二虎之力，尚不及一目不识丁的村农用珠算得数敏速而正确，岂不可耻？

（四）史地教材——历史以进化史、近代史为主，至于政治史、古代史，什么张三代李四为王，某某朝代如何兴隆，如何败灭，那固然是家珍宜数，但那让历史学者研究好了，要知即如把这些古董研究精细一点，我们的祖宗如何尊王，如何攘夷，兵力如何强，版图如何大，于近代生活亦无所补也！地理不重外国，而重本国，尤其是本地，换言之，即除本地山川河流名胜古迹，与生活上有切身利害关系，须懂得十分透澈外，其外以领略大概为主。

（五）体育教材——足球、篮球，在运动上固有其相当价值，而耗费金钱，利权外溢，实为可惜！并且此项运动，专重选手之练习，不顾平均之发展，往往一个学校运动员身体强则强矣，而一般学生，则虚弱如故，与体育原意相去甚远，如此讲究体育，东亚病夫的徽号，终难雪掉！我以为体育教材，应分技术的、实用的两种，技术的可将我国固有的国术，如拳、棍、枪、棒、刀剑，加以改良编纂，在小学六年中，分段练习，由简及繁，这是多么普遍经济而有益的事啊！实用的如运动掘地，以及筑墙壁、修道路（自然以学校周围为限）等，既有代价，又能健身，一举两得，利莫大焉。与彼足篮球相较，何可同日而语呢？

（六）工艺教材——什么剪纸、折纸、结纽，以及蜡工、石膏工等，精巧的不能作，粗劣的无所用，徒葬送光阴，浪费金钱，不如因地制宜，就本地粗糙工艺之品，加以改造，例如荥阳出霜糖，旧法制造，形色俱欠佳，若提炼纯粹，制成各色各式的糖果，获利当为更厚；草帽辫亦为出品大宗，近年来因他处草辫花样翻新，色彩迭变，荥阳草辫出产大为减跌，价亦低廉，此亦应从事改良者也！其他待改良者，不一而足，均应于工艺课内，详加研究，以为升职业学校或到社会上应用之准备，其他各地对工艺一科，均应如是。

除上列各科外，如自然，宜求适合环境之知识；如卫生，宜兼具医药常识；总之，小学各科教材，以给与儿童普通的实用的知识技能，以期适应社会生活，增进农村经济为急务，不能徒托空言，华而不实也！

小学课程果能如此具体改革一新，则教育之效，不难立见。农村经济，日渐发达；国家财库，日渐充实；至此，则欲实现三民主义亦易如反掌了！

一九三二，七，二五，起稿于河南省暑期教育讲习会。

（载《河南教育月刊》1932 年第 3 卷第 5 期）

小学教科书应加一个尾巴

张宗麟

书的尾巴是附录，也有人称为索引。这个东西对于阅者有很大的帮助，大概读过外国书籍的人都有这样感觉。近年来中国出版的书也渐渐有这个趋向，虽然有几本书的索引，遗漏错误很多，但是比起没有这个尾巴来要好得多了。这件事已经有人著专册鼓吹了，不久大概总有普遍的一天（商务印书馆出有《索引及索引法》一书）。

小学教科书的尾巴不是这个东西，而是书后的一个测验。一年前中国小学教育界不是又起了一个小小的波浪吗？所谓文奈特卡制。这是一个材料与方法上同时有所改进的制度，它的优劣如何，这里不必讨论，不过其中有一点很值得我们注意，就是每种材料的后面都有一个尾巴——儿童自己可以做的测验。这件事到是美国提倡教育测验所给予的结果，对于儿童学习上确有相当贡献。

为什么要有这个测验呢？有四个理由：

（1）儿童学了某种材料以后，经过这［种］测验，可以自己判断已经学了多少，不明了的还有多少，比平常出几个无谓的问题来考试，要有意义得多。

（2）这种测验不但于儿童学习上有直接的利益，于教师更有重大的帮助。经过详细的测验后，教师可以从多人中查出某处是有什么困难或改善方法，或修改材料，或注意环境与时期，然后使材料与方法可以每次都能改进，同时教师也就可以得到更知求进步的生活。

（3）近来中国出版界有一种渐趋时髦的风气，在每本书后附一张意见表，征求读者意见。小学教科书也有此风，并且有的书局发信给小学教师征求意见，这或者是一个好现象（当然的有许多是广告术）；但是毫无根据的批评，实在无补于事，除去是大家互相利用以外，恐怕得不到什么。倘若有了这个书尾巴，请教师们汇集这些尾巴，由书局统计，必能格外见得出这本书的优点与劣点。对于著作者不是更有好处吗？

（4）有人说：书局老板计算精明，每本教科书加上二张测验纸，不但费纸费印工并且费装订工，书价又不能为着有此尾巴而增高，恐怕做不到。但是我们做教师的总喜欢用好的书，倘若书局真能出版好书，用的人必增多，多多销路，书局就可赚钱。所以为着书局设想，也很上算。

说何容易，“要想编造测验，材料的范围，排列的先后，方法的选择，都要经过统计的证明，才可以应用”，这些都是测验编造书开宗明义上的话，我们也应该相当承认。但是编造一本教科书的尾巴，决不至于有如斯困难。一来它的范围已经固定的，就是这本书；二来排列的先后是毫无关系的，只有方法稍有讲究，但是也可以多用本书已经用过的方法。所以只要稍稍学过测验学的人，就可以动手做的。这句话我自己敢相信不至于有大语病。

事情说起来容易，做起来也就会发生困难，关于编小学教科书的尾巴，有几点是应该注意的：

（1）所用材料要把本书或前几本书的主要材料包括完尽，不应有一点的遗漏。

（2）所用材料只能限于已经有过的范围，不允许加入新而且深的材料。动境有时可以变换，但是也以少变为主。

（3）所用方法，要愈简单愈好。甚至于用极不准确的是非法亦可。总之要使受测验者无何犹豫，对的是绝对的对的，不明了的，是整个的明了，必须重新再学的。

（4）这种测验是帮助儿童学习的，与普通考试性质不同，所以还要注意五点：

ㄅ、所取的材料要选择希望儿童必须明了的部分，不关紧要的可以略去。例如教植物，它的繁殖、形状以及与人生的关系都应测验。其他如属于某科学名是什么等都可略去。编造历史、地理的测验时要特别注意这点。

ㄆ、普通测验材料要免去重复的，但是教科书的测验，有时不妨重复，因为重复可以增加学习的机会，如算术测验就是这样。

ㄇ、普通测验是不很注意于兴趣的，教科书测验就要特别注意于这点。例如国语科的测验，能够注意于这点，就可以免去许多无谓的苦恼。

ㄈ、普通测验都有一个答案，教科书测验也要有这个东西，不过不是直接说出答案，也不保守秘密。它是要以给儿童做参考的，它只说某题（或某部分）不能回答请重学某某处，学后再做。这样就可以给学生重学的机会，不是一考了事的考试。

万、有许多材料不必采入教科书，但是可以在测验中来学习，例如“走路时遇着狗追来，应该怎么办？”一类问题，在常识教科书中如未采入，那末在测验题中不妨采入。这是一个日常生活中常会遇到的事。它的教科书就是日常生活。

（5）这种测验既然不是考试，所以也不能与考试同等看待。考试六十分就可以算及格，这种测验，非到完全无误不算及格。有五十题，错了一题也要把那个题目重新学过。做到完全无误，才算过班。

（6）普通测验，都有时间所限制，如十五分，二十分等。这种测验，也如是，不过应该定多少时间，确要费些斟酌，所以最好请编辑者每种材料编成以后到小学里去试验几次，不然会闹出笑话来的。

（7）我们知道小学各科不是每科都可以测验的。如图画、音乐，我所知道还没有很准确的测验方法，作文与说话的测验方法，也很勉强。关于这些科目，我以为暂时不必用测验，不然也会闹出乱子来的。

（8）有许多活动不必有测验的，至少也要已经有了具体成绩后，才可以测验的。例如干农田工作，做日常清洁工作等，倘若只有纸上的测验，实际上他一些也没有做过，就是他完全做对有什么用呢？

测验学会要出刊物，我有供给稿子的义务，但是在旅行中没有现成材料，又因各校放特别假，找不到参考材料，只得把平时胸中要说的话吐出几句来。倘若小学教科书的编著者和书局方面能够采取这个意思，那末髫龄稚子也得到测验学的无穷利益。读者如有赐教，讨论精评而具体的办法，更为欢迎。[通讯处请由南京中国测验学会转或上海北京路五十号中华儿童教育社转。]

廿一年二月十六日，写于南京旅次。

（载《测验》1932 年创刊号）

小学国语教材的商榷

朱家驭

小学校国语一科，在课程上所占的地位，比较别的功课，都是重要；尤其是在小学初级，更占重要，这是谁都承认的。因为文字是求知识的工具，无论某一项学科，非利用它不可。我们是中国人，当然是要拿中国的语言文字为基础，还把小学设置的地位来证明，小学以设在乡村为最多，一般农民心理，送到学校里读书，并不是希望升官发财，也不是希望做教员，大部分是只求儿童们认得文字书写信件以及记账等等的应用。

国语在小学里和社会上的地位，既如此重要，那么国语教学的种种问题，非得要有深切的研究不可。本篇只限于教材一方面，作为讨论的中心，并供热心研究国语教学者一部分的参考。

什么叫做教材？在儿童方面讲，就是日常的生活；就教师方面讲，就是助长儿童的生活经验。所以教材也可以说是学习的工具。“工欲善其事，必先利其器。”教材编选得适当，然后儿童学习的兴味，格外增加，才能满足现在生活的需要，并获得丰富的经验。所以最良的教学方法，就是选择教材。杜威说：“只顾成人生活的造诣，而不管幼年人的能力的需要，是一种自杀的政策。”罗素又说：“执定牺牲了现在，求那遥遥无期的将来，全是残酷的方法。”所以选取材料，应有合理的标准。至于如何去诱导儿童改造经验、发达经验、支配经验，使儿童所获的智识技能，是活用而继续不断的增进，那么当然要归功于教师的循循善诱，指导得法，才可达到圆满解决。现在且把选择教材的零星问题，详细的分别讨论一下：

一、普通选择教材方法的共同目标有下列几项：

1. 须迎合儿童心理，以儿童为本位，足以激发儿童好奇心的。因儿童常被好奇心所驱使，而急求解决。因此兴趣浓厚，学习效率亦增。

2. 须切合现代社会与个人的需要——教育以致用为目的。社会潮流，日新月异，所以教材应随时地顾及社会的需求。

3. 须能恰合儿童能力范围者——所谓恰合儿童能力范围者，即指适合各阶段儿童心理的程度，因过深过浅，均足以障碍儿童的学习。

4. 须能适应时令的需求——譬如秋季的八月里，赏月吃月饼，赏桂花以及各地风俗习惯等等，都可酌量编入，使学习时有充分的动境和同情。

5. 须能灌输职业上的生产智识技能，以绵延民族的生机，充裕国民生计。

6. 其他如适合本地方的环境，以满足该地方特殊的需要。

二、教材的排列，要注意下列各点：

1. 由简单到繁杂；

2. 由心理到论理；

3. 由具体到抽象；

4. 由归纳到演绎；

5. 由已知推及未知；

6. 其他。

三、国语教学的目的，在养成儿童具下列五种能力：

1. 练习运用本国的标准语，以为表情达意的工具，以期全国语言相通；

2. 学习平易的语体文，以增长经验，养成透澈、迅速、扼要等阅读儿童图书的能力；

3. 欣赏相当的儿童文学，以扩充想像，启发思想，涵养感情，并增长阅读儿童图书的兴趣；

4. 运用平易的国语和语体文，以传达思想，表现感情，而使别人了解；

5. 练习书写，以达于正确、清楚、匀称和迅速的程度。

以上录教育部所颁布国语教学的目标介绍于此。我们担任国语教学者，自应切实记着这些目标作为参考。

国语教学的目的，上面已经说过，而决定目的，必须审慎考虑。目的系以事实为根据，良好的目的，须注重个人现在的活动及社会上现在的生活。所以教学目的，不仅是个人方面的知识技能，且须顾到社会方面效率的增加。必养成适应社会的完全公民，而始克完成。

四、教学目的的确定，至少有五个条件：

1. 从现代社会的趋势和人生的真趣，观察究竟那一种教育观念，最为适当；

2. 由最高的教育理想着想，必如何而始能确定教育的职能；

3. 对于现代盛行的教育思潮，究向那方流动？必如何而始有正确的观察；

4. 教学上必决定什么目的，运用什么方法，而始能尽其职能；

5. 教育的对象是儿童，教学上必如何而能顺应儿童心理，适合儿童心理发育的顺序。

以上五个问题的解答，即产生教学上适当的目的。这是说教学不能无目的，而目的决定，又须眼光放大，慎重将事，所以目的对于教学，关系至深且切的。所以本篇特别加入研究。

五、教材的来源：

教材的来源，可分为两方面说：一由于教师自己编选而得（依据上例所述各项选材的共同目标而施行)；一由于各书坊出版的教科书。但第一项方法，大部只能适用于实验小学或规模较大的小学才能实现。设以地方小学乡村学校，大多单级编制，教师每多以一人为原则；对于经济及教师精力，诸感困难，事实上恐难得自编教材的机会。因此完全以教科书为主体，且按部就班的教授下去。教师方面，只求教完课本，即以为尽其能事。这样呆板的读死书，简直是同私塾一般；至于社会需要和不需要？儿童心理及时令适合与否？那里还顾得到呢？所以在秋季竟有讲授冰和雪，冬季里反要讲起雷和电的笑话了。

六、采用教科书的利弊及补救办法：

处今教育思潮日新月异的当儿，对于教科书的采用与否，这个问题，近来小学教育界很多注意。兹姑把教科书是否需要，略加讨论。他们主张，向分为两派；现在把最切要的几点提出，以明其利弊之所在。

甲、主张废止教科书的理由，有下列几项：

a. 教科书易犯枯燥乏味之弊，难于引起儿童学习的兴趣和同情。

b. 教科书易养成教师惰性，教师不再用严密的思想，去精选适当的教材，所以往往不易顾到实际活动。

c. 教科书是把固定的、现成的事物，教学儿童强为输入，不合儿童的经验及现实生活，不易引起波动。

d. 教科书不能适应异时异地的社会，如春季、秋季始业之变易；自然界和各项纪念日以及各地风俗习惯，未必巧合。且甲省所编的教科书，未必能适应于乙省、丙省等。

e. 教科书每成自少数文人的工作，选择标准和内容，多偏于主观，不合多数人的志趣。

乙、主张采用教科书的理由，有下列数项：

a. 教科书为代表一种明确的组织，能使儿童从心理程序的研究而养成论理的思维的结果；

b. 教科书代表时代教育思潮之趋向，每时代教育观念变迁时，教科书也随之而异；

c. 教科书预备提示问题，使儿童有所准备和玩味内容，可以训练儿童自学的习惯及思想的进步；

d. 教科书能使教育经济，不必现找，能协助平庸教师或新任教师的困难，并利于儿童自修的机会；

e. 教科书形式精美，字体正确，颇足以引起儿童审美的学习趣味。

上面所述，各有相当理由，我们决不要以为教科书完全不能适应现代社会性，绝对不适应儿童心理而认为应该废止，也不要以为教科书一定没有缺点，一直依次教学，那么我们究竟应以何种方法可使双方并进；而且使地方小学不感困难，就作者的愚见，以为只要教者注意教材内容之选择，并随时活用，不必按部就班，以课数的先后为序，并撷其需要而酌量裁汰其不需要。在必要时随各校经费状况酌备参考书，教师自行编选。假使施行设计教学的，无论大单元小单元，均得于教科书中采择活用（例如国庆运动，三级上期可选《辛亥革命》、《革命歌》——见商务出版的《新时代第五册国语教科书》第八课至十一课——又开学后举行始业运动，可选第一课《为甚么要入学校》至第四课《做事歌》等）。总之只要教者去选择适当的教材因时地而宜，那么教科书也尽可利用；而且很可节省自编的劳力与经济。

七、编制低级儿童读物原则的根据：

1. 要根据儿童固有的经验，发生密切的关系；

2. 要迎合儿童的心理发育顺序和程度，引起爱读的观念；

3. 词句组织要简单明显，以适合儿童的阅读能力；

4. 要注意词句的反复，少生字，多变化，予以反复练习的机会，并多予以读文的机会；

5. 要有适当的字体和优美的纸张，使儿童目力集中、学习精神凝聚而增加学习的效率；

6. 要有优美的插画，以引起其爱读的好奇性和研究性，并增加认识文字的效力。

现在且把鄙人在太中实小一年内所编的低级读物，为经济篇幅起见，择要分类胪陈如下，以供关怀低级国语教学者的研究和参考。但作者闭门造车，不妥之处，在所不免，尚希读者不吝指正！（下略）

（载《地方教育》1932年第37期）

小学教材与抗日救国（其一）

伍华麟

“抗日救国”，在今日真是极流行而普遍的口头禅，举国上下，不论是村妪俚竖，谁不听得烂熟，然而，能知能行的，能有几人呢？这是很可痛心的事！“抗日救国”，根本不是听过，说过，就可算是抗过，救过；是要抱着百折不回、勇往直前的壮志去抗；凭着卧薪尝胆、忍怨忍劳的牺牲精神去救；经过这样脚踏实地的一番“抗日救国”的真实功夫，那末，对蛮强的日本，可以恃实力来抵抗，将沦亡的中国，也有救的希望了！“抗日救国”，是国民共负的责任，须共同筹划，分工合作，绝对不能推诿。

一般人都晓得，“抗日救国”是急不容缓的要务，可惜知而不行，还是枉然！中国政府的昏庸，大多数人民的麻痹，都到了极点；谁还能担负“抗日救国”的重任?！那种腐化的传统思想，满布了国人的头脑，中国那里还能有长进？所以我对于中国的前途，已是万分悲观！自然，不该一味的消极，而束手以待亡国！我更不愿意负国家而虚生，谨以一得之见，贡献给一般从事教育者做个参证，来忠实地尽我们的责任。

如果我们相信教育不是无力量的话，那末，我们未始不可用教育的力量，来培养“抗日救国”的人才，来厉行“抗日救国”的主张，儿童是教育对象的重心，又是中国未来的主人，将来中国在国际的地位怎样，全在乎主人是否有能力来措置；主人的能力，当然依仗幼少时的教育。儿童在一国中占有的地位，这般重要；对于儿童的教育，应如何的注重和努力？儿童素来是被称为“可塑的”，儿童纯洁柔软的心身，都可凭教育来制作。那末我们能切实致力于教育，而希望现在的儿童，是将来“抗日救国”的中坚，或不至于失望吧？

教材是教育的工具，要培养具有“抗日救国”的知识才能的儿童，当然要用“抗日救国”的教材，去灌溉他们。要儿童能够“抗日救国”，不仅是眼前教他喊几句口号，引他参加几次民众大会而已；这些不但于事实无济，而且令儿童看了，好像是闹把戏，虽是极痛心的度国耻，但怎使得他们能有深刻注意？

我们所望于儿童任“抗日救国”工作，除目前所能做到的——是将来，现在只须充分供给他们这些知识能力，要有这种知识能力，惟有在教育上着手。以整个的“抗日救国”为设计，做各课教材的出发，儿童的知识能力，既然有了培养，同时使儿童处于“抗日救国”的环境里过生活，他们耳闻目见，都是“抗日救国”的激发，这种强有力的刺激，不断的印在儿童的心灵上；儿童的人格和气概，当然很有影响于国家前途了。

停战协定，尽管是签了字，我们不要以为“抗日救国”，因此可以终止。要晓得协定的签定，正足以促我们“抗日救国”工作的加重。我们更不应附和那些要人而懈怠我们“抗日救国”的工作！

我深知我的拙见，太笼统了些，不曾草拟具体的办法，不过我希望因我的唏嘘，而引起一般从事教育者的注意，向这方面努力救国；那“千钧一发”的中国，或有转危而安的可能。

（载《竹洲》1932年第2期）

小学教材与抗日救国（其二）

任佩瑜

教育为立国之根本。一国之强弱与否，全视其教育之盛衰而定。吾国因年来国家多难，社会不宁，教育事业，濒陷绝境；虽未破产，实已垂危！全国学校，非为经济所困，即为人事所窘，处此经济与人事两重困难之下，苟延残喘尚不暇，何云乎发展！更何云乎救国救民！

教育为培植国本事业，不能与其他即日获利之机关所可比喻，故处军阀官僚执政之下，实无谈教育之可能！彼等在视教育为政治之工具，视学校为势力之渊源，在名义上，国家虽有教育宗旨与施行方针；实际上往往因执政者之去留，教育则受其莫大之影响，以此根本事业而视为儿戏，良可浩叹！

吾国实行新教育制度以来，距今已有三十年之历史。在此长时期中，教育之效果，除造就一般官僚政客、军阀土劣以外，别无贡献，人言“教育救国”；但依吾国目前之情形，可说教育亡国了！试问今之执大权者，何一而非当初之学生！昔日在校之际，高唱打倒军阀，打倒卖国贼，打倒帝国主义，打倒封建思想等口号的主角，今日则身历其境，占据地盘，剥削人民，签订条约，丧失国土，在所不顾！处今暴日胁迫之下，口言长期抵抗，心甘委曲求全，此种现象，教育须负一部分责任，过去教育错误点，择其重要者述之：

一、不合社会需要。我国是以农业立国的，而欧美各国，是工业社会的国家，根本上则处于不同地位，不幸中国的小学教育，是整个从欧美抄袭过来的；小学的教材，是几个大书局的编辑先生，用主观方法决定的，经教育部审定，就拿到小学里给一般小学生像和尚念经似的诵读罢了！至于对于社会的需要，民族的意识，毫不顾及。设备方面，在经济充分的学校，多半仪器标本，琳琅满目，模仿欧美，惟妙惟肖；在民穷财尽的中国，实施这种教育，非特不能使国家生产力增高，徒使人民消费日大。若继此以往，前途更不堪回首！

二、无民族观念。“各人自扫门前雪，莫管他人瓦上霜”为吾国人最所崇仰之格言，而处此二十世纪民族互争生存之时代，此种思想，实不足以图存！尤其是次殖民地的中国，苟非全国一心一德，何能抵抗外来之侵略！吾人欲矫正民族固有的错误观念，非教育不为功。近来之小学，只能传授知识，而所传授的知识，又是些封建社会传衍下来的统治知识，和小资产分子的消费知识；至于世界的新潮流怎样？帝国主义侵略我国的程度怎样？我们民族历史怎样，谈到的机会，那就极少了！

总之，我国现在的教育，大有不景气之现象，当此百废待举之秋，国家前途所赖以托命者，惟在青年学生；学成以后，本其所学以贡献于社会，庶几民族生命得以永续，国家元气得以保全；青年中之最纯粹者，莫如小学生；盖儿童心如白纸，染青则青，染蓝则蓝，若能施以良好之教育，前途未可限量，故今日之小学教师，其责任何等重大！

今日小学教材之不适当，已无可讳言，际此国难临头之际，小学中有时虽变易其教材；惟大都偏于消极，如我们不买日本货，日本飞机被中国军队击下几架，白川重光已经死了，日本内阁危乱，政党纷歧等材料，此种消极论调，实无济于事！要救中国，非由积极方面训练不可。今后对于小学教材，只少注意下列数点：

一、明了今日世界的趋势是怎样，我国所处地位如何？日本与中国的关系如何及今后我们应负的责任。

二、明了国内的政治情形，知道军阀官僚治国，是靠不住的；要救中国，非我们民众自动起来不可。

三、不买日本货是消极的抵制；我们应当怎样去开发中国富源，改良中国工业，使生产力增加，那末，自可免除供不应求之弊。

四、打倒日本，并非喊几句口号所能了事的，对于经济、军事、人才各方面，应积极准备。

五、利用固有之家族观念，而发扬至民族方面；并养成朴素耐劳之习惯及勇敢牺牲之精神。

六、明了日本所以不侵略他国而欲侵略中国之原因。

七、洞悉日本之地位——经济、人口、社会、政治、教育、军事等一切情形及屡次侵略中国之经过。

吾人今后若欲谋国家之长存，民族之向上，对于教育，应抱往者不可及，来者犹可追之决心，非另觅新途径不可。

（载《竹洲》1932 年第 2 期）

小学教材与抗日救国（其三）

徐月香

自“九一八”与“一·二八”事变以来，教育救国的声浪又充满着耳际；不错，我们确信教育是“救国的工具”，是“国家的命脉”；

但是我们更须明了要国家发展，非使国家的命脉无恙不可。那末，试问我们现在这种的教育，是否能谈得到救国呢？——当然是不可能的，这是无可讳言的；所以我们要抗日救国，就非改良教育不可，而非从“改良小学教育”着手不可。中学与大学的成人学生，他们已深中过去教育的毒，要根本的改革，已是不可能的事；独有那小学儿童，还未曾深中过去教育的毒，而且正在“可塑性”的时期；所以只要教者能用救国的教育去灌溉，那末，当然可造成些救国的人儿。

我们要改良小学教育，首宜“改革小学教材”；因为现在一般小学的教材，都是个人化的、家族化的、消极的、退缩的、悲观的、束缚的教材。这种教育的效果就是造成一批“自私自利”的，或“听天由命”而毫无国家观念的顺民。于是其普及的程度越高，就越足以增加一批“割地称雄的军阀”，和“山林隐逸、避世鸣高的隐士”。所以我们与其提倡这种亡国教育的普及，正不如快回头改革小学的教材，以挽救我国家前途的危机。

然而我们怎样改革小学教材呢？——我以为消极方面，要磨灭“亡国化的教材”；在积极方面，须取“抗日救国化的教材”。譬如我们以国语科教材为例，那末，在消极方面，应极力免去萎靡不振的文学，其他如封建思想、传统意识，都须扫除净尽——使在小学国语读本中不见痕迹。在积极方面，须选择关于日本文化的沿革，中国国力的消长，以及富于革命性、民族性的教材。譬如以社会学科教材为例，那末，在消极方面须摒除反社会化的教材。在积极方面须选关于中日外交的始末、日本侵略中国的政策、反日方案，以及清末外交的失败、辛亥革命的由来、三民主义的大旨等为教材。这样的教育，才能促国人的觉悟，以造成一批抗日救国的人民；而同时也不愧终日高喊“教育救国”的口号，以求救国教育的实现。

（载《竹洲》1932 年第 2 期）

两个购书者口述的小学教材问题

旦 天

（甲）你也来采办教科书吗?

（乙）是的，现在是那一种教科书最行时?

（甲）据书局的老板说，新中华教科书最畅销。

（乙）那么，新中华教科书既得多人的采用，想就是编辑最完善的教科书了。

（甲）这，不能说绝对的话，现行的教科书中无论那一种，都难免“时间”及“地域”的限制；某一种教科书，在甲地适用的，在乙地未必适用，秋季始业适用的，春季始业就不适用了。

（乙）是的，我们乡村学校，都依照以前的惯例；学校方面，因为一向均是春季始业，有一班毕业了，必在春季再招一班填充；学生方面，也拘执以春季入学者占多数，所以都属春季始业的班次了。但各书局出版的教科书，都是按秋季始业编撰的；像新中华教科书，《自然课本初级用》第二册内：“桃花红，大家看，桃子甜，可以吃。”在春季始业的班次里，第二学期已是秋季，何处去找桃花来看，找桃子来吃?还有第三册内的“梨花，颜色白，结成果实，味甜多汁，可以解渴”，第三学期的春夏二季里也不会见梨花、梨果的，第四册里的“油菜”、第五册里的“可爱的菊花”都是不合季节的。又各书局对于各教科书的取材多半以城市生活做中心，像新中华教科书《社会课本小学初级用》第二册内：“我每天到校，要走过大街，要走过小桥。大街上两旁有店，车马行人来来去去。”“天气好，公园里去跑跑……”第四册里：“小学生结队远足，一路走，一路唱歌。他们到了乡村上，有的采集昆虫，有的对着好风景写生（原文已忘记，大意如此）。”“舅父在医院里养病，我去探问他……”其他不适合“地域”，不适合“时间”的例子尚有许多，一时不能够尽举了。这样格格不入的教材，我也不愿意去教，学生们也不能提起兴趣去学，真是吃苦了。

（甲）教育为国家根本大计，小学教育为国民教育的基础，教材为教育中教学活动的重要工具。各科教材的选择——教科书的编订，完全委之于以营利为目的的书局负其全责；大多数的书局又不肯出优厚的酬金，去聘请知名的教育专家来担任编辑；编辑者有时也以得利为目的，他对于教科书的编辑，并不感到兴趣，其唯一的目的在得到一点稿费。所以他们把教科书敷衍塞责，草率编完，交给书局印刷发行。有些编辑者，又是镇日坐在房里写文章，有时还要闹出闭门造车，出门不合辙的笑话来。还有编印一套教科书，可以通行十余年，临时的事变的材料不能加入，已失时效的课文可以长期保存。他如一个地方的生活材料，可以遍行全国，编辑者个人一时的见解可以渗透全民族孩子的心；这种种都是很不合理的事。然而教育界的当局者及教育界的人士们尚未赶快起来，设法改善，真是更令我们大声叫苦了。

（乙）这事虽很奇怪，然无人过问，这大概我们中国人，大多数都是“随遇而安”的君子吧！任凭你教育宗旨怎样改变，教育制度怎样改革，教育法令教学法怎样改变，一个多年实质上没有变革过的学校，可以长时适合一个没有经过师范训练，而且没有进修的教师可以长主教席；一套现成的教科书可以长期拿来做唯一的教材。是的，中国人即有谈改造，用口或笔去做些宣传工作，或改头换面做些形式上的皮毛工作，那是有的，如果实质上的改造是可以因循的。

（甲）你说话倒是不错，不过总有些“徒知责人，不知责己”的嫌疑了！

（乙）怎样才能够责己呢？你的意思是不是说我们都是教育界的人，应该负责去做一份实质上的改造功夫吗？

（甲）是的。

（乙）这样，我要向你们来领教了；你们贵校以前不是试行自编教材吗？请你做一个详细的报告，待我们去效法！

（甲）我们觉得现行的教科书除了上述受时间及地域的限制二项以外还有许多缺点，像：（一）有一部分的教材不合时代的趋向；（二）缺乏弹性；（三）难得洽合儿童的生活；（四）阻碍儿童思想的发达；（五）文字艰深，减杀儿童学习的兴趣；（六）割裂生活，不能满足儿童的需要；（七）不能与训育联络；（八）不适用于中心课程的教学。因此，我们想打破这种缺点，就实行自己编辑一部分的教材。利用偶发事项或环境、时间的机会，以学生自动的乐于学习的心理作根据，而为适当的设计，经过研究、视察、讨论之后，作一个整理结束，教师即以整理所得，按学生年级程度编作教材。这种主张，在原理上，及在最新的教学活动上是没有悖谬的；但就实际成绩上言，就完全失败了。其原因：（一）因教师们个人的学识经验有限，不能把教材内容经过精细的选择，不免糟糠和精华并举，枉费学习的时间。（二）对于学生临时的偶发的不合理而溢出正当知识范围的问题，教师们往往无良好方法，在不违背学生兴趣原则下予以适当的处理，因而白费时间，不能使全体学生，得正确良好的知识。（三）教师们担任钟点太多，每日除预备上课、改卷外，没有时间再用全副精神来研究教材的排列，作有系统的整理与用字修辞的功夫，使适宜于学生程度及经验。（四）学校设备简陋，经费支绌，应用教具或研究教材不能充分准备，因而没有真正的知识及准确的观察；又编印教材形式方面，因物质的限制，致使字体糊涂，插图不美，装订不良，也能减少几分学习的兴趣。（五）学生过去经验习惯及心身之发展，不甚正确，因而他们所发的问题，不能切合其实际所欲求之知识及技能。我们感觉得现行教科书既有这莫大的缺陷，所以勇敢去作一部分自编教材的试验，冀能补救于万一，而所得的结果又是失败了，真是令人灰心。

（乙）那么，教材自编，是一件不可能的事了。

（甲）这也不尽然，譬如将来教育事业进步了，为教师的都有良好的学识、丰富的经验，而每周担任功课又少；在学校方面，经济很充裕，设备又完善，环境又好；在学生方面，他们自幼时即受良好的训练，这样，自编教材就不是难事了。

（乙）怎样才能够使教育进步呢？

（甲）这个问题是很难解答的。不过我们可以分两方面来看：第一要看教育界自身努力求进步与否；第二看政府注意不注意为教育谋进步。教育界的自觉和政府的提倡这二者是教育进步的主动力；但这二者又要同时并进才能够收宏大的效果。不然，就会像上述我们自编教材的例子，本来是我们对于现成教材——即现行教科书的不满意而作一种解救的努力，但终之因实际上的种种限制，得到失败了。细察失败的原因，大部分的障碍，就是教育行政者不予我们以便利，也就是政府尚未鼓励及帮助我们去解决这问题。又像本市某女小学校，初时本是一间极窳陋的校舍的学校，后来政府觉得女子教育应该提倡了，才拨巨款改建现在宏伟的校舍。该校落成后，我曾一度去参观，我觉得很奇怪：该校的校景确实一点不错，有灿烂的学校花园，有巍峨的天台，有辽阔的走廊，有……说不尽的美。但是中座各教室的光线则太差了，其原因就是巍峨的天台及辽阔的走廊夺了前面射入教室的光线。当时我有一个疑问：要这个天台有何用呢？到了今年中秋节才得到一个答案，是拿来给教师们赏月打大锣鼓宴饮之用的。啊！教室的光线因为校景的美观及赏月宴饮用的天台占据去了！几百或几千（数不尽的数目）个儿童的视觉可以牺牲，教学原理可以不问，在建筑的时候，该校的教师们有点疏忽了，试问有亏负政府提倡女子教育，改建该校的本意否？上述第一个例子是教育界自觉，而政府没有提倡；第二个例子是政府提倡而教育界不自觉，都得不到好的结果。

（乙）你说的话，似乎有点开罪于人了，不说这样阔远的话了，只说我们今后要怎样来解决小学教材问题吧！

（甲）教材问题，已成为全国小学校一个很难解决的问题。这样，我们要督促中央教育行政机关，设法把有统一性全国一致的教材，采取双轨多样制（这个是我杜撰的，意思就是：各教科书按秋季始业编一套，春季始业编一套，城市生活做中心编一套，乡村生活做中心编一套，等等）。由国家编辑教科书。而且时常重编、增订，务使它能够适合全民族的孩子的生存及需要为宗旨。再由地方教育行政机关，采取乡土教材，编辑成教科书，以与国编教科书相辅相行；那么“时间”及“地域”的限制，以及营利的书局及编辑者，弄出不适合教学原理的流弊都可以打破了。

（乙）你说的话总有点不切实，现在国家正值多事之秋，政府正在忙于国防的建设，军事财政的整理，何暇来谈教科书的编辑！纵然教育当局注意到，也是不能即办的事。我们还是说目前救急的话吧！

（甲）你想叫我说些目前能够做到的解决教材问题的话吗？那也可以，现行的教科书，有些新出版的，内容也渐渐改良，颇适合时代思潮和趋势了，教材的组织及排列也适合儿童心理了。请你仔细拣择一套最进步的做主要的课本，同时还要采用几种同程度的教科书做副本，选儿童需要的教。在教的时候，先供给适当的环境，引起儿童需要研究教材，然后把教材供给他们。各科在可能的范围尽量联络；利用学校生活历、季节等机会随便支配适宜的教材；利用国家或地方的偶发事件或儿童须要学习的兴趣特别高的东西编临时教材，油印讲义分发（即限临时，不必常时滥发）。

（乙）好了，今日得益不少了，改时再领教吧！

廿一，九，一八。

（载《教育周报》1932 年第 23 期）

小学教材与民众生活

蔡挺生

（一）教材与民众生活的界说

要讨论这一个问题，我须得先把“教材”和“民众生活”两个名词，各给一个界说。

学生来学校为什么？一言以蔽之为要“学东西”。教师因为学生要“学”才“教”，“学”和“教”的东西是同一的。

教材是什么？便是学生“学”，教师“教”的东西。

民众是什么？就是“众人”，这个名词，乡里人常常说的。本来民众即普通说惯了的“社会”一个名词，社会便是人的集合。但我不喜欢用“社会”一个名词，因为普通习惯指学校以外是社会，而且以为民众是在社会之内，社会除民众外还有诸多并立的东西；并不想到社会的一切，都是以民众为中心，除掉民众就没有社会。

民众生活即指众人的集团生活。“个人生活”一个名词现在是用不着的了，绝对没有个人生活一回事，自己去大便，等下就有乡里人将大便运去，大便与乡人之间都发生关系，自己大便，就不能说是个人的事。所以不要以为民众除了集团生活还有所谓个人生活。

（二）小学教材与民众生活的关系

现在说到小学教材与民众生活的关系。

我在本刊第廿六期曾说：“儿童只是一个自然物，这个自然物，放在民众生活里边是要变化的。所以说小学教育以儿童生活为中心，不如说以民众生活为中心。”

小学教育既然以民众生活为中心，那吗，小学教材就得与民众生活发生关系。

民众生活，包括了儿童、青年、成人的生活，小学教材应与整个的民众生活发生关系，所谓发生关系，即是说小学教材应取诸民众生活。

为说明小学教材与民众生活的关系，须得说一说民众生活的资源，即是要说明构成民众生活的一些东西。

我以为民众生活是“自然”及“社会”构成的，民众的一切生活，都以自然界及社会生产过程为其渊源，没有“自然”及“社会”，民众简直不能生活。

现在又来说明“自然”及“社会”。

“自然”即自然界的生物及无生物，这不用多说。至于“社会”就得说我在这里特用的界说。

就种稻言，自播种以至收获，断不是一个人做得到，就许做得到，他的工作一定有许多不经济。于是乎为经济工作起见，要分配工作，以至于分配利益。分配工作及分配利益，必有一定的法则，有了法则才能维持秩序。这就是社会的生产过程。

“自然”与“社会”的结合，便成功生产，生产即是民众生活的对象。换言之，民众生活以生产为对象，而以“自然”及“社会”为其渊源。

民众的生活倚靠生产，没有生产即无生活之可言。生产及“自然”与“社会”之结合，换言之，民众生活实倚靠“自然”与“社会”也。

回转头来说小学教材与民众生活的关系。

小学教材应为民众生活资源，即“自然”及“社会”。“自然”与“社会”的结合，能成功生产，故小学教材亦应为能成功生产的教材。不能成功生产的教材，决不是小学教育要的教材，不能成功生产的教材，对于民众生活，必然无一点关系，尽可存而不论。

小学生能从事生产吗？读者一定发生这个疑问。我要答复这个疑问，请举事实，事实胜于雄辩，最近翻看中山大学教授崔载扬先生所著《世界战时的学校动员》一书第九章载下面的事实：

> 美国学校园垦军的计划是召集一班九岁或十岁至十四岁或十五岁的儿童，有系统的耕种他们家屋外面的空地。每一百个至一百五十个耕种的儿童置一个指导的先生。给他们在可能范围内，且劝儿童们的双亲兄弟姊妹，予以帮助他们。利用他们放学后的空暇，星期六日及假日来耕种，不会妨害他们的上课时间。统计全美国在各城镇乡中如上述年纪的儿童，约有七百万人，其中约有五百万人是确有空地足资耕种，而可在此计划之下。实行此有系统的耕种，总计约需四万位指导先生去指导教授他们，而在较大的地方，且需设置总监督或总教授。在适当的指导之下，此等男女儿童园垦军每年约可产出价值二万万五千万元的粮食，而且更可很便利的发到消费者手中，不要花运费及市场周折的损失……而从事于此等工作的儿童又可在身体上、精神上、道德上，得有不少的益处。利用闲暇的儿童耕种未开发的地面，除了监督指导及购买耕具、种子、肥料外，并不需要任何费用。由前时的经验证明，这些费用，还不及种出来的粮食价值十分之一。

上面说的是计划，实行之后，美国的食粮比平时大大增加。那一次欧洲大战，美国的援军参加，协约的联军胜利。美国的学校儿童有极大的功劳，不能否认。这个事实，便证明了小学生的确能够从事生产。

我国学制，规定小学年龄，自七岁至十二岁，但看实际的情形，各小学的学生年龄，居多自八九岁到十多岁，这样的年龄，与美国学校园垦军的儿童年龄正相符合。他们的儿童就能从事园垦，替国家生产粮食，我们的儿童就没有这个本事吗？

（三）小学教材分类以生产为中心

既然决定小学教材应是能够成功生产的教材，所以说到教材分类，仍不外以生产为中心。换言之，教材分类，以生产为出发点。

第一，关于自然知识的教材。人类文明为能征服自然，生产离不掉自然物。没有自然界的知识，便不能征服自然，亦即没有生产。故自然知识为从事生产教育必需的教材。

第二，关于社会的知识。合理的生产，靠有社会的知识，没有社会知识，断不能分工合作，亦即没有合理的或经济的生产。故社会的知识，又为从事生产教育必需的教材。

第三，关于生产的知能。此所谓生产的知能，除普通的生产知能还有各种类的生产知识及技能。如宜稻之区，生产教育，应有种稻之教学，教学关于种稻之知能。富于制纸伞原料之区，宜教学关于制纸伞之知能。生产教育的终极目的，为使学生均能为从事生产，故生产的知能，又为从事生产教育必需的教材。

再加说明：

自然知识——小学科目里边，社会科内地理部分及自然科所教学的都是自然知识。

社会知识——党义及社会科内历史部分所教学即有社会知识在内。

生产知能——国语、算术、工作、美术、体育、音乐各科及社会科内卫生部分所教学都与生产的知能有关。

因为现在的小学尚未以生产为中心，所以各科教材表现一种无政府状态，小学教育的结果无非制造游民，这话已经是众口一词的了。要改造小学教育，应从小学教材入手，小学各科教材都应以生产为中心。依我的意思，各科包含的材料，大概应如下述：

（一）党义——注重民生主义及实业计划两部分。

（二）国语——读书，注重现代产业界的记述。作文，注重常用字的运用。

（三）社会——地理，注重出产物及运输。历史，注重人类生活的变迁及生产方法、组织的演进。卫生，注重工作与休息的均衡及身体的营养。

（四）自然——注重与生产知识有关部分，如农业地方注重生物及地质部分，工业地方注重物理、化学部分。

（五）算术——注重簿记及成本计算。

（六）工作——注重园艺、家事、缝纫等及所在地各种生产知能。

（七）美术——注重速写及应用图案。

（八）体育——注重早操及国技。

（九）音乐——歌词注重鼓励工作。

现在列表如下，以便一览：

（一）自然知识
- 自然——与生产有关的。
- 地理——出产物及运输。

（二）社会知识
- 党义——民生主义及实业计划。
- 历史——人类生活变迁及生产组织方法演进。

（三）生产知能
- 普通知能
  - 国语
    - 说话
    - 读文——产业界记述。
    - 作文——常用字运用。
    - 写字
  - 算术——簿记及生产成本计算。
  - 美术——速写及应用图案。
  - 体育——早操及国技。
  - 音乐——鼓励工作歌词。
- 特殊知能—工作——园艺、家事、缝纫等及其他。
- 生产知能。

（四）小学教育宗旨与生产

历年来的小学教育宗旨，到底注目到生产的一回事没有？我一一的复按，看出有一贯的主张，这一贯的主张是：培养生活的知识技能。这个便与生产有关，因为要有生活的知识技能才能生产。现在节录各次规定公布的小学教育宗旨或一般教育宗旨于下：

民国元年前九年清政府规定小学教育宗旨为“以启其人生应有之知识”。

民元前六年清学部定教育宗旨：“……尚实。”

民国元年教育部颁布小学教育目的为“……并授以生活必需之知识技能为宗旨”。

民国四年袁政府定国民学校之宗旨为“……并授以……及国民生活所必需之普通知识技能为本旨”。

民国十七年大学院《小学暂行条例》规定“……培养国民之基本知识技能，以适应社会生活”。

民国十八年中央颁布的教育宗旨是“……发展国民生计……民生发展……”。其实施方针关于小学教育的，则为“……并养成国民之生活技能，增进国民之生产力为主要目的”。

今教育部《小学组织法草案》规定为“……培养……及生活所必需之基本知识技能”。

看各次的教育宗旨，所谓：

人生应有之知识

尚实

生活必需之知识技能

国民生活必需之普通知识技能

国民之基本知识技能

国民生计

国民之生活技能

国民之生产力

以上这些词语，只是说明同一之物，无非是生活的知识技能。吃饭、穿衣、住房子等等的生活方法，固然要懂得，但种稻、种棉花、种树、造砖所需要的知识技能，更要懂得。所以这里所谓生活的知识技能，换言之即是生产的知识技能。小学生虽小，也有他们应该而且能够懂得的部分。

（载《教育周报》1932 年第 28 期）

论小学的乡土教材

容 若

乡土教材的意义

民国十八年全国第二次教育会议曾决议小学注重“乡土教材”。是年八月教育部所颁布的《小学课程暂行标准》“社会”、“自然”等科也颇多关于乡土教材的规定，例如历史的要项中包括有本地祠、庙和其他纪念物所包含的历史故事的讲述，地理的要项中包含有本地人民生活、社会事业以及各种特点的研究，公共卫生要项中包含有家中、校中四周的卫生问题的调查研究。自然科的教学方法要点首提出须以乡土教材为出发点，并注明除课程所包含的以外应各就本地采取。见于本课程而为当地所无的材料，不妨略而不用。这种决议和标准都是经过许多教育专家根据教育原理，参考各文明国成规制定的，各地遵办的结果如何？就山东而论，大约除了极少的几个有名小学曾略加注意外，多数的小学校恐怕连乡土教材的名字还不知道怎样一回事呢。随你走到一个乡村或城市小学，学生读的，先生讲的，仍然是中华、商务、世界等书局所出的几套课本，教的人也未尝不知道他的干燥偏枯，不过因为各地都是如此，也就好像成了固定的功令，改变不知道怎样改变，补充不知道补充些什么，所以就这样一天天地过下去了。

现在我们要提出小学的中心课程应当是乡土教材，并不是用一书店所出的教本完事。乡土教材各县都应当自行编制，不但不能全国一致，也不能全省一致，就一县而论，各区的乡土教材也要适应环境，大同小异。什么是乡土教材呢？就是研究家乡的学科，使儿童了解其家庭、田园、街市、环境与本地方一切活动。这种教材的加入课程，是源于近代儿童心理，教育心理研究结果，就是在知识道德的灌输训练方法上，由近及远，由已经验的到未经验的，比较地有兴趣，切实用，效律［率］来得大。所以德国在一九〇二年便由教育部通令小学国语读本应加入乡土教材，以讨论本乡历史、风俗、习惯、美术、物产、工商业为主旨。欧战后德国基础学校采用混合教学制，全部教材都是关于家乡的问题；英美小学课程也极注意乡土教材，课程标准各科都依由近而远的原则；苏俄劳动学校一年级功课分自然、工作、社会三种，亦以乡土教材为中心，可见小学注重乡土教材，是全世界普遍的趋势了。

乡土教材的价值

为什么采取乡土教材？乡土教材有什么价值？可以分三方面说：

1. 适合社会需要。知道热带、寒带许多珍禽异兽的名字，而不知道本地方谷黍高粱的种植习性，知道世界上的高山大河，而不知道本县的重要村镇交通，知道英法美德的度量衡而不知道本地流行的斗尺斤的数量，这样空洞纸片的知识，不是从亲自观察环境得来的，也就不能收到实用适应的有益于生活的效果。从了解和自己生活关系最密切的家庭乡村起，才算是适应的切实的教学。

2. 适合儿童心理。新的经验必须建筑于旧经验之上，儿童对于家乡环境所有的许多破碎零乱的知识才是教育的根本，离去他的经验太远的教材，他便不容易了解，不容易感到兴味。所以由近而远，由家庭而村市，由村市而县、省、国、世界是最适合儿童教育历程的教授法，所以小学要从乡土教材起。

3. 便于公民训练。空洞地讲主义，讲党，讲国际大势，讲不平等条约，不能使儿童了解他应如何爱国，如何作好公民。必须把课堂内所学习的知识，和当地的社会活动相印证，这才是脚踏实地的办法，譬如从当地村民大会讲到四权运用，从当地的传染病讲到公共卫生，从当地的桥梁道路讲到交通建设；要他处处有理想，时时有理想，处处可表现为行动，时时可表现为行动，从爱乡到爱国爱人类，从改造乡村，到改造国家，改造世界，这样便不至于把知与行分而为二，说空话不办实事了。

乡土教材的内容

乡土教材既要随地不同，所以不能编成适用各地的教科书，只能规定大体的项目纲领。就这些项目纲领而论，有无详略，也不能一定。在聊城可以从海源阁讲到近代的图书馆，在益都可以讲李□间的求学故事，在曲阜可以讲孔子的为人，他如现在在邹平可以讲乡村建设研究院，在洛阳可以讲黄河铁桥。总而言之，各项的去取重轻，要视环境重轻而定。邱椿先生曾拟一个《乡土教材课程大纲》，现在略加删订，抄以供参考。

（甲）乡土自然：1. 地形 2. 山川 3. 地质土壤 4. 气候 5. 矿产 6. 动物 7. 植物 8. 天文。

（乙）乡土经济：1. 田庄 2. 森林 3. 农业 4. 工业 5. 商业 6. 钱庄银行 7. 度量衡 8. 义仓合作社。

（丙）乡土卫生：1. 空气 2. 饮料 3. 食料 4. 运动 5. 清洁 6. 医药 7. 消防。

（丁）乡土政治：1. 乡镇公所 2. 市县政府 3. 警察 4. 保卫团 5. 党部 6. 租税。

（戊）乡土交通：1. 公路 2. 街道 3. 桥梁 4. 河道 5. 帆船汽船 6. 火车电车 7. 汽车 8. 邮电。

（己）乡土教育：1. 幼稚园 2. 小学 3. 中学 4. 民众教育馆 5. 图书馆 6. 民众学校 7. 学术团体集会 8. 报纸。

（庚）乡土社会事业：1. 祠庙 2. 孤儿院 3. 养老院 4. 宗教。

（辛）乡土娱乐：1. 茶馆酒楼 2. 戏剧 3. 歌曲 4. 音乐会 5. 马戏团 6. 迎神赛会 7. 运动场 8. 游泳池 9. 动植物园 10. 过年

11. 过节。

（壬）乡土历史：1. 家乡名人　2. 家乡大事　3. 经济变迁史　4. 社会制度变迁史　5. 自治发达史　6. 人口发达史。

（癸）乡土风景：1. 家庭之美观（建筑、庭院、草木等）　2. 学校的美观　3. 街市的美观（建筑、电灯、牌坊、桥梁、雕刻等）　4. 自然的美观（古迹、花园、名山、名水、岩洞、森林等）。

乡土教材的收集

乡土教材的收集，有三种方法：

1. 访问。本地的乡长老对于当地的生产交通、风俗、古迹、名人、历史等常有零碎的知识，足供教师参考。教师要不耻下问地向他们咨询。本地方如有农工商学军各界的领袖名人，也要注意联络听取他们关于某种特殊问题的报告。这种咨询报告所得的资料不一定都可凭信，更不一定都有价值，要当教师的把它系统地整理抉择才能用为教材。除教师访问以外，还应当教学生多访问父老闻人，一方面使他可以明白世故人情，一方面又可以使他练习社会调查方法。

2. 参考。关于乡土的文字记载，必须参考。县志自然是重要参考品，里边把山川、形势、田赋、人口、职官、古迹、名胜、物产、风俗、学校选举等都一一开列，只要我们用心选择，必有许多有用的资料。当地县政府、县党部、公安局、区村公所的公报、文告、印刷品也可以帮助明了地方政治经济社会的现状。此外如乡先辈的著作、名门大族的家谱、庙宇坟墓的碑碣乃至公共保存的图书、祭器古玩，都要注意参阅。

3. 观察。从访问参考所得的资料，不一定完全确实可靠，地方荒诞无稽的传说到处都是，山川交通，迭有更变，人事进步月有不同，必须时时自行观察，收集新颖确实的资料，始免得道听途说，以盲导盲。最好多领导学生，实际地活动调查，令他参观乡镇公所的一切工作，令他鸟瞰山川村镇形势，令他绘全县的地图，令他参加造林修路的一切活动，令他练习记账算账用秤斗尺，令他实行卫生规律、打扫街道、消毒分析食料，令他爬山过岭采集标本，令他参与民众游戏，打拳演剧等。总而言之，从一切活动及实际观察里，使他认识家乡的现状及改良家乡、增进家乡福利的途径。从这儿再进一步认识国家、世界，作一个健全有用的公民。

教育局与乡土教材

乡土教材自然要由小学校的教师多方搜集，不过实际上小学教师因功课的繁忙，参考书的缺乏，见闻的偏狭，很难弄出完备的教材。我们希望各县教育局能负责编辑，按照教材的种类，作成一本书，供给全县小学教员参考。假使县中正在开局修县志，这种工作可以交县志局代办。（编的人要懂得小学教育，要具有新时代精神，会作文章的名士遗老是绝不能胜任的。）如果教育局没有适当的人，可由局聘请良好的小学教师或地方的通人，在暑假组织一个编审会办理。希望各县的教育局考虑我们这个提议！

（载《民众周刊》1932 年第 4 卷第 21 期）

乡村小学教材的几个问题

卢炳乾

教材的意义怎样

乡村教育产生的乡村小学问题，当然是很复杂的，但其最首要的，莫如日常生活过程中的教材。甚么叫做教材呢？根据杜威博士的经验说来解释：“教材是种族的经验，是人类解决生活问题，战胜环境的最良方法。”换言之，就是种族所得最好的行为方法，为儿童在学校活动的具体材料，藉使能够帮助儿童扩张经验、组织经验、改造经验，使儿童能由他而变化其实际行为，以适应其个人和社会生活的动机。是以教材之为物，是使儿童享受圆满生活的工具，是设施课程一个实际的努力，为教育历程中的儿童和教材二者之一。由这样看来，事实和理论都可以昭告我们以教材在教育上所占地位的重要及其价值之伟大。

乡小教材的缺点

我国近二十年来，国内教育界对于小学里所用的教材，经有相当的研究和改进，所以近今小学的质量，日有增进。儿童保护者，都愿意送其子女进入小学里，受学校教育的陶冶和训练，不比从前视学校为洋学堂，视读教科书与唱歌体操等功课为读洋书。这确是我国小学教育界的好现象。但是这不过是片面的好现象，只限于城市小学的。现在大多数的乡村小学所用的教材，尚受人怀疑。个中原因半由乡村社会和教师的浅陋，半由小学里所采用的教材，不适合乡村社会的需要。今将其最显要的缺点，约略述之如下：

（一）科目和教材多仿袭城市，不合乡村需要——城市有城市的环境，乡村有乡村的环境，城市有城市的需要，乡村有乡村的需要。环境和需要，既有特殊性，则乡村小学在一个乡村的环境里，自应有特殊的课程和教材以适应乡村儿童之需要。可是现在乡村小学不但行政和管理上种种的方法，是剿袭城市，就是各种科目和教材，也依样葫芦地仿效城市，如常识科中有电机、电话和电影等讲说，这在城市里教学，固可使儿童□有实物的直接观察，容易领悟，至于距城遥远的乡村，这种物质文明尚未进步，那能用得着？（他例甚多，余可类推。）尤其可笑者，莫如我曾参观过某个乡村小学；儿童课外的集会组织，竟然也有市政府的设立（我意以新村组织为妥），与各城市小学的市政府组织，丝毫不差。殊不知乡村特殊的环境和需要，怎能把城市的所有来适应呢？且有些乡村小学，更有在课程中，每周排入英文二三小时；这种科目，对于预备升学，或转入城市小学的儿童，或者有些帮助，但对于大多数的贫寒儿童，只求学些实用的知识，未免徒费了许多宝贵时光和脑力，而无所用了。

（二）教材太空泛，不切乡村生活实用——普通乡村小学教员，对于采用各科的教材，鲜有人用心去选择。往往抱本教科书刻板式的遵读，或者临时糊里糊涂的瞎凑。至教学时所引证或说明的材料，亦多不依照乡村儿童经验的教材。儿童往往不易了解，即使有时所选的教材容易了解，但因不顾儿童实际生活需要，没有什么重大价值和贡献，以求学时间有限的乡村儿童，学习无穷的生活事实，自然对于教材方面，要慎重选择，求其急需而切实。可是现在乡村的小学教科书，关于卫生问题，反注重人体的构造呼吸、循环、消化等器官的作用和筋骨诸名的目的记忆。对于卫生习惯的养成、预防疾病、看护治疗等实用方法，不详加研究和讨论。又如我国乡村小学，对于本地自然产物——如稻、麦、豆等——农作用具和家具，均应精密讨论，以求适合乡村实际情形。不应对于城市所有而为乡村所无的，谈得无遗，因为许多空空洞洞的教材，儿童知与不知，并无多大关系。何必费去宝贝时间，来讲解或学习而反把儿童有用的教材，排挤出去？难怪结果，学非所用，用非所学。

（三）各科教材，不能充分联络——谈到小学里所用的教材，每多采购各书局所出版的教科书，常发现所购的书籍，多不顾及各教材的联络，譬如国语教科书采取于商务印书馆，而常识教科书则采自中华书局，或者算术又采用于世界书局。教科书的采用，既不一致，何怪各科教材之不能充分联络呢？不但各科教材如此缺乏联络，就是同教科的各课，也时常发现第几课讲卫生习惯的养成和预防疾病的方法，紧接着后一课，就是谈到游公园或者“主义”、“自由”、“平等”这一类的空洞名词。弄得儿童莫名其妙，为甚么昨天才讲卫生问题，今天就改说到游公园或主义呢？以脑筋简单的儿童，予以变来变去的教材，自然是不容易领悟的。这种现象，不但乡村小学有之，就是普通城市小学，亦数见不鲜。

（四）不适合儿童学习的兴趣——教材是用以达到儿童享受美满生活目的的工具，其选择标准，应以儿童有否兴趣为定，这是谁也不能否认的。因为兴趣的力量，可以吸引学生从事学习的注意，并增进教学的效率。可是现行的教科书和艺术、体育等教材，就它的内容来推测，大半依据编者和教者的成人主观为主，而未尝顾及学生的真正兴趣所在。且教科书所供给的材料，差不多仅为教师做讲解的依据。如果获得优良的教师，还可发几个问题，以引起儿童学习的动机；至于那些入世未深、能力薄弱的教师，便只能依据教科书把教材机械式地灌输给儿童脑筋里。如此一来，兴趣萧然，则教学效率的微小，自是意中之事。

（五）深浅不能合度——小学学生年龄幼稚，所有知识经验，以及了解力、思考力、总摄力等，都非常薄弱。所以对于空洞的理论或名词，以及内容复杂、篇幅冗长、文字艰深等等，都不适用。而现行的一般教科书，皆不能避免此种通病。例如同是小学初级所用的第五册常识，只因出自编者系是二人，有的每课文字达百六七十左右，有的仅有七八十字之谱，且对于低年级的党义科，内容还有民族、民权以及自由、平等、博爱、帝国主义等空洞名词的列入。这样用来教学儿童，不仅受教者不易领悟，就是教者亦不易解释，徒然把一大堆的名词在嘴里搬来搬去，有何价值可言呢？

教材选择的标准

宇宙间形形色色，可作教材的事物至多。但其总有个适与不适，或者那些材料较为重要，较有价值，那些材料较不重要，较无价值等等。要想教育办得最经济而最有效力，则所采用的教材，就应该经过精细的选择。但选择教材，不可无检验这些教材是否适当的尺度，为了要检验这些教材使其适当尺度，就不可不订定其选择教材的标准。在一般教育者所定标准的：一为个人的主观的，以儿童的身心发达为主；一为社会的客观的，以社会环境需要为主。选择教材，必须顾这两方面。现在把选择教材两种重要标准，分述如下：

（1）各科科目要适合乡村需要——乡村小学有特殊的环境和特殊的受教人，如果依样画葫芦地把城市里所有科目仿袭来照用，这未免太把课程的科目笼统化罢！那么，乡村小学课程的科目，就应该根据乡村儿童特殊的需要来规定，可不必依照城市小学的科目，划分得那样详细，宁可求其简单和实用为要，须以铺张好看为前提。故可以删去就删去，可以合并就合并。譬如历史、地理两科，可合为史地科；图画、音乐二科，可合为乐歌科；缝纫、烹饪二科，可合为家事科；手工、园艺二科，可合为农艺科等是。至于乡村小学儿童既鲜升学，仅读些肤浅的英文字母和拼音，亦属无用，故英文一科，就无编入课程之必要。

（2）教材要适应乡村社会生活的实用——我们办理乡村教育的人，

要明了城市生活和乡村生活不同的地方。乡村的人民职业，以务农为本，农民的社会组织，亦以乡村的一切环境为背境。譬如常识（初小用的）科的内容，应特别注意到乡村卫生的方法，乡村社会的组织法，乡村迷信的破除，风俗的改良，动植物认识，以及乡村农业的改进，农民生活的调查等等。算术科，亦应以乡村日常生活往来数目计算为前提；乐歌科，应以本地自然风景的描画和爱护乡土及重农等歌词为主体。余可类推，勿庸赘述。非然者，儿童在学校里，不授以乡村日常生活的智识，而反讲些与其生活痛痒无关之空洞名词或理论，其结果必造成空虚的文雅教育，无怪乎乡村一般儿童以求学为苦工，乡村父母以教育为赘物。

（3）教材要合儿童的生活——我们承认“教育即生活”，那么教材必须从儿童生活经验及环境出发。与儿童日常生活打成一片，这是无疑义的。儿童生活此时需要甚么，就要教他甚么，儿童对于学习有真实的动机，才觉得有兴趣，才有自发的活动。例如在一个春天的田野里，草儿欣欣向荣，虫儿翩翩飞舞，秧针出水，青绿可爱，儿童心里对此自然景象的变化，就发生了好奇心和求知心；如果此时能教以春天的循环，自然因气候变迁的理由，儿童就感觉非常有兴趣。又如在一个阴雨天，电光闪烁，电声隆隆，儿童对此必发生怕惧和疑惑，设法解释以电的由来和电发光发声的成因，则儿童有斯需要和动境做背境，自然对于学习有浓厚的兴趣和深切的注意。但更要参酌儿童心能发达的情态，就是所取的教材，须要适合儿童的知识、观念、记忆、想像、情意等发达的程度，能使儿童了解与得到深刻的观念。

（4）各科教材要有中心的联络——中心教材的联络，是拿一个问题做教学的中心，在行分科制的教育制度之下，至少要把各科联络起来，成一个大单元的设计。不但各科间要互相联络，就是每科中的每册和每课，也应在选择教材时，拟定几个研究中心，互相自然的联络，使儿童读了这课或这本，会自动地联想到那课或那本。例如国语科，这课是济南惨案国耻的叙述；那么，常识科，就要研究这回惨案发生的远因和近因，和纪念的方法；算术科，就要调查和计算这回惨案发生后，所损失的财产数目；乐歌科，就要给这惨案的图和唱这惨案国耻的歌等等，这就是大单元设计教学法。

（5）教材须富有伸缩的余地——如果教材缺乏伸缩的弹性，而是机械式的呆板东西，即使适用于此处的，未必适用于彼处。或者儿童程度不一，良莠不齐，因此智力高者，觉得教材太容易，智力较低者又觉得教材太难。为欲补救上述各地方和各个性的需要，惟有把各科的教材尽量扩充加多，使它富有伸缩的余地，以便教学时随处活用，藉免削足适履之害。

教材排列的原则

教材的选择标准，已见于上述，根据上列标准搜集材料，要如何去分配得妥善适当，这就是排列的问题。因为这些问题，对于儿童学习的效率和教者教学的收效，很有关系，所以极值得我们的注意和研究。兹将排列教材的原则分述如下：

（1）从简浅的到繁深的——教材的排列，要顾虑到儿童发达的程序，凡是年级较低和年龄较轻的儿童，对于简易和浅近的教材，容易了解，到了年级较高和年龄较大的儿童，对于较复杂和较高深的教材，就可逐渐有了解和学习能力。用较繁深的教材，教年级低的年龄轻的儿童，则无异对牛弹琴，徒费时间与精力；换言之，用简浅的教材，教年级高年龄大的儿童，则受教者不但觉得没有甚么兴趣，且亦徒费时间与精力哩！

（2）从心理的到论理的——教材要心理的排列，就是根据儿童的经验，去求其满足需要的排列法：尤其是对于低年级的教材，要顾到这一点。把同类有关系的教材，组成一个大单元；所以在一本书里不必限定页数多少，而所包含的必须要几个单元，必须有联络关系的。但到了高年级的儿童，思想和理解比较发达些，那末，为不忍把良好教材割爱，就可逐渐用论理的排列了。

（3）从具体的到抽象的——具体的材料，比抽象的材料容易明白；尤其是对于年级低的儿童，教材要用具体化的，到了高年级或中年级，儿童的想像和理解力较强，方可以稍稍谈到抽象的问题；否则，徒使儿童学习不能理解的教材，非独无益，且是减杀儿童学习的兴趣。

（4）要有严密的系统——教材的排列，须从儿童兴趣的中心，到学习的中心；且前后更要有联络性，不要顾此失彼的；前后要有演进性，不宜千篇一律的；使系统严密，能够循序渐进。

（5）从旧经验到新经验——教材的价值，在帮助儿童扩展经验、组织经验、改造经验等，已见上述。那么，教材与经验，是有密切的关系，可无疑义了。故教材排列的次序，要根据儿童生活范围内的经验，为出发点，如果遇到儿童生活范围外的教材，也要设法从旧经验范围内的事，渐渐引入；使教材建筑在儿童已有的经验基础上，以引起儿童学习的兴趣，得到即刻的反应和收效。

教材的使用法

教材是供给儿童享受美满生活的工具，也就是供给学校教师用以教学的工具。固须选择要适当，排列要相宜，尤须使用要得法，才能发生或增加教学的效率。所以教材的使用问题，在学校教学上讲，实为最重要的。但要认定教材不过用以助儿童解决问题的资料，故教学时仍要以儿童为中心，就是（一）教师应造成一个适当的环境或状况，以引起儿童的兴趣和需要，然后给以教材，助予解决问题。（二）要顾到儿童的智力，个人和社会的环境实用，以及时令的变迁，因时因地供给以相当教材，俾免教材与儿童有格格不入之慨。（三）如果教材不能适合儿童需要时，应设法由现成书本上选择或教师编订，用这补充教材来满足其需要。（四）教师要使儿童能够去应用教材，不要机械式强迫儿童去读教材。

末了，我把上面的意见，综述如下，以作结论：就是乡村有特殊的环境和特殊的受教儿童，则教材选择和使用，就应该顾到乡村特殊的需要为主。可是现在乡村小学一般所用的教材，大半仿袭于城市而有许多缺点，则乡村小学的教材之应改造编订，是势所必然的。如果乡村小学的教材，能够选择得适当，而教师又能活用它，那么，有活的教材出世，则乡村小学便可以变成活的小学，而乡村教育亦可变成活的教育了。

一九三二，四，十二，脱稿于大坂宿舍。

（载《义务教育》1932 年第 1 卷第 6 期）

乡村小学教育下之教材问题

栖　霞

乡村教育改革之风浪，已传遍于全社会矣。乡村教育之破产，已无掩蔽之余地，单就教材而论，几坊间书局，无一实合于党化教育者，此非欺人之谈，实事实如此，现将坊间普通小学教科书之缺点，约言之以证吾言。

（一）无鲜明之目的及适当之标准。小学课本无鲜明之目的，造就何等之学生。且形式内容，畸形发展，或重形式则流于空虚，或重内容，则偏于枯燥。空虚枯燥，均非教育所宜。

（二）不能适合于本地生活。此为现在小学教科书之普遍病状，盖编者多居城市，不能熟习乡间情形。且中国之交通，尚未发达。地方风气，各自悬殊。江浙情形，未必能适合于内地；内地情形，亦未必适合于江浙。风土不同，则教材亦宜各异。然全国小学所采书本，多为中华、世界、商务三书局所出者，中华、商务、世界三书局，均居于繁盛之上海。电车、汽车均为常见之事，欲此常见之事，施于湖南偏僻之乡村。在教育者尚未见其形状，徒作纸上之空谈；在学者，亦无实物可观察，仅有玄疑之幻想，师生两面，均无裨益。“闭户造车”、“削足适履”之法，岂非教育之最大缺憾乎？

（三）不适合于现社会之需要。乡村城市生活既不相同，则教材亦宜随之而异，方合乎理想。现乡间所需要者，农业知识耳，试观各小学课本，有作具体提倡农业之方法乎？

小学课本之缺点上已略论，然则标准之课本究应如何，请列举如次：

（一）富于革命思想而无消极思想。国民革命，为中国救亡之良方。消极思想为青年堕落之途径，况儿童将来为国民之主脑，故不能不灌输革命之知识。如四权之行使，国家之建设，且不能不养成积极的人生观，以为将来为国家尽力，为社会效劳也。

（二）须合于科学之原则而无荒唐之神语。儿童之判断力不强，染于黄则黄，染于黑则黑。故教材宜有新鲜之思想导入科学之正轨，使之为科学而努力，与时代而俱进，切不可有不稽之神语而诱入神秘之桎梏，与社会背道而驰。

（三）适合社会之需要。如社会需要农业，则多灌输农业之知识。如需要商业，则多灌输商业之知识。使学其所用，以解决自己生活问题，促进社会事业。

（四）要明白通俗。现农村社会，已臻破产，农人无余资，以备儿童研究高深之学问，故小学课本，均宜浅显通俗，以收事半功倍之效。若作高深之研究，使儿童不能理解，则其益鲜矣。

以上为研究教材本身之问题。关于乡村教育至巨，本界同人，望幸而正之。

（载《活力》1932年第1卷第11期）

编辑我省学校课本问题

廷 工

一

第四集团军副总司令白先生于受省政府委托赴全县桂林、阳朔、修仁、荔浦、榴江各县巡视之后，于十一月十六日列席省政府会议报告中说道：

我国各省学校所用课本，悉用商务印书馆出版者。各课本的编纂者多为江浙人士，均就江浙的文化经济、风土民情立论，一经教育部审定，全国即普遍采用，实不适合，在文化经济落后的广西，尤其不适。似应由省府转饬教育厅准备将来编适合于广西学生使用的课本。

凡属中小教育界同人，大家都感到没有适合的课本可用，经年累月的受上海各书局的压迫，也只好忍气。但自家全没有想到自编课本给本省学生使用的一回事，直到这时才听到白先生的登高一呼。

南京教育部也知道现在小学教科书的不好，据说有延揽专家自行编辑之议，以免书商垄断。但教育部能够替每一省编一套适用的教科书吗？就许能够做到，也一样的不会适用，因为那些专家绝对的不能通晓各省的文化经济、风土民情之故。

上海各书局出版的课本，除了不适合各省的文化经济、风土民情之外，根本上编辑也不妥善，江浙人士编的东西，在他们江浙两省也是不适用。请看报载今年九月二日，京沪苏浙等处小学教育界代表陈鹤琴、施仁夫、蒋息岑、易克壎等数十人，联名具呈教育部请奖私人著作，限制书商之垄断，以改善小学教科图书，原呈中说道：

（一）书商以极微之工资，庸雇无以为生之笔工，支配工作，限以时间，只求抄袭旧本，迅速成书，不顾时代需要、儿童心理，亦茫无理想目的。印刷则插图简陋，彩色绝无，课文忌长，纸张务减，成本愈少，而获利愈多。

（二）教育界固不乏学识经验俱富，力能著作较善之小学教科图书者，然售稿则书商必抑其价，呕尽心血，而所获无几。取税则书商掉头不顾，欲求主顾，而遍觅不得。自印则资本既无，销路又乏。

“省工减料”的课本怎么会好，但书商长袖善舞，这样的课本，也就“谬种流传”。教育同人虽明知其“害人子弟”，但除了忍气，有何办法？

这样看来，我们广西所以要自编学校课本，其原因在积极方面要适合本省的文化经济、风土人情，在消极方面也想打倒些书商垄断之下的抄袭的简陋的课本。

二

要自编课本，便有问题：

一、我们要编什么课本？

二、各种课本怎样编法？

三、编辑本省适用的课本应有什么条件？

以下说说我个人的意见，但只关于小学部分的。

第一，答复我们要编什么课本一个问题。

我以为最重要的莫过于国语、自然、地理三科，这三科最要能够适合本省的文化经济、风土民情。

先就小学国语科说：其课本的重要部分，第一是收罗本省的民间故事及民间歌谣，其次是描写本省的民间生活，余下的才是关于国家及世界的同样材料。因为国语科的目的在乎养成儿童阅读能力，所以课本内容应该是为儿童能够了解，富有文学意味的作品。而为本省儿童能够了解的莫过于乡土材料。所谓文学意味，又不外乎寄托在故事、歌谣及现实的人生里边。（注：这里说的民间故事，重在民间的名人故事，能鼓舞儿童的精神的，至于滑稽的怪诞的民间故事不选亦可。）

其次说小学自然科：自然科的目的在乎给儿童知道与民众生活有关的自然知识。所谓与民众生活有关的自然，不外是农产的一切资源。我省的小学课本，应该以广西的农产为中心，叙述与自然科学有关的自然物及自然现象。课本所载应该是说明儿童日常遭遇的自然物及自然现象，为儿童目能视，耳能听，手能触，鼻能嗅，舌能尝的。

又其次说小学地理科：地理科的目的在乎给儿童知道由近而远的农产、矿产、工艺品，及民众交通与运输状况。此外关于自然之美也给儿童得到领略。这一科的课本，大部分材料应该以广西为范围，小部分是国家及世界部分。这一种课本应该是非常美丽的书，这边有照片，游记式叙写，叫儿童看到，油然生爱美之心，并有旅行远地之念。

第二，答复各种课本怎样编法一个问题。

课本的材料汇集之后，着手编辑，就得有个方法。没有好的方法，断不能成功好课本。

编辑的方法，不是凭空想得出来的，某一种课本的编辑新方法，必为以前所有该种课本于一一实验教学之后得到的宝贵教训。我们批评上海各书局出版的课本不良，除了那些课本的材料与儿童性情经验不相近及缺乏我们的乡土意味为重要的原因外，还因为那些课本的编辑方法多不妥善。那么那些课本于实际教学之后，曾经发现什么不妥当，这种发现就是我们着手编辑课本时的考镜，我们的编辑新方法，便由此产生。

编辑课本，除要顾到本国的经验外，还要参考各国的课本的编辑方法，日本、英国、法国、德国、俄国、美国这几国的小学课本都有参考的必要。事实上一个编者断不能尽晓各国的文字，但一个编辑机关里边的编辑人员应该能够分担阅读各国的文字。课本的编辑方法日新而月异，我们采取的方法，应该是现在世界上最妥善的，所以有参考各国课本的必要：这一着断断不可忽略。

国语、自然、地理三科的编辑方法到底应该怎样，我这里无法知道，但关于各科行文的体裁，我略有一点意见：

小学国语课本，应该是故事的体裁，绝对不宜采取什么论说体裁。儿童天性喜欢故事，个个知道。而且也要故事的体裁方合描写人间的生活，也要这样的描写才有文学的意味。

小学自然课本，应该是一种问答式的体裁，是启发式问答，不是什么考试式的问答，我手边有一部汉译法国有名的昆虫学者法布尔先生所著的《科学的故事》，原作是一部法国孩子最爱阅读的名著。此书的体裁便是启发式的问答，一位叔父是了不得的聪明人，三位侄儿侄女是最爱发问的孩子，天地间伟大的奇迹，便在他们问答之间很平易通俗地显示给了我们，不但小孩子能看懂，就是成人读来也非常有味的。汉译《科学的故事》是神州国光社出版，分上下册，每册四角，因为这书很好，所以附带介绍。

小学地理读本的体裁，无疑的应该是游记式，读者会知道谦本图的地理读本是出名读物，此书便是游记体，不论原本或译本，读来叫你欲罢不能，引人入胜。

我们看普通的自然课本、地理课本都是一种说明体，机械地分析，读来真令人昏昏欲睡，这种课本不打倒，我们就永世不能领略天地间伟大的奇迹和有益人生的事物。

第三，答复编辑本省适用的课本应有什么条件一个问题。

这里说的条件，又可说是原则，这原则是编辑各科课本都用得着的。

我以为有一个原则已经够了，即是由近及远的原则。

本省适用的课本，当然只适用于本省，设若在别省也适用，便不算是本省适用的课本。怎样编辑才算本省适用的课本呢？我以为顾着“由近及远的原则”编辑出来的课本，才是本省适用的课本。

本省适用的课本，简言之，即是本省乡土课本。这种课本的材料，主要的是关于家乡研究的材料，所以当然要采取由近及远的原则。

说到家乡研究，顺便介绍曾在桂林暑期讲学会（民国十七年）讲学的邱椿先生的一篇文章，叫做《家乡研究与小学课程之改造》，载《教育杂志》二十一卷五号，其中有说：

（一）一九〇二年二月廿八日，德国教育部通令小学国语读本应加入乡土教材，以讨论本乡历史、风俗、习惯、美术、物产、工商业为主旨。

（二）一九二〇年六月卅日德国教育部通令基础学校四年的功课都应以家乡研究为中心。

（三）苏俄劳动学校一年级功课分自然、工作、社会三种，亦以乡土教材为中心。

（四）到底什么是家乡研究？司密紫（H. Schmitz）说得很简明：“家乡研究即研究家乡的学科，使儿童了解其家庭、田园、街市、环境与本地方一切社会活动。”

本省适用的课本的材料，既认定以家乡研究的材料为主要，以由近及远为原则，那吗，家乡材料便当搜罗以备编辑之用。因为不先有家乡材料，便无从编出以由近及远为原则的课本。不过要声明一句：这里说的家乡是对全国及全世界而言，以广西省为范围。因为最近的将来自编课本，只能为全省编一套，至于各县都有其适用的课本，恐为时尚远也。

将来编什么课本，现在且不论（我前面曾说要先编国语、自然、地理三科课本），但家乡材料之应搜集则是一定的。上面曾说过，不有家乡材料，就无法编出以由近及远为原则的课本。家乡材料，可有下列十几种：

乡土自然	乡土经济	乡土卫生	乡土娱乐
乡土交通	乡土风景	乡土政治	乡土教育
乡土历史	乡土故事	乡土歌谣	乡土风俗

这是大概分法，每一种还有很多细目，这里不多说了。

（载《教育周报》1932年第33期）

读了《小学低年级国语补充教材底研究》以后

旦　天

梁君这个题目，好在有“研究”两字。我很尊重他的研究精神，尤其尊重他能够将研究所得的贡献出来。对于他的贡献我是十二万分的感激的，想现在服务小学校教育而任低年级的国语科的同志们一定也同样的感激罢！惟梁君高见，许多未敢苟同，现在来和梁君商榷一下吧。

为着便利说话起见，在下面列举五个问题，一一就正于梁君！

1. 在学校中，因儿童的怯懦及刁蛮而发生的问题，是否涉及教材的问题？

照梁君说：“做过小学低年级国语教师的人，恐怕有许多人是暗暗叫苦的。”并且解说叫苦的原因是：“怯懦的儿童整天都在吊眼泪。”“胆量较大一些的孩子，终日又都在嚣叫。”“不接受先生的指导。”又归结到施教困难的原因是：“一就是儿童的智力不相等；二就是学校方面所选的教材不适宜。”

不错，做小学低年级国语科教师的人，不单是“恐怕有许多人暗暗叫苦”，确实有许多人明明叫苦。但是叫苦的原因，恐怕不止上列几种这样简单。我想，我们还是要向教育行政的负责者去算账（如怎样整理学校行政，怎样改善学校设备，怎样改善教员待遇，怎样……）；我们要向社会去算账（如怎样督促政府设法保障人民生活，改良社会陋习以免社会上的种种不良制度戕害儿童的天性，及预防儿童去模仿社会人士的坏行等）；最后，我们要向教师自身责备：我们能否根据学理，根据事实，根据经验，用一种使儿童大家乐于接受的教法去施教？我以为要向这三方面去探求，才能找出他们叫苦的原因。再进一步说：儿童因怯懦及刁蛮而发生的问题，这是训育的问题，更与教材问题很少涉及。今梁君既在国语补充教材标题之下来论及，意即指现今各小学校都已采取级任制，担任国语科的教师当然就是该级的级主任，就负有训导学生的责任。可是专用国语补充教材像你所列举的童谣，就能把儿童的恶行改善吗？教师就可以不叫苦吗？

2. 单用一个有趣味或有效的（梁君列举的童谣自认为有趣味，其实有没有还待证实）国语补充教材能否使许多智力不相等的儿童智力齐一？

梁君说：“要把低能的儿童智力提高，必须借重教材为提高智力的工具，但是拿教本来作这样的工具是不能的……就非找补充教材不可。”

梁君是一个不信赖教本借重教材的教育家，尤其是努力去搜求补充教材的教育家。这种精神我是很钦仰的。但要提高低能儿童智力须用补充教材为唯一的工具，则鄙意实不敢苟同。因为，低能儿童的教学法、训练法已成为教育上的特殊问题。若是照梁君所列举的国语补充教材的那几首童谣能把低能的儿童智力提高，和聪明的儿童的智力齐一，这算是教学上的最大成功。

3. 梁君所列举的童谣在教学上是否能提起“五六十个性格不同，家庭环境不同，天资又各有差别的儿童”注意力集中？“教的”有兴趣？

梁君列举了《月光光》等十条童谣出来作例，并引郭沫若的说话“儿童文学无论其采用何种方式（童话、童谣、剧曲）都是用儿童本位的文字，由儿童的感官可以直诉于其精神底堂奥者，以表示准依儿童心理所生之创造的想像与感情之艺术”以证明“与儿童文学的条件暗合”。并且把“选择童谣为小学低年级国语科补充教材所依据的理由”是：“借重着儿童歌谣的力量，给予儿童以相当艺术的熏陶。”

梁君！在这里我不能附和尊意的略有三点：

第一，你所列举的童谣与儿童文学的条件合不合，且不置论，但能不能拿来做小学低年级国语补充教材呢？（尤其是一年乙级）像：

（七）《月光光》

月光光，沙地堂。沙锦被，象牙床，银光照，照梳妆，梳起盘龙髻，天大光。取得梳盒轻轻放，免得惊醒读书郎。

这一首歌谣，就形式上论，是不是一年乙级的程度的儿童本位的文字？就内容上论，能不能由儿童的感官可以直诉于其精神底堂奥？不隐瞒地说：“沙地堂”这三个字的意思，小弟尚莫明其妙也。还有“纱锦被”、“象牙床”、“盘龙髻”这种种东西，在小弟的脑海里连一个糊涂的概念都没有（其实我以一例百，也太无理了）。第二，梁君把“借重儿童歌谣为力量给儿童以相当艺术的熏陶”为“选择童谣为小学低年级国语科补充教材所依据的理由”。倘若这个就是你选择童谣为小学低年级国语补充教材的唯一依据的理由。我以为还未是十分符合的：就儿童唱歌谣时的情状来说，不过是说话器官和听觉器官的一种活动，而所用的口音声调，大都属于方言，在国语科，是否有裨益？再说到艺术的熏陶，就要检查你所列举的童谣，除了音调适口之外，有没有其他使儿童容易领会的情节？（谨在此声明：鄙意并不是不赞成利用童谣为补充教材，但用为音乐补充教材就很好了。）第三，在教学活动上有没有美满的情况——或者说儿童的注意力集中不集中？这不是单赖教材的适合不适合，有趣不有趣的问题，是多方面的问题：是教者、学者及教学用的媒介物的完美不完美这几方面的问题。像梁君所说的国语补充教材不过属其中一个小小的条件罢了。

4. 国语补充教材专为提高低能的儿童智力而设的，还是全班共享的？

梁君说：“要把低能的儿童的智力提高……就非找补充教材不可。”

而且梁君的目的，在用国语补充教材以齐一全班儿童的智力的。在这里恕我提出一个不近情理的疑问："当梁君用国语补充教材提高低能的儿童智力时，同时，聪明的儿童是否要设法阻止他们的进步？"倘若梁君真是肯承认这个办法的话，我则说你的这种教学法，太厚于低能的儿童，而薄于聪明的孩子们了！

5. 梁君所列举的童谣，拿来作小学低年级国语科补充教材适合不适合？

小学课程标准的国语课程，在第一年的一格里面定有一条："语体的儿童文学的欣赏练习及表演。"梁君已证明他例举的童谣与儿童文学的条件暗合，那么拿来做国语科补充教材，根本上是不会错的。可是凡所有的童谣都可以一毫不变的拿来做小学低年级的国语科补充教材吗？待我再来探讨：我虽不是考古家，对于童谣的起源没有多大根据出考究，但我敢相信，多是那些管带小孩的老婆妈，为着想给孩子的心，得到一点声音的诱导而唱出来的。全个童谣的结构、命意、措词、用字都没有讲究的。在梁君列举出来的十条童谣，差不多条条都没有文法的可言——就是结构、命意、措词、用字都不得其当——这些有毛病的童谣，拿来做小学低年级国语科补充教材，适合不适合呢？或者梁君要说：这些童谣在文法上虽然有点错误，但他的音调好，又是儿童听惯了的，唱惯了的，"以儿童所需的来教儿童……虽没有大的功效，亦决没有大错"。好了，梁君！儿童更中意吃糖果呢，教他们吃糖果，岂不是更需要吗？更没有大错吗？

写到这里，我要就正于梁君的意思已经陈述完了。倘若《教育论坛》的编辑先生们，对于这一条问题认为有公开讨论的必要而登载出来的时候，还望教育界人士多多纠正我的错误（原文见《教育论坛》第五期）。

四月六日脱稿。

（载《教育周报》1932 年第 1 期）

初中国语文教材之研究

程其保

本文分三段讨论：第一，初中国语文教材标准；第二，关于初中国语文教材的各种研究；第三，关于初中国语文一般的讨论。

一　国语文教材标准

十七年《部订初中国语文教材暂行标准》，约如下列：

第一，教材大纲

（一）阅读

（甲）精读

（子）选用教材的标准：

（1）包含党的主义及策略，或不违背党义的。

（2）合于现实生活的，乐于社会生活的。

（3）含有改进社会现状的意味的。

（4）合于学生身心发育的程序的。

（5）叙事明晰，说理透辟，描写真实的。

（6）造句自然，音节和谐，能耐讽诵的。

（丑）教材排列的程序：

（1）语体文与文言文并选，语体文渐减，文言文渐增，各学年分量的比例，递次为七与三，六与四，五与五。

（2）各种文体，错综排列。第一年，偏重记叙文、抒情文；第二年，偏重说明文、抒情文；第三年，偏重议论文、应用文。

（乙）文法与修辞　文法的词性、词位、句式、修辞的组织法、藻饬法和文体的分类等，并就精读的选文中，采取例证和实习的材料。

（丙）略读　选用读物的标准，略举如下：

（子）能使学生对于国文知识与技能，获得更广的观察和更深的领会，而足以助长其作文和读书的能力的。

（丑）能使学生对于品性的涵养，获得方法的指导与实际的受用，同时于作文读书有相当的助力的。

（寅）能使学生对于思想之启发，获得理论的指示和实际的自得，而同时于作文读书有相当的助力的。

（卯）能使学生对于文学获得最低限度的常识，或引起欣赏的兴趣的。

（二）习作

（甲）作文练习

（子）命题　作文题材，取有关于现实生活的，并多取记录描写的题材。

（丑）记录　故事、传说、演说及新闻等记录。

（寅）笔记　教室听讲的笔记、课外读书的笔记。

（卯）应用文件。

（乙）口语练习　练习的先后，供给演说或辩论的方法与教材。

（丙）书法练习　楷书及行草书，字帖之临摹，或古碑帖之鉴赏。

选择教材的标准，既如上列，至于三年训练之结果，究应达至何等境界，方为满足，不可不计及之。故部定标准中，最后有“毕业最低限度”一条，其规定如左。

1. 曾精读选文，能透彻了解，并熟读至少一百篇。

2. 曾略读名著十二种，能了解大意，并记忆其主要部分。

3. 能略知一般名著的种类、名称、图书馆及工具书的使用，自由参考阅读。

4. 能欣赏浅近的文学作品。

5. 能以语体文作充畅的文字，无文法上的错误。

6. 能阅览平易的文言文书籍。

根据上列的分析，国语文教材问题，似极复杂，概括之，以下各点，实其最主要者，故本文之讨论即集中于此。

1. 精读与略读。

2. 语体文与文言文。

3. 国语（包括口语）与国文。

4. 字汇、文法与修辞。

5. 作文与命题。

6. 书法。

7. 记诵与欣赏。

8. 阅读的速率与了解。

国语与国文之科目，在中学课程中的地位颇属重要，但就一般现状观察，各种科目之教学，最不足令人满意者，即为国语文。推其原因，不外几种：（一）因其地位之重要，故其问题亦至重大。普通教师，或出于缺乏意志，或出于缺乏勇气，大都采取消极态度，以为与其多事更张，不如安守故常。故近数年来，国文教学，成绩既无表现，研究亦不多见；有之皆由于国文教师以外的人的努力，教师本身未尝参与。（二）国文教材，本不易选择。在中国，言文既不一致，选择标准，极难决断。况且言文之争，至今尚未曾少衰，教师处于两难之间，教学上，尤感困难。（三）中学国文教师，数量上，既甚缺乏，质量上，平均之，亦属恶劣，此对于改善教材与教学两方面，均为极大之障碍。

近三四年来，一般青年，览于国学根柢之重要，颇有一种概括的要求，其要点，不外（一）改善国文之教学，（二）国学自修途径之指示，（三）厘订国学之标准及限度。此种要求，确为教育上一种优良现象。所惜普通教师，不能供给若许协助，而所谓专家者又不多见，颇可为前途之忧虑。

兹在讨论国语文教材选择以前，特绍介几种关于国文教学与教材之研究，以资借证。

二　关于初中国语文教材的各种研究

此类研究，散见于零星杂志，颇不易搜集，其材料，不失于互相雷同，即失于过于趋重个人见解，缺乏科学的根据。此就征集所得，择其较有特点者，以表示一般。

（一）胡适所编拟《一个最低限度的国学书目》

前八年，胡先生应少数清华学校同学之请求，曾编订《一个最低限度的国学书目》，其序言中，有云：

我拟这个书目的时候，并不为国学有根柢的人设想，只为普通青年人想得一点系统的国学知识的人设想。这是我要声明的第一点。

……对初学人说法，须先引起他的真兴趣，他然后肯下死工夫。在这个没有门径的时候，我曾想出一个下手方法来，就是用历史的线索做我们的天然系统，用这个天然继续演进的顺序，做我们治国学的历程。这个书目便是依着这个观念做的。这个书目的顺序便是下手的法门。这是我要声明的第二点。

这个书目不单是为私人目的，还可以供一切中小学校图书馆及地方公共图书馆之用。所以每部书之下，如有最易得的版本，皆为注出。”（见《胡适文存》二集第一册第一六五、一六六页）

胡先生把这个书目分作三个部分即（一）工具之部，共包括十四种书名；（二）思想之部，共包括七十二种总书名；（三）文学史之部，共包括七十八种总书名。总共为一百六十四种总书名。

这个书目发表以后，颇引起一般人的注意。《清华周刊》记者曾于致胡先生信中，有下列的批评：

第一，我们以为先生这次所说的国学范围太窄了。先生在文中，并未下国学的定义。但由先生所拟的书目推测起来，似乎只指中国思想史及文学史而言；思想史与文学史，便是代表国学么？……

第二，我们一方面嫌先生所拟的书目范围不广，一方面又以为先生所谈的方面——思想史与文学史——谈得太深了，不合于‘最低限度’四字。（见《胡适文存》第二集第一册一八六页。）

胡先生为适应以上的要求，又另拟了一个较简略的最低限度的书目，特抄录如下：

《书目答问》、《法华经》、《左传》、《中国人名大辞典》、《阿弥陀经》、《文选》、《九种纪事本末》、《坛经》、《乐府诗集》、《中国哲学史大纲》、《宋元学案》、《全唐诗》、《老子》、《明儒学案》、《宋诗抄》、《四书》、《王临川集》、《宋六十家词》、《墨子间诂》、《朱子年谱》、《元曲选一百种》、《荀子集注》、《韩非子》、《王文成公全书》、《宋元戏曲史》、《清代学术概论》、《缀白裘》、《淮南鸿烈集解》、《章实斋年谱》、《水浒传》、《周礼》、《崔东壁遗书》、《西游记》、《论衡》、《新学伪经考》、《儒林外史》、《佛遗教经》、《诗集传》、《红楼梦》。

（二）梁任公所编《国学入门书要目及其读法》

梁先生书目分（甲）修养应用及思想史关系书类，（乙）政治史及其他文献学书类，（丙）韵文书类，（丁）小学书及文法书类，（戊）随意涉览书类，共列书名一百二十七种。最后并附有《最低限度之必读书目》，其言曰：

右所列五项，倘能依法读之，则国学根柢略立，可以为将来大成之基矣。惟青年学生校课既繁，所治专门别有所在，恐仍不能人人按表而读。今再为拟一真正之最低限度如下：《四书》、《易经》、《书经》、《诗经》、《礼记》、《左传》、《老子》、《墨子》、《庄子》、《荀子》、《韩非子》、《战国策》、《史记》、《汉书》、《后汉书》、《三国志》、《资治通鉴》（或《通鉴纪事本末》）、《宋元明史纪事本末》、《楚辞》、《文选》、《李太白集》、《杜工部集》、《韩昌黎集》、《柳河东集》、《白香山集》。其他词曲集随所好选读数种，以上各书，无论学矿学、工程学……皆须一读。若并此未读，真不能认为中国学人矣。

（三）孟宪承编《初中读书教学之研究》

孟先生本文之作，系根据江苏中等学校国文教学委员会所征集各校报告意见书四十六份，从事整理而成。兹摘其要点如下：

（甲）精读的教材是什么　江苏各中等学校精读教材，有的用现成课本，有的自编选本。总计四十六校中，用书的十六校，自编教材的三十校。（用书各校中，采商务印书馆《新学制初中国语教科书》十校，采中华书局《初中古文读本》的六校。）

（乙）选择教材标准　各校报告有不举选材标准的，有很概括的标准如“以适合应用为标准”之类。有分析的标准，如一师之例：

- 标准
  - 内容
    - 作品方面
      - 古文
      - 今文
    - 读者方面
      - 心理、境遇：适合
  - 外形
    - 体裁方面
      - 语体、文体：适于师范应用
    - 词句方面
      - 论理、文法：适合

- 方法
  - 主观的鉴别……合于标准（假定）
  - 客观的考查——学生
    - 理解
      - 明
      - 不明
    - 兴趣
      - 爱、不爱：填表定测验　问答（确定）

（丙）编次教材的原则　各校报告中，有并无一定排列方法的，有白话文言递进的，有依时代为先后的，有依文体分类的。关于这点，孟先生主张编次教材，最好分为若干单元，每一单元中，至少有一个中心的精神、贯穿的计画。（孟著原文见《新教育》第十卷第三期［注］，文中事实，系根据数年以前状况，在现代或多改变。）

（四）钱基博拟《初中中国文学读本写目说明书》

钱先生的写目，系以时代为原则，其排列次序如下：

第一学年	上学期	清	当代	
	下学期	宋	元	明
第二学年	上学期	南北朝	唐	
	下学期	汉	魏	晋
第三学年	上学期	周秦上		
	下学期	周秦下		

三学年中共列篇名一百三十三种。（原文见《中学国文教学论丛》八十九至一百十三　商务出版。）

（五）学生研究国文状况调查

扬州第八中学国文科教员曾拟订一种调查表格，以考察学生研究国文状况。至于此表，实施情形如何，所得事实如何，未有报告，无从参核。兹特录该表于后，以资参考。

<table>
<tr><td>学生姓名</td><td></td><td colspan="2">年岁</td><td colspan="2"></td><td>住址</td><td></td><td>家庭职业</td><td colspan="2"></td></tr>
<tr><td rowspan="6">入本校前</td><td rowspan="2">项目／就学处</td><td rowspan="2">年数</td><td colspan="3">读书</td><td colspan="2">作文</td><td colspan="2">习字</td><td rowspan="2">备注</td></tr>
<tr><td colspan="2">曾读何书</td><td>爱读何书</td><td>常作何体</td><td>爱作何体</td><td>大字</td><td>小字</td></tr>
<tr><td rowspan="3">私塾</td><td rowspan="3"></td><td>经</td><td></td><td></td><td rowspan="3"></td><td rowspan="3"></td><td rowspan="3"></td><td rowspan="3"></td><td rowspan="4"></td></tr>
<tr><td>史</td><td></td><td></td></tr>
<tr><td>古文</td><td></td><td></td></tr>
<tr><td>小学</td><td colspan="4"></td><td></td><td></td><td></td><td></td></tr>
</table>

续表

<table>
<tr><td rowspan="7">入本校后</td><td rowspan="3">读文</td><td rowspan="2">与前此教法有何异同</td><td colspan="2">爱读何篇</td><td colspan="2">最难领会者何篇</td><td rowspan="3">每日探究时间</td><td colspan="3" rowspan="2">文法</td><td rowspan="2">国音</td></tr>
<tr><td>举例</td><td>分数</td><td>举例</td><td>分数</td></tr>
<tr><td></td><td></td><td></td><td></td><td></td><td>透澈否</td><td>参考</td><td>常注意否</td><td>何处欠明晰</td></tr>
<tr><td rowspan="3">练习</td><td colspan="5">作文</td><td colspan="5">札记</td></tr>
<tr><td>爱作何类</td><td colspan="2">易犯之弊何在</td><td>自视进退如何</td><td>自验得力处何在</td><td>注意何类</td><td colspan="2">觉有益否</td><td>有无困难</td><td>曾否定有时间</td></tr>
<tr><td></td><td colspan="2"></td><td></td><td></td><td></td><td colspan="2"></td><td></td><td></td></tr>
<tr><td>未尽事项或意见</td><td colspan="10"></td></tr>
</table>

（此表系民国九年十二月订见张震南等四人所编《中学国文述教》十至十一页，商务印书馆出版。）

（六）阅读书目

扬州八中国文科将中学生所当阅读或可阅读之书分为四纲并述其目录如左：

（甲）“识字” 王筠《说文句读》（或段氏注） 王筠《说文释例》 蒯光典《文字蒙求广义》 《广韵》 顾炎武《音论》 江谦《说音》 高光国《音学》 郝懿行《尔雅义疏》 扬子《方言》 章炳麟《新方言》 章炳麟《国故论衡》（上册）。

（乙）“论文” 刘勰《文心雕龙》 刘知几《史通》 章学诚《文史通义》 王引之《经传释词》 马建忠《文通》 俞樾《古书疑义举例》 章炳麟《国故论衡》（中册） 严复译《耶方斯名学浅说》 刘伯明译《杜威思维术》。

（丙）“取范” 《春秋左氏传》 《战国策》 《史记》 《汉书》 《后汉书》 《三国志》 《资治通鉴》 《宋元明史纪事本末》

《三通序》 郦道元《水经注》 王闿运《湘军志》 以上记载之文。

《诗经》《楚辞》《文选》 姚氏《古文辞类纂》 曾氏《经史百家杂抄》 李兆洛《骈体文抄》《古诗源》《古今诗选》 以上《诗经》及诗文辞总集。

周济《词辨》《元曲选》 以上词典。

《杜诗镜铨》《李太白集》《韩昌黎集》《柳河东集》《白氏长庆集》《苏东坡集》《剑南诗稿》 以上诗文辞别集。

《太平广记》 纪昀《阅微草堂笔记》《虞初新志续志》《儒林外史》《水浒传》《石头记》《老残游记》 以上笔记及小说。

（丁）“积理”《论语》《孟子》《老子》《庄子》《荀子》《墨子》《韩非子》《吕氏春秋》《论衡》 以上古代哲学。

江永《近思录集注》 王守仁《传习录》 黄宗羲《宋元学案》《明儒学案》 梁启超《清代学术概论》 以上宋以后哲学。

俞樾《诸子平议》 章炳麟《国故论衡》（下册） 胡适《中国哲学史大纲》 以上中国哲学参考书。

王应麟《困学纪闻》 顾炎武《日知录》 王念孙《读书杂志》 陈澧《东塾读书记》 朱一新《无邪堂答问》 以上学术上之札记书。

刘伯明《西洋哲学史大纲》《近代思想解剖》 以上西洋哲学。

（七）误字调查

扬州八中对于学生伪别之字，曾用严密方法调查，每周有误字表分别订正以资鉴别，每半年有统计表以勘其伪谬百分之数。误字表之表式如下：

第 届第 年级 组 第 学期国文误字比较表

事项 周别		题目	全篇字数	错误字数	误字与全篇百分之比	备注
第 周						
合计						
说明百分分子小数在四分以下写数弱，五分以上写数强						

（录张震南等四人编《中学国文述教》一四五页）

教育研究中亦有各级误字统计。

（八）选书标准

周予同氏曾规定几条书籍选择的标准，略录如下：

（甲）作者平素的才、学、识，及其在学术思想或文艺方面的派别、地位与价值，究竟怎样。

（乙）此书当世均认为极有价值，但我现在是否有阅读之必要。

（丙）此数书性质相近，且为现在所急宜阅读，但我们为时间及精力之经济计，应该先选读那一部。

（丁）这部书有许多的版本，我们应该选读那一部。

（戊）某古书有两种以上的注本，我们应该选取那一部（节录周文《中学国文学习方法之商榷》，见商务《学生杂志》第十卷第六号“学习方法专号”。）

（九）国文教学之科学化

郃爽秋先生曾发表一篇言论，主张国文教材的选择。

第一步先从报章及通行的书籍里搜集国文之各种句法，并记其发现字数；第二步依各种句法，去选古今的文章，看那几篇文章，能将所搜出来的句法包括在内；第三步依发现的句法次数的多寡，定文章先后的顺序，定为各年级的选文。”（节录郃文《科学化的国文教学法》，《教育杂志》第十四卷第八号。）

（十）国语教学

何仲英先生曾有一篇关于中学生的国文学习法之论文，内容讨论语言之分析，比较之研究等等甚属详明，兹以篇幅所限不能转录。（可参阅《学生杂志》第十卷第六号“学习方法专号”，商务印书馆出版。)

(十一) 汉字研究

徐则敏曾有《汉字难易分析的研究》一文，兹节其要点如后：

汉字的不易学习，可从三方面去看，第一是难认识，第二是难记忆，第三是难写，难认识与难记忆方面，吾师艾险舟博士曾做过一个科学的研究，他所求得的结果，有下列十点：

(甲) 笔画数在十画以内的字，为易观察的字。

(乙) 笔画数在十画以上、十五画以下的字，有易观察者，也有难观察者，须视字形组织以为定。

(丙) 笔画数在十五画以上的字，观察多困难。

(丁) 设有一字，其笔画数在十三画以上，由于左右两旁组织而成，若其任何偏旁的笔画数超过其他偏旁数而在十以上者，如“劉”、“亂”等字，观察非常困难。

(戊) 若一字之笔画数在十以上，而分作三四部分，由叙线曲线组织而成，如“疑”、“殺”等字，字形的观察，也很困难。

(己) 若字之一部分，类似其他之一部，为视者曾经经验者，此句写出之时，容易笔误，且此种忆定 mental set 颇难改正。

(庚) 字形合拢，如“田”、“日”、“目”等字，成整个的样子，为易观察之字。

(辛) 字形由横直线组织而成，如“罪”、“華”、“册”等字，其笔画不过十五者，观察亦易。

(壬) 字之笔画两旁相称，如“非”、“朋”、“罪”等字，可由一边，推知其他一边者观察也易。

(癸) 关于字形缩结之组织，其字形简单者，较复杂者为强，其笔画数少者较笔画数多者为强。

汉字是援六书而增变的，所以年代愈久，文字的数量愈多。一代复一代，旧文字渐渐落伍，新文字因实际之需要时有增生，于是落伍的加增生的，汉字便一代多一代了。兹刊表说明于后。

历代汉字增加表

年代	汉	魏	梁	隋	唐	唐	明	明	清
书名	《说文解字》	《声类》	《玉篇》	《切韵》	《广韵》	《韵海镜源》	《字汇》	《正字通》	《康熙字典》
字数	9553	11520	22726	12158	26194	26911	33179	33440	42174

近年中华书局出版之《大中华字典》和商务印书馆出版的《新字典》所采用的字，也只四万余，但是这四万余字中，通用的不过四五千字，而普通二三千字，就足够用，因为除此之外，有些字在某种情形之下遇见，常可猜想而得，所以这些字一般人不必求其甚解，至多到了讲不通的时候，查一查字典便行。

要想求得普通所用的字，最好用统计的方法，把普通书报中所发现的字计算出来，以发现次数的多少，而定每个字常用的价值。例如桑戴克所统计之常用英文万字。以此方法去研究常用汉字的有陈鹤琴先生，他以各种语体文书报中，求得五五四，四九八字，分析得，四二六一个单字；又把四二六一个单字，在五五四，四九八字中所见的次数，而求得各单字的常用价值。后来有位敖弘德先生又用同样的方法，从四六，八四七个字中，求得四三三九个单字。新近王文新先生在《教育研究》十七期上，发表一篇《小学分级字汇研究》，根据各省儿童的作文，求得二〇七，二四六个字，分析得二九五四个单字。

本研究的目的，与根据所得的结果，可得结论如下：

（甲）我们常用的字，最简单的要算“一”，最繁复的要算“豔”、“鬱”等字，多至二十九画。不过这种极端简单和极端繁复的字，都是少有的。

（乙）从常用字量上去看，十一画和十二画的字，要算最多，其中百分之五十的字，是在十一画和十一画以上的，反之有百分之五十的字量在十一画以上［下］的。

（丙）常用字有半数的字，它们的笔画是在八与十四画之间的，假使百分之七十五为大多数，那末大多数的常用字是在十四画与十四画以上的；反之，只有少数的字，是在十四画以上的。

（丁）若把常用字分作最常用、次常用与常用三等级，那末我们可见愈是常用的字，笔画较少，愈是不常用的字，笔画较多。

（戊）常用字笔画分配的形状，稍近左倾而又为极匀整的常态曲线。

（己）汉字的笔画中，以上点、横为最常用，直与撇也常用的。其中捺、斜钩、撇横、撇点、趯横直、直横、横弯、直折与直弯等，很少用到，其中点、横、直、撇几占百分之八十者，其余不过占了百分之二十。（原文见《中央大学教育学院教育季刊》第一卷第三号。）

（十二）作文标准

周学章先生曾仿照 Hillgas 之英文作文量表，编制一种中文作文量表。其方法系从几千篇学生作文，由多数专家加以批列，再用统计方法列为量表。惜周君所编，系用英文，而量表程度，似只实用于小学，将来中学方面，极可仿其方法，重编量表。（原文见周著 *A Scale for Chinese Composition*, *Contribution to Education Teachers College*, Columbia University。）

以上所列各种研究，性质虽甚复杂，但对于国文教学，均有密切的关系，自甚明显。现在国文教师，要想尽其正当的责任，对于这类的研究，不但是要有相当的了解，还须自动的参加，才可以使国文教学有进步的希望。否则国文教学，仍免不了受内部与外界的批评与鄙视。可是这种研究的工作，已在开端，将来却又有莫大的希望。本国语文之教学，本极困难。在欧美各国中小学亦有同样的感觉。近十余年来，美国对于这方面的研究，异常重视，成绩亦富。兹为便于参考起见，特摘录其几种对于我国国文教学有互证的关系者数条如后：

研究（一）本国文在生活上的地位与需要　这个研究系根据二千六百十五个人的答案汇合而成。此二千余人，实代表三百个城镇，三十五个省份及二百五十二种职业。统计结果表明（一）各种职业所需要的语言活动；（二）语言上最普通的困难。（*Report of Committee on Place and Function of English in American Life*,*English Journal*，Vol. XV P. P. 110-134 February 1926.）

研究（二）初中学生作文的兴趣　此研究系从四十六个初中学生所办的出版品统计而得，其结果为：（甲）学生作品大都表示他们思想上的诚恳与清晰；（乙）缺乏叙述个人经验的材料；（丙）缺乏描写文章；（丁）对于自然界的材料与户外生活的材料不多；（戊）缺少关于社会生活的材料；（己）重视事实。（Mary F. Laidley：*Composition Interests of Junior High School Pupils*，*English Journal*，Vol. XIV P. P. 201-209 March 1925.）

研究（三）作文的畅达，正确与普通优点　此研究系根据三百廿二篇初中学生作文以发现畅达，正确与普通优点三方面的关系。其结论为：（一）畅达与正确，有正的关联；（二）作文畅达的，大都对于内容是丰富的；（三）内容的丰富与文法及修词，似有正的关联。根据以上的结论，初中学生的作文，非使其对于文题，有深切的了解，决不令其动笔。（R. L. Lyman：*Fluency*，*Accuracy & General Excellence in English Composition*，*School Review*，Vol. XX　VI P. P. 85-100 Feb 1918.）

研究（四）初中学生对于文字应用的态度　此研究系比较学生在作文课中对于文字应用的态度及在其他课中对于文字应用的态度。其结论为：（甲）文字应用应注重个别教授；（乙）国语文科应与其他各科合作；（丙）注重学生一切应用文字的工作，使能免除错误；（丁）鼓励学生使对于文字的应用有自觉的心理与兴趣；（戊）鼓励学生自动的纠正；（己）使学生明了不精心的工作的弊害。（Edith E. Shepherd：*The Attitude of J. H. S. Pupils toward English Usage*，*School Review*，Vol. XXXIV P. P. 574-586.）

研究（五）儿童读书兴趣　本研究系调查儿童在牛约大图书馆所常借阅的书籍，以发现男女儿童各所最爱的书籍的种类。此外并询问三千五百九十八个儿童统计，其所最爱的书报的种类。其结果即依据儿童的性别与年龄，编制了几个书目，以适应他们不同的需要。（A. M. Jordan：*Children's Interest in Reading*，University of Norte Corolina Press，1926，P. P. 1030.）

民国以来国内大学教育概况表（注一）

年份	大学校数（注二）		大学教员数	大学学生数		岁出经费数	每生岁占费
	公立	私立		本科及专修科	预科		
民国元年	2	2	229	481	1595	755730	489
民国二年	3	2	319	1371	1713	822865	327
民国三年	3	4	312	730	2478	2426911	1019
民国四年	3	7	319	1219	2239	1306058	482
民国五年	3	7	420	1446	2163	883069	306
民国六年	3	7	……	……	……	……	……
民国七年	3	7	……	……	……	……	……
民国八年	3	7	……	……	……	……	……
民国九年	3	8	……	……	……	……	……
民国十年	4	11	……	……	……	……	……
民国十一年	7	11	……	……	……	……	……
民国十二年	12	12	……	……	……	……	……
民国十三年	20	12	……	……	……	……	……
民国十四年	26	24	4669	25278	……	12210966	483
民国十五年	26	30	……	……	……	……	……
民国十六年	23	21	……	……	……	……	……
民国十七年	28	21	4567	21786	9567	16730621	594
民国十八年	29	21	5495	25499	9439	23729430	746
民国十九年	32	27	6212	33847	8119	……	……

注一　本表民国元年至五年，根据前教育部中华民国第一次至第五次统计图表。民三本科学生数，疑有遗漏六七百人。民十四年，根据中华教育改进社编印之《全国中等以上学校统计》，惟其未经政府认可之私校，均经删除。学生数或包括预科生，民十七以后，以有表格者为限，详见后。

注二　大学校数，包括大学及独立学院。私立者，以经部认可或立案为准。民十五以前，就前教育部认可时起为准；民十六起，以民国二十年五月本部着手编理此项统计前已立案者为准。民十九年度，追加私立六校，系新准立案者。

三、关于初中国语文一般的讨论

初中国文一科，在从前除读文而外，几无其他重要工作。但是在现在，其范围日见扩充，凡属于语文的活动，都可以包括在内。故本段的讨论，应分七节，即（一）作文，（二）口语文，（三）文法，（四）字汇，（五）阅读，（六）文学，（七）结论。兹分别讨论如后。

（一）作文

初中作文，根本的目的，在使能利用文字，作表示思想的工具。普通见解，以为作文乃系美感的表现，斤斤于求字句的美饰，在中学教学的立场上，是站不住的。

初中作文工作，不应仅限于国文一科，凡一切教师，均负有指导学生作文的责任。在一方面，国文教师，固应协助其他教师，使学生对于一切的文字工作，均能正确的，有条理的表示他们的思想；同时，其他的教师，实应与国文教师，站在同一的地位，使学生一切的文字工作，均富有作文的程式与态度。

优良作文的条件，约有几端：（一）言之有物，（二）言之有理，（三）言之有方。

第一，言之有物，乃作文必要的条件。初中学生之作文，最怕流为泛谈，此不独阻碍作文能力的发展，反足以铸成莫大的弊害。儿童年纪愈轻，弊害愈属显明。故在学生未曾动笔作文以先，必使其对于文题有切实的了解，曾加以正确的思考，从事于材料的征集，并获得相当的协助，去组织所得到的思考与材料的结果。指示学生关于作文的原则及作文的方法，不过是一种习练。至于要学生真正去写一篇文章，非等学生有了丰富的思考与材料以后，决不可令其动笔。

第二，言之有理，乃系作文第二个条件。一种作文，必须学生认为有充分的价值，换言之即认为值得他们的努力，才可以引起学生思考的冲动。在我们平常的生活中，对于文字的工作，除却极少数的人，为文字而努力于文字者外，大都具有一种目的，才肯去努力。所以无论是发

表一篇宣言，或是出版一种图书，或是写一封书信，或是记录一种思想与事实，或是预备一篇演说等等活动，都有一种动作的理由在它后面。所以教授作文，必须使学生能了解其意义与价值，否则不独干燥无味，反引起厌恶作文的心思。

第三，言之有方，乃作文第三个条件。有了理由，有了思想，而没有良善的方法去表示，乃系一件最可惜的事。在教学方面，材料是一件事，应用材料（在作文，即表示思想）又系一件事。两者的比较重要，尚在聚论纷纷之中。其实说起来，两者都是需要的。作文固重在内容与思想，但是有统系的、有条理的和有规程的表示方法，乃亦不可少的。所谓方法，实包括字的应用，字句的结构与修辞的原则各问题。方法既有一定的途径，故训练必须注重于“练习”与“诊断”。

“练习”似与自然的表现，是相冲突的。但是在作文方面，我们如果能在方法与原则上，有了充分的习练与纯熟的运用，反可以增进思想的机会与效率。

“诊断”所以分析学生对于方法的应用，以发现其特需的困难，而施以补救。但诊断，并非易事。下列各点，只表示其大略。

第一，要想真正诊断学生对于作文方法的应用，最好征集多数的学生的作文，加以严密的分析，以发现其普遍的和特殊的困难。不过这种工作，在时间与精力，恐非一般的学校所能做到。

第二，如果前一种工作，不能做到，其次则可用测验的方法，用标准的测验，去发现学生作文上的缺点与困难。此种方法，执行上虽较便利，但究竟不能从学生真实作文的境遇中，发现所需要的事实。现在这种测验，为数极少，重新编制，确也不是一件容易的事。

第三，执行测验的诊断法，大都系以全班为标准。这种综合的分析，不见得就能适合个别的诊断。

第四，测验的诊断法，只算是一部分的工作。此外还须从学生实在作文中，去证实分析的结果。

至于作文的标准，是否要规定，尚不能有一定的同意。譬如英文作有 Hillgas 所编的量表，中文有周学章君所编的量表，只可以代表规订标准的第一步。其中还有许多重要的问题，必须要预先解决，才可以谈得到标准。第一，作文本系一种思想的表现，思想能不能用方圆规矩去测量，实系一大疑问。假使能够测量的单位如何，颇不易定。有了单位，如何去运用它，决不是一件易事。国文不同算学。算学的测验，注重在工作的速度与正确。在一相当时间之中，能做多少题数，或能做对多少题数，比较上是容易计算。至于作文，大部分是属于质的测验，决不是从一钟点内能做多少字，或是一页之中，有多少错误，所可测验其优劣的。桑戴克固且说过，凡事之存在，必有其量，既有其量，即可测验，只可以作编制作文测验的根据，至于真正科学的、可靠的、适用的作文标准，还须我们的努力去求得。

（二）口语

口语与作文，互有密切的关系。我们表现思想，或用笔写，或用口说，其效果则一。当然，笔写的方式与口说的方式，或有不同，但是两者是互相关联的。普通中学生作文所用错字，大都系因为说音错误所致。所以有的学生以“帝国主义”写作“地国主义”即其一例。

在正确的语言表示思想的需要上看，关于字句的结构，用字的选择，标点的应用等等方面，无论作文或口语，都系相同的。所以一个句子，不论是写出来或是说出来，必须有相当的结构，文法上是正确的，并且用字上，是确能表示意义的。我们如果注意到这几方面的训练，大可以发展学生书写与口说的能力。

口说的能力，与作文的能力，能够平衡发展，乃国语文教学上一大进步。大都好的演说家，不但能说，并且能写；好的著作家，非要有一个设想的听众，决不能写出好作品来。所以判断一篇文章，一个最好的标准，就是问：“这篇文章，念起来，顺口否，清晰否?”

以上说法，并不是要使作文与口语，具有相同的重要，占有相同的时间，全以个别的需要与儿童发展的程序为转移。大部分的人，需要口说的地方，恐怕要比需要书写的地方为多。对于这类的人，口语的训练，自然应该增加。再次，在儿童应用文字的能力，尚未充分发展以前，口语的训练，当较作文的训练为多。所以有人主张作文与口语训练，应该依年级的高下，有一定的比例。下列一表，似可以代表一般意见上的趋势：

第一年级	口语占百分之六十	作文占百分之四十
第二年级	口语占百分之五十	作文占百分之五十
第三年级	口语占百分之四十	作文占百分之六十

教授语文一个最好的方法，就是混合写与说两种工作。譬如教授一个语言的设计，第一步可以用非正式的口头的解说与讨论；再次可以用口说的方法，详细分析这个设计的份子；最末则可以用笔述，以完全这个设计。这个层次，虽则依设计的性质而有变易，但对于说故事、作剧文、讨论时局问题、新闻报告、辩论等等语言活动，都可以适用。

口说的练习，在初中教学上，实占有重大的地位。普通的文学作品大部分系为人听的而不是为人默读的。所以一个剧本，或一篇演说，或一首诗词，就是一篇文章，如果没有听众的对象，即没有相当的意义。学生阅读其他的书籍——如历史、地理、科学之类——尽可以用默读的方法，但是根据初中的程度，要求得选择文学的标准，口语的功用，决不可疏忽。普通教学上的错误，即对于文学的学习，过于趋重于字句的分析、文法的结构，而忘却文学最大的价值，在于用默读的方法去解说外，还须有口读的方法，去启发它的精彩。

（三）文法

我国文字，虽不重文法，但亦有其自然的规例。书目中关于文法之书，亦曾数见。既有文，必有其法。法之繁简方式，虽各有不同，但其范围文字之功用则一。现在所要问的问题，即（一）文法是否应组织一个单独的科目教授，或可以在文学与作文的学习，随时注意到文法的应用？（二）如果文法应成为一个单独的科目，那末所包含材料的性质，应以何为标准？关于第一个问题，似乎有两派主张。第一派以为文法的教学，最好采用设计的方法，以文法重要各点，组成设计单位，依教学上的需要，随时教授。第二派以为设计教学，未免近于杂乱，不一定能担保良好的结果。主张文法应有论理组织，依据正当次序学习。所以就是现在一般新文学家，也有从事于编订文法教科书的努力。

关于第二个问题，即选择教材的标准，自应以应用为主体。文法事实，可简可繁，全凭教师的选择。现在一般的趋势，大都着重于分析，首先从事征集学生作文以及其他文字的应用，以发现学生在应用文字上及文法上的通病。所发现的结果，就是文法教学的真材料，固不必斤斤于编制教本，依照论理次序，施以教授。

文法之功用，在辅助文字之应用，故其教授时间之分量，自以学生的程度与需要为转移，不能有一定的规定以限制。应用文字能力较差的学生，需要文法的训练，自比能力较大学生的需要为大。普通言之，文法学习所占时间，至多不能超过全部国语文教学时间五分之一。

（四）字汇

字汇的获得，有五［四］个方面：

（甲）字典。字典乃系获得的字汇主要工具。普通学生，对于字典应用，必须有充分的训练。大的儿童在小学五年级，即可起首练习应用字典，至初中即可有独立运用的能力，对于翻阅字典的常识，都应备具。不过中国字，都系单音字，并没有字母的拼法，所以对于编订字典的工作，异常困难。过去的工作，如《说文》、《广韵》、《正字通》等等工作，姑不必谈。即以现行的各种字典而论，最老的有《康熙字典》，较新的商务印书馆及中华书局等所出的新字典或大字典之类，能符合初中应用的，大都采用部首的方法。部首的方法，固且是解决中国字归类上一种巧妙的办法，但是例外太多，初中学生不易使用。最近一般学者为求翻阅字典简便起见，皆努力于研究新的方法。其中几种较有成效者颇非少数。如王云五的四角检字法，张凤的线点面的检字法，其他如林语堂、高梦旦、陈立夫、陆费逵等，皆对于检阅字典发明较简利的方法。现在究竟那一种最好，颇不易断定，要皆以（一）时间经济，（二）翻阅简单，及（三）缺少例外三个条件，为选择的标准。

（乙）基本字汇。字典的应用，固为获得单字重要的方法，但是字典中所有字，大部分是只作参考的。其中只有一部分是对于实际生活上有需要。譬如一部《韦氏英文大字典》实包含近十万字，而桑戴克所选出来的实用字，不过一万字；依照一般的推测，此一万字，为数仍觉太多。中国《康熙字典》共有四万二千一百七十四字，其中关乎实用的究竟有多少，自须按照实际分析得来。商务印书馆所出《中学生应用学生字典》，约有七千多字，是多是少，也须按照实际分析去断定。最近国内对于研究这种基本字汇的工作的颇有几起。陈鹤琴先生曾从实用的书报中，求得基本字汇共四千二百六十一个；敖弘德先生求得四千三百三十九个；王文新先生求得二千九百五十四个。平均言之，初中程度，所需要基本字汇，约在三千个字左右。至于如何去求得这三千个字，必须从各种初中应用各种书报中，统计分析出来；如日报、初中所能应用的杂志、教科书、学生作文与通讯等等，皆系研究必要的原料。

以上讨论关于字典及基本字汇两点，似乎要有一个总声明，即字的学习，本身上并没有若大的价值。字的价值，在其联贯的应用。这并不是说，单个字，不应该分别认习。所要声明的，即单字的认识，不加上字与意义的联贯，使能表示整个的思想，不能算是尽了学习的功能。因之就联想到阅读及作文的问题，因为这两个问题，也系借得字汇必须经过的步骤。

（丙）阅读。从阅读而了解字的意义，乃系增加字汇最自然的方法。初中学生，正是他们最恰当的时候去练习阅读的习惯，我们应该多多供给他们阅读的机会。平常一个人在阅读的时候，决不会对于每个字，会从字典中去寻找它的意义，因为字的意义，多半可以从整个句中或上下文中体会出来。

（丁）作文。前面已经说过作文乃表示有系统的思想，思想的根基，却又建设在字汇方面。字汇数量愈大，思想的表现愈觉便利。不过同时，我们也须分别，字有属于主动的，有属于被动的。所以徒有字汇而不明了它的应用，犹等于无。作文乃所以供给一个时机，使学生去用正确的字，表示正确的思想。所以对于字的选择，字的联合，字的音调，皆须有切实的注意。此不独在笔述作文为然，即在口述作文，亦具有同样的功能。

总括言之，字的认习，在教育程序上，实系初中的工作。普通初中学生，正是他们认字的时会。小学的学习，只是认字的开端，必待到初中，方可完成。及至升入高中或大学以后，基本用字必须充分获得，使能以全副时间，用之以学习有组织的知识。认字方法，不外两种：

一、所谓字典式的，也叫做直接认字法；一、所谓间接认字法。有些学校，限定于每日学生必须认熟几个单字，并不一定注意到他们的应用，就是直接方法的一例。也有教师，在作文或在讨论问题的时候，引起应用字的研究，使所新习的字，都系从他们有关系的思想中得到，因以获得字与思想的联贯，即系间接方法的例子。这两种方法的优劣，并不难判定。所最紧要的，即认字的工作，并不是纯粹国语文教师独一的责任，必须使各科的教师共同合作，使所学习的字，都系与所学习的教材，节节相关的，才可得优良的结果。

（五）阅读

根据各种调查的结果，初中学生，对于阅读的能力，可以有极大的差异。有一个报告，竟表示初中一年级的学生，在阅读的能力方面，有时还有不及小学三年级学生的地方。同时，也有初中学生阅读能力，比较大学学生能力为高的地方。普通言之，凡欠缺阅读能力的学生，对于其他需要阅读科目，多半不能表现优良的成绩。更进而言之，阅读能力（以标准测验为标准）与普通学校成绩（以成绩平均分数为标准）其相关度，大概是正的，即是说阅读能力高的，学校一般的成绩，也必定高。其相关度，约在40与50之间。（见 E. K. Fretwell：*A Study in Educational Prognosis*, *Contribution to Education 99*, Teachers College, Columbia University.）

关于阅读，约有五个问题，应该分析出来。

（甲）初中学生，在未入校以前，即应考查他的读书能力与阅读上的需要；兹后并须继续考查，一直到他获得相当的能力、态度与习惯为止。

（乙）如果发现学生，对于阅读的了解、速度、正确以及流利等等方面，有极显著的缺点时，应给以团体的或个别的指导，以资补救。

（丙）如果根据标准测验，发现学生不及标准，有二年以上的，应给以特殊的诊断，并给以相当教学上的补救。

（丁）一切事实科目的教材（如历史、社会学、地理以及文学等等）及教学的方法，应以能适合儿童阅读能力限度为选择的标准。

（戊）各科教师（包括本国文、社会科学、自然科学、数学等等）

应公同协助发展与纠正学生阅读的习惯，并指导应具的态度与努力。

初中学校要想发现学生阅读的能力与需要，最好在其初入校的时候，施以一种测验，注重到四个方面，即（一）了解，（二）字汇，（三）阅读速度，（四）发音（指口读而言）。现在坊间对于测验阅读的各种标准测验，适合中学之用的已有数种，如中学文法测验、中学默读测验、中学文学常识测验等等，皆可适用。此外最好再加上一个普通智力测验，以断定学生普通学习的能力。根据各种测验所征集起来的事实，应该按年继续保留，并且须分布到各个教师，使他们明了所教授的学生的能力与需要。

学生的能力与需要，既经判断了以后，其次是要对于各种学生的需要，有相当的应付方法。不过以上的测验，只可当作一种蓝本看待，因为它的结果，有时是不可靠的。此后，教师应随时留意学生的工作（尤其是包括阅读的活动的），考查学生的成绩，以证实或纠正第一次测验的结果。

对于阅读能力上，不合标准的学生，大约可以分为两大类。第一类的学生，是指阅读能力，不及标准至少在两年以上者。补救的方法，可有两种：第一，即使阅读的材料，适合他们能力的限度；第二，给以特殊团体的或个别的指导，使他们的缺憾，至纠正为止。

第二类的学生，是指不独不能适合标准，并且进步亦不易实现。他们的特点是：速度太慢，不能了解主要意义，口读时音调无高低以表示意义，对于阅读不感觉兴趣，对于功课不能独立预备。凡学生具有此类特点的，大都系由于心理的、身体的、意志的或环境的阻碍，此种阻碍不除，阅读决难进步。学校对于这类的学生，只有另辟教授时间，另请专门教师，施以特殊训练。美国心理学家，对于阅读的研究，近年来异常重视；良以阅读几为一切学习的根基，根基不固，阻碍其他学习，至为重大。我国对于这方面的研究，尚只有开端。参考数据，尚不易见。兹特介绍几种英文阅读的研究，以资参证；其中与中文不相臻合的地方虽多，但其原则，自有可引用之处。

1. William S. Gray：*Case Studies of Reading Deficiencies in Junior High School*，Journal of Educational Research，Vol. X，Seht. 1924，P. P. 132-140.

2. William S. Gray: *Remedial Cases in Reading : Their Diagnosis and Treatment*, *Supplementary Educational Monograph*, *No 22 Dept. of Education.* The University of Chicago, 1922.

3. *Report of the National Committee on Reading*, *24th Yearbook of the National Society for the Study of Education*, *part I. Chapter X*, *Bloomington*, *III*, Public School Publishing Company, 1922.

学生阅读的能力与需要，既经分析以后，其次则在供给相当阅读的材料。前面已经说过，材料的选择，应以适合儿童了解能力为标准。教材太深，徒使落后的学生，望尘莫及，不能得实际益处；教材太浅，亦足以使成绩优良的学生，感觉干燥乏味，致减少阅读的兴趣。所以最好的补救的方法，就是同在一年级之中，同学习一种课程，阅读材料，仍然可以分出难易深浅的等级，以适合个别的需要。

最末一个问题，就是发展儿童阅读的兴趣，使他们有自动阅读的欲望与要求。我们对于这类的学生，有几个目标，是希望他们达到的，即（一）养育阅读的习惯；（二）阅读时能运用思考；（三）利用阅读为消遣的工具；（四）对于书籍的检阅、判断与选择，有充分的了解。

关于阅读问题，国内学者，颇有数人，从事研究，如陈鹤琴、艾伟、杜佐周等人，均已有有价值的贡献。兹特摘录一部分的结果，以资参考。

（一）读法的几个重要问题：

兹略述读法重要问题数则，以示一斑：

一、朗读与默读。朗读与默读之不同，不仅在有声与无声。一切关于眼之运动，及阅读各要素，均有关系。中国旧教育家，类多赞成朗读，所谓高声朗诵，吟咏铿锵，常以书声传至户外为美谈。新教育家则与之相反，皆倾向默读。对此问题，虽没有大规模实验，但欧美教育家与心理学家，从事于此项研究者很多。兹就读法效率之各要素，作一比较的叙述。

（甲）速度：据施美德（Schmidt）的报告说："朗读的速度，虽因人和读物而不能一致，但较默读常慢，因他有发音各项动作的限制。"格雷（Gray）的试验也都证明朗读的速度，比默读较慢。

因为朗读时，声带唇舌等都要动作，这些动作，比眼的运动较慢，所以速度，因之迟缓。再者朗读时，我们一方面须注意内容，一面又须注意发音，注意力因之分散，而速度亦随之减低。故从各方面研究，朗读的速度，常较默读为慢。

（乙）理解：据实验报告，默读的理解，较朗读为优。现代心理学家，何伯南（O'Brien）、许野（Huey）、贾德（Judd）等的实验，理解与速度，往往成正比例，即速度大的，理解亦大，反之速度小的，理解亦小。前节既说明了默读的速度，比朗读的大，由此可推知默读的理解亦比朗读的理解大，因朗读时既须理解内容，又须注意发音，则理解自然受影响，而减少其理解力也。

（丙）组织：关于朗读与默读之组织的比较研究，现尚未有确实的结果，故我们不能臆断。

（丁）记忆：默读的记忆，常较朗读为佳，因朗读时，既须发音，又须理解，记忆自不如默读之专一。但有时有韵的读物，朗读常较默读易于记忆，解释者谓为动作协助记忆之结果，但未经实验，且仅限于韵文，而不能认为提倡朗读之理由。

二、横读与直读。文字之排列，以阅读效力论之，横行与直行孰优。换言之，同一读物，我们横读之效率与直读之效率孰大。这个问题，在欧美研究比较少。但在我国，以年来报章杂志，时有横列与直列之事，因而引起学理上的研究，而成为阅读上一问题。计研究此问题者有沈有乾、杜佐周、周先康诸先生及作者自己，研究结果，当［常］不一致。

惟主张横读较有益者其理由如下：（一）视野（Field of Vision）的形状不同，上下的面域，较左右的面域小。据巴生（Parson）的实验，他找出视野系一横的椭圆形。上边可以看见六十度高，旁边可以看见九十度远，下边可以看见七十度低，内边可以看见六十度深，且人类眼睛是东西并列，两眼的视野相加，横宽更甚于纵长，因吾人见物，只限于在视野内，今横的视野，即较宽于直的视野，则横读自较优于直读。（二）直读较横读，易于疲倦。吾人眼球的转动，全赖眼球旁之六条筋，左右转动的筋有二，上下转动的筋有二，另有二条，则司外上及外下转动。对此六筋运动的疲倦情形，虽无实验，但上下转动，除劳上下二筋外，又须赖外上与外下二筋之动作，且上眼盖的筋肉，亦须随之动作，故耗力自较左右转动多，而易于疲倦，结果直读较横读的效率必小。

（三）速度与理解的关系。阅读效率之要素虽多，其最重要者则为速度与理解。二者俱甚重要，缺一不可。仅重视速度忽略理解固不可，若专重理解，轻速度亦不宜。二者之关系，究竟如何，宜略论之。常人都以为二者不能并存，想速度高必牺牲理解，所谓欲速则不达，及“来愈快，去亦快”。几成为教学原理了。但事实却与一般常识相反，速度每与理解成正比例。前节引许野、何伯南、贾德诸人的实验，都证明速度与理解同时并进的。其所以有这种情形，普通智力当然是最大的原因。因读法是一种很复杂的习惯，是一种思维历程，也是一种知觉活动。这些活动，都是普通智力之重要分子，速度高的，其各项有关于读法活动，如知觉思维等必快，是理解亦必随之而快，因知觉思维等，亦为理解之重要因素。

（录陈礼江著《读法概论》一文，见《教育研究》第廿五期，民国二十年二月出版。）

（二）阅读社会方面的探讨

关于这方面的探讨的结果，后文分三层述出：（1）阅读与学校中活动的关系，（2）现代生活中阅读的地位，（3）默读的重要。

阅读与学校活动的关系，一方面可从阅读如何在校中应用看出，别方面可从各种科目进步与阅读如何有关看出。

从第一方面看来，各种研究经指出小学中学各科中需用到阅读的地方很多很多。并且阅读对这科目有某几种的用途，对那科目又另有别几种用途，颇不一致。例如孟罗（Munrol）曾根据中小学教师的答题，查出阅读在各学科上用途怎样：地理科最重学生能领悟材料与记忆，物理科最重根据材料作合理的推论，数学科最重透解问题提要。此正足以表示阅读地位之重要，而不可或忽。教师因此应训练学生，务令在多种情况下，俱能读得妥善。

从第二方面看来，各种研究，指出阅读成绩，与别科成绩，有足注意的相关，其系数从〇·二以至〇·七二四。倘从测验结果而不从绩分来看，则应用之测验有不同，相关便有高低。高的学业成绩，有赖于阅读能力，但此外亦有别种因素，如高的智力等。

论到阅读在现代生活中位置，各种研究，俱指出阅读为应付社会活动不可或少的工具。阅读的用途在研究中最常举列的有下述各项：周知时事，采访别人意见，考查某项事实或问题，明了业务上的进展，得知工作上有效率的方法，决定各件中重要事项，增加见闻，消遣时间等，因此阅读在无论那种教学程序中，俱应注意。

各种研究又经指明人生活动中，阅读的份量，是日在亟增。例如吉德（Judd）经指出美国从一八八〇年至一九一〇年间，人口增加的百分率未达一〇〇，而日报、期刊增加的百分率，竟逾五〇〇。因此学校又应努力，各项读物的来源，与青年发生深切关系，明了彼等价值，一方面又须训练青年，阅读方面，可以胜任愉快……

（节录徐锡麟著《欧美读法研究述要》一文，见《教育研究》二十五期，二〇年二月出版。）

（六）文学

上节所讨论关于阅读问题，注意在读书的技能。本段的讨论，则集中于教育的活动，使学生能从教材之中，获得生活上的经验。

（甲）阅读文学的根本目的，就是要引导学生去选读好的书籍，作增长知识与休闲娱乐的工具。

（乙）阅读文学，须能协助学生解释生活的意义。

（丙）阅读文学，须引导学生，发展生活上所需要的习惯、技能、态度与眼光。关于这一点，我们应注意到儿童发展的程序；如果选材太深，不能为学生所了解，自不易获得相当的结果。其实我们的注意，应集中于儿童现在的需要，而非他们将来的需要。

（丁）初中学生，应至少纯熟了解几种基本的文学作品。

（戊）阅读文学，应使学生明了文学乃系现实生活的写真，与他们自己的环境、兴味与活动，并不是完全隔离的。真正文学，无论属于那个时代，或那个地域，都系从实际生活中，影印出来。这并不是说，一切的文学作品，都系优良的。我们对于这点，仍须切实指导学生，使有判别与选择的能力。

根据上述的几个目标，我们对于文学的教材，不可不有相当的组织。组织的方法，各有不同，下列的分析，对于初中的应用，似尚合宜。

（甲）根据主要的兴趣为组织的中心。普通初中学生，与年龄较长的，各有不同的兴趣。在文学方面，初中学生所最注意的，大都在内容。故文学的组织，应以内容为出发点。及关于“侦探”的文学，“冒险”的文学，“自然界”的文学，最能迎合儿童的心理。所以文学的教师，对于教材上，应有丰富的预备。儿童读完了一部关于某种性质的作品，认为有兴趣时，常愿意继续选读同样性质的作品。遇到这种情形，教师必须切实供给他们的需要，以满足他们的欲望。

（乙）根据生活的理想与意义为组织的中心。教育的目标，一部分是要养育高尚的人格。文学教材，即可根据这个目的，为组织的张本。儿童阅读文学，为求满足娱乐的欲望。教师即可利用这种欲望，供给学生富于发展品格的作品，使儿童于阅读之中，无形感受德性上的陶冶。

（丙）根据儿童实际需要为组织的中心。在相当限制之中，文学乃系一种生活的实验室，凡关于生活的活动，都可以影印到文学上去。儿童阅读文字，可以使他们的环境与经验格外扩大；凡不能直接参加的，都可以从文学中间接领会得到。当然，儿童活动的范围，究有限制，故文学的选择，必须依据儿童了解的能力为标准。

（丁）根据想像为组织的中心。人的生活，固以与直接环境相接触为主体，但人因有想像能力，常喜超脱直接环境以外，另寻新奇的经验，以求好奇欲望的满足。故神怪小说、侦探小说、冒险小说，所以能为一般儿童所爱慕的原因，即由于此。这种心理，引导得当，在教学上，可以有极大的协助；否则反易引起莫大的危险。

以上四种组织方法，实教授文学最正当的途径。现在从事于这种工作与研究的，尚只在开端。普通文学教学，注重于文学上体裁的分类，与文学的批评的分类，最不合教学的原则。总括言之：

第一，文学教材，范围宜广，阅读宜泛；若斤斤于一二选品，专求字句的分析，决难得优良的效果。

第二，文学教材，应与其他教材有密切的合作。换言之，凡关于科学、历史以及公民的书籍，都可以有文学的尊严与价值。

第三，课室内的工作，只可认为教授文学的起点。必待儿童有自动的贪求阅读的欲望以后，才算是达到了真正教学的目标。

第四，文学的教材，最宜注重个别的需要。教室中团体的工作，宜减至最低限度，而个别工作，宜依据个别的能力，施以充分的鼓励。

第五，与文学教材相关的一个问题，就是要指导儿童能自己应用图书馆，自动去选择所欲读的书籍。

（七）初中学生应具对于本国语文应用的各种活动的分析

（甲）在家庭的活动

（1）与家中人谈话，关于个人、学校、邻居、衣、食、住等等问题。

（2）报告家庭本日经过的事实。

（3）答复家中人所发的问题。

（4）应接电话。

（5）与朋友亲戚通讯。

（6）阅读日报、杂志及书籍。

（7）听家中人的说话、故事、劝告、商量、新闻等等。

（8）听留声机或无线电声机的演说、报告或音乐。

（乙）在社会的活动

（1）答复问题，如：

（a）与学校当局；

（b）与服务机关当局；

（c）与同事及友朋；

（d）与雇主。

（2）普通酬应，如：

（a）不相识的人；

（b）与友人相见及分别；

（c）与友人平常相聚、寒暄、道歉等等。

（3）阅读，指对于

（a）指南、账单、价目表、定货单等等。

（b）通告、布告、合同、保险单、契据等等。

（4）填写，如履历表、调查表、征集意见书表等类。

（5）听从指示，如：

（a）办理公事；

（b）处置事件等等。

（6）游戏与休闲活动，如：

（a）解说一种游戏方法；

（b）讲说故事；

（c）闲谈；

（d）打字谜等等；

（e）背诵诗文；

（f）参加演剧；

（g）写请客帖及谢却信等；

（h）看小说及听演剧及看影戏等等。

（丙）在学校的活动

（1）陈述学习：如对答教师的问题等。

（2）参加学校表演，如：

（a）演说；

（b）背诵；

（c）演剧；

（d）会议。

（3）记述，如：

（a）笔记；

（b）编纲目；

（c）报告；

（d）总结；

（e）对答考试问题等等。

（4）阅读，如：

（a）教科书；

（b）参考材料（包括书籍、杂志、辞典、字典之类）；

（c）指定功课范围纲要等等。

（5）应用图书馆。

（a）应用卡片；

（b）选择休闲阅读资料。

（6）运用字典。

（7）听演说，如：

（a）教师之演讲及解说；

（b）同学的说词；

（c）集会时名人演讲等。

（八）结论

总结以上的讨论，似可得下列的要点：

第一，初中作文的目标，是要发展学生在社交上传达思想的工具。

第二，口述作文有它本身的价值，不当看作笔述作文的附带工作。

第三，文法的教材，是求协助表示正确的思想，本身上，并没有若何的价值。

第四，学生字汇的增大，一切教师应共同负责。

第五，学生阅读的能力，应利用测验，详细分析出来，以便于设置补救与纠正的方法。

第六，学生阅读的材料，应为广大的、多种的、人性的与高尚的。但选择时，决不可以成人的眼光为标准。

第七，应利用一切的机会，去协助学生表示他们的思想。各课室工作、课外活动、演剧、表演、新闻记录等等，皆富有此等机会。

第八，一个相当的图书馆，是每个初级中学，应该设置的。

（载《中华教育界》1932年第19卷第10、11期）

中学国语教材问题之商榷

周　祜

中学国语教学上的问题，固然很多，但其中最关重要而又最难解决的，要算教材问题。

中学国语教科的教材，普通分为阅读及文法修辞等项，而阅读又分为精读略读两项。精读一项在国语教学的现状中，是最主要而又最切实的；我现在所要讨论的，也就着重在这一项。我以为现在这项教材，无论是教师自编的讲义或书坊编纂的教本，总觉有些支离破碎，没有系统，没有标准，没有目的。最奇怪的现象，莫过于语体文和文言文的混合编制。第一，两者的性质根本不同。语体文和文言文虽都由汉字写成，而两者文法上的组织却不相同。其次，语体文是现代的，文言文是古代的或模仿古代的，两者演进的历史也不相同。再其次，语体文合于口语，学习比较容易，文言文不合口语，学习却很困难，两者学习上的难易，也不相同。两者性质既不相同，教学的方法，也自然不应相同。第二，两者教学上的目的也不相同。教文言文的目的，无非是要养成学生阅读文言书籍的能力，并不是一定要养成学生个个都会作文言文，至于教语体文的目的，则不但要会看，而且要会作。这时近来一般教育界中人所公认的。目的既不相同，教学的方法也自然不应相同。但有人以为混合编制，可使两者互相沟通，由语体文进而了解文言文，可收事半功倍之效。例如某书局的国语教本，先列一篇文言文，再将这篇文言文译成语体文，列在后面，便是这个用意。这虽不能说他毫无理由，但语体文自有它本身的生命和价值，这种办法不过以语体文为教授文言文的工具，未免忽视了语体文本身的生命和价值，同时也失去了教学语体文的目的。这两者之间，我也主张设法沟通，但决不是这样的办法所能收效。至于其他不相干的言文混杂，自然更无理由可言。我曾和许多朋友讨论过这问题，以为应将两者分成两个系统：使语体文自成一个系，编成一种语体文的教本；使文言文自成一个系统，编成一种文言文的教本。

（一）语体文教本

现在国语教材的精读部分，除言文混杂外，还有一种弊病，就是教材的选择没有一定的标准。所选的文章，每每以教师或编书者个人的好尚为主，就是稍稍有点标准，如适合时代性，适合国情，适合学生需要等等，也是笼统得很。至于文字的浅深，也不注意，往往一篇文章，初中一年级可用，高中三年级也可用。自然不易增进。所以我之主张，语体文应从言文混杂的教本中分离出来，使自成一个系统，按照一定的标准，编成纯粹语体文的教本。这种教本的编辑，应该经过两个步骤：第一个步骤是统计。现在的国语教材，就大体论，虽无明确的标准，却无形中有一种笼统的标准，就是上面说的适合时代性等等。据我所知，各教师实际所用的讲义和各书坊所编的教本，材料大致相同；所不同的，只是排列的次序。例如同样一篇文章，有的在初中一年级用，有的在高中三年级用；有的编在第一册，有的编在第六册。所以表面看去，似很凌乱，求其实际，却相差无几。所以我主张搜集各校教师的讲义和各书坊的教本，作一种统计。这种统计，不但可以作为编辑教本的根据，并且可以考察年来国语教学上的实际状况。第二个步骤是研究。统计以后，就可以根据统计的结果，加以精密的研究，那几篇适用，那几篇不适用，按照客观的具体的标准，决定取舍。然后再分出各篇文章的深浅和繁简，依着年级高低，由浅而深，由简而繁，分别配置，自初中至高中，贯通一气，循序而进。至于选定的教材，宜多不宜少，以便教师的自由选择。现在假定为每学期五十篇，则高初中共为六百篇，分编成六册或十二册。

（二）文言文教本

现在文言文方面教材的不适宜，自然也同语体文一样。但其间另外还有一种很大的谬误，就是不适合学生的程度。初中学生，都由小学升上来。小学完全是教语体文，不教文言文的。因此，初中一年级的学生学习文言文，几乎无以异于学习一种外国文。前天有位老先生谈起，在车上碰到一个高小毕业生，问他“子曰”二字怎样讲，他说“子”是儿子，“曰”是日月的日。这位老先生很为诧异。其实，这毫不足诧异，他在小学不曾学习文言文，怎能懂得“子曰诗云”？在小学不曾学过一点文言文，一到初中，便要他学整篇的现成的文言文，无论怎样浅近，也是不容易懂的。所以我以为初中的文言文教本，不应该从各种书籍中现成的选集，应该仿照英文课本的格式另行撰编。这种教本的撰编，应该依照年级高低，由简而繁，由浅而深，分课编述，循序渐进，每课之后，附加用语体文为说明的言文对照的文法或修辞，以及言文对照的文法练习或修辞练习。这样，不但可以沟通言文，而且可以尽量容纳三民主义的教材，对于党义教育也有很大的补助。初中三学年，应该编成教本三册或六册。每册的课数，即依应有授课时间规定。至于高中的文言文教本，因初中学生文言文已略有根柢，便可依照语体文教本的编辑步骤，经过统计和研究，编成三册或六册。不过文章排列的次序，我以为可以依照时代的先后，即由古至今的顺排，使成一部具体的文学史。这样，不但可以养成看古书的能力，还可以知道文学变迁的大概。若是兼教文学史，则举例尤为便当。

我自信，精读部分的教本，能照这样编辑，教学的效能一定可以增进不少。现在再约略说一说略读部分。关于略读部分，最困难的问题，是适当的书太少，选择很不容易。我从前曾见过好几种略读的书目单子，都觉不很妥当。就是民国十八年教育部公布的《暂行课程标准》，关于国语教材略读一项，原稿也有两张书单；那时我在教育部曾参加审查工作，就因为它很不妥当，所以全部删去。第一，太空泛，不适实用。例如所举各项选本节本之类，事实上现在并无这类选本节本，不过是个空名；若说这类选本节本，应由教师临时选辑，则又为事实所不许。第二，有许多书是否可以用作中学生的读物，根本尚成问题。例如《红楼梦》，原是一部有价值的小说，但探其内容，差不多是些丫头小姐的柔情蜜语，很易消磨青年的志气，是否可以作为中学生的读物，很可注意。我以为这问题，不光是笼笼统统开张书目单子就可了事，还须经过一番详密的研究，审慎的选择。数量不必十分多，内容务求其适当。初中大约有十部就够了，语体文的每学期一部，文言文的自第二年级起每学期一部。高中大约有十二部就够了，语体文和文言文的每学期各一部。这二十多部书选定之后，还须经过一番整理的工夫，按照内容的深浅，分配于各年级，务使与学生的程度相适应。

文法和修辞，初中已编入文言文本教本，不必另讲；高中，必须另作有系统的讲授。此外，文字学对于研究古书最有关系，在高中也有讲授的必要。至于一切工具用书，无论高中初中，都应切实留意。这类问题，尚不十分复杂，现在不多说了。

上面所讲，自然简略得很，疏漏之处，在所不免，还望读者加以指正！

（载《浙江教育行政周刊》1932年第4卷第17期）

对于国文教科书的一点意见

汪静之

中学的国文教师们，我们应该觉悟，国文不是国学，更非国故。我们不应该把国文教科书，当作一只垃圾桶，应该使它有个界限，有个系统，有个目的。

有些国文教科书的目的是！想把中学生训练成一个遗少，一个小顽固，一个不认识社会的，没有现代精神的人。我觉得最好的中学国文读本的目的是：一方面也洗刷掉初中学生从家庭教育社会环境耳濡目染来的传统思想和腐化意识；一方面要把他们训练成一个意志坚强的富于革命性的青年。

有些教育家以读《易》法、读经法、楹联学、经学概论、子学概论、国学概论、文字学等学程去教中学生，汪馥泉先生骂得好："真不知要教学生去做一个什么家伙。"

国文教科书的编辑先生们，恳求你们不要再使少年纯洁的学生，深中国学国故的毒罢。

中学毕业生，是最多数的初等智识阶级，应该使他们有点起码的思想，基础的认识。

很多的初中国文教科书，都是白话文太少，太浅，文言文太多，太深，太干枯无味。他们劣视中学生对于白话文中的思想艺术的理解能力，倒反以为中学生能够领会很难很深的古文。

初中国文教科书文言多而白话少的结果，是使得中学生不文不白，文言、白话两样都做得不通（有教书经验者，都知道这种恶果）。试想，从前的书生，只学国文一科，“十年窗下”之后，能“通”的也不多，现在中学生要学十几种功课，要他们文言、白话二者兼通，是不可能的。所以我们主张初中学生应先把白话文的基础打好，到高中再注重一点文言文的教材。

最近报载国立编辑馆改良教科书消息，中有“并希望编辑教科书者，勿为教部标准所束缚，神而明之，方不致如科举时代呆板之为八股文矣”。这是教科书的福音，这种态度，是很对的。

我觉得一本好的初中国文教科书，应该遵守下面这四条原则。

以思想为中心；

以白话为基础；

以爱国为经；

以革命为纬。

（载《海潮》1932 年第 2 期）

高中国文教材编制意见

马厚文

名不正，则言不顺；言不顺，则事不成。年来国内高中国文教学没有什么效果，未始不是犯了这个毛病。“国文”原是对待“外国文”而言，本是一个含糊笼统的名词，于是传统的教学法，都把经史子集当作学习国文的唯一读物。最大的弊病，是缺少循次渐进的标准，系统学习的训练。在高中的年限里，早应取消历来沿用的旧名词“国文”，换上新的名称，如各种文选之类，较为明切而实在。

课程标准上的三个目题：（一）叙说事理表达情意的技能，（二）读解古书的能力，（三）欣赏文学名著的能力。几个不同的目标，不是今天选读一篇，明天选读一篇，就可以达到的；也不是把所有的经史子集都搬到教室里去教给学生就可以达到的。

高初两级的国文，都应该每学期成一个段落，每学年成一个段落，每三年成一个段落。又在每个段落里，教材的编制，须有中心的思想，系统的训练。三年的教材，必须有系统的分年和有组织的分类，使其前后衔接，不因人而更动。高中教材本分专书精读和选文精读两种，现在先就选文的编制来说。我的意思主张：

第一学年　养成作文技巧上的正确能力为标准，上学期授以记叙文，下学期授以议论文。

第二学年　注重文学基础及欣赏文学的能力为标准，上学期选文，依文学史上的时代及作家而逆溯，下学期选文，依文学的性质及体裁而分类。

第三学年　注重学术思想及养成实际人才为标准，上学期授以学术文，下学期授以应用文。

以上各种文字，分别支配于三学年中，依次学习。第一学年的国文，可以称为记叙文选及议论文选；第二学年的国文，可以称为文艺文选；第三学年的国文，可以称为学术文学及应用文选。大抵第二年以前，注重文学的技能与兴趣；从情感的文学，渐臻于理智；从近代的文学，渐溯及周秦。第二年以后，注重文学的理智；在使学生能因文学的欣赏，渐渐引起阅读书的好尚和阅读古书的能力。每学期既有一个学习的重心，三学年中间，又自成一个圆周。这样的编制和学习，一则可以免除漫无系统、前后复沓的弊病，二则可以给予学生一个有系统的文学观念，三则可以养成学生有规律、有方法的读书训练。能依这整个的计画实行下去，对于目标，我们可以说虽不中，亦不远矣。

三年整个的计画既如上述，每学期的教材编制，也要有详密的规定。可就文字的内容或形式之相同或差异，可资比较者，分为若干组，每组有一个学习的重心，或主要的思想。分组的方法，大概：

一、事实相关，可资比较者。是有三善：一则可以参汇众说，知人论世，足以助长我的思考。二则事实互相有关，典实来历，可以省略复授。三则一事而叙笔各殊，可以神明变化。

二、体裁相同，可资比较者。学者的大患，在执一而不能旁通，教者选授了某一篇，学者所得的只是一篇而已。虽欲加以揣摩，不易有所启发。往往数年中间，每体只授一两篇，前后阙绝，不易比较参看，假使取证眼前，那就容易多了。

三、结构相同，可资比较者。初步为文，本皆摹拟古人。古人文字若是归纳起来，自有法度可寻。文法多习惯相沿，习惯皆导源于古。若能多读古人结构相同的文字，明白行文布局的方法，自己提起笔来，不难有所取法了。

且举高一为例。梁启超在《中学以上作文教学法》中，把文章分为记述文和议论文两种。记述文分为记动态、记静态两类。动态、静态又各有单纯复杂之分。动态作法，有记人、记事两种。静态作法，有鸟瞰、移步、类括、凸聚、脔尝五种。议论文分说喻、倡导、考证、批评、对辩五种。记述文先静态而后动态，议论文先说喻倡导而复论辩。由简单而复杂，关于小事的在先，大事的在后。使学生知道如何整理材料组织成文的方法，可以事半功倍。

教材这样的编制起来，教的时候，说明各组选择的标准，每组作法的要点，及诸组相互的关系，为扼重的说明，作比较的参证，学者自可举一反三，触类旁通的了。

这是依照分组方法第三种编制的。至于高二高三因教材的不同，可以分别采用第一第二两种方法编制。

除了选文以外，还有读解古书，在高中里也应占一个重要的位置。但是要得到良好的效果，却是一件不容易的事。我以为在中学里读古书，最要紧的就是要经济。所谓经济，在时间方面要化费得少；在书的内容方面，所得的要精粹，要充实，要有价值。决不能使学者走冤枉路，或是徒劳而无功。这是第一件要注意的事。因为中学学生对于国学知识，只是概括的，不是专攻的；只可作广而浅的涉猎，不可为窄而深的钻研；只能达到粗枝大叶的了解，决不希望他们“幼童而守一艺，白首而后能言”。一则因为实际上不许他们如此做，二则因为对于学术思想或文艺，没有为概括的鸟瞰之前，骤然下深邃的研究工夫，非但无成功可言，且恐为将来学问之累。

古书难读，原是无可讳言的事。学生之读古书，尤不宜采用原本。原本古书，注释太繁，又无句读，排列多杂乱无章，读了不易得到要领。什么中华书局印的小本《学生古书读本》，原来就是古书而已，不能称为学生读本。现在普通学校中所采用的，除了商务《学生国学丛书》中有的可以采用而外，大多用的仍是原本古书。我以为中学生阅读古书，既要经济，又要收到相当的效果，应该另编一种导言式的古书读本。这类读本的编制，应注意左列几项要点：

一、要有条理。古书不尽难读，难的是杂乱无章，无头无绪，不知从何读起。为便于阅读起见，必须把书的内容，重行排列，为之分类，标出主旨，这样自然醒目得多。

二、要明了易解。古人读经，第一步先要治句读，可是古书的句读，就不易治了。然而这步工夫，却用不到"熟能生巧"、"神明变化"的方法，是可以用科学方法解决的。现在新式标点符号的发明，可以说是最有功于读古书的一件事。无标点与有标点，所费的时间与脑力，比较起来，何止三倍？编制的时候，能多用一点科学化的法子更好。所以应有：（一）标点符号，（二）分段，（三）简明的注释，（四）详明的引论，（五）适当的考证及批评，以引起读者的兴味。

三、内容要有趣味。文学不是科学，须以趣味为至体。内容没有趣味，便是忽略文学欣赏的一个原则。古书中以《左传》、《史》、《汉》、《荀子》、《韩非子》趣味最浓。倘如读些《尚书》、《法言》，或《墨子》的《经说》上下、《大小取》，学生就要昏昏欲睡了。选材时候，可以把精粹的、重要的、文学趣味浓重的部分选入，其余的都不妨割弃了。

依据以上所言，对于读解古书，已有具体办法。《课程标准》规定每学期以一部为限，未始不可做到，可是书本的编制及教授的方法就不可不改革了。我以为除了一部《四书》支配在初中三学年精读以外，高一一学年授《左传》，高二一学期授《史记》，一学期授《汉书》，高三一学期授《荀子》，一学期授《庄子》，这样支配尚属适当，再多学生就无力顾到了。

以上是我个人对于高中国文教材编制的意见。本校高一高二选文是以《古文辞类纂》一书为根据的。这部书于八家流派之文选得很精粹，为学做桐城派文章的入门之书。用作学校两年读的教课本，似有讨论的余地。大概此有选材太狭窄，适合中学生的心理和境遇的文字并不多。又因为限于宗派关系，许多有内容的学术思想文字，都摈不入选，以记叙文而言，在传状、碑志、杂记三类之中，除了一大堆神道碑、墓志铭之外，凡有文学优美意味的作品很不容易选得出来。经史方面，初三高一都是教读《左传》，一个《左传》占了两个学年，似乎不很经济。所用的本子是《左传句解》，这书的本身也许有它的好处，可是用作学校课本，就有几个缺点：一是编制没有条理，杂乱无章，读者不易得其要领。二是选材未能分出轻重，重要的和不重要的。三是割裂太甚，任意标题，有损篇章结构之完整。我在上课时候，曾经问过学生：《春秋》所记的事实凡多少年？鲁国是那几个“公”？他们往往不知所对。这关于此书的常识方面，还不能怪他们。我又问：《左传》中有名的大战是那几次？他们也不能列举。甚而至于五霸都是［不］能说出名称来。这些事实都是《左传》中最重大的事实。文字也是《左传》中最精采的文字。考察他们所以不得要领的缘故，这是很明显的不能归咎于这部《左传句解》的本子了。原来此书不但是割裂破碎，而且任何标题。例如韩原、城濮、邲、鄢陵四大战，原是长篇完整的文字，而这位句解的编者，每篇都把它割分为几个片段，本来是很好一篇《韩原之战》，却改作《子桑百里议输晋粟》、《废郑虢射议闭秦籴》、《秦伯伐晋》……五六个标题；本来是很好一篇《邲之战》，却分为《荀林父知难冒进》、《栾书不轻敌》、《士渥浊谏讨荀林父》等篇；于《城濮之战》一篇却标题为“晋侯侵曹伐魏”，于《鄢陵之战》一篇，只摘取中间的一节。本来是一件事情，却把它标成几个不显明的题目，杂列在几百个不分轻重的题目中间，读者又何从而得其要领呢？至于句句注解，对于学生有益还是有害，尚是一个还要讨论的问题。我总觉得采用这部书作课本，是一件徒劳而无功的事情！

至于用原本的《史记》，和其他的子书作的课本，恐怕都有不能适合的地方。假使一学期内《史记》只授了《项羽本纪》一篇，《庄子》只授了《齐物论》一篇，这未免太不经济了。惟初二读的《孟子》，是商务《学生国学丛书》的本子，分类显豁而扼要，注释简明而得中，章节、句读都很醒目；教师讲授和学生学习，都觉得费力少而功效多。可惜商务《学生国学丛书》还不完全，《左传》就没有。从事于这类读本的编制，正是中等学校教师的责任呵。

此篇草成，适值教部召集中学国文课程标准审查会。经专家讨论结果，谅必多所修正及补充。本篇所云。自益无当于大雅矣。又本篇专论编制。至于教材教法及课外略读等。当俟异日写成专篇，再行就正。

作者附识，十月二日。

（载《光华附中半月刊》1932年创刊号）

今后中小学的音乐教材问题

阙仲瑶

我国古来所谓六艺，本以“礼乐”列于“射御书数”之前；现在学校所设之“音乐”则置于一切学科之后，好似可有可无。所以创办新教育多年，仍旧是养成兴味索然全无生气的书呆子。像这样对于涵养美感、启发德性，具有无上价值的学科，反而视若等闲，就无怪受过教育的人是行尸走肉，而全国国民更是暮气颓唐的了。

现时欧美各国的音乐，究竟发达到如何的地步呢？就“提高”方面而论，可称是登峰造极，就“普及”方面而论，则群众欣赏音乐的程度和兴趣，年来愈广愈高，甚至于非有音乐不能生活之境地，现下任何国家的普通中小学学生，其了解音乐的程度，已远在我国寻常大学教授以上，这真是我自命为“礼乐之邦”的国民，所当引为深耻的。

现在一般办学者大都认为音乐是随意科，师生间也有认为音乐不过是调剂身心娱乐的工具而已，此种见地固然不错，但是音乐的最大效用，并不止此，音乐不但能涵养个人的感情，陶冶个人的德性，愉快个人的生活，且能推进社会的文化，发扬民族的精神。今不妨略举西洋各国过去的事实来证明：

当西历一千七百九十七年，拿破仑退攻意大利时，利用“勇敢”、

“活泼”的音乐，兵士竟越过断崖绝壁的阿尔比斯山，到达了进攻的目的地意大利。又如西历一千七百九十二年，李塞尔作《马赛曲》，国人咸乐唱之，而法兰西大革命遂底于成功。又如西历一千八百七十年，德法战争，德人克惠赫作《莱茵曲》，兵士高唱，卒获最后之胜利。这都是靠着音乐而战胜强敌的好例。欧战以还，世界人士更有认音乐胜于“作战利器”的话，由此可知音乐是含有“亲和力”的伟大性了。

所以中学校——尤其小学校里，没有音乐一科，其目的不仅是调和知的作业的疲劳，当作校内师生间娱乐的工具，或开一次游艺会取乐一回。平时取材应以鼓励青年动作，奋兴个人感情，发扬民族精神为主，词意务求雄健稚醇。如过去“绮靡”、“颓唐”、“陈腐”、“平直”的教材，均未能激发青年的志趣，反足以戕害青年的身心。今后的中小学音乐教师，应如何留意于教材方面，灌输那蓬蓬勃勃、富有朝气青年学子？兹就管见所及，将是项取材标准分述于下：

1. “爱国性”的歌曲——凡具有爱国救国性者，如“抗列强”、“除暴日”等等，取材以“勇敢”、“奋发”为主。

2. “时代性”的歌曲——凡认识“有生可乐”，明了“社会进化”与“造福人类的事物”等等，取材以“庄严和平”为主。

3. “革命性”的歌曲——凡偏于“消极”、“腐化”、“悲哀”、“鄙野”、“萎靡不振”、“麻木不仁”等等，应尽量删除，取材以“高尚”、“激励”为主。

4. “审美性”的歌曲——凡“日常生活”以及“自然界之美”等等，取材以“优美”、“活泼”为主。

综上几点，均以发扬民族精神为基本条件；倘此后中小学音乐科采取此项标准选择教材，那末，担任音乐教师者，对于“诲人以淫”的歌，“靡靡之音”的曲，首应抱此调不弹的决心，自然尽量发挥音乐的伟大性了。

二一，三，十四，于丽水省立十一中。

（载《浙江教育行政周刊》1932年第3卷第33期）

关于医学教科书

李　涛

新医学输入不及百年，医学校的设立不足六十年（中国最早的北洋医学校，于光绪七年开办），新医书的印行不过三十年（咸丰元年虽已有《新医略论》等问世，但流传不广，姑自宣统元年丁福保译书刊行作始）。现有的新医书籍不满百册，若与欧洲各国比，真可称得起十分幼稚。此种缺点，国人现在似已渐知注意，所以戴传贤院长于民国二十年一月，特提出扩充医药卫生案于中政会，并蒙通过。是年教育部更有注重医、农、工教育的计划。我们姑不论那些方案能否见诸实行，暂就一般的观察论，可说大多数人都认发展医学教育为今日当务之急。

发展医学教育，诚然是医界人士所乐闻，但是医学教育所必需的“教材”比任何口号、标语都重要。并且此种责任，惟有我们医界人士才能担当得起。换句话说，中国医学教育的不发展和庸医辈出，直接原因便是没有完善教科书，间接原因是医界人士都不肯负起此种责任。

我们政府现在打算在各省市创办医科学校，讲书自然要用国语，但是请问标准教科书在那里？教员编的讲义，能否算作教科书？一般学生能否利用外国参考书？纵能，他们购买力能否胜任？这些问题都是本文的前提，断断不能漠视。

我国的医学校良莠不齐，所造就的学生自然也参差不齐。这纯因为教员讲书，任己意增减，不肯顾学生的需要，结果便畸轻畸重，成为畸形的发育。如有标准教科书印行，则教员有所依据，有所参考，全国医学生的程度便有划一的可能。

现下的医学生，有的买外国书，有的买现有的几种医书，有的专靠讲义。近几年来金贵银贱，一本西籍，动值四五十元，学生那能买得起。况且医学生的外国文程度，大半都很低，常把科学书当外国文课本念，那能深悟其中的旨趣。试想现在这种畸形状态下，医学教育怎能发达。

现在我们为医学教育普遍计，为教授求标准计，为学生购买省费计，都不容不注意教科书。

医学教科书的标准

医学教科书应急急编订，已成显著的事实。第编订标准，尤应预定，始不致引入歧途，贻误青年。姑就鄙见所及，假拟如下：

1. 须由专家担任编译。医学各科非专家不能窥其堂奥，逐译和编纂，皆非普通医师所能胜任。不然必致曲解百出，增减失当。以前印行的医书，所以不能充教科书用者，此为最大原因。现在如果要编制精当详明的教科书，不是专家绝对办不了。

2. 须以本国现实材料为基础。我国人体在解剖上的大小，多与欧西不同，宜依据现实情形以正学生之观听。各种疾病尤应以己国状况为单位，直译的东西医籍，那能算作本国的教科书！其余发病率和死亡率等，各国的数字都不同，那可不用本国的材料来教学生！但是这些材料现在还没有，有的也未必可靠，所以在目下及最近的未来时期中尚不能一概而论。

3. 须求精详。教科书与普通医书不同，因为学生对于此种知识毫没有宿养，非精详不能明了。关于技术方面应该清楚简单，才易仿行。关于学理方面，应该丰富扼要，才能透澈。现在的医书不失之冗，便失之略，配得上“精详”二字者绝少。

4. 须采用审定名辞。医学名辞，现在大致都已审定，编译书籍自应采用，以求划一。

5. 须有精美插图。插图在医籍中的地位，可说是较文字尤要。我们现有的医籍，插图皆极拙劣。其原因：一由于本国印刷术幼稚，一由于吝惜费用。现在印刷进步，已能制精美的色图，此种困难自无庸顾虑。至于费用一节，果由团体担任，便不成问题。

6. 须采用语体。文言不能充分叙述现代科学知识，已无庸讳言。现代文学胜过古文，也就是在此一点。至于语体文容易了解，适合学生脾胃，更是显而易见的事。然而我国现有的医书仅有一两种是语体，这实是我们医学界不进步的表征。

现有的医书

现有的医书，可以说与上述教科书的六个标准完全不符。丁福保所译的几十种，已渐归淘汰，姑且不论。其余博医会、同仁会、商务印书馆和私人版的书，总计不足百种。固然我不能说都不好，但是合乎上述教科书标准的，可以说一本都没有。其中十分之九都是普通医师所编译，至于引用本国材料，插图精美者，更如凤毛麟角。兹为参考便利起见，将现有的医书，分类列表；但是表中所列，仅搜集可供教科书用的医书，其余还有几十种，便一概除外，以免繁芜。

第一表　解剖及生理学

书名	孔氏实地解剖学	格氏系统解剖学	路氏组织学	解剖生理学	解剖学	解剖学提纲	哈氏生理学	生理学
编或译者	鲁德馨译	Shields Ingle 译	Shields 译	Lyon Fulton 译	张方庆译	汤尔和译	吕钟灵译	蔡翘译
出版者	博医会	博医会	博医会	广学书局	同仁会	商务印书馆	博医会	商务印书馆

第二表　病理及细菌学

书名	史氏病理学	病理总编	病理各论	病原学	近世病原微生物及免疫学	秦氏细菌学	细菌学检查法	实用细菌学
编或译者	McAll 译	周威、洪式间译	洪式间译	余溃编	汤尔和译	余溃、李涛、汤飞凡译	林宗扬编，李涛译	姜白民编
出版者	博医会	商务印书馆	商务印书馆	商务印书馆	商务印书馆	博医会	协和医学院	商务印书馆

第三表 药物学

书名	中华药典	贺氏疗学	实用调剂及处方	伊氏毒理学	西药配制大全	艾古二氏实验药理学	药理学	药理学
编或译者	卫生署颁布	Ingram 译	刘步清著	李雨田译	潘经著	于光元译	余云岫译	刘懋淳译
出版者	卫生署	博医会	刘步清	博医会	学术研究会	博医会	商务印书馆	同仁会

第四表 内科、小儿科及诊断学

书名	内科全书	欧氏内科学	近世小儿科学	毫慈儿科学	诊断学	斯氏实验诊断学	内科临症方法
编或译者	汪尊美等七人编	Cousland 译	程瀚章译	富马利、周仲彝译	汤尔和译	孟合理、江清译	Cormack、McAll 译
出版者	商务印书馆	博医会	商务印书馆	博医会	商务印书馆	博医会	博医会

第五表 外科

书名	外科总论	绷带缠法	局部麻醉	实用外科手术	罗卡两氏外科学
编或译者	葛成勋、孙柳溪译	富马利译	杨蔚孙译	汪于冈译	孔美格、管国全译
出版者	商务印书馆	博医会	同仁会	商务印书馆	博医会

第六表 产科及妇科学

书名	近世妇人科学	葛氏妇科全书	伊氏产科学	生理及病理胎产学	铎氏产科学	产科学
编或译者	汤尔和译	鲁德馨等译	Niles 译	杨元吉编	林肇光译	张方庆译
出版者	商务印书馆	博医会	博医会	杨元吉	博医会	同仁会

第七表　皮肤花柳科

书名	皮肤病汇编	海氏梅毒详论	最新花柳病诊断及治疗法	男子花柳病新编
编或译者	杨传柄译	杨传柄、鲁德馨等译	姚泊麟译	单惠泉译
出版者	博医会	博医会	改造与医学杂志社	博医会

第八表　卫生学

书名	公共卫生学	罗氏卫生学	公共卫生学	学校卫生概要
编或译者	Leslie 译	胡宣明、黄贻清译	余濆译	李廷安编
出版者	博医会	博医会	卫生署	商务印书馆

第九表　其余各科

书名	薄氏耳鼻喉科	梅氏眼科学	眼科学	近世法医学	基氏法医学
编或译者	于光元、倪维廉译	李清茂译	石锡钴译	上官悟尘译	Stuckey 译
出版者	博医会	博医会	同仁会	商务印书馆	博医会

上边所载的医书共五十五种，可以包括市上流行的医书；就教科书论，占有绝大势力。今分别论列于下：

1. 就出版者论，以博医会出版的书最多，其次为商务印书馆和同仁会（东京）。其余各处所印行的书仅占百分之十。

2. 就编或译两项来分，译占百分之九十，编者占百分之十。而编者中仍带有几分译自他书的可疑。是知我国医学程度仍是生吞活剥的时期，还没进到自己编书的阶段。

3. 就编译的人论，有些是普通医师，有些是非医界的文人，至于由专家迻译者最多不过百分之二十。由此我们可以想见翻译的人多半不能胜任。

4. 就内容论，采用语体者，仅有汤尔和译的《解剖学提纲》，但是一幅图都没有，自然不合教科书的标准。至于就印刷和插图来论，同仁会所出的书，尚勉强对付，其余都不及格。这全因以前印刷术幼稚和不肯花钱制版的原故。若以插入本国现实材料来说，除了《欧氏内科学》有一点外，其余大概都是直译。所以现有的医书还不能拿上述标准来批评。

果然拿上边所述的教科书六个标准来评骘现在的医学书，可以说没有一本能及格，也正是现在急急需要编译教科书的惟一原因。

此外还有应该附带声明的，就是各学校的讲义，第一因为没有印成书，第二因为流行不广，所以一概略而不论。

教科书的发行

教科书的发行，不外下列四端：

1. 由个人发行。3. 由政府发行。

2. 由书铺发行。4. 由学会发行。

因经济上、售卖上的不便，医学书籍决难由个人发行。至于由书铺发行，因为他们纯以赚钱为目的，刷印纸张，插图都不精细，甚至专欢迎简短的医书，例如商务印书馆所发行的几种，就是犯这种病。所以个人和书铺都不能发行好的医书。

由政府发行医学教科书，本来很好，但是政局不稳定的我国，恐怕担不了这样繁重的责任。假如等到政府能担负的时期才编译，岂不是“河清难俟”，缓不济急吗！

由医学会编译教科书，第一专家极多，易于着手；第二经费易筹，印刷能精；第三不以赚钱为目的，定价能廉。有此三利，所以最好由医学会担任编译教科书的责任。

现在发行医书的学会有两个，一个是博医会，一个是同仁会。但是同仁会发行的书截至现在，只有四种，尚在萌芽时期。好坏不论，只看他们仍然袭用日本名辞，且在东京印行，便可知他们确含有几分文化侵略的意味。

博医会发行的医书，共计有四十余种，由外国人迻译者占十之八九。试想外国人译中文书是多么艰苦；他们竟不辞劳瘁，为人作嫁，这实在是可钦佩的事。在此我不能不代表中国医学界向 Consland，Shields，McAll 这些人道谢。同时我认为编译中国医学教科书是中国人自己应作的事，外国人代作，便是耻辱。所以我希望全国的各科专家丝毫不存苟安、怕难、取巧的心，赶快的毅然担起这种工作。我们要知道将来中国医学发达的迟速，全靠现在的人是否肯给他们一条直达的捷径？也就是肯不肯给他们编完善的医学教科书？

博医会发行的医书，最坏的地方是译者不必是专家，甚至不是医学家，所以很多的书去取不当，解释不明。

其次各书都采用文言，往往辞不达意，尤其是非医界人所译的书，此种地方最多。固然此种责任有关执笔政者的能力，但是文言不能充分叙述精细的科学，已可证明。

还有插图都不精美，这是因为以前中国印刷工业幼稚的原故，前已说明。但此层极易改善。

教科书的编译办法

医学教科书由医学会编译，既然适宜，现在的中华医学会，又是中国博医会和中华医学会的结合体，自然还应该继续担任这种工作，完成以前重大使命，此就理论上说，毫没有怀疑的余地。不过以前的办法，多有未当，应加改良罢了！

1. 应设出版部

出版部的职务：（a）担任向各专科学会，或各科专家接洽编译教科书。如请眼科学会担任编《眼科学》，生理学会担任编《生理学》。

（b）担任润色文字：医学家的文学艺术，多半都很平凡；所以编译的教科书，都应该由出版部润色一遍，以期文从字顺。

（c）担任校勘：印刷教科书关系重要，如无相当经验，必致错误百出，鲁鱼亥豕，误人实甚。现在流行的医书几乎每页都有错字，读者误会，影响极大，所以校对者，必得内行才成。

2. 组织审查会：由各人送来发行的书，有没有出版的价值，关系很重要，非加以审查不能冒昧出版。每书发印以前，应该临时邀请三五专家组织审查会，决定是否有发行的价值。至于审查标准，自然是按照上边所说的六项了。

3. 奖励编译教科书：编译教科书是最艰苦的工作，真可说是费力不讨好，所以多不乐为。要打算教他们乐意编，应给他们种种便利，减轻他们不必要的痛苦，如誊写、润色、校对等，可由学会担任。若是一人不能编译的书，会中应设法集合多人分担，以完成之。此外更可用金钱、名誉等等酬劳著作人，以引起各专家的兴趣。

4. 基金：一本医书的印行动需千元或数千元，非有雄厚基金，不能担负发行的重任。前博医会出版部的基金既然很丰裕，仍旧请他们继续担负这种事，可说是驾轻就熟。

5. 编译的先后：医学书中无论编或译，一本都未印行的科目，现在还很多。例如X光学、寄生物学、生物化学、精神病学、神经病理学、矫形学、传染病学、微菌学、新医学史等等，自应先行着手。已有译本的，无妨稍缓，已求各科平均发展。此外更可就人才便利上，酌定前后，例如有一位解剖家愿意担任这种工作，便可请其按照标准，编译《解剖学》。编好，审查完毕，即可代为发行。

发　卖

教科书既以普遍为目的，售价即宜从廉，首应顾及中国社会的经济状况，务必使定价适合学生购买力方可。成本过昂的书，可定特别优待学生的购置法。此外代卖的商店，应遍及全国各省，至少每个医学校所在地都应有一处代卖，如此才能流传的广，销售的多。博医会书现在北平竟没有正式代售的商店，所以销路不畅。据现在统计全国有医学校的地方共十六七处，计有二十个以上的医学校，除去几个用外国语的学校，每学校一班以三十学生计，每年每种书至少可销五百册。如果每种书一次印一千册，二年便可售罄。就教科书本身论，每二年改订一次，也不至落伍。不过实际销售是否能那样速，那就要看会里的宣传和医界的合作了！兹拟定全国代售医书的地点如下：

北平、天津、保定、太原、南京、上海、杭州、长沙、南昌、广州、贵州、成都、开封、济南、沈阳、哈尔滨、福州。

结　论

（一）医学教育非有良好而且用国语编的教科书，不能发达，所以我国此时应急急的编辑。

（二）编辑标准有六：即由专家担任，采用本国材料，精详，审定名辞，插图精美和语体六种。

（三）现有的医学教科书，仅有五十余种，都与教科书的标准不合，所以不能用。

（四）教科书最好由学会发行。中华医学会应继续努力。

（五）编辑办法是：设立出版部，组织临时审查会，奖励编辑者和预筹基金。编译的次序，是按着最缺少最需要的科目先行着手。

（六）教科书的定价宜廉，代卖处宜多，每二年应改订一次。

（载《中华医学杂志》1932年第18卷第6期）

1933 年

一年来中国出版界鸟瞰

梗　生

一九三二年之中国，自始即因锦州失陷与淞沪战祸点缀而成为邦家多难，凡百暗淡之一年；迄至今岁，更益之以榆关、热河之陷，平津、华北之危，土崩鱼烂，险象环生，民族命运，已濒于存在与灭亡之最后试验时期。夫政治为国家整个生活之绳则，今日中国之政治既因外寇之凭凌与统治之失轨而达于空前纷扰之阶段，则文化状态自必然受政局之影响而呈现衰颓，而一年来出版界之萎靡不振，亦不过由文化界之全部“不景气”中所反映而出之现象的一角而已。兹请就个人观察之所及，概述一年来出版界之演进实况，以供读者之参考，兼为服务于文化事业之同人勉焉。

就大体言之，自去岁以迄今春，出版界实普遍呈现每况愈下之观。若以慰情胜无之标准言，则差强人意之动向有二：一为社会科学之研究热；一为左倾文学作风之普遍。而其几于普遍之缺点，则有一事不能不使吾人严重惋叹者，即对现实权威之屈服与逃避是已。

据生活书店二十二年编行之全国出版物目录汇编计算，文学书籍，凡八百二十七种，社会科学类书籍（包含政治、经济、法律等）则合计一千余种，而宗教部门为最少。此种统计，虽嫌荒略，且时间并不限于最近一年，然出版界风尚大致之所趋，则的然为不可诬。而自“九一八”、“一·二八”事变以来，国人蒙受实际之刺激，多数定期刊物与不定期刊物，鼓吹抗日御侮而外，尤莫不以社会学科为其研究与发扬之重心。其间灼然可言者复有数事，一曰中国现阶级社会性质与出路之研究；二曰日本与苏俄之研究；三曰农村经济与农民问题之研究。关于中国社会性质与出版之研究，除专著及译述外，有神州国光社《读书杂志》《中国社会史论战专号》之行刊。关于日本与苏俄之研究，除专著及译述外，专门刊物，有《日本评论》与《苏俄评论》。关于农村经济与农民问题之研究，专门刊物除《村治月刊》外，各大刊物，专论专号，踵出至夥，译述刊发尤多。凡此皆年来关于社会科学研究之概略也。至刊物方面以此类研究为中心，而在出版界占有相当地位者，有中央大学出版之《社会科学季刊》，神州国光社出版之《读书杂志》，中国文化科学社出版之《文化杂志》，北平再生杂志社出版之《再生月刊》，申报馆出版之《申报月刊》，中华书局出版之《新中华》，商务印书馆复刊之《东方杂志》等。周刊、旬刊、半月刊之层出不穷，为一年以来出版界空前新颖之事实。其著者旧有《上海生活周刊》、《北平国闻周报》、《社会与教育》外，有《华年周刊》、《独立评论》、《时代公论》等。而纵横驰骤，风靡论坛为多数论客孜孜争取之唯物论辩证法武器之运用，则确为年来中国出版界进步之征象，与蓬勃蔚郁之生机者焉。

次言左倾文学作风之普化。关于此项情致可得而言者，首为左翼联盟之活跃，次为文艺论战之飙起，而其显著之影响则为电影界与戏剧界方向之转换，左翼联盟盖以为革命而艺术之旨趣，相号于时，其中心人物为鲁迅、茅盾等，其主要刊物为《北斗》、《烽火》、《文学月报》、《文艺新闻》及《文艺新地》等，而《文艺新闻》尤为其对于论敌扫射之武器，就作品言，时代色彩较为浓厚且最足为左翼文坛生色者，小说有茅盾之《子夜》，戏剧则有田汉之《一九三二的月光曲》。文艺论战起于《文化评论》创刊号胡秋原君所著《文艺理论》之论文，成于《文艺新闻》记者之反驳，自是而后苏汶、鲁迅、陈雪帆等，俱有论述，双方亦俱以排斥艺术至上主义为其立场，所争议者，如何依此立场，从事开拓而已。电影界受此种作风之渲染而成功划时代之新片为《三个摩登的女性》。此片盖记一少年电影演员，受其已毁婚约之未婚妻所感，愓然于自己在银幕之表现，适供有闲阶级之狎玩而同情劳苦之群。未婚妻者电话局之接线生也，领袖工人，要求资方改良待遇，为资方所忌，撤去其职，屹然意不稍沮，从容闲暇导其未婚夫遍游贫民之窟，以透视现实社会之究竟。艺术大众化之意味，此片表现火候纯青矣。

至关于对现实政治权威之屈服与逃避，其显著之征象不外二端：一为书局执事着力于中小学教科书及儿童故事书之竞争；二为一般刊物对于现实统治之积极的阿谀，消极的幽默。而其原因则为真正言论自由始终埋没于烟幕迷离之下，畅所欲言之境，似去今日之中国明文规定之期尚远。言之既不能畅，于是而以不言言之，而以阿谀言之，自为势所必至之事实。否则言犹在耳，言之者已不堪设想矣。书局执事以牟利为鹄，正则言论既往往而不利，则不如另觅利源，年来出版界另一部分之趋于市侩化、骗钱化、性史化、春宫化者，胥书贾别求“出路”之表现耳。书贾如此，作家中之双眼别具者，更不乏以貌似“中立”之态度，实行与统治者演“双簧”者。此盖受现代评论派悉为今日红员之事实的刺激，因前车可鉴，乃发愤有途也。年来出版界又一部分之牛鬼蛇神，身在江湖，心存魏阙，装腔作势，送往迎来者，举阿谀言之者现形耳。吾人不必责铜臭书侩以出版界之人格，更不屑责巧阿谀学者博士以出版界之人格，居今日而言出版界之人格，而图维系出版界之人格，“幽”而“默”之，其延年益寿之道乎？是则不能不谓蜂起争鸣之中国出版界中之特有现象也。

近顷出版界之所以日形下坠，在于受客观之束缚而自趋逃避与堕落，实为文化前途之重大危机，而知识界之自觉与斗争，则为打破现状、觅取光明之先决问题，吾深愿整个文化界能认清此点并继之以实践也。

廿二，五，十七。

（载《民治评论》1933 年第 1 卷第 50 期）

中国的出版事业

彳　亍

中国的出版事业，向不发达，因为从前要印一部书，必须先雕版，一部书之成功，要费了许多金钱和时间，所以当时的出版事业，多是官办的，如清代皇家在京中印出的叫做殿本，各省有各省的官印局本，私人经营的出版事业，可说是很少，有之，只是印一些零碎的小说书。自从海通以来，因为印刷的便利，出版事业亦日趋发达了，尤其是近几年中，国内受了新文化运动的鼓荡，出版事业更呈蓬勃之气象。可是其中亦有或因思想关系，或因经济不支，封闭及停业者，亦日所有闻，而前岁沪地商务印书馆总厂，遭日军炮毁，尤为莫大损失。现在我写出一些国内出版事业的近状，谅是读书界所欢迎的。首先要来叙述，当然是在上海，为的是上海已成中国出版事业的中心，以次及于北平、南京、广州等诸地。但调查偶有未周，还待将后的逐渐添补。看，下面就是我的正文。

上　海

上海的出版事业规模以商务印书馆为最大，中华书局次之，世界书局又次之。专营新书业者，则当推开明、北新、现代等数家，兹特分别述之。

商务印书馆，创业已二十余年，资本五百万元，分馆遍各地，总经理初为鲍咸昌，现则为王云五。该馆自前年总厂被毁，元气大损，近设印刷所于大连湾路，已逐渐恢复原状矣。

中华书局，创立亦近二十年，资本闻有三百万，经理仍为陆费逵，编辑则有舒新城、钱歌川、周宪文等，新出《新中华》，销路甚广。

世界书局，创立已十余年，由广文书局所改组，资本云有五十万，经理乃沈知方，总编辑为范祥善，前年复添设世界储蓄银行，俨然与商务、中华而鼎立。

（以上三家，出版皆以教科书为大宗，兼及各科书籍，而商务之《万有文库》，《世界之 ABC 丛书》，更为读书界所称道。）

泰东图书局，在上海最初出版新书，创办人为赵南公，当时曾出创造社、浅草社等丛书，于中国学术界贡献甚大，又一度聘范香谷编《泰东月刊》，后该刊遭禁，而赵又因投机事业失败，故许久不见其出新书矣。

亚东图书馆，以出版《胡适》与《独秀文存》及标点旧小说而出名，创办人乃汪原放，和胡适等为同乡云。

北新书局，初创于北平，由李小峰主持，以出版鲁迅著作及《语丝周刊》而出名，后迁上海，由李志云任经理，赵景深任编辑，大批出版郁达夫、冰心、章衣萍、许钦文等书籍，一时出版界上顿形热闹。前岁因《小猪八戒》一书，受累非浅。近闻该局已划分两部，一为青光书局，专出文艺书籍，一为小学生书局，专出小学生书籍，而此后出版倾向，亦注重教科书云。

光华书局，民十四由张静庐、沈松泉、张松涛等所合办，曾出版《洪水》、《幻洲》、《狂联合飙》等刊物，风行一时。历年所出之文艺社会书籍，亦颇得读者欢迎，尤以漆树芬著之《经济侵略下之中国》一书，再版至十余次之多。民十九，张静庐退出光华，另创书店（后该店不久并入现代书局），于是光华遂归沈松泉、张松涛二人经营。去岁聘周起应编《文学月报》，销行甚广，惜六期后即停止。又闻最近该局出版倾向，仍注力于文艺及社会书籍云。

开明书店，章锡琛主办，章本任商务印书馆出版之妇女杂志编辑，后因故离去，另创《新女性月刊》，旋复续办开明，该店最初出有《一般》、《文学周报》等刊物，及叶绍钧、黎锦明、茅盾、巴金等作品，近年则注意于中小学课本。所出林语堂编之《英文读本》，夏丏尊等编之《中学生》杂志，以及《开明活叶文选》，销行之广，堪称一时无双。

现代书局，洪雪帆所创办，设立仅六载，出版书籍达千余种，去年且自设印刷厂，添加资本，近则颇具活气。所出如施蛰存、杜衡合编之《现代》，宋易编之《现代儿童》等刊物，皆销行至二三万册，堪称新书业中之巨擘。

新月书店，乃胡适、徐志摩等所创办，出有《新月月刊》、《诗刊》等，自前岁徐志摩飞死后，颇少活气。

神州国光社，初则专出名人书画集，人多不注意及之，自国府要人陈铭枢投资后，聘王礼锡为编辑，出版创作及翻译，一跃而为新书业之骄儿。该社出有《读书杂志》（是刊主编本乃王礼锡，自王出国后，由胡秋原主持之)，撰稿者有李季、陶希圣、张竞生等诸名流，出版以来，大得读者欢迎。去岁该局复附设神州函授学社，广征青年入学，闻一时加入者颇众云。

大江书铺，系陈望道、施存统、汪馥泉、冯三昧等所创设。所出诸书如陈望道著之《修辞学发凡》，陆侃如著之《诗史》，刘大白著之《中国文学史》，丁玲之《韦护》，茅盾之《宿莽》等，皆内容甚佳。现闻该局将出《百科文库》一种，以最低之价格，发售于读者云。

乐华图书公司，由陈惟清创立，出有王独清、郭沫若、张资平、李达等著作。去年复出《出版消息》一种，颇受读书界所欢迎。

中学生书局，由开华书局所改组，出版诸书，颇合中学生脾胃。刊物曾出有《文艺杂志》，三月一出，乃柳亚子主编，出四期而停。又闻该局现任编辑为高圯书。

光明书局，初专出三民主义等书籍。自前岁起，始出文艺著作，出版如张资平之《上帝的儿女们》，谭正璧之《中国女性的文学生活》，均销路甚广。

文艺书局，所出多文艺书籍，如张资平著之《天孙之女》（已有英日两国译本），郭沫若译之《战争与和平》（原著者为俄国托尔斯泰），皆为不朽名作。近闻该局聘李盛林为编辑，将续出大批新书。

华通书局，创办已有五年，所出多长篇巨著，如伍光建译之《山宁》及《狭路冤家》，魏以新译之《战争》，皆篇幅很厚之书。闻该局现任经理为王怀和，编辑则为余祥森，最近将出巨书有杨荫深著之《先秦文学大纲》（计四十万字）及社会书多种。

群众图书公司，开办已十余年，由方东亮所经营，出版书籍，新旧文艺均有，前曾聘丁丁编《絜茜月刊》，二期后即停。

新中国书局，开办已三年，出有郑振铎、巴金、施蛰存等作品甚多。近则努力出儿童读物，如《我的画报》一种，销路已逾二万。

黎明书局，几个复旦大学毕业学生所创办，出有孙寒冰等之社会书，伍蠡甫等之文艺书，中以《大地》及《儿子们》二书（该书均为美国巴克夫人原著），销行至数万册之多。

新生命书局，乃周佛海等所创设，初由新生命月刊社所改组，现

《新生命》早停，专出社会理论书籍，虽间亦出文艺书，但不多。刊物近有《社会与教育》周刊一种，销行甚广。

生活书店，乃生活周刊社所创办，出有胡愈之、陈彬龢、邹韬奋等著作。闻近拟出《文学杂志》，已聘茅盾为主编。

太平洋书店，出有社会政治经济等书籍甚多，闻最近拟出《百科小文库》一种，已特约诸名家撰述中。

良友图书公司，粤人所创办，以出《良友画报》得名。前岁该公司聘赵家璧编《一角丛书》，颇得读者爱赏，近复续出《良友文学丛书》，内有鲁迅、郁达夫、张天翼、巴金等著译，皆为国内第一流作家。

民智书局，所出多党义书籍，创立已十余年。

三民书店，所出皆三民主义等书籍。

南强书店，为粤人所创设，所出多社会科学书籍。

女子书店，乃姚名达所创办，所出多妇女用书，近新出《女子月刊》一种。

儿童书局，专出儿童用书及有关于儿童教育书籍。

卿云图书公司，乃陆友白所创办，所出书如《古本金瓶梅》、《海外缤纷录》等，颇合小商人之阅读。

亚细亚书局，出有孙席珍、左干臣等著作，及许多标点旧诗词。

新文化书局，出有许多标点旧小说，及初期新文艺作品。

启智书局，所出文艺及社会书颇多，近则专出标点旧小说，售价甚廉。

华风书店，去岁成立，所出皆社会科学书籍。

湖风书局，出有文艺名著颇多，曾聘丁玲女士主编《北斗月刊》，风行一时。

昆仑书局，出有李达、陈启修等社会科学书多种。

群学社，出有许啸天分段标点旧书多种。

正午书局，乃谭计全等所创办，出有罗西、张天翼等小说多种。

天马书店，今岁新成立，出有鲁迅、郁达夫、茅盾、周作人等著作。

新时代书局，出有《新时代丛书》及《新时代月刊》，作品以曾今可为多。

文华图书公司，出有《文华》图画杂志，及《现代学术》、《女学生》等刊物多种。

辛垦书店，出版多社会科学书籍，刊物有《二十世纪》。

作者书社，自行出版书籍不多，专为代售书店。

建华书局，出有《木棉集》等。

蔚蓝书局，今岁新成立，出有曾仲鸣、汪精卫等著作。

广益书局，昔则多出普通用书，今则亦出新文艺作品及儿童用书，去岁曾聘周乐山编各种教科书，现已陆续出版。

大东书局，开办已多年。昔日专出礼拜六派小说，近亦出新文艺及社会理论书籍。前岁出《现代学生》一种，颇得学生界所爱读，闻该局现任经理为沈骏声，编辑则为孟寿椿。

合众书局，出有鲁迅之《二心集》等。

群益书社，出有英文书籍多种。

新学会社，闻为中央委员庄菘甫所创办，出有农业书多种。

嘤嘤书屋，曾一度改名为未央书店，出有刊物多种，如《南华文艺》、《艺风》、《文艺茶话》等。

新书店除上述外，尚有晓星、小小、民治、大申、少年、中外、红叶、知行、全民、长城、新亚、汉文、新光、新中华、出版合作社、时代美术社、南国、三星等书局。下则专述旧书店，及专出低级读物之出版机关。

扫叶山房，明末开办，为上海最古之书店，所出经史子集及杂著等多种，近年亦出标点书。

文瑞楼，所出亦多经史子集，创立亦已久。

千顷堂，出有中医书籍甚多。

校经山房，出有《校经山房》等丛书多种。

中国书店，专售旧书，自印书不多。

受古书店，印有几种市上已绝版之旧小说。

汉文渊书店，自印书不多。

蟫隐庐，出有金石书多种。

来青阁，印有丛书多种。

求古斋书局，印有碑帖甚多。

尚古山房（同上）。

有正书局，狄平子所创办，出有碑帖字画多种。

会文堂，出有旧小说及法律书多种。

锦章书局，出有旧小说多种。

中原书局（同上）。

新智书局，出有礼拜六派小说多种。

新华书局（同上）。

国华书局（同上）。

锦文堂，所印《元曲大观》，甚精雅。

中西书局，专出武、狭等低级小说。

大中书局，出有标点旧小说多种。

大众书店，出有程小青等侦探小说多种。

南星书店，出有韦月侣、赵林少、韦雨苹等小说多种。

新民图书公司，出有低级小说多种。

中央书店，平襟亚所创办，出有章回新小说多种。

文明书局，又名进步书局，出有碑帖及笔记等书。

曼丽书局，出有低级小说多种。

好运道书局（同上）。

新亚书店，出有挂图及表册地图等多种。

启新书局，出有旧小说多种。

文益书局，出有宝卷歌曲及低级读物多种。

沈鹤记（同上）。

蒋青记（同上）。

除上述外，又有益新、玫瑰、春明、震华、清华、时还、百新、大通、勤奋等书局。更有武学、军政（专出军用书）、医学、中医、幸福、博医会（专出医药书）、青年协会、广学会、协和（专出耶教书）、佛学、佛经流通社（专出佛教书）以及利利公司出版部（专出故宫画片）、艺苑真赏社（专出画片）等书局。

现已停业者书局多家，兹据予个人调查所得，关于新书业一项，杂记如下：

水沫书店（出书甚多，乃刘呐鸥所创办，初名第一线书店）、复旦书店（后改名为尚志书屋，不久亦停）、明日书店（许杰等所创设，曾出王以仁等著作甚多）、远东图书公司（汤澄波所创办，曾出《文学周报》）、乐群书店（张资平所创设，曾出陈豹隐等社会书）、春潮书局（夏康农、张友松等所创办，出有文艺书多种）、平凡书局（出有高希圣等社会科学书多种）、春秋书店（出有李达等著之社会科学书，丁玲等著之文艺书多种）、新宇宙书店（乃粤人创办，曾出张资平、王独清、金满成等文艺书多种）、春野书店（曾出《太阳丛书》及《太阳月刊》）、真美善书店（曾孟朴、虚白父子所创设，出有文艺小说及月刊多种）、金屋书店（邵洵美所创办，出有月刊及小说多种）、芳草书店（黄中创办，出有滕固、陈白尘等创作多种）、人间书店（出有魏金枝、朱溪等著译，又曾出《人间月刊》，沈从文主编）、时代书店（董每戡、金溟若等创办，曾出《未明月刊》）、大光书店（曾出《前锋周报》及《青灯月刊》）、协谋图书公司（曾出文艺小说数种）、南华书店（同名有二，一曾出《现代文化月刊》。二曾出向培良主编《青春月刊》）、文献书房（郑伯奇所创办，旋停）、美的书店（张竞生所创办，曾出《新文化》、《情化》等月刊）、励群书局（赵梓艺等创办，曾出《血潮月刊》及丛书多种）、江南书店、沪滨书局（均为创造社同人所开设，所出以社会科学书籍为多，不久皆相继停）、上海书店（出有李季、陈望道等书籍，不久被封）、梁溪图书公司（乃黄济惠所创设，出有陶乐勤标点旧小说多种）、支那书局（曾出王独清编之《展开月刊》）、金马书堂（出有伍光建等翻译小说多种）、前夜书店（祝秀侠等所创立，旋停）、联合书店（张静庐等所设立，后并入现代书局），此外则又有新兴书局、X 书店、马来亚书店、小书店、东南书店、红黑、狂飙、创造等出版部，及新东方、真理等诸书局，此仆彼起，共计数十余家。

北　　平

北平在五四运动时，为新文化之总枢纽，出版事业十分发达，近年亦尚未见衰，兹调查出版机关如下：

北新书局，最初创于北平，出有文艺书甚多，自南迁后，北平设有分局，然出书均在上海矣。

文化书社，出有教科书及文艺书多种。

朴社出版部，出有顾颉刚之《古史辨》，杨振声之《玉君》，俞平伯之《忆》，郑振铎之《插图本中国文学史》等多种。

海音书局，出有《柳风》等小说多种。

北京书局，出有《姜华》等小说多种。

人文书店，今岁新创，出有周作人等作品多种。

好望书店，闻为陈启修等所创办，出有社会科学书多种。

西北书局，近出有《文学杂志》，销行甚广。

星云堂书局，出有王杞余等小说多种。

东亚书局，出有《资本论》等社会科学书多种。

沉钟出版部，出有《沉钟丛书》及《沉钟半月刊》，乃陈翔鹤等所创立。

未名社出版部，出有鲁迅、韦素园等小说多种，近闻已停。

晨报出版部，出有陈慎言等小说多种。

除上述外，尚有大众、青年、立达、著者等书局，亦均出有书籍。

（载《中国出版月刊》1933 年第 2 卷第 1 期）

中国新书业之过去、现在与未来

家　祥

要提到中国的新书业，可说是从五四运动以后才开展的！五四运动是中国一个重要的文化运动，新书是文化运动的传播者，它毫无疑义是与文化生与俱生的。现在我们纵观中国新书业，在时间上是由民国八年开始，而以民国时期十七、十八，二年最甚；在空间上先是北平为出版新书的中心，而后渐渐移到上海来。原来上海不但是全国的经济中心，而且慢慢的要变成文化中心，既是人才集中地，又有丰富的原料。在将来，出版新书的地点，也许上海永远执着全中国的牛耳罢？

我们不可忘记的过去新书的两个大潮：第一个是五四后文艺方向的新书潮流，那时有很多的诗集、小说集、戏曲集出版；那时因为反抗旧社会的封建制度，新书的内容都是讨论些局部的问题，并大量的介绍外国作品，不论是俄国的托尔斯泰、法国的莫泊三，或挪威的易卜生，我们都能在新书中看到；在民国八年到民国十六年的八［九］年当中，我们说新书权威是被文艺作品占领的，这话绝不夸大，虽然文艺书籍出得并不多，也有些哲学和教育等作品夹杂在内！至第二个潮流，是属于社会科学的，特别是政治和经济的书籍，翻译外国的、个人著述的，都出得很多，而且销路都很好。虽然从十七年到十九年，这短短的三年中，光新书店就增加几十家，这也可见其一斑。那时新书大半都讨论唯物史观、辩证法等，都是些深奥的理论出产，什么马克斯、恩格斯、蒲列哈诺夫、考茨基、列宁，不论在那本书内，我们都能看到他们的名字。智识界，尤其是学生份子，都欢喜买几本这类的书放在案头；据可靠的估计，那时新书店总计，每天要销两千部呢！

然到了现在，社会科学的新书潮似乎过去了，代之而起的是教科书潮，不论是资格最老的商务、中华，或是后起之秀的开明、世界，他们都争着出教科书，什么“新时代”、“新中华”、“标准”、“最新”等，名目不同，而出书则多多益善，这种现象并不是新书业的好现象，而是因种种环境造成这种局部退后现象，我们希望这种现象时期不要过久，再替新书业开个另外现象。

但现时还有一种现象，这种现象也许是将来新书业开展的预兆罢！那就是刊物的众多，真比上风翻云涌，不论是周刊、旬刊、月刊、季刊、不定刊等，报摊卖的、书店卖的，都是很多；而其内容，据人调查一千四百种刊中，还以社会科学为多，在社会科学当中设论最多，又为抗日问题；原来时代产生需要，在新书中也是不可更变的至理！

在最后，要谈到未来的新书业，那毫无疑义的是跟着时代需要产生的一种现象，那绝不是专为学生的教科书，也绝不是为哥儿姐儿的文艺作品，而是趁着抗日问题，一定会产生多量的军事学书、科学书等；如不相信，且看未来的事实怎样表现罢！

一九三三，五，二于上海。

（载《中国出版月刊》1933 年第 6 期）

出版界往何处去

麻　衡

一

出版界的出路问题，因帝国主义之深入腹心腠理的侵略与中国政治经济社会之全盘的破产而更增加了它的严重性。

日本帝国主义在华北的豕突狼奔，既已开始了远东掠夺战争，而整个的国际，也因经济危机，赤白对立，帝国主义火并之一般的深刻化而迫近战争的前夜。中国在现世纪的国际舞台上已经成为汇聚一切矛盾的“东方火山”，帝国主义在中国均衡与独占的明争暗斗，构成了自清末以迄最近之动乱纷扰，外患内忧的现代史。目前，日本帝国主义的独占掠夺业已囊括满热，进窥察蒙平津，使“亡国”问题成为已经部分实现的事实，国际帝国主义更在李顿报书中，设计了中国市场的共管图案。次之，每年照例飞跃之庞大的入超，上海战争中物质上空前的毁灭，因东北四省沦亡而增加之国入，资源上的损失，农村之普遍的衰落，工商业之整个的凋敝，军阀战争的迫害，更互相联系，互相因果，加速了中国社会生活与国民经济之急剧的破产和不安。

在这种万方多难、内外交煎的情势之下，一方面更促进中国政治的黑暗与反动，而直接受着政治支配与社会生活影响的文化，亦因之反映而成为一般衰颓和黯淡。

二

近年以来，思想界在大动乱而严重的时代中，因政治的压迫和本身生活的痛苦，已经遭受着空前残虐的迫害；而在思想界占重要地位的出版界，亦因政治、经济、社会、文化之一般的危机而表现下列各种之衰颓、堕落的严重现象：

一、政治压迫的严重。中国思想界的网禁森严，现在已经达到不亚于中世纪时代的顶点。那止谤禁诽的《出版法》，对思想界已经是一重苛重的桎梏，何况在实际上各地当局所加于出版界的迫害，离《出版法》中所赐与的“自由”还非常之远，一个登载要人贩卖“特货”消息的记者，可以自由枪毙一个在小报上偶然发表诅咒现实的文字的文人，可以加上“反动”的罪名，胡乱逮捕信仰唯物论或鼓吹反帝运动的知识分子，一概在“攘内安外”的实践之中，成为“不可赦”的“反革命”，甚至携有《马氏文通》的人，也被视为沾了马克思的“赤化”而惨遭杀戮！此外更加以登记检查种种的限制，和动辄任意扣留查禁的威胁，使“自由”二字，几乎完全与中国的出版界绝缘！在这种多端戕贼，民权扫地的现状下，中国思想界如何不日趋衰落，出版界如何不日加萎靡？以一切走向繁荣，文化建设已有飞跃成绩的苏联，史达林尚知大声疾呼：“思想落在行动之后！”而我们的中国，却更有无数的大王好汉，拿“行动”把思想生吞活剥地向着十九世纪倒拖！这简直是自导于墟墓的表现，又岂止文化本身的不幸而已！

二、法西斯思想的蔓延。醒狮派的活动，已经是中国法西斯运动的见端，近顷中国政治的强力化与法西斯之向思想界进攻，尤为无孔不入。自鼓吹“大亚细亚主义”与中日“共存共荣”的“吃人主义”的文艺运动“应运而生”后，文艺界的大虫们张着“顺我者昌，逆我者亡”的爪牙拼命向出版界拓殖，我们看到许多书店受着压迫而替慕沙里尼、希特拉等“来路”英雄们鼓吹“伟业丰功”，许多知识分子，或不甘合污而被排斥于文化事业以外，或受着意识的强奸而做“言不由衷”的应声虫。现在，因为日本人张着“大亚细亚主义的血口”咬去了四分之一的中国，以致民族文艺的斗士们也“为之哑然”，不得不“顾左右而言他”，又向低级趣味中找“安慰”去！

三、逃避现实的倾向。帝国主义对中国的吞侵屠杀已经是水深火热，国内政治所加于文化界的箝制压迫又是无所不至。许多知识分子都走到于没落与争斗二者必有所择的分歧点。而出版界就受着知识分子之彷徨歧路的影响，充分表现出逃避现实的倾向：其一，是以“幽默”为标榜的读物的风行。“幽默”就是既不能政治争斗，又不愿绝对沉默（所谓“不想杀身成仁，对于个人论事不论人”）而抒展出来的冷嘲和讽刺，其实际的作用就是既可开心，又不致大伤统治阶级的脾胃而“吃排头”。其二，是儿童读物的“洛阳纸贵”。儿童读物初非在认识上发现国民教育的重要或在儿童教育之系统的设计下而被提倡，而是紧接着江南、南强及其他书店之被查封，书店老板由“生财无道”中想出来的救济，因为向青年或成年人说话，既是或左或右都“不合尺寸”，结果只有把赚钱的对象移在“青梅竹马”的小英雄大众方面。其三，是“小资产阶级革命文学旗帜”的被揭橥，“小资产阶级”，是表示不失亭子间的身份。“革命”，表示还不愿没落，而“旗帜”又是“文学”的，这毕竟比实际斗争安全些了！其四，是各种把反帝争斗的实践推宕至若干年后（上海大学教授前年用“卧薪尝胆”的启示，还要准备“廿年”，然胡适博士最近又指示我们，说非“五十年”不可）之各型各式之“救国论”的五色缤纷，并且传染到一部分的出版界。由基督教的人格救国，以及“钢铁救国”、“读书救国”、“航空救国”、“国货救国”等，其实际的作用都是转移视线，麻醉元元，把“救国”的争斗从现实问题拖到理想或幻想中去。

四、出版事业的芜杂零乱。支配出版事业的，本来不是作家而是书店老板，老板自然惟钱是赚，只问有没有销场，那里会想到甚么是中国文化思想上之迫切的需要。除了商务印书馆对于工具的书籍（中外辞书）还有些功不可没有成绩而外，各种出版物的问世大半是在无计划的冲动中粗制滥造而出。一九二八年点缀大革命余波的是风行一时、“作家”林立的革命小说，以后虽由进步中过渡于社会科学丛书的时代，然而对于各国的名著或各科的重要书籍，还是没有系统的介绍。后来经过政治暴力的取缔压迫，又转向于教科书的刊行，然而对于教科书的编印，除开明比较有成绩而外，许多换汤不换药，以赚钱为不二目的的东西还是非常之多。至若为迎合治者阶级而替希特拉者流播音的书报，更是盲目吹擂，毫无足观！

五、封建思想的回光反照。肃清封建思想的争斗，虽然在“五四”前后之“新文化运动”时代已经开始，然而直至最近，封建思想还是依附着统治阶级作最后的挣扎。在出版界，随时可以找得主顾，利市十倍的，并不是教科书，也不是辩证法唯物论，而是武侠小说，张恨水的作品，尤其是由武侠小说勾摘而成的“连环图画”。第一项的风行是封建社会“以武犯禁”思想的余毒和中小资产阶级政治幻想的反映，张恨水的小说就是张少师式的全部生活的实录！（由鸦片烟、封建诸侯而摩登女郎与华尔斯舞！）连环图画更是深入穷苦层之大众的读物！凡此这些的“不胫而走”，自然是一部分出版界之开倒车的表现。

六、作家待遇的薄虐。许多书店老板与作家的关系，就是资本家和工银奴隶的关系！他们既然受着治者的压迫而营业不振，就更加重对于作家与读者的剥削。所以中国作家待遇的菲薄，堪称冠绝世界；“卖文生活”实际上是许多文人之“沿门托钵”的译语！而且“帮口”紧严，待遇比较好一点的所在，照例是挤得水泄不通，不准没有私交的人们问津！而因为这原故，又形成作家压迫作家的现象，一个书店不得不对为其台柱一二所谓“老作家”“仁至义尽”，同时也就不得不对于群小作家有些刻薄了。

上面的六点，就是中国出版界之现阶段的素描，而且是语焉不详的。试问这是怎样四面碰壁，彷徨衰落的一片荒凉！

三

然而没落的尽管没落，徘徊的尽管徘徊，客观的现实与主观的生存欲还是很严厉地把中国出版界向着争斗的长途鞭策着，时代的狂流不断把中国知识分子卷送于“非杨即墨”之斗争的两岸。一九二九年作家李伟森、柔石等被杀以后，知识分子还是一天比一天的左倾。社会科学与马克斯主义的书籍，还是到处受着群众之狂热的欢迎，许多革命作家已由笔墨的呐喊而走到大众的争斗之中。争论两年未结的中国社会史论战虽然在成绩上不能令人满意，然而总是理论争持，史实清算之向上的努力。本年揭示中国资产阶级墟墓生活与时代狂飙的《子夜》的出版，也是文坛上冲破沉寂的事件。

在这风狂雨急的历史动乱中，出版界应该怎样为自己的生存与民族的生存而适应这伟大而严重的时代？

第一，为实践反帝战争而奋斗。中国全民族最大的，影响整个社会都不得走上轨道的威胁，是帝国主义对中国共管瓜分的双管齐下。出版界不但应为自己和民族的生存而立于反帝战争的前线，尤其为要在思想上尽多方面之领导的责任。日本帝国主义去年为扩大对华侵略而出版的书籍报纸在六百种以上，试问中国出版界对于反对日本侵略的宣传工作的成绩怎样？即此一端，已大够我们痛自忏悔，痛自鞭策了！作家与出版的同业，不但应在宣传上有普遍的反帝动员，而且要求认识和实践打成一片，扩大反帝的组织和行动。

第二，为力争言论出版的自由而争斗。出版言论自由之剥夺罄尽，是中国出版界之致命的创伤。今后出版界必须有大规模的运动，扩大解除纲领，争取民权的运动，而且应使这一运动与反帝战斗直接联系起来。

第三，为突破反动思想的壁垒而奋斗。对一切帝国主义与反动势力的麻醉宣传，出版界应施以正当的批评，并刊行适当的出版物来代替那些。对于法西思想，基于唯心论之材料堆砌的国故整理，逃避现实之各型的“救国主张”，都应在系统的计划与联合之下，做一番消极商榷与积极代替的工作。

第四，努力于教科书与青年读物的批判与整理。对于现在充斥于各学校，糟粕多而精萃少的教科书与一般的青年读物，应由进步的作家在一切的计划和分工合作之下，作全盘的批判，去芜存精，并作大规模的补充与新的供给。

第五，努力于大众读物的供给。作家应该下最大的决心和工夫，准备大批的剧本来代替《啼笑因缘》、《火烧红莲寺》，以及梅尚程荀的古装剧本，撰作并刊行大批的通俗读物来代替连环图画。

第六，为改良作家的待遇与减轻读者的担负而努力。书店老板的争斗对象是统治阶级而不应从作家与读者的找出路。今后出版界应该一致争得作家之标准以上的待遇。

上述五［六］点，就是中国出版界冲开黑暗、自觅前程之必须努力的工作，也就是出版界之非此莫由之斗争的前途！

盼望这简单的引子，能引起大家的热烈讨论和批评！

（载《读书与出版》1933年第2—3期）

出版界往那里去？

民　天

出版界是紧握着一国文化的水准，对于国内文化的推进，学术的供献都负着重大的使命。这是谁也不能否认的事实。

但是请你一顾目前的出版界，鸳鸯蝴蝶及想入非非的作品，仍是充斥着市场。即使一般比较进步的新书业，也在东抄西袭的出着什么代表作，什么模范指导，速成公式，对于真确的文化上，实在没有什么供献。

不过这是不是没有原因的？中国近几十年来的变化是太剧烈了。几千年来黄帝所遗传给我们的封建思想，加上了门户开放后资本主义的侵入，再加甘地、马克斯等学说的薰染，使一般的青年每天在这几个矛盾的状态中打圈着，究竟是该走那一条路？因了青年们思想的不安定，就反映到中国出版界的混乱来。

复次，现在出版的依旧不能自由，也是不可否认的事实。

因了上面的种种原因，出版界为适合环境起见，不得不走到这一条混乱的路。

不过要知道，历史是不允许他们这般继续的。据最近的情形看来，文学决不是几个有闲阶级作无聊时消遣品用的了。也不是为一般文学者作生产之道的铁饭碗；它的本身自有一种力量，将要供献给前进的群众。

所以出版界应该认清着这层，不要再在这样昏乱的场所中彷徨着。历史是在推进着，为文化前锋的出版界，更应自己警惕，为群众的幸福，为学术的进占，负起这重大的使命来！

（载《出版消息》1933 年第 4 期）

最近出版界的大活跃

玄

“一·二八”上海血战的当时，百业恐慌，出版界也不能例外。被烧毁了总厂的商务印书馆固然当即停业，其他的书局也都厉行“紧缩政策”。那时候人人的心里是悲观迷惘，人人的嘴边似乎都有一句话：怎样？

停战协定床［书］上签字以后，大家在悲痛中松过一口气来了。然而市场破坏，金融停滞，百业萧条。那时候，还没看清国联的滑稽戏和李顿调查团的“双簧”绝技的中国人，尤其是小市民，都不免有几分幻想罢？可是肥皂泡的幻想终敌不住残酷的现实，因而那时候人人的心里还是迷惑焦灼，人人的勉强苦笑的嘴角又都挂着一句话：怎样？

怎样呀？看不见出路的一般市民滚油煎心似的焦灼着。这苦闷状态的反应就是出版界的大活跃！一时创刊的定期刊物多到不可胜数。因为一方面果然有很多人要说话，而另一方面有更多的人要听听人家说的怎样。

而于是在百业萧条中的出版界独表示了空前的大活跃！这是出版界的景气时代，是一九三〇年以后仅见的第一次蓬蓬勃勃；虽然在这景气的糖衣内面却是山河破碎的辛酸，前途黑暗的苦闷，可是“人心未死”的灵光也在这里闪耀着，那意义比各团体应景似的电报呼号更见重要。

这大批的出版物自然免不了议论庞杂。然而何足为病！现在这时代，正是各派各党的主张在民众面前受审判被抉择的划时代的时期，除了悲观颓废玩世游戏的态度以至媚外欺内的荒谬言论，此外都应得站到民众法庭的堂上去！

在这时代，主张的庞杂混乱正是历史进展不可免避的阶段，时代的轮子将碾出一道笔直的正轨。人为的取缔是徒劳的！

在这意义上，我们对于最近出版界的大活跃高喊一声：敬礼！

（载《申报·自由谈》1933 年 1 月 25 日）

出版与救国

蒋勉钦

暴日本其一贯之侵略政策，挟其精锐之武器，狡诈之阴谋，封豕长蛇，荐食上国，既陷东北，又毁淞沪，更复袭取热河，陈兵燕冀，虽停战为军事之协定，而侵略有不止之野心，中华版图，不堪再蹙，中华国民，憬然觉悟，群知国亡之无日，思拯救于将来，于是救国方案，救国口号，杂然并起，就吾人所耳熟能详者，则有："教育救国"、"实业救国"、"交通救国"、"科学救国"、"航空救国"、"摩托救国"等，各有其特殊之见地与计画，亦均属切要不可缓之良图，惜仅闻呼声，未著成效，或有疑为不兑现之支票者。此外复有"娱乐救国"、"恋爱救国"等新名词，愈趋愈下，荒谬绝伦，偏有不少人士，正在实践力行，此种颓废堕落现象，有心人真堪痛哭。救国之道多端，虽各有见仁见智之不同，而其出发点必须为救国，其归宿点必须能救国，方不至徒窃虚名，荧惑视听。为标本兼治之计，亟应振起民族精神，作救国御侮之准备，爰于各种救国主张之外，树立"出版与救国"一义，期于出版之中，提倡救国之志。

出版果可以救国乎？将从何处着手？吾人敢答之曰："指导出版界，期于无形中唤起涣散颓废之民族，为从事救国御侮之前奏。"

我国民族精神之消失，民族意识之缺乏，民族地位之陵夷，已成为无可讳言之事实。欲期振起民族精神，坚定民族意识，恢复民族地位，除从教育、道德……各方面并进外，则出版界实应负荷最重大之使命。

出版界能否肩荷此项使命，胜任愉快，则出版界本身之整饬与健全，实为必要。

“国难以来，国民平时萎靡、病弱、自私、害公、懒惰、贪婪、懦弱、卑怯、淫荡、浮嚣、酣嬉、愚妄之病根与积弊，仍未稍除。举国混沌，颓废不振，纵欲消耗，不事生产，诲淫之剧，轰动都市，靡靡之音，普及闾巷。呜呼！此种亡国灭种之气象，苟不大刀阔斧，雷厉风行，以有效而普遍之方法，予以澈底之清除，则吾民族前途之危机，惟有与日而俱深！”此近人忧时之言，并主张于宪法中作深切特殊、因时制宜之规定。吾人则认为上列各种不良现象，其造因不一，其来也以渐，出版界实应负相当之责任。欲求有效而普遍予以澈底之清除，亦非出版方面之努力不为功。

一国之强弱，以国民对于国家有无责任意识以为衡。中国积弱，固在于帝国主义之侵略，在于政治不良，经济破产，然尚非足以亡国灭种之真因。其足以为民族复兴之障碍，而陷国家民族于万劫不复者，乃系镇日盘旋每个国民脑际牢固不拔之“自私”与“颓废”，以致每个国民对国家视同秦越，漠不相关，民族意识，因之消失，民族精神，随而衰落。民族精神之衰落，实为亡国灭种之原动力，若言救国，自宜从此点着手，返观我国出版界对于国家民族之供献为如何？

（一）图书及说部

图书说部，其深入人心，潜移默化之效力，较诸教育、政令、风俗、习惯，尤为深切。我国之图书说部，其足称知识之锁钥，文化之渊源者，固指不胜屈；而适合识字不多的人民阅览之图画，迎合下流人民心理之说部，若据吾人目所见耳所闻者，无一时无一地不有因袭《红楼梦》、《金瓶梅》、《肉蒲团》等而产生“玉梨魂派”、“性史派”、“蝴蝶鸳鸯派”，以及其他荒唐淫秽不堪寓目之刊物。诚如周曙山先生所云：非淫乐无上主义者，便是百鬼夜行图，此种充满淫荡、奢靡、怪诞、狂妄、沉沦、堕落、无灵魂、无气力、无生命之颓废的出版品，实无异妖媚之狐，裸立纸上，专以诱惑一般天真活泼之男女青年，及一般略识文字之大好国民，同上颓废之路。此种图书，间有对于政局时事，复往往以其幼稚肤浅偏激之见，乱事谩骂，故意挑拨，必以淆惑人心而后快，于是吾民族之新生命，无形中竟为此种毒素所麻醉，吾国民之新细胞，无形中竟为此种毒菌所侵蚀，以至国家全民族成为东亚病夫，濒于奄奄待毙之地步。吾人敢武断判定，此种诲淫诲恶之刊物，不仅为作者（文氓文贼）发行者（奸商书贼）自己戕杀自己有限的生命之鸩酒，抑且为鞭驱中国青年民族整个的走上销沉灭亡之路的慢性毒药！

（二）报纸及杂志

报纸及杂志，为推进现代社会一大原动力，在社会教育与政治改进上，无其他伟大力量可以比拟。故一般人谓报纸司全人类耳、目、口之职，而于新闻记者，且尊以无冕帝王之徽号，其重要可以想见。良以报纸杂志，供给有益新闻，阐扬各种学术，增进人民知识，惩劝人民行为，补教育之所不及，济法令之所不逮，使一般人了然于个体与团体活动之关系者有之；指导舆论，介绍思潮，以公正之态度，深远之眼光，发为谠论，匡时救弊，或造成国民之同情心，视人饥如己饥，人溺如己溺，以扩充传播拯灾、爱群、御侮、救国之意识者有之。吾国报纸，其宗旨正大，编辑合理，无忝厥职，有利于社会人群者，虽为数尚多，而淆乱听闻，流毒社会之新闻纸杂志，则亦触目皆是。其无聊小报，以诲盗、诲淫、欺骗、敲诈、造谣、毁谤为能事者，固无论矣。即普通所认为销路广大，消息灵通，材料丰富之报纸，尚不免有不良现象。如海上某有名大报，二十一年十二月二十三日之本埠新闻，全张几为《谈瑛上诉案（诱奸案）开审记》、《张蕃生幼妹与汽车夫婚姻纠纷案》及《吴怀椿被人控诉奸淫幼女致死复强奸长女遗弃案》三文所占，纪载则形容尽致，标题复格外醒目，曾不计此项新闻所引起社会方面作恶之影响至如何程度也。有名之报纸，尚且如是，其他各报，无怪乎对于社会新闻之淫、盗、奸、杀等事件，穷形尽相，刻意描写，必求其麻醉力之强与煽惑力之大而后已。至于以骇人听闻为新奇，以阿人所好为能事，因政治或营业目的而有所偏袒，因利诱或威胁而颠倒是非，则比比皆是。此种新闻纸类，欲其不误国贼民，已不可能，安望其救国匡时耶！

闻诸海上书业中人告语：“上海四马路一带书店所出版荒淫怪诞之说部，其销数占全国出版物之第一位，因此专以造谣诲淫为宗旨之四开六开小报，专以编印无聊说部为业之书贩，遂如雨后春笋，日见增多”，吾人初尚闻而骇然，以为或者言之过甚，然证以事实，则确信而有征。苟读过《大公报》第二百八十四期文学副刊者：“泛观现今舟车旅馆所售，书局市肆所贩，学子家庭所读，所谓吾中华民国之消遣文学者，不外荒唐之神怪，粗厉之武侠，再则黑幕公案，私人隐秘，小本唱词，风魔情话。影响所及，导淫趋下，丧神失志，毁健康之身体，戕活泼之生机。最大之害，尤在此等到处均有而定价极廉之印本，当占据我多数男女国民之心目时力，使不能且不愿寻读正经有益之书籍。有如众皆服吸海洛因，吞食白面金丹，而不食米面，不进牛羊肉，结果可以想见。言念及此，动魄惊心……”即可反证其言之不谬。此种恶劣现象，如果任其自然推演，则全国国民，将为此等不良出版品所陷溺而不能自觉，即整个的国家民族，将随之沉沦而末由自拔。

为求出版界之救国而不至误国，窃谓政府民众及出版界，均应从积极消极两方面加以倡导及整顿。

甲　积极方面——奖励与提倡

欲悬一爱国救国之鹄的，使出版界共赴，则于积极方面，提倡奖励，实为当务之急。近来关于此类事件，似已引起社会人士注意，爰就见闻所及，摘录数则，以见一斑。

子　中央宣传委员会奖励文艺创作

中国国民党中央执行委员会于本年四月十三日常务会议，通过《文艺创作奖励条例》，凡十一条，由中央宣传委员会办理，其要点如次：

A　奖励的目标：（一）发扬中华民族精神者，（二）表扬中国历史上的伟大事迹者，（三）激励民族意识者，（四）描写被压迫民族之痛苦，并暗示奋斗途径而思想正确者，（五）（六）从略。

B　奖励的办法：发给奖金，并代印作品，或介绍刊载。

丑　军事委员会征求爱国电影剧本

本年四月十四十五两日，《大公报》载有《军事委员会征求爱国电影剧本》启事一则，其要点约如左述：

A　目标：富于爱国思想，兼含历史意义者。

B　内容原则：（一）卧薪尝胆。（二）破釜沉舟。（三）忍辱负重。（四）复兴民族。（五）亡国殷鉴。（六）复仇雪耻。（七）坚苦卓绝。（八）梦中杀敌。（九）雪里行军。（十）马革裹尸。（十一）童子报国。

C　报酬：甲等五百元，乙等三百元，丙等二百元。

寅　教育部颁布课程标准注重民族复兴

如高中课程标准国文类目标（一）云：应用本国语言文字，深切了解固有的文化，以期达到民族振兴之目的。又如音乐类目标（四）云：涵养谐和、优美、刚强、沉着之情感，并发扬仁爱、和平、勇武、壮烈之民族精神。历史类目标（二）云：注重近代外交失败之经过，及政治经济诸问题之近源，指示今后本国民族应有之努力。化学类目标（二）云：阐明化学与国防……之关系，及体育类目标（一）云：锻炼体格，使身心发育健全，以作振兴民族之准备等语，皆是。

卯　内政部奖励著作

闻内政部《二十二年度行政计画纲要》中，有奖励特殊著作一项，略谓我国文化尚未发达，科学亦落人后，遇有对于文化学术上有特殊发明，或于本国民族异常切合需要之著作物，除保护其著作权外，拟会同关系部会，商订褒奖补助办法，并通饬介绍购阅云。

辰　江苏省政府教育厅调查各县抵抗异族史迹

本年四月间，江苏省政府教育厅，通令各县调查抵抗异族史迹，原文略云：本厅以当此国难严重之今日，亟宜鼓励国人爱国精神，恢复民族自信力，以资振作，藉挽危局。本厅长于去年年底，视察江北各县教育，经过南通时，见有明代抗日史迹之倭子坟；此次视察江南各县教育，在常州又见宋僧万安禅师抵抗胡元之义冢。本省各县有关此类之名胜古迹，当复不少。凡此种御寇陈迹，为民族美德之象征，不但可以昭示先贤捍国卫民立身行事之精神，并可启发后人救国之宏愿。亟应博访详咨，发扬光大。为此令仰该县长，就该县地域，详为调查。凡有关于抵抗异族之战斗及殉难等情形，根据县志信史，征选民间传说，详为查明，分填具报。尤注重于宋元金之间，明清之间，及倭寇之事实，以凭考察，藉图阐扬，而为复兴中华民族之基础。

巳　江苏省政府教育厅制定音乐教材标准

其应积极提倡之音乐教材有三：即（一）发扬仁爱、和平、勇武、壮烈等民族精神者。（二）鼓励爱国、救国、建国等民族思想者。（三）培养激昂、慷慨、奋发、前进等民族特性者。其须绝对禁止之音乐教材亦有三项：（一）带有浪漫、颓废、萎靡、猥亵等色彩者。（二）带有迷信、反动等不合理之思想者。（三）其他不适合于青年学生之性格及学力者。

从上列事实观察，足征政府机关，已不乏奖掖出版救国之诚意。此外国民自动提倡者，则有左之数种。

午　南京之文艺界抗日同盟

其宣言中有云："我们要肃清一切文艺上的享乐主义、颓废主义以及不抵抗主义，我们英勇地准备我们热烈的心和力，来完成文艺界当前的伟大任务。……"

未　镇江教育界采用振奋民族精神教学法

闻其教材选辑标准，约有四端：（一）感情方面，足以振奋士气，发扬民族精神者。（二）义理方面，足以指导青年，如何挽救危亡者。（三）积极方面，描写进取奋斗，从军克敌者。（四）消极方面，暗示亡国惨痛，国难国耻之危险者。

申　江西之文艺复兴运动

其宣言内有云："作品的描写，必然地要以挽救国家危亡，消灭江西匪祸为中心意识。如唤醒民族意识，发扬民族精神，提高民族意志，激励民气，表现民族奋斗的光荣的历史，团结民族力量各要素，均为今日处于暴日侵凌之下的对症良药……"

他如日本评论社、外交评论社、复兴月刊社、行健学会、新亚细亚学会……等学术团体，无不于出版之中，行救国之旨。

方今出版救国，政府既注意提倡，士林复闻风兴起，将来影响所及，必能转移出版界之风气，而逐渐普遍达到救国之途。吾人认为凡优美、感慨、沉雄、悲壮之文学，借出版为之传播，其所得之效果，远胜于明师益友之启迪，与夫严刑峻法之惩劝。昔南宋偏安，放翁多从军之咏，蒙人入主，文山有《指南》之集，以及拜仑 Byron 之《哀希腊》歌，德人之《祖国诗》，法人之《马赛曲》，苏俄之《船夫曲》，无不慷慨激昂，淋漓悲壮，民族精神，于焉寄托，迟之数十百年，犹不可磨灭，固不仅唤起民众，鼓动民众，激励民众，使民众为革命奋斗，为民族奋斗，收效于一时而已也。

吾人浏览欧美现代史迹，更觉出版物影响国家民族之潜伏力，不容忽视，有丹德 Dante Alighieri 之《神曲》，而后意大利方有今日之复兴；有卢骚 J-J Rousseau 之《民约论》，而后法兰西才有人权革命，有莎士比亚 William Shakespeare 之《威尼斯商人》，而后使英国造成利率轻微之工商帝国；有史陀活夫人 Mrs. Harriet Beecher Stowe 之《黑人吁天录》，而后引起美国的南北战争；有辛克莱 Upton Sinclair 之《屠场》，而后有芝加哥屠宰检查委员会之组织。近如我国剑侠小说，每致无知青年，离家潜行，访师求道，足见出版品感人之深，非他物所能企及。我国出版界，既有政府及学术界之维护与倡导，必当生气蓬勃，而产生多数富有民族精神，切合救国实际之刊物。

乙　消极方面——审查纠正及处罚

惟今日之出版界，大部分恒不能免淫亵荒诞、芜杂错乱之现象。虽有政府与学术界之扶掖及倡导，仍不能纳诸轨物。则消极方面之审查纠正及处罚，亦为不得已之举。属于消极方面之办法，析言如左：

子　审查或登记

依《出版法》第十五条之规定“为书籍或其他出版品之发行者，应于发行时以二分寄内政部；其内容涉及党义党务者，并应以一分寄送中央党部宣传部”云云。至关于新闻纸类应寄送存查之各机关，亦载在该法第十三条。凡此种种规定，所以防止出版品之危害国家，破坏法令，妨害风俗，用意至善。又，凡报社杂志社发行新闻纸类，应于发行前依照《出版法》第七条，及同法施行细则第三条之规定，声请登记，并限制下列各款人民“（一）在国内无住所者，（二）禁治产者，（三）被处徒刑或一月以上之拘役，在执行中者，（四）褫夺公权尚未复权者”不得为新闻纸或杂志之编辑人或发行人。此种登记制度，在于防患未然，法兰西及日本均实行已久，所谓警治制度 Systeme Preventif 者是也。此制适用于报纸杂志，较之法国拿破仑第三时代报纸制度，日本现行《出版法》，我国光绪三十四年之《报律》，及民国三年之《报纸条例》，非采事先检查制，即兼采特许制与保押金制度者，其宽严实有霄壤之别。各地主管官署或警察机关，诚能切实执行，报社依法登记，刊物寄送存查，则无聊报刊，当可减少。而国家民族，无形中便可免除颓废堕落之诱惑。

丑　纠正与扣留

图书或新闻纸类之发行人，不依法向规定各机关寄送书籍新闻纸类等刊物存查者，则处百元以下之罚金。此在《出版法》第三十一条及第三十三条已有明文规定。设依法寄送之刊物，公然有意图破坏民国，颠覆政府，损害中华民国利益，扰乱公共秩序，或妨害善良风俗等情事，而情节轻微者，即由内政部予以纠正或警告。必要时得施行扣押，俟发行人除去该事项后返还之，盖所以矫救出版于将来也。吾人认为此种程序，于取缔之中，寓维护之意，对于带有危险或煽惑性之刊物，诚为应有之举。

寅　查禁处罚及销毁

凡以煽惑民众暴动，鼓吹阶级斗争为目的，或奸商之淫亵刊物，以描写兽欲，诱惑青年为能事者，以及其他危害民国利益，挑拨民族情感之出版品，既非警告所能奏效，亦非删削所能纠正，除查禁处罚销毁外，别无善策，否则邪说披猖，人欲横流，为患将不堪设想。虽此为消极中最后之办法，为维持国家民族之安宁，与社会风俗之善良起见，实属应有之处分。

当此出版自由高唱入云之际，吾人犹援引《出版法》，作限制出版自由之言论，不知者将以为非思想顽固，即别有用心。其实吾人对于军阀政蠹，不依《出版法》或曲解《出版法》而以暴力摧残新闻界及出版事业者，自当澈底反对。若合法机关为合法之取缔，合理之干涉，吾人应表无限之同情。尤其现代出版界之芜杂，非有专法以资匡救，则流毒将无止境。

即以世界各国而论，凡败坏风俗之淫辞淫画，鼓煽人民暗杀强劫之言论，揭示军事外交之秘密文件，登载法庭保守秘密之案件，及散布有害公案之谣言等，无不认为犯罪，良以其本身已构成危害社会利益之事实，故必须予以处分。我国《出版法》，并不较为苛细。至于今之君主国家，以诽谤国家元首之言论为犯罪；英美法各国，以诽谤宗教之言论为犯罪；德意志一八七四年之《出版法》，且规定离间社会间各阶级感情之出版品为犯罪。以彼例此，则我国现行《出版法》消极方面之各种规定，实非酷虐。

以现在诲淫书画、怪诞说部、反动刊物之充斥市廛，遍布乡曲，倘欲采取迅速有效之方法以资遏阻，则左列事实，大可资吾人借镜。

(1) 德意志之搜查与焚毁

五月六日路透社柏林电：德国学生会，开始肃清淆惑人心书籍之运动，搜查各公共图书馆，没收非日尔曼应有之书籍，并从赫胥菲尔德之有名性学研究院，搬出图书数百种，运至柏林大学焚毁，高唱保护德国女性之歌。其各私有图书馆，概须自动交出不正当之书籍云。

(2) 捷克之禁止入口与行销

五月九日哈瓦斯社捷克京城电：政府公报公布，内政部令，对于外国定期刊物三百三十四种（大部分系共产党刊物），认为国家统一之威胁，不准其输入捷克境内，并不准在捷克境内行销。

(3) 广东之取缔淫亵新闻及防止反动刊物流传办法

A. 取缔刊登淫亵新闻办法

本年一月七日，广东省政府文字第一五号训令，抄发《取缔各大小报纸刊登淫亵新闻办法》一份，约分六条：即（一）凡有妨害风化之新闻，涉及《刑法》第二百四十条至二百五十条所规定之妨害风化罪者，其关于淫亵事实之部分，一律不得刊登。(二) 其他新闻中有涉及男女淫亵之事者，一律删除，不得登载。(三) 小品文及小说，不得作淫亵之描写。(四) 如有违犯上列各条之一者，得适用《刑法》第二百五十一条，处以千元以下之罚金。(五) 各通讯社有发出违反第一或第二条规定之稿件，得依第四条同等处罚。(六) 略。

B. 取缔医药上导淫广告

本年二月十六日，广东省政府委员会通过《取缔医药广告规则》，其第二条略云：凡医业之广告，涉及一切导淫猥亵名词及图画者，处以二十元以上，一百元以下之罚金。又第三条略云：凡成药之广告仿单，及附加于容器包纸之记载，涉及猥亵或壮阳种子之文字及图画，与暗示避孕或堕胎之句语者，处以二十元以上，二百元以下之罚金。

C. 防止反动刊物流行

五月十五日南京《民生报》广州电：西南出版物审查会，为防止反动刊物流行起见，限令书摊报贩登记领证，方可营业。统计已登记者，达九百九十九人。

左列各种事实，当然属于政治社会上之畸形状态。然对于一般淫亵或反动刊物，似无异当头棒喝。在某种时期或特殊情况之下，要亦未可厚非。如果书业公会、报业公会、印刷业公会，自动限制，订立公约，切实监督，互相策励，使诲淫病国之刊物，不至发生，则何有于学生及政府之干涉。此种反应，若谓出版界本身所引起，亦未尝不可。

出版界负有领导群伦、启迪民智之责任，似应晓然于责任之重大。既不宜妄自菲薄，更不能轻自暴弃。若能努力迈进，由舆论的总动员，以国难为对象，从根本的民族性上，施以精确之疗治，俾全国国民，于理解小己之外，无忘整个民族之为大我，咸晓然于个人与国家之关系，庶可以主救国难。然非出版界本身健全，实不足以语此。

我国出版事业，尚未臻极度发达，用是吾人尝冀出版界以救国为前提，毋腐恶之同化，先除内部弱点，力谋本身健全，然后再进而求扫除外界之障碍，庶几发荣滋长，光大可期。关于外界之障碍，可得而言者，亦有数事，吾人实无所用其缄默。

（一）书籍出版先以稿本声请内政部许可

现行《出版法》施行细则第十条规定："书籍之著作人或发行人，应以稿本呈送内政部声请许可出版……"又第十一条规定"未经许可而擅行出版之书籍，概行扣押"等语。此项手续，殊足以阻碍文化之进展，吾人实有陈述管见之必要。查我国历来对于书籍出版，均采事前放任，事后干涉主义。以有清雍正乾隆时代，忌讳之多，文纲之密，大都儆惩于事后，未闻干涉于出版以前。虽光绪三十四年之《报律》，对于报纸有事先检查之规定，（《报律》第七条：每日发行之报纸，应于发行前一日晚十二点钟以前，其月报、旬报、星期报间日报等类，均应于发行前一日晚十二点钟以前，送由该管巡警官署或地方官署，临时查核办理。）然亦仅限于报纸，并非普遍施行于一般图书。而当时官民交病，未几即有民政部奏请修正之折，其不适国情，可以想见。即以现代欧美国家而论，均采用追惩制度，各种出版物，于出版以前，不受任何机关之干预。如有违法之出版物，仅于出版以后，受法律之制裁。为顺应潮流起见，似亦不便独异，况《出版法》第十五条业经规定，为书籍或其他出版品之发行者，应于发行时以二分寄内政部等语，固未尝需送稿本审查许可。此就本法精神上言，似有及早修正之必要，又不仅事实上窒碍丛生而已。此吾人所当注意者也。

（二）新闻纸出版前之检查

年来政局阢陧，变故迭呈，自中央以迄地方，时有新闻检查所之设立。惟以此项机关，多系临时性质，新闻界亦莫不隐忍迁就，体谅政府措施。尤其全国一致对外之际，消息言论，均有郑重刊载之必要，亦无所用其非难与怀疑。犹忆欧战期间，欧洲大陆诸国，无不设有检查报纸机关。当一九一六年欧战方酣之际，巴黎垂危，法政府为限制军事新闻之故，取缔报纸，异常严厉，巴黎报界公会，群起而质问总理白里安，讥其蹂躏自由。白氏为剀切沉痛之答覆曰："诸君今惟争取个人之自由，其亦知整个民族之自由，其价值将更高过于个人自由若干万倍。倘敌人铁蹄竟入巴黎，我整个法国竟被征服于我世仇之下，诸君彼时，恐即欲求如今日极小限度之不自由，亦不可得矣。”自是迄欧战终止，法报无一恶意诋责政府者。英国于彼时特设情报局。军事新闻，凡有丝毫足为敌人牒探之资者，均被删削。素以言论自由炫称世界之英国报纸，亦欣然接受，无所怨愤。独我国每次检查新闻，不仅舆论界引以为苦，即民众亦无不引以为病。然吾国新闻记者，爱国夙不后人，其所以致此之由，得毋检查机关之乖方欤？远者固不必繁征博引，即从近月以来京平各检查所观察，似乎物议尚多。京中检查所人员大都意见纷歧，各行其是。（个中人所云如是。）平津则漫无标准，自相欺饰。（见五月下旬天津《大公报》、《益世报》等社评。）至于杂乱无章，先后不一，各地异致之情况，尤其余事。宜乎社会人士，深致不满。关于此项组织，实有切实改良之必要。将如何期其统一而有条理，则执事者主计者，均应有详密之规画。不然，无利于国，转足以箝制言论，引起谣诼，窃所不取。吾人固不欲徒唱言论自由之高调，而忽视实际；亦不欲援引比利时、德意志、希腊、爱斯多尼等国家，永远废除检查新闻制度之新潮流，以要求当道。但愿能得适理合法之制限，以维护本国之新闻事业而已。其《出版法》第二十一条“战时或遇有变乱，及其他特殊必要时，得依国民政府命令之所定，禁止或限制出版品关于军事或外交事项之登载”之规定，为新闻检查之根据者，吾人亦深盼为适当之修正。盖依《中华民国训政时期约法》第十五条之规定，人民有发表言论及刊行著作之自由，非依法律，不得停止或限制之等语，是《约法》仅授权于法律，则《出版法》第二十一条“得依国民政府命令之所定”一语，似应改为“得依其他法律之所定”，方符立法本旨。

此外如登记程序之辗转繁琐（《出版法》第七条，及同法施行细则第三条至第八条），及违法责任之界限不明（《出版法》第三十五条、三十六条），均属法律方面之缺点，有待于政府之修正。如果出版界本身之缺陷乖谬，不加改良而徒向政府力争出版之充分自由，实难免不妨害国家民族之整个的自由，是亦出版界所应知者也。

时至今日，国家兴亡之基础，建筑于国民心理之上，吾人对症下药，立言出版，必期于国家民族有所裨益。盖今日之人心，不流于颓废，即心存恐怖，苟昌言倚赖政府，则启群众懈怠之志；倘认为一切悲观，益足以导民众于颓废之途。其意志薄弱者，或效信陵君之醇酒妇人以没世；其别有野心者，又难免不如李完用、郑孝胥勾结外人以度其汉奸之生涯。如何诱掖奖劝，使全国人民群赴于遗大投艰，任用致远之轨辙，吾人对于言论界出版业者，不胜殷殷致其期望之意。

自九一八事件发生，以至塘沽协定，种种错误，造因綦繁，吾人不能仅归咎于某甲某乙、某党某派，换言之，即应由整个民族负其责任。政治之不良，军备之废弛，社会人心之散漫堕落，同系致寇召侮之大原因。菲斯特《告德意志民众书》有云："过去的崩溃，德意志的君民上下，谁也应该负责任，谁也有过错误。"寥寥数语，不啻为我国写照，如果从现在起，全国国民，各就其地位、能力、本职，痛下决心，切实干去，不出念年，国仇可复。昔越王勾践，十年生聚，十年教训，卒沼吴宫，实为今日之绝好榜样。惟今日之现状，国家为不统一之国家，武器为非现代之武器，所幸民族非不长进之民族而已。国家一线生机，惟此民族是赖，惟此民族精神是赖。将何以振起民族精神，唤起国民之自信力，与浓厚之爱国观念，不能不盼出版界为加倍之努力。

吾人尝读《大公报》社论，其在九一八以前，申论党政，素尚质直，一自国难发生，则痛心外患，渴望统一，于是暂纾对内之责难，努力团结之鼓吹。其议论警策正大处，有非其他言论界所能企及者。犹忆去年元日该报社评云："盼全国各界一切爱国人士，自今日始，反省自励。不必希望政府，更不必希望政府之领袖；勿庸希望社会，更勿庸希望社会之他人。专意鞭策本身，希望自己。"其言沉痛而简明，实关救国要义。即证以顾亭林"天下安危，匹夫之贱，与有责焉"，曾涤生"转移风俗，陶铸一世之人，凡一命以上，皆与有责焉"诸名言，洵属异曲同工，此种匡时救国之言论出版，曷异暗室明炬，暮夜钟声。

国难犹亟，隐忧未已，吾人追溯过去，瞻念将来，诚不胜其悲愤与戒惧。虽然，日本之军事能力，足以暂时占据我四省以上之土地，足以毁坏我若干无保护之村镇，足以惨杀我抵抗能力未充足之多数军民，足以压迫我作前线停战之军事协定，决不能斩截我全民族继续奋斗之意志。使此后我民族能不陷于颓废，能发愤图强，则还我河山，湔雪国耻，正自有日。若以缓和为可久安，忍辱能为永存，无异自掘坟墓之后，并此坟墓而亦为他人攘夺而不能入土矣。此不能不赖舆论界出版者之大声疾呼，警醒大多数国民之迷梦。

舆论界乎，出版界乎，时艰孔亟，来日大难，幸毋忘荷有救国之使命在。

（载《政治评论》1933 年第 58、59 期）

图书馆所希望于出版界的

沈祖荣

为什么要谈这个问题呢？这不是很浅近的题目吗？图书馆要讨论的事项是很多，我却选这个浅近的问题来发表，是何意义？在表面看来，这个问题，似乎浅近，令人不会注意；其实内面潜伏着许多的意义，所以要做这个“图书馆所希望于出版界”的题目，其用意乃是在此！

目前图书馆事业，在中国正值萌芽期间，前程远大，所希望的事甚多，如学校方面，希望先生引导学生来馆阅览，民众方面，希望识字运动普及全国，使全民都能识字，以便阅览图书，至于读物方面，不得不希望于出版界，源源供给。出版界与图书馆接触的机会，最为殷切。图书馆每日运输的读物，全靠他们制造，他与图书馆的关系既如此，岂可漠视？

我所希望者并非奢望，实有事实的可能，兹列举所希望于出版界的几点如下：

1. 当随潮流演进。全国的呼声，是向民众追逐，尤其是教育方面，最为激烈。例如识字运动、民众教育、乡村教育等，都是注意到教育以普及民众为前提，因之图书馆的工作，亦往民众方面开发。本年四月，我奉中华图书馆协会的委托，调查六七省图书馆教育事业时，路过定县，参观该处所办的农村改良试验事业及平民教育事业等，都带着生气蓬勃的色彩。其最令我满意的，就是与晏阳初先生晤谈中，觉得为要帮助该区所办的各种试验事业，得收速效，须有图书馆常来浇灌他们的智力，启发他们的才思。现在该处已请本校新毕业生一人，前往担任图书馆的工作。由这一点看来，从前国人的普通眼光，无非以为图书馆是学术文化团体的工具，对于民众，都抱着“民可使由之，不可使知之”的见解。迩来，却非如此；并不止多数城区，接踵倡办，也有许多闾乡之藏书家，实行公开，以供民众阅览的机会。姑无论成绩如何，但凡有普通常识的人，都觉得图书馆是与任何团体及民众，有相当的贡献。图书馆对于民众既有可施的工作，再问供给民众的读物，赖何处输入呢？自然是靠出版界，所以希望出版界，须应着这个潮流，向各界征求这类的文字，并须合乎民众的口吻适合他们的需要，刊行出来，如乡村建设、农业改良以及疏河问题筑堤问题等。总而言之，凡关于衣食住行、普通常识之书，无妨多多益善，充分刊行，还有改造家庭的读物，启发儿童的读物，都要尽量采集，并多有插图，以增他们阅览的兴趣。

2. 须分工合作。在欧美有多数大出版所，经营各有不一，有的向工程发展，有的向科学发展，有的向社会、政治、经济、法律发展，有的向文艺小说发展，彼此竞争，日新月异，专业勤守，历若干年而不变，是以经验充足，而出品亦极精确，是故为专长，故图书馆添购某种书籍，向某出版家去购，而不致被骗受欺，甚望我国出版界，以此借镜，养成分工协作之团体，则贡献于国人者，无有涯涘矣。

3. 当重视自己的地位。出版界不光是一个营业的商场；如专以营业者自居，直不过是杂货店而已；图书馆实不愿这样轻看出版界；更不愿出版界蔑视自己的地位。出版界与图书馆虽职守各有不同，而关系文化的进退无分轻重，这是何等的重要；若不顾锦绣的标帜，放弃光荣的地位，一意以逐利营业，图书馆将有许多的工作，与推行的机会，都因他而滞塞，岂不大感痛惜？在欧美的出版界，对于图书馆特别优待，比如所谓 Net books 实价之书在得版权一年之内，仅给九扣，若一年以后则折扣较优，七八扣不等。而参考书之折扣与普通书之折扣有分别，科学与文艺小说之书亦有分别，教科书折扣尤大，中国的出版界，如商务、中华、开明等，本来给图书馆有优待九折，若以欧美较之，相差尚远，尤其是在最近几年，金价涨落不定，图书馆加倍吃亏，先前金价涨时，出版界谓所用的原料，有系购自国外，故书价陡涨，但近来金价既以大跌，而国内有许多书售价仍高，比如加一的办法，即或有九折的优待，但仍按定价加一，则所加之数，虽有折扣，然与原定价一样，试问现在此经济困难的时候，多一文与省一文的比较，实在大有出入，我们不得不希望出版界，勿只厚视营业，勿过求利息，宜帮助图书馆，予以多购图书的机会，当要与个人购书待遇不同，此一点能否可行，是在出版界重视自己的地位为何如！

4. 须逐渐改良。换一句时髦的话，就是希望他们的事业科学化，图书馆因出版界出版的不科学化，至费时费钱之处，颇为可惜，希望出版界能够改良的有几点：

A. 装订。我国西式装订之书太不研究，图书馆应该特别保存之书，特别要好装订，如日常应用之参考书，及大部丛书等，因装订过差，致经几次翻阅流通，就凌乱脱页者狠多。在欧美图书馆，鉴此弊端，已要求其出版界，为图书馆流通书籍或应当保存的书籍，特别装订，称为图书馆特别装订（Library edition），此比普通装订之书精良耐久者数倍，即或购价稍异，较之后来复行装订所费尤轻。图书馆也愿多花一点钱去购，因改装复装较便他，我国出版界能否办到呢？

B. 纸科。在罗马开国际图书馆第一次大会时，欧美图书馆界曾特别讨论出版品，对于纸张应该特别考究，以便书籍可以持久，近在我国出版界多未注意及此，因纸科之劣，图书馆年遭损坏者，为数过多，参考书当更可惜！

C. 页数。常见许多出版所所出杂志，于一卷内页数太不一致，每卷每期中各有各的页数，甚至每篇论文，所标的页数，都是从第一页起，一卷杂志中有许多相同的页数，又无索引，查考多费时间，如要编一索引，非特每卷不拘有多少期，有一不断的页数不可。还有过薄书籍，实不如外国所称之零星小册子，图书馆编制目录及管理感觉非常困难。

D. 页边。每种读物，内外边应留宽些，以便图书馆复行装订时，前面刀截不致损字；后面针线亦不致裁字。

E. 索引。书籍内面所最要紧的，就是须有一个适当的索引，使读者省少时间，减少麻烦，若要找其书中之某问题，仅寻索引，不看全书，此不独杂志如此，其他重要的书尤为必要。

F. 墨色。字迹尤应讲究，故所印的墨色，极宜均匀、鲜明，使读者目力清爽。

G. 样式。儿童读物以及一般民众适用之书籍应有书籍顶好之样式，真有可以代表文化美质，令读者能发生兴趣，情动乎中，不得不看。目盼心舒，乐而不舍。

以上几点，国内出版界能够逐渐改良，虽直接帮助图书馆，即间接帮助群众阅览的无穷的便利，约而言之，其辅助推进文化的功用，可真与图书馆相提并论。

5. 书评宜切实。每本新出之书，对于宣传，应当忠实，此于阅者，实有莫大的影响，在学识厚者，可以有一种裁判，如意志薄弱，或根基肤浅者，很容易为宣传所动摇，所以希望出版界对于新出读物，无妨将出版的书籍，请某专家，或大图书馆先作书评得有一适当的评论以为介绍。既可以使读者不致走入歧途，又可以为鼓励人争先购置。

6. 版次宜审慎。在国内出版界最不明了之处，就是不知初版再版为何，国外出版物初版再版，有很大的分别，初版毋庸解释，所谓再版者，不是第一批销尽，再复印发售为再版；乃是再版须经著者另有修改，能增削初版原意之所未及，所以再版之功用，必远胜于初版。在我国因初版与再版之不分，图书馆购为复本者，为此费钱不少。

7. 宜充实图书馆的力量。除上列几条，出版界可以帮助图书馆外，还有一件要紧工作，希望出版界所实现的，就是如国外许多著名出版所，对于新出版物，即送给国立图书馆一二份，不但送往国立大图书馆，即在本处图书馆亦酌量送给。例如 Leipzig 城有一图书馆名叫 Deutscher Bucherei 不但在该城的出版界每次供给书籍，而且在国外的出版家亦如是输送，此种宏识远见，令人钦佩。近来国立北平图书馆，搜罗书籍，呈请教育部令知各教育文化机关，送读物于彼，意最深切。可是，出版界也应该尽点义务，将新出书籍，至少送往一本，既可充实我国文化，又可广事宣传，此在出版者所费无几，而在他方则可由细流而成江河了。

最末，我还有一件要向出版界申明的，就是近来在各方势力膨涨的时候，如果对于对方，不使其共同发展，终久本身亦陷孤立，难以久存。就以科学来证明，爱丁斯坦的相对论，岂不是根据互助的原理来发展吗？出版界既与图书馆是站在一条站线上，以共同谋发展文化为主旨，则当尽量援助图书馆，图书馆的事业愈发展，出版界的事业愈推广，利人即所以利己。至于目前为救国运动着想，也应当来帮助我们，鄙人今日甚觉出版界与图书馆关系之深，故所希望者殷，而言之亦切，始有是论，希出版界同人勿以浅近视之。

（载《武昌文华图书科季刊》1933年第5卷第2期）

从乐华四周纪念想到出版界前途

陈率真

流光迅速，转瞬间乐华图书公司已有四年的历史。在这短短的四周中，时间虽不算长，正有不少的新书店是因政治的压迫而封禁，不少的是因营业的不振以倒闭，惟乐华尚依然健在，且方兴未艾。比较商务、中华固尚不及，想起平凡、联合，已足幸庆了！

因政治压迫而封禁又何说之词！其自行倒闭的，说者往往归之于市面不景气，谓由于读者购买力薄弱，销路不畅，无法闭歇。而处此国际资本帝国主义、国内残余封建势力两层暴力压迫剥削下的次殖民地的中国广大群众，正是陷于饥寒交迫的命运，那有闲钱去买书读，书店的失败，固不为无因。

但是出版界本身的堕落，也未尝不是自丧其生命的重要条件！如不顾及读者的购买力，过于提高书报的价格；不能挝着时代的文化使命，而粗制滥造，不能以广大的群众需要为对象，日从事于低级趣味的刊物之印行等等，也是自取没落的道途。

要知道出版界的使命，不在单纯的供给人们以赏心乐趣的白纸印黑字，乃在灌输人以有用的知识，便人们改善生存。因有钱者有闲者，当此雅片、赌博、女人、电影、戏剧、歌舞等等，应有尽有的资本主义文明的社会，那一样子皆足消耗时光，花费金钱，又何取乎此白纸黑字，说的虽是天花乱坠，实在等于“画饼充饥”呢？

惟有些不以“肚皮饥饿”为可悲，而以“头脑的饥慌［荒］”为可耻的青年群众，想从书本中把握着理论斗争上的武器，以应用于实践，来求知以求认识人生，来革命以求解决人生。一方面去求知，一方面又去革命，为时代作前驱，为文化而奋勉。

可是抱此宏愿跑到了所谓出版界的书店，其价格的昂贵，固足令人望而生畏；其品质的低下，尤使令见而生厌，于是惟有望望而去了。试问这是出版界自趋没落，抑读书者的购买力薄弱呢？文化界的生产与需要背道而驰，表现出版界的危机亦表现文化界的病态。

若不深信，试看有多少有帮口的宣传书报，并不要多大的价值，且有不取一文，索即寄阅者，亦不见其若何的流行。而又有些悬为厉禁的书报，既不便宜，又难购买，反得畅销于广大的自好的青年群众间，今后的出版界，盖亦有所认识了。

于乐华诞生的四周，除庆祝其永存外，特录出当前的出版界的病态，昭告现出版界同道，祈有以自爱，谋适应于此后的生存。并勉乐华图书公司谋有以保持四年来光荣的历史，为新书业吐气。此后出版界的新生，实利赖之，伏祈出版界为前途以珍重！

《出版消息》读者陈率真

八月二十日。

（载《出版消息》1933 年第 19 期）

出版界一瞥

梦　涛

一　“文坛怪杰”

上海的世界，样样看来样样都有趣！你如到新世界去玩一阵，那你就会晓得正在闹着游艺救国的玩意，不过是一群大小道地斯冷汗如流，诚惶诚恐，在闹着选举什么花国总统，一个个兴高彩烈拍花的马屁和捧场罢了。当你在新世界玩得无聊，你就由新世界跑出来，朝南走到大世界罢。那你就在这大世界，经常会看见有八九成群的电影馆里的宣传队，他们的头顶戴着纸糊的英雄帽，自［身］前身后各挂了一个纸牌的广告，大书着某某女明星的唯一杰作，又香艳，又肉感……现在，你就顺着大世界朝东走去。那你到了东新桥时，你就会给那卖下价衣裳的铺子的卖手，弄得莫明其妙。在这样的铺子的门边，预先摆了有个两尺多高，三尺多阔，一丈多长的小柜台，柜台上面站着两个卖手，他们的拳头一伸，脚下便有两块竹板毕剥乱响，接着，他们便耳红眼赤乱叫着：价钱巧，价钱巧，一元买两条；质底好，质底好，又经穿，又时髦……他如洋货铺，则满门满室都挂好了红绿的纸条儿，引人注意，那楼上的喇叭手总在啼叮啼嘟啼，悠悠不休！

上海的世界，样样看来样样都有趣！

好罢，当你看饱了这些花花絮絮，而到了四马路去时，那你在那儿除听着一些小流氓在叫着“照相春宫”和“春宫照相”以外，你定然会看见那些摆在各书店门口的形形色色的书本。这本也好的，那本也好的，真是满目琳琅，美不胜收。你一时自然会无从购买起。

“先到联合门市部去买一本《出版消息》看看！”

《出版消息》一到眼前，你更会吃惊起来，里面所写的人名，原来个个都好像大作家，并且每本作品都是杰作。现在，当然弄到更困难了，相信《出版消息》好呢？还是不相信好呢？但是，假如你真来相信一次，那你必定会上了个大当。只要你照《出版消息》的介绍，买一本“《社会科学十二讲》，杉山荣著，温盛光译，乐华出版”，你在书里面必然会发现出字字有讲，句句无讲，字字都通，句句不通的困难。这使得你顿时迷惑了，但是无论怎样，你总不会相信翻译的人是错了，因为《出版消息》分明说过，译者是当代的社会学大家。这样一来，那你只好打起你自己的头，捏起你自己的眼睛，怪只怪你自己不行，没有学历，不懂“欧化文章”……

好罢，硬着头皮再来上一次当罢。这时，你必然会相信所谓“文坛怪杰”的黄人影了。黄人影怪倒是怪的，但他的怪却不是杰，而有些像小××。他东剪剪，西抄抄，终于弄出了有什么“《郭沫若论》”、

“《文坛印象记》”……你对黄人影如仔细研究一下，你就会发现这样一个索隐：

“黄人影者周梦蝶也；周梦蝶者，××书局编辑，当代小说读本、散文读本、诗歌等读本之好剪手也。”

他每当所剪辑之书帙出世之日，必以笔名自拟之介绍文投诸各报端。

像这样的文坛，还不是等于新世界的一群大小道地斯在拍花的马屁么？还不是等于大世界那边的电影馆宣传队，东新桥的流氓卖手及洋货铺楼上的啼叮啼嘟啼的喇叭一样么？呜呼噫嘻！

二 有多无少

“利之所在，人必趋之。”书业生意之所以有许多人干的缘故，不过是易于争铜钿而已。例如：定价八毛钱的书，初版两千本，总定价就有千六百元，假定批给同行，邮寄到外埠，除却一切运费和折扣，以五折伸算，还可以实收八百元，这是出版者方面对于这本定价八毛钱的书的实在收入。定价八毛钱的书顶多是十万字，排工每千字六毛五，十万字的排工费不过六十五元，这加上印书时的油费和纸版费，亦不外总共是八十元左右。纸张约莫是百余元，版税是二百四十元——百分之十五抽版税。三种支出合计四百余元。以八百元之收入实除四百余元之开支，第一版，则干干脆脆地争得三百余元了。假定这八毛钱的书可以翻版到数次，则书店方面的盈利从第二版起则无须再付排工纸版等费，而所得的收入便由三百余元增至五百余元或六百元左右了。书业生意的利息自然是很厚的，因为利息厚，所以便招惹了许多人都来干干。

近有某新书店的老板，本来在沪经营地产生意的，因耳书店生意之利息，曾一度投资于某小河书铺，作合伙经营的算盘，但是不晓某书铺的元老是有意把持呢？抑或是这般只知以牟利为目的的市侩商人对于该书铺抱着有 Coupd'etat 的嫌疑，终闹了一场官司，结果彼此分道扬镳。然而该市侩尤以为有钱在掌，总可延揽取位名作家来帮忙。市侩始终是市侩，脑子里除时刻盘旋着大资本并吞小资本，如何诱骗人家的方单和道契，以取得价廉物美的地产以外，对于作家毫不认得；不得已转托某同乡，接洽某名作家的稿子。

作家已称而为名的，其忙碌情状，自可想及。可是名作家碍于介绍人彼此过去的友谊便答应以百分之二十起算的抽版税的办法，给一本集子与该市侩出版。这事马上成功，该市侩老板面呈喜喜，两撇猫须，更显得威武而好看，可是这里却立即演出了一回滑稽的场面，市侩老板还是以经营地产的卑污手段来经营稿子，以为已是抽版税，必无须预付版税，而往后——即当书出版以后，可以由本人任意报告和任意给多少报税，说不定，老板在此时早已打算到如何偷版，如何瞒骗作家的计划了；可是在作家方面恰恰相反，他必须援引一般的抽版税办法，要老板先付第一版版税，以后还须审重地盖章，每三月要报告书的销数等等。这样，我们便不难明白这种买卖实在差得太远，会冲突而至破裂下来。天下乌鸦一般黑，老板的目的在串钱，要串钱则举天下最无聊的事体，无人敢为的，亦可躬自为之。

凡事开始总比较好办，某名作家与市侩老板的争执，老板终于软化了，第一版版税结果总算全数交给了作家。作家正在兴高彩烈，满拟利用这笔似横财非横财的收入，可以在本年冬多添些衣裳，和多买些新书来看时，不意这笔稿费却又给介绍人无端借了一半。已名为借，前途总不至共产。然而在上海，“借”是共产的变相名词。你有钱借给人家，那你就最好不要希望这笔账有归还的一天。否则，你必定会受到意外的痛苦。某作家在此时自然不好翻脸，只得忍气吞声让朋友无聊而已。中国人毕竟都是阿 Q 一样的，某作家在这时便索兴退后一步来安慰自己着：

> 一般的版税是百分之十五，并且在预支版税时不外是千字一元，算起来我这本稿子顶多只能拿到百四十元的版税；现在已有百分之廿，同时又能一次支清，不能不算是“运气”。朋友虽无聊，然衡之以一般办法还是有多无少。

一般书店——特别是小书店，最怕抽版税的书，其实，他们又要抽版税的书。这里仿佛又是辩证法的矛盾。他们怕抽版税的书就因为怕书太好销，把所争得的钱都分了一些给作家。这层证明了资本主义制度下的商人，只晓得资本的集中，除此，便就一分一厘都不肯给人家便宜。其实，作家的版税也绝不是作家叨光老板的，倒是老板叨光作家的，但是一般老板每爱倒果为因，常以为没有他的资本，作家的心血便不能传达到群众里面去。他们又要抽版税的书的，就因为书店可以想尽方法来偷作家的版税。作家尽管在他的心血后面，加盖一些什么印花，但书店却也很可以照样重刻着印花而贴在书本上面。作家尽管同书店订定一年三节结算的合同，但是，你春季结算是那么的销数，夏季结算也还差不多，到了冬季则所余应付的版税实无几。一个作家无论怎样去想，想来想去总想不过市侩老板的周纳的。

目前，读者所需要的书，多少总要带一些唯物史观的观点的，因此，作家为适应环境起见，不能不左倾起来。但是，这一来，作家的饭碗就马上会发生问题。目前是沽名钓誉和庸俗丑恶君临一切的时候，作家——左倾的作家，先不先就在无形中受了种种恐怖，同时，书店老板又会来借着书本的被扣留或被检查，索性一文版税都不付了。例如：最近某书店之对付新兴作家的办法就是这样。他的版税账，一年总不结算的，经过作家的几次三番的催促，在过年前的整个时间行程中，有时付十元，有时付五元，这零零碎碎的数目合起来，如和整个版税差不多时，到了年底，便来个漂亮的办法，随便开一张账单，否则，永无结算之一日。记得阳历年底某作家与该书局算版税时，就是这么一个情形，结果是书局对于作家的版税已经有多无少了。

三　作者读作者的书

只求量而不顾质，是目前新书业界的通病，结果，必然使读者完全冷却下去。读者以前是相信着一般老作家的，但是老作家目前也是日益没落了。你如果不相信，那只要你花个八毛钱，买一本郭沫若的《创造十年》来一读，你就会弄到不敢相信你的眼睛，作者除在里面表白他开辟创造社时的匹马单枪和单枪匹马式的行动以外，便处处都记他自己当时的新式传记，这简直不是文学，但是究竟是什么东西呢，你也没法安得出一个名字来。

这样，假如你还要做学问的工夫，你从此只好一心去巡视各书店，一辈子也只好信手拈来强不懂以为懂。不过，像这样的出版界必然会弄到没有读者的，其实，目前已好像是没有读者的局面了。因为出版工作容易做，所以所有青年都朝这条路挤来。将来，中国的出版界无疑是：我出的书，送给你看看；你出的书，送给我看看；作者读作者的书罢了。

目前出版界主要是要造成读者群众，换句话说，是要提高大众鉴赏水准，假定有能左右出版界的读者群众，我想中国的文坛无论如何是不会再有所谓“文坛怪杰”和“有多无少”的种种丑现象罢。

（载《读书与出版》1933 年第 1 期）

出版界杂话

筱　森

恭喜恭喜

上海人在新年时看见亲友，两手向前拱了一拱，“恭喜恭喜，添丁发财!”这句话便冲口而出。受者大乐，今年一定添丁发财，毫无问题。

小的在出版界鬼混，将满十二年。一向躲在校对室里和红墨水亲近，生活枯燥，不言而喻。添丁无望，发财无期。今天在校对室内打坐，闷闷不乐。编辑老爷忽然走进校对室，对我发了命令，曰：“着即写《出版界杂话》若干则，以污我志篇幅，不得违误。”我不敢怠慢，拿起“万年笔”在纸上随手写去。第一句话别无可说，仍要抄袭上海人的老调，对出版界（同业）著作人、读者们说一声“恭喜恭喜，添丁发财”。

著作家养孩子不该用“养”字，须用“出版”孩子才好。原稿写成，校对付印，这和养孩子的程序相差不远。因此养头一个孩子，可以说“初版”，养第二个曰“再版”，养第三个曰“三版”，以至九版十版。大著作家们没有一位不喜欢多出几部书的，既多出书，即可多抽版税。所以既“添丁”又兼“发财”。出版家也同是一样的道理，他们所得的利润，就等于产婆或喜娘的喜封，也不外“发财添丁”。所以小的再对大家说一句“恭喜恭喜，添丁发财”。

日出新书一种

出版界的“老大哥”商务印书馆自从遭日本帝国主义的炸弹蹂躏以后，元气大伤。最近听说已实行科学管理法，颇奋发有为。不过在编辑方面，因为书要“编”出，正和孩子要“养”出一样，据说很难“科学管理”。于是有人主张不必再印新书，实行“生育节制”（Birth Control），把几种旧书翻印行世就成了。有一位头脑不清楚的 H 先生出来提议说，不出新书不大好，过了几年，就要变成“商务不印书馆——旧书摊”了。我们应该“日出新书一种”。后来此议居然实行。所以我们现在每天看报，常见“日出新书一种”的广告。以后这样出下去，有人以为很好。每年有三百几十种新书可以供给“学者”。我注意最近所出的新书大多数是篇幅少而内容简单的著作。以这样的著作来“日出新书一种”，我以为是很“合理化”的。因为我们“校对界”的同业在工作上可以少吃苦头。但愿上帝保佑，以后“日出新书一种”，只限于《百科小丛书》那样的篇幅，我们吃“校对饭”的德人将感德不浅云。

标题本位，薄利多卖主义

听说上海的时报馆有一部机器可以印七种颜色，单是听听也觉得有趣。

《时报》的唯一特色就是在报头上印着大大的红字，例如——

“强奸”、“杀杀杀”、“花会大王”、“血”等等。

每天的“大红字”都很鲜明。我站在马路口等电车的时候，看见了鲜红的一个大“血”字，完了，我买大饼的两三个铜字又从口袋里飞出去了。我想“人心”的作用是相同的（Similarity of Mental Working），别人见了“血”字也必破费几文；看了“强奸”，看了“杀杀杀”，铜子飞得更快了。所以《时报》的销路，能在东半球占第一位，良有以也。

这叫什么政策呢？应该是“标题本位，薄利多卖”。《时报》不是卖“报”（即新闻，英语的 Tiding 是）。卖的是“标题”，也就是“出卖”“大红字”。这种政策的出产地是花旗国。赫斯脱（Hearst）大王就专会演这样拿手戏，不过赫斯脱大王始终不脱花旗国人的气质，他不大会用“杀”、“奸”、“血”一类的“大红字”。他办的《纽约日报》（New York Journal）的标题和《时报》的比较起来，实在不及《时报》多矣！（参看附图，此不过一例。）《纽约日报》以“标题本位”著名，其标题尚赶不上我国的《时报》，则其他洋大人的报纸上面的标题，当然更不能和《时报》比较了。所以《时报》的销路，能在东半球占第一位，又良有以也。

附注：《时报》的销路如果现在还没有占东半球的第一位，也不足为虑，据我看来，为期不远了。

“病气见舞”

《申报》在一九三二年十二月一日那天，登载一篇宣言式的评论，题目是“今后《申报》努力的工作”。在拜读的当时，我就觉得自己的“国文”程度不够，读的时候总觉得文句有点不顺。——正和翻译家讨论过的“不顺”一样。那篇文章不知出自何人手笔，真有“不文（言）不白（话），亦文亦白”之妙。深愧自己幼年失学，于“国文”一道，未能深研，大有面对“大块文章”无法领略之感。直到现在，我把那篇文章保存得好好的，一则备我日后“国文”程度进步时拜读；一则那是一篇我国的《老申报》的改革宣言，在“中国报学史”上为一种难得的好资料，所以什袭珍藏。

今天大清早起来，翻看报纸，见了一九三二年《中学生》杂志的一月号广告，该志的要目中有一条是“文章病院——今后《申报》努力的工作”云云。我知道我的好朋友（那篇文章）进了“病院”了。

我学着东洋矮子，要到病院里去“病气见舞”（探望病人——这四个字不知译得对不对，还请当代日文翻译大家指教）一下才好。我去“病气见舞”时，打算不带饼干或鲜花，只带一瓶蓖麻子油，略表微意罢了。

鸡年，正月十日，半夜子时，草。

（载《读书与出版》1933年第1期）

出版界与青年

周毓英

近年来大大小小的刊物，尤其关于思想方面的，真是多得不可计数。可是检查起来，其中真能配得上说对文化界有贡献的，稀少得像凤毛麟角一样。不是生硬难读的翻译货色，便是枯燥乏味的标语口号，这些空费青年精力的刊物会得到什么收获，我是不知道；不过成群的作家和要人像脏水般从此中流出来，是有目共睹的事实。由于这些脏水的横流，革命没有受到什么帮助，而一般青年的领袖欲与生活欲却激发得颇高了。

要做领袖，要谋生活，把政治主张隐藏起来，随声附和别人，这是中国革命“家长制度”的根本原因。我们不要以为打倒了家长式的领袖就能取消家长制度，如果青年同志们不能坚决地忠实于自己的政治主张，那末家长制度便随时随地都可以复活。

革命的智识份子的青年必然成为目前中国革命的柱石，必然成为大大小小的革命领袖，除非一些娇柔［矫揉］造作和短视的先生们才会否认这事实。革命的智识份子的青年既必然要成为领袖，实际上也需要他们成为领袖，但过去许多供给青年阅读的刊物都把这问题忽略了。有许多先生们空喊“到民间去”，有的则厚颜无耻的站在讲台上唱“实际工作”，更有大群的无耻的文丐在加工赶造所谓大众文艺。周瘦鹃之流的作品尚能入于工人及小市民中，真正老牌不二价的“大众文艺”却不过给少数大学生作案头装饰品罢了。

（载《读书与出版》1933年第1期）

著述难、出版亦不易

因《福田》那本小说而获得普利泽文学奖金的贝克夫人最近做过两件杀风景的事。第一件是长老会的脱离，我们已经谈过。第二件是这样的。最近美国出版人联合会举行大会的时候，邀她去赴一次宴会。席间她提起在她没有得普利泽奖金以前，她在出版人手中，所得到的是甚么一种待遇。她说《福田》一书的稿子写完以后，三年之中，转过二十家书局的手，竟没有一家肯承印；到了第二十一家才勉强接受。贝克夫人这一番话，原是为鼓励后起的作家说的，目的在教他们不要因一时的失败而灰心丧志，半途而废，可不知宴席上同时也坐着许多书局是［的］老板，据说其中那十八家便是当初看不上《福田》那本小说而把它退还给贝克夫人的。我们料想那十八位老板或老板的代表那时候多少有一些上天无路、入地无门的感觉。

上面这一段消息见五月二十三日的《大陆报》，中文各大报纸上却未见登出，我们在这里转载一下，一方面可以教国内有志于文学创作的青年不要因一二挫折而心灰意懒。一本赢得文学奖金的作品，在出版事业号称极发达的美国，犹且要经过二十次的尝试，才有人肯垂青，何况在出版事业十分幼稚的中国呢。一方面也要请从事出版业的人眼光要放得远些，审鉴要来得精些，不要因贪一时的小利，而牺牲了比较永久的大利，不要因巴结一二已经成名的作家，而埋没了许多有志著述的新进的人才。

（载《华年》1933年第2卷第22期）

关于出版界的乱话

司 东

中国出版界近很热闹，大家都说这是努力。但假如细细一观察，便觉得这努力只是偏面的，一种无目的无计划的盲目的努力。今年文艺书籍有生意，疯也似的出文艺书，明年社会科学有生意，便狂也似的出社会科学，抛了文艺……一直是这样热闹了这冷落了那，其情形真杂乱得可以。然而出版界那个觉悟了这点？都反说是“努力”、“贡献”，鼓吹得面红筋涨，把粗制滥造的东西尽量输灌与大众，无疑地是上当的多，像这样不切实际的努力，与其说是努力，则无宁说是“腐败”！

譬如说，就我所见，在中国碰不到好运的美术书册，在出版界是如何冷落得可怜！有不少人天天闹什么派什么派……，实际什么派都没有人好好介绍过，就只鲁迅译了一本《近代美术思潮论》，曾觉之译了一本《罗丹美术论》，丰子恺、吕澂编了些美术史和《××概论》，徐悲鸿、刘海粟介绍了几本外国名家的画集，鲁迅介绍了些木刻……其余，我们还能见到些什么？

是这样的贫乏呵，但这贫乏那里就只美术一门呢？这虽然不得不归罪于学者和著作家，但出版界当也要努力鼓吹才好。假如出版界今天这个调儿，明天还是这个调儿，不把努力弄得“普遍”，试问，还有什么收获？

（载《出版消息》1933年第5—6期）

读书乎？出版乎？

清道夫

看见《申报》上大广告有徐翔穆主编神州国光社出版的《读书与出版》出版了，据说是“读者的良师益友”，也是“出版界的清道夫”，于是特地走到河南路去买了一本来，展读之下，果然名不虚传，不过所谓“读者的良师益友”，友则友矣，良和益则未必也；“出版界的清道夫”者，夫则夫矣，匹夫而已，清道云乎哉？

我们且看第一篇主编者徐翔所译的所谓蓝宁（不知是否列宁）底文化理论吧：“蓝宁是广泛地处理文化问题，而不是只将其归之于教育学底意味上的人类再教育的问题。据他看来，不论经济或意识形态，都可从一定的视角把它作为其时代的各个具体的历史断面而附入于文化的概念之中。”（圈是我加的）

读者们！你们看得懂主编先生的译文吗？这就是“读者的良师益友”，亦即是“出版界的清道夫”也！

于是我再翻下去，不过你更会吃惊起来，里面所写的人名，原来个个都好像大作家，并且每本作品都是杰作。现在，当然弄到更困难了，相信《读书与出版》好呢？还是不相信好呢？但是，假如你真来相信一次，那你必定会上了个大当。里面虽然并未介绍杉山荣著温盛光译，乐华图书公司出版的《社会科学十二讲》，但却介绍了主编者徐翔穆等译神州国光社出版的《唯物史观世界史》，但这使我顿时迷惑了，因为所谓《唯物史观世界史》者，第一册要在十月出版（见该刊后幅广告），同时，我也佩服介绍者的未卜先知，书未出版而先作介绍，大约这就是“清道夫”的工作吧？

于是我再翻下去，就骂到《出版消息》了，因《出版消息》而骂到所谓黄人影。但这里我又得佩服那位作者先生的聪明（？）了，但他聪明过了头，居然造起谣言来，信口狂吠，这里，我应当告诉你：“黄人影者，决不是周梦蝶；周梦蝶者决不是××书局编辑，亦决未编过当代小说读本，散文读本，诗歌等读本者。”蠢才，所谓出版界的清道夫我看先要清一清你的妖言惑众的头脑才好，这种狗屁不通的逻辑更是少放为妙！胡秋原先生说过：因为人家骂他是朴列汗诺夫专家，他说这是书店作的广告，他不能代广告负责，那么，这里所谓“文坛怪杰”者，你没有想想也是书店作的广告吗？蠢才，你这样一点常识都没有吗？但我在这里要声明者，我决非黄人影，也非周梦蝶，也并未编过什么小说散文等读本，又未主编过“读者的良师益友”的刊物，更未译过蓝宁底的（!）大作，我是出版界的一名清道夫，来清理清理这班文坛的妖人而已!

（载《出版消息》1933年第9期）

走到出版界（之一）

教科书生意经

要在新旧书店中，不，就说在新书店中吧，找到一种合格的“初中国文教科书”，简直可以说没有!

照光华出版的《新学生》杂志第一期上，有汪馥泉发表的《中学国文学程底清算》里，主张初中的国文教程是：

1. 培植成迅速阅读语体文的书籍的能力，以学习与社会联系的观察，感染与社会联系的情感，吸受与社会联合的思想。

2. 培植成用语体文充畅地发表与社会联系的观察、情感及思想的能力。

3. 培植成欣赏社会的文艺的兴趣。

对于高中：

1. 培植成充分了解及感染社会的文艺（其思想、其情感、其技术）的能力。

2. 使了解社会的文艺底本质及演进。

3. 养成试写社会的文艺的能力。

4. 养成能略读中国前代文艺的能力。

（这一层，据汪馥泉注，实还是不必的，但我以为要的，因为要是学生投考当今的大学时，如果出起“仁者乐山，智者乐水”的题目来，吃得消么?）

能够照汪馥泉的主张编初中（或高中）国语教科书，可说是不差，但也是难题，但如果有人肯努力，材料还不至于没有地方找，还不至于弄到成为现在各家书店出版的教科书的那种无聊狗屁。（虽然汪君的社会的文艺这个名词是牵强的，但这是名词上的问题，不足为主张病。）

本来“国文”就只要养成发表的能力就够了。其所以只要有了发表能力以后而欲再攻国文者，无非要在培植文艺中的“思想、情感、技巧”的训练，观察，发挥；国文教员，是学生思想的领导者，是我们不能否认的事实；白话文，是只要会说话的人能写，就有发表能力，初中三年，高中三年，如果不在思想上有所训导，论什么国文教育？

所以，初高中的国文教育，不应是纯文艺的，固无庸议。但可恨的只是那些可怜虫承受了书局老板的钞票的嘱托，“替我编一本教科书应应时”！于是生意经就来了，那种混蛋败类的东西，开始投资（买些参考书），就坐在教员宿舍里东扯一篇，西扯一段，上下古今中外，材料固然鸿博，结果还是垃圾，于是编出了垃圾第一册、第二册至第末册；你看一看就可以明白它们的混蛋之混蛋，狗屁之狗屁，思想上，可以说得上的，不必讲，是“绝无！”连“仅有”也没有。那么就讲到微乎其微的如深浅、次序、材料分配的实用上吧，就立刻会使你怒发冲冠，骂“害人”，因为简直无头绪可找。第一册至第末册，也看不出什么深浅不同，材料两样，次序先后。我们所要求的是：第一，是深浅要在思想上从初步到高深，由浅入深而分；第二，次序要分硬性及软性的趣味即支配先后；第三，材料是完全要现代的。

以上的毛病和缺点，是现在市上各家教科书所统一俱有的。

单这一层，已可见市上各家各种教科书的胡闹！其内容更不必说了，真是一言难尽！

但不要以为这个尽是他们编者的罪恶，你要怪他们，是要怪书局老板的钞票；要怪书局老板，这不可不怪畸形的中国政治情形矣！须知“教育是跛行在政治后面的”。在资产、封建等混合的政治之下，书局老板，无联教员，也就不得不编出“不文不白，不今不古，不新不旧，总称不三不四”的东西出来了。

还有什么话可讲？

头脑清明的中学国文教员，是不要采用那些教科书的，还是几家书店出版的文学读本合用些（因为内容都是现代文），或者只有自己吃力些，多难为些钱和功夫，自己找些材料，多写点讲义罢！如果你的学校当局及环境允许你的话！

（载《出版消息》1933 年第 19 期）

蠹鱼之话（二）

方

我们的一位朋友开了一家代办书籍的铺子，于是自出一种书讯，向国外报告中国新出的书籍。最近书讯打算停刊，因此写了一篇告别辞，同熟朋友告别，其中有这样的几句话：

> 中国的出版界是这样的混乱，书讯一类的刊物当然是极其需要的。但是中国的出版家似乎是不愿意别人替他的书籍宣传。试看：我们有没有得到过一部样本（an advance copy）？我们有没有看到写好了的一篇新书内容提要？我们有没有收到新书出版的预告以及其他的一切一切？没有，并且可以断然说是没有！即以今年（一九三三）的上半年而论，我们曾向国内第一家同第二家大书店要求过，请他们将每月出版的新书月报寄给我们，前后一共去了八次信，方蒙第一家赏予一次；我们只好从报纸同杂志上去发见那些新书的广告。甚至离开我们不到十分钟远，他们的出版物要我们到国外去宣传的机关也是如此！我们只有靠着朋友！我们在国内的是如此，国外的更可想而知了。

这是我们那位朋友的话，一字不易的照录于此。中国出版家这一种“不求闻达”的精神，在我们这些编辑杂志，尤其是以批评介绍为中心的刊物的人，更其常常可以领教得到的。外国的出版家同著作人于一部新书出版，常有一种批评本（Review Copy）送给专门家同杂志，请求批评；专家同杂志老实公平地表示他们对于这一部书的赞许同意见，出版者也虚怀若谷地来容纳他人的批评，因为有这种精神，所以出版界能够逐渐地改良进步；著述同批评的标准同时可以提高；社会上的公道同判断力自然也可以于无形中培养长成了！

近几年来有几家书店在出版的书籍后面也居然附上欢迎读者意见的片子，这总算是进步了。至于批评本，则除去一两个学术机关的出版物外，其他的出版家竟少有看见。偶有一两个读者肯自己破钞，不怕上当，去买了新书回来，看过以后，并不惜花费时间去加以批评商榷，所得到的出版家同著作人的答辩，往往是“这次是第一次，也是最后的一次”的那样盛气凌人的话语，再不然就是成群结党地起来强颜反攻。最不幸的是社会上有一辈自命有识之士，也来加以指摘，以为批评足以阻碍学术的进步。别一国度里的学会，宣读论文之际，为一问题，听者往往立刻起来质疑问难，反复辩诘，不厌周详，不稍含糊；对于著作的批评不稍苟且；著作人同出版家也不任意护短；我们看来真是有如唐虞三代之盛了！

中国近代到处都是矛盾的现象：应该埋头实干，把成绩代替口号标语等宣传品的，反而“只听楼梯响，不见人下来”；应该好好地养成一些沉潜刚毅、不求闻达的人材，去散播坚实的学术种子，以药虚矫轻浮的风气，一新古国面目的学术机关，反而大吹大擂，有如商店减价一般。因为社会上的好尚是如此，一般应该把他们的刊物公诸大众，以听取读者意见的出版家，反而“不求闻达”，也就觉得自然而且合理了！

然而国运的升沉，正是我们这些人的责任，而第一步便在坦坦荡荡闻过斯改的精神的养成。我们希望文化的先锋首先来解除这一道矛盾的枷锁！

（载《大公报》1933 年 12 月 7 日）

关于翻译的话

大 圣

日前某君谈“翻译”与“编述”，曾说：“听说现在有许多翻译家，连把原作从头到尾瞧一遍的工夫也没有，翻开第一行就译，对于原作的理解，更无从谈起。”又说：“显然的，对于一种学理作精深刻苦的研究，能指挥如意地应用的学者，我们还非常缺乏。”对于这话，我是绝对的同意，实在，目前我们的出版界的大部分的译品太糟得令人不敢领教了，无论是那一类译品，往往看了三四页，还是“不知所云”，从书本上跳进眼里的只是一个一个的字，如果把它霸蛮连成句，则既不是中国话，也不像外国话，越看越不懂，越看越不通。当然，读者在读不通的时候，只有如某书店老板读高尔基《四十年》的中译本以后怨高尔基的文章写得不通一样，把一笔胡涂账硬算到原著者头上去。

对于这些莫知所云，牛头不对马嘴的译品，我一向抱定“门罗政策”，不仅是不买，而且不看。然而每当发现一部名著被人译成不知所云的东西的时候，一种无名的恼怒，便禁不住会从心头浮起。我觉得把人家好好的作品毫无顾惜的糟蹋，无论从那一方面说，都是一种不可原恕的罪过。

不过，话说回头，翻译界之所以有这种糟现象，也很难怪。第一，中国目前所有一切，无不是遵依着“马虎主义”，大而至于国事，小而至于私德，都是马马虎虎，得过即过。第二是中国社会对文人的报酬太微薄了。目前我国出版界译品的市价，大概最高每千字不过五六元，普通则常在两三元左右，甚至还低到一元半或一元。另一种办法是抽版税，最高的亦不过百分之十五。而稿子的卖出，又大抵还全仗有大面子的人介绍，否则无论你译笔怎样忠实流利，书店老板们总是一律谢绝。这样，生活像一条鞭子惨酷地在背上抽，儿号寒，妻啼饥，吃过了上餐，便不知道下餐，怎能叫人好好译述？第三是中国今日既没有学者，亦不容有学者，中国今日所需的以及所有的，是“万能博士”，是“上知天文，下知地理，博古通今，无所不会”的“全材”，学军事的可以办教育，学政治的可以办交通，学工业的也可以管政治，只要你肯干，你便无往而不适，反之，假如你抱定宗旨，学工业便只管办工业，学教育便只管教育，那你便会处处碰壁。这种现象侵入翻译界，那便是不管我学的是什么，只要兜揽得生意到手，便什么都大胆地去译，学社会科学的固然可以译关于自然科学的著作，学自然科学的也可译关于社会科学的著作，理解与否，那个管得？这样，欲求其译笔忠实流利，又岂不是有若缘木求鱼。

总之，今日中国一切都是一团糟，而此一糟与彼一糟，又都有着不可分离的关联。在糟做一团的情形之下，想要翻译界不糟，想要从事翻译工作的人不“翻开第一行就译”，不“硬译乱译”，显然是不可能；脱更进而求有“对于一种学理作精深刻苦的研究，能指挥如意地应用的学者”，自然，尤其是不可能。

（载《申报·自由谈》1933 年 8 月 13 日）

出版物

先 浩

从“九一八”事变发生后，各地出版物，犹如雨后春笋，多了好几倍。有主张提倡国货救国的，有主张航空救国的，有主张铁血救国的，有主张教育救国的，立场虽各不同，而唤醒民众，激励民气，其救国之目的则一。这许多的刊物的产生，都是胚胎于严重的国难。换句话说，就是对兹国难，聊尽一分子的义务。

我真奇怪，国难这样的严重了，然而这里的出版物，关于什么电影艺术呀，戏剧艺术呀，同时也在层出不穷的产生。甚至大报的屁股上，有专谈关于提倡娱乐的，美其名曰“艺术的文字”。难道这里地方安逸，尽可隔江唱《后庭花》吗？不。这叫做娱乐救国，救国不忘娱乐。哎！

（载《国光（杭州）》1933 年第 1 卷第 22 期）

谈谈软性读物

岂　深

在我的朋友们及相识的人们中，有不少受过高等教育，做过专门研究的，可是出了校门之后，大都对于专门著作（即所谓硬性读物）怀着一种嫌恶。不是说现在没有时间去读这类书，就是说环境不好，心绪恶劣，不宜读这类书，仿佛做学问必得住在高楼大厦，度着清闲的生活似的。他们也看书，可是只愿翻翻《枕上随笔》、《病中杂记》、《社会新闻》及《论语半月刊》之类的东西。漫说专著，就是见到了篇幅厚一点的长篇小说也为之疾首蹙额。不仅学文学及社会科学的人是如此，就是学自然科学的人也是一样。据我所知，工程师或理科学士肯花钱买一两部科学新著的，实属凤毛麟角。这同连在电车中也研读着科学与技术的书籍的苏联青年比较起来，我不知相去有多远。

不过对于学士们及一般成人，我还有一个辩解，就是他们是已经学成了，无需乎再读书。定理原则已在脑中挤得满满地，再多装进去，脑袋难免有胀破的危险。个人引以为忧的，是现在的青年也都以趣味做选择读物的唯一标准，而且他以及他们的趣味完全集中在小说方面。一般常识读物及科学读物，他们是不表示欢迎的，即西洋儿童所酷嗜的法布尔的著作，如《我们的地球》、《化学奇谈》等书，也引不起我们的小同学的兴味与注意。这种现象，我以为很不好，因为高深一点的学问总多少有点干燥，我们若不先下一番努力，决尝不到其中的甘味。兴味固然可引起努力，努力也可以引起兴味。所以如果我们听一般青年专读软性读物，那末将来一个个都必定视学问为畏途了。结尾，我得声明一句，我并非全然地反对软性读物，不过希望家长们教师们于鼓励子弟学生读小说故事之外，也要指导他们去读一些灌输常识与知识的书。

（载《安徽教育周刊》1933 年第 8 期）

我也谈谈软性读物

非　彬

在上期本栏有一篇《谈谈软性读物》的文章，拜读了以后，我并不奇怪为什么岂深先生会替学士们辩解，而替小同学们忧虑；不过，这却引起了我一个疑问：

为什么现在青年底趣味都集中在小说方面呢？

说这是一般青年的劣根性吗？不。岂深先生告诉过：苏联的青年可以除外。可惜，他没有告诉过我们为什么会有这现象。这的确有点摸不出头脑之概！不过，据个人的意见：小同学们纵有这种“很不好”的现象，似乎也不能专门责备他们，因为他们并不是天生喜欢看小说的，他们也有其原因的。

我只记得我在当小同学的时候，就有过满腹的牢骚，可是，现在记不清了，并且我没有一个朋友是戴过方帽子的，所以他们多读一本硬性读物，是否真的就胀破了脑袋，我也不晓得。不过，就现在个人的情况，曾学过三年专门技术而出了校门也曾看过了什么《枕上随笔》而说吧！我实在不能相信我是天生喜欢看小说的人，可是，环境的力量左右着，有什么办法呢？在过去，埋着头学了几年的技术，满觉得自己是一个专门人才了，可是一出了校门，在热炽的心上像浇上了一盆冷水，全失望了！社会并不需要我们的。在全班二十八人中，除了一个因为是校长的亲戚而留校服务外，有三个进了大学，读的是政治，一个当报纸编辑，二个当录事，四个当教员，剩下的全是游民了，每天的时间全是“公余”。至于那个留校服务，实际也只是当人傀儡，丝毫用不到所学的。你看在这样情形之下，我们还有兴致去探讨什么新的科学知识？不但不去读新的，甚至连旧日课本和一些宝贵的笔记本在一时气愤之下也给扔到毛坑里去了。能够不去当强盗而看一些所谓软性读物就算是好的了。如果我把从前学什么技术的时间拿来看小说，想来这篇小文的文字也不至像现在这样糟吧！

其次，我们就有一二个有心思看硬性的东西吧！然而在目前的中国贫乏的出版界中，能够供给几本可看的书呢？不说这些专门的书，就说小同学们所可看的硬性读物，又有几本呢？就是岂深先生所说过的《化学奇谈》，译成中文又有几年了，在最近一期的《中学生》上，我们还可以看到许多读者要求编者多发表一些自然科学的文章——如《数学讲话》之类的文章，并且本年一月号的自然科学特辑也很受着欢迎呢！

话多了，因篇幅关系，不能多写了。青年们的确也很有不喜看硬性读物的，但专靠家长们教师们的指导就能使他们去看吗？苏联的青年之所以会在电车上研读着科学和技术的书籍，并不是单单靠着师长的指导，他们自有其社会的原因的。在我们的国度里，技术人员的待遇怎样？毕业生出路怎样？能否用其所学？这一切都成问题。

然而这种专看小说的现象总归是要不得的。应当怎样使他们改变了过来，原是一个非常重大的社会和教育的问题呀！

（载《安徽教育周刊》1933年第9期）

《四库全书》的翻印

《四库全书》最近又有行将翻印的消息了。我们自然再一度的希望它可以实现。据说翻印的草案，业邀最近一次的行政院会议通过。从通过到成为事实，中间当然还有很长的距离，不过据中央图书馆筹备处处长蒋复璁氏的计划，暂时只预备印三百多种，即全部《四库》的十分之一，而这三百余种又悉数为外间没有或绝少刻本的孤本，不怕没有销路；大概总不至于再像以前的毫无结果罢。

翻印《四库全书》这一件事固然是一种有用的建设事业，值得赞助与欢迎的。但也并没有甚么了不得。报纸上替它宣传，说是中国“文化史上一个新纪元”，蒋氏自己也说是“中国的文化史上之一大成功，实可庆幸”，都未免太铺张了些。要是翻印三百多种的旧书就算是“新纪元”与“大成功”，那末清朝康熙、雍正、乾隆三朝关于整理文化的贡献应该算做甚么？不说别的，就说《图书集成》、《佩文韵府》、《子史精华》……这一类所谓类书的纂辑，便是何等的工作？

近来我们觉得大家有一种很普通的脾气，就是“坏事说小，好事说大”。坏事说小的例子很多，我们不用举甚么例。好事说大的例子也常有，但因为好事根本不多，所以说大的例子也就不大受人注意。其实如近来报上时常登载的许多关于防空利器的发明，甚么火箭、高射炮……又如交通的工具，像用木炭和火酒的汽车，特别的电报密码之类，都是很好的例子。

如今翻印《四库全书》的未来的“大成功”与行将开辟的“新纪元”，自然也是很好的一例了。

（载《华年》1933年第2卷第24期）

书店街杂感

桑　间

所谓书店街，是指四马路，这似乎是日本人取的名词，本来有点不大适当，因为在这条路上，书店显然占在最重要的地位，与其称它为书店街，不如称它为春宫街更为适宜，卖春宫的地方不是比书店更多吗？但不去管它，春宫街这名称究竟有点不雅，还是称它为书店街吧。

如果我们承认上海是一个淫荡的都会，就得首先承认四马路是上海最淫荡的马路。春宫、野鸡、青莲阁、壮阳丸，这不是明明白白地摆在四马路吗？这风气近来渐渐地普及到书店里来了。现代书局得风气之先，首先用了女招待式的女店员；开明书店继起仿行，也用了女店员；现在北新和世界也在进行用女店员了，于是油头粉面的纨绔子弟，蝇集于书店矣，而文化事业乃大为发展矣。

据说，社会科学的书籍是不能销了，所以社会科学作家大都改了行业：有的跑到江西去了，有的到福建去办社会民主党去了，还有的到东北去帮天皇陛下服役去了。不仅如此，而且据说文艺书籍销路也不行，“茅盾的书也不大好销了”，开明一个伙计这样告诉我。虽然如此，但书贾还是要饭吃，于是乎，用女招待之不足，还要出于“礼拜日派”的《时代姑娘》一类的无聊小说。所谓礼拜日派，有两个意义，一是比礼拜六派更下流一点，一是完全是给礼拜日向着无事的朋友玩玩的。有了女招待，有了礼拜日派的小说，才算相当的挽回了书店街的不景气。

由于一般书籍的销路不佳，于是许多书贾着眼于教授书的印行。于是乎，勾心斗角的斗争起来了。这书店请了交际主任，那书店用了主任交际；这书店用了宣传主任，那书店特设了宣传。以交际与宣传，来推广教课书的销路，于是种种怪剧出现了，例如连日《申报》中华书局广告所指的南京发现假教育机关名义推重世界书局教课书的传单（据说这些机关审定，凡是世界书局的教课书，都是最好的，这假传单从何而来，不言可知是“教课书最好的”发出来了）。这还不算奇，还有某书店老板用了交际主任，在妓院里宴请“教育界”的怪剧。

挽救书店经济危机另一法宝当然是办读书会。于是××读书会之类，书店街上触目皆是。但是这些也都是枉然；如果书店里不兼卖壮阳丸，不兼卖避孕香膏，不兼卖春宫，书店总是弄不好，女招待愈多，不过使卖壮阳丸卖春宫的愈发达而已。所以女招待虽然不能挽回书店的运命，而于书店街的繁荣，依然是有意义的，因为我们不要忘记卖壮阳丸与卖春宫是书店街的主要构成部分。

（载《上海周报》1933年第2卷第17期）

四马路书店巡礼记

石　郎

四马路是条文化之街，上海的书店都开在那里；把这些书店加以一番视察，倒也是件很有味的事。又据说近来正是一班文学作家“访问记”的年头；鄙人也想来凑凑热闹，因作简略之巡礼记。

我去四马路总是在跑马厅走去的。第一第二第三爿是些贩卖旧小说等的小书店。店面装饰俗气非凡。广告虽设而等于无有，不能引人注目故也。但有一二则门口贴着《金瓶梅》的广告，我想那或者还有生意吧？门外“阿要春宫”之声不绝于耳，我觉得那些书店应该同他们去交涉，因为春宫总比《金瓶梅》等有色相些，书店的生意会无形地被抢去的，我相信。

过去左手世界书局，房子高大，一如大绅士然。店里地盘宏大，除商务、中华外恐要算他第一了，进去买书，甚有空洞之感，而实际上他的生意并不算坏。

旁边是同世界大相悬殊的泰东。泰东以前似乎是新文化的先锋，不知近来何以没落如此。最近似乎也没见他出过什么新书；在一堆杂乱的旧书中有一本郭沫若标点的《西厢》，还可怜地躺着在。在《创造十年》中，我们可知道那是使郭沫若非常抱恨的一本书。

北新，到也还是老样子。我去时总爱翻那些陈列的书，买又不买。后来他们把陈列的书，用透明的洋纸包起来了，那大概是抵制像我这样揩油读者的吧。不久曾见廉价部有好许多旧的《语丝》合订本，没几天再去看时，却卖完了。这是售价便宜之故；于此也可见《语丝》魔力之大。

大东，也大得很。可惜里面的书大都不一致——譬如就文艺书一面说，他也卖沈从文、查士骥等的小说，也卖周瘦鹃、徐卓呆等的小说。再大东的地面很光滑，可跳却尔斯登舞。

华通似乎无甚起色。《新书月报》传说已停刊，但据该店店员说又“未”。说“未”却不见出来，不知是何葫芦。

新中国书店小朋友书甚多。新月书店广告甚别致，也鲜明。玻璃厨内陈裸体画片一，观者甚多，却无一进去购书者；可见此广告只能招来惠“顾”（此“顾”作看解）不能招来生意。

现代最近大换门面。以我猜想他以前或在赚些钱。现代于各书店中现在算最出风头，因有女职员。依男女平权讲，用女职员原不是什么可诧之事。

最近一期《现代》的封面背后有首诗，读头上几句觉得非常美丽，仔细一看，原来是广告。为广告而写这样美丽之诗，我倒第一次看见。不知是出于那一个大编辑之手？

光华等倒还是老样。但那扇门实在太小了，现在的情形还可，假使一旦生意兴隆起来，那实有被挤掉的危险。

三书店的橱窗里倒时常有新书看见，有时也有很便宜的旧书买到。很有生气。

开明的店员面孔很板，大都像私塾里先生一样。进去买书，实在不舒服。

商务、中华，“着无庸议”！

五，六。

（载《出版消息》1933年第12期）

书坊巡阅使

书　生

这不是一个国府任命的官差使，更不要误会叫你去当检查反动刊物的文化检查员。这是你自己叫自己做的好差使！就是叫你常常巡阅书坊。

将巡阅书坊这件事，成了你一种不可摆脱的习惯后，你便可以得到这个头衔了——自然，成了这种习惯后，头衔之有无，在你是满不在乎的。

这个差使，我认为每一个读书人都应该去当的。

书坊巡阅使的工作，就是有空到各家书坊里去看看——“走马看花”那样看法也好，站着将可以翻的书翻看一两小时则更好。大书坊里，有软垫的座位，热天有电扇，冷天有煤炉，那么去坐在那里看上半天是更妙了！——据说上海北四川路底的一家日本书店，要是你常常去坐在那里看书，有时还会请你喝一杯茶呢，这是更有意思了。自然，这或许有人会疑心是日本人一贯的外交政策，但，我们这些莘莘学子，暂时反正是无权去签“协定”的，更谈不到去卖国等等的话了。话似乎说开去，应带住。

这个差使，我已说过，凡读书人都应该去当的。不论你是想买书或不想买书，有钱买书或无钱买书，偶然买书或常常买书，这个差使，对于“个人利益”上讲来，是有百利无一弊的。

要是你不想买书，但常常巡阅书坊，虽然不买书，也多少可以知道些出版界的情形，文化界的趋势。或者你说：“我对于中国出版界的幼稚很失望，对于中国文化界的现象很悲观，所以消极到不想巡阅书坊了。”这话你错了，因为就算是幼稚或悲观的现象，但你不常常去看看，你又那里会知道呢？何况，这些话我们根本还谈不到。达观些说，或许有时会引起你想买书的念头，或者竟会发现一本你认为并非失望的书时，那么这份差使便值得当的了。

要是你想要买书的话，那更非先事巡阅不可。在巡阅中你可以发现同样的书的不同的版本，于是便可以有个比较；不然将所想买的同类的书，先巡阅一番后，再决定买那一本，这不是比随便“人云亦云”的买一本好得多吗？简单些讲，这会养成你书籍的鉴别力。

但是你说：“我无钱买书，所以不必巡阅书坊。”这问题是在乎你喜欢不喜欢书；要是喜欢书，有没有钱是另一问题，而巡阅书坊的习惯更应该有了。因为一本你想买而无钱买的书，经过你一再的巡阅，便能“揩油”看完了，那你就根本不必再买了。这样的行为，或许有人会给你一个幽默的头衔曰“文偷”，这又有什么要紧？只要不是“不问而取”，暂时又不会做“文丐”，那么什么都不打紧的。何况，文人多数是穷的呀。

你也许会说，不买书而去巡阅书坊，是会受那些市侩们的白眼的。这是可能的事，但对付这般人的态度，你不妨临时采用贪官污吏的那种无赖态度，即“笑骂由你笑骂，‘巡阅使’自我为之！”其实这就是所谓“抵抗”，只要你没有其他“不规则行为”就是了。反正“白眼”是无碍“大体”的，因为你到底没有犯什么罪，铺子的门开着，原是“欢迎光顾”的；因此我敢担保绝无“被绑”或“驱逐出境”，甚至

“捉将官里去”的危险的。何况聪明的商人，正需要我们去替他们做些义务广告，撑撑门面呀！

至于有了钱想买书的人，那么，倘然他早已有了这巡阅书坊的习惯，其利益已如上述，可不必再赘了。

但有钱买书，且常常买书，而又精于买书的书坊巡阅使，那么还有许多意想不到的利益，譬如因为你是上述这样一个老资格的人，则当你踏进书坊门口，便会有人来招呼你了，他会指示你许多新出的书，和你谈天，告诉你许多事，总之，他是在招呼你这位老主顾呵。但是你得注意，对于这样招呼的人，犹［尤］其是第一次的机会，你应好好利用，尊姓大名的和他攀谈起来，这样久而久之，你在各书坊里也会有许多“我的朋友”了。果［个］中利益，是一言难尽——你可以买到买不到不准买的好书，你缺上几分钱的时候，可以得到“通用办理”的方便，熟了些就可以比市价再讲得便宜些，要是你有信用的话，可以做到先拿书回来，然后付钱，甚至可以分文不费的借一本书回来看两天都行。

其次，做了书坊巡阅使后，廉价书是一定是你得优先权的。不然，你看中了一本书，就等那廉价期的来到，也是其中的好处之一。

这是一件好像乡下人游城隍庙一样有趣的事；好像看万花筒一般耐人寻味的事。

书坊巡阅使的足迹应该遍及中外书坊，旧书摊，报摊，街头书贩子的书架，甚至报馆的门口，以及一切有书陈列的地方。有人说有些书是看不得的，这是主观的说法，其实看得看不得的判断力，还是要个人自己去养成的。聪明的读书人，有许多地方该自己有些主意才是。

也许有人会靠着他的书桌，冷笑一声说：“足不出户，能知天下事。我这里有的是各书坊的详细书目，报纸上的新书广告，何必如此噜苏！……”我的回答也就很简单，曰：“读万卷详细书目、新书广告，不如做一个亲眼目睹的书坊巡阅使。”其实我决不勉强喜欢详细书目或新书广告的“读书人”，一定要他去当书坊巡阅使。这里所说，是“信不信由你”的。

书坊巡阅使能做到知道某书局的杂志陈列在那一角，文艺书是放在那一个橱窗里，店里的账房是×先生等，那就是上乘的人物，到了那地步，希望他会将巡阅中的趣味，跟着本文而叙述些出来。

（载《暨中周刊》1933年第1卷第7期）

为贵族开的书店

司　东

在上海几家书店中，除商务、中华、世界外，最硬牌的自然要算开明了。

书全卖实价，一个铜钱也不可缺，这已是很使人不舒服的事实。而店员的面孔，又是那样冷而板，又使一跑进门的主顾劈面一个寒噤。这且不要管它，现在我所要谈的是另一件事。

我有一次想买本《苦趣》，这本小而又小的书本，我在朋友的手中看见是定价两毛多钱。因为贪图它的便宜，在某一天我就借了三毛钱跑到四马路该书店，在玻璃柜里看见那本书，我请店员拿出来，他不高兴似的拿出来放在柜上。我问他多少钱，他回答我“四角”！

“四角”？我惊异了，为什么涨价了呢？于是我翻开该书末了一页看，于是我恍然大悟了。书后定价上面已多贴一条纸，上面印的是“改正版售”。于是我不好意思的请他仍归放进玻璃橱。自然那店员先生是老不高兴的，在他面色上可显明看到。

于是我又想了：唔，改正版！因为改正了一下，便涨了近乎一半的价钱？“改正”难道在书店应有责务以外的吗？又难道每本书的出版都有待乎“改正”，事先不必尽美尽善的吗？我不知道所谓“改正”者不知改了多少字。

然而《苦趣》总还是一本《苦趣》吧？……

终于，穷小子的我退出了考究的玻璃大门。我只能默默的走回校里，买书还是买了个空，因为那是为贵族开的书店。

（载《出版消息》1933年第9期）

故都书贾现形记

谱 芗

兄弟是一个书店里的伙计（比小伙计大一点而已），幼年失学，飘流到商界，略识粗字，要以文字与世相见，不啻自暴其丑。然方今商界多不讲道德，只知舞弊，骨鲠在喉，不吐不快。曾见报纸对于各行黑幕，汗牛充栋，而涉及书业者，则殊为鲜见。是以不揣冒昧，就数载书店伙计之经验，赤裸裸的写在下面，以供读者参考。

在文化中心的北平，书业当然占很重要地位，因为它是和知识阶级有密切关系的。谈起北平的书业，是很复杂的。以普通眼看来，不过分新旧两种。新的书业，售些社会科学一类的书，旧的售些宋元明版和金石书画一类的东西，其实也不这样简单，听我慢慢道来。先说旧的，旧书店的地址，多在琉璃厂及隆福寺一带，经营的方法，类似古玩铺，须有雄厚的资本。因为它所售的书籍，全是贵族化的，所以迭有数月不开张者，除有钱的阔老，和几个著名图书馆外，简直任何人都少光顾了，他们不但贵族化，而且利益不得对成也是不售的（对成即五分利）。有时知道了某一种书，举世罕见，则不顾一切的商业道德去攫取。

有一次某中学图书馆拟购商务出版定价十四元之《元曲选》一部，因在下与该图书馆的人是故交，故遣余代购。该书销路极佳，每次来数百部，不数月即罄，故遍寻无着，后得友陈君介绍，谓琉璃厂某古书肆尚有此书。因是余即莅店询问。余敬问之曰："闻陈君言及贵店尚存有《元曲选》，不知销出否？"答曰："尚未。"次问价值若干，恐读者诸君也料想不到吧，竟答曰："价四十元。"我听了不由惊骇的不寒而栗。因又向他言："怎么本馆仅定价十四元，尚打八折。贵店却定四十元呢？"彼曰："书虽该馆出版，但现在独我藏有一部，局外人无干涉之权，要与否，毫无关系。"我不得已而作笑容复问之曰："尔我同行，请以最低价告我，可不可以？"答曰："可打七折算了。"屈指一算，比原定价尚多一半，这是在下所经过的事实，拿来作个例子罢了。

谈起内部组织，亦井井有条，全是以数千年来遗下的专制牢狱式的商业制度，维持一切。大多数有资本家作财东，由资本家委一人为铺长，同时订立正式合同，共领资本若干元，为限几年，结账一次。得利也分为几股（俗谓之领东），有财东股、人力股、财神股三种。财东股即财东应得之数，人力股系铺长和在柜多年成绩较好者应得之数（凡旧式商业在柜多年，成绩好者，有吃买卖之规例。中有吃几厘者，最多不过一个股，但不在柜学徒者，不在此例）。财神股，系预赠下级店员者，如学徒及不吃买卖的同人等。店的一切事务，均由铺长支配。店内人员有司账者，有专管条线装订补页者，有营业者（俗称站柜即门市售货人），有任交际者（俗称跑外），即专作图书馆及宅门生意者。但在未届结账之期，财东没有干涉店务权力。

北平的任何商业，最忌讳担保水印等情，无论交谊厚至如何程度，也不能随便，即铺长及财东等，也不能擅权。如遇有相求者，得双方议妥，才可答应。所以屡有因平日交谊甚笃，因求担保不肯答应，而交谊破裂者甚多。这也是营商业没有办法的事。

因担保含危险性过多，迭有因担保而受累闭门者，读者不信，详举一二例证明，这也是在下所经过的事实。

友人陈君，在十八年间设一小肆于某地。某日，好友某君至店，声称：现创办□□月刊（书名记不清楚），以发扬文化为宗旨，拟向市政府及社会局立案，请代担保。陈君因与此君交谊甚笃，毅然允诺。那知某君居心叵测，言背其行，出版不数月，即被当局封闭，因该刊物系宣扬赤化者，于是陈君亦被逮捕，结果不但将小肆封闭，还判了一年多的徒刑，岂不冤枉。

以上所述，是有东家者之铺子，然而亦有系个人独力支持开办者，大多数由跑外而得，因为他和顾主熟识，而且顾主也相信他，在初作的时候，由行中取货，货卖付款，这是很有把握的。俗语云："十年要进秀才易，十年要作生意难。"但非有以下几个主要条件不可：（一）多识主顾而使主顾相信。（二）同行亦得多认识，有信用。（三）擅交际。（四）不怕受辛苦及任何污辱。（五）不能有任何嗜好。以上条件，缺一不可，但能作到者，亦极鲜矣。凡作到者，皆系由学徒出身，即俗所称“拿笤帚把出身”者是。他最初的工作，就是今日拿几种书到某图书馆，翌日又拿几本书到某宅，终日孜孜，东奔西跑，有时一部书赚到三四毛钱，但也得奔跑一日。有时却也或可赚至三四元钱不等。可知他们是如何艰难来支持一件事业。俗语云：“要知盘中餐，粒粒皆辛苦。”彼等可以相提并论矣。

偶尔有一本万利的机会这便是在买旧书。他们每两三点钟起床，赴晓市买书。地址有三：（一）崇文门外金台书院，（二）宣武门外大街路西，（三）德胜门外迤东。在这些地方，每日有担担子卖杂物的小贩全聚于此（俗称打鼓的），他们每日从各巷中收买各种杂乱货物，有时也要有书籍，即以烂纸价格收买，彼等因无书业常识，不谙何书有无价值，故稍得小利，即行出售。赴市者买之，再转卖于图书馆及宅门，别无准价矣。有时且可因此而由跑外一跃为富商矣。此即所谓“自东自长”之来由也。这种人，在店里可以说一切擅权，滥用私人，什么几年结账，红利分为几股，一概抹煞，店员也没吃买卖的希望。届年终之期，无论得利若干，赔挣与否，店员毫无干涉之权。这也可以几句歌谣为证：“宁可要了饭，不帮马志旦。宁可抱了盆，不帮郭警林。宁可苦中苦，不帮楼小甫。宁愿拾大粪，不帮汪福晋。”所谓“自东自长”的老板们，对店员之苛待，于此可见一斑矣。

要谈到铺长的尊严，真有帝王时代“朕即国家”的派头。店员每日照规矩起居工作，他则无一定时间。他自己另有寝室，在未起之前，学徒首先将室内擦扫洁净，把漱口水洗脸水预备好，又泡上了茶，以备他起床之用。起床后，店员（即伙计）将被褥整好，双手垂立，侧耳静视其动作，譬如彼微窥茶壶，则速将茶碗取过，双手捧上，搁放时，还须丝毫无声，稍一迟钝，则遭责辱，甚至斥詈。当他在柜时，除正当工作外，无论大小职员，皆得一律肃立，何时发令允坐，方有一二在店多年者可坐。如出外返回时，无论有无工作，必须一律鹄立以表敬忱。

讲到学徒所受一切折磨，我也借这机会和大家谈谈。凡是一个学徒入铺，须先将个人姓名籍贯年龄写好（年龄多在十五六岁相宜）。再由介绍人向某店说妥，定日上工。是日介绍人领至店中，与店员等依次作揖为礼。介绍人自己亦得重作揖，不过择其主要者而已。再谈些谦恭之语而去。到店后，先试工三天，这三天内店员及诸领袖等，以种种方法来考验这个新人，如算账咧，点烟咧，打水咧等等。除工作外，则鹄立门侧。试工期竣，成绩及格者，则告之曰："明日来时，将被褥带来可也。"不及格者，则曰："明日别来了。"但无论及格与否，介绍人在第四五日内，总得莅店致谢。

这是数千年来遗传下的规例，至今尚未稍改。上工后，三年为满。普通营业时间，早七时至下午十一时，学徒的，得先起两小时，准备作以下的工作——提尿壶，弄火，沓冷水，烧热水，擦痰桶，擦茶壶茶碗等，此项工作竣后，其他店员等，即自此开始，依次起床。各人起床后，学徒再依次将他被褥整好，次将门窗整好，然后扫地啊，拭桌椅啊，泡茶预备漱口水洗脸水等等。店员既漱洗完毕，则才到了学徒洗脸的时候。洗脸毕，仍立在门侧（在三年之内，最低限度也得"站立"二年多的工夫），到吃饭的时候，首先将桌凳碟碗筷备好，到柜上恭恭敬敬的说一声"请吃饭"。等着铺长等所谓"在上的"坐好，再将饭菜等备好，才开始吃饭。为学徒的呢，虽嘴里吃着饭，但是他的两个眼睛得依旧看着"在上的"。不等着"在上的"说话，就得赶快盛好，否则定遭责骂。同时"在上的"吃完饭时，学徒的饱与不饱，也不能再吃下去，就得停筷。到晚上休息的时候，仍旧依次将床板被褥等等备好，等铺长店员们全睡了，个人才能去睡。这时候，至少也有十二点半或一点了。要再有私事，如补洗衣袜等情，就得熬个两点三点，因为学徒没有收入，什么事都得自己干，俗语所云"出门难，出门难，又作女来又作男"，此之谓也。同时床板及尿壶，全须记得清清楚楚，否则将张三的床板，给李四备好，亦遭同样责谴。这里附带说一个实例，有一次一个学徒因为店员冗多，时常将床板尿壶弄错，因而受责。于是想了一个妙策，在壶底上写了字，"此壶××"，恰巧遇上别号学徒倾倒污水，偶一不慎，至将尿壶弄移（注此二号铺子乃系隔墙，同住在一个商场，故不洁之物，同放一处），后被本店经理得知，令学徒将尿壶拭净，再为晒干。学徒照作，不想在暴晒之际，适经理路经该地，见壶底有他的名字，不由盛怒，返回店中，将学徒痛责一次，只好含泪忍受，事至于今，传为笑柄。

学徒来源呢，大多数系下五处的农家子弟（注：下五处，即京南、深武、饶、安、冀等县也），因为北平的商业，多数系该几处人民设立者，因为系统的观念很深，所以北平人成立的生意，决不欲添下五处的人，除万不得已而为之。下五处者亦然。（转载《北平晨报》）

这些话未免出了本文以外，但因作者痛恨商业中这种黑暗情形，同时也是代替未来准备作商业的青年子弟呼吁，读者或能谅我！以上已经将营业方法及内部组织，略为述说，但对于现在生意状况尚未谈及，兹请一述之。书商营业最发达的时代，大概是在明清帝制的时候，但因作者不幸而生在民国，未曾亲自尝过这滋味。自民国成立以来，欧西文化东渐，胡适博士新文学运动一提倡，旧书肆便一蹶而不振，闭门大吉者，比比皆是。虽然还有一小部分不闭门者，不过“苟延残喘”而已。所以现在那些倚畀旧书店生活的财东及老板们，终日在那里咨嗟太息。

讲到新书店，除商务、中华、世界、大东、广益、会文、开明几处出版家，分在琉璃厂及杨梅竹斜街外，大多数仍在东安西单两商场内。出版家的营业方法，我是很赞扬的，因为种种组织，皆有相当的规定，而且没有上述各种弊端。例如营业时间，普通在早七点至下午七点，职员各有专责（但是店员无论大小，皆须有铺保，以前言旧式商业并无此例只以介绍人为证），所以无论多忙也不会紊乱的。也不以练习生作个人的奴隶，练习生也有代价，每月工资若干，货品价目也是真正定价划一。这是作者十二分的赞成的。因为就经验讲：（一）顾主可以毅然决然买去，决不会受愚及中了诈骗等情。（北平有许多的野鸡式的商店，不顾一切商业道德，以假抵真，挂羊头而卖狗肉。）（二）双方而可省些唇舌麻烦，时间感情都有好处，这不是两全其美吗？

东安西单两商场的书店和书摊等，差不多全系个人私产，因为新书店不像旧书店，须资本若干才可开办，只要有多至两三千元，少至一二百元皆可开设。原因是：（一）新书不似旧书，稍有价值即须数百元数千元不等。（二）不用现款买货，同行中每年可分三节结账。即端阳，中秋，旧历春节。有的月底结账。还有系寄售性质的，而且有些是著者自己出版，委托代售的。这样一来，就不用若干资本买货了，从行中取了货，等到月底，或节边将所售之货款，再付行中，便可维持。处在这种环境下，书店也就可以鹬蚌相持，渔翁得利了。旧书店是没有这样机会的。至于内部组织，和前述旧书店情形，大致相同。

新书店最发达的时期，在民国四五年间，后来发展到二十年，那时候新书店也少，利息也厚。譬如五折来价，最低限度也能卖到八折，处此环境下，由书摊一跃而为富商者，颇不乏人。就是现在北平的几个著名书店，亦系由是而得者，于是，“财帛动人心”，一般作别种营业的人，眼巴巴的看见他的亲戚朋友作书店发洋财，于是乎也引得眼红，来开书店了。

所以东安，西单及青云阁，劝业场，第一楼，宾宴华楼等各商场的书店，如雨后春笋，这样一来，可就大糟其糕了。双方便秘密地开起火来，此谓之商战。例如：甲方某书来价五折到七折就卖，乙方则六折甚至五五折就卖，结果两虎相争，一死一伤，于是另有一般心机灵敏的人，不得已而谋他路，于是乎发明了精而又精“翻版”的妙法。后由少数人秘密组织了翻版公会来经营，此所谓“会”者，不过合资经营而已。最初一般读者也不知道有翻版的事，皆以原价购之。彼等洵可谓一本万利，步其后尘者亦日多。且有不顾道德，印些《性史》、《金瓶梅》、《杏花天》、《花魔》等书。有某商场姓阎者，即专印此类书籍，同行赠一绰号，呼之曰“性史阎七”，此人现已与世长辞矣，结果身后仍属萧条，俗语云：“好心就有好道走，歹心就为天不容。”这并非作者迷信，乃人间大道理也。盛极必衰，古有明训，于是上海出版家之觉悟者便组织了“中国著作人出版家联合会”，北平分会派有专员调查翻版事宜，得悉后即请当地警署，先将书籍抄去，然后再依法起诉。结果一连抄罚了几个大窝，以后其余小卒，皆狼狈而逃矣，现虽商场中仍有少数的书店存在，可是比前二年已少去三分之一还多了。至于他们是忧是乐，可说“姐俩守寡，苦甜各知”，况际兹世界经济恐慌，中国农村破产，农家子弟之来自农村者，经济来源岂不拮据，作者虽不懂“社会学”、“经济学”，但因亦系农家子弟，已饱尝民间困窘的滋味，如政府在最近期间没有相当救济办法，国家前途，及书业前途，实难乐观矣，若仍照过去两年之景况论，再不数载，虽不能尽数关闭，然而仍能于社会存在者，恐不可多见了。读者若谓作者无稽，则请静待拭目以观之。

另有一部分生意很好的，就是由上述种种不利之中而产生了的“新旧书店”。显明的就是买卖新书中之旧书，门口挂有招牌“收买中西旧书”、“价格从丰”、“租阅各种新旧小说”等等。一般学者正在求学之际，偶因家中破产，或遭兵匪及帝国主义者等等掳掠和摧残。只有新书作旧书卖，自找竹杠吃（现在的东北及江西的同胞是一个很好例子）。作者曾有友人某君，系沈阳人，在北平国立某大学肄业，自“九一八”事变后经济断了来源，每天只赶两次粥厂，不得已而将自己心爱的书籍，拿到书店去卖。可是失望的很，你要十元钱买的，最多能卖四元就了不得。虽然有些亦遭同样不幸，而尚可维持，可是不像以前那样充足了。所以买书的时候，就到该项书店去买，可减轻些负担。但是书店并不以贱来的就马马虎虎卖去，最少亦得对成利才售，爱读小说的先生们呢，也因这样买一部得若干资本，所以就到书店去租几种小说，消遣消遣罢，因此他们这种经营方法，很合乎现在社会环境的需要，所以他们的生意，反蒸蒸日上了。还有的就是“著者书店”，这并不是单独指西河沿的“著者书店”而言，北平类乎此项书店很多，将个人平日在所讲的讲义，编印成书，并召集些同志，合股经营，这样的书店，也不用登广告鼓吹，不也用交际员去运动，自然生意不会错的。因为他们自己会制定人来购，除此而外书贾的命运，可谓已至日暮穷途了。

（载《中央日报》1933年4月25日、4月26日、4月27日、4月29日、4月30日、5月2日、5月4日）

剥削智识阶级之——北平的旧书贾

菁　如

当全国经济破产，人民生活万分困苦的今日，在任何市场上，都显出冷落不堪的景象，自然出版界也不能例外。在这文化中心的北平，表现得更为显著。北平学生因受了农村经济破产的影响，大部都感受到经济的恐慌，对于书籍的购买力，自然要减低了。所以北平近来除专以售教科书发财之商务、中华、文化书社尚能支持以外，其他新书店大都感觉生意萧条。

此外，北平还有些专以剥削学生及落魄文人而渔利甚厚的旧书贾，生意亦甚萧条，此种现象，不仅表现书贾本身的营业不振，而且也是北平知识份子生活日趋下降的证明。北平旧书贾，可分三种：一是买卖木版线装之古书的藏书处，二是买卖中西文教科书的旧书店，三是专买卖唱本及章回小说之旧书摊。兹分述于次。

假如你沿琉璃厂走去，一定发现一家连一家的藏书处里面陈列满了装订成套的线装书，这些藏书处都是数千年来国粹文化的保存地，也就是北平所谓文化惟一特色。这是工商区域的津沪各地，是很少看见的。琉璃厂一带共有二十余家藏书处，历史最久的有百年左右；最短者也有二十余年。因为民国以来，此种营业，有减无增。所存书籍，以经、史、子、集为最多，词、赋、诗、歌次之。书籍来源有自江浙东南等省购来者，当交通未发达以前常派人由水路到江南各地搜罗刻版书籍。因江南文人学者对有价值作品，常私人精工镌版印刷，亲自校订，务求精确，多半用以遗赠友人而为非卖品，故书籍版本愈古愈珍贵。现所存书籍最古者当首推宋版，盖宋代以前者，多已绝版。自毕昇创活字版，印刷术大为进步。制版出书，已为书贾所包办，辗转印发，错误之处甚多。此即明清册籍不若宋版书籍珍贵之原因。

各藏书处如自己存有刻版，亦可印以发售。亦有昔日之书香门第藏书甚多，近因家境日衰，不得不倾其祖传之珍典秘籍以维持目前之生活者。旧书贾乘此机会往往以极低廉之代价，购得异常珍贵之典籍，再转手卖与好古之大学教授或各大图书馆，索价动辄以千万计。故此类生意，平时门前虽极冷落，但遇有渔利机会，即可大发财源。

此等旧书贾，并不赖门市交易，多与国故派之大学教授往来，或与各地大图书馆交易买卖。近以教育经费困难，教授亦无大批金钱可购古书；各图书馆以时局关系，方装箱南运之不暇，何能再购置珍贵图书？以故近来各书贾生意愈加衰落。

其次与其谓为收买中西文教科书的旧书店，不如说它是知识阶级的文化当铺。上海有一种书籍典当社，与北平旧书收买店是同样性质，专以剥削知识阶级为发财不二法门。当书规定与普通当铺相似，其剥削之甚，尤倍于典当金属衣物。北平收买旧书的地方以东安市场为最多，沿丹桂商场之旧书店与摊贩均买卖旧书。此外西单商场内及对过，亦有三四家，宣内大街琉璃厂一带均有此种买卖。

他们最喜欢收买值钱的英文书籍，及几何、代数、物理、化学等类的原文课本。资本极少，所存书籍皆为零星购来。年久日深，渐渐积少成多。销售最多者，为学校课本，当寒假暑假开学时生意最好。学生为求课本，多赴旧书店去买旧课本；或因新书卖完，亦只有到旧书店去搜罗。故旧书店得利甚大，大约费三角钱购来之书，可售价一元，几与定价相等。

此辈营业对象，大部分为穷苦学生。在农村经济破产的现在，北平学生普遍的窘困，他们没有金银可以兑换，只好把他们唯一的财产——书籍拿来换作生活费用，但必须经过书贾苛重的剥削。日前见一学生模样的青年，抱着四五本原文书籍，走进宣内大街一家旧书店出卖。就中有一本原文《平面测量学》，按原价当值十余元；结果，该店估量，此四五本书，只给价一元六角。彼青年争论多时，愤愤而出。据调查，近因时局严重，一般人纷纷离平，将不便携带之书籍，悉卖与旧书店。亦有战区学生，因家庭不能接济，不得不卖书暂维生活者。故近日卖书人特别增多，平均每日每旧书店出卖书籍平均十人至四十人之多。同时，因时局不靖，购书人减少，书籍堆积难销，各旧书店均不愿再收买任何旧书籍。故书价暴跌，有一部分旧书店无论贵贱均不收买，因此一般穷苦学生均甚感不便。

专卖唱本及小说之旧书摊，如青云阁、劝业场、东安市场均有此等摊贩，书籍以京调戏词、大鼓书词及言情武侠之章回小说为最多。其营业对象多为商人及一般市民。每于天朗气爽之时，由宣内大街至西单，马路两旁，都摆满了旧书摊贩。其中大多是不值钱的破书，有线装的旧小说，亦有数年前的旧杂志。书籍大都残坏，不全者最多，其来源都是打鼓的（收买破烂什物的）当字纸购买而来，本钱甚少，但赚钱亦不多。往来行人，有时停留在那里翻阅一下，真正购买的是占极少数。所以他们的生意，更形冷落了。

（载《大公报》1933年5月3日）

旧书摊的调查

慕 之

大概因为天津是“都市”的缘故罢，除了物质文明的进展以外，并没有多少人对于文化有些具体的调查与研究，所以津市虽名为都市，其实只是物质粉饰的集中点，与所谓肉的散布地，这样津市的文化真到了一种很可怜的地步了。谈到文化，当然以教育机关与书店等为中心，可是学校只是贩卖些空虚的沫屑的学问，与社会实际上不发生什么关系，所以有些学生为了将来的前途，为了满他的求知欲，不得不自己另谋出路，于是书店成了一般学生的宝藏了。我们要知道，书店掌柜只会投机，他们根本不会为文化与教育打算。因为小学校的增多，我们从一些小书店经过总可以看见玻璃窗内的小学国语、常识教科书之类，又因了青年们感觉到苦闷，所以好些迎合低级趣味的出版物在公开的秘密之下贩卖着，书店大掌柜只知道投机，文化又怎能不落伍呢？

书店掌柜只会投机的事确定以后，我们可以见到更确实的证明，就是一般人所说的“旧书摊”。在天津，旧书摊总计起来有三个集中点：（一）河北大经路一带，（二）围城的四周，（三）三不管等处，多法租界市场内。其余就个人所知，如河北鸟市、河东地道外以及谦德庄，少也有些。因为它不很十分重要，所以现在只就三个集中点谈谈。大经路一带由宇纬路往河北金钢桥，路过三四个书摊，这里最有名的是赵怡山、毓英山房，都是一间门面，书在屋内陈列。所陈列的除一部分洋装书外，还有线装书、中小学教科书、旧小说、旧杂志，各种杂书如《本草》、《军事学》、《相法大全》等。这里的书大半都蒙上尘土，边缘已破，价钱极贱，可是也得看买主会不会还价而定。顾主多半是学生，其中以河北师范、震中等校较多。这些地方每日很少有人光顾交易，只有星期六、星期日两天顾主比较多些。因为生意冷落，所以另外经营一种出租小说的事业，借此拉拢买卖。

围城的四周，因为四周都有，只好一一的分述。（一）东马路在太平旅馆旁，有一家旧书摊，他们卖书之外还专买卖旧的字画碑帖，价钱很大，顾主多半都是研究国学或有古董癖者，可是每日交易很少。（二）南马路的大陆商行也有些书店性质，因为他们贩卖旧书，其中以中外教科书为最多，价很贵，普通照定价七八扣，顾主以学生最多，每日交易平平。（三）西马路就多半是地摊了，里面有小学的旧教科书、儿童故事、杂用本以及小人书等等。顾主是许多小学生们，买卖多半以铜元计算。（四）北马路既有地摊也有门面，多在北门旁边，以旧小说为主，兼卖别种旧书，顾主以学生比较多些。

法租界市场，法租界以天津市场劝业场为主，“泰康”只有古玩摊，天祥市场及劝业书摊都在三层楼上，书摊都是租一块地盘，案子上边是陈列的书，案子下边被布幔着，其实里面也是书。书摊总计不下十几个，书的种类很多，十分之九是课本之类，其余多是小说一类的东西。在这里可以看出十分之八是英文书，因为这里都是以洋装书为交易的大宗的。其次，还有些书可以招徕一些主顾的，便是迎合卑劣心理、害人不浅的书，使青年们走到堕落的路上去。这些书摊每天上午十二时起到夜间为止，顾客很多，以学生占大多数。而秘密买卖的书籍，主顾都是些学生和商店里的伙友，他们的书摊因为是在租界，所以用费很大，同时书的卖价亦随之增高，一本书的出售须得加上他们的消费，平均每本书比原价少不了多少钱。就以上的调查可知关于津市文化的另一方面，卑劣的书本和教科书之多，可以表明商人的投机；而一切关系学术书籍的缺乏，适足以证明津市文化的没落。

（载《大公报》1933 年 4 月 5 日）

文化在杭州

杭州，西子湖是那般的美丽，文化界是那般的沉寂！

文化的繁盛，是源于其下层结构的生产力。新疆、青海，也有美丽的景色，但不见有繁盛的文化。

这便是杭州的文化界——

定期刊物

1.《小说月刊》 沈从文、高植等编。1932 年 10 月 5 日创刊，由新开之苍山书店发行，内容是纯文艺，十六开本，每期篇幅在七十页左右，约五六万字。本拟名为“红黑”，恐有误会，改今名。

2.《白虹（半月刊）》 内容着重创作，但偏于“古旧的抒情”方式的，说道意义更没有。

3.《黄钟（周刊）》 每逢星期一出版，执笔者李朴园、陈大慈、钟敬文等。内容是文艺，宗旨是“民族主义”——在目前，民族主义文学跟着“一·二八”中国民族生死关头而沉寂的当儿，上海素来提倡民族主义的刊物纷纷停刊，民族主义作家改写恋爱小说，创作情书，或写马克思主义论文，在小小的杭州却还有人努力于敲撞“黄人之钟”，这是值得称道的。

4.《晨光（周刊）》 陈白云主编，内容除文艺外，还有政治社会。

5.《学校生活（周刊）》 纯粹是个教育的刊物。

书店

杭市的书店，严格地说来，只好说是“卖书摊”。不久前发行《小说月刊》的新开的苍山书店，和最近现代书局在新民路开设的杭州分店，始具新书店的范式，这对于杭州文化界的前途是很重要的。

报尾巴

较可注意者计有：

1.《沙发》　民国日报副刊，陈大慈编；

2.《热水瓶》　国民新闻副刊，程一戎编。

此外是“文虎”、“戏谭”、“言情小说”、“武侠小说”——总之，一团糟！

（载《现代出版界》1933年第8期）

云南文艺界

木　辛

远处西南边陲的云南，素有山国之称，文化落后自不待言，然而单就文艺一方面而论，尚有可以值得注意的地方。

自五四运动以后，文艺团体在云南就有云波社、微风社等，出版定期刊物，成绩显著，这些是前期的东西，其后便有云波社的一部分人出来组织了谷音社，微风的一部分人出版《未央周刊》。在这些时期内，大家都在花呀月呀的浪漫主义里呻吟。

自民国十五年以后，革命高潮波及云南。当时《民众日报》的副刊有两种，一种叫《象牙之塔》，一种叫《杂货店》。《象牙之塔》专发表些文艺的作品，《杂货店》专发表讽刺意味的小品文字，后来因故停刊。这报的副刊，可以说是有《云南日报》副刊的最高点的成绩。

近来所有的两个文艺团体，一个叫春蚕社，是由张书良、梅绍农、张克诚、吴家骥、马子华等十余人组织，出版《碧绿酒》不定期刊。《市政日刊》之副刊《小宇宙》是由该社负责稿件，内容颇充实，思想亦称急进，此副刊系由张克诚主编，销路不弱，著《中古文学概论》之徐嘉瑞氏，常见有文字发表其中。

另外一个文艺团体叫海月社，提倡民族文学，为张崚庭、王君锡、张小秋、普剑魔等十余人所组织，出版《海月半月刊》，虽然经费很有，但还是不见有好的成绩出来，印刷尤糟。

以上两团体颇不相容，于文字间时相攻击，固立场之不同也。

云南印刷不佳，出版刊物亦殊困难，故研究的人虽多，但发表的地方却太少，现闻有人欲在云南筹办大规模的印刷公司，则云南出版界，必有一番新气象也。

（载《现代出版界》1933年第18期）

生　活

——我卖掉了我的眼睛

臻　新

我弃了小学教员的位置而到书店里充当校对的理由，大致有下面两个，但到现在，才知道这是两个完全不成其为理由的理由。

一、工作容易。凡没有当过校对的人，都不约而同的以为校对是文场中最容易的工作，只要能看书，各种科学的智识稍稍有一点，充当校对是绰绰有余的；我当初也以为这样。其实大不然。厚厚的一本十万或二十万字的书，要使一个字不错是可能的吗？潦草而糊涂的原稿，具有各派各路的笔调，叙述各种各样的专门学问，以及模糊的校样，反白光的油光纸，在这种状态之下，要使字不错是可能的吗？况且还要注意最易忽略的页码、标题、边脊，说不定印刷工友们偷偷地给你拆点不易发觉的烂污，这样，要使字不错是可能的吗？现在我确信当校对要比当编辑难。

二、多得智识。这种想头也是谁都有的，以为做校对，可以免费地看许多书，长进许多学识。当初我何尝不是这样想呢？但现在才知道这是像买一张香槟票想拿进四十二万、五十万那般的空想。校对如果只注重书中的意义，而不注意凑成这意义的一个一个单字，那末，我相信出版之后一定错字累累，而要遭受书店老板或报馆主笔的白眼了。总编辑的职务是从全书的观点上和题材上定取舍（接受或是退还）；编辑的职务是在每段和每句上定取舍（修改）：至的［于］校对的职务是在每个单字上定取舍。因为职务的不同，致注意力的集中点也各各不同。校对只注意于每个字如："裏"和"裹"的不同，"已"和"巳"的不同，"綱"和"網"的不同，以及"迴"和"迴"的不同等等，试问对于这每个字的注意能增进智识吗？那正是和盲人摸象的笑话一样。

那末，我在这项工作上实际上获得些什么呢？有的，那就是"我卖掉了我的眼睛"，而其代价则不过月薪十余元而已！

我当校对还不到一年，我就换了一副比前加深一百度的近视眼镜，到现在我已不能看清楚××里××坊的金字了。这不仅我一个人为然，我的同事们没有一个不明显的觉得的。为了这个，我们也曾想过不少补救的方法，如电灯上用绿纱罩，叫印刷所把校样反面打（即油光纸的粗糙面）等等。但虽然如此，卖眼睛却还是一样，只不过是五十步和百步的分别罢了。

（载《申报》1933 年 5 月 28 日）

编辑先生的精神

德　风

不学无术的我，对于《公教周刊》，是很愿拜读的，所以我一接到周刊，便急急打开起来看。

当我刚在望眼欲穿的等着《周刊》之候，恰巧绿衣人送来本《周刊》一份，首见本刊编辑味增德先生的《不怪人家怨恨我》底一篇大作，里面大概是说他为编辑的辛苦！委实不错，做报刊编辑真不容易：除要有伟大的肚量而外，还要居□耐苦不拔的精神，这是不待味增德先生的鸣枉，人们应该领会的，怎可以不白之冤来怨恨编辑先生呢？

菲才的我，曾经给敝友余君拉去汕头某报副刊，替他编了一个多星期的稿，收到稿件足足有二百余件，而收到催登稿者，有百人之多！稿的种类，却甜苦酸涩，应有尽有，令我头昏目暗，正如味增德先生说：登红色的文章，就未免有共产的嫌碍！登平淡无味的文章，就未免令阅者不满意，登不知所云的文章，就未免给人家笑破肚皮……的确不错！因为现在许多作者，多站在浪漫的立场上，即如那随笔写来的作品，而太过支离的，编辑先生把它束之高阁，付之一炬，这是怪不得的啊！

然而，人心不同如面，彼真不谅编辑先生的人们，而怨恨编辑者，我也信其有也！唉！“戛戛乎为编辑难矣哉！”尤其我们是属公教刊物，宗旨取材，和外间的刊物，当然不同哩！例如“张三和S女士之恋爱”的稿件就不合了！所以阿拉不但明了做编辑的千难万苦！而且我十二分佩服编辑先生的精神啊！

最后，敬希味增德编辑先生努力为国教增光，不要以有人怨恨而灰心罢！

一九三三，七，廿八，匆写于潮安县中。

（载《公教周刊》1933年第230期）

摩登编辑

是 蠢

编辑之难，不在编与辑之难，在拉稿。没有好稿在手，虽有好编辑，也总会感觉到头痛的。在稿子缺乏时，也会急得和热锅上的蚂蚁一样。大多数干着这勾当的人儿，恐怕谁都会尝到这苦味儿。然而也有操纵自如，拉稿如拾草芥的时代。“摩登”编辑，这种胜任愉快而又能得到意外的收获，只是限于她们的。换句话说，只有女编辑，才能得到好稿，自然也不会感觉到手头稿子缺乏。并且，只有在石榴（裙）下，才会鼓舞得起拿笔杆的朋友冒着汗，写，写，写，把稿子当做“情书”

那般热烈的写。甚至写了还要抄一次，深恐她看得讨厌，有伤雅意！

（载《社会新闻》1933年第4卷第20期）

纸荒与纸剩的危险

近世文明发展，纸，也最是重要的工具，国人不知注意及此，制造方法，师法蔡伦，数千年来，并未改进，所以品质粗劣，不适于印刷的应用。偶有一二新式纸厂，然规模狭小，产量甚微，不足以应印刷的要求。故书报各界，一日不乞灵于外纸，则国内必大闹纸荒。最近商务书馆承印《四库全书》，向各厂定购纸张，各厂莫之敢应，不得已仍取材于中国旧式毛边，此虽出于提倡国货的热心，然国内纸荒的情形，已可概见。

近闻实部筹设造纸厂，经派员前往浙江温处一带察勘，据报处属龙泉等十县，地产杉松木材纤维，适合造纸之用，水力发电厂拟建在小溪，左峰纸厂设于温溪，利用杉木制造新闻纸，开办费共需五百万元，每年制造费约百五十四万元，收入相抵，此项报告，现正审核，并与商界，详商一切进行云。

政界要人，从来好说空话，此说是否可行，能否实现，殊无把握。但就令实现，前途亦不无危险，因为日俄两国，均挟其大量的剩余物产，向中国倾销，纸张亦大宗物产之一，我国若没有相当的方法抵制，则以后的市场，必将洋纸充斥，国纸滞销，现在虽未充斥，然以国纸的代价，不能与洋纸一样低廉，已销数大减，各厂已有停工之虞，政府不能统筹全局，设法维持，仅知设厂造纸，将来岂不有过剩的危险吗？望实业当局，与商界巨子，均注意及此。

（载《兴华》1933年第30卷第24期）

书贾的贸利机会

——读书会内容的探讨

樱

楔　子

聚集几个同学或朋友，组织一个“读书会”，大家出钱买书大家看，本来是一个很经济的办法，同时又有互相砥砺、共同研究的种种好处。但这件事一到商人手里，便变成牟利的工具了，前年上海光华书局首先发起“光华读书会”，其他各书局看见这个发财的方法，于是急起直追，所以现代书局有“现代读书会”，新月书店有“三五读书会”，神州国光社有“神州读书会”等等，颇极一时之盛。这些“读书会”都是用种种利益引诱读者入会，实际上是推销各书局自己出版的书籍，结果因为成本低廉，吃亏的还是读者。天津本来就没有出版书籍的书店，假如有的话，一定也会抄袭这种方法的。不过因为没有出版书籍的书店，所以“读书会”在天津，就不得不换上一副面貌了。

偶然之间的新发现

有一次偶到天祥市场闲逛，在二层楼一个很冷静的角里，发现了一个类似书店的地方，屋内排满了书架，不过架上的书并不十分多，记者便跑了进去。当时认为这是一家书店，便在架上寻找自己所要的书，在这时才得了店伙的说明，说他们那里不是书店，是文津阁读书会，每月一块钱，同时给记者一份章程。当时因为那些书就不能引起我的兴趣，所以归来以后，那份章程也就顺手丢掉，后来也许是社会确有这种需要，这读书会竟日渐发达，由那个冷静的角里，已迁移到天祥二层楼的西南角，门面也焕然一新了。最近从泰康商场经过，又发现了两家同样性质的读书会，一个是“良友图书社”，一个是“公余租书社”，于是引起了我的注意，顺便从每家要来的宣言、章程以及书目之类的印刷品来研究一下。

群起竞争的读书会

我要到了他们的印刷品，如今简单的介绍一些内容。文津阁是这么说的："我们读书界在中国今日的社会中，尤其是我们天津，感到最困苦的有两点：（一）经济的困苦，中国的书籍浩如烟海，当然非个人力量所能购置，就是研究一种学问而所需要的参考书，倘将各种价目统计起来，亦会使你感到阮囊羞涩，这还说的是无时代性的书，至于爱看小说的朋友更不经济了，买来一部小说，代价是不少，而看过之后随手抛弃，便一文不值了，日子一长，这笔损失可实在不小吧。（二）时间的困苦，我们天津总算亦有图书馆了，但是我们有职业的人，那有功夫跑到那里去看书，况图书馆开放阅览的时间正是我们工作的时间，我们要想利用我们的余暇去看书，而图书馆却不能适应这种要求，至于居住稍远点的更感觉时间的迫促了，然而学问我们是要研究，小说我们是爱看，可是我们有什么方法能满足这种欲望呢？好了好了，文津阁经济读书会成立了，它是许多读书的同志组织的，以上的困苦他们曾经身受过，所以他们为满足自己的欲望，同时为满足一切读书界同志的欲望，才成立了这个会，你每月不过花一元钱，这刚够你往图书馆去的车资，便可稳坐家中研究高深的学问或阅读各种新旧的小说。你无一文钱枉费、无一分钟虚掷。朋友你不好学吗？你不爱看小说吗？请你赶快加入吧！"

良友书社简章前的说明，是"有志研究学问的诸君，您希望用最低的代价读到您所需要的各种参考书吗？爱看小说的诸君，您愿意用最低的代价看到您心中所喜爱的名著吗？惟有良友图书社，能解决以上的问题、满足诸君的希望，因为他书籍既多，并还随时添增，代价低廉且有专人送取"。

文津阁的读书会详章，是：（一）凡有兴趣读书或爱看小说者皆得入会为会员；（二）短期每月会费一元，长期每六个月五元；（三）保证金二元；（四）本会收到会费与保证金后，即发给收据并注明会员之号码，会员即可凭此据向本会取阅书籍，本会为谋会员之时间经济，换书可用电话通知，立即派人送上；（五）本会送书时间自上午八时起至下午十时止，过时恕不如命；（六）会员换书每日一种为限；（七）会员如将书籍遗失或污秽批点，须按其价值赔偿；（八）短期会员如未满一月即欲出会时，本会除发还保证金外所交会费概不退回，如系长期，每月收费一元，不足一月时亦作一月论；（九）阅书期限已满，会员如未将书籍送回时，本会认该会员为有意继续其会费，即由保证金内扣除之并函请补足保证金额，如系长期，本会当于十日前通知之；（十）凡有新书出版，本会尽先购置，以期早现于会员之前；（十一）本会每购入一书，即行编入目录并随时将新目录寄与会员，概不收费；（十二）凡会员向文津阁无论买何书籍，概按门市实价再打九五扣。

良友图书社的简章是：（一）凡本市有志读书及爱阅小说的诸君，均可随时加入本社为会员，享受一切读阅书籍利益；（二）有意加入本社诸君可随时到本社索取租书目录，如有意加入请将保证金及会费交出，本社除发给收据及租书目录外，立时即能选阅书籍；（三）短期每月社费大洋一元，长期四个月收大洋三元，保证金大洋二元；（四）会员换书时可用电话通知本社，本社立即派人送到，会员换阅新书每日不限次数，但每次只限一种，倘会员将本社书籍遗失或污秽损毁等情，为谋会员利益起见按原价打九折赔偿；（五）新书出版，本社立即购置，以便使阅书诸君早早读到，凡购入之新书立即编入目录，按期寄与会员，概不收费，惟会员倘将目录遗失补索时，须出印刷大洋一角；（六）短期会员未满一月即欲退会者，除发还保证金外，所余之会费概不退还，长期会员在期满前退会，须按短期费交付，并未满一月者亦作一月论；（七）凡会员在本社购买一切文具书籍等按实价打九扣。

各读书会存书数量

关于他们所有的书这里不便一一抄录，但从各种书籍的多少，已足明了这种读书会的性质了。

文津阁所有的书籍，根据他们的图书目录，有新旧小说约三百九十部，其他哲学、国学、医学、商业、文学等等（按：这册图书目录的分类极不正确）共约三百五十部。公余书社的新增书籍目录单中，武侠小说类约一百部，社会小说类约五十部，香艳小说类约五十部，新文艺小说约六十部，旧小说类约四十部，侦探小说约三十部，笔记小说十余部，追加各种小说又约五十部。

我们看了以上这些，可以知道这种读书会也是用了一种很好的很有效的方法，去麻醉一般小说迷，其有害于成人，正与“小人书”有害于儿童一样。

我们感觉到的印象

第一，我们先看他们堂哉皇哉的宣言，他们认为要看书的人有两种，一种是“研究学问”，一种是“看小说”；而他们认为“读书界”的困难也有两点，一是经济，二是时间。

“研究学问”四个字所包括的十分广泛，且就文津阁来说，除了小说三百九十部外，各类的书籍总数仅三百五十部，这是研究任何一种学问也不够用的，他们所以要打起这个招牌，不过是掩饰他们不只是租阅小说而已，“看小说”这是他们要组织读书会的真意。因为社会中有许多有闲者要用小说来消遣，而且这些小说又必须是武侠的、神怪的或诲淫的。“经济”这一点倒是一点不假的，不只入会的会员（这就是那些爱看小说的）经济，读书会的老板更来得经济。至于“时间”，天津的图书馆不普遍、不发达确是事实，不过就我所知道，市立图书馆的书就可以借到家去读的。

第二，我们再看他们的“章程”。这三个读书会章程有个相同的地方，就是会费每月一元、保证金二元、管取管送。听说文津阁有会员一千人，好我们算算这笔账。文津阁所有的书籍价值，据记者草草算过（全按实价、不算折扣），最多不过值七百元，其他一切费用最多不过三百元，如是文津阁干过一个月后，就可有每月七百元的利益（二千元保证金存入银行所生的利还不算）。

第三，我们看他们所有的书籍。这种读书会完全以租阅小说为目的，所以他们有什么小说很值得注意。以下是从书目中找出的几种，文津阁有的是《官眷香梦记》、《欲海新潮》、《电影明星艳史》、《红粉艳史》、《爱克司光线》、《荒唐梦》……公余书社有的是《艳库》、《续金瓶梅》、《小江平游沪记》、《性的变相》、《上海风月》……之类。

尾　声

物价昂贵的现在，尤其是书籍，一方面因为读者太少，一方面从事印书业者抽利过多，两者互为因果，所以定价特别昂贵。读书会发见了这个机会，便从中取利，绝不是为读者着想，完全为了他们自己打算。从另一方面说来，在目前这种畸形的社会中，引人堕落的方法很多，“不良小说”也是其中之一，所以我们要反对内容败坏、意识不正确的小说的出版与传播。至于当真想读书时，最经济的方法就是集合同人自己组织一个纯正的读书会。

（载《大公报》1933 年 3 月 3 日）

读书会之理论与目的

陈东原

本馆最近组织了一个教育学读书会，邀请了十几位中小学界服务的朋友们为基本会员，业已开了四次会。开成立会之时，本人作了一个报告，说明图书馆所以组织读书会之动机，与将来的希望。这种事情，在我们也是尝试，成效如何，尚待我们今后之努力。现在将我们的报告，写出来借请教正。

组织读书会的动机，在省立图书馆方面，可以说完全是在尽图书馆本身的责任，并没有其他远大的企图。因为图书馆的目的，就是在供给多数人之活用，激发多数人之进修，断不是有了图书而死板地陈列着就算尽了使命的，也不是只任普通人之随意阅览就算尽了使命的。读书兴趣之推动，学术研究之启发，各界之联络以及充分利用，应当都是图书馆的责任。现在我们第一步组织这教育学读书会，邀请在中小学校服务的朋友们来参加，把我们图书馆公开给中小学的教育界同志，作一种有意义的联络，这岂不是一件很好的事？

说到读书会的理论基础，可以说有两点：

第一是教育学术化。本来各种事业，都是应当学术化的；能够学术化了，那种事业才能够进步。所以教育事业之应学术化，更成为普遍的口号。不过目前社会，偏偏任何事业都不能学术化。商人读书么？农人读书么？工人读书么？服务行政工作的科长科员读书么？某长某长某委某委读书么？实在他们也无暇及此。大家都不读书，何从谈到学术化？自然在教育界服务的同志，是应当避免不读书之缺点，而努力向学术化这个目标励进，这才不辜负教育事业。这是读书会第一个理论基点。

第二是生活理智化。教育学读书会被邀参加的，都是中小学校服务的朋友，并且都是生活很忙的朋友，晚间要看卷子，白天要教书，要帮助学生补习。我很晓得诸位忙，但我们偏要找忙的人来参加，那是因为能够忙于工作的人，便是热心负责的人，便是力求上进的人。通常以为一个人能把本分的工作作了，这人一定很快乐。其实尚不尽然，不能够把工作作好的人，固然谈不到踌躇满志；但只是把工作作好了的，如果一年到头，有实际的工作，不能更有理智的启发，精神的安慰，不能更运用到想像与追求。那一定会感觉到枯燥乏味的。所以生活要有理智化，这是读书会的第二个理论基点。

再谈到读书会底目的，可以说有五点：

一、增加读书的兴趣。读书本来是个人的，姓张的要读书，只有姓张的自己去读，姓李的不能有什么帮助。但读书兴趣是可以团体的。所以学校中拿竞争和奖惩的方法，用来鼓励学生，这就是利用团体以引起兴趣的一例。诸位热心上进的朋友，也许自己向来就爱读书，或正预备读书，但独学无友，往往把兴趣的萌芽，在匆忙中葬送。现在有读书会的组织，可以给我们一种诱发，一种逼迫，因为你读书，引起我读书，这样便可增加不少的兴趣。

二、供给读书机会。爱读书或想读书的朋友，常发生一种实际的困难，就是个人的经济能力有限，要读书而无书可读；一己的见闻难周，想读书而不知什么书好。读书会的组织，就是一面要利用图书馆的图书，一面集合多数的见闻，使我们选择书读。打破了这两种困难，供给我们读书机会，这是最有利于爱读书之朋友的。

三、帮助问题解决。古人云："学而不思则罔，思而不学则殆。"我们工作和读书之余，不能不思；思了之后，不能无疑，一疑便有了问题。可是我们都已离开了师保，我们的问题，从何求解决的帮助呢？读书会集合很多志同道合的朋友，可以供给我们切磋讨论，共同解决我们发生的问题，这用处也是很大的。

四、促进同志联络。我们组织读书会，不具任何政治意味，完全是想谋学识能力之进步的。在我们学识能力进步之后，自然可以促进我们的事业——教育的事业。但一方面为事业之促进起见，正须要一种同志的联络，第一步是"他山之石，可以攻错"，彼此之间可以首先相互的从长弃短，第二步也许将来我们的研究心得可以有稍许的贡献给安徽整个的教育界，这也是一个很正当而应具底目的。

五、交换新的知识。就读书问题本身说，新的图书，日出无已，一人的精力有限，或不能一一过目。我们既是大家都爱读书，故不妨集合起来，一人读一本书，十人读十本书，开报告出来，十本书的内容，大家都可以晓得了。许多新的知识，都因有这种经济方法而求得，这可说是读书会最末后而最简单的目的。

最后我要声明的，这读书会性质：第一，它是平等的，大家的能力程度都差不多，断没有谁居领导者或谁居被领导者地位之分。所以我们的组织，没有什么委员或会长，也没有什么导师。第二，它是自动的，人人负责，人人努力，人人读书。第三，它是进步的，日益新知，力求进步。第四，它是互助的，彼此会员极谦虚坦白的切磋研究，互助读书。

附朱立余君来函

东原先生：

在先生之《读书会之理论与目的》一文，无意的触及我眼帘以后，我反覆默诵，半晌，就打算给先生说出我对读书会的意见，终于被我为儿童们歌声舞态的迷醉，一直到现在才能实现我的打算。

省立图书馆，是传布并发扬全省文化的一个机关，这机关需要的“力”的运用，使其能达到“供给多数人之活用，激发多数人之进修”的责任。进一步说，使其能达到为“全民研究学术，启发智能，修养品行”的图书馆，绝不要固定的维持现有的状态，仅供给少数智识阶级的娱乐呵！因为中国目前文盲多，这一群文盲，若不设法解决，则夕阳虽好，亦只是给少数的知识份子可领略个中况味而已。

以上是我未谈到读书会问题以前，对于图书馆应负使命的一些愚见。

先生对读书会的理论基础，有两点：

（一）教育学术化

（二）生活理智化

这两点，我深以为是。这两点，亦确为时下人所犯的通病。就第一点说来：目前社会，是畸形和反常到极度了，应该读书的学生，多数偏偏要研究玲玲□诺的历史，胡蝶的姿态以及黎明晖的情恋经过；应该读书的教师，多数却偏偏把整个的空暇，牺牲在无谓的消遣上；应该读书的商人、农人、工人，却又因环境的羁轭而与书本绝缘。至于某长某委，他们早已饱经饱学，用不着干这劳什子的读书生涯了。中国是文化落后的国家，中国是教育不普及的国家，自有其种种原因在。我们是不能劝勉没有饭吃，没有衣穿，没有屋住的农人、工人、小商人，以一页一页充满墨油的书片来充生活的资本呵！再就第二点说来：走到任何机关或团体内部一瞥，包管你所感觉到的，是一障虚伪的叹惜，一幕灰色的帐帏，很少给你看到有“血”的活跃，桃色的云片。这并不是全部的人不思上进，不思在实际工作中有理智的启发，有精神的安慰；愿意沉浸在枯燥的氛围里，乃是外力的层层诱逼，必然的，会发生这不良的现象。这外力何来，不消说，是环境的不安，生活的不安，精神的不安了。如此推断，生活之不能理智化，理正辞当。我们要求生活理智化，能普遍人群，只有先从改良社会做起。

读书会的理论基础确定了，目的是很容易的给大众的认识，所以不用再来多占篇幅吧。

说到我个人的生活，对于读书会组织，觉得迫切而重要。所以我写这封信的动机，完全是在同情你们组织的欣慰之余，而对自己生活的前途，自认将有新的展开：

整天被包围在童心的溶化中，一切虚伪的人面，狰狞的人面，和蔼的人面，美丽的人面，对我都是冷寂的，不可遗弃的，也不可爱好的；我所要的，是谨慎的，潜心潜意的，保留着那一颗一颗为千万黄金所买不来的童心。一天的时间，是如一般小学教师那样白天教书，改卷子的化费了。只是晚间那一些些空间呵，却没有被黄金买去，依然很安全的放在我的屋子里，被我消磨在自学的书本上了。我时时认识自己内在的空虚，空虚到一无所有，空虚得卖去无限儿童的宝贵光阴，这样，未来虽或幸免天谴，但良心的责罚，是不可避免的。我偶尔在茶肆中、澡堂内，厌听从同我同命运的教师口中吐出关于赌博的话语，然而那时的厌听，仅仅是内心一时的波动，终久是平静了，如止水一般的平静。

我很欢喜你们的组织，因为你们有了正当休息的机会，有了努力自新的机会，我很想无条件的加入到你们的队伍里去，可是不知下面几个问题能否给我彻底解决；如经你们轻易的解决了，我入会的志愿，是不致轻易的动摇的。

一、我是远在无为的一个小学教师，读书是可以的，而且我也很愿意读书；但是我个人的藏书有限，图书馆的书籍，可否借阅？

二、如果第一问题解决了，那末，你们集会时，报告各个人读书心得及讨论某一中心问题时，我，可否以书面陈述意见？

三、假使第二问题也解决了，图书馆方面可否抽一笔经费，将每次讨论结果，出一周刊（办法容待详细讨论）？在周刊上，可以多多登载些会员的著作，以及会务消息。

“教育救国”，是我们这时应该提出的口号；虽然笔杆打不退暴日的枪杆，但是我们退一万步说，在我们将来已经不幸而做亡国奴的时候，至少，还可以将我国的文字，传授给我们的子孙。

老实说，我们要浓厚读书的兴趣，在我们所处的环境的周围。

拉杂写来，尚祈有以教之。此祝

努力　　朱立余四月一日

复朱君函

立余先生：

来书对于本会的期望，我们都很欣喜的接受着。虽说其中也有许多不免似是奢望，但我们总是非常坚决地把它作为我们的目标，一步一步的慢慢走去，或许有完全实现的一天。虽然我们的环境，是那样的和我们相左。

至于先生所提出的方便外埠会员的三种办法，我们在原则上都是同意的。第一，外埠借书问题，这件事早在本馆行政方面计划之列，本馆不但对于读书会的会员，觉得应该设法使其能受到本馆的效率，并且要想使所有对于本馆存希望心的读者，都能有机会向本馆借书，使他们都能利用本馆的书籍去研究学问。但一直到现在，终于因为种种的关系，不能使我们实现这样的计划，这当然不仅在我们是憾事，即是一般于本馆存希望的读者们，一定都觉得是很失望的。好了，现在我们打算对于先生所提出的读书会外埠会员借书的办法①，只要经过相当的手续，本馆是很愿赞助的。如经机关正式公函，由本馆审核认可，即能随时借书，但邮政寄费，需由读者自负的。

第二，由本会每次将讨论之中心问题，及各会员的报告意见，用书面通知外埠会员，再由外埠会员将个人意见用书面陈述，这也是容易办的事，大家只要兴趣浓厚，当然不嫌稍微的麻烦的。

第三，将每次讨论结果，出一种刊物，这在本会进步到相当的时期，当然是不难办到，并且我们的简章上也有此种出版刊物的规定。但在目前，是有许多做不到的地方，可是也有适当的补救方法，那便是在本馆的《学风》月刊上，随时可以刊载会员的心得和本会的消息。和独立出版刊物，实没有多大区别。

最后，我们要报告的，是本会进行以来的大要情形。本会已经开过四次会，除每次例由各会员分别作读书报告外，并有两次讨论两个中心

① 疑有误，原文如此。

问题，一是对于国联教育考察团的报告书《中国教育之改进》的批判，一是讨论生产教育问题。又有两次敦请安徽大学教授林仲达先生参加讨论，下次还预备请其他对于教育学术有深的研究的学者，到会演讲或参加讨论其他问题的。这些都待以后再为奉告罢。

顺颂

教安

安徽省立图书馆教育学读书会启。

（载《学风》1933 年第 3 卷第 3 期）

读书会要有“时慧宝”的精神

甘南引

今天穆俊才的报告内容很好，可惜他欠缺整理的能力，使听的人不知道他的中心问题在那里。但他还是一个青年练习生，现在虽谈不到像昨天卢总理所说的抓着几个重要的中心问题，可是如果继续不断的努力，将来定有进步的。

今天读书会出席人数的现象，有点和朝会相同了。在昨天同今天比较起来，要少一倍的人。这种情形，我有一个比喻。京剧有个名角时慧宝，有人或许在留声片上听过他的唱片。有一天该他演戏，牌都挂出来了，不料当晚忽然大雨，因此来宾很少。有人劝他今晚不必演，因为听戏的没有几个人。他听了，把马门的帘子捞开一看，果然听众寥寥无几。但是他对着左右的人说：不。这样大的雨，这些人都愿来，这才是真正能够听戏的，才真正是我的知音。我今天非特别卖卖气力不可。果然，这晚上他演的戏极能使人满意。听戏的人都说：今天这样好的戏，为甚么人都不来看呵！我们读书会的朋友，也应该有时慧宝那些样的精神，人越少，越要继续不断的报告我们读书的内容。不要因人少遂不报告，遂随便下去。一般人对于团体会社，总爱说某会无精神，我不愿意去。其实事实是这样的明白：假使你自己肯去，并且天天去，那个会自然就会有精神了。就因为你不去，因此影响他人也不去，自己又反转来说人家不去，这真是会抵赖了。卢总理昨天对于朝会说得很斩切，“民生公司朝会无精神，中国可以亡”。这两句话乍听起来，似乎是相隔十万八千里，何能朝会无精神，中国就可以亡呢？其实下［仔］细研究起来，实在可以亡国。因为中国现在要亡国的现象，就是由于各种事情都无精神，所以整个国家也无精神。要小处好，大组织才能够好。处处均好，国家也就好起来了。盼望朝会读书会的朋友，都从自身振起精神来。

（载《新世界》1933 年第 28 期）

关于读书会

甘南引

读书会的内容，大家都知道的，不用我再说。原来是宋经理的主席，现在因为宋经理请假回蓉，于是义不容辞的来代理了两次主席。

读书会成立以来，两个多月，报告的十几人，都是很好的，这两个多月，总理没有好多时间到会，觉得读书会的出席会员，总是一天减少一天，这也许因天气太热及提前一小时，住公司之外的人来不了，因此渐渐减少。过去报告的人，都是有充分的预备，虽是有些口才不大好，说来不大动听，但是我们留意听他所说的，自然会得到相当的趣味和要点。本来读书会的宗旨，是要养成大家读书的一个好习惯。报告是要考察究竟读没有读书，并不是请名人讲演我才去听。

其次，读书会应该谁出席报告，是用三种方法：一种是抽签，一种是主席指定，一种是自愿报告。抽签，我觉得很好，因为不这样，只是指派，多少人就不读了。假设没有指派着他，一年到头都可以不读书。但是也许有人不愿意把他抽着，因为他没有预备。这件事，我有一个比喻：如像万国储蓄会，买航空奖券以及各种奖券，随便那个都希望把他抽到，得中头奖。又如像张学良治理东三省的时候，曾禁止吸洋烟，有一次捉获烟犯一批，当中有十个罪大的，打算判以枪决，但是并不同时处决，遂主张抽签，抽着那个就枪决那个。那是当然的，在十个人当中，都希望不要抽着自己。我看这是很好一个比喻。希望读书会的会员，都像买彩票一样的心理，都希望把自己抽着得头奖，不要像那抽□□犯一样。

至于阅书的人数，以前阅书室张主任曾宣布过渐渐都有增加，这是很好的现象。我看有些同事，每在下办公室后，总觉得没有相当的地方去。到娱乐场，觉得不好。花天酒地的地方去要，更不好。有些人没有事时，就睡觉。我看这些事情都不好，何不读读书呵。读到成了习惯之后，就感着读书的美味了。读书这件事，不是一曝十寒的，是要常常训练自己的，并且现在的书籍，都是日新月异的，设不常常研究学问，思想必要落后。所以一个人要想为社会出力，为人群谋幸福，便应该常常的求得新的知识。

并且民生公司不是像普通的商店，只是图赚钱了事。还要使每一个人除办事而外，学问智识更有进步，将来成为国家有用的人。因此，盼望以后读书会的会员要一齐到，并盼望作充分的准备。

（载《新世界》1933 年第 29 期）

中国的杂志界

毕树棠

去年《清华政治学报》编印论文索引，我曾写了一篇关于杂志的短文，约略述论中国自有杂志以来的变迁。把近四十年分作四个时期，从戊戌政变到辛亥革命为鼓吹宪政时期，民国成立到北洋军阀专政为政论失势时期，五四运动以后为思想解放时期，酝酿国民革命到北伐成功为学术研究渐入轨道时期。此后就是最近五年的光景，因为正在演变之中，不好下断语，所以略而未论。现在本刊嘱我续作一文，当然是注意这最后一个时期，这却很难，恐怕怎么说都不容易得当，姑就管见所及，再作约略之论。

首先应当弄清楚的，是中国杂志到底出了多少种？其次是其中有多少种是有价值的？答复第一个问题，就不容易，政府没有注册的统计发表过，书店没有联合的刊物记载过，只有各大图书馆尽力搜集，当然不能完备。何以呢？有的杂志寿命很短，出不到两三期，就不见了。有的立场各异，刚露头就被政府禁绝了。有的暗中发行，出没无恒，求之者也就捉摸不着了。所以结果不免有遗漏，统计的数目也就不大可靠。于是只得在第二个问题上作去，便是一般认为有价值的杂志总设法弄到。依照北平图书馆协会出的《杂志联合目录》上看，北平各图书馆除去革命刊物都没有相当的收藏以外，普通的搜集已不差甚么。最近清华图书馆印的《中文杂志目录》，包括自前清光绪二十二年到民国二十二年（一八九六——九三三）出版的杂志，统计有六百七十余种，其中停刊的有三百种，差不多去了一半，其余将近四百种，算是最近杂志界的精华。这个数目并不算太小，若每种都在学术上有地位，也就很可观了。近几年，美国和加拿大合起来，每年的报章杂志统计总在两万种以上，数目似乎很大，然而实在有价值的杂志也不过五百种。欧洲各国，更不过此数。俄国虽有惊人的统计，而宣传品居多，又当别论。若中国的宣传品和中小学校的刊物都算起来，至少也有两千吧。

这近四百种杂志的成分如何，是个很该研究的问题，有的是纯粹学术刊物，有的则不无杂乱，标准有的很高，有的则不无浅薄，若严格的别择起来，站得住的实在有限。现在姑就出版的来源，作个分别的考察，大概可以分作七类。第一是政府机关出的杂志，就是公报一类的东西。在清末，这种刊物很少。《内阁官报》算是最重要的。民国以后，各院部都有定期刊物，内务、外交、农商、司法、交通、教育各部的公报都办得不错，到十四五年，就都没了生气，及至革命北伐，算告了一个段落。南京政府成立，刊物可就多了，除去院部以外，又加上屈指难数的各色委员会，有一个机关就有一种刊物，在形式上很见发达。据十九年国立中央研究院编印的《中国政府机关刊物目录》的记载，连中央党部在内，有定期刊物八十种。其中除去公报公布各项条文可供查考以外，当以各种调查和统计的刊物为最有价值，例如《统计月报》、

《建设季刊》，及水利委员会工商访问局商品检验局等刊物是。其次各省政府机关出的刊物也不少，当以教育厅和建设厅的东西较为重要。尤以几个特别市的市政刊物为以前所未有，广州的《市政公报》、上海的《社会局月刊》、武汉的《新汉口》是比较最有价值的。中央政府的刊物在发行上没有一个统一的机关，是个缺点，采集起来，得沿着衙门去请求，往往不得要领。若能像美国在华盛顿设一个中央出版部（Government Printing Office）总理一切，且按时发布新刊目录，就便利多了。各省市有一个共同的毛病，就是出版没有一贯的计划。三天两天的调换人，每一个新官到任，必有一个口头的新政策，一转身，言犹在耳，人已他去了。一个公报离不了那些材料，今天改一个名称，明天换一个出法，北平的《市政公报》不到五年改了三四回了，《教育局月刊》也改了几回，现在索性连局也改没了。政治不上轨道，这些小节都没了秩序，旁的更不必论了。

第二是文化机关的杂志，也是政府所办，而以研究工作为主。规模最大的是中央研究院，内里各所都有集刊专刊印行，东西都很专门。唯有心理研究所似乎还没出过甚么刊物，物理化学两所也很少。其次国立北平研究院也没出过重要的杂志。社会调查所的《社会科学杂志》，地质学会的会志，营造学社的汇刊，北平图书馆的馆刊，都是标准颇高的刊物，出版的情形也比较最有规则。这类杂志的寿命全在学者安心致志，政府永远维持，日子久了，自然可以列于世界学术之林。试看英国的皇家学会（Royal Society）、法国的国家学院（Institut Francaise）、德国的普鲁士科学院（Preussiche Akademie der Winenschafteu）出的杂志代表一个国家的文化也非一朝一夕之故了。

第三是大学出版的杂志，当推北京大学和东南大学为开风气之先。北大的《大学月刊》、《国学季刊》和《社会科学季刊》是资格最老的大学杂志，同时东大极力与之抗衡，而力终不逮。现在各大学都设有研究院，工作的努力和政府的文化机关，可谓分工同力，不相上下，所出的杂志，都极可观。例如清华、武大、中大、南开、燕京、辅仁、金陵、厦门、岭南各大学所出的学报，都很精彩。只是多半偏于文科方面，为历史、考古、文哲、社会等门，也是近来学风的趋向。理科一方面，则较为逊色，因为科学不是只翻书本，就可以代表工作，是要借重设备，还得和西洋先进有点来往。而现在的大学多半变成破落户，有气没力的，设备都不易办，所以科学杂志势成了幼稚陪脚。清华比较有点规模，出的理科报告，据说很不差，只是年限太浅，希望还在将来呢。

第四是学会出版的杂志，这是学者自动集合的团体，作学术或事实的研究工作的。前一项当推地学会为最早，其次是科学社，可是《地学志》和《科学》，都是很平常的杂志，也许是时代尚早的缘故。近来学会杂志似乎进步多了。例如《工程季刊》、《农学会报》、《矿业周报》、《化学会报》、《水利季刊》、《经济学季刊》、《社会学刊》、《法律评论》、《合作月刊》、《史学杂志》、《戏剧月刊》……都颇具规模。后一项的组织在从前很少，近来如《村治月刊》、《新亚细亚西北研究》、《西南研究》、《南洋研究》、《日本研究》、《俄罗斯研究》，都是应事实而起的团体杂志。可是比起来，和前面文化机关和大学的东西便差等了。原因是学会的组织往往不是以研究工作为唯一目的，精神不容易团结，几个重要分子一旦高飞腾达，学会就算完了。再则学会多半没有公款的扶持，往往会费无着，自然办不出有力事来。所以学会的杂志在目前只可占第三等的地位。

第五，行业机关的杂志，是因事业上的需要而办理的。内容不尚空谈，专载事实，东西都很纯粹。从前北京的《银行月刊》，汉口的《银行杂志》和现在的《上海银行周报》，问［关］于财政、金融、市场、贸易的记载确有永久的价值。其次为《钱业月报》、《商业月报》、《火柴月刊》、《组纺织周刊》等都各有其专行的功用。这一类在外国很发达，例如汽车、保险、药材、电料及种种生产制造的专行杂志出版很多，销路也很广。这完全是工商业发达的关系，中国物质进步落后，所以这类刊物也就少了。

第六，政论社的杂志。中国似乎没有政党的永久言论机关，也没有长期的清谈政治的杂志，像英美的政党似的时时有一贯的主张和言论。总是内政外交有了变动，政论便勃然蜂起，国家苟安了，就消声匿迹起来。这或者是政治思想不健全的证据。回想四十年来，政论杂志出的不算很少，生命却都很短促。前清的《时务报》、《国风报》，民国以来的《庸言报》、《大中华》、《甲寅杂志》、《现代评论》、《中外评论》、《革命评论》、《努力周报》……都长的不过两三年，短的六个月，就完了。

论价值，论力量，都不算小，只是不肯长进，似乎也是一个缺点。自九一八事变以来，新兴的政论杂志，又很不少。《时代公论》、《独立评论》、《鞭策》、《再生》，及其他好多的周刊，都生气勃勃的起来批评政府，鼓励民心，是国民党执政以来的一个言论热烈时期。我们没有工夫一一读过，不敢乱下断语，大概除去上面几种态度严正的以外，多半不能“言必有中”，便是空口责难的多，实事策划的少，宣传恐怖的多，洞察深情的少，鼓励同情的多，指导实行的少，终究有多少益处，是一个问题。出版都很快，生命有多久，则不得而知了。

最后是书店的杂志，当然以上海为中心。书店的组织都以渔利为目标，以趋时为能事。出的杂志大半都是空倡主义的社会文字和描写青年心理的文学作品。《东方杂志》、《新中华》、《申报月刊》、《现代》算是标准最高，出版最好的。余如大东、世界、北新、光华、黎明、神州国光社等书店，每家必有一种以上的杂志，东西好坏无定，出版是极随便的。再次一般野鸡式的书店，不足置论。海上的文人学者，作作他们的食客，互相利用，精神方面是极不堪的。可是单就这类杂志的本身而论，却也有几个好的特点，第一，成分虽杂，而主持的多半是青年，生气十足，很能接受外来的新思想。第二，作品虽乱，而很大胆，放笔创作，常有天才出现。第三，上海是中国都市生活的代表，情形本是芜杂，而在整个的表面上，却是时代的前幕，因之在这背境里产生的刊物也现出同样的魔力来。

杂志界的情形略如上述，总看起来，有进步的几点。第一是出版增多，多了自有好的东西出来。第二是学术文字已渐入轨道，久了自有成绩可待。第三是印刷广告已形改新，如文字插画的编排，封面图案的绘制，都有点美术味，似乎是法国和日本的影响。第四，有的颇能模仿外国杂志，材料自然有很多是从外国杂志上抄来的。编制也有些相似的，例如《国闻周报》、《时事月报》是学 *Current History*，《东方杂志》、《申报月刊》类似 *Harper's* 和 *Scrbner's*，《新月》有些像 *Atlantic Monthly*，《独立评论》、《时代公论》有点像 *Nation* 和 *New Statesman*，这些杂志都是很有希望的。至如缺点，则似乎很多，最显著的是出版太不规则。这很可代表近代的中国人办事没有计划，没有恒心，甚至如投机取巧的劣点。这种精神不改造，甚么事都难办成功。杂志是文化事业。更不是偶然可以从事，随便可以放下的。但是有一个例外，便是各学会和大学的杂志，因为经济的关系，多半不能按期出版，在事实上委实有困难，外国这类杂志也有同样的情形。然而因为东西是好的，将死不救，实在可惜，例如北大的《国学季刊》，三两年出不了一本，未免太慢了，北大似乎不是很穷的，应当设法整顿。最不可恕的是上海那些小书店，几乎没有一家是肯诚意来办几种杂志的，有的简直近于欺骗，这真是罪恶了。其次讲到杂志的内容，一般风头虚尾的浅薄东西，不去管他，单就纯粹学术杂志来看，也有一个共同的缺点，便是缺乏书评一类的文字。书评在外国杂志里是占很重要部分的，专门杂志每期必把新出版的书籍，来个摘要的评定，使读者不便去按本摸索，自然有选读的便利，这样学力上的经济关系很大，同时可以制裁那些劣等的作品，不能在学术界随便扰乱。比如有一种杰著出来，不几天的工夫，便可得到相当的地位，完全是靠杂志上书评的力量。英国的 *Criterion* 是文学上最高的一种杂志，而每期竟有一半的篇幅是书评。*New Salesman* 和 *Nation* 一类的周刊，每期有书评专栏，每季还附载书评特刊，至如伦敦《泰悟士报》的文学副刊之为英国书评专报，更不用说了。我国的出版界，比起来，固然是贫乏，可是近来文学、史哲和社会科学的书籍，出得也不算少了。有根基的学术杂志都不肯注意，作几句评语，闹得书摊上满目淋漓，石玉杂陈，把青年的思想，扰乱得个不可收拾，这是不小的一个缺点。从这一桩事可以看出，现在的青年不肯安心读书作学问，内里不充实，当然作不出评书的文字来。又可以看出一般学者无意领导青年，他们只顾他们自己的成就，认定新出的青年读物都是无价值的，正眼也不瞧一下，任他们去自乱。美国耶鲁大学 William Phelps 教授每月在 *Scridner* 杂志上作一篇书评，题目"As Like it"，每次总论到二十几种书，每月新出的英文文学书籍，差不多都提到了。这颇可以作我们的大学教授一个标样。现在教育部办的《图书评论》，是专作这个事的，内容不大精密，上海的《中国新书月报》，就更差了。北大、清华、武大的几种杂志确有这项文字，惜乎太少，又偏于西书，而略于本国刊物，是极应扩充的。

现在离开杂志的本身，来谈谈与杂志相同的两桩事，第一是杂志的索引工作。现在利用过去的杂志，有一个困难，就是要作一个专题研究，材料无从查起，所以索引是不能缺少的。这个事不能靠个人的力量去作，应当有一个公家或团体的组织，共同继续作去。美国纽约有个 H. W. Wilson 公司是专做这个营生的，出了六种定期刊物，专编印杂志论文索引，定价极贵，而学者很感便利。其次关于提要的工作也要紧，例如 Social Science Abstracts，Chemical Abstracts，Biological Abstracts 等在外国已经成为学者手边离不开的工具。我们这种工作也已有些成绩，如国学、文学、心理学、教育、政治都已开始作了，有的也加提要。定期刊物中，最早是上海同文书院出的《支那研究》附有杂志论文索引，最近人文也很努力编纂，中国银行印的《每周重要书报论文索引》更是专一的工作，只是限于商业一面的东西。还有一个特别的困难，是中国字没有一个统一的次序系统，用分类法查询的时候，比那外国以字母编排的索引麻烦得多。什么四角检字等方法都不适用，这在事实上一时是没有办法的。

第二是政府检查一事，这关乎言论出版自由，现在似乎很受限制，杂志出版之无秩序，这也是原因之一。实则言论常是在事实前面的，一时办不到而总要作的，常是话已先说了。若是言论毫无波澜，处处顺着不合理的事实成一鼻孔出气，那就用不着它了。这事用不着举例，只有希望当局能作合理的解放才是！

八月，十一日。

（载《独立评论》1933 年第 64 期）

国医今后读物的问题

范天磬

自本社同人唱打破迷信而腐化的中国医学，及铲除一般非科学的中西沟通派后，国医界中空气迅速的呈着空前的大骚动；读者以为我们既然有了破坏，当然也要负起建设的责任，假说不是的话，叫我们今后读那种医书好呢？岂不是你们《国医评论》害了读者么？

像上面所说的话，一天总有十几封信投到本社，本社因答不胜答，特在此地作一个总答复：敬希关念本问题的读者，加以注意！

翻开一本巨大人类的历史，内中充满了争斗的记载，这种记载：总逃不了真理与非真理之战，原始人类，他的脑筋是简陋的，他不晓空间的一切，他于空间的自然界，时常抱了怀疑的态度，差不多风吹草动的事情，他也不禁骇怪起来，至于那高高的太阳，团团的月儿，簇簇的星光，更不必说为何挂在空间？那连天的大海，浩瀚的长河，又何故布在大陆，禁止人们的行动？自然界中一切的一切，他们那时都不断的骇怪、惊奇、慑服，而至怀疑，终于附会出种种神话，留给我们后来人做历史人的材料。

要晓得骇怪、惊奇、慑服，以至于怀疑而终于附会种种神话，都是真理之芽，准备将欲天天在那边茁长之现象。假如没有那种经过，也许这千万年以来的人类，依然穴居野处，茹毛饮血，蠢蠢然与其他的生物没有两样呢！

可是人类究竟是人类，人类究竟有向上之心。人类究竟有找寻真理的本能，他们晓得他们这种行为是错误的而渐渐改变了——固然改变他们的行为，是受着外界的压迫，但总脱不了他们找寻真理之心，所以他们不久将赤裸裸的身体，在夏天晓得用树叶编起树叶的裙子来，先来遮掩他们的阴部，在冬天晓得用野兽的皮，做起皮大衣来抵御外来风雪之苦。但他们不久，又觉得这些东西不舒服，就用布帛来作他们的衣服，他们接着又得到火，生吞活剥的那种野蛮举动，也就渐渐改换熟食了。他们所以有这样的进步，都是不留恋过去的骇骨，而有这向上追求真理的心。

人类既然有此追求向上找寻相［真］理之心，所以他们经过无时不与非真理斗争、无时不为真理流血，假说不斗争不流血，那人类也不成其为人类了。

但是干这种斗争流血之剧幕，并非一般的如此，他们的智识，究竟不能同在水平线上。因为智识的不平衡，所以就表现出进化者与非进化者之界石，这种界石的树植，就是文野之标帜。

这种斗争流血，在神权时代演得最烈，——就是宗教家与非宗教家的斗争流血。在古时代宗教的领袖，小的就是一部落的酋长，大的就是一国的帝王。明明宗教是迷信的产物，明明宗教满身染着被争夺真理者的血腥，但因为他们位尊处高，一时无法将其打倒，真理之神，一时也只有掩泣他去了！

宇宙的空间时间无尽，真理与非真理的争斗流血，永是这样演着，真正为真理而努力者，并不偶因挫折而即显沮丧而可怜之相，他们具有屡蹶屡起再接再厉的精神，他们具有毁弃非真理之宝座的勇敢，他们更具有排除万难向真理的坦途迈进的决心，所以真理一时虽被埋没，但终竟真理永在人间，它的埋没，不过一时的，如同稚草被石所压一时伸不出头来，但有人把它被压的东西移去，于是它久郁的金黄色的稚草芽，终于蓬蓬勃勃达到自然发达的境界了，所以胜利终属它们的。

但是正在被真理解放的人们，不免怀疑起来，因为他们久处于迷信之窟中，已经过过长时间卑贱而可怜的生活——这不过在旁的人看出来的情形，他自己习惯久了，自然不觉得是怎样卑贱可怜的生涯，或许他自己以为很尊荣而可夸耀之事情哩！“你们如今把我们解放出来，叫我投靠谁？你们说你们是真理，但我们根本不了解你们这样就算真理”。所以他们不但不来感谢，先对你作了一番怀疑态度，可知他们所过的是依靠人家的奴隶生活，正如华盛顿才解放黑奴一样，因为他们说你解放了，我们出来生活发生问题了。

中国数千年相传的思想，就是这样的思想！

自从东西洋文化接触了之后，中国原有的一切腐化的思想，都呈着动摇的病态，而且有的先后剥落而僵死了！这正是新旧文化交换时代应有的现象；但不幸的很，旧思想难在动摇而中国的旧文化的潜势力，究竟来得深刻，旧文化的领域，究竟来得阔大，刚刚见到新文化胜利的消息，旧的文化就四面包围而来，他们包围的计划有的是中西沟通，有的是深沟高垒，作负隅之斗，在一般智识贫弱的中国人，经不起这种软欺硬吓，无形中就缩过头跑回原来的地方，于是才见已僵死的腐化思想，居然复活，而新文化的命运，顿受挫折，结果遂弄成了一个新旧并行、中西融合的局面。

在这种局面之下，一般识力未深的青年们，当然有事齐事楚之感！你说从新的罢，但旧的骂你是迷新，你说从旧的罢，新的骂你是腐化，在这个新旧未分，万分嘈杂的时代，一般青年确在这个十字街头彷徨，喊着走那条路去好呢？

的确，在这非常时代，正确的途径，是不容易找的，因为你幸而走到正确的路上，若无果毅的勇气，往往被不良的恶鬼拖了转来，仍旧放你在十字街头，任你叫苦，何况始终未寻得正确途径的青年们！

上面所说的种种，都是现时代的病态，一切的一切，都免不了这种情形，不过这种情形有轻重罢了。

现在拣重的说罢！

思想最不澈底而取模棱的态度者，莫过于现在一般欲学中医而未就的现代青年，他们对于旧的方面，既然未有澈底的研究，但因为要学中医，多少内心中总存了袒护之心。无奈潮流的激荡，新的学说，究竟不容你熟视无睹，于是无形中就造成了一个依违主义，一足尚在岸上，一足已蹈上船头，他们全副精神，正在这新旧上盘算一切，而忘却足下所蹈之船，会被潮流冲走而有失足陷溺的危险。所以我说时代的病态，总算我们这些想学国医而未成就的最沉重了。

我为什么总说现代一般学中医思想的不澈底呢？自然不是无的放矢，诬蔑青年。虽然我也只是一个二十五六岁的青年，对于一切，也未见得比人家澈底，但是自信也不见得比人家不澈底的程度深刻在那里！所以我在这一点上，不自量地与通讯的各位先生及读者提出这个“国医今后读物的问题”讨论讨论。

这几十天来关系国医今后读物的问题的一类讯札差不多已积了数百封，本拟在本刊上一一发表答覆，可是性质是差不多的，答覆起来的话，也只有这几句，若答覆了一二人而其余的人不去答覆，那未免也太不公平，因为同是站在读者的地位，自然不能轻重那一个。因此，就一概把这几百封信除随时答覆在本期作答外，暂且保存敝社写字楼边的橱里。这是我对于各位通讯的先生们表示歉悦而须声明的一点。

读者至此必定有下面的一句问！

为什么这个问题只注重青年？

这自然要预先说明的必要：

因为本刊的定户多数多是青年，如各大学及中学学生，或小学教员，其次要算西医了。说也奇怪，道地的中医，竟居末位，也许中医出版界中一个特别的情形吧？因为定户都是青年，自然青年的讯来得多，为的他们正想我今后生活的出路呢！（自然有少数为学问而学问的，也不一定为生活才来定阅本刊。）所以我的答覆问题的中心，就在这里。至于一般道地的中医，他们到有一贯阴阳五行的主义的主张，不像新不新，旧不旧，反对新的“细菌”，吸收“体温”，排斥旧的“五行”，保留“阴阳”。所以我们对于旧派的国医，虽然反对其言论，但到赞同他们有一贯精神，不象有些人，新旧始终采骑墙主义。

我读了这几百封信，得着学国医的青年人三个心理。

一、似乎看重旧的学理为多，这就是他们根本的思想来源。

二、太看重了现时代一般抄袭钩乙的烂污书贾式的作家，因为这种书只要你稍识之无，没有做不成的道理。

三、奴隶性太深刻，毫无超脱的思想，总把一个鼻子任意给人家牵走。

上面所列的三个理由，是一般学中医者的病态。

本来读书是一件不容易的事，中国旧的一切书籍，无论那种书，总难全部有用，全部无缺点。所以韩愈批评《孟子》、《荀子》的优劣，有“《孟子》醇乎醇者也，《荀子》大醇而小疵”（原文记不清）。但是韩愈这种批评，也不见得是十分准确，因为后来的人，对于《孟子》一书，怀疑的人很多，如袁枚一类的人，就是一个例子，罗家伦说，“古人‘开卷有益’这句话是不对的，要晓得读不善的书，比服毒药还利害”。（原文不在，见《图书评论》一卷一期，此不过记其大意。）我觉得罗先生这句话再对也没有了。的确，读了一部不良的书，若没有一种识别的眼光，他的思想，就染污了，要澄滤这种污浊的思想，较之打清血针以清血液中的毒汁，是难得多了。不过这种人是相信书太过的结果。我们现在既然讨论读中医的问题，那更比较读任何的书籍难得多。要想找一部完全无缺的中医古书，较蛋中寻骨还难。因为他们做书的人，都是依托古人的话而成的，就是张仲景做《伤寒论》时，他自己也说是："乃勤求古训，博采众方，撰用《素问》九卷、《八十一难》、《阴阳大论》、《胎胪药录》" 等书做成功的。如今我们虽然看不到他所引的书，他是否从这些书做成的，我们无从揣测，就是他说《素问》九卷，我们也不能在他的书中找出明鲜的证据。从这些地方，我们可以明白《淮南子》所说"世俗人多尊古而贱今，故为道者，必托之于神农、黄帝而后入说"。仲景也脱不了这种窠臼，其余可想而知了。

我们现在自来学中医的人，所必读的书，以下面所列的几种书为必修科。

一、《陈修园医学三字经》。

二、《雷公药性赋》(《药性赋解》附)

三、《汪讱庵汤头歌诀》。

上面所列的，有的读了《药性赋解》，就马马虎虎去挂牌的，有的读了《汤头歌诀》就开业的，不过亦要《药性赋》与《汤头歌诀》同时读完才开业为多。但中国的开业，很没标准，很多看见方子不会开的医生，就是勉强开了方子，这方子上也免不了白字别字连篇，譬如：红升丹，他会开出红仁舟，或竟开洪人丹。绿升麻会写绿升床。至于龟鳖、鸟乌二字，他们从来没有分别过清楚，有些字都是脱头烂脚，更不用说了。所以这些医生连上面三种书都没有资格读，但是他们的生意，也许较其他程度高的医生生意好得多哩。

其次就说能读较此种高一些的书（其实只可说质量多一点的书为是）：

一、《医学心悟》。

二、《时病论》。

三、《温热经纬》。

能读这三部书的人，他的程度已算不差了。更进的：

一、《伤寒论》、《金匮要略》。

二、《素问》、《灵枢》。

三、《神农本草经读》普通多用陈修园、徐灵胎本。

但也很难一定是这样说，有的人《医学三字经》、《药性赋》及

《汤头歌诀》连看都不去看它，就读《素问》、《灵枢》、《伤寒》、《金匮》等书，因为中医很少循次渐进的书，大抵中医是平面式的。并不像西医的书有一定之阶级，可以登高自卑，由远及近的一条直门路给人家走。因为有了这个根本的重大弊病，所以学中医的人，并没有规定先读那种书接着再读那种书按序读下去的方法。纵然读遍了所有的医书，也没有去找一条由浅及深、由近及远的好门径，指示人家去研究探讨。我想诸君一定也感着这种痛苦吧！

它的原因，想诸位或者未曾想到，其实就是阴阳五行所造成的，所以市医视为极浅显的《药性赋》，既已充满了阴阳五行底烟幕，我常常对朋友这样说：

我们要想澈底研究中医的神秘，应该先去寻它神秘底所在，它的神秘所在究在什么地方？那不必说，自然是阴阳五行了。但可怜地很，一脚蹈进去就看到阴阳五行所造成的神秘殿堂。这座神秘殿堂，在外表看去，像煞庄严得可以，但经我们一看完了之后，也不觉得十分神秘，非但不觉得十分神秘，而且只觉得十分简单。有许多朋友常来问我初学中医有什么书可读，像《医学入门》一类的书有么？我立即不犹疑地说，中医绝对没有初学入门一类的书，有的唯有它的书名是如此，内容何曾有这类的书啊！我的朋友听了我这话，不觉怅然！

诸位要晓得中医书籍，它的骨髓完全是阴阳五行。（除《神农本草经》外。）只要你将阴阳五行不要用神秘眼光去观察它，那全部的神秘殿堂，就赤裸裸呈露你的面前。可惜现在一般的头脑陈腐的青年人，（老旧医当然不用说）太没有时代的思想和眼光了，他还迷信阴阳五行，还说阴阳五行是合于时代的潮流，还说阴阳五行是合科学的，所以看中国古代医书如《素问》、《灵枢》等书，就中了毒，如油入面似的，永远抽不出来，这岂不与时代太隔远了吗？我以为一个年青的人来学中医，是太不值得的，是太糟蹋有用的天才！

现在与我们通讯的读者们，既然对本刊有相当的信仰，对自己有相当的觉悟，我以为入中医之魔未深的各位朋友，总以脱离中医为妙！因为这不是我们应走的路。

若是年龄已觉中年了，对于旧的一切，既枉用工夫，今日见了本刊，遂不觉翻然悔悟，要求新的智识，当然先要读西医各种基础读物，如解剖、生理、组织等，然后循次渐进，虽然不能实习而无所用；但总觉比不看这［那］类的书好的多，因为这类的书对于我们所未识未觉的问题，能予以剀切的指示和答复。

但是诸位问要在中医书籍中捡一本完全合于科学的医书，无论你如何威吓，或竟以白刃加之我颈，我惟有引颈就戮，或竟以千万黄金堆在面前引诱我，我也惟有望望然而去，决不会动了半分因想抓黄金而将良心抹煞的事情的念头。

不过，我们在中国各种医书中，不能完全找出一部好书之中，总须择稍近事理之书来读，但你们要记到我上面所说的话——不能全都有用——凡中国的医书，在药物验方两方面，稍乎有点价值，其次读古人忠实的医案（此系指唐以前的话），或许可能得到一些金屑，但事倍而功小，实觉不大合算，药物方面的最好读《神农本草经》，（孙星衍辑本最佳单行本多不易见。原在《平津馆丛书》及周氏《医学图书》中。本社拟再集数种校刊发单行。不要读有注本。）医学方面最好读《伤寒》、《金匮》，不过又要记住我的话，读《神农本草》必须不要相信神仙、延年、益寿之一类的话。读《伤寒》、《金匮》之一类的书，不要相信平脉、辨脉，以阴阳五行生克脉辨病。再以药试病，或有些怪诞的方子，如烧裈散一类轻亵的方子。其后《千金》、《外台》也须详细看一遍（能多看几遍更好），再将可取材料用红笔划好，等到全书看完了之后，重新将这些红笔划好的地方，再看过一遍，然后将要用的地方摘下来，这样做下去，我想一定可以得到一点好结果。但是现在一般人要学为糊口计，并没有真为学问而学问的人，惟本社同人自信具有这种精神，但要想骗碗饭吃吃的人，千万不要来效我们。可是本社所发行之杂志宗旨，也根本不给他们的——想骗饭吃的医生——而且他们也没有这种资格接受本刊的宗旨。

诸君以为本刊言论，对中医理论破坏得太过火，其实我们自己看看并没有破坏过火的能力。不过，思想较一般人站在前面一点而已。

我以为诸君读了本刊以后，至少晓得读书的一种鉴别能力，并且能够自己去找一种自己的新生命，而除脱一种传统的奴隶性。不过我此地又要重新申明一句，你们不要读了本刊，就尽力相信本刊地言论，就成了本刊地信徒！

总之，我们青年人必须脱离了奴隶地思想，发挥人类原有的智能，我们必须割断情感，用客观的态度来分析一切学说地是非。

在这新旧过渡时代，一种学说，要废除，要提倡，决不是一二人就可决断下来。我们反对个人想在学术界把着重权，而任意去压迫未来的学者的思想，本刊就是向这种妄想个人霸占学术界中的人进攻，也就是解放久被压迫的中医思想界者的“十字军”。

因此我劝诸君不要以个人的嗜好为嗜好，我们要向真理之故乡迈进，在我个人极反对一个人介绍他自己所嗜好的书，比如仲景派的医生，他喜欢《伤寒》、《金匮》等书，自然不愿意将叶派地书介绍人家。反之，叶派的医生，同样的不肯介绍张仲景的书，是皆以个人之爱憎为爱憎也。我上面所介绍的《本草》、《伤寒》、《千金》、《外台》等书，也许我个人的嗜好的证据吧！这要晓得在我个人所看过的书，比较这几部书觉得满意一点而已。也是代表我个人地嗜好，并不敢硬派人家走我们这条路，并且没有说反对我们的就是我们的叛徒。我们只认同我们讨论学说，是我们私人的诤友，是大家的导师。我们不但不嫉视他，而且十二分的爱护他。

不幸这几百封来信的青年读者们，都误会了这种意义，说我们所评到过的书，既然说是错误，自然束之高阁，而且说“这被你们所评过的书，是中医界中顶好的精品，有的几乎全部的精神都寄托在这几部书上，今一旦将我们精神的巢穴打破，叫我们依托谁呢?”所以免不了各人含了愤怒的情绪，投奔本刊，向本刊争论，大有叫本刊还他们“精神的巢穴”之概！我以为诸君太没有自主力了——说一句粗糙的话，就是奴隶性太重，我们又没有一定说我们所批评过的书叫你们不要看，我们批评的意思，是引起读者对于此书自己加以注意，此书果否是错误抑或我们批评人的错误？我们不仅对于读者有此希冀，并且进一步请读者对于其他各种书籍也作同样的检举！

凡是公正的批评家，要批评一部书，不要先存了轻视的心，因为一存了轻视的心，那就生了私心了，有了私心，那他的批评出来的话，有何价值。来函的读者们，似乎误会了这一点，说本刊轻视了所评的各位先生，其实我们这种危险的行动，早已避开去了，用不到读者地杞忧！我对于已被批评的人，仍致相当敬爱（惟抄袭的人，简直排斥其人格，因为他们并没有学理给我们评，决没有丝毫的敌意对付他们！）

我为什么要写这些话？因为来书的人，十九的动机都误会了我们批评先进的学者，说我们不恭敬。其实他们这种观念，也差误的，要晓得有无先进的资格必须以学问思想的先后为定，并不能以年龄先后为定。假说他们的思想既然落后，学问又十分浅薄，那他年龄纵高，也不配做我们的先进，我们不但不承认他们是我们的先进，而且断然的排斥他们于先进的范围以外，反之也是这样。不过我们所批评过的，有的可说有先进的资格，而且差误也是部分的，有的他年龄虽然高出我们数倍，但他们绝对没有这资格，所以我们就断然排斥之。

大抵能来读本刊的人，对于医学智识必须具有相当的程度，因为本刊并不是通俗性质的刊物，所以手淫、梅毒、白浊、交媾脱精一类的纪载，绝对不登，因为没有这许多篇幅腾出来登载，而且与本刊宗旨是相反的。况这种言论，其他刊物，是天天登着，用不到我再来效劳。

诸位若具着这种研究态度，自然目的不是为做医生而读本刊，所以我很希望诸位不要存着偏狭之见，不论什末医书，都要把它看看（但不要死死相信做书人的话），因为个人有个人的见解，有些人看了《伤寒论》是中意的，说它怎样好，但有许多人看了不中意，说它怎样坏，这两种人的见解，既然不同，言论自然两样；请问诸位自己不去看书就说那一方好坏，未免人云亦云，把自己的鼻子给人家牵走，那又何必呢？所以读书总须存着有“自我之心”。

现在我看许多学中医的人，尚未脱离崇古的思想，岐伯黄帝、卢医、扁鹊，天天挂在口边，十足表现其开倒车的思想，但我看他们的服装行动是二十世纪的。我们解剖现在中医的思想与行动，不过是下面一个方式：

思想——在太古时代。

衣冠——在二十世纪时代。

结论是：我们读书要用疑古的态度，鉴别的眼光，那才有书可读，也不必说那部书可读不可读。否则，就把你的全身埋在书中，与你自己仍是无关的；现在中医不论那一派，它的中心，都免不了以古为中心，诸君既然信仰现代的中医，那末你们的思想行动，只好归纳在上列的方式，根本用不到我们来指示你们。

（载《国医评论》1933 年第 1 卷第 4 期）

中国民众读物的分析研究

郑震寰

第一章　绪论

（1）中国民众教育运动

民众教育的历史大概可分为三个时期研究：

（A）胚胎时期——在欧战期中（一九一四至一九一八），华工应联军之募而驻法者不下二十余万人。当时联军有“驻法华工青年会”之组织，聘中国留美学生为干事。应征者中有留美学生傅葆琛氏及美国耶鲁大学学生晏阳初氏，在法国北部白朗地方管理华工。他们感觉这二十余万的同胞，大都是目不识丁的青年与成人，习惯窳劣，知识腐陋；晏傅二君因思教育以外，别无救济之方，于是选择浅近易识的文字，取裁生活必需的教材，编辑简短易读之课文，自编自教。晏君更因想及祖国四万万同胞之中，其为文盲如驻法华工者，不下全民百分之八十有奇，故晏君决志于归国后终身致力于此项教育的贡献。这就是民众教育的胚胎时期。

（B）试验时期——民国九年晏君初博士由海外归国，力倡以平民教育救国之议，首先设平民教育科于上海全国青年协会。民国十一十二年晏君亲往长沙、烟台、嘉兴等处，作大规模的平教运动。十二年五月熊朱其慧、陶知行、朱经农、胡适之、袁观澜等因鉴于试验之成绩，故起而竭力提倡。同时南京平民教育促进会及武汉平民教育促进会相继成立。这就是民众教育的试验时期。

（C）成立时期——民国十二年八月，乘中华教育改进社开年会的时期，召集第一次全国平民教育大会于北京清华学校，到会者有二十省区代表，共计六百余人。会议结果，议决于北京组织中华平民教育促进总会，及总会省区董事会。当时熊朱其慧被举为董事，晏阳初博士被举为总干事，同年八月二十六号中华平民教育促进总会遂正式成立。至此以后，民众教育始有系统的组织，及专家的研究。这就是民众教育的成立时期。

民众教育运动到了现在已成为中国教育改造的一个中心问题。我们且看最近全国社会教育概况的报告（民十七年八月至民十八年七月），我们对于这个问题则更有深切的了解（注一）。

据该报告的统计，全国民众学校数目计有六千七百零八所，其中公立者有六千四百九十四所，私立者有二百十四所。民众学校学生数目，计公立者有十九万二千五百八十二人，私立者计有一万三千四百三十九人，合计二十万六千零二十一人。民众问字处计有八十六所。民众识字处计有七十四所。民众茶园计有九十七所。民众教育馆计有一百八十五所。民众图书馆计有三百二十一所。民众阅报处计有一千四百零二所，其中有一千三百八十九所为公立者，十三所为私立者。民众讲演所计有五百五十一所。从这个统计看来，中国民众教育运动虽只有十年的历史，然而它的事业都在努力中逐步地推广和发展，这是从中国教育史实中给我们的一件显明的事实。

（2）民众教育中的文字教育底重要

傅葆琛博士曾将中国文盲作一度的估计（注二）。他估定的方法是：假定我国全国人民为四万五千万（按内政部民国二十年二月十一日公布最近全国人口总数为四七四，四八七，〇〇〇）；假定现时在各学校的学生为一千四百万（据民国十三年中华教育改进社的调查，全国各学校学生总数为六，八一九，四八六；将近七百万人，姑定此数到现在增加了一倍）；假定已受过学校教育或其他教育的人，亦如上数，即一千四百万；假定我国现时失学的学龄儿童为六千三百万（据世界各国普通估计学龄儿童人数占全国人数五分之一标准，以五除四万五千万，得九千万。现时入学的学龄儿童，约全数十分之三，二千七百万，因此失学的学龄儿童为六千三百万）；假定六岁以下的儿童，也约占全国人数五分之一，即九千万。再从四万五千万，减去以上各数，尚剩余的，自然是二万六千九百万。这二万六千九百万，就是全国失学的青年和成年的人数，若以比例言，当然是占百分之五十以上的数目。

如果傅先生的估定是对的话，那么，中国民众教育运动的先决问题便要解决文盲的问题。中国文盲问题一日不能解决，则民众生活一日不能提高，这是各国教育史料中给我们的事实。文字教育在民众教育的重要，就是使用各种教育的方法和力量，来训练或指导民众，使有自由运用文字语言的知识、技能和道德。文字教育的目标大约含有十二个要素（详细分析请参看本论文之第四章第一个标准）：（1）能了解普通语（国语）；（2）能了解普通演说；（3）能当众发言；（4）能认识日用文字；（5）能了解浅近书报及日用文件；（6）能写普通人看得懂的文字；（7）能用注音字母拼音；（8）能用文字表示简单的意思；（9）能用字典、尺牍、地图等参考书；（10）有爱用文字的习惯；（11）能认识能解决生活的常用字；（12）能用语言文字为工具，以增进个人之常识及培养个人德性。

（3）民众读物在文字教育里的位置

文字教育有两个中心问题：（A）方法问题；（B）材料问题。前者是属于教授法问题，后者是属于民众读物的编制问题。方法问题与本文无什关系，故在此暂不讨论。民众读物和民间读物两者须分别讨论，因两者性质完全不同。前者是指民众教育机关所编制之民众读物；后者是指一般街坊统行的民间读物。民众读物共分三类：（A）补充民众读物——如《民众小丛书》；（B）民众识字读本——如《民众千字课本》；（C）民众刊物——如《民众周刊》等。民众读物之编制完善与否是与文字教育直接发生极大的影响，因材料之选择妥善与否是与民众文字教育之成绩成正比例。

（4）本文研究的问题及整个研究的方法

民众读物既成为民众文字教育的中心问题，那么，现在我们可再进一步研究：现有的民众读物是否适合于民众本身的兴趣和需求？编制民众读物时究竟以何种客观原则为根据？中国民众教育专家及教育学者对于民众读物的意见如何？改进今后民众读物应从何种原则着手？这四个问题在民众教育里到了现在不曾有过客观的答案。因此，著者愿意将这几个问题作一详细的分析，并想从较为客观的方法中找出一个切实的答案。这就是本论文所要研究的问题，也即是本论文所要解答的目的。

民众读物的范围既包含补充民众读物、民众识字读本及民众刊物三类。本论文因限于时间及工作，故只研究民众刊物一类。研究材料依根据十三种民众刊物。每种刊物作五期以上的分析研究。本论文共分五章，第一章为绪论；第二章为中国民众读物探讨的史略，在这一章内，著者会将前人对于民众读物所研究的方法和结果从历史眼光作一详细的探讨；第三章为十三种刊物的分析研究，分析所用的方法，材料来源及结果——内容分析之结果，文体分析的结果及词句分析的结果——这些都详载于此章之内；第四章为标准的根据——按标准的根据有三：（A）中国教育学者对于中国民众教育目标意见的搜集和研究——内容分配的标准，（B）十八位教育学者对于民众读物意见之搜集底结果——民众读物的基本原则底根据，（C）各地民众图书馆借书人数统计——民众心理的探讨。有了上述三个客观的标准，便和十三种刊物分析后所得的结果作一客观的比较底根据，同时总合三个标准的原则而参与著者的意见作为本论文的总结，这两点都详载于本论文之第五章结论之内。

附注

（注一）《全国社会教育概况》（中华民国十七年八月至十八年七月中华书局印行）

（注二）郑李周林四氏编之《民众教育问答》p. 69

第二章　中国民众读物探讨底史略

本文目的在研究近十年来一般研究民众教育的人们对于民众读物探讨底意见，作为研究民众读物的开端。研究材料完全根据《教育杂志》、《中华教育界》、《教育与民众》（无锡江苏省立教育学院出版）、《民众教育月刊》（江苏省立南京民众教育馆）及《教育研究》（广州中山大学教育研究所出版）五种杂志。著者为便于分析起见，故分作两方面探讨。

（一）普通民众读物研究底史略

（1）华蓴先生对于《民众周报》曾作一度的研究（注一）。他以为目下《民众周报》有五个缺点：1. 专载地方新闻，间有小品文字——像《地方报》，初识字的民众不要看。2. 转载法令及机关公文，间亦载有常识文——看不懂，没有意思，即智识阶级也不欢迎。3. 文字冗长，空议空纸——不合实际，看者头昏。4. 格式混乱，句读不清——阅者无趣味，所以不爱看。5. 造意辞句太深——不合民众胃口。

（2）天游先生对于编辑民众读物有下列几项意见（注二）：内容方面——积极的：要（甲）有改进社会的意义，（乙）适合民众的需要。消极的：要（甲）不违背时代精神。（乙）不含淫猥、迷信等恶习，而至反科学的，但同时须注意民众的兴趣；不可“教训气”太重。形式方面：（甲）文字须用国语；方言非万不得已时莫用，用了以后即加以解释。（乙）文句要通俗——意义要浅显，清楚。（丙）文章要简短——册数不拘，每册分量不可太多。（丁）文理要通畅。（戊）印刷、纸张、装订、插画，都要注意，纵不能弄到怎样十分优美，最低限度总要不恶劣讨厌。救急之策：（1）语句方面——要极普通流利的白话，反对文言化的语句与西文化（欧化）的语句与结构。（2）用字方面——中国的字有两重意义：（A）单字，（B）语词，是一字，或合数字而成。现在我们要求通俗：（A）用容易的字，去难字。（B）用普通的词，避免专门术语。

（3）袁政［敦］礼先生以为编辑民众读物须根据四个原则（注三）：（A）材料内容一定要真实；（B）材料的内容一定要注重主要之点；（C）材料一定要简单具体；（D）材料一定要实际可应用的。

（4）周德之先生对于编辑平民报纸有下列的意见（注四）：（A）字句要通俗；（B）文章要简短；（C）意思要清楚；（D）趣味要浓厚；（E）价值要相当。内容分配：（1）随便谈谈；（2）新闻；（3）时事小言；（4）公民须知；（5）卫生浅说；（6）科学常识；（7）工商之友；

（8）史地要览；（9）模范书信；（10）平民文艺；（11）城市妇女；（12）词语浅释；（13）大鼓词书；（14）歌谣谜语；（15）学生论坛；（16）快乐之园；（17）读者要见；（18）书报介绍；（19）通信问答；（20）编者的话。文体方面：（1）记事体；（2）说明体；（3）叙述体；（4）议论体；（5）押韵体。体裁应具四种特点：（1）不抽象；（2）不冗长；（3）不散漫；（4）不平淡。

（5）许本震先生用以为编制民众读物应具五项基本条件（注五）：（1）择取与民众生活有深切关系之问题为民众读本之材料；（2）文字择用须经过统计与测验；（3）有反复练习机会；（4）方法不得与小学用书同，凡为适于儿童心理所择用之读本材料在民众读本为不必需要；（5）应多利用民众经验并与常识等科联络。

（6）中央大学区立通俗教育馆曾拟有编辑民众读物计划（注六）。关于内容方面：（A）宜完整而不宜偏颇；（B）文句浅显而民众易于领会者；（C）须适合现代精神；（D）要含有高尚的趣味；（E）要培养以民族独立为实现世界大同的观念——切忌含有无意识的排外。关于体裁方面：（A）短编以曲调为主；（B）长短叙述以白话文为主；（C）文字与图画须并重；（D）不宜连续叙述，应段落分明，眉目清楚，并用新式标点。关于插画方面：（A）描写真实的；（B）带有平民色彩的；（C）含蓄深远的；（D）足以增进知识及改良风俗的。关于字数及字体方面：（A）字数在千字以内——如谚语歌曲等，普通用四号字排；（B）字数在万五千以内——如科学常识、短篇小说等用四号字或五号字排；（C）万五千字以上的——如长篇著作，以五号字排；（D）紧要处得排号数较大之字，有时亦得用石印写成楷书。

（7）林宗礼先生曾作有民众壁报的研究（注七）。他以为办理民众壁报所应依据的原则是：（1）应以灌输民众正确的消息为目的；（2）应以扩大民众的眼界为根据；（3）应以解决民众了解能力及时间上的困难为条件；（4）应以普及民众阅览机会为政策。关于民众壁报的编辑，他以为（1）目的：（A）养成民众注意时事的习惯；（B）养成民众练习文字的应用。（2）选材：（A）标准：（a）材料须确实而扼要；（b）材料须新颖而注意；（c）材料须简单而明了；（d）材料须前后期有联络。

（8）梁伟琮先生曾一度作有广州平民读物的研究（注八）。他将广州普通流行民众读物——《十二时辰》、《兔马元十才》等数十种——作一度的分析。他分为六项研究：书名、类别、文体、全文字数、内容取材、广州俗字。然此文毫无结果，因缺乏系统的科学方法故。

（9）傅葆琛博士对于编辑民众报有下列几项意见（注九）：（1）研究各地非教育机关出版之小报之所以能受一般民众欢迎之故；（2）报纸材料应适应该地情形之需要；（3）价目印刷纸张篇幅……须特别注意；（4）加插图画；（5）应顾到各方的需要；（6）篇幅不宜过长；（7）悬赏一事，最能引起一般读者，但悬赏材料，必须选择有精彩者；（8）出版须在规定日期前出版；及（9）广告须选择含有教育性质者。

（10）郑冠兆先生曾作有上海小报内容的研究（注十）。他要研究的问题有六：（1）小报内容之分析；（2）小报广告之分析；（3）大小报内容之异同；（4）小报之用字的分析；（5）小报之读者的分析和小报读者对于小报的批评；（6）小报的销路。他没有述及研究所采用的方法和研究所得的详细的结果。

（11）林宗礼先生对于民间读物曾作一度的研究（注十一）。他将四百种民间读物分析为十三项研究，例如：书名、类别、文件、篇幅、字数、页数、版本、价本、印行书局、销行区域、内容概要、评语、备注。他研究所得的结果是：（1）立意——大致偏于言情方面。但在言情中，尤以艳情为最多；（2）体裁——大致偏于歌曲方面，而歌曲中尤以小调为多；（3）篇幅——面积大致三十二开的多，页数约四页左右；（4）字句——全是白话文，且土白用得很多；（5）版本——大致是木版，石印的很少；（6）价钱——约一分左右；（7）纸张——大致都是油光纸。林君这种研究，确有很大的价值，可惜方法的技术未能适当运用，故所得的结果，似属于臆想的推论。

（二）民众课本的研究底史略

（1）茅宗杰先生以为编制民众读本，应根据下列十项原则（注十二）：（1）适合成人的学习心理；（2）适合实际生活的需求；（3）以政治训练为重心；（4）有助于教育目标之实现的；（5）用设计式或问题式的组织，一周间教材联络成一个大单元；（6）一个设计可以实现几个教育目标，这几个教育目标，不必尽属于一类；（7）课本的用字，以一千二百个常用字为标准；（8）课文的文体，在可能范围内力求变换；（9）日常生活中可以实现的教育目标，可以不编入教材；（10）写算课本，应另编辑，惟其教材，在可能范围内应尽量联络。

（2）甘导伯先生曾作有民众课本的研究（注十三）。他研究所得的结果有下列几项结论：（1）读本编制采用设计式或问题式的组织，一周间教材联络成一个学习大单元，但亦得视教材的内容，酌量变通，例如村自治设计，室内讨论须延续一周以上，设计的实行更无定期。（2）读本的功用除为实施健康、生计、政治、家事等教育外，亦即为实施文字而设，尤即为认识一千二百个常用字而设。（3）读本的取材完全依据健康、生计、政治、家事四类教育目标。（4）常用字汇，采用陈氏《语体文应用字汇》。（5）读本第一册每课生字至少六字，至多十二字，课文每课至少十七字，至多七十字；第二册每课生字至少十二字，至多十四字，课文每课至少七十字，至多九十字；第三册每课生字至少十四字，至多十五字，课文每课至少九十字，至多一百二十字；第四册每课生字至少十五字，至多十六字，课文每课至少一百二十字，至多一百五十字。（6）课文的文体在可能范围内力求变换。（7）故事、歌谣、谜语等之仅适于儿童心理者，概不收录。（8）日常生活中可以实现的教育目标，概不编入教材，例如“能当众发言”，“能自动参加各种集会”，“改良服饰以整容貌”等，又如农家副业、卫生习惯，可以随时随地指导，教室讨论可有可无。（9）关于政治、家事、健康等教材，各地大多适用，唯生计教育，有因地而异者，拟多编几种，以供各地采择，例如蚕桑稻作教材可以适用于江浙之一部，欲来适于他处，应以棉麦等教材替代。

（3）穆济波先生对于编辑识字教本有下列的研究（注十四）：首编基础笔划，字数约一百；第一册——简体字，字数约一百；第二册——简体字，字数约二百；第三册——复体字，字数约三百；第四册——复体字，字数约四百；第五册——形声字，字数约八百；第六册——形声字，字数约一千二百；第七册——形声字，字数约一千四百字；第八册——形声字，字数约一千六百字；第九册——辞语，补充一千字；第十册——辞语，补充一千字；第十一册——辞语，补充一千五百字；第十二册——辞语，补充一千五百字。

（4）顾绮仲先生对于识字民众读本曾作一度的研究（注十五）。他把这个问题分为两方面研究：（1）内容方面：（A）质的方面；（B）量的方面；（2）外表方面：（A）封面；（B）印刷；（C）装订；（D）纸张；（E）定价。

（5）周德之先生曾将商务印书馆出版之《识字课本》（新时代民众学校用）作分析的研究（注十六）。他从几方面去探讨：课题方面，生字方面，课文方面，图画方面及材料方面。他的结论是：这书的最大毛病，是在生字方面，尤其是生字的遗漏、生字的重复、生字的分配及生字的选择。

（6）赵廷为先生对于《民众千字课》的编辑标准，定了三条原则（注十七）：（1）课文的意义须异常的明显，使民众识了字便能懂得课文的意义；（2）课文须在可能范围内包含有意义有兴味的材料；（3）课文的难度应逐渐增进，且每课课文和前课课文难度的相差，定须非常的微小。

（7）傅葆琛博士对于民众学校识字教课书曾作一度的研究（注十八）。他曾搜集三十四种教科书作研究的材料。他研究所得的结果有下列几个结论：（1）识字教科书必须是纯粹的识字教科书，目的在介绍应用的字；（2）识字教科书中的常识，是偶然的，附带的，不应当作为主体；（3）识字教科书的字，应当根据读者需要，用科学方法选出，不应当根据课题，或编辑课文，随意取用；（4）识字教科书的字课，应当根据读者需要的范围，不应当故为机械的限制；（5）识字教科书的字，最好根据我们研究出来的“基本字”，加上读书职业范围需用的“补充学［字］”；（6）识字教科书内容的编制的次序，应当先有生字，次有句，后有文；（7）识字教科书每课字数，应有一定的标准，不宜过多，亦不宜过少；（8）识字教科书应有插图，但插图的数目，不必与课数相合，应以需要为标准；（9）课文的长短，亦须有相当的标准；（10）课文应注重文字的复习与应用；（11）识字教科书的生字，应以普通楷写字为主，古体字、简体字及他种写法，应于每课后附一别体字表；应采用活叶式的编制，并以每四个或五个生字为一单元。

从上述探讨中，我们可归纳下列几点意见：

（1）关于普通民众读物的研究，除郑冠兆君去［之］《上海小报的内容研究》及林宗礼君之《民间读物的研究》外，其余所拟定的标准纯系根据个人主观的意见；而研究所采用的方法既无科学的根据，复无客观的探讨，这是从探讨中给我们的一件显明的事实。

（2）对于民众刊物（指民众教育机关出版之刊物而言）的分析研究，在中国尚没有人作过一度的探讨，这是从探讨中给我们的第二件显明的事实。

（3）国［关］于民众课本的研究，除周德之君曾将商务印书馆之《识字课本》分析研究及傅葆琛博士之《搜集三十四种识字课本》研究外，其余所研究的方法及其根据与普通民众读物之研究没有差异。

（4）从本文探讨中所得的结论更使著者相信：今后中国民众读物应作更进一步的科学的探讨，而使这个问题更成为中国民众教育探讨中的一个中心问题。

（载《青岛教育》1933年第1卷第7期）

附注：

（注一）华尊：《我对于民众教育的供献》（《民众教育月刊》第一卷第七期）

（注二）天游：《民众读物与民众教育》（《教育与民众》第一卷第一期）

（注三）袁敦礼：《民众健康教育的重要和实施的原则》（《教育与民众》第一卷第九期）

（注四）周德之：《编辑平民报纸的经过》（中华平教促进会出版）

（注五）许本震：《民众教育纲要》（《民众教育月刊》第二卷第七期）

（注六）本馆编辑《民众读物计划》（《民众教育月刊》第一卷第一期）

（注七）林宗礼：《实施民众壁报的研究》（《民众教育月刊》第三卷第一期）

（注八）梁伟琮：《广州平民读物研究》（《教育研究》第二、三及五期）

（注九）傅葆琛：《编辑民众报的几项意见》（《教育与民众》第三卷第二期）

（注十）《小报的研究》（《教育与民众》“研究实验事业专号”第二卷第九、十期，p55-58）

（注十一）《民间读物研究》（《教育与民众》“研究实验事业专号”第二卷第九、十期，p35-37）

（注十二）茅宗杰：《国民补习学校实施计划》（《教育与民众》第一卷第十期）

（注十三）甘导伯：《民众学校课程论》（《教育与民众》第一卷第二期）

（注十四）穆济波：《识字运动应该从改进文字教育下手》（《民众教育月刊》）

（注十五）顾绮仲：《关于编印民众读物的一点意见》（《民众教育月刊》第二卷第十期）

（注十六）周德之：《评论商务印书馆〈识字课本〉》（《教育与民众》第二卷第五期）

（注十七）赵廷为：《民众千字课的编辑问题》（浙江省立民众教育实验学校《民众教育季刊》第一卷第一号）

（注十八）傅葆琛：《民众学校识字教科书的研究》（《教育与民众》第二卷第九、十期，p41-46）

民众读物问题

唐海沧

民众学校，往往开学时学生济济一堂，过了不久，即逐渐减少；末了，甚至人数不到原额的三分之一，这是什么缘故呢？据经验所得，由于教法不适合者约十之四，由于学材不适合者约十之四，由于其他特殊原因者不过十分之一二，特殊原因是很难想法避免的，教法这里亦不讨论，这里只把教材的大部分——读物，加以探讨。

民众最喜欢看小说（我国旧小说），程度差一点的，也爱看循环图说（或叫作喜剧图说）、小调、山歌之类，但现在编订的民众读本，仿照旧式学校教科书的形，每课或数课，自成断片，前后不相连贯，无中心人物，无浪漫、冒险、侦探等趣味（此种趣味是青年——也可以说是人类——最富有的），宛如一本杂字，不过是新式的杂字罢了，民众对之不发生兴味，原是不足怪的，我以为民众读物应以人物为中心（此人物不论实有的，虚构的），民众应有的一切知识之质量，全附丽在人物的日常生活上，而且每册前后衔接，如旧小说似的，每段末须有一种将发未发的事实作结束，以引起探寻下文的好奇心，册数须有十册以上，由浅入深，使民众在毕业之后仍会有兴味去继续购读。

描写方式，可仿效旧小说，写得有声有色，仅须避去迷信的烘托就是了。说到迷信，这是我国民众的大病；破除迷信是民众教育的大任务之一。因为迷信不破除，民众精神闭于神权、命运的囚笼内，万不会奋发有为，努力进取的；但欲破除迷信，必须灌输科学知识，有了科学知识，迷信观念自然消除了，灌输科学知识，须另编民众常识，形式可仿照上下古今谈，或将此部分材料混和在民众读本内亦可（《识字课本》名称似欠妥善，不如改称《民众读本》）。解剖式的叙述是不会动民众的心的，必须侦探式的描写。韵文宜相机夹入读本中，但另编小曲，作为补充读本亦可。

民众读物果能如此编辑，民众即使有因不惯学校生活，或教法不合而离校的，离校之后，因欲探求后事，也会自动的去购来阅读。

（载《民教半月刊》1933年第33期）

旧式民众读物的检讨

冯 京

一、检讨的理由

无疑的，人类的欲求，是并非单单在于物质，其在智识方面，显然也占有相当的地位。如其不然，则衣食的适应，已可了却人生大事，似无须乎其它。但精神上的苦闷，行为上的彷徨，往往会使人只觉得物质的可厌，而不觉得物质的可乐。原于此，以是便有了所谓“精神的调剂”。形而下的，它是做了堕落的宾朋；形而上的，它是成了智识的宝库；在这种情绪的交织之下，接着便产生了书本。

在古代的中国，书为官守，人民除了口头的讽诵以外，是没有权力去著书的。直到周失其政，孔子便僭位而行的编了一部《春秋》，从此“书纲”废弃，百家杂出。可是，他们的作品，在名义上虽说都是民间的制作，要其内容，如不为国家大事的述说，即为个人意志的表襮，至多，也只能使那些士大夫阶级受到一部分的影响，其对于一般民众，仍然是在沿用着“民可使由，不可使知”的传统策略。

本来，中国的社会，是一个富有神秘性的社会，尽有许多人自生至死的蠕动在它的里面，但仍是谁也不能见到它那横剖面的形态；要是说到暴露，那更属难中之难。至于那些所谓先觉者的文人，又大多数是“下帷三载，目不窥园”，谁会顾到民间的苦闷，去设法满足他们的需要？因此这“不识不知，惟帝之则”的生活，便不知维持了多少的年头。

产生

只是，人类究竟和其它的动物略有不同，他的对于现实，会有不同样的感觉和表现，所以在草莱未辟之时，便时常有刻石画地以纪事实的玩意，一待识了文字，当然，在记账之外，更会想到周遭一切的事情。

尽着文人们的隔岸观火，那“舜人也，予亦人也，予何为不若舜也”的思想，却自然而然的就能发展在一般民众的脑间。

1. 来源。记得卜子夏的《诗序》中似乎说过：“在心为志，发言为声……歌咏之不足，乃形之于文字。”由此而论，我们也可以相当地知道：民间蕴结的志，既知发泄而为声，则单凭着声的传达，在某一个时期中，自会感到某种的不足；把有形的文字，来补充歌咏的不足，那是最适当的事情啰！为了这，书本之在一般识了字的民众之间，遂被认为不可或缺之物。

不过，民间的著书，虽然已酝酿了不少的时间，但，这一个大风潮的袭来，却不能不拜佛学东来的惠赐。那是我们应该知道的。东汉以前，儒家是宰制了一切，谶纬的说数［教］，虽也不断地在显露它的头角，要仍不能有多大的力量；待到汉明以后，敕建各处佛寺，那些僧侣，为要宣传教义，便想到了深入民间的方法——时常沿门托钵，歌唱佛曲，以引致民众的佛化。及晋室东迁，五胡豕突，人民的思想便起了极大的波动，驯致佛曲的推行，也因了“传广达远”而进化到了书本。

我们如果肯仔细的把上面所述的动向来分析一下，那咏歌和佛曲这两种势力，无疑的，它们是在做着一切民众读物的来源。

2. 思想。可是，它们虽然是在同一母系的源流之下所产生的东西，但其所负荷着的使命，却是分头立业，各不雷同。无论在有形与无形之间，都是很明洁的区别为两个不同的领域。

第一个领域，它是只知单凭着一时感情的流露，专门找取那片段的最精彩的材料，就成功为一种异常使人感动的作品；在事前，它是并不讲究到什么规律和格式，在事后，它也不会顾虑到什么遗臭和流芳。这是以歌咏为蓝本的，山歌是它们一群中的“老大”。

第二个领域那就不同了，它是完全用着缜密的理智，精心的描写，无论找到了一种什么材料，都会放入那个“福善祸淫”的定型之内。因为它们的事业是感化的，是劝善的，是“文以载道”的一种艺术。这是以佛曲为根据的，宝卷就成了这一系统中的领袖。

至于其它的作品，那是“不入于杨，即入于墨”，虽然它们内在的分量各有不同，但是谁也不能脱离了上述的两个领域而独立。

3. 背景。旧式民众读物的内在，它是已确定了两个思想不同的领域了，但它的所以各个成立的背景，实在也应该去下着一次考察的工夫。不过，背景的探索，是不能用着同样的时间或是空间做着标准去强行估定的，同时，那“刮垢磨光”的工作，却处处应得很注意的执行；这样，才可以约略的找出几点：

A. 政治的描写。歌功颂德，固为“率土之滨，莫非王臣”的中国臣民的拿手好戏，可是，专制时代帝王的淫威和权臣的专擅，往往会使民间不能再作违心的歌颂。因此，在“天子圣明”的文章以外，便少不了“予及汝偕亡”一类的咒诅；这是压迫下的呼声，某一时代做臣民的写照。

B. 家庭的暴露。为了经济权掌握的关系，整个中国的家庭，差不多数千年来不能见到天日，什么“九世同堂”、什么“金钗十二”，外表上尽是扬［洋］溢着美名，实际上早已等于痈疽的内溃。其中如遗产的纠纷、婆媳的不睦、妻妾的争端、下属的虐待，种种非人的畸形的状态，在躬亲闻见的，当然会生出“将使后人而复哀后人也”的思想。

C. 社会的状况。尽管组织是怎样的简单，要是在群众所集合的社会之中，那矛盾的事态的发生，总是不能免去；何况封建意识宰制了一切的中国民众，他们是知道了公正和平，同时也知道了卑污苟劣；他们是知道了“男女授受不亲”，同时也知道了“后花园私会”；他们是知道了爱才尚德，同时也知道了恃富欺贫；他们是知道了规过劝善，同时也知道了“引诱良家妇女”；他们是知道了“未能事神，焉能事鬼”，同时也知道了“向五圣前许愿，包他做贼发财”。在这种矛盾的现象之下，是有不少可以描写的材料。

D. 历史的叙述。这是一种怀才不遇的文人，在百无聊赖之时，便向史传中去找到一部分的材料，加上许多描头画足和插科打诨的词句，使它成功为一种“若有其事”的作品。这样，自己的块垒，便可一起的倾泻在他人的酒杯之中。

E. 两性问题。尽你说是“礼教之邦”，尽你说是“男女授受不亲”，然而在这个本能的支配之下，却只有宣告失败。所以高楼上永远不见男人的小姐，偏偏会演出“后花园的赠银”；书房中埋头读书的小馆，往往会“踰东家墙而搂其处子”。可是他们所处的环境，却完全为冷酷所包围，能够侥幸而“情人成为眷属”的百无一二，其他的人们，便只能憔悴呻吟于礼教的虐政之下，生生地为那所谓道德的牺牲；在这种悲喜交织的情绪之间，却蘸饱了文人们的一支生花之笔。

影响

在各种背景不同的作品横行于心理宛如一张白纸的民间，当然，这波动的所及，会造出种种非人们所能想像的变态。从前曾经有过一个故事，据说有一书生，因为读厌了高头的讲章，便去抽了一本《封神传》来阅读，瞧到大破万仙阵的一节，觉得那里有无数的仙人，都在腾云驾雾；一时神与书会，不期也学起法来；讵知脚才纵出楼窗，人已跌在地上；待到家人闻声来救，书生的骱骨已断；但他的口中，却仍然在嚷：“妖道休得逞强，看我的法宝！”

这，虽似乎是一桩笑话，但在事实的立场上来放眼一看，那却并非尽是无稽。最近的报纸上，不是常常有“童子求仙”的登载？他们的所以形成这种思想的成因，谁也不能否认的，那是为了武侠小说的魔力所笼罩！

我们现在不妨再分几方面来说它一下：

1. 社会的。果然，民众读物所影响于社会的成分，那是未必一举便是坏，如报复思想的提倡，自由意志的鼓励，在这个大时代下是已成为一种新兴的道德了；不过像这般的成分却很少，几乎等于沙里的淘金。其中大多数的，差不多尽是一些：

A. 升官发财。那是我们无须费去多大的力量，在无论那种的民众读物里，随处可以找到“十载寒窗，大魁天下”的怂恿式的文章，尽你从前是怎样一个社会的蟊贼，只要名登金榜，腰缠万金，就不但洗尽前污，同时还能获到人们莫名其妙的尊敬。

B. 重男轻女。“生男是粒宝，生女是棵草”，这是有了人生以后便有的现象；男子是“读了书可以求功名”，女子却“无才便是德”，这是读书时权利的分野；“天字出头夫作主”，只要做了媳妇，连自己的姓名也可以无须，何况本身的幸福？这是结婚后的现象；男子的惹草拈花，那是“风流才子”，女人要是眼波才动，便会使人猜做淫妇，这是妇女们平日所受的待遇；男子是“妻子如衣服，破了可再缝”，女子却须守着“在家从父，出嫁从夫，夫死从子”，这是归结了女子的一生！

C. 迷信神权。中国旧时的民众读物，差不多有一个共同的定律，就是描写一件事情，到了山穷水尽的时候，便会去拉出一位太白金星之流来做着助手，以便重新创设一个柳暗花明的世界。所以，在怀春时的女子，她们要月夜去焚香；逢到疑案时的官儿，他们会向“乌台”去祈梦，不过这还是极普通的现象而已！如果瞧到了宝卷，那才是洋洋大观，不论那一种书本，结穴归根，谁也逃不出由念佛而升天的老套；它是在诏示我们：“只要自己虔心，就不怕不能立地成佛。”

D. 消极思想。为了成佛的玩意，其他什么人生的大事，那当然也是无足轻重了；反正受了人物的侮辱，这是“磨难”的来临，不必力求解决之方，自然会逢凶化吉。总合他们的意见，无论某种事情，在一个“何必如此”的心绪之中，就可以溶化到不剩一些渣滓；什么进化，什么改良，那是永远也不会在这些人的脑子里起着一些波动。

2. 家庭的。以上的影响，那只是偏在整个的社会而言，如其再缩小而谈家庭，则和旧式民众读物发生因果关系的，也可以找到不少的例子。这并非我专爱从坏的一方着想，实在的，它所给予家庭的恩赏，本来就是这么一点。

A. 家长权威。为了经济在做着后盾，凡是做家长、做族长的人们的身价和地位，总会高出其他的人数倍或百倍以上。做着附庸的子弟们，无论一举一动，都得经过他们的许可，才能在那个指定的范围中去办着事，否则，“父要子死，不得不死”的明诏，他们就会很熟习的从旧书上套来应用一下。尤其是那些做后母的，本来，她们并不一定坏到怎样，可是经书本的感化，渐渐的，许多别人对待前妻子女的手腕，居然会如法炮制的发现在她们的手头。

B. 依赖思想。在家长制度成立以后，那些子弟们不但行动上要受到非分的限制，即思想上也遭到了极惨酷的封锁。因为“一家之主”的四个大字，既横亘在家长的心目之间，那“反正我们已有了饭吃衣穿，一切事情乐得舒服一下”的思想，便平添入许多佳子弟的理智之中，尽是美质良材，也将渐次的变成了不可雕镌的朽木。

C. 两重阶级。家庭里最显著的，恐怕要算是阶级了，父子之间，那是父不必慈而子须孝；夫妻之间，那是夫不妨残暴而妇必须和顺；师弟之间，那是“一日之师，终身为父”；姊弟之间，那是“七岁分居，授受不亲”；尽管大家戴起“老气横秋”的面具，绝无情感可言，然而为了“家规”起见，阶级却不能不分个明白。

D. 多妻制度。什么“三宫六院”，什么“三妻四妾”，在旧式的读物上，可以说是“无书无之”；它不但不非难这多妻制度的败坏，同时，还积极的提倡——只须有个女子在自媒，她总会说到“三妻四妾寻常事，何况堂堂大丈夫”的话头。当然了，在这种情境之下，那九美图、十美图的事情，便要层出不穷的实现。

3. 个人的。在社会，在家庭，它们所蒙到读物的恩赐是这样了，我们如果再回顾到造成社会，造成家庭的主干的个人吧，其影响，当然较整个的社会和家庭，要来得亲切一点；虽然它的蜕变之迹，未必会跟扩大后这么的厉害。

A. 腐化思想。“享乐”，这是中国人的唯一的人生观，如“丝竹当筵，后房充塞”，固然已成了一般文人心目中主要的期望；就是“皇帝日夜忙，小人日日醉”，那些所谓引车卖浆之流，也莫不以此以为人生的快事。反正“自古就是这样的”的辩护，只要他们能够读过一些小说之类，便谁也可以这样去找得出来。

B. 刻板行为。为了思想的腐化，连带的把那些行为也逐渐的“刻板化”了。比如在年青的时光吧，他们玩的是“观灯惊艳”，“行庙谈情”，“病患相思”，“私订婚约”。在中年吧，他们是这样了：“大魁天下”，“荣归祭祖”，“取婢为妾”，“妻荣子贵”。在老年吧，他们是“告老归田”，“教子成名”，“提倡名教”，“含笑坐化”。这种型式是固定的，几乎谁也不能跳出它的范围。

C. 不近人情。如果只是单纯的腐化，单纯的呆板，那，至少在某一个时期之中，或许尚有勉强适应的可能；只是他们那些不近人情的举动，则使人殊属不敢向迩。例如说到“孝”，他们在《孝经》中的训条之外，还能联想到“割臂膀治病”的玩意；谈到“忠”，他们在尽了自己的职务以外，更会做到“鞭打宫门，撞死金阶”的把戏；说到“节”，她们不但已婚的会“殉夫”、“守节”，就是那些生平无一面之识的，也居然做出“抱牌位做亲”和“奔丧自刎”的喜剧；说到“义”，他们是把抵死报复忘了，却来走着“首阳饿死”的道路。因为唯其如此，才能和书本上的人物相“合拍”。

这是无劳深究的，只须把这三方面所受到的影响，向那些旧式民众读物上去对照一下，那就谁也不能否认它的对于一般民众生活状况的密切，和转移一般人民心理力量的伟大。其在民众教育上的地位，实在比较任何的势力要来得普及和坚固；如果长此的任着它的蔓延，它的深入，那，不但一切的语文教育将成为“济恶之具”，便是整个民众教育的设施，也将变为一棵无根的芝草。

不过，它的坏处，固已很深切的了解在我们的脑间，但要想到铲除的话，那却是一桩“谈何容易”的事！别说现在教育的力量，绝对没有澈底革命的可能，即使社会上的制度有所变更，也不能凭仗一朝一夕之功，可以揭去它所掩在人们心理上的暗影。

为了这，我们觉得除了运用着教育的方法去做那改革的工作以外，暂时是不容易再去找到其他较好的办法了！只是，改革的方法，究属应当怎样的进行，怎样的措置，那在未确定计划之先，似乎对于它的内容和形态都有加以观察的必要，那才不致闯入了“闭门造车”的成规。

二、我们的经营

基于上面的种种观点，我们可以认定在一般群众的心理上，无疑的是已种上了不少的病根。依据了“心病还须心药医”的成例来看，那，这位用药的医生，除了干着社会教育工作的我们以外，还可让什么人去负起这艰巨的责任？因此，在民众教育实验学校开办的伊始，实验工作上便规定有旧式民众读物的整理和研究。但是要在那浩如渊海的书籍中去找其头绪，真如一部《二十四史》，欲说无从；况且我们的力量，又常常被时间和空间所限制着，尽是怎样的努力，也仍然绝无成绩可言。现在，但就手头所有的旧式民众读物来作一次的说明，至于大量的研究，那却只有留之后日。

整理

我们经营民众读物的开始，那是尚在民国二十年的春天，那时，孟宪承先生因鉴于民众读物在设施民众教育时地位的重要，所以创设民众读物组于实验部，最先是由张钟元先生负其全责。只是诸事草创，一切未备，民众读物既绝无仅有，那整理和研究的事实，讵非仍将等于具文？以是便决定了三个步骤：

1. 搜集。凡欲谋一事一物的改良，必先须深切明了此一事一物的内在，而其可得明了的第一步，便在当前事物的审查。搜集的工作，以是就成为当务之急。不过，旧式的民众读物，却并不能购之于一切的坊间，如果不去另出偏师，那尽你费尽力量，也仍是无济于事。为了这，我们就专诚向旧书店去跑，小书摊去站，一方又向私人处去征集，向倒字簏的人去购买，半年多努力的结果，才始搜集了八百一十四种，一千九百二十三册的读物。

2. 分类。在搜集的时候，也并非毫无标准的乱闯，不但在事前规定：不牵涉于旧式民众读物的范围的要加以谢绝，便是在搜集后的分析和归纳，也不能稍事含糊。这样，才得分成了下列的十类。

甲、宝卷：是一种以念佛升天为经，以因果报应为纬的，可以歌唱的曲调。计得五十二种，八十六册。

乙、唱本：是一种描摹社会黑暗，却把做官成名为结束的韵文。计得八十二种，一百十二册。

丙、山歌：是一种单纯的，片段的，情感流露的歌曲。计得四百另九种，一百册。

丁、小说：内容是和唱本大致相同，只是把韵语换成了散文。计得七十五种，二百八十九册。

戊、滩簧：是包含着片段的故事的一种歌词。计得六十一种，六十五册。

己、戏剧：是一种可以演出的片段的故事或传记。计得七十种，五十二册。

庚、弹词：是可以应用到弦乐上去歌唱的韵语。计得二十种，一百三十六册。

辛、鼓词：用了高低抑扬的声调，可以去和鼓声和着节奏的。计得八种，三十二册。

壬、图画故事：这是用来辅助文字的不足的一种读物，内容是包含着图画和文字两种。计得二十九种，一千〇三十册。

癸、杂类：无可归类的放在此栏。计得八种，二十一册。

3. 提要。经过了上述的两重手续之后便可以谈到提要。在最先的时光，这提要是请过了不少的同学帮着忙，但是为了记述的方法不一致，和其他的种种原因，所以后来又重行厘定提要的格式，分做书名、类别、册数、页数、体裁、出版处、出版期、情节批评、改编意见九项，由不慧个人来负责办理，经四个月的检阅和记述，才算略具规模。（这部工作，待将来另出《旧式民众读物提要》的单行本，兹姑不赘。）

分野

费去了前后一年多的搜集、分类和提要的工作时间，方能略略的整理出一点头绪，知道它们内在的组织和外表的构成，并非同我们从前所想像着的一样的简单。因为类别的不同，体裁就先行立异；同时，为了目标的歧出，联带的把那情节也成为各种的变迁。下面就是我们替它找出来的不同之点：

1. 体裁。说到体裁，如果单就它的大前题来分说，那是只有三种的不同型式，第一是韵文，第二是散文，第三是韵散兼有的文章。这是很粗浅的说数。要是进一步的再去分析各类的体裁，虽然也可以说山歌是韵文的正宗，小说是散文的表率，其它的一切就都可归纳在第三种的定型之中。然而只须一加深究，就可以知道：事实并不能这样的笼统，比如宝卷之与唱本，滩簧之与山歌，倘没有细微的分析，深切的剖解，那是仍旧会莫名其妙的。现在一一的把来列在下方：

A. 宝卷。它是一方需要唱，一方需要讲的，所以往往把韵文和说白混在一起，大概的分配，可以分做四种：第一是单纯的七言韵语，第二是七言和十言两种韵语合组而成，第三是在七言韵语以外再加上说白，第四是在七言、十言两种韵语之外再加说白。

B. 唱本。唱本实在是一种佛曲的蜕变，所以，它的体裁，几乎同宝卷是出在一个型式之中，像第一种的七言和十言韵语，并没有和宝卷立异。第二种的纯粹的十言韵语；不过它有一种特点，就是不大有说白这一类的东西，这或许就是和宝卷不同之点。

C. 山歌。山歌，是一时情感的流露，只须顺着音调唱着便是。因此，就成为一种纯粹的韵文。在它的内容大概可以分出三种不同的型式：如一为七言韵文，二为三七言韵文，三为不等字数的韵文。

D. 小说。为了要使人觉得情景的逼真，为了深怕文言的不易使得各个人都去深切的了解，所以小说的写出，便纯粹的用了散文体的白话。

E. 滩簧。手中拍着两块木板，口中哼着韵调，这是滩簧的特色。它的词句，几于全属七言的韵语，虽亦间有十言的，或是不等字数的，然而很少。

F. 戏剧。戏剧，一方是预备在演出时去合拍到乐器，一方是从顿挫抑扬的调子里去明洁其谈吐，所以在少数说白以外，差不多完全韵文。而这些韵文，又分着五言、七言、三三四言的各种韵语。

G. 弹词。弹词，原是一种盲翁用来谱到弦乐上去歌唱的脚本，声调取其铿锵，说白取其流利，那才可以引致听众。是故它的体裁，便包括了七言韵文和说白两种成分。

H. 鼓词。鼓词，因为是一种应用到乐器的唱词，非把韵文来组织，是不容易合拍的；因此，它虽是分为十言韵文、十言韵文加说白、七言韵文加说白三种，但其主体，仍然是由韵语在维絷着。

I. 图画故事。为了有一般识字很少的人要看书，所以把图书来联到故事上去，那才能辅助他们的不足。由鉴赏而探求事实，由知道了事实而想到参证图画，这是莫怪其中的文字，完全要用着社会上最习用的通俗文字！

J. 杂类。那是一种无可归类的东西，无论韵文散文，什么都有。

2. 情节。体裁之在文字，原不过一种外表的界线而已，要其内在，那是莫过于情节的分析！本来，要在这样许多书中，一一去找出它的情节，那是一桩不大可能的事情；然而，终究是民众读物，它的意识是简单的、明白的，只需略为分析，那七种很明洁的例子，便会罗列在我们的眼前，虽然这样的分配，似乎仍然少不了模糊一点！

A. 恋爱。山歌中的中心材料，恐怕就是恋爱二字，这或许为了感情流露的关系吧？本来，两性间的事情，那原是和吃饭之在生活上的地位一样，并不需要什么“迎风户半开”这一类偷偷摸摸的举动。不过为了社会的畸形，和那些所谓礼教的钳制，逐致腐朽化为神奇，使整个的人生，也处处受到波动。因之，在山歌以外，只要是一种民众的读物，几乎等于“凡有井水处，莫不歌晓风残月之词”。即如道貌俨然的宝卷，也不能把情丝摆脱，何况其它？

B. 强暴。真不独无巧不能成书，便是没有了强暴的一个因子，也将使那些“好人”不能成名，不能成佛。所以无论那一种的读物之内，这主人翁的对象，无一不有凶恶之徒，或贪财而起谋害之心，或见色而作掠夺之事；至于那些人的地位，则大部分为凭仗父兄遗荫的官家子弟和炙手可热的暴君权臣，小部分为大盗、小偷、流氓、地痞。

C. 神怪。这是难怪的，旧式民众读物的本身，原是产生在神怪的窟穴，何况以神道设教的愚民政策又为历代聪明的帝王所采用？因此，不但日游神、夜游神的说数［教］充塞在一般民众的脑间，就是地狱和天堂的观念，更其支配了数千年的社会。那些本本以念佛升天为结束的宝卷固然无庸再谈，便是小说中的凡遇磨难之时，例有仙人搭救的事情，也是不绝地在铺张扬厉。只有滩簧和山歌两种，似乎神怪的意味要来得稀薄一些。

D. 武侠。别去信任那些中国人是重文轻武的说数［教］，只须从民众的读物里找，就随便可以使你见到“纵身一跳，就飞过了三丈多高的墙垣”这一类的勇士。什么“路见不平，拔刀相助”的玩意，那是更其成了一个处世的通例。不过，在这里却也有条“鸿沟”，就是那些所谓用了精心来纂组的小说、弹词和戏剧上，诚然是尽力的张扬了，可是，在山歌和滩簧之中，却是绝无仅有；至于唱本和宝卷，那是只有“穿窬之盗”而已！

E. 家庭。究竟中国古代的社会是太小了，“千金之子不下堂”，一个小小的家庭，就仅够一般人去翱翔自在。然而永久不变地厮守着一个家庭，那些本能的活动，当然不能因其为家庭而就此引退，这剩余能力的施用，以是便有了许多变态事件的发生。什么婆媳的争端、姑嫂的不睦、兄弟的阋墙、妻妾的争宠、遗产的纠纷、渔色的丑态，一一的都在争奇斗巧般的陈列着。

F. 箴规。如果《诗》三百首尽可以说是无邪，那旧式民众读物，也完全可以说是“劝善”。那些宝卷，诚然已在彰明较著的劝着人们“要在将来去成佛登天，至少就得在目前去赶紧修身养性”；便是其它一切弹词、戏剧、唱本、小说之类，它们对于这“福善祸淫”的训条，也是紧紧地厮守着。尤其是伦理的注重，信仰的坚定，假使离开了时代的立场去瞧，那，真使我们不禁惊奇它魄力的伟大。然而，滩簧和山歌，它们却和箴规不大结缘的。

G. 史实。凡是一种史事，只消在民间经过多少时间，其附会和穿插的地方，往往会使原有的事实，生出不少的枝叶；为要保存这些枝叶，那便有包含史料的读物产生。不过，在民众读物之中，虽然它是处处应用着某朝、某皇帝、某大臣的名义，但其臣民的假托，却居太半；因为他们根本就不曾想到去把历史的材料做着中心；这是我们应该知道的。

三、最后的致词

关于旧式民众读物的检讨工作，在整理和分野以后，似已可告一个段落；不过，这还是客观的说法而已，在它的究竟能否存在于现代的社会，和是否不背于我们所设施的民众教育，那却仍然是个疑团。为了要贯澈我们的工作，要确定我们的趋向，当然，单纯的整理和分野，是依旧等于“徒识病源，不知用药”，又何必无端去找这一番的麻烦？因此，便联带的生出了这个观察后的：

批判

实在的，民众读物是太芜杂了，太散漫了，要找一个头绪尚属为难，那儿可以去妄加批判？只是，我们终算是已经认到了它的尊容，虽然不能说有如何的了解，但说来也未必完全脱去原来的轮廓。同时，那当前的内容、形式的两大方面，也至少能够给我们一种启示，去做一番说明。

1. 内容。内容的好歹，关系民众读物的全体，无论如何，我们是不敢去作着一笔抹煞的举动的；就是略有主观的意味，也是处处以事实为根据，并非像盲子般的说那太阳和烛盘一样。

A. 违背时代潮流。这是无庸讳言的，时代的车轮，是一天一天的在向前进展，那数百年、数十年前所产生的事物，自惟有去和那古物陈列所结缘。我们不妨试举小例来证明：在全民参政的年头，是不是还需要“君要臣死，不得不死”？在经济狂潮澎湃的今日，是不是还可能“棒着高头讲章，不事家人生产”？虽然我们也不能否认，在某种旧势力将在没落之时，往往会有回光的返照——复古运动的一日；但其势力，却早已变了强弩之末，终会给那时代的轮子，碾成一粒一粒的飞尘。所以旧式民众读物的在目下能否保持它原有的地位，因此便成了一个极大的问题。

B. 鼓吹非战思想。世界根本就是一个战场，人生开始就是一个战士。如果在洪荒之世，不去和禽兽们争食，在进化途上，不去向自然界掠取，那人类早已消灭尽了，又安能生存到现在的时代？可是，为了和平成性，他们是只知道作战是不正当的，而不知一切不正当的事情都需赖着作战来纠正，所以，不但天朝对于蛮邦要大度优容，驯至蚊蝇的袭来，也仍然在“舍己度物”。像这样的和平，我们除了觉得它是懦弱以外，委实不能再行找出更适当的名词。

C. 刺激人类肉欲。“年青的男子，谁个不善钟情？年青的女郎，谁个不善怀春？”似乎诗人摆伦是曾经这样说过。这是的确的，本能的冲动。除非少给与一些动机以外，实在没有另外较妥的办法；所以老子也说：“不见可欲，则其心不乱。”然而我们这些民众的读物呢，为了他们感情的澎湃，为了要迎合一般民众的低级趣味，因此，在什么郎才女貌之外，又常常点缀着种种不堪形容的词句，以博取读者的欢心，从此逾墙钻穴，书本竟作导师；眼去眉来，小说居然课本。我们固然不是礼教先生，要说什么风化的败坏，但肉欲的偏重往往会消耗一部分工作的效能；在这个生存竞争最剧烈的时代，我们实在有些不敢请教！

上面所述的三项，那是谁也不能否认它是坏的东西，不过依据了“十室之邑，必有芳草”的成例来看，当然，我们也可以从蓬麻之中去找出一些香草。

D. 社会状态的暴露。中国社会的矛盾和神秘，可以说是已极天下之大观。假设能够把它像万花筒般的一一的向着人们展览，那，对于社会的设施上，其功绩的确不在社会调查之下。有一部分民众的读物，它们居然会尽着这样的任务，不但把社会的制度，有详细的说明，同时，对那民众的心理，也很多具体的描写。

E. 义侠精神的提倡。虽然那些武侠小说之类，离不了一些“粗糙”的成分，可是，那种“路见不平，拔刀相助”、“杀父之仇，不共戴天”的思想，在这样一个弱肉强食的世界之中，实在可以成立为一桩新兴的道德；只须我们能够把这种思想逐渐的纠正和扩大起来。

F. 浓厚感情的引起。人类，终究是个感情的动物，虽有理智同样的占在一个空间，不过也仅是时间的问题而已！只要找到动机，便会不由自主的悲哀或是愉快。在旧式民众读物之中，这一种动态是名为“激发天良”，那的确是薄倖汉的一服补剂！

2. 形式。在旧式读物之中，内容方面，诚然有不少的地方，可以供我们的采取——因为中国社会的进化的不一律，同样两个地方，往往也会相差至三四世纪之久。不过，要是说到形式，那浅薄和浮滥，就不能像驴子的再蒙上一张虎皮。我们不妨往下去说：

A. 结构疏忽。结构疏忽的文章，诚然不独民众读物为然，但其变本加厉的弊病，却为民众读物所独擅。这是难怪的，那些作者，他们只须找到了一种的材料，就尽是用着平铺直叙的方法来一一写出，什么结构，什么组织，那还有能力去谈到？反正许多读者，也只是欣赏事实，不问文词，所以讲到结构方面，无论那种的旧式民众读物之中，很少能够跳过“糟”的一字。

B. 词句浮滥。这也可以说是一般民众读物普遍的现象：它的浮词滥调，往往会使人执卷半日，不知所云。探求它的所以致此之由，大约：一、为了作者的能力不充，不能用简炼的句语，来达出曲折的情事；二、为了不知时间的宝贵，言语的效率，因此便搜集了不少的废话；三、为了章回的缚束，必须回回有同样的字数，遂致滥竽充数的文字，占满了篇幅。

C. 插图恶劣。印刷术的未能高明，图画当然要受到它的影响。虽然也有一部分木板印刷的书本里绘着那些笔触壮健的作品，不过，究竟所见不多；大部分的插图，仍是“佛头着粪”，说不上丝毫的美观。尤其是图画故事，不但人体的大小不能相称，就是人们周遭的一切事物，也往往变成了姜子牙的坐骑——“四不像”一样。

D. 装订粗陋。因陋就简，差不多已成了中国人特有的习性，只知长此苟安，从来不会想到改良的方法。所以民众读物的装订，它们虽是用着脆而易断的线装，瘠而且薄的封页，粗糙不堪的纸张，模糊不清的印刷，也仍然沿用了数千百年，永远也不曾有人去加以纠正；这的确是民众读物上的一个极大的缺点！

建议

虽然自己对于民众读物的研究是如此的浅薄，见解是如此的不确，但，关于阅读和谈论民众读物的兴趣，却是十多年来依旧的保持着。在从前和现在所曾经阅过的许多读物之中，据个人的见解，只觉一般旧式的民众读物，大部分是已属不适宜于现代的人们；即使有小部分只具小疵的地方，也很有改良的必要。因之，在不辞谫陋的来检讨之后，还敢大胆地提出禁止和改编的两个方案。

1. 禁止。在从前的小说之中，虽也有“奉谕禁止”的明文规定，但其所以禁止的理由，却只是在做着一种礼教的翊卫而已，对于思想的谬误，事实的不经，往往放纵如故；所谓禁止，其效果讵非仍等于零？现在，那种愚民的政策，我们是已无须再去加以采用了，不但是淫秽的应当排斥，便是那些腐化的、落伍的，也同样的应该放在禁止发行之列。只是，提倡的固属我们从事社教事业人员的职责，然其手续的执行人，却不得不希望于政府的能够和我们来通力合作。

2. 改编。事实是无须迟疑的，坏酒既不中用，当然惟有倒去的一法。不过酒的坏，原因是并非完全在于酒袋的不行，我们不必为了酒坏，就连带的把酒袋也给毁了，正不妨倒去坏酒，再来添入新酒。这是我对于某一部分的旧式读物主张改编的意见。实在的，一般民众的因袭性，是异常的强固，想要设法去改良，那也只能用着诱导的方法，利用它们已成的习惯；书名、节目多可一仍其旧，只是那些旧式观念和封建思想，则把来改削，换上了时代的意识和高尚的情感。这样，在民众的方面，既不致为了新的读物屏而不观，而另一方面，在无形之中，对于知识的升华，却已收到事半功倍之效。

如果按照事实来讲，要想仅仅的凭着几种改编后的读物，去给予一般民众这读书的权利，未免剥削得过于厉害；同时，“转而求其他”的念头，往往会躲在知识的追求的背后，那讵非仍然是“前门拒虎，后门进狼”？要想解决这两个当前的问题，明洁的说一句：那是最好能够努力于新编的民众读物的产生，才能补充它的不足和纠正它的迷途！至于如何编辑新式的民众读物，那是预备在将来再作详细的讨论，似乎不能牵涉到旧式民众读物的检讨之中。

最后，还得附带声明：为了《新民半月刊》和《民众小丛书》的辑务，这篇文字是在百忙中抽暇写成。错误之处，自知不免。好得［在］我的本意，原不过想在旧式民众读物之中作一个揭竿而起的陈涉；一切正式的研究和整理的工作，那还须仰仗研究民众读物有素的诸位先生！

（载《民众教育季刊》1933年第3卷第2期）

对于编辑民众读物的管见

赵　晨

谈到教育，便要连想到读物：像儿童教育，有儿童读物；学校教育，有课本读本；民众教育当然也少不了民众读物。本来经、史、子、集、三坟、五典都可算做民众读物，不过这些读物，既不合乎时代的需要，又不适于大众的程度；吾所要说的民众读物，乃是粗识文字的读者所能读、所需要的读物，因为这类读物，吾国本不甚多，即有也是很少教育价值，吾们要推行民众教育，建设民众心理，自非编辑合乎时代适于大众的新读物不可。

吾国文化事业，历来是专重在富贵阶级，各种读物当然只是士绅世家们的专利品，一般平民能够“书包翻身”的，曾有几人？近年来吾国教育当局，深觉得过去的设施，不但使文化永远不能发展，亦且使文盲永远不能出头；所以一方面提创白话文和注音符号来减少读书的困难，一方面推行识字运动和民众学校来宣导识字，普及读书，策略未始不周密，事业未始不紧张，不过对于初出文盲地狱，睁开眼睛要认识人间的大众所需要的浅近读物，却还没有同样的精神去策划和应付。因此旧时流行的通俗书本，如宝卷、山歌等类，便在肃清文盲的潮流里，侵占了民众读物的地位了。这种书本，不但是没有读物的资格和教育的意义，竟有妨碍风化，阐扬迷信的魔力。所以吾以为在民众读物的阵线未布置完备以前，恐怕肃清文盲的结果，无非是使社会败坏，民智闭塞，岂不危险！

新编的民众读物，除了力避宝卷、山歌等书的缺点外，还须切实地不要离开了两个目标：

ㄅ、读者程度，以粗识文字为准；

ㄆ、文句体裁，以容易上口为主。

因为吾们编辑的民众读物，是要给初出茅庐的读书人去享受，所以应当要顾到这些人的读书能力，把文字程度竭力降低，使他们读着不觉得吃力。又因为我们听到健谈善话的人，往往会引用成语，夹入俗曲，使听的人益觉兴奋动听；吾们对人讲话当然要叫对方听得懂，并且要叫对方很动听①，写文字给人家读，正和说话给人听的作用相同，所以上面这两个目标，实在是编辑民众读物的根本条件。根据这两个目标，便发生了编辑民众读物的四个意见。

（一）文句浅俗。吾们理想中的读者，既是初出茅庐的读书人，所

① 原文如此。

以读物文句，愈浅愈好，最好能够引用通俗的成语来做引子；好像要说“互助”，就用“水帮船船帮水”来做引子；讲国人“团结御侮”，便用“篱笆打得紧，野狗钻不进”的话来做要旨。至于文章的措词，当然要力求浅显，要照文读去时，使不识字的都能听得懂，方为上品。尝见有些民众报纸或时事简报上，抄录普通报上的文字，像“蒋军委长北上抵保，对热战已有办法，将予敌军以迎头痛击”；这里的“军委长”，“抵”、“保”、“热战”、“予”、“迎头痛击”等，全是古话，不知有几位民众看得懂？如果改为“蒋介石到了北方的保定，决计派兵到热河去和日本兵大打一场”，至少好叫识得这些文字的人，都能懂得这些事实。

（二）字体工整。吾国字体，在刊物上有宋体、楷书等；在书法方面，有正、草、隶、篆的分别；真是五花八门，弄不清楚，这是吾国识字人稀少的最大原因，字义复杂还在其次。近来受商店广告的影响，又有艺术字体，只求奇突，不问结构；只顾美观，不问形象。不但粗识文字的人不能认识，即识字能文的人也觉为难：某地举行识字运动，所用标语都作艺术体字，弄得大家不识，有人讥为“不识字运动”。艺术体的文字虽能引起人家的注意和欣赏，但是随人变化，漫无规矩，往往失了文字的作用和造字的意义，所以吾以为民众读物方面，连封面上的几个字都用不着艺术体。至于其他各种字体，也有不常看见，也有不易辨认，还是大大方方规规矩矩的正楷，最配放到民众读物上面去。因为正楷字不但最看得清楚，并且在千字课和商店招牌、公署布告等，也最易见到；习字、笔记的时候，又最易模仿；所以民众读物的字体，当用工整的正楷。

（三）纯粹白话。文字本来是语言的符号，吾们对粗识文字的人，既然不可用“之”、“乎”、“者”、“焉”的古语来说话，当然不应该把古雅词典的文章来给他们读，这是谁该承认的。民众读物的措词，“要照文读去时，使不识字的人都能听得懂，方为上品”。这是前面已经说过的话，换句话说：“民众读物，当用纯粹的白话。”白话而不纯粹，还是无用，不纯粹的白话文，据吾所知道的，大概有三种：第一种是夹杂古语的白话文，像“只要大家互相谅解，这事的困难便可迎刃而解了”，“须要格外谨慎，不可再踏着前车的覆辙”；第二种是欧化的白话文，像“我们的同胞，尤其是东北被难的同胞，应该盼望着和平之神的降临。一个老年人很沉痛的说”；第三种是堆砌着名词的白话文，像“吾们在帝国主义铁蹄下挣扎着的弱小民族，须要站在一条战线上牺牲奋斗”；这三种假白话文，同样的犯着言文不一致的弊病，也像艺术体字一样的会使识得字的人见了不认识，读得书的人读了不明白起来，编辑民众读物要切忌这三种通病。纯粹的白话文并不难作，只要一面学着读者的口气，一面写出白话的文章，便是最纯粹的白话文了。

（四）多用诗歌。民众读物既以容易上口的文字为主，除尽量运用纯粹的白话以外，还当多用押韵可吟的诗词、歌曲。因为流行的成语和传诵的民歌，都是押韵的民间文艺，也是民众最欢善［喜］的读物；又诗歌的作用，可供快乐时的助兴，可做无聊时的解闷，同样记载一桩故事，用普通文写成，像“张家嫂子是一个不识字的人，一天走到油店里去买酒，被油店伙计取笑一番”，读起来索然无味！若改用韵文，像“张家嫂子太糊涂，走到油店去买酒，伙计见了呵呵笑，小店招牌只卖油”，读了便觉兴趣盎然！所以短篇的民众读物，凡是可用诗歌体来发表的，尽可不必再用散文，这也是吾以为编辑民众读物所应取的方针。

以上四点是对于民众读物文字方面的主张。民众读物除了文字以外，还有参用图画和注意形式两点，也是编辑民众读物时不可忽略的要事。自从市上发现了连环图画以后，一般贩夫、走卒、学童、艺徒，常常自动的而且出资的，聚集在马路旁的小书摊上，翻阅连环图画，这种现象，竟一天天的发展起来，若使详细统计起来，恐怕比不取分文可坐高等雅座的图书馆，还要发达，这足见图画在民众读物里的势力了。还有，好的读物，当有好的形式：像美丽的封面、精致的印刷、光洁的纸张、优秀的装订等等，都有关于阅读人的兴趣；据某通俗图书馆的统计，凡是形式优美的读物，借读的人数必多，这足见民众读物形式的重要了。

吾对于编辑民众读物的管见如此，希望国内民众教育专家指正！

（载《民众教育季刊》1933 年第 3 卷第 2 期）

编辑民众读物经验谈

朱允宗

我近来留心看报纸上出版界的广告，只见这一家书局里出大批《儿童文学丛书》，那一家书馆里发行一部《小学生文库》。大家对于未来国家的主人翁的读物，不遗余力的尽量供给，倒也极一时之盛！虽是内容并不尽善尽美。

讲到民众读物方面，他们就没有这般努力了——出版的很少很少！为了这个缘故，一般乡下略识“之乎”，粗通文字的朋友，只得翻翻那载着“刘关张桃园三结义”、“诸葛亮空城计”等故事的《三国演义》，或是看看那说着“唐僧西天取经遭难，孙悟空大显神通”等神话的《西游记》；马路旁黄包车夫要解解闷，只好哼着“别家夫妻团圆聚，奴家丈夫造长城”的春调，或是唱着“郎弗休，姐弗罢，好像强盗碰着贼爷爷”的山歌。那些书本对于多数民众尽着麻醉的作用：有的是灌输十足的封建思想；有的足以培植迷信心理；有的在传布礼教的遗毒；有的引起读者性欲冲动。如果一任民众去阅读它，则将使他们的思想陈腐荒谬，伊于何底？民族的复兴怎会有望？

所以依我说来，编辑民众读物这一件事，是急不容缓的。而办理民众教育的人对于此事，更属责无旁贷！现在鄙人不揣愚陋，把对于编辑民众读物的意见贡献于诸君之前。

编辑读物，首先要在实质方面注意取材；取材不合，教育的真意丧尽了！那末编辑民众读物应该取什么材料呢？为着明显起见，我来定几项具体的标准出来：

（一）培养进取的国民性，激扬国耻的文字。

（二）描写社会黑暗，鼓吹革命的文字。

（三）关于学术、技艺的叙述文字。

（四）模范人物的传记行述。

（五）探险谈及记行文。

（六）关于发见、发明的经验谈。

（七）建立伟大事业的大人物经历谈。

（八）其他适当的材料。

至于形式方面，文体词句上，尤须注意下列两点：

（一）文体最好利用俗曲时调。从前的一切俗曲时调，词句大都不合教育本旨，为着有的事涉秽亵，有的思想陈腐。不过那种曲调，唱起来也非常动听，很含音乐的趣味。我们编辑民众读物，尽可利用它，按着曲谱，编撰歌词，使民众阅读时，可以吟唱，增加不少的兴趣！鄙人对于这种工作，很肯努力的干。现在举出拙著歌词二首，当做例子：

一、劝农人不要看轻自己（道情歌调）

（1）古时人，不正经，把农夫，看得轻，以为农夫是下等；欺欺他们也随便，弄弄他们不在心；这种行径没理性！从今后，世界文明，大家要，敬重农人！

（2）农人们，要自尊！全世界，靠你们，你们功劳大得很！没有你们人都死，有了你们才生存，个个应该来恭敬。劝诸位，总要自重！切莫要，自己看轻！

二、劝用国历（无锡景调）

（1）从前用阴历呀，实在不便当！月大月小，年年换花样呀，记起来，万难弄清爽；节气几时交着末，要看历本上。

（2）现在用国历呀，实在便得很！月大月小，年年有一定呀，记得好，不要看历本；一年七个大月末，五个小月份。

（3）七个大月份呀，一、三、五、七、八，还有两个，十月十二月呀，小月末，二月和四月，六月九月十一月，一共五个月。

（4）说起节气来呀，也是廿四个，节气日子，年年呆板数呀，上半年，六日廿一日过，下半年的节气末，八日廿三日过。

（5）一个小月份呀，一共三十天。若是大月，还要加一天呀，一年中三百六十五天。每每四年中间末，一年是闰年。

（6）只有二月里呀，稍为两样点：平常年份，只有廿八天呀，到闰年，就有廿九天。所以碰着闰年末，不过加一天。

（7）这样说起来呀，国历实在便！奉劝诸位，大家明白点呀，不要末，守住老古板！用用这种国历末，心思省交关！

（二）词句要浅明易晓。做古雅的文章、华藻的词赋，固然很难；可是要做一篇意思完整，文字浅近，民众容易了解的文章，也是不容易的！我看现在各处编辑的民众读物，著作的人遣词用语，往往失之太深，这是因为他们握管时并没有替民众想一想便尔草率从事的缘故！那知词句稍涉艰深，民众阅读起来，为了一重“文字障”，兴味大减，读物的收效就不宏大了！

我们以后编辑民众读物，对于遣词用语，务须大加注意，一定要舍艰深而取浅近，譬如：

用“了解”，不如用“明白”；

用“离别”，不如用“分手”；

用“首先”，不如用“第一”；

用“昼间”，不如用“白天里”；

用“非常勤恳”，不如用“十分出力”；

用“毫不畏怯”，不如用“一些不怕”；

诸如此类，不胜枚举！只要笔下留神，便对于民众功德无量！

（载《教育新路》1933 年第 39 期）

民众学校自编教材的探讨

施竞奎

一、课程与教材

一个人生来是一个单独的个体，他必须要靠社会的刺激来启发他的心灵，发展他的机能，而更须领受教育以接受前代的文化，作为生长的基础。可是社会文化过于复杂，前代经验良莠不齐；如果尽量吸收，不加选删，恐只虑精神浪费，学难致用！所以欲求经济时间择优学习的产生，“课程”的制度，便是应运而生。课程之中，教材乃是髓质，为求学以致用，所以必须精细选配，使选取的固有经验，符合现时生活直接的要需，和顾到将来生活间接的要需。

二、教材的选择

课程的编配，已知须适应现在和将来的需要，而位居课程脊髓的教材，究应怎样选择，才合“适合需要”的原则；我们现就多种经验中定下了几个标准，为拣选资料的张本。

（1）选择材料应取用次数多的——人生很是短促，学习务求经济，才可以广罗知识，时间也不致浪费。在这纷杂的社会经验之中，教材果是极多，但其中必有特殊重复错综不齐，我们编辑普通教材，为顾到着普遍适用性，设身处地的搜罗资材，去劣择优，选择统计，留取其应用次数多者加以组织作为教材。

（2）选择材料，应取紧急效用大的——有的材料虽非应用次数是［最］多，但却为特殊情形之下人生所迫切需要，这种社会特需的材料，是选择教材者必要的材料。

（3）选择材料，应取关系方面多的——教材授了人家，当然希望其用场广大，总不愿他只有本身价值的用处使受者生活仍旧闭不开展！所以应取关系方面多的，才可以多方适应。

（4）选择材料，须拣学习兴趣浓的——上述三个标准之外，选择教材，须同时顾学习兴趣的浓厚，俾修学者乐于问津，学习进展也得以加速。

三、教材的分配

教材既已依照标准选定，接着便须从事编配，编配教材，也必须预定准则，庶可以有所根据，兹叙根据标点之大概如下：

（1）根据生活的需要——教材在选择时，需要根据“生活的需要”，已见上述，但在编配的时候，却更需进一步视需要的迟早而斟酌配合才得切要之意。

（2）根据学习心理，凡是一种材意的编排，总以使新观念借旧观念而得到推知。

（3）才性的适应——编配教材，更须客观，其内容分量之重轻，取材之难易，须与学习者的个性及才力相宜，恰合他们的理解力为准。

（4）难度的层次——编配材料，总须先难后易，由浅入深，顺次演进，学习自然便利。

（5）便利学习——编配教材，顾到着教学程序，无论其措词结构，一切都以便于学习为妙。

四、民校与小学教材的不同

办理教育过的同人，都已明了，学童和成人的心意状态，社会环境，具有各异的特性，所以在定式的学校教育里，民校的一切设施、教学、训育和教材等等，在在都与教一般学龄儿童迥异，其原因有以下三则：

（1）成人与儿童生活不同

（2）成人与儿童心理不同

（3）成人与儿童需要不同

五、民校教材的编制

据上所述，民校学生，需要、心理既是不同，所以编辑教材第一不能以儿童喜花爱猫等类天真景象造意，须以解决生计问题或社会俗事为材，又因成人生活不同，经验较富，所以教材务须多引具体事实适合民间口味！兹特提示纲要，逐项略加注意声说：

（1）取材切要——必须切合成人生活为主。

（2）用字通俗——最好采用民众基本用字。

（3）文句自然——课文结构，总以措词清顺，反覆自然为宜。

（4）课文深浅长短适宜——为求要适应着学者的理解力，那课文的深浅与长短，必须按照才性作适宜的编配。

（5）内容具体合乎民众的口味——平民习俗、知识，都与向受优异生活的学童不同，所以教材内容，必须具体并且合乎民众的口味才是恰当。

（6）适合民众境遇联络固有经验——成人的固有经验不比学童的那么文雅而哲理化，所以教材，也须注意着联络他切身问题的取材。

（7）学习兴趣浓厚——我们选择教材，本来要注意学习兴趣，但民校教材，更加要兴趣浓厚，触目生动，才得引起学生的继续求知。

（8）多反覆——民校学生因多有生活的牵累，自修机会较少，所以教材编制，必须多注重反覆。

（9）重练习——因为民校学生课外自修缺少，并且学了便要实用，所以编制教材，便要注重多作练习了。

（载《浙江民众教育》1933 年第 5 期）

民众识字教科书内包问题的分析

傅葆琛

欲除文盲，必须有除文盲的工具。在今日识字运动振荡全国的时候，识字教科书的编辑是当前的一个问题。有好的书，才有好的成绩。这是人人都知道的。已往出版的识字教科书，都有许多缺点，由于编书的人没有把内包的问题看清楚，也没有研究得很澈底。所以要解决这件事，第一步必须把这种书的内包分析一下，把所有的问题揭示出来，使编者一目了然，不致有顾此失彼之虑。这就是“不敏”的尝试。并在每一问题之后，附录愚见。但是管窥蠡测，难免挂一漏万。希望民教同志们赐给批评和指正。

一、关于本书的名称

甲、《民众识字课本》。

乙、《民众读本》。

丙、《民众千字课》。

意见 现时已出版的识字教科书多半采用这三种名称，尤以丙为最多。但是所谓“千字课”，都是有名无实。没有一部书，整整齐齐有一千个字。“读本”似乎好些，但又偏重常识的灌输，与本书目的不符，仍以“识字课本”最为恰当。

二、关于本书的种类

甲、成人用的。

乙、儿童用的。

丙、妇女用的。

丁、农民用的。

戊、工人用的。

己、商徒用的。

庚、士兵用的。

辛、城市民众用的。

壬、乡村民众用的。

意见　现时各地用的民众识字教科书多半不分类，一部书什么人都可以读。这种“万灵丹”式的书，实用价值很小，也不能提起读者的兴趣。最好按年龄、性别、职业分编，或是最低限度依据城市与乡村不同的生活和环境，编成两部书。

三、关于本书的目的

甲、认识最普通常用的字。

乙、读写日常应用文件。

丙、输入生活实用的知识。

丁、培养共和国民的精神态度。

意见　本书是为民众识字编的，当然以甲乙两目的为主。丙只是附带的，不是主要的。丁恐非本书所能负责。

四、关于本书的单字

甲、选择的方法

(1) 调查统计最常用的字。

(2) 编辑课文时随意采用。

意见 现时这种书的单字，多半是随意采用的，不免太偏于主观。调查统计得来的字，是客观的、科学的，而且适合读者需要的。

乙、采用的数目

（1）无定数。

（2）一千个字。

（3）基本字加补充字。

意见 字无定数，便无标准。“千字”又未免太机械，太武断。最好是用科学方法，先找出基本字，然后加入补充字，基本字是人人必要的；补充字有职业补充字，方言补充字。

丙、介绍的次序

（1）根据笔画多少。

（2）根据字意难易。

（3）根据文法种类。

（4）根据生活需要。

意见 甲乙丙丁四项均须注意，根据笔画，应当先少后多；根据字意，应当先易后难；根据文法，应当先实后虚；根据生活，应当先常后罕。

丁、字体的区别

（1）楷书

a. 宋体。

b. 铅字。

（2）行书。

（3）简写（破体字）。

意见 单字的写法，以宋体楷书为上。行书字及简笔字虽甚普通，但非正体，应另作对照表，附在书后。

戊、字体的大小

（1）单字与课文的字大小一律。

（2）单字大，课文字小。

意见 单字当然要比课文的字大，最低限度，不得小于四分之一方寸，读者才不伤眼。

己、单字的位置

（1）在课文之前。

（2）在课文之后。

以上二种位置均占半页

（3）在书页上边。

（4）在书页旁边。

（5）在书页下边。

（6）独占一页。

意见 单字最好独占一页。若为纸张篇幅经济起见，占半页亦可。位置应在图画之后，课文之前。

庚、每课单字的数目

（1）最多不得过×字。

（2）最少必得有×字。

（3）无限制。

意见 每课的单字，不可太多，也不可太少，应当规定最高度与最低度。

五、注音符号

甲、教法

（1）在学习汉字之前。

（2）在读完本书之后。

（3）在本书中间介绍。（从第二册或第三册起，随课传习。）

意见 注音符号自然应当与汉字合作。有人主张先教注音符号，后教汉字。在汉字没有废掉，注音符号还不能替代汉字之前，这似乎有点喧宾夺主，妨碍汉字的学习。最好是等读者识了若干汉字之后，再传授注音符号，便容易使他们明了注音符号的用途及与汉字的关系。

六、课文

甲、目的

（1）联字成句，联句成文。

（2）单字复习。

（3）介绍常识。

意见 本书的目的既是介绍最需要的字，课文便应以（1）（2）两项为主要目的。常识的介绍，乃是附带的。许多书以介绍常识为课文的主要目的，由于没有认清本书的范围的原故。

乙、标题

（1）从缺。

（2）预先拟定。

（3）根据本课单字所组成的文句的意义。

意见 预定课文标题，便有认介绍知识为主要目的与使单字迁就课文的嫌疑。课文根据单字编成后，如系通体一气，便可拟一标题；如文句断散，不相联贯，标题自然从缺，不必强造。

丙、内容

（1）根据以前各课已介绍的单字，及本课应介绍的单字。

（2）根据预定标题去编辑。

意见 当然以（1）为是。

丁、体裁

（1）散文

a. 演讲式

b. 叙述式

c. 故事式

d. 问答式

e. 滑稽式

（2）韵文

a. 旧诗式

b. 新诗式

c. 歌谣式

意见 课文的题材最好各样都有。韵文中之歌谣式最合民众的心理。散文中之故事式，也为读者所欢迎。但此二式在编辑时，都不可过于机械，也不可出于勉强。

戊、篇幅

（1）长短有限制

（2）长短无限制

意见　课文可长可短，但不可过长过短，最好定出最高与最低限度。

己、词句

（1）成语

（2）方言

（3）名词

意见　编课文时，应当注意常用的成语，本书通行之区域内的方言。至于新名词，太科学太文学的，应当在取缔之列。

庚、标点

（1）旧式

（2）新式

意见　以新式为宜。教师应随时说明用法。

七、插画

甲、用意

（1）描写课文内容。

（2）引起读者兴趣。

（3）增加艺术价值。

意见　三种用意皆须有，尤以第一种为重要。

乙、种类

（1）钢笔画

（2）毛笔画

（3）彩色画

（4）地图

（5）像片

意见　钢笔画或毛笔画均可用，但须以画者的艺术为标准。彩色画虽美观，但不经济，用否有问题。地图、像片可酌量插入。

丙、数量

（1）每课皆有

（2）需要的各课

意见　最好每课有一插画；但遇课文内容不能用图画表明时，插画可从缺。

丁、篇幅

（1）全页

（2）半页

（3）不限定

意见　最好全页或半页。大小不清楚，不能引起兴趣。

八、练习

甲、目的

（1）温习单字

（2）练习造句

意见　二种皆有。

乙、分配

（1）每课后

（2）每×课后

意见　每课皆有，未免太烦。每四五六课后加一练习，比较相宜些。

丙、格式

（1）填字

（2）造句

（3）改错字

（4）整理字句

（5）其他

意见　格式不拘，最好各样皆有。

丁、每次数量

（1）限定

（2）不限定

意见 每个练习应有六至十个练习问题。

九、附录

甲、编辑大意

乙、教学法要点

丙、别体字表（包括铅印字、通用字、简笔字、行书字、俗写字等）

丁、同音异义字表

戊、注音符号表

意见 现今印行的识字教科书，多半只有编辑大意，乙丙丁戊各项均缺，其实皆甚需要。教学法要点应在书前；其余各表均可附在书后。

十、编制

甲、册数

（1）四册

（2）二册

（3）三册

意见 四册最普通。

乙、课数

（1）一百二十课

（2）一百课

（3）九十六课

（4）八十课

意见 普通预定四个月读完四册书，月读一册，除星期日及假期外，每月约剩余二十四五日，故每册可编为二十四课，或二十五课，全书合为九十六课或一百课。

十一、印刷

甲、种类

（1）铅印

（2）石印

（3）锌版

意见 铅印不好，因为铅字与平常楷书不同。锌版虽耐久，但不经济。石印比较相宜。

乙、纸张

（1）报纸

（2）皮纸

（3）粉连纸

意见 报纸是最普通，皮纸最耐久，粉连纸最宜石印。

丙、尺寸

（1）普通式（十六开）

（2）袖珍式（三十二开）

意见 袖珍式虽很方便携带，但尺寸似嫌小些，不免影响单字课文与插画的篇幅。

丁、装订

（1）旧式（线缝）

（2）新式（平装）

意见 旧式易破裂，新式较耐用。

戊、封底面（书皮）

（1）纸料

（2）颜色

意见 书皮的纸料要耐久，颜色以美观而不俗为标准。普通多用黄灰色或蓝灰色牛皮纸。

十二、版权

甲、保留

乙、任人翻印

意见 私人编辑之书，多半保留版权。若系为推广起见，版权可以放弃，任人翻印，以广流传。

十三、书价

甲、不收费

乙、收工料费

丙、与小学教科书书价相等

意见　普通识字用书都定有价目，但价目越低越好，以适合受经济压迫的民众的购买力。

（载《民众教育》1933年第2卷第1期）

民众识字教科书编辑原则的商榷

傅葆琛

“工欲善其事，必先利其器。”这两句话很可以作现在办民众文字教育的人的格言。我国最近兴起的民众教育运动，以文字教育运动提倡得最早，已有十几年的历史，表面上似乎识字的人比从前多了若干倍，不识字的人比从前少了好几成，在量的方面成绩确有可观，在质的方面还证明不出什么真正的功用来。没有进过民众学校的文盲固然仍是一字不识，但是在民众学校毕了业的人不能写信，不能记账，不能看报，不能读浅近的书，不能处理日常应用文件的，十个人中恐怕还有九人，许多民众学校的毕业生，读完了一部《千字课》，便将这部书“束诸高阁”，书中的文字和知识也渐渐地“置诸脑后”，虽然没有整个地奉还老师，也差不多成了“明日黄花”，前功尽弃了。请问这种教育与从前“四书五经的教育”又有什么分别？

这种“不景气”的现象，不全是由于学生不努力学，也不全是由于教师不用心教，一多半由于他们用的识字教科书缺点太多，效力太小，这个问题，许多办民众学校的人未尝注意，以为只要有一部教不识字人的书，便可“开章大吉”，并不管书中的内容是如何。有的人贪图便宜，专买价钱最低的书，有的人只注意外表，欢迎印刷精良、装潢美丽的书。这都是无足轻重的皮毛问题，选择民众识字的教科书的标准并不在此，但是现在各教育机关和各书局出版的民众识字用的书已有几十种，到底那一种比较合用？有的机关为慎重其事起见，不敢随便买别人的书，决意经营惨淡地去编辑自己的书，但是编辑的结果，仍是“以百步笑五十步”、“八两半斤”，不相上下或者弄巧成拙，反不如人家的好。

谈到这个问题，我觉得现在急切需要的是编辑这种书的原则。有了原则，我们便知这种书应当怎样编，但是编辑这种书的原则确是不容易拟定。我从前也曾编辑过一部这样的书，编的时候觉得很不错，很满意，后来用的时候，才发现书中应当改正的地方甚多。真所谓“不经一事，不长一智”，所以我决意研究研究这种书的编辑方法。一方面收集各地方出版的民众识字教科书，作一精密的比较，一方面根据个人和曾经用过这种书的人的经验加以审查，结果拟出来几条编辑这种书的原则。明知“管窥蠡测”，难免“贻笑大方”，但是这个问题既是目前急待解决的问题，当然也是一般民众教育同志十分注意的问题，所以我不揣谫陋，把拟定的原则写出来与大家商榷一下。

原则一，民众识字教科书必须以教不识字的人识得最实用、最常用、最低限度的字为主要目的。

说明：现在各处出版的民众识字教科书，多半具有一种双料的目的，就是一面希望读的人能识得生活最需要的字，一方面又希望读的人得着许多有用的知识。而且编辑这些书的人，虽然注意教不识字的人识什么字，却多半偏重于知识的介绍，以致“喧宾夺主”。因为要介绍某种知识，定出题目写出课文，便不得不采用许多不实用不常用的字，方向一差便走错了路，把一部识字教科书不知不觉地编成了一部常识教科书了。所以编书之前，必须认清目的。既是一部识字教科书，就应当以识字为主体，至于知识的介绍，乃是附带问题，应当随字的性质和数目酌量介绍，而不能豫先规定某种知识必须介绍，免致影响字的本身价值。如教育部编的《三民主义千字课》，其中许多的字完全为迁就“三民主义”而采用的，这部书简直是一部三民主义读本，而不是一部教不识字的人的识字教科书。我以为要编一部书，介绍最普通最常用的字，同时又要介绍需要的知识，是绝对不可能的，必定有一方面要牺牲，万难两全其美。所以我们既然要编一部识字教科书，必须名副其实。如果外表是为识字用的书，而骨子里又注重知识的介绍，这与“挂羊头卖狗肉”何异！

原则二，民众识字教科书的字必须用科学的方法选择。

说明：本书既是以识字为主要目的，字的选择当然是先决的问题，不过选字的方法和手续必须详细斟酌，万不可马马虎虎，东拉西凑。现在出版的民众识字教科书，用科学方法选字的非常之少，多半是随编者的主观见解，随意采用的，而且这些书多半叫做《千字课》，硬以为日常应用的字不多不少是一千，根本就不科学，这还没有摆脱科举时代《千字文》、《千家诗》的习气。最可笑的是这些书既然叫做《千字课》，却没有一部整整地有一千个生字，有的多过一千字，有的不够一千字。它们的字所以有多有少的缘故，因为编书的人并没有先选出字来，然后根据选出的字去编课文，他们都是一律地先定题目，先编课文，然后将各课中的生字提出来，便算是全书的生字。当然有的字多，有的字少，不能整齐划一了。我的主张并不是说民众识字教科书的生字必须整整齐齐地一千或是二千，我的意思是，这种书既是为民众识字编的，他们到底应当识什么字，识多少字，必须用科学方法去探寻，不可顺编者的主观意见，任意选定。我为这个问题曾着手研究“民众基本字”，所谓“民众基本字”，就是人人都应识的最低限度的字。有了“基本字”，再根据民众的职业（普通职业如农工商兵等），和各地最普通的方言，挑选一部分最需用的字，这一部分字，可以叫做“补充字”，“基本字”加上“补充字”，便是某地某种职业的民众应当认识的字，也就是编这种人的识字教科书需用的字。

原则三，民众识字教科书生字的分配，因依照下列的标准（1）从少到多，（2）从浅到深，（3）从易到难，（4）从实到虚。

说明：现时各处出版的民众识字教科书，不但没有用科学方法去选择民众应识的字，对于字的分配，也没有一点标准，论到每课生字的多少，有的书在第一册中每课生字有多至十七八个的，在第四册中，有少至五六个的，而且在前几课中，就发现笔画繁多、意义深奥，很抽象、很难记的字，如读书的“读”字，第一课就有，对于学习心理，真是毫无研究。小学校的国语教科书，多半是根据教育心理原则编的，我不明白为什么编辑民众学校识字教科书的人不知遵守这个原则？成人的心理固然与儿童的心理很有差别，但是在学习方面，原则与方法却没有什么不同。儿童的记忆力比成人强，成人的了解力却比儿童强，成人与儿童读的书，区别多半在教材的量和质的方面，而不在学习的方法和步骤方面，所以无论儿童或成人都应当注意学习的原则。

民众识字教科书的生字，第一，要逐课增加或分段增加，或限定前若干课，每课若干字，后若干课，每课若干字。第二，笔画少的字，应当先介绍，笔画多的字，应当后介绍，当然各课所用的字，笔画多少，必不能十分整齐，其实生字笔画略有出入，并没有多大的关系。或者仿照各课字数限制的方法，将全书分为若干段，第一段的生字限定不得过多少画，第二段的生字的笔画当然要比第一段多，但也要限定不得过多少画，其余各段都照此办法，依次按比例增加。第三，生字介绍的次序也必须根据字义。意义深的字，初识字的人不容易了解，不可放在前一二册中，或前若干课里。容易明白的字，应当提前介绍。第四，全书采用的字，在未分配之前，最好先按字的性质分一分类，如名字、形容字、动字、疏状字、介字等。名字最容易记，因为都是“实字”，应当放在书的前部；其次便是动字和形容字；至于疏状字、介字……都是“虚字”，比较难学，应当放在书的后部。但是这种办法，也不可过于呆板，如虚字中有笔画简少、意义浅显，或是“口头语”常用的字，也可以提前介绍。

原则四，民众识字教科书课文的编辑，应依照下列几个标准：（1）要根据已学习过和准备介绍的生字，（2）要注重生字的复习，（3）全课字数要逐渐增加，（4）各课内容要适合学者的心理。

说明：已往各种民众识字教科书的失败，多半是由于使生字去迁就课文，不是使课文去迁就生字。所以课文编得虽然好，却忘记了本书的责任是字的介绍，字的学习；至于课文的用意，一面是在教读者将已学过的字练习运用，一面使读者认识新介绍的字，所以前一两课差不多尽是单字，没有课文。生字渐渐增加，课文用字的范围也渐渐地大起来，渐渐地活动起来。字数少的时候，可以编成短句；字数多了，便可集句成文。总之，要根据已学习的字的范围，有什么字便编什么文句，万不可勉强去凑。这是编课文的第一个条件。各课的课文，不只应顾到生字的介绍，还要注意已学习过的字的复习，使读者脑筋里多得点印象，帮助记忆和了解。现时的民众识字教科书，多半忘记这件事，有时候虽然也加入几个练习，但是只顾到一部分的字。有许多字只发现过一两次，便成永别，读者没有机会和它们再见了。所以生字的复习，也是课文应当注意的事。这是编课文的第二个条件。课文的长短，与学习的能力和学习的时间很有关系。有的书某一课的课文，比前后别的课文长过两三倍，真是不伦不类。学者既然一次读不完，学习便觉得十分困难。所以课文的长短，字数的多少，也要依照学习心理和能力逐渐增加，不可忽多忽少。自然也不必过于机械，一课比一课长，一课比一课的字多。十个字以内的出入，没有什么关系，总不要太相悬殊，便不生问题。这是编课文的第三个条件。课文无论长短，总要使读者读了感觉有趣。所以同一因字造句，因句造文，而句与文也须煞费斟酌。成人读的书与儿童读的书内容不同，就在此点，因为成人有成人的心理，儿童有儿童的心理。用一样的字去编课文，一定要编成两种不同的课文，去适应他们不同心理的反应，然后他们读了才合口味。现在的民众识字教科书，多半没有注意到此点，常常用儿童的教材，去编成人的书，岂不可笑！譬如“捉迷藏”、“放风筝”一类的事，对于成人当然兴趣很少。所以编书必先考查读者的心理，然后选适当的教材去编，自会使读者兴趣盎然，津津有味。有的书借重插画，加增课文的兴趣，这也是一个方法。现在民众识字教科书有插画的很不少。不过插画也要斟酌，务使与课文联络，不可插画自插画，课文自课文，插画只是一种装饰品，与课文“风马牛不相及”，反成了枝节赘旒。这是编课文的第四个条件。

以上四个原则，当然不能把编辑民众识字教科书各种问题都包括在内。这不过是重要之点，应当特别注意罢了。此外如生字的大小，字体的种类（正写、简写、宋体字、铅字等），课文的排列，印刷的方法（铅印、石印等），纸张的厚薄，价目的高低，装订的样式等，都是应当讨论的问题，因此比较不十分重要，暂且不必规定什么原则。但是对于这些问题，编民众识字教科书的人，也不能不注意。据我个人的经验，关于生字的大小，每个生字最低限度要占四分之一方寸的地位，因为太小不但不能使读者注意，而且晚间灯下学习，于目力也有妨害。关于字体，最好用毛笔楷写，因为这是最普通、最常见、最常用的字体。这种字体既与铅字和宋体字不同，自然要用石印方能与原稿不差分毫。关于简字的问题，我主张简字应与注音字母（就是注音符号）一样地重视。最好在每本书的后面，附一个简字表。凡是书中的生字有能简写的，不管有几样写法，都应附入此表。同时许多别体字，“喫吃”、“體体”等，或另作一表，或归并在简字表内也可。至于注音字母最好印在每个生字旁边。教生字的时候，就可附带地教了。有的书连课文旁边都缀上注音字母，弄得满纸乌压压的一大片，对于读者学习汉字既不方便，编印也要费许多手续，很不经济。其实学生学会了注音字母的拼法，自会去练习注音，何必替他们字字注好，死板板地印在书上？关于纸张的质料，最好用比较结实的纸，方能耐久，因为这种书是天天要用的，而且要带来带去的。关于书的价目，务要低廉，才能适应一般经济压迫的民众的购买力。关于书的装订，虽不必过于讲究，也要艺术化，才能引起读者的观感。这些问题虽是末事，如果编书的人不予以相当的注意，有时或因之发生障碍，减少书的价值，妨害读者的学习。所以真正用科学方法编辑这种书的人，对于这些问题，也要澈底研究的。

附注：本刊编者马绳之先生催稿甚急，此文匆遽中草就，未能详细斟酌，不妥之处甚多，尚希读者指正。他日有暇，对本文所讨论的问题，当再作进一步的研究。

著者谨识。

（载《民众教育季刊》1933 年第 3 卷第 2 期）

怎样去编辑民众报纸？

梁上燕

本省的民众教育，自从省立民众教育馆成立之后，无论是关于问题的讨论，或是设施的商榷，已有完善的辅导机关。本来这个问题，用不着这个对于民众教者没有相当研究的人，多所贡献意见的；不过，我对于编辑民众报纸的意见，蕴藏于心中，不以自己的见地绌［拙］劣，发表出来，或者可以给予从事于民众教育的先生们得一些参考的资料。

首先把民众报纸的界限画清楚，民众报纸的定义，是有普通报纸的性质，其作用是供给民众普通的知识，其读者是知识程度低下的民众，其种类包括："壁报"、"日报"、"三日刊"、"周报"。这便是我对于民众报纸所下的范围。

（一）先从壁报说起——壁报是篇幅不多的，通常所见的壁报，姑无论是军队的政治处发刊，或是学校的出版的［物］，其内容多数是普通报纸上的电讯一样，只是标出简略的要闻，如："○月○日○处电，十九国委员会继续开会讨论李顿报告书。"或是："○月○日省府委员会议决，设立民众银行。"这种壁报是提要的，而非详细述说的，这种壁报，普通见到的多是以一张二尺宽的洋纸为度，所有的要闻电讯，少至十多则，多至二十则，这是属于新闻性质的壁报，还有一种是有些论文、文艺作品、漫画等等的壁报，这种的壁报，我叫做宣传性质的壁报。这两种壁报，各都有其价值，前者是在使人注意时事；后者是使人增加各种学识，而这两种壁报，都有存在的价值。

在印刷困难的县份，在县境之内，倘若是无石印及铅印的，而欲利用报纸的力量去开导民众，非要发刊壁报不可。同为这种壁报，是写成的，可以排除种种印刷上的难题，但是编辑这种壁报，也应该有一定的方法，而且在形式上和内容上，也应有特别注意之点。现在分述之如下：（甲）新闻性质的壁报——这种壁报，纯以传达重要的新闻为主体，在内容一方面，我以为应该有下列各种：（一）国际要闻，（二）国内要闻，（三）省内要闻，（四）地方要闻，（五）本县教育馆消息。在形式方面，我以为排列的次序应以国际、国内、省内、地方、本馆等以上列先后为序。在形式的美观方面，每张的前后应画简单的图画。在选择新闻稿这一方面，第一不要与地方报馆发行的全文同齐，应择要。第二应有时间性，不选择失了时间性的东西。除此之外，张贴应有定期，每日上午七时，或在别个时间，既经规定之后不要误时，而标贴的地点，应选择稠□广众之处。

（乙）宣传性质的壁报——这种壁报，除了张贴地点与张贴时间须要同前者之外，在形式方面，于栏格之间，宜加以色彩的线条，这种线条也含有图案画的意味。在内容这一方面，宜偏重于国际时事的评述，并注意于三民主义的宣传，至于漫画、笑话，每期最少有两张，或三几段。这种壁报的文字，力求浅、易懂。时事详述这方面，尤其是要偏重于民众中间的实际问题，想借此可以启发民众对于时事应抱什么态度。对于国际间的详述，宜力求灌输民族的认识，启发其对民族的情感，而增进其对民族主义的认识。漫画以含有刺戟性为主，并加以说明。笑话是以趣味为主，但避免淫秽。

（二）说到日报——这种日报，是指用铅字的普通的日报一样，不过，因为这种民众日报，专以供给民众普导知识为主旨，自然与普通的报纸，方方方面的需要都采入编印的日报有些不同。这种日报的责任，除了供给普通的科学常识之外，而对于国际要闻及社会新闻亦须重视，并须介绍新发明的科学事情，和提倡民众文艺。因此民众日报，最少分新闻栏、常识栏、民众艺术栏。除了三大栏之外，并注意插图和连环图画。而各栏亦视环境与需要如何得偏重某一方面。但是各栏的目标须一致，同时取材要联贯的。好像社会新闻中不幸有一件患霍乱而死的人，于是常识须介绍关于霍乱的预防及治疗法，文艺亦应描写忽视卫生、法律及名词释义等等以及科学介绍。其他就环境与需要决定之。至于各栏应该注意的：

（甲）新闻栏的注意点——自行出版之日报，对于新闻这一方面，不必转载同一地的报纸上的新闻，非是万不可能，不要剪稿。至于社会上的人士投来的新闻稿，应该就搜集的材料加以改写，一则新闻力求改写适合于民众阅读，避免难懂的文学［字］及述说。国际新闻，重要的而又难懂的，必须加以按语而说明之。至于时间性亦为重要，不可登过时的东西。本地新闻这一方面，最好能够特设专访，力求真澈。

（乙）常识栏的注意点——就需要这一方面去编辑，不单只是介绍一些简单的科学的名词，而要详晰地说明种种应用的科学，如电灯电话的修理常识，电风扇的使用，这是属于贵胄方面的。至于大多数民众所需的常识，最重要的是生计方面，如农作业的指导法、养蜂法等等。更如普通病理学，以及疾病预防治疗法、法律常识等等都很重要。这项材料若果单靠剪刀先生，是否适用还成问题。所以我主张，这项材料，在可能范围内，最好是特约专家，担任义务撰述。

（丙）文艺栏的注意点——近来文艺的派别分歧，主义名目之多，实在令人看去头晕目眩，在现时代，民众的文艺是需要的，但是目前提倡者，对于民众文艺，究竟成功在那里？人们是少不了艺术的陶镕，而民众对于艺术赏鉴的机会，简直是无从说起，中国唯一的艺术品——书画，早就成了贵族的珍藏品，民众没有赏鉴的机会。文艺是一种艺术，成功的艺术作品，它会给人以慰安。所以文艺栏的目的，是在给民众们以领略文艺赏鉴的机会，所以内容应以浅白的文字，描写民众间的生活，鼓起他们对艺术的兴趣。

（三）说到三日刊——三日刊，是每隔三日出版一次的，这种三日刊，用来传达新闻，因为时间关系，似乎没有日报一样有效力。不过，民众教育馆办的日报也好，三日报也好，多是偏重于开导民众的工作，而对于新闻的递传，不过是附带的罢了，虽然是附带，但是对于新闻一项也不宜忽略。不过我以为三日刊的内容，除了和日报有大同样的程度之外，其他应该特异的地方也有很多，分述如下：

（甲）关于新闻——三日刊是传递三日以来的消息，但是同一地方发生一件事情，值得采为新闻的，过了三天的时间，恐怕已传遍了，这样刊出人家已完全知道的事，看来似无价值，但是在三日刊就不然，应该运用浅白的文字，对于这件新闻作一个详述，目的是使民众因此而多读报纸。所以不宜如日报一样，简单的提要略述。而对于在这三日内所搜集的新闻稿，必须加以选择，若无价值的，可以缺，空出的篇幅宁愿给文艺栏或常识栏。

（乙）关于常识与文艺——三日刊，一隔就三天，然后才得读后一期，那末，在这样的间隔之下，常识与文艺栏，最值得注意的，就是不可登载过长的东西。假如过长，每每登载那些未完稿，一方使读者感到乏味，一方是不能在短时间中介绍整个的事情，这个似于读者没有什么益。因为，对于这些文艺及常识的稿件的选择，就是要特别留心，应删烦提要。

（四）说到周刊——许多民众教育馆出版的民众读物，因为经济及其他原因的关系，多是止［只］能出版周报，因间隔的时间有一周之久，所需的经济自然是没有日报这么多，比之三日刊亦相差一半。但是周报，因为时间上的关系，与日报及三日刊不同，其编辑应注意的地方自然迥异，兹特分述之于下：

（甲）新闻方面——关于新闻方面，我以为在一周之间，所搜集得的新闻，倘若一条一条的刊出，因篇幅关系，殊为事实上所不许，而又不能挂此漏彼；这是最令人难以应付的事。在我以为应该把一周间所搜集得的新闻，分为国际、国内、省内等，总括其各项重要新闻的要点，以浅白的文字，述其概要，目之为一周间之国际，一周间之国内等，使民众方面，得知其大概。其次关于本地方的，奇异而有价值的社会新闻，用通讯式裁述之，其他无价值或过于平常之新闻一概舍弃。

（乙）关于常识与文艺——其注意之点如三日刊。兹不赘述于此。

关于一述之民众报纸如“壁报”、“日报”、“三日刊”、“周报”等，其因为种种关系，即编辑之要点，略述之于下①，惟最重要而为各种报纸所必须依照者，即为下列数项：

（1）不可延误出版日期——出版日期的延误，看去很像是小事，其实是一件大事。因为出版日期一延误，实在是减少了读者的兴趣，并且对于编辑工作，也有很大的妨碍，足以影响于下期，如此下去就会弄成合刊出现了，这种事情，千祈要注意，不可忽略。

（2）插图不可少——所谓插图，在这里是专指风景片、各名画，一方可以提倡艺术，一方可以陶镕民众，而于许多无能力读报的人，也受益不少，因为有时一张报纸，有了一幅精美的插图，格外受到民众欢迎。利用此，可以推销报纸。

（3）漫画不可少——近来的刊物，有许多是借漫画的力量来销广的，其实漫画中，有此是很能吸住了人们的注意，简单的几笔，能表现了许多事情，而又有趣。尤其是连环的滑稽画。所以我主张凡是民众报

---

① 疑有误，原文如此。

纸，都免不了漫画。

我对于编辑报纸的工作，没有经验，这些不过是空想的意见，很希望民教同志指正之！

（载《民众园地》1933年第2卷第1—2期）

谈学徒与工友的读物——敬告国内出版界与著作家！

叶奕颐

在最近的过去，国内有好多的著作家们，都是很热闹地在《申报·自由谈》上讨论着儿童的读物。继儿童读物之后，又有人在谈论着妇女的读物。他们所持的理由，当然是很纯正。爱伦凯氏说："二十世纪是儿童的世纪。"生长在中国的儿童，实在是很可怜的，于是为着民族的未来之命运计，急应注意儿童的生活，注意儿童的教育。关于妇女，虽然是同样的与男子平等，不过为着历史上的一种传统关系，所以在事实上，也应该有一种较浅近的妇女读物之必要。他们所持的理由，就不外是这样。

如今我在本刊上来谈学徒与工友的读物，并不是也想凑热闹：只是在心头有一股诚意的热情，愿与读者诸君，加以商榷。

我认为在事实上，书坊里已有很多的儿童读物了；而妇女读物呢，也是已有人注意而从事著作。只是关于学徒与工友的读物，至今尚付阙如。是否因为学徒多半没有时间，工友多半没有智识而不需要：这个问题认为是不然的。学徒之中，不乏有观旧小说者；工友之中，亦不乏在看时调歌曲者。只是在他们的身心上，或者是得到了一种暂时的陶冶；而对于他们实际的事业上，却没有多大的智识技能的帮助。因此，我就认为这就是一个很值得讨论的问题。

普通的学徒与工友，总有一点智识，而这种智识呢，也不会怎样高深。书信能写，平常的新闻纸能够阅读，小学及初中的程度，大多是在这条水平线上。既如是，那末坊间所出的书籍，过深的话，一个人就很难阅读，设以儿童读物代之，则亦有所不适之处。因此，我认为学徒及工友的读物，的确需要。

近来有几位在商店里当着学徒的年轻朋友，时常写信来问我业余进修的问题。“怎样来充实自己的智识”是一个普遍的总问题，也可以说是总需要。我的回答，总是勉励而介绍些适用的书报。

不过，我总认为学徒与工友的读物，也是很需要的，所以在下面，写几条学徒及工友读物的种类，目标是浅近明显的，贡献给国内的出版界及著作家，是否有当，尚祈指正：

（一）处世之道，励志的言论集。

（二）历史地理的常识与故事、游记。

（三）国耻史、民族英雄传。

（四）实业界成功人传记、社会名人传记。

（五）科学智识，浅近的。

（六）工商业智识、服务指导、小工艺。

（七）职业与婚姻的指导。

（八）卫生与医学的指导。

（九）使人奋发的文艺作品。

（十）其它。

（载《机联会刊》1933 年第 83 期）

论儿童读物

珠

听说新书业中颇有企图多编儿童读物者，他们的目光大都注重于低年级的儿童读物。这也许因为低年级读物在编印上较易观成，而且客观上的需要也很迫切；或者因为民穷财尽的中国，一毛钱左右的小册子容易销售，营业有把握；或者因为新书业困于财力，不得不从小做起。

能够有计划地编印儿童读物，总是对于儿童有益的；但是我的偏见总以为目前需要最迫切者，倒是高年级的儿童读物，而此项读物中尤以关于科学的及历史的读物最为缺乏。

我常常这么想：

儿童的求知欲跟着年龄而发展，所以十一二岁的儿童假使不是低能的，就对于纯文艺性的读物感得单调了；而在文艺读物中，他们又喜欢历史的题材。同时他们的好奇心也发展到了合理的程度，对于宇宙万象和新奇事物都要求合理的科学的解释。他们不再相信神话中的事物起源的故事，他们扭住了母亲，要她“说真话”了。

可是要满足儿童的历史兴趣和“说真话”的要求，并不容易。太历史性了，他们嫌枯燥；太科学的了，他们听不懂。必须在历史与科学的实质上加以文艺的外套，才能使儿童满足。苏联的童话《几点钟》(已有中文译本）就是一个例子。虽则此书给十二岁的儿童阅读尚觉程度高一点，可是那体裁值得我们学习。

我以为历史的科学的高级儿童读物在目前需要很急迫。我提出一个编辑计划来供大家参考罢。

字数：三万到四万。再少就不够叙述。

题材：人体构造的概论，各部器官的机构、作用和卫摄，食物和衣服的种类及其卫生，这算是第一类。宇宙的起源，自然界的奇观，煤、煤油，从那里来？人类怎样征服自然？这算是第二类。地球上各种人民的生活状况，这是第三类。科学上的新发明，例如照相、电影、电报、电话、留声机等等，这是第四类。关于历史的，例如太平天国、义和团、鸦片战争，乃至孔子周游列国等等，这是第五类了。

体裁：自然要用文艺气味浓厚的故事体了，比方讲述食物或衣服的种类及其卫生时，就可以从原始人吃什么穿什么讲起，把人类衣食的历史包括进去；讲到我们现在的衣食时，就可以叙述主要衣食原料的生产手续。同时各种类的题材也应该有联系，譬如耳官的机构和作用可以和电话的构造原理联系起来，眼睛和照相机联系起来。历史的题材如孔子周游列国，应该描写那时的社会政治经济，并且要把这位“大成至圣先师”还原为当时那位栖栖惶惶急于做官的凡人。

本来是出题目容易，做文章难，尤其是儿童读物，文章要深入浅出。但是我相信既有了需要，就会发生事实。

（载《申报·自由谈》1933年6月17日）

谈儿童读物

张 彰

上期本刊，进鸿先生谈青年读物，他说："现在刊物之多，真如雨后春笋，可是在实质上，没有背景的很少，真正可供青年阅读的刊物，实在很少。"的确，进鸿先生的高见，作者很佩服，不过，现代的读物，除了青年读物没有真正可供阅读之外，学校里的儿童读何物，亦何尝不如此呢？翻开儿童读物来看，什么鸡哥哥呀，狗先生呀，羊先生呀，猴羊说呀，小鸟说呀，牛大哥道呀！鸟言兽语充满了全部，这种教科书，我们那得默而不语，任他蔓延呢，现在先说明他的害处如下：

（一）灌输儿童不正确的观念。我们知道狗是一种小动物，怎样可以称他先生，小鸟只会叫，那里会说话……而书本上偏偏画得神气十足，狗穿起西装，牛也穿起了西装，一切的动物，都穿起了西装，试问，小孩子的记忆力是很强的，这种不正确的观念，存在他的小脑海中，我可以说，只有害处，而没有好处的呀。

（二）使儿童不信仰教科书。儿童的观念，既然不正确了，他真的以为狗会说话，牛也会说话，一切的动物，都像人一般地能说话，于是他便碰着狗对他说道："狗呀狗呀，你来你来……"可是狗不理他，不会说话，经过了几次的试验，都是失败，他于是不信任教科书了，这样，他读书还会用心吗？进步吗？这也是现代教科书的缺点。

有了以上之缺点，我认为中国现代的儿童读物，有加以改革的必要，不知编辑儿童读物的先生们，以为然否？

（栩按）儿童读物，如《司马碎缸》等，最足启发其心思，此等材料正多，不解何以不取。

（载《机联会刊》1933年第77期）

儿童读物的选择

绮　茵

儿童是最近才发现的珍宝，在以前，他们是被人们所忽略的。儿童读物，也是最近才发现的，如春笋一般的透出泥土，突破了其他的出版额；可是，在这眩目的万花丛中，要找出一朵新鲜花儿是不容易的，因为也许你要采朵昨天开过的花啦！

什么样的书籍，才是儿童真的干粮？这个问题，当然已有不少先生们指示过，发表过他们的标准；这里，我来简单的说一下：

标准，这里并不可用尺来量的！它是一个抽象而又现实的东西！

谁都知道，时代是螺旋般地前进的，所以我们要接近时代，必须积极向现代的目标前进，而儿童读物，亦复如此，因为现在许多书籍中，已有好多是属于过去时代的了！

翻开以前的儿童读物来看看，篇篇童话中都是公主王子的结婚，或幸运的讴歌，什么花啦，月啦等的内容；这些是时代遗下的东西，破而且旧的东西，封建制度下的废物。它能指导孩子些什么？假如这样的东西是儿童的读物，我可以相信，一定会将孩子养成侥幸的习惯或帝王制度的崇拜者！

孩子是需要准确的思想的！

现代，已是进步了的时代，儿童读物不是那落伍的东西了！不是王子公主的时代了，不是侥幸发财的时代了！

我们的标准是什么？就是反帝、反资本家、反武力；科学、和平、斗争、前进的作品！切合现代的最前进的潮流！

说起能合这种标准的作品，真少见！但是，我们要自信，这种作品是有的！一定会有的！假如是留意的话！

现代的父母们！愿你们为你们的子女谋幸福，将真实的书籍介绍给他们！我可以相信，假如你们能实行的话，你们的孩子的思想，一定是崭新的，切合时代的！

祝一般父母们努力！

（载《现代父母》1933年第1卷第5期）

给他们看什么好呢？

玄

孩子一年一年大起来，在玩具果饵而外，便又要求着“精神的食粮”了。七八岁的孩子，还容易对付；我们有《儿童世界》、《小朋友》等等刊物。到十一二岁时，他们对于狗哥哥猫妹妹的故事既已不感兴味，而又看不懂一般的文艺读物，于是为父母者就非常之窘。

著作家早已看到这一点。《世界少年文学丛书》之类便应此要求而出版。但是一则，数量不多，二则，译文偏于欧化，所以孩子们的强烈的智识饥荒还是不能满足。结果，他们就自寻“出路”：程度较高的就去扒旧书堆，《七侠五义》、《水浒》、《西游记》，还算是好的，等而下之，就连《施公案》、《济公传》，一切武侠的迷信的，全部吞下去了；程度较低的孩子呢，把“连环图画小说”当作宝贝。这样自己发现了“新天地”的孩子们就更加觉得《宝岛》、《金河王》之类沉闷难懂，不对胃口了。

“给他们看什么好呢？”有思想的父母光景是常常这么焦虑的罢。

有些人眼光很高，以为《七侠五义》等等封建意识的旧小说固然有毒，即如《宝岛》等等西洋少年文学也是不卫生的，所以孩子们在现今简直是无书可读。这话自然不错。就可惜我们不能因噎废食。并且孩子们会偷偷地去租看各种“毒物”，任何方法都禁阻不了。

我觉得目前救急的办法是——

热心儿童文学的朋友联合起来研究他们的译著何以不受儿童的热烈喜爱。

选定比较“卫生”的材料，有计画地或编或译；但无论是编是译，千万不要文字太欧化。

这是两个原则。至于具体的办法，自然有待于充分的讨论。家里有孩子嚷着“要书看”的人们和编译儿童读物的作者哟！难道眼前这问题不值得注意么？

（载《申报·自由谈》1933 年 5 月 11 日）

孩子们要求新鲜

玄

本月十日的报上有儿童书局的告白，声明有人以“新儿童书局”的名义“影戤侵害法益”云云。这件事的法律解释，非本文所要置喙，我们要注意的就是书业中人对儿童读物的推销也是竞争得非常厉害。

营业竞争的结果，理应是出品改良，然而我们往往只看见影戤，只看见粗制滥造。三十年前中国的儿童读物仅只有《无猫国》等数册，现在除了专门出版儿童读物有书局外，大大小小的书店都印行大批的儿童读物，在“量”的一方面说，不为不进步，但是“质”的一方面能够叫人满意么？从前仅有《大拇指》、《无猫国》等等童话的时候，倒还没有“连环图画小说”，因此那少数的童话倒是“独占”的；现在儿童读物的数量多上几千倍，却反不能防止“连环图画小说”的无孔不入，在这点上，新书业以及儿童读物的作者应该痛自反省！

现在程度不等的儿童读物光量也有一万种罢，而“连环图画小说”至多不过百数十种，可是后者流通之广，吸引力之大，远非前者所能及，这种现象是可怕的。现在的儿童读物，十之九是文艺性的，约可分为三类：一是猫哥哥狗弟弟的简单故事，或译或著或取中国民间故事稍加改换，读者对象是七八岁的儿童。二是较为复杂的了，但题材大部分还是属于第一类，偶有历史传说和神话。三是西洋文学名著的译本，例如《宝岛》之类。依这分类，我们就知道第一第二类虽有繁简之别而并无本质上的差异，第三类则突然跳高，特别在文字上；如果第一二类适合于八岁乃至十岁的儿童，则第三类是适合于十四五岁的初中一二年生，因而十二三岁的儿童便简直无书可读。我以为这是“连环图画小说”风魔了高小五六年生的原因之一。

其次，上述第一二类的读物数量虽多，而质料却很单薄；不论是西洋故事或本国故事，同是那么一点来源，大家采用，结果就成为内容雷同。所以即使是七八岁的孩子也感到读物的缺乏。“抄来抄去的几只故事啊！”七八岁的孩子对于新书不满意了。于是他也学他哥哥的样，看起“连环图画小说”来了。

所以就初级儿童读物而言，现在的毛病不在书少而在书的内容辗转抄袭，缺乏新鲜的题材。这是和高级儿童读物的毛病恰恰相反的！

话再回到那儿童书局罢。儿童书局出书不多，可是以我看来，它有一个特色：一百〇一册的《儿童科学丛书》。在文艺性儿童读物充斥市场的现今，区区一百〇一册的《儿童科学丛书》可算是九牛一毛，如果有人学样，也从这方面来竞争，未始不是好事；只要他肯认真请人编撰，而不是粗制滥造，影射渔利。

（载《申报·自由谈》1933年5月16日）

我们需要的儿童读物

叶　林

（一）

有这样两个儿童读物，贤明的家长，热心的教师，请问你们把那一种给你的孩子和学生读？

第一类的儿童读物中，童话有这样的一种，题目叫做《熊皮王子》。故事的内容是说从前有个美丽的王子，为巫者使弄了魔法，变成了全身长着熊毛的妖魔，令人一见生惧。后来他救了一个人，那个人有三个女儿，为了报答他的救命之恩，那人允许他把一个女儿做妻子。但是大女儿二女儿都因他丑不肯嫁他，只有最小的女儿答应了。后来，王子的魔法期满了，重新变成了原来的美丽，于是他们便结婚，过美满的幸福生活。

第二类的儿童读物却刚好和这相反，这里显露着以新的技巧所写作的童话，内容正是暴露着旧型童话中美丽国王与王子的丑态与残暴。在知识方面，更利用着文学上的技术，很巧妙地诉述着大自然的神秘的奇迹，这里并没有一点为旧式童话作家所恐惧着的无兴味性，刚好相反，这种口味不同的形式，显然仍能引起小读者的非常欢迎。

(二)

儿童教育的重要，总不致再有人加以否认了吧？可是情形却还不能怎么乐观呢！尽有许多道貌岸然的所谓教育专家也者，终日地把儿童放置在美丽的，也是乌托邦的境界里，尽量地使孩子们脱离现实，凡是社会的黑暗面的暴露，万不可使儿童知道，这是因为这些善良的教育家，对于黑暗面的无法理解，使儿童们批判的接受，只好采取闭关政策。然而这还是不行的呢，儿童们在乌托邦的环境中踏出来，走到现实社会中来的时候，就会觉得无所错［措］手，他们都是些少爷，经不起生活的浪的汹簸。

儿童教育家们，你们虽然口中说着儿童教育的重要，事实上有没有真正的对儿童负责呢？

现在一切都突飞猛进的，只有儿童文学是最落后，王子公主的童话、猫弟狗哥胡闹一场的故事，直到现在还占着小朋友读物中的绝大百分数。只要儿童们有着兴趣，即使是低级的也好，许多儿童读物都竞相载着，说这是为儿童们所欢迎的，而不知儿童们的兴味是要由写作者去支配的，我们不能一味的跟着儿童走，要知我们是负有指导的责任的。否则倘然奉迎了社会群众的兴味——低级的兴味，那末干社会教育者应该提倡肉感裸体跳舞，是不是？

（三）

封建时代是一去不复返了，这虽使遗老们唏嘘不止，可是迷恋骸骨是徒使他们早受淘汰而已。新的时代，我们要求着新的儿童读物。我们要求有思想进步富于现代精神，暴露黑暗面的社会读物，以克复击砰王子公主发财享福的发昏思想；我们要求有文学与应用及自然科学结合的儿童读物，和专以花鸟猫狗的乌托邦儿童读物对立起来。在这两个对立的阵营中间，有着深阔的鸿沟划分着，这是个有意义的斗争，资本主义克服封建主义的斗争！

（四）

著者自己因为爱好，常常阅览着目下流行的儿童读物。在数量上，现在儿童读物总算很不少了。其中很多是有着显著的成绩，特别是文学与科学结合的作品，社会读物未见有精彩的发展；可是同时恶赖的东西也充斥其间，商品的流弊，原是连所谓高尚的文化也免不了的。

这里我们且搁起关于单行本的话，专门着眼于几种定期刊物的检讨。可是要请读者原谅，而且也许还会使诸君怀疑的，就是我试以上述的要求去衡量，会使我们感到绝大的失望，那就是各刊物的太不成话了。其中有专门叫猫吃狗，英美式的胡闹一顿的，有竖眉毛弹眼睛，为了“国家”而日本式地讲述“爱国美谈”的，更有的索性老实不客气地“从前有个国王，他有三个儿子……”这使我们对于上海现代书局所出之半月刊《现代儿童》的努力，不得不加以敬仰和推崇。他们广告上说“……本刊内容思想进步，兴趣浓厚……注意科学常识，富于现代精神，凡虚伪神怪，王子公主之陈腐童话，花月猫狗之无聊诗歌，以及含有封建意味迷信色彩者，均为《现代儿童》所唾弃……”这坚决的言辞，在我看来，其内容也和这同样的倔强。

可是此地还是少于社会性的读物，这真是可遗憾的事。儿童和成人不同，对于儿童说话，我们应该另外换一副态度与方法，这确实是个艺术。我们对于科学说明家，把深奥的自然法则，浅显地讲给一般大众知道，钦佩着他们艺术的非易。则儿童的科学说明家，是较一般大众更须简易明了，确是更显得不易了。而社会的说明呢，更较自然难，自然可以有实验来帮助理解，社会不是这么简单，这里往往有性命交关的事情，贤明的读者诸君，这可遗憾的事，确是可遗憾的呢。

可是，我们确信着，正如历史正确地告诉我们，资本主义社会之必然克复与扬弃封建社会，现实总会使现实的儿童读物逐渐占得优势。

贤明的家长，热心的教师，你们把那一种儿童读物给你的孩子和学生读呢？

（载《中国出版月刊》1933 年第 2 卷第 2—3 期）

儿童读物在教育上的价值

龚宝善

卢骚在他所著的《爱弥儿》中说：“读书就是打儿童的鞭笞，但许多人都以为除掉读书，就没有儿童教育，爱弥儿虽到十二岁，还不知道书籍是什么东西，我必等他自己知道怎样去读，我方教他读书，我认定他自己知道要读书后，读书才有益处，不到相当的年龄，要他读书，不过增加他的苦恼而已。”照卢骚的意思，那末年龄较幼的儿童是不需要什么读物。但我们就儿童身心发展的实际上看，儿童自三四岁起，自发模仿的戏曲本能，就开始活动，想像力也非常旺盛，所以他们一听到母亲或师长在讲故事或唱儿歌时，便很高兴的竖着耳朵来听，并且以后便常常要求人家讲故事唱歌儿了。所以儿童读物如果是采用故事歌谣等材料来编，那末儿童对于读物的需要，正和糖果玩具一般的急切。不过以往的儿童读物，大都是成人读物粗制的一部分。多半是艰涩枯燥的，却要逼迫一班天真活泼的儿童去读，无怪乎书籍变成打儿童的鞭笞。因此，我们可以知道坏的读物固足增加儿童的苦恼，但好的读物对于儿童是非常需要，而且可以负起教育的使命，引导儿童走上正当的途径。其最显著的价值，约有以下数点：

1. 满足精神的活动——儿童到了四五岁时看见一只鸟雀，就会想到：鸟雀是不是也有母亲？也有妹妹弟弟？……看见一座钟，就要问人家：钟的摆怎么会动？怎么会叫？……像这一类的问题，我们常常可以从许多儿童的口中听到。他们在这个时候，精神的活动渐次开始，想像力也很发达，因此，他们无论看见一件什么东西，就会联想到许多很有趣的问题。但是我们童心业已消失的成人，素来是蔑视儿童的，对于他们的问题，总认为是幼稚的、无意识的，多半置之不理，万一高兴时，也只是老气横秋给儿童几句不相干的回答，像这般把儿童活泼的想像力，横加摧残，在儿童的精神上，固感着十分的不愉快，使他们变做精神发育不健全的儿童，在教育的效能上，便受了一个很重大的损失。现在我们要挽救成人历来对儿童的错误，赔偿教育上的损失。最好是利用儿童读物如童话歌剧等，来解答儿童所发生的问题，满足儿童精神活动的要求，使想像的嫩秧，能够在他们活泼新鲜的脑内，开出许多美丽的花，结成许多鲜艳的果。

2. 启发社会的情绪——儿童的情绪本来非常嫩弱简单，什么叫做"善恶"和"是非"，在他们是很模糊的，因为他们很少和各色各样的人物去接触，很少经历各色各样的环境，对于社会的经验，当然生疏缺乏。因此社会中各种实际的关系，他们都没有伦理的观念或伦理的标准去判断，假使骤然遇着一种特殊的环境，便不能应付得当，以至陷于迷误和危险，在儿童读物中常常可以把社会各种关系，很简明正确的告诉儿童，使他们知道世间有仁慈、勇敢、诚实、忠毅、残酷、奸诈、懒惰种种的人物，有贫苦、奢侈、质朴、险恶种种的环境，以助长他们各种情绪的发展。有些好的读物，更可以培植儿童优美的同情心，使他们知道父母师长是怎样的劳苦养育，兄妹朋友是怎样的诚挚可爱，劳动者是怎样的不幸，残废者是怎样的痛苦，像以上各种情形，儿童是很难直接经验和了解。全赖好的读物去启发他们，指示他们，使他们的情绪能够照着正当的途径去扩展。

3. 建设优美的品性——儿童最喜活动，父母师长无论如何关心，总不能时时刻刻跟在他们的身边，因此他们有些越轨的行动，有时候就防范不到，最好是借优美的文学去陶冶他们，使他们自己全养成良好的品性。并且利用优美的文学读物去陶冶儿童，较之父母师长的教训，还要更有效力。因为父母师长的教训，多半是采用一种明显的直接的警戒式，使儿童接受这种教训时，只感到恐惧束缚种种不愉快的印象，脑内的容受性因此微弱，教训的效力也就消失了。至于优美的读物，完全不带一点强迫教训的意味，只是用丰富的情调、美丽的文字，编成儿歌、童话故事等，去暗示一些好的模范和教训，使幼儿自然会用快悦的心情去接受，去模仿，去改正他们不良的品性。这种具有暗示力的读物，在教育上实有很大的贡献。

4. 养成自动的学习——从前的儿童总把读书认做一件苦事，必须成人用种种拘禁的方法强迫他们去读，然而越加强迫，他们便越怕读书了，所以有许多儿童常常逃学怠读。酿成这种现象的最大原因，便是读物本身太枯燥乏味了，不能引起儿童的兴趣，再加之成人不懂教育的原理，只知一味的强迫、惩罚，像这般读书，不但对儿童毫无益处，并且阻碍儿童身心的发展，现在我们要矫正这种错误，不是消极的让儿童不读书就算了，必须积极的去编制以儿童为本位的读物来供给儿童，使儿童觉得书是可爱的，自己愿意去读，自己喜欢去学习，那末成人们既可少费无益的精神去强迫儿童，儿童也再不会把读书认做是吃苦了。

5. 调剂现实的生活——好奇的心理状态在幼小儿童便已发达，同时幼儿的精力也非常旺盛，性情也非常活跃，所以他们除想出各种游戏来消耗过剩的精力以外，并且还很容易做出越轨的行动，来教发他们活跃的精力。否则，他们便感到现实生活是干燥无味的，我们现在要使儿童活跃的精力用在正当的途径上，最好利用良好的读物，去调剂现实的生活使他们的精力有了寄托的地方，越轨的行动自然便会没有了。

（载《中国出版月刊》1933 年第 2 卷第 2—3 期）

为儿童读物谨告全国出版界

陈独醒

开了店想赚钱，和读了书想做官，同样是中国全民心理所趋的老法则，要是开店不赚，读书不做官，乃是人间第一等的笨伯。至于这钱该赚不该赚，这官可做不可做，那都可以不问。想不到这样的好现象，竟然影响到关系文化教育的出版界事业，年来主笔大人、编辑先生，也都丢了三寸毛锥去荣膺委员，充当县长，以遂他们“万般皆下品，惟有做官高”的目的；所发行的教科书、民众读物、儿童图书，不管他是否有照本发行，以示普及的必要，也是一味只打算赚钱，因此人民为购买力所限以致生产过剩，便闹出今年各书店大竞卖的各种笑话来——请看上海小报。平日留心报纸的人，包你一年四季可以看到“大廉价”、“大倾销”和几周纪念大拍卖的广告。五光十色，目不暇接，照理每一本书出版，多者一万册，少者一千册，以中国这么多的人口，能读书写字的，就是以一百二十万算，其中有购买书力量的，以百分之一，一万二千算，再加上各省市县的图书馆、学校图书馆和民教馆，每书印了一千至一万，在理只有不够分派，那里还会有生产过剩呢？今事理偏得相反，其中定有道理，容我来说说看。

（甲）在读者方面：

一、中国大都的读书人不爱读书，不惯读书：不但仅受小学或民众教育的人不爱读书、不惯读书，便是大中及其以上的学生，等到毕业之后，对于读书进取的心理，似乎也告一段落，从此便与书本绝缘，如果有时兴致所到，也不过读几本小说来消遣消遣，借以恢复一日间工作的疲劳，这样的情形甚而至于靠书本吃饭的几位小学教员，也都是如此，你几时有看到他们在授课之余，买几本教育书研究研究，其他如司法、行政、军警、交通、金融、工商各界，那更不必说了。总之“读书”二字，在中国人的眼中和心里，是一桩含有时间性的事，过了这时期，就此便放手。

二、中国人家庭及个人经济，没有购书的预算：因了读书有时间性的缘故，在中产以下或生活艰苦的人，当然每年没有购书费的预算，就是产在中上，生活余裕的人，也不见得会把每年买书的费用，去列入预算，有钱就买几本，没钱不买亦不妨事，横竖书本当不来常年粮食。

三、会读书的人，大都沉醉于小说：小说这东西好比是烟是酒，一经吃开了胃口，就容易伤脾胃，到底比不上正路粮食，可以使人获益强身。从图书馆借阅的现象上看来，小说的销量，委实警［惊］人，正书的使用，实在太小，图书馆如此，书坊无常不是如此，因此弄得几家书坊，为要赚钱，使拼命地出小说，小说出得越多越快，正书销场的影响也越大，因为民众的购买力，终究只有这一点。

四、爱读书的买不起书：纨绔子弟，及自甘暴弃者流，有福气读书，有力量买书，他偏不要读书；一般清苦而贫寒要读书的人，偏读不得书，买不起书，因为学费来得贵，书价来得高，使他们承担不起，那有什么办法呢！

（乙）在书店方面：

一、使人不愿买书，不敢买书：凡是常买书的读者、藏书家和图书馆，对于目下各地书坊所出的新书，委实不敢轻意［易］尝试，因为他们的出版品，大都作风太高，设计太好，将书可以当做商品，令人定制赶造，能够把一部正本的书，劈成几块，变做丛书，在集合几种散文，又变为大文库、大辞典、大文集；再把头一改面一换，又成了一种新书，五花八门，叠出不穷，一经购买失望，下次岂敢请教，这是书店自绝于买主，更有什么话呢！

二、书价太高，不愿牺牲：读书逾多，学问逾精，在自爱与努力的民众总喜欢多买书，多读书，只叫这书值得购买总打算办来。但是现在各地出版的书，除掉少数靠得住之外，不管通不通，顺不顺，只叫名人写上一篇序，要人题着几个字，就要卖它一元二元。对于儿童读物尤其认为生利之薮，薄薄不上几页的书，竟然要卖到七分、一角、一角五分，要是把它的成本算一算，那真是惊人的赚头，他宁可卖不去，赚头不可不顾着，所以这一二年来儿童读物的出版，一日千里，怒发不已，在量的方面果然巍然大观，在质的方面，只好不计较吧！我上面已经说过，中国生活费中没有购书费列入，本身自己购书尚且认为可有可无，对于儿童岂肯加以注意，或时时给儿童以多量的钱，任其自置。至于为儿童节另用，省饼［笔］钱去买书，不但不多见，便是有，他的购买力，也可想而知吧！

综上的原因，何怪乎出版界，形成生产过剩，举行一年四季的大抄盘。但是往者已矣，来者可追，我们以后该当如何努力，才得弥补这种缺憾？先就（甲）项来讲，关于一、二、三端，负有教育之责者，当随时予以劝勉，激发并纠正外，各种日报上杂志里亦当时有刊载含有兴奋质的劝学论文，来鼓励民众向光明之途前进。至于第四端，则不能不求之于出版界，嗣后将所发行的新书，尤其是关系民教，及儿童的读物，须得照成本发售。如此办法，是否有效，原难预卜，不过在希望上讲，不能不尽其能事。可是最好的办法，不如我们教育界和出版界彼此联合起来，专心一致地在将来国事承继者的儿童身上去做功夫，就是：

一、把目下的儿童训练成功做终身且工且读进取不已的良民。

二、养成儿童有自动购书的兴趣和习惯，做到一个书坊店永远的主雇［顾］。

三、养成儿童有向正书进攻的能力。

要达到以上三个目的，除把一半责任放在教育者的肩上外，还有一半应该放到出版界的身上去。为什么呢？因为教育界赤手空拳只有尽劝勉诱掖和利导的功夫，没有实则给予书的可能——图书馆事作别论——为此我希望出版界须得把眼光放得远点，放得大些，切不可以贪目前的小钱，坐失将来的大利，应该把儿童书：

一、切切实实编得好点：1. 文句优良点，2. 取材新颖点，3. 兴趣浓厚点，4. 合乎国情点，5. 适合儿童心理点，6. 神妖鬼怪不可说，霸王强盗不可言，7. 改头换面不可做，东抄西袭不可编。

二、价值定得便宜点：儿童的购买力当然十分薄弱，所以各书坊对于儿童书的定价能够照成本最好——多中取利——不然至多也只可以打到一分利的赚头，设使成本太高，不妨把纸张用得劣点，万不可以忘了儿童的购买力，把书价定得太高，宁可留为将来抄盘打对折的余地，这种不上算的会计学，让滑头商店去干吧。

三、儿童科学、社会、技艺、史地一类的书多出点：书在质方面讲决不该视为稳赚钱的商品，我们切不可以因了儿童欢喜读神鬼怪异的连环图画和荒乎其唐的武侠小说，便拼命去搜集这项材料，制造这项商品，以遂他们的所好，而填自己的利欲，因为这些书已经把中国的民众麻醉得够受了，要是再这般下去，民族的根性更糟，愿出版界于斯三致意吧！

四、儿童图书的形式划［化］一点，装订牢固点：现在各地所出的儿童书，现象［形式］委实太坏，大者用报纸十六开，小者一百二十四开；纸质上者用道林，次者用报纸，下者用油光；装订好者用双线，次者用单线，再下者用铁丝；字模大者用头号，小者用六号，相差之甚，无以复加。凡此数端，实在有注意研究的必要。1. 为欲求低价易于普及销行起见，儿童读物，并非研究书本，或传代秘籍不妨将纸张一概改用报纸，至于油光纸，质柔易熟易破，切不可用。2. 为欲求形式整齐，书本大小不妨一概改为三十二开本——图画范本、歌谱在外。3. 装订单线容易散脱，铁丝容易发锈，最好一列用双线订本。4. 为均益儿童目力，所用字模，幼稚及低级读物可以用一二号字，中级三四号字，高级用四五号字，至于六号字，及油光纸上用石印小字殊害目力，切不可用。

作者要讲的话，实在太多，因限于时间，匆促执笔，草草成文，不过略言大概，希望全国的出版界嗣后对于儿童读物改变眼光，移转目标，肩上普及教育的担子，这是作者的苦心！

（载《中国出版月刊》1933年第2卷第2—3期）

精选儿童读物的我见

镇　石

近年来儿童读物的出版，大有风起云涌之势，甲家出了这类书，乙家也随着出这类书，丙家丁家……又随之而起，这样儿童读物在市面上弄得十分多了；然而求其真正适合于儿童阅读堪称优良的读物，实在是很少很少，所以选择儿童读物已成了一件很困难的工作。现在虽经教育部就坊间已出的儿童读物中，选出了七百多种，使得选择儿童读物者便利了不少。但现在的社会经济情形，学校和家庭的购买力十分薄弱，因此教育部更在七百多种内精选三百六十种以便各小学尽先购置之用。在教育部，为一般人着想也只有如此了。但是那精选的三百六十种，照定价算已达五十六元之多，要一般乡村小学购置还是困难。要叫他们选购呢，或许有不明白各种读物的内容的，也无从选购起，因此就我的愚见，最好请各县教育局再以公平的眼光，更精选一百数十种，价值以二十元左右为度，把所选的书目，分发给所属各个经费较少的小学校以便他们去作购备的用处。

对于精选儿童读物，我有几点意见供献，兹将他们一一条列于下：

一、教育部所持的选书标准是：力求不背党义，适合国情，事理正确，思想进步，兴趣浓厚，文字图画浅显优美，切合儿童经验，适应社会需要，注重科学常识，发扬民族精神，凡神怪、虚伪、凶恶、残忍、侥幸、颓废、谲诈、刻薄、陈腐、鄙陋，以及含有封建帝王意味、富贵迷信色彩者均所不取，那是很合理的。所以我们所选的书也应该依照这个标准。

二、我们所选的书，大部分可以从教部选定的书中选出来；不过教育部所选的书，全是去年以前出版的，今年各书局出版的新书，当然也有不少可取者。所以我们还可以用上述的标准，从各书局新出版的儿童书中再选择出一小部分来。

三、乡村学校大多是没有高年级的初级小学，自然可以少备高年级的儿童读物，而把低年级和中年级的书多备一点。讲到低年级和中年级的儿童读物就目前所有的讲，要算新中国书局所出的最多最好而最有系统，其次是中华书局的小学生的书，此外优良的较少。所以这种学校，可以把该局所出的多选几本。

四、在各家出版的儿童读物里，有许多书是性质相同的，那么我们选起来，选了甲的一种可以把相同的乙种不选在内；例如我们已选取了《人类的生活（衣）》就可以不把《儿童史地丛书》的《人类的衣》

选取了。

在现在时候，所有知识饥荒的中国儿童，他们的求知欲是多么大而急切，论理应该由学校多备儿童读物以供他们的需求，但是为了经济的关系，竟至把最低的限度（教部所选的三百六十册）更加减低——但是我觉得与其各校推托没有偌大的款项，购置多量的儿童读物，索兴一本不买，还是把要买的书减少，使学校有力可以购备，比较在儿童方面，至少可以得到一些好处，所以我终于提出了这个意见。

（载《中国出版月刊》1933年第2卷第2—3期）

一个参与儿童读物编目工作者之感想

王晋鑫

一、编目的说明

近年以来，书坊出版的儿童读物，一天一天的多起来了。其中文字精美，内容平正，适于小学生阅读的，固然很多，但体式乖离，意义怪诞，不合于儿童心理的亦复不少，如不加以选择，不论好坏，一律令学校购备，令学生阅读，不但浪费校款，白费学生光阴，而且恐怕发生不良的影响，对于小学教育的前途颇有关系。

教育部有见及此，故把坊间所出各种儿童读物，一一加以审查选择，而把其形式内容均佳，且适合于学生年龄程度心理的若干种编成目录，并介绍给全国各小学酌量购备，使一般儿童易于选读，有所式范。

这种工作，由国立编译馆派员担任，于去年十月间开始。其初步工作是和教育部共同商订了一个儿童读物选择的标准和选择的方法。其次是向各处征集儿童图书。到十一月，各书坊继续有书送来，其时选择用的表格也经制就，就开始依照标准去分别审阅。内容是否有价值，文字适于何种程度，都一一加以批评。初选完毕，再经复选。每一本书，至少要经两个人看过，经三四个人看过的也有。直到今年一月底，选择工作，才全部告竣。这个目录，就是这种工作的产物。总计参加工作的是我和胡颜立、孙俍工、赵瑞生、潘尊行等五人，前后所费时间凡四月。虽然我们在这四个月间，同时还有其他事务，但对这个目录，可说已尽其所能，希望得到一个较为精确适当的结果，使今后的儿童得到一些比较的好书阅读，同时并使今后的各书坊关于儿童读物确实有所改进。

目录分三个部分：第一部分，共三百六十册，定价共约五十余元，内容较优，希望全国各小学能够尽先购置。第二部分，三百四十册，内容较次。各小学在第一部分完全购置以后，经费尚有余裕时，始可在第二部分里面再行选购若干，加以补充。每一部分都依读物程度，分低中高三级，使教员的指导和学生的取阅，都有一种便利。至于目录的第三部分，是十种定期刊物的一张表，每一个小学校至少订阅两种或三种以上，似乎也是必要的。这次搜集到的儿童读物，总共不下二千册，把选入目录第一部分的三百六十册，照百分比计算，不过占了百分之一十八，就连目录第二部分的三百四十册一并算入，也不过占了百分之三十五，这样选择不可说是不严格吧！但是我们也不能因此就算满意。因为：

第一，坊间所出儿童读物，搜罗未尽。在这短时期内，担任工作的人足迹未出都门，搜罗征集，事实有限，恐怕还有不少的遗珠，在这二千册以外。

第二，小学高年级学生阅读能力渐高，趣味较广，不是专门供给儿童阅读而儿童阅读也未尝不可的许多浅近书籍，这里并未加以选择。

第三，这次目录中所选的读物，各个门类分量支配未见适当。譬如最显著的，儿童文学比较知识的读物，就觉太少。

第四，这次目录中所选的读物，未必真有多么高的价值。担任工作的人对这一点，也是非常抱憾。因在中国，儿童读物向为人所忽视，故对这方面真有天才而又能专心于此的人就不很多。近年以来，儿童读物的出版界好像渐有风起云涌之势，然作者商人投时的多，真实从研究所得的完美作品，实在有如凤毛麟角，故选者不能不降格相从。

第五，这次所编的目录，并未依照读物的性质分类，只在排列的次序上略略见到一些分类的痕迹。关于程度深浅，也只分了三级，似嫌过于笼统。

总之，事属草创，没有一点已往的基础可以凭借，结果不能十分满足。但我们知道不满足，乃是求进步的基础。我们从此努力研究，或许有一个美满的结果在儿童读物底先头等着吧！

二、各书的批评

这次所审查的二千册儿童读物，依照性质而论，可以分为文学的读物和实质的读物两大类。文学的读物包括诗歌、谜语、笑话、故事、物语、寓言、童话、神话、传说、剧本、小说等儿童文学的全部，偏重在情感的传达，情节的欣赏。实质的读物，也可以称为知识的读物，包括社会、自然、卫生、体育、艺术、游戏等读物，不管他用什么文体来叙述，偏重在知识的传受，技术的指导。书信一类的应用文重在格式的熟习，也可归入此类。二千册儿童读物之中，文学的读物要占到十分之七，实质的读物约占十分之三。现在就将看到的儿童读物，依照这里所分的两大类来作一批评。

一、文学的读物。二十世纪一切都在改变，只有儿童文学还很守旧。现在流行的文学读物很多是已经死了几百年的古人的著作。就是最新出版的文学读物，也是大都模仿古人，缺乏现代精神。诚然，安徒生和格林兄弟等的童话故事，不失为儿童文学的名著，但是到了现代，在教育的目的上，不能不重新估定它的价值。文学的读物数量上既然那么多，内容又多可议之处，因此，在这里对于文学读物的批评，不得不特别详细了。

（甲）取材。占二千册的十分之七的文学读物，大部分为了取材不当而被摒弃。关于取材的不当，大概可以分为下列六点：

（1）不合国情。由外国翻译过来的儿童文学，如说到什么伯爵和穿着制服的侍仆，说到基督教、教堂、圣经、圣诞、牧师和对上帝的祈祷，说到外国的家庭布置、日用器具、服饰、纸币和结婚丧葬等风俗习惯，对于中国儿童都非常隔膜，儿童对于书中所叙事实既不能亲切了解，就无从得到欣赏的愉快。本来，在文学的读物中间，叙述一些异国的情调，并非无益，或许在儿童的好奇心一方面能多少给以一些满足的趣味，但如果到了使儿童对于书中情节感到隔膜的程度时，不能再说这种读物还有怎样的价值了。最使人惊异的是许多文学读物之中，有一部分的创作也是极力洋化，几乎叫看书的人以为它们也是翻译的了。

（2）不合时代性。童话、故事、传说、民间故事、剧本、谜语和歌谣中，充满了国王、王后、王子、公主、贵族、大臣、将军、隐士和县官、差役、秀才、塾师、老爷、婢仆这一类非现代的人物，及其所有非现代的事迹。有许多的小说的节本也是如此。儿童看了这一类的书，虽然因为还有实际的社会环境的影响，不致因此就变成了古董，但对于儿童终是无益有害。其结果会使儿童发生一些不合时代的非分妄想和不合理的错误观念。须知这一种的材料与儿童生活相离很远，并不是构成阅读兴趣的必要成分，何必叫儿童来迷恋骸骨？儿童是未来一时代的人物。单以现在的种种来教育儿童尚嫌不足，何况叫他退后几世纪去尚友古人！尤其在过于落后的中国，急须向前突进，才能追上现代世界文化的水平线。如果在学校方面，还是把描写过去的社会的作品作为儿童的读物，赶上的希望何时才得实现？所以我们在这一册目录里，对于这一种的读物，极力使它减少到不能发生力量的地步。至于那些描写真实的历史上的人物的，或有价值而又宜于儿童阅读的故事和剧本等，当然不在此例。

（3）过于神怪。神仙故事、民间故事、神话、传说、童话、物语以及其他富于幻想的神怪材料，在表面上似有几个优点，故在儿童读物中向来占据一个重要的位置。但是近来渐有人对它怀疑起来了，如奥佛斯利脱博士（Dr. Harry A. Overstreet）和阿特莱博士（Dr. Alfred Adler）等就是。他们都是根据心理学的见地来坚决反对神怪故事的。

有些人以为神怪的材料能够引起儿童的想像，使他们的生活益加丰富。其实，他们是误解了想像生活的意义了。神怪是原始人类头脑中的产物。野蛮人对于因果是不明的，他们的世界是一个大魔术，事迹的发生都算是一种奇迹，因此发生一切的误解。现在硬把这种原始的幼稚的东西叫儿童接受，强迫他们以不合理的魔术式奇迹式的幻想，强迫他们习惯于以幻想来满足欲望。此中弊害，何堪设想。我们应知道宇宙间有更多的故事远比神仙故事等所能梦想到的奥妙；生物界的种种适应环境的变化，远比孙悟空的七十二变神奇；科学故事，及自然社会各种读物，激发想像的能力，远在神仙故事一类读物之上。我们应该使儿童的想像远［达］到真实的世界，才可以指导儿童，使之达到准确的思维与合理的行动。神怪的幻想那能代替这种工作呢？

还有些人以为儿童们喜欢阅读这一类的东西。但依那恩（Fannie Wyche Dunn）等的研究，幻想既不是引起兴趣最好的材料，也不是引起兴趣唯一的方法。兴趣果然是儿童读物主要条件之一，但不良的兴趣也应抑止！兴趣只是读物的一种手段，决不能为了手段而忘记目的。幻想性的读物，在兴趣上确有某种便利，我们并不否认，但因为价值上的问题，宁愿摒弃不用。

又有些人以为神话的故事含有教训。但我们觉得在儿童实际生活故事里面所包含的教训，对于儿童较易发生效力。神仙故事一类读物，所有离奇的情节，与儿童实际经验相距太远。其所含寓的教训，不易领受。何况在这一种神怪材料里面，到底包含一些什么教训呢？是不是真正有价值的呢？这中间似还有值得研究的处所。我们觉得在文学读物中过于用了神怪的材料作题材，对于儿童的损害，可以归纳如下：

（A）易使儿童对于真实的和幻想的分别不清，对于现实的认识错误，而流于迷信。

（B）易使儿童妄想不劳而获，信任命运，或逃避现实，而向幻想中求满足。

（C）易使儿童的思想和行为的进行程序，陷于离奇错乱，不能适应客观的实在。

（D）神怪材料中，极少［多］巫婆巨魔和互相吞噬的怪物，易使儿童发生恐怖惊悸，妨害心理的健康。

因此，神怪故事，在这次所编的目录中，大受淘汰。至于物语，用拟人的方法描写各种事物，六七岁的儿童对它既有特殊的爱好，其并不过分的幻想性，在实际生活里也马上有修正的机会，所以适合于低年级儿童阅读的物语的一部分，还有保留的价值，又当别论。

（4）谫陋无味。有许多故事、小说、剧本，描写的情节粗俗不堪，或是了无意味。如写偷东西的贼，写两个人的吵架，或请客吃酒时的虚套等等。在民间流行的故事里，更多粗俗的调笑和鄙俚的言词。这一类的材料实不值得叫儿童耗费时间去阅读。儿童文学的作者，不要轻视了自己为千万儿童服务的神圣工作，随便摭拾一些鄙闻琐事来描写，实在应该研究一下所描写的题材是否能够动人，是否有意义，有价值。我们知道儿童阅读需要的满足，并非无限，看了这种不值一看的读物，就是减少了他看别种值得一看的读物的机会了。

（5）不近人情。凡用变态不近人情的材料去描写社会，把社会观念曲解了，把人生真价值弄糟了的故事，在儿童教育中，不应占有位置。譬如做后母是很为难的，且时常是极痛苦的（例如胡适之《四十自述》“九年家乡教育”中所述者），但后母在向来的儿童读物中，却是万恶的箭垛，没有一个是好的。“在幼年儿童的心目中养成此类的人生误解，是否健全?”（借用尚仲衣先生语）还有说到哥哥和弟弟，弟弟总是十分忠厚善良，哥哥总是一种会弄阴谋善于妒忌的恶人，起先是弟弟受哥哥的陷害，而遭不幸，后来是弟弟因祸得福，最后是哥哥得到相当的恶报。说到姊姊和妹妹，嫂子和小姑，也是这么一套。说到婆媳两个人，总是写出一个专会待媳妇的恶姑。说到教书先生，总是一些无用可笑的书呆子。说到衙门里的师爷和差役，总没有一个好人。在民间的童话故事里面，差不多有一定的“型”。处于某种地位或从事某种职业的人，就很固定的附以某种的恶德。实在，一种恶德和人的地位职业，丝毫没有必然的连带关系。取材于这一类故事的儿童读物，将使儿童对于社会上各种人物发生怎样的误解？每一件事对于人的第一个印象，总是最坚强有力，不容易改变或消灭的。儿童多看了这一类读物，会发生一种精神的病态，以后一见实际处于某种地位，或从事某种职业的人，也将对之有某种特殊的感想了。

（6）不合儿童生活。有一部分故事小说里面，写到铜像，写到债项，写到宠姬，写到律师商人的业务，写到丈夫与妻子，写到国家的法律，写到生命的空虚，写到装载幸福的船，写到种种与儿童生活完全隔绝的成人的经验思想和情感，这也是无理由的。因为这一类的事实，儿童根本不能理解，不能理解则当然无从发生兴趣。纵令意志坚强的儿童以十二分的忍耐力，勉强阅读以后，因为和自己原有的基本经验相去太远，不能互相联络，结果徒然浪费时间而已。固然，儿童读物不必拘束于儿童吃饭上课等平淡无奇的日常生活，要有些特殊的情节，出奇的变化，来扩张儿童的经验组织；但是如果刻意取材于儿童毫无理解可能的事实，也是过犹不及。还有，大部分的寓言，写的是成人的教训，不是儿童所能了解。有一些诗歌、谜语、笑话，文字的简短，似乎低年级的学生也能够看；但所包涵的事实与思想，就是高年级的学生要看得懂，也很困难。这真是徒然的工作了。

（乙）寓意。大概每一篇文学读物之中，一定包涵某种意思，儿童阅读以后，多少得到一些印象，对于社会关系、人生意义的理解，以及自己的态度行为，多少要发生一点影响。最显著的是作者有意在字里行间，放入某种教训的作品。这次所看到的文学读物中间，诚然有许多是写忠孝、仁爱、信义、和平和勇敢、牺牲、勤劳、节俭、公正、诚实种种美德的，还有许多是作者并非有意却在意料之外会得到了某种恶果，还有许多是作者的见解不正确，以致包含了不好的教训。列举来说，有如下列诸端。

（1）有许多故事，描写到王子公主的奢华快乐，或国王大臣的尊贵威严，使人艳羡。有许多故事描写一个平民，怎样得到高官厚爵或做一个廷臣，怎样博取国王的宠幸。说到狮子、鹰或其他比同类特别凶猛的东西时，就用什么之王来象征他的权力。这种读物的影响，不必儿童要预备作官，或有做国王王子的妄想，只就是对这一类的人物，不适当的评价，也已经是不可恕的错误了。

（2）总理说："天之生人虽有聪明才力之不平等，但人心则必欲使之平等，斯为道德上的最高目的。"但有一种人，重于利己，相信自己的超越，不惜牺牲了大众来造成个人的特殊地位。儿童文学中这种英雄思想也时常发现，有的是描写一个少年怎样在对于别人的残酷里做成了英雄，有的是描写对于这一种英雄的崇拜。

（3）童话的故事中，往往有一种随心所欲、变化无穷的宝物。为了获得宝物，一个人忍受了无穷的苦难。也有所谓富翁，其享受和地位，写得全然与普通人不同。也有一个人怎样的打算要发财。还有写到一个小孩子做了一件小小的公德而得到金钱的酬报。这种拜金主义，无孔不入的在各种文学读物中流露，其影响极其恶劣。人类的生存是为了另一种高贵的目的，决不是仅是为了宝物和金钱呀！

（4）有许多读物，写到贵和贱，贫和富阶级的不同，写到官吏如何威吓平民，平民如何惧怕官吏，写到主人如何虐待婢仆，婢仆如何趋奉主人，而且视为正当。这种阶级观念，也是极不合理的。

（5）有一篇故事，写一个人愿意当兵，希望将来打仗得胜回来，有人替他建造铜像。还有一个人反对这种杀人而且自杀的勾当，愿意做个工人，造出器具来给大家使用，结果是那当兵的人被敌人打败，受了伤，变成残废，回来以后，看到大家为那个成功的工人造了一个铜像，觉得有些伤心，更是异常惭愧。这是显然的非战思想。非战的思想，非不应该提倡。但是，对于异族的侵略压迫，实是人类的耻辱，被人攻击，而仍不想努力自卫的弱者，决不值得赞美。被人打了左脸还以右脸送上去的教义和托尔斯泰的无抵抗主义，虽然是一种美德，但在现在中国决不合宜。现在的中国正需要许多能为国家为民族而战的战士来挽救亡国灭种的危险！

（6）笑话里面最多对于残废者的玩弄。以打趣天然缺陷的人们，来博儿童的一笑。这一笑的代价未免太大了。一个人对于不幸的人，应该予以同情，不该再取为笑柄。还有许多故事里面，说到一个小孩子怎样玩弄一种小动物，使他遭受苦难。以别人的灾祸，为自己的娱乐，真是怎样的刻薄残忍呀！

（7）有许多故事，先铺张一些迷信的事实，再以迷信的无效，或秘密的揭穿作结，用意是在破除迷信，但把前面一段，写得非常动听有趣，后面一段却潦草了事，忽略万分。这种不完善的写法，也许会得到相反的效力。民间故事一类神怪材料，最易引起迷信。在民间流传的民歌儿歌里面，也极多迷信的色彩。有许多近人做的诗歌，喜欢用神仙的幻想，说到太阳、月亮、风雨、花草、春天、快乐等，多离不了什么之神，或什么仙子；有许多故事拿神仙和魔来代表善和恶；还有许多使善恶报应更为有力，迅速起见，就不惜借助于法力无边的神仙。作者的本意是劝人为善，不知道同时却是提倡迷信了。不管他是不经意的涉及一些迷信，或借他的神奇变化来聊博一粲，总之只要有一点儿不合科学原理时，就有增加儿童迷信的倾向。

（8）有一篇童话，说一个时常啼哭的孩子，怎样为村人所憎厌，只有受老祖母的疼爱。老祖母费煞苦心想方设法止住孩子的哭，终是无效。后来这孩子被人带到荒野里抛弃了。太阳听到孩子的哭声，觉得很可怜，就把孩子变成了花。从此人们不必再对他厌弃，因为他不会啼哭了。又有一篇童话，说一只小麻雀辛苦栽培成的果树，秋天结了果实。有一个小孩子说，这果树是他的，就摘了几个成熟的果子吃。小麻雀觉得无力和他抗争，只好当做了自己的蹇运。有一天，那小孩子看见了这小麻雀，倒说是小麻雀来偷他的果子了，就一枪把他打死。果树是年年开着花结着果，那小孩子也时时摘花玩摘果吃，可怜那小麻雀，却早被人忘却了。还有一篇写一个小女孩，怎样受命运的播弄，遭遇人世间种种的不幸，忧愁的重担，使她一些挣扎的勇气都没有了，只有以眼泪来忍受一切，最后是一个不幸的结局——死。还有一篇写世界上的人，都凶恶得像野兽一样，互相残杀，死的死，伤的伤，母亲为死了的儿子嚎哭，妻子为死了的丈夫啜泣，全世界的人没有一个不是以眼泪洗面。人类的大悲剧，从此开幕，永无已时。这一类的故事寓意未尝不高妙，描写未尝不凄艳动人，但所包含的是萎靡颓废、屈服退缩、忧郁感伤、悲观厌世这一类消极的情绪。对于刚在发荣滋长的儿童，是怎样的一种打击呢？老庄的哲学，几千年来在中国人的思想行为方面发生了统治的作用，在民间故事里也往往赞美种种消极的道德。国家民族已经到了存亡危急之秋，消极的道德，决不应该再提倡了。

（9）童话故事里面，往往有不经过相当的努力，而就可得意外的成功，不经过相当的努力，而就可得过多的酬报。这是叫人希望幸运，企图侥幸，而不必想到怎样工作。希望不经劳苦而就可以享到幸福的人，一定轻视社会上种种的劳苦工作的大众。

（10）有许多读物里面，说到凶恶强暴、虚伪谲诈的得到胜利，而善良和气、忠厚诚实的得到祸殃，这简直是讥讽美德，赞扬恶行了。

（丙）文笔。评定一篇文学作品的价值，文笔和内容有同样的重要。我们这次选择儿童读物，对内容严于对文章。但在文笔方面，所有文学读物，缺点也多！

（1）创作的童话故事、小说剧本中，关于全篇的组织，有许多是：情节散漫而不一贯，布局松懈而不紧凑，结构平凡而不奇特。这几点都不是三言两语所能说明，此处也不便再举详细例证。为什么在高年级读物方面，也尽多短篇的集刊，而少长篇的创作？为什么仅有的几部长篇也极少精彩？就是因为一般作者，对于这一层少注意和少修养的缘故。

（2）儿童文学的一切创作，文字方面，除了极少数的作品以外，都不很完美。有一篇故事，写一只被人锁在铁链里的老虎的感想说："它倏然想到现时的地位，方才明白自己已经失去了它的山林，它的威武，它生命中原有的一切。"这和儿童的口吻是何等的隔离？所用的字句又是何等的艰深？对于无生命静的风景，儿童是不很欣赏的，对于内心的变化和发展，儿童也不很理会的。像下面的一段："它常常在半醒半睡的状态里，看见青葱的山岭，幽深的山谷，那里有无数的古树老竹，成为黑压压的森林，在峻陡的岩石上，牵挂着四季常青的藤萝，那下边有清湛的山涧，涧水是潺潺的流着，涧旁满缀粉白色的繁花；那丰厚的马鞭草中，它时常游息的地方。那样青青白白的天空，那空际盘旋着猛鸷的飞鸟；还有……"还有一段："我想一个人总得对世间做一点事。世间固然像大海，可是一个人应该给它自己的一勺水。我的许多主人是去了，不能回来了，他们的一勺水在那里呢？如果没有了我，不把吃下去吐出来占领他们的一生，他们也许做了一点事吧！我为他们伤心，同时恨到我自己……"这种描写的技术，在一般文学上，不能不认为"卓越"，但在儿童文学上，却也不能不认为"太卓越"了。儿童文学并不是不要描写，但儿童文学所要的描写是另外的一种，他并不靠文字的表面的美丽。声音的摹拟，形貌的比方，生动的对话，紧张的动作，才是儿童文学描写的要件。有许多儿童文学的作家，大概他自认为写实主义者，把一个窃贼，或乡下老婆子讲的话，写得非常逼真，因此过于粗俗。还有许多作家，尽量发挥他所有文学上的技术，因此语句冗长，文法深奥，对于儿童的不相宜，也是不待言的。

（3）据蓝开斯脱（Thomas J. Lancaster）教授的研究报告：中高年

级的男孩自愿阅读的百分之九十八是散文。女孩比男孩多喜欢一些韵文，但百分数还是不大。在中国也有同样的情形。据许多报告，低年级儿童对于歌谣还比较喜欢一些，高年级的儿童对于诗歌简直不很能够感到兴趣。低年级儿童的比较喜欢歌谣，不在阅读，而在歌唱。所以这一类作品，音节应该非常注重。在民间流行的歌谣，不管它的意义如何，音节方面确是非常和谐动听。所有创作的诗歌，对于这点，却不很高明。有许多简直写成和现在风行的新体诗一般，只注重描写风景情感，音节全不讲究，要得到儿童的欢迎，恐怕很不容易。

（4）从外国翻译过来的作品，有一个通常的弊病，译文总比原作在文字的难度上加深了一层。譬如原文是合乎小学高年级学生阅读的程度，一经翻译，却变为同等程度的学生所看不懂的了。因此，翻译来的儿童读物，究竟适用于何种学生阅读，内容和文字往往不能维持一个相关的比例。至于译文与原作是否准确，通常是不论多少，总有一些错误，如果决无错误，反成例外。

（丁）图画。在一般用书里面，图画自有它的地位，在儿童用书里面，图画就更显得重要。儿童的选阅一种读物，图画的动人，是一个重要的原因。小学低年级的儿童看一本书，与其说他在看文字，不如说他在看图画。换言之，一本书的是否为低年级儿童所喜欢，图画占有决定的作用。一本书里的图画，有两种用处，一是补充文字的说明，二是引起阅读的兴趣。目前所有各种儿童读物之中，图画没有受到相当的尊敬，以致不能充分发挥它的力量。

（1）为着成本的关系，图画在数量上不能丰富，同时普通多是黑白两色画，用彩色画的不多。

（2）人物的姿势生动与否，地位的配置适当与否，种种技术上的问题，大都缺乏相当的训练。有许多因插图技术上的恶劣，使全书减色不少。

（3）有许多创作里面，所有的人，用的是中国人的姓名，写的是中国的情景，非常明显，但在插图里面，则所有的服装面貌，全是道地的外国人的样子，家庭布置以及房屋风景，也非中国所有。看得这种插图时，起先是觉得诧异，后来又觉得可笑了。

（4）一本书的封面画，有一种引诱儿童来尝试取阅的力量。这次所看到的儿童读物的封面，全面用彩色画故事里的一种动作的，虽不能说没有，却不多见。有许多只画了全面的二分之一，或比二分之一更少，有许多画一些简单的图案，有许多根本就没有图，只印上一些字。

二、实质的读物。儿童对于实质读物的阅读兴趣，通常较文学的读物为低。因此实质的读物，一向不为教育家所重视。有许多极端注重兴趣的人，并且主张儿童读物，应以儿童文学为限。一本书怎样使人自己愿意来阅读，兴趣是第一个条件；但阅读以后，却不能仅仅得到兴趣而已。实质的读物，便是要使儿童在得兴趣以外，还能得到一些实用的知识。一九二一年邓恩发表了她的研究报告，她郑重的指出知识读物的教育价值，和知识读物的也能引起儿童阅读兴趣。她以为作品的形式，无论是传达知识的故事的，或韵文的，对于儿童的阅读兴趣，没有多大关系。只要作者的艺术高明，也能把产生兴趣的诸特质，引用于知识读物之中。儿童生活是一天到晚都是在动，几乎没有一刻儿停，他喜欢玩一小把戏，或做一个小东西，实质的读物里面有小玩具的怎样制作，有小房子的怎样建造，有科学把戏的怎样试验，有游戏的怎样玩法，有花草的怎样种法。儿童要玩这样的一个把戏的时候，自然要来请教实质的读物。实质的读物有这样一种实际的指导，儿童自然会对它发生兴趣。儿童非常好奇，非常好问，他们一天到晚时时要发问一些小问题，有时简直使他的妈妈也无法回答。实质的读物里，对于自然界的各种希奇的现象，社会上的各种复杂的关系，原始人和异方人的各种奇异的生活，都包含着。儿童发生这种疑问的时候，就可以请教实质的读物来解答。实质的读物，能给他一种满意的答覆，儿童自然会对它发生兴趣。盖茨（A. J. Gates）、披而登（Celeste Comeggs Peardon）和萨都丽（Ina Craig Sartorius）做过一个试验，根据三十篇各类的选文，分析出十四个特质，再用分析相关法总计儿童的兴趣和每个特质的相关，其结果有如下表：

相关	0.35	0.23	0.18	0.15	0.13	0.08	0.08	0.07	0.06	0.04	0.01	0.00	0.00	−0.15
特质	惊奇	活动	动物	谐妙	对话	情节	叙述	诗意	熟悉	反复	想像	写实	音韵	道德教训

从上表看来，惊奇一特质——即事实和对话的意料不到的转变，或发生意料不到的事实和结果——最能引起儿童阅读兴趣，活动、动物、谐妙、对话等次之，写实、音韵和兴趣不生关系，道德教训却为减少兴趣。实质的读物，能够包涵惊奇、活动、动物、谐妙、对话诸特质，较之文学的读物并无逊色，而对于道德教训一特质则比文学的读物更易避免。如果这一个试验，没有什么大错误，那么实质的读物只要写作高明，也许比文学的读物，更能引起儿童的阅读兴趣。在以前，文学读物占据优势已有很长的历史，儿童选择读物时，偏向文学，差不多成了习惯，以致知识读物常被排斥。但据盖茨教授的调查，发见有几个学校中，教师对于儿童，阅读知识读物的兴趣，已渐培养成功。他们选定适合儿童需要的知识读物，给儿童阅读，比第一流的文学作品更受欢迎。据美国伊文思（Ernestine Evans）的报告，在苏俄，鼓吹帝制思想和基督教义的书籍，以及旧的神仙故事、民间传说之类已经消灭无疑。他们几乎想从幼稚园开始，就以社会组织的观念启发儿童。他们用极简单的各种象形单位，代表工人、农民、兵士和机器原料等，做成统计图表，来教育儿童。普通要靠文字来说明的，他们多用统计图表来代替了。至少有二十种故事，说到他们的顿河流域。其中有叙述煤矿的怎样开掘，工人的生活，煤的出产和发展电灯计划的关系的故事。年龄与别国儿童同样幼稚的苏俄儿童，对这种读物真能感到兴趣，这不易使人相信。但这是真实的。一个七八岁的苏俄儿童能够很合理的问到工资和生产等的经济问题，不算什么奇事。苏俄儿童观察工厂的建筑和观察蜜蜂和蝴蝶一样。倘使有一种筑路运动发生，那么儿童在学校里就学习筑路学。苏俄为保持国家的统一和防御欧洲反共产国家的侵入起见，特别为儿童出版了许多描写坦克车和潜水艇的书。专供儿童阅读的新闻，他们也很注意。有关国家发展的种种重要事业，都有图画写出来，并用很好的标题以便儿童阅读。有一本关于土西铁路的小册子，叙述这条铁路的建筑情形，插入许多工程师和工人的画像，并且说明这条联结西伯利亚和土耳其斯坦的铁路，在苏维埃的经济体系里，是何等重要。大农场的经营情形，也编成了画本。北极探险家诺比尔的《救护》一书，是两年前最通行的书本之一。关于美国工程师考伯所计划建筑的但尼普洛斯特罗大水闸的事情，全国儿童也都知道了。还有讲到报纸的一本书，用红黑两色印刷，满插图画，说明一个访员怎样采访新闻，怎样把新闻用有线电报或无线电报送给编辑员，编辑员怎样编辑，手民怎样排字和印刷机怎样印刷成功。这一本书，已几出了好几版了。有一类书，源源不绝继续出版，是为解答各种问题的，有讲到时钟和时间的书，有印刷机的故事，有的讲到怎样编辑壁报、工厂新闻和学校新闻，有的讲到玻璃怎样制造，有的讲到陶器的历史和电动机的故事。真的，对于苏俄的儿童，读一篇在印度猎虎的故事，远不及读一篇讲到制造棉花的故事能够动人。从这个报告看来，苏俄儿童对于实质读物的兴趣的培养，已经有了显著的成功了。我国为儿童出版的实质读物，数量上既然不多，写作的技术也不见高明，恐怕还不能和文学读物对抗；近来才渐有蓬勃之势。因为实质读物内容完全真实，对于儿童不会有极大的损害，至多是写作不佳，不能受广大的欢迎而已。无疑的，这一次对于实质的选择，态度比较宽容，但对于它的批评，这里仍未忽视。

（甲）取材。实质读物的取材问题和文学读物不同。文学读物究竟应该采取何种材料，目前尚在聚讼纷纭，前面指陈各点即未必能得到一般的赞同。至于实质读物，如何取材的意见，大概易于一致，下面所说各点，大概也不会有多大异议的。

（1）事实谬误不正确。有一本史话说到蚩尤能作五里雾，使敌人辨不清方向，又说到一个少女，因吃了一个鲜果而怀孕，不久生下一个男孩。像这一类的传说，没有叫儿童知道的必要。有一本地理把太阳系认为整个的宇宙，而太阳系里面只有八大行星。像这一类的旧说，根据已被新的发现所推翻，不能不算是一种错误。有一本常识说，使明代灭亡的是严嵩、魏忠贤两太监，但严嵩并不是太监。有一种游记，作者的足迹，并没有书中叙述得那么广。如果根据可靠的蓝本，做一篇忠实的抄袭，还不至有大毛病，但作者往往自作聪明，不免要露马蹄［脚］。譬如说到金山在长江中心，游金山必须上渡船，又把金山在风涛里的伟观形容尽致，又说中泠泉的对面有焦山高高的耸着。还有别一本游记上说到紫金山受了三面湖水的拥抱，而在莫愁湖前的华严庵里看到一张照相，上写“刘莫愁遗像”五字！这真是一派胡言了。最可笑的是有一本书叫做《小博物》，劈头就说："地中仙土行孙有一天钻到地面上来玩！"

（2）材料陈旧不新颖。科学的进步日新月异，新奇的发明层出不穷，人事的变迁也非常迅速，昨天是个新发明，今天又要算旧的了，今天是这样的，明天又不同了。编辑实质读物而不注意到最近的变化和最新的事实，价值上不免要大为减色。如说有声电影，说到用一种留声机，把他连在演映机上，使和影片一齐转动，发出声来和银幕上的动作相合，而没有提出近年来实际应用的有声电影机。又如说飞行机，而没有说到近十年来的种种进步。发行十几年，重版几十次的书，还是照初版一样，并没一些修订，编辑者或出版者总有一方面不能辞其咎。

（3）内容高深不简浅。一本书的所以艰深，有一种是由于文字的关系，也有一种是由于材料的关系。如小学校补充读物——《各国革命史》一书中革命意义的解释，和英法德俄各国革命史实的详细叙述，决非小学生所能完全了解。如《儿童课余服务丛书》，差不多全套都是太高深了一些，如儿童的工艺及玩具制作法一类的书，中间有几种需要的工具和材料太多，制法太复杂，超出儿童能力之外。自然、社会、卫生各科的书，过于艰深的材料很多，内容似乎丰富，但只要有一段万不是儿童所能了解的材料插入时，丰富就是浪费。

（乙）文笔。实质的读物，通常是缺少兴趣的。补救的办法，就在文笔的能否动人。在实质的读物，文笔要受实际材料的拘束，往往无法舒展自如。目前所出的实质读物，虽然有许多在文笔方面，已经非常的努力了，但还没有成功。

（1）像《江苏省一瞥》和《浙江省一瞥》那样写法的书，仿佛是一本账簿，干燥无味，全篇寻不出些动人之处。这是实质读物最容易犯的弊病，而已经为许多作者所注意，极力设法避免的。

（2）因为感觉到实际材料的呆板干燥就想把它编入故事当中。这种办法，非常盛行。普通是先假设兄和弟或学生和老师两个人互相问答，然后把所要叙述的实际材料，由兄或老师的口中讲出来。借兄或老师的口讲出来的字句，仍和别种呆板的叙述没有多少差异；而与实质全无关系的假设的故事，又往往过于平凡，千篇一律，反而变成一种赘疣。

（3）有许多实质读物，根本不宜编故事。文字的所以不能动人，并不在没有采用故事的体裁，而在另外一种原因。把实质材料编成故事，固然是引起兴趣的一个方法，但并不是唯一的方法。据麦基（McKee）的研究，只要材料剪裁适当，配置妥帖，文字流畅浅显，合于儿童口吻，就是用写实体，同样的能够引起兴趣。

（4）叙述到人类社会关系，民族国家状况，历史上的大事和名人时，往往因为作者的头脑陈腐，有时在语气之间寓有褒贬之意，也不得当。这一点的改正，事实上非常困难，因为要各个作者都能具有新的社会道德观念，不是一件易事。

（丙）图画。在文学读物中，图画居辅助的地位，在实质读物中，图画是必需品了。实质读物中，所要说明的人物、器具、地方风景等等，如果不用图画，单看文字的抽象叙述，便容易发生把铜盘当做太阳那一类的笑话。编辑儿童读物的人，往往对于图画加以歧视，估价太低，不想充分的利用。实则，文字图画都是一种传达意义的符号，在代表某种事物时，图画比文字更加具体，编辑一本书，图画文字是同样的重要。但这次所看到的实质读物，对于图画，大都过于忽视了。

（1）关于历史记载、地理状况、人体构造、自然现象、机械、物理种种研究，不能尽量采用图画，以致儿童阅读感觉困难，不易得到具体的印象，并且减少兴趣。

（2）实质读物所用的插图，逼真是第一要件。因为作图人技术的不高明，或笔画草率，轮廓不正确，就有指鹿为马的危险。或者使儿童不信任，以为并非实在。

（3）有几本书，把历史上的有名人物如华盛顿、林肯、爱第生之类，画成一个普通的外国人的样子，易使儿童迷惑，或印象不能深刻。

（4）异方人的生活、形貌、衣服、住处和物产，各不相同。各国的兵士，各有特殊的服式。这次却看到有几个图，把他张冠李戴了。有一本《中级社会读物》，说到欧战以后，土耳其的开末尔将军带兵打败希腊的故事，插图上面，土耳其的兵是一手握刀，一手执盾，希腊兵是花布包头，四肢赤裸，穿着短裤和没袖的内衣，像中古时代的海盗，又像近代体育场上的运动员，所用的武器，是短刀匕首，因为败逃，所以都丢弃了。赤脚穿着木屐，却两边都是一样。这是一张如何滑稽可笑的图画呢！

(5) 有一本讲到地理的书，把太阳和地球画成一个老人和一个小孩子的圆脸。你有没有看见过没有躯干四肢单有头部的一种怪物呢？这在文学读物中，并非是最好的方法，在实质的读物中，则绝无存在的余地。

除了上述各点以外，关于各书的形式，如字体大小的不尽适合儿童年龄，编排的不尽得法，已有许多研究的结果可以参考，这里不再打算批评。又如校对的不尽正确，一本书里常常发现许多错字，这在阅读能力较低的儿童，会发生怎样的影响，也是不用多说的。至于纸张、印刷、装订方面的不能尽善尽美，因为中国国民经济衰落，购置力薄弱的缘故，并不能叫出版者来担负这种责任。

三、改进的希望

这次选编《儿童读物目录》，将使以后儿童读物的出版受它的影响而有所改进。这一次的选择，主张兴趣主义的人一定发生怀疑，因为把文学读物淘汰得太多了。这个目录没有充分利用各种儿童阅读兴趣的统计结果，无疑，在兴趣方面，不会有多大成功。不过兴趣本身不就是目的，儿童喜欢糖果，但不能尽量给他糖果。要教育儿童成功怎样的人物一目的，决定了给儿童阅读的材料的性质，然后利用研究儿童阅读兴趣的成果，使决定的材料编成读物时，能尽量包涵产生兴趣的特质。这才是编辑儿童读物的适当的办法。所以兴趣未被忽视，但使兴趣处于比较从前更适当的地位了罢。上一节所有对于各书的批评，并非要把已经出版的儿童读物加以指摘，不过是想对于以后儿童读物的如何选定材料，如何利用兴趣，种种改进方法，有一些贡献而已。

除了上一节所说各点之外，以后出版的儿童读物，希望把消极性质的材料，尽量减少，而把积极性质的材料尽量加多。譬如与其讥笑迷信的恶习，不如提倡科学的常识，与其描写种种恶行的得到恶果，不如描写种种美德，使儿童阅读以后，油然发生敬仰之意。教育部最近颁布了一个小学公民训练标准，很可以参考它所有的德目来写出许多道德故事。但不要很明显的把道德教训写在里面，使儿童厌恶，这是非常重要的。社会读物，除了史地以外，对于人类的相互关系和社会组织，绝少说到，这是因为有一般人不愿把尚有缺陷的现社会暴露真相，另有一般人则觉得难于着手。以后希望根据三民主义的立场，多编一些这一类的读物，使一个人从小就教养成对于人类社会正确的认识。关于发扬民族精神，激发爱国思想，这一类的材料，以前似乎比较缺乏。以后希望多多注意中国历史上的伟大事功、名人故事，和现在的地位，关系民族存亡的大事，以及国防常识，国民的责任，如何复兴中国等等。有渊博的知识和文学的素养，同时对于儿童读物有兴趣的人，希望他费一些宝贵的时间来从事于为儿童服务的神圣工作。愿意编辑儿童读物的人，希望他在文学上有些修养，并且要多多吸取知识。每编一本儿童读物时，希望作者先决定是给某一种程度的儿童阅读的，然后对于材料和文字方面，加以精心的考虑，编辑完成，再照给儿童试读的结果来详细修改。每一本儿童读物出版，希望都能注明适用于什么年级或什么年龄的男女儿童阅读。在翻译方面，对于原料的是否合用，须有精密的抉择，并不希望有多量的供给。只愿意作者多多探取外国儿童读物编辑上的优点，作为参考，加以融化。儿歌、笑话、谜语等有许多很好的现成作品，以前汇刊的本子往往因为其中有一二篇材料不合，或各篇程度高低不一，而被摈弃，十分可惜。以后希望重加精选，依照程度，分别成册，以便儿童阅读。其他如故事等材料，最好每一册有一贯的中心，不要随便杂凑。

儿童读物的改进，教育部和国立编译馆愿意和有关系各方面共同努力。在专家一方面希望他对于这次编选的《儿童读物目录》，根据研究的所得加以批评，并对于改进儿童读物的每一问题提出具体建议。在家长一方面希望他能写出对于所有儿童读物的任何意见。在出版者一方面希望他真能为儿童服务，于可能范围内，编辑、印刷、纸张、装订尽量改善，而售价尽量减低，并且尽量帮助国立编译馆减少搜集上的困难。在学校一方面，希望他充分供给各级儿童阅读兴趣和能力的种种实验资料，和自行创编得到成功的作品。至于在自己一方面，希望在儿童读物的出版有了进步，并得了各方面的合作之后，以更大的努力，重编一本内容充实、编法周密而有科学根据的《儿童读物目录》。关于何种阅读材料，适用于有何种阅读能力的儿童，以前写作或选择儿童读物时，可以说都是一种猜谜的游戏，而没有客观的根据。照伏革尔华□朋所用的方法，把各级儿童喜欢的读物，分析每一种读物所包涵的关于难度诸性质，根据全书所用的字汇及其词性、文字的构造、章节的长度、结构、字体、字数、行数、总字数、行间距离、书本大小、重量等等，算出它相关的程度，做成一种客观的标准，这非但写作或选择儿童读物时有用，就是编辑或审查教科书时也不可少。还有儿童在一定时间内的阅读分量及其进度，各种读物的比例，及其他关于选编书目各问题，工作都是非常繁重，而非短期间或少数人所能成就。所以希望各方面的合作是必要的。编完这个目录的时候，看到又有许多有价值的儿童读物出版，虽因不能编入目录，引为憾事，同时却为儿童读物光明的前途庆幸。

（载《图书评论》1933年第1卷第9期）

对于选择“儿童读物”的一点意见

陆文衡

由儿童亲身活动得来的经验，自然要比书本上获得的智识来得宝贵，但为时间所限，“儿童读物”便为儿童智能发育长大的要素了。

儿童负有历史使命为新社会的主人，“任重道远”，自不待说，但以最少的时间，欲收教育上较大的效力，教师对于读物的选择和指示，不得不略加注意了。现将管见列后，愿正于明哲！

A. 选择儿童读物的几个原则：

1. 内容具体化。儿童爱好具体的读物，远过于抽象的读物，因儿童实际经验的缺乏，常见的具体实物，较抽象的东西容易领悟，因此，我们即须要灌输较深的理论，也该不厌烦的，用实物来说明，使儿童得到深刻的印象。

2. 文字浅显而有趣味。儿童对于自然及一切的物质环境，都觉得新奇，只要文字浅显而生动，一看便能领悟，这样自然会使儿童发生浓厚的兴趣，而得到儿童的爱好。

3. 切合儿童的需要。好奇是儿童的天性，所以，宜选择真实的事物，较深的理论可寓于神话、物语、传说之中，儿童见了，自会兴趣勃然，百读不厌。

B. 宜注意的几点：

1. 文字切忌艰深晦涩。文字若太深了，就引不起儿童阅读第二遍的兴趣，平铺直叙的文章亦易使儿童厌倦，所以不宜采择。

2. 内容宜少宗教色彩。儿童最宝贵的是天真，初无所谓善恶，倘读物多了宗教色彩，会使儿童思想囿于一曲，永无开展的可能，所以，宗教色彩过浓的书籍宜加防止！

3. 内容切忌抽象。儿童读物的内容着重在做，所谓“能知必能行”。一般的读物，能够发展儿童思考的已属寥寥，能引起儿童继续努力，亲手去实验的更不易多见，因此，选择的时候，更宜审慎。

4. 迷信和幸运的读物，力宜防止。“万事由天”、“委之气数”、“信任幸运”是堕落民族用以自己骗自己的谎语，振作有为的民族自不应沉溺于其中。所以，最好的儿童读物中不会有这样的内容。

5. 妨害儿童身心发展的亦宜防止。儿童读物中有沮丧、忧郁、恐怖等事物，足以伤害儿童心理的健康的，以及有碍儿童身体健康的，均不宜供给儿童阅读。

我们在选择儿童读物能［时］，能注意以上各点，我想儿童必能多得些实惠。

（载《上海教育界》1933 年第 9 期）

请教育界同志先来编儿童的读物

——请看苏俄怎样编他的儿童读物

廷 工

为什么不可教小孩子读古文，不是为小孩不懂古文，也不是为古文所写的不合儿童心理，而是为古文里边找不出现世界的事物。比方说：

“大学之道，在明明德，在止于至善。”

上面的一句是古文，小孩子固不容易明白，小孩子读来更无趣味之可言。但所以不宜教小孩读这类的古文，并不是因为这两点理由，而是因为这一句古文所说的并不是现世的东西。你看：

“天子重英豪，文章教尔曹。万般皆下品，惟有读书高。”

小孩子是明白的，三家村的儿童得读书的看到这一说也实在高兴起来。但这类的读物，还是不宜叫小孩子读，就因为这种文字里边，不但没有现世的事物的一点影子，而且为现世界的反宣传。今日的小孩如果相信“万般皆下品，惟有读书高”之说，便是误解了现世界，因为现世界大非昔比了。

今日的儿童除工作之外还要读书，其唯一的目的，便是要从字里行间得明了现世界的一切事物。这个话说出来谁也不反对，而且会鼓掌赞成，但教育的实际并不朝这一方面走。我们走进一间小学校，里边的图书馆，就有好几十本的教师读物，但配称为儿童的读物，实在看不到几本。近来也看见一些神仙故事、妖怪故事、新仔婿故事……说是儿童的读物，但儿童读了这些东西，还是看不到现世界的事物。党化教育也喊了几年了，但儿童还是不明白什么是“三民主义”，恐怕就因为没有《三民主义的故事》这一本合儿童口胃的读物吧。你看俄国有他们的“五年计划”，就来一本叫儿童废寝忘餐的《“五年计划”的故事》。你说中国人没有写故事的本事吗，为什么现在的儿童看起《三国演义》、《水浒传》、《西游记》这一类的旧小说，也会废寝忘餐！

前人能够写一部故事，叫儿童知道三国的纷争；写一部故事，叫儿童知道宋代强盗的反叛；写一部故事，叫儿童知道唐代的僧人往印度取经。为什么我们不能写千万本的故事，叫现在的儿童知道现世界的千万件的事物。现在的书坊，未尝不有百十本的，说是专供儿童阅读的本子，但儿童看起来，不是不合口胃，便是得不到现世界的事物。不用说别的，你看各种小学教科书，面目是板板的，内容是浅薄的，儿童读了书只是读如未读，对于书本也生了厌恶心。我这个话，断非过甚其辞，身为小学教师者当首肯吾说。

我也明白中国的真正教育年代还短，现在只忙于设校，还谈不到忙于编书，教育行政界都是这么说。话虽然是这样，言之成理，但今日的中国不迎头赶上世界的文化，便只有给人共管。你看日本霸占了东三省，不是忙于对付义勇军，居然疲于奔命吗？但他们的教育界就来改编中小学的教科书，实施殖民地的教育。人家就没有说忙不来的话。

居今日的中国办教育，一方固然要忙于设校，但同时也要忙于编书。就小学教育言，千万的儿童就渴望着得到合乎口胃的大批读物，载着现世界的事物的读物。

编儿童的读物，到底要怎样？所谓怎样，是编什么和怎样编法。我来介绍俄国的儿童读物，以供参考。下面所写是从《中华教育界》第十九卷第十二期里边一篇文章摘出来的。

一、苏俄的图书种类虽多而宗旨仅有一个，就是要教育全国民众完全了解生活的新制度，无论少年老年，通通是要从头读起的。

二、图书的内容，插入黑白色及各种颜色的图画，这种图画，大都出于著名美术家的手笔，样式虽是很美丽，但都具有自由与猛进的精神，绝对没有卑鄙下贱的状态。

三、儿童读物，都用红蓝色及红紫色印成，非常绚烂夺目，显出苏维埃的美术，具有中国绘画的趣旨。

四、俄人想利用书籍为传书鸽、为灯光，以期普及于全国民众，鲜有视书籍为财产的。看他们所出版的纸装书籍，很不耐久，读了再读，就行抛弃了。儿童读物，每版多至三万册，而每册售价一角的书籍，大多用新奇的彩色印刷，故多印册数，就是要减少成本。

五、用很活动的及婉转的文笔，描写所有地球上已经开辟的地方的人类，如黑种、黄种及棕种等，标出非常醒目的短标题，且间有以那各种人类受白种人的统治而加以冷嘲热讽的。

六、从布尔塞维克党统治俄国之初，政府的政策，就认定各处地方的文学，为组成苏维埃国家的要素。于是组织人种学家委员团，派往西伯利亚最北部，中央亚西亚的游牧部落及远东等处，实地考察及宣传。关于各该地方的方言，已都有记录而刊印成书了，逐步由一种方言译成二十种以上的方言。现在苏俄对付全国及边境地方与其余部落的政策，都用这种简单的儿童读物来锻合全大陆以一种国家概念的。

七、苏俄初等课本著者为俄国工程师伊楞特，编此书以供俄国的儿童诵读，要使他们晓得苏维埃的天然富源，而且加以简单的说明、韵文的组织。因为在“五年计划”之下，关于工业的发展及经济的制度，都应使一般儿童得到概念的。

八、苏俄政府对于各种试验品，都不加以禁止，所以许多出版物，形状、大小及颜色，各不相同。

九、儿童读物是给一般儿童学校用的，但是农民读书团及成人补习学校，也如初等学校，都是利用这种新文学以宣传现代生活的可能性。

十、许多旧神仙故事及民间稗史之类，在苏俄的出版图书目录中已经消灭无遗了。

十一、民间故事的收藏家，继续做十年的搜罗工作，收集许多民间短歌及故事，且标注各地方的民情与风俗。苏维埃国家出版公司的音乐书类出版部，已开始征集全国著名的儿童歌谣，如小儿催眠歌、游戏歌，以及关于爱与勇敢行为的短歌，都在搜集之列。

十二、各处出版的书籍，几乎纯是一种乡村生活的彩色画，趣味深厚，令人悦目。战前的街谈巷语、旧小说，已不为乡材［村］儿童所欢喜，而为一种人工孵卵器或一个罗盘，或全套制糖的图案画，反足使他们惊愕，引起阅览的兴趣。

十三、现在俄人的理想，灌输儿童以一种社会组织的观念，几乎从幼稚园起就开始工作了。维也纳纽拉斯民众陈列馆在去年春季开苏俄的儿童读物展览会的时候，曾经引起数十万奥国儿童的观感。那些社会统计的图表是极简单的各种象形单位之面积，比较用文字来解释容易得多。

十四、设或我们对于一个苏俄的儿童偶然谈一段在印度猎虎的故事，其感动力决没有像告诉他以棉布制造中各段故事那么大。

十五、苏维埃的各部分，都在发展它的地方文化。所以关于叙述顿巴森的故事，不下二十种。其中有些故事，是叙述内战期中白党与赤党攘夺煤矿的，并且兼述机器样式及零星用具一类的故事。也有系纯粹的事实故事，如叙述煤矿怎样开掘之类。更有许多关于叙述工人的故事，以及煤之出产地发展电灯计划的关系的故事。

十六、供儿童阅览的新闻消息，都是叙述得非常详细明白。凡关于发展国家事业的重要事情，每种都用很好的标题，并用图画映射出来，以便一般青年的阅览。

十七、苏俄儿童读物中，有叙述新闻报章编辑之一种，这是一种极有趣味的册子，用红黑色印刷，插满图画像片，描写一个访员怎样的采访新闻，及编辑员怎样的编辑，手民怎样的排字，以及印刷机器的印刷。

十八、叙述无家可归的孤儿的故事也不下十余种，使苏俄人民不论老少都起了很关切的想像。

十九、叙述科学家及探险家的事迹，一天多一天。

二十、苏俄近来源源不绝的出版一种书籍，专为解答各种问题的，如关于时辰钟与时间一类的书籍，印刷机器的故事，怎样制壁报、工厂新闻、学校新闻，怎样制造玻璃、陶器的历史，及怎样使发电机转动等故事，都有很浅近简明的解释及答案。

从上面的摘录，我们看到苏俄怎样为他们的儿童编出记载一切事物的读物，我再来分析一下，以便参考。

苏俄的儿童读物：

一、种类——（甲）关于事的是：工业的发展、经济的制度、社会的组织、各种制造的过程、矿物怎样开掘、国家的重要事业、报章怎样编辑、科学家及探险家的事迹、怎样使发电机转动……（乙）关于物的是：天然富源、机械式样、零星用具、各种物的解答，例如时辰钟、印刷机器……（丙）其他的是：各地方的文学如民间短歌及故事、民情与风俗、孤儿的故事、工人的故事、地球上的人类……

二、编法——（甲）用很活动的及婉转的文笔。（乙）浅近简明。（丙）趣味深厚。（丁）故事体裁。

三、印刷——（甲）图画夺目。（乙）不要耐久只要成本轻。（丙）形状大小及颜色可以自由。

四、宗旨——宣传现代生活，给儿童了解生活的新制度。

上面的各点都可供我们的参考。

写到这里本可以结束，但我还要来一段：

我们素日只讲设校、教书、读书，因为学校教育的现状令人痛心，于是议论蜂起，有主张学校关门的，有主张改革学制的，有主张书不可教而在教人做人的，有主张读书而外还要做事的。总少人想到现在的学校教育的无用，学生没有好书可读是个大的原因。我们不妨说一句，学校里边只见人不见书，教师简直是无书可教，学生简直是无书可读。

儿童读了几年书，还不明白本省的自然状况、地理状况、生活状况，这是什么道理？我们怪教师不会教吗？怪学生不会学吗？我们要教师带起学生坐福特汽车到处跑吗？哪里来这些旅费？我们为什么不能编出一大批廉价的、切实的、趣味的、美丽的书本，叫儿童花一角几分钱便可澈底的明白本省的自然状况、地理状况、生活状况，还明白本省的政治、经济、教育各方面的状况与新的计划。

从今日起，教育界要转变它的眼光，我们不单要设校、教书、读书，我们还得重新来编书！

好像有这一句话：知所先后，则近道矣。

大家做事体，不分个先后，只一天的忙，有何用处？比如说，现在到了年关，各省中小学都遵照部令，举行会考，考什么呢？还不是考几十本的无聊浅薄、枯燥无味的教科书，请问这些书值得怎样考法？像我们广西，能够先编出一大批记载本省的一切事务的读物，叫学生认真读一番，然后考问，岂不是好？

最后一句，请教育界的同志，自家负起编书的责任，不要委之于书商及笔工。（注：京沪苏浙等处小学教育界具呈教育部有云，书商以极微之工资，佣雇无以为生之笔工……）

（载《教育周报》1933年第36期）

不容忽视的民间刊物

——小人书魔力惊人

樱

就现状论毒害儿童影响极大
若加改善是民众教育的工具

连环图画小说，俗名“小人书”，是一种流行在民众间很普遍的书物。阅读者多半是十岁左右的儿童，自资本家的儿女、小学生，以至于工厂的学徒，无不热烈的欢迎它。成年而不十分识字的劳动者，也把它当做消遣品。前两年记者视察贫民游戏场所，像河东地道外等处地方，也曾留心到此种书物，并在本报一再提到，不过当时不知道这种东西对于儿童和一般民众的潜势力，所以也没有十分注意或加以研究。近读《文学月报》，著名时作家茅盾氏也来介绍“连环图画小说”，据他说这种书物在上海流行非常广泛，因此又引起记者对这种刊物研究的兴趣而拿来做较详的调查。

书的外观

前几年所出旧版的小人书，长约五英寸，宽约四寸半，每本由十几页到二十页不等。装订是线装，用黄色有光纸做封面，有白色书签，印着书名贴在书的左端，底封面则甚至有用废报纸的，算盘打得真是无微不至，书内纸张也是极粗劣的极薄的有光纸。每种分若干集，每集一本，一套书十本二十本以至于七八十本。像以上这种形式的书虽说是旧的形式，但仍继续出版，此外新出版的，大概是看见销路之广而加以改良的。新的大小较以上所说的略大，长约五寸而宽六寸，并用红色油墨把书中最精采的一幕印在封面上，每套再加一个硬纸的封套，有的略加彩饰，在商场里书摊上所陈列的便是这种。

种类

提到这种书出版之多，实足惊人。据记者调察，至少有五百套，用商务书版的儿童图画故事来比较，真是小巫见大巫了。在这许多套中分析一下，要以“神怪”和“武侠”的占大部分。凡现在已有的神怪武侠的旧小说，差不多全被小人书的绘制者采做蓝本，其次是杜撰的历史演义，有的是取材于电影和旧剧。关于我所谓杜撰的历史演义，容在后边介绍，至于以电影做蓝本的，国产者有《火烧红莲寺》，外国片则有《滑稽卓别林》、《滑稽罗克》、《西线无战事》，不过最值得注意的，是《奉天惨案》、《满清三百年》的几种。所有的书名是记者仅在一家赁阅此种小说的书店抄来的，所以这样不惮烦琐，是想给留心民众教育的人们做研究的质［资］料。

已出版者已达五百余种　改良后足辅助民众教育

书名一部

红灯记、明珠剑、奇影怪侠牙痕、杨香武、虎窟英雄、刘老大、呼家将、李云打擂、五路分兵、金银侠、江湖情侠、欧阳德、红粉侠、荒山剑侠、夫妻侠、岳东侠、侠义姻缘、人道、铁手盗、奇侠良缘、陈三两、独手侠、小侠秦英、朱买臣、神州侠、混世魔王、李三娘、水陆侠、秘密客、桃花湖、岭南侠、广德寺、抗日记、昆仑侠、花木兰、岳飞、繁华录、神枪怪侠、罗克、云碧虚、小薛刚、江湖二十四侠、五龙阵、五剑十八义、百花台、黑饭店、薛平贵、杨戬、后部杨戬、沈义山、飞行怪客、空谷猿声、五先传、江南八大剑侠、雌雄剑、江湖豪侠、洪秀全、五虎［鼠］闹东京、大肚皮、桃花剑、江湖十八侠、三剑客、李三立、火烧平阳城、白省寺、盗玉镯、长坂坡、斗牛宫、马占山、火烧白莲庵、蟹美人、东三省、飞仙剑侠、石头记、黄三太、义妖传、雷峰塔、金台传、施公案、清宫十三朝、鲍自安、左公平西、状元印、赵匡胤、三侠剑、红侠、万花楼、呼延庆、张玉帝、李存孝打虎、卓别林、方世玉打擂、八仙过海、特别西游记、后部西游记、天下第一桥、胡大海、升仙传、施亮生、天门阵、水浒传、荒村奇侠、江南酒侠、哪吒出世、苗金凤、一枝兰、玉帝托生、韩湘子、白玉楼、夜行飞侠、小秦英、九郎关、杀子报、李闯王、狸猫换太子、五龙十八侠、小行者、穿金扇、七侠五义、西游求真人、八美图、红蝴蝶、姚刚、黄金印、刘关张、九美图、岳雷、北伐记、巧琏珠、乾坤十三侠、黑面侠、傍门奇侠、碧玉簪、奇怪侠、东京城、患难姻缘、罗通、武教场、女子剑侠、少林侠、平妖传、黄龙侠、十大奇侠、红云寺、九更天、为爱从军、慈云观、百侠英雄、凤目传、嵩山侠、四盘山、荒岛侠、四剑侠、百花山、侦探奇案、绿林侠、桃花山、太阳党、崆峒侠、女镖师、下关西、华云龙、痴心女子、花花世界、女侦探、草莽英雄、飞天海盗、绿林豪侠传、前汉历史、文武香球、七星飞龙刘［剑］、百侠英雄、茶碗记、九天烈女传、无敌英雄、西线无战事、太湖病仙传、荒唐女侠、满清三百年、神镖手、薛仁贵、飞剑十三侠、二度梅、民国志、女侠红襦记、八段紧［锦］、连环三国志、无影大侠传、乾坤镜、火烧红莲寺、五岳奇侠传、十八国、黑衣盗、江湖义侠传、龙凤帕、半文钱、江湖剑侠传、罗通扫北、包公案、僧道奇侠传、神怪剑俟［侠］、七剑十三侠、李闯造反、红鬃烈马、济公活佛、女侠飞蝴蝶、封神榜、西游记、沈万山得聚宝盆。

绘制与说明

“小人书”自然是以“小人”为主要部分。据矛［茅］盾说，“小人书”的图画的体裁颇像从前上海《新闻报》上《快活林》内的讽刺画。记者不曾见过《快活林》，不知究竟是否有相同处。据记者的调察，所有“小人书”无论是那一家出版的，它的图画的风格完全一样，纯受所谓图画中山水、人物等画的影响。人物的装束，也有的取自旧剧。绘制技术尚在幼稚中又很熟练，不只人物的一举一动、嬉笑怒骂均能表出，而且一个人的面貌要在一本书中出现多次，即使没有人名注出，也足能辨别出谁是谁来。书全是石印的，而且没有描摹的痕迹，所以绘制“小人书”画师，也真有令人佩服之处。至于说明，同时有简单的与较详细的两种，简单的就在图画内如昨日本文的插图，除去邓玉蝉与杨戬两人的姓名外，有“两人斗法”四个字，因为图内已画出作战情形，再加这几个字，已足使识字少的人明了。如果某人对某人说话，则从说话的口中画出一条线，把所说话都圈在里面，这一点和“美国的小人书”像“*Bring up Father*”“*Mutt and Jeff*”等等如出一辙。较详细的说明特开一栏，在书的上部，像中国旧书的批眉，约占全书四分之一的地位（请参阅昨日本文的插图），这一方面说明画中人动作演进的状态，同时又能自成独立的小说，至于它的好处容在后面细说。

内容除少数有民族观念　此外大多数是荒诞不经
请教育家莫忽视了它

内容

“小人书”的内容，记者在“种类”一段中已略说及，这里再做一个较详细的报告。取材于旧小说的，只是旧小说的节本，再加以图画，内容无须记者细说。自然旧小说中稀奇古怪的事都应有尽有，有时还要过甚其词。又如《火烧红莲寺》则并非根据旧小说中的《江湖奇侠传》，而是取材于《火烧红莲寺》的国产影片，并且因为出版处不止一家，所以你也出《火烧红莲寺》，我也出《火烧红莲寺》，结果单这一种就有两三个不同的版本。取材于外国影片的，像《卓别林》、《罗克》等，内容是节取他们早年的作品，即所望［谓］“杂片”的。其他《月宫宝盒》、《西线无战事》则根据外国电影而改制的。至于内容较好的，有《马占山抗日记》、《十六省大水灾》、《蒋介石北伐》、《奉天惨案》。记者虽草草看过，在书套上就印着“国家兴亡，匹夫有责”，横着一行小字是“宁做枪下鬼，不做亡国奴”。里面有的是假托的，如用兄弟之争以示军阀混战；有的是根据事实，从万宝山案以后，至“九一八”后各地的情形。此外，为迎合“小人书”的读者而杜撰也很可观。这种杜撰的可以分成三种，第一种可以说是杜撰历史演义，这不啻由“小人书”的画师导演两千年前的人物来做戏一样，例如《侠盗大肚皮》一书，书前有“开卷叙言”，如下：“只［这］一部书的事情出在唐德宗皇帝时，由严君独鹤所编，今为普及文化起见，特请名家绘了精美图画，写了浅显文字，使爱读诸君一见一目了然。浮文少叙，言归正传。”而书内所述故事便是德宗的太子为奸人谋害，侠盗大肚皮从中营救，而又有一位穿了隐身衣、只露两只怪手的人从中作梗。像这样一段故事，怕德宗复生也会莫明其妙。第二种是把旧小说来演化，从《七侠五义》、《七剑十三侠》等书七抄八凑而成，另起一个什么《飞行侠盗》之类的书名，再不然就不另取名，而加一个“小”字，例如《小水浒》，则替梁山泊一百单八将各人生一个儿子，宋江的儿子就叫小宋江、李逵的儿子就叫小李逵，这一群小将每人都承袭着他父亲的特有的本领与武器，而且还要高出父亲一头。第三种是凭空创造的，例如《儿童侠》一书，所述是某人在老年生一子，名昌华，后来双亲皆死，他哥哥因恐他将来要分一半家产所以非常虐待他，这时突然有某剑侠来把他搭救出去，真好像李将军从天而降，后来他从这位师傅学习技击，从此他便到处行侠举义，直到遇见两个女侠瑞姑与珠凤成功一个六只脚的婚姻为止。

一般的特色

我所要说的“小人书”的一般的特色，就是这类书引人入胜的地方。无论在那一册书中，永远有着几乎是一定的角色，这一点到很合短篇小说必要的条件，在好的一方面有一个“英雄”，在坏的方面一定有一“匪徒”、“强盗”之类。“英雄”有配角，“匪徒”、“强盗”也一定有助手，照例二等角色先打一番，然后主角才亲自出马，这已到了全书最紧张的地方，而两个主角又各有各人的师傅，在双方交战，看看将有一方要失败时，不是他师傅在云中看得清楚，便是师傅在山上打坐，忽然心血来潮，自动的走下山来，正遇见徒弟失去战斗力不堪再战，便加入战团，自然师傅的能力足以制服对方，而这时这方面的师傅便也出现了，最后或有一方死亡，或者各回本营预备再战。至于作战的方式，每人除了一种真武器之外，都有“法宝”（请参阅前日本文插图），有的更有“钻天”、“入地”、“隐身”的本领。每册书最后的一页一定是没有结果的一幕，例如某人发出一镖，不知结果是否打中敌人。“后事如何”必须去着［找］次一集的，还有从这一套书转到别一套书的。现在把《儿童侠》最后一页抄在下面：

“……洞房花烛，其乐可知。昌华暂时在家度他蜜月，后来昌华夫妇三人行侠的事，皆载在《夫妇侠》书中。夫妇侠奇事很多，如狗子供状、执笔写字、驴马交兵、争夺美妇，真是闻所未闻也。”这又是一种新的引人看书的办法。

民众问字处谁去问津　走这条路倒受人欢迎

毒

无疑的大部的小人书是有毒的，儿童很容易中了这种毒，而且中得很深。记得是在去年，上海地方有几个小孩子，偷偷的从家里逃出来要到峨眉山去访剑仙，据说是受了旧小说的影响。推测起来，也许小人书的功劳一定不小。不仅这一点，小人书中更有诲淫的地方，某盗贼强奸某小姐，在小人书中可谓司空见惯。不记得是在那一套里，曾见有一页画着一爿垂了帏帐的床，床前有男女鞋各一双，这样已足表示出帏帐里是什么，而这位画师尤嫌不足，于是又从帐子里伸出一只赤裸裸的大腿，这难道不该取缔吗？

民众教育工具

虽然小人书的内容是有毒的，但它却具备了一种很好的形式，这种形式便是民众教育工具。在《绘制与说明》一段中我已很详细的说过，小人书的说明有两种，简单的说明已足使识字不多的人明白这故事的演进，而画上横列的小说节本，又与图中的故事吻合，这些图画不但可以引诱识字不多的读者，而且使这些读者渐渐的看懂了那文字的部分。此外在结构上也极尽引诱之能事，这已在《一般的特色》一段中说过，所以它能使人看了第一集还想看第二集，看了一套还想看另一套，这比读干燥的平民千字课有意思多了。

（插图为“李靖［哪吒］出世”，哪吒与小金龙在南天门前一场大战，两人同在空中，而腾空法则各有不同）

售卖与租阅

关于小人书的售卖，在记者幼年时，曾知道有一家所谓“糖摊”的地方出卖，但近来专为调查这件事而去问他时，他却没有了。不过据我知道，在租界里有所谓“敲铛铛”的是小人书的供给者，小少爷们便是他们的主顾，他们所卖的是上述比较小一些的那一种。无论那一集全可零卖，价钱是五六个大铜元一本。据说他们是从“晓市”贩来的，原价只有一半。比较大一些的，最近我才知道在天祥商场里的书摊上有得卖，全书零售，每套定价多在一元以上，但七八角亦可成交。不过小人书既如是之多，而且具有那样的吸引力，在资本家的儿女看来，自然不算什么事，但在普通人家的小孩或工厂学徒，却很不容易全部购备，于是租阅小人书的地方便应运而生。最初在三不管、河地道外等类的贫民市场见到，租书的人有一只木箱，很像什么“看洋片”之类的设备，不过箱内满藏着这类小人书。此外有木板一块，写着书名，租书的人可在木板上指出书名，再向租书者索阅，坐在他特备的板凳上来看，大概一个铜元可以看一套。后来这种风气已波及到城里和西头一带，不过租的地方不在露天而在室内，租价也高，坐在他那里看，每五本一个大铜元，拿回家去（这须有很深的交情）时间较长，五本要两个大铜元，所以看一套有时要八九个大铜元。更有活动书摊，便是把书和板凳都放在一个小车上，有人看时便停下来。民众教育家们看了他们这种办法，能不惭愧吗？

拖一条尾巴

小人书的方法与势力，都是很值得注意的。在外国也有这种印刷物，像美国的小人书、德国的版画等，只是内容较好，并无中国小人书的这种魔力。所以我建议民众教育家们，正可利用这种东西来做民众教育的工具，特别对天津教育局大胆建议，请除去那块“民众问字处”的招牌，来印正确而有意义的小人书罢。又本文有些地方参考了茅盾君的《连环图画小说》，不敢掠美，特此附白。

（载《大公报》1933年2月14日、2月15日、2月16日、2月17日）

青年课外读物问题

沧　一

现在的青年，在中等学校修业的时候，是不是每星期按时上课，就可以得到一切的知识了么？任何人知道不是的，就有人说，课外阅读，他的受益比上课还要紧哩。但是自己知识未充，选择何种书籍可读，何种书籍不必读，何种书籍不应读，那就非有人来指导他不可哩。

各校的热心教员，往往介绍新出版的书籍，请学校图书馆购买，以备一般学生，在课外的时间向图书馆借阅的用，这岂不好极了么？

又有各校教员指定图书若干种，置于某级教室，或某级公共阅览室里，以备某级学生在自修时间内或休息时间内可以阅读，这也是可以的。

以上两种办法，都可实行，实行以后当然得到的好处很多。虽然所得的好处是有了，至于坏处，亦未尝没有呢。

就是所阅读的书，它的种类都偏于文学部的小说一类为多。小说类中的神怪小说、言情小说、义侠小说、侦探小说等等，阅读的固然是多。但在这几类中的言情小说，尤其是十个青年，倒有七八个喜欢看这类的书为更多。况且在宿舍里床铺上，时常发现这一种的书本。这是我们在调查学校的时候曾经见到的实在情形。因为这个缘故，我们感触到青年课外读物问题，大家还要研究一下才兴哩。

论到言情小说里头，一切浪漫不堪的小说，固然青年不宜阅读。就是退一步说，旧的如《第六才子书》、新的如《欧美名人情书》等等，在中外文学书里虽有文学的价值；然而在中等学校的青年是否可以阅读？这亦是值得研究的一个问题。

况且在这国难期间，青年的志向，应当怎样求坚定？青年的学业应当怎样求增进？青年的身体应当怎样谋锻炼？岂可以在这血气未定、智识薄弱、发育未到完全的时候，把这些新旧言情小说来迷惑青年的志向，阻碍青年的德业，斫丧青年的体魄。小而言之，个人的道德堕落；大而言之，国家的民族衰亡。在个人有生命的危险，在国家失教育的常轨。这都是学校当局，应负训教全责的人，应该怎样设法，给青年一条自觉的途径？

我想惟有商量一个方法，能够选定青年在课外阅读的书籍，分门别类，开明各种应该阅读的读物，分作几个阶段。每一学年、每一学期，按部就班，给青年逐段阅读。如有不循常轨，在不应该阅读的读物，或者自己去购买，暗里阅读的，查出后，不但没收他的不应阅读的读物，更且要按照年级，分别轻重，实行惩戒。这是最要注意的一件事情，学校当局万万不可忽略的，因为青年的道德、学问、身体三种，都有绝大的关系。

各校倘没有相当指导的方法，现在教育行政当局，也在这里讨论过了，要想商量一个青年课外应该阅读的读物纲要，来与学校当局商酌而行。所望各校青年，自己知道关系重大，多从自然科学方面的书籍与社会科学方面的书籍，体育与卫生方面的书籍等，注意阅读为是。尤其要注意到今日国难期间，自然科学重制造与化学，社会科学重外交与史地，体育与卫生重劳作与运动，这又是目前最要紧的课外读物了。

这个问题，究竟怎样方好？愿与各校师生作一度的商量，能不能寻一条正路解决这个问题呢？我十二分的诚意，希望大家指教的啊。

（载《江苏学生》1933年第2卷第3期）

为什么要读课外读物

孙荫初

在现代学校里，课外读物已占有很重要的地位：究竟它对我们有什么功用呢？有些人，以为读课外读物的意义在消遣；至于知识的获得，那只有依赖课本。所以，有些先生甚至还不叫学生看课外读物。这些见解是错误的！学生在课堂上依靠几册课本所求到的知识是很有限的，也是很浮浅的！可是课外读物，却包括很普遍的知识：有属于文学的；有属于自然的；有属于史地的；用我们课余的时间来阅读它，不但可以补足课本上的缺憾，而且可以养成了在课外读书的习惯，更使学生获得了多量的新知识。可见读课外读物很是需要，并不单是为了消遣呀！

（载《儿童杂志：高级》1933年第16期）

小书摊

子 夷

提起了儿童图书，我便不由自主的联想到杭州市里的小书摊子。别的城市我不知道。杭州市里的小书摊，的确成功了很有势力的儿童图书馆。一个铜元的租金大多是儿童自己节省下来的零用钱。马路上往来行人，不论怎样热闹，儿童们席地看书，着实要比小学教室里努力注意。摊贩所有的书，册数不好算少。再看书本的封面页角都足以表明经过好多人的翻动。摊贩不至［只］一个，又足见这生意经还有利可图。照他们书本册数论，成本并不重大。曾经把这事和研究民众教育的专家谈过，我想利用这小书摊，作为我们儿童图书馆的流通派出所。他们的书，大多是连环图画。有图有说，神怪的、武侠的居多数。小学高年级的学生，有好多特地去租了来长期看的。一人传十，十人传百，一个小学里，没几天功［工］夫，凡是会看书的学生，多着了连环图画的魔。这许多书的内容，我很怀疑。新迎［近］报上载着左面一则记事：

> 市政府昨函公安局云：案据本市公民沈桂荪函称，“敬启者：查市内有大多数小书贩专为出租各种神怪妖鬼图画小书。名目有百数十种之多。租价每部十小册，约铜元十枚。察其内容，一派胡言乱道。引诱一般未成年之学童，醉心租阅，触目皆是。而反致学校功课，废弃不顾；甚或废寝忘餐。如此贻害青年，流毒社会，实非浅鲜。务望贵政府转咨省会公安局，令饬各公安分局，严予禁止，以免贻误学童，不胜盼企之至！”等语。查前项图画小书，确属贻害青年，流毒社会。除函复外，相应函请贵局查照，令饬所属，严予禁止云。

沈先生，不可多得的有心人也。不过，我们的小朋友，自从受了识字教育以后，已经养成功了看书的欲望；大有一得空闲，就要找书看的情形。假期下雨，不能出游，连书局里送给我的教科书教授书样本，都被孩子们搜去消遣。的确，他们不会像成人般用麻雀牌来消耗空闲的光阴。教科书味同嚼蜡，除临考前，迫不得已才肯温习外，谁也不肯再拿出来重读。现在的小朋友如此，我们在幼时也如此。儿童图书馆又寥若晨星，自己学校的图书室，逢假期又不开放。小书摊的热闹，未必完全是小书贩的引诱。因为书摊上并无大招贴，也不吹吹打打，宣传什么廉价。小朋友群集，无非是环境里一种自然的趋势。不好的书，当然要禁。但是供给小朋友看书的机会，却应当增加。若怕经济发生问题，我要重申前议，由图书馆和小书贩合作，或者把小书贩交给图书馆监督指导。这不是比片面的禁止好得多吗？这或者是值得试验研究的问题，希望主持图书馆的人，设法来试试！

（载《中国出版月刊》1933 年第 2 卷第 2—3 期）

教科书大倾销

说今年是“国货年”罢，那不如说是“倾销年”更来得确切些。经济恐慌达到了尖端，农村只剩下最后的一滴余沥，都市的小市民也只有一个干瘪的口袋。工厂的出品，不论是国货洋货，都堆满了栈房。因此在街头巷尾，到处贴满“大倾销”、“大减价”、“大赠品”、“削本售现”的招纸。现在是连文化的商品——学校教科书也在实行倾销了。商务、中华、世界、大东几家大资本的书店，都在减低折扣，赠送样本，他们只求销路，却顾不到“血本”。出版业是怎样地“为文化而奋斗”啊。

可是这教科书倾销的现象，所反映的是什么？就只是中国教育的破产与文化事业的不景气。本来因农村崩溃，灾祸频仍，中国学校和受教育的人数，已在逐渐减退，再加上会考制度的束缚，使一部分的学生，被摒于校门之外。因此使一般以编印学校用书为主要营业的大书店，都受到直接的打击，不得不出于倾销竞卖之一途。这倾销的结果，使资本较大的书店，可以独占教科书的营业，而以粗制滥造的书籍，毒害后代青年人的头脑。这是教育前途的一大险象。要是书业更利用政治的手段，以帮助倾销，自然祸害更大，但是这在现状之下，却有百分之百的可能的。

（载《生活》1933年第8卷第29期）

教科书大倾销

珠

年年只见“传布文化”的书籍涨价。先是原来照定价八折的，改售实价了；随后实价又涨上一成二成了；原因都是成本昂贵，开支浩大。不料本年夏初，忽然看见几家大书坊煌煌然登出大幅的广告来，教科书大廉价：中学教科书原售实价者减卖八折，小学教科书原售八折者减售六折了！教科书是学生的必需品，二成的折扣虽然为数不多，可是穷学生们实已受惠不浅了。在这一点上，谁也应该欢迎教科书的大减价。

中小学教科书的编印，在四五年前只有商务、中华、世界等三大书局；他们三家“三分”了中国的“教育世界”。他们各有“势力范围”，虽然“分治”，却也“合作”。编印中小学教科书必须大资本，而且推销教科书据说也必须有“线索”，真所谓兹事体大，普通的书店决不敢冒昧从事的。而况“天下”既已定于“三”，别家想打出一条路来更不容易。但是最近三四年来，各书店因为营业上很少“出路”，便也冒险来干教科书，迄今已编成中学教科书的，就有开明、神州、北新、大东等数家。但是教科书的“基本地盘”，据说不在“中”而在“小”，于是小学教科书的编印也就新增了两家：开明和大东。现在就有五种小学教科书摆在小学教师的面前听凭他们选择采用，而教科书大减价也就因此发生了。

照普通习惯讲，如果一条街上新开一家布店大减价，则同街的老牌布店势必也要大减价。书店虽说是“为文化服务”，却也难逃这营业竞争的铁则。在这竞争中，资本薄弱、手腕不灵的铺子，难免要吃亏，这又是商业上的铁则。然而教科书到底有关文化，不能和普通商品相提并论；平常人买一尺布也要比较好歹，现在既是有关于儿童教育的特种“商品”，自然更应该比较比较。这选择之权，自然操于小学教师。可是研究小学教育的先生们也应该乘这大倾销的当儿对各家的书籍来一个公正的批评，给小学教师们做取舍的参考。必如此，然后减售六折的教科书大倾销不至于成为单纯的商业竞争，然后可以说一句真正对于儿童有利益了。

总之，凡事有了竞争然后有进步，但粗制滥造的出品也往往因竞争而愈多；因此，不存私心的严正的批评愈加成为必要！

（载《申报·自由谈》1933 年 7 月 15 日）

中小学教科书的竞卖

枫

教科书既列为商品，竞卖为事实所许可，亦事实所必然，夏末秋初，竞卖方法层出不穷，海上各报大幅广告，几为教科书与香烟所包办。折减、廉价、赠品、奖券，甚至飞机救国等名辞亦与教科书广告相联络。广告之不足，继之以请托运动，平素无人顾问之教师，骤高身价。请托之不足，继之以诋毁排斥，以自显其货真价实。日来报载中华书局声明“南京各市小学评选之总报告”传单之非事实，更有四书局发表京市社会局之启事。此剧烈之倾销竞争，已渐超出正常商业手段以外。兹者，中小学开学已近两周，想书肆主人正在结算竞卖之总账，以明成败之局，为重整旗鼓之计也。

自教科书商品化以来，教育目的与商业目的须双方兼顾，过分之宣传与标榜，情有可原，但由宣传进而为实际行动，用书问题不在书之本身，而全视竞卖之手段如何，甚至势迫利诱之举，都不惜引用，以争一时之得失，则负教育行政责任者，殊不能坐视不问矣。

八月报载日本有国定全部中学教科书之拟议，其故因多额宣传费，使书价昂贵，且贩卖者与校长教师，常有勾通之事。

同月，我国教部有各校教科用书，应由教师就教部审定书，自由选择采用，各地不得再行审查之令。上海县教育局训令各校指定用书。教部且令苏教厅纠正。在地方或因行会考制，当统一用书，在教部似亦在杜绝书商运动一地教育当局，以图垄断之流弊。

教部今年有中小学教科书编审委员会之组织，似倾向自编教科书，试行国定政策。国定之得失，非本文所欲讨论，果能贯澈国定主张，自为杜绝竞卖最痛快之方法。即政府不能自行印刷，书商承印，价目划一，虽属竞卖，必不至影响教学效率。但就现行之制，仅不准地方教育行政机关审查，听教师自由选择，似尚未能解决使用问题。竞卖者不过化整为零，运动勾通之事仍不可免。则在当局防微杜渐，宜有进一步之管理方法，不应以审定为其最后责任。

教师自由选择，果无流弊乎？今日学校教育效率之低落，教师时易，教本时易，实为最可考虑之原因。小学生级任教师年有更换，甚至一年数易。学习方法不能循序以进，儿童彷徨无主。以言教本，秋季商务，春季中华，历史某家，地理某店，前后教材无一贯系统，各科目间无联络之效。至于中学，教师为自高地位，初中选用高中教本，高中采及大学用书。教者更见异思迁，学生时迎新送旧，忽数年，如此过去。于是主持会考者群叹学生程度之低落，是谁之过欤？

就现制言，凡审定后之教科书应如何使各地得最美满的应用，实为教育行政范围内事。如性质相同之书，形式、价目不宜参差。广告宣传，应有限度。请托关说，当悬厉禁。地方教育行政当局，更不宜使其置身事外。凡此种种，教部均当筹及。又如各校已拟定之书，应经一度考核与指导，每学期分校分级，造具报告与统计，应为教师规定选书应有之标准；应调查各书之得失，上呈教部，请审定机关之指示，凡此种种，又似为地方当局所当注意。总之，省县教育行政机关，对于教材，负有专责。未可因远嫌而忽略，不能因审定而推诿。各级教育行政机关，如能切实联络，成整个之管理制度，则已审定之书，或能获较大之效果；优良教本，不待宣传而自得信仰。竞卖之风，即可稍替矣。

（载《时代公论》1933年第77期）

教科书的洪水

柯尔达

这两个月来，上海各大小书局出版的教科书，像连日决堤的黄河水一般泛滥着。

老爷书局的商务与中华不消说了，次一等的世界与大东也急起直追，后起的北新、开明、光华、神州、新亚等等也不甘落后。大家互相竞出，今日一批中学教科书，明日一批小学课本，后日一批又一批；此中尤以小学的来得汹涌，于是无端造出许多儿童教育家来。不知者以为书局的老板们真的努力教育，“为文化而奋斗”（商务的口号）了。

其实年来出版业因全国经济的总崩溃，影响到书籍的唯一消受者的知识分子层，市场早已一落千丈，复有检查、登记、没收等的剥削，自然奄奄一息了。谁都知道，资本主义的生产是无政府状态的：如果社会科学行时，同书异译的“唯物史观”可以出至六七种；如果儿童读物有销路，就连小朋友们买糖果的几枚铜板也被看重。现在既发见出版教科书是一宗有利可图的生意，那有放松的道理？

家家书局的广告总是说，依据新课程标准来编辑，又经教育部或国立编译馆审定，还有教育专家或什么什么泰斗的好评，一句话，本店的中小学教科书首屈一指。并且，降价发售，六折八折不等，多购另有优待办法。

生产过剩，贬价抛出，这在老板们是不得不如此，但在我们看来，也不算是一件坏事。中国有能力进学校读书的人本来就不多，其中典当挪借才能缴纳学费的，想也不少，现在既有廉价的教科书可买，总算减轻一些负担，虽然只是一些。可是在这赶出竞卖的局面之下，粗制滥造就成为非常普遍的现象了。孩子们穷年累月地念着的教科书，就是我们的教育家十几天，甚至三几天，编辑成的啊！

其实，在现制度下，我们对于教科书，不敢有什么苛求，也不愿存什么奢望，只要少些毒汁，就心满意足了。一切文化上的劳动者，特别是与教科书有直接关系的教师们，都有责任把那些参透着毒汁的所在指出来，不要让活生生的儿童与青年们被吞下去。

（载《抗争》1933 年第 2 卷第 15 期）

教科书问题

晋　寅

因各报的大幅广告，教科书七折八折大减价的广告，深深的倒吹一口冷气，说一声“惭愧呀惭愧”！像不才的我，不是曾经耗费过所谓“公费”而受过所谓“师资”的教育吗？然而，对此教科书问题，却令我压根儿不敢再谈“教育怎样”了。

甲乙丙丁戊己庚辛壬癸，转到子丑寅卯而至于申酉戌亥，只要会一亅丿㇏，便能编“习字读本”；只要知道“汉唐五代”，便能编“历史教科书”；类而充之，所谓“生活”也，所谓“自然”也，更漫不在乎的，只要能够领略“饭是米煮的”、“粪是饭化的”，“热天穿单衣不冷”、“冬天着棉衣不热”，就大可以“专家”自豪了。

因此，一个小学生，读了好几年书，甚至快进中学了，除仅仅知道“一二三四五”的数目、“红黄蓝白黑”的颜色，其他如何的为人，如何的处世以至于国家是什么，都是茫茫然莫明其妙；这种错误，可就是教科书的责任，也就是卖教科书广告太热闹的关系。

但是，这不能怪那些卖教科书的书贾，赚钱的买卖，谁不想做呢？这只能怪我们教育部的有司，所谓“审定”，所谓“备案”，仅仅只是那么一回事，实际上书本的内容怎样，那些经手“审”、“备”者，根本也只是把他当做那么一回事而已。

结果，教科书越多，教育的前途越觉不堪设想，是以此教科书问题，着实令我们这批略略知晓教育原理的人，望着卖教科书的大幅广告吹冷气。

（载《社会新闻》1933 年第 2 卷第 16 期）

教科书之年

到本刊出版时，民国二十二年差不多就要完结了。

民国二十二年，在上海的工商业者是叫作“国货年”，在我们南京的中央政府则是“剿匪年”，在这一年中，究竟“国货”振兴了多少，“盗匪”平定了若干，自有事实在我们眼前，这里不必多说。

“三句不离本行”，却说这一年在我们出版界，则可称是“教科书之年”，因为中国的出版界，实从来未曾有过今年那么跌价倾销、激烈竞争，为了竞争，于是彼此勾心斗角，遑恤种种手段。或者假借教育界所谓名流大官的名义为推销，或者酒食宴会、礼物馈赠，借联络感情而为推销，或则造为教科书研究会的名义，评判等第，而以其自己之所出版，居于第一，借以达到销售的目的。凡此一切，是否算是干犯法禁，我们不想多说，但如最近日本的所谓《帝都教育界的丑状》，不过出版家与几个校长勾通，采用他的教课参考用书罢了（因为日本的教科书是文部省出版的）。然而一旦发觉，被捕的被捕，下狱的下狱。有一个小学校长，竟在监中畏罪自杀。其实，在我们中国，这样的事情普通极了，翻开报纸广告，教育的最高当局不是就在给某大书馆作推销员吗？教育的行政官吏，不就是某书局教科用书的编辑人吗？

商业的竞争，倘能从改良内容着手，那末复有何说，可是事实上往往相反。自新课程标准的实施，现在新编的教科书，究有异于以前所编的吗？果是什么地方比前改良了呢？自新课程标准的议决公布，为时不过半载，依据此标准而编纂的教科用书，果能免于改头换面，粗制滥造之讥吗？我们希望在这半年中，曾经用过这种教科书的先生们，能将其意见写了出来。在这是非混淆，正论陵夷的社会，一切都为资本的魔手所左右。谁能在报上有巨幅广告，谁能收买教育界的所谓名流要人，谁能有遍于全国的推销网，好像他的出版物便是最有价值似的，我们觉得这种为商业资本所支配的现象，实有打破的必要。我们希望朝夕与这些出版物相见的人们，能够提出公正的意见来。

民国二十三年就在眼前了。我们希望全国的学校教师以及青年学生们，对于这用种种不正当的手段以销售的教科书，能够暴露其黑幕，来一个总清算，使我们的读书界得有一线的光明。

民国二十二年是出版家为了营利而倾销其教科书的一年。

民国廿三年，学术界的人们，能够为了自身的利益，并民族运命所托的青年的将来，使这一年成为教科用书总清算的一年吗？

我们在这里期待着全国思想家、学者们的援助。

（载《社会与教育》1933 年第 7 卷第 4 期）

教科书与教育政策

达　千

年来教育部颁发各种的课程标准，规定各级学校会考，并主张以十二万元筹备部编教科书等各方面已是露骨的表示着整齐划一的政策，前后一贯的主张。不过最近我们看了教育部给各省市县教育厅局的一个训令，不能不说它又陷于自身矛盾的错误中了！

兹录八月十四日教育部的七九七六号训令于左：

> 案查教科图书之审查，应归本部统一办理，迭经前大学院及本部先后通令知照各在案。近查各省市县教育行政机关，仍有组织教科用书审查会，限令各校一律采用某种教科图书者，殊与前令及小学规程第二十九条“由学校选定采用”之规定，大相抵触。嗣后各省市县教育行政机关，不得再组审查会，审查本部已审定之教科图书。

至教科书之采用，应由各校任课教师凭其教学上之实际经验，自由选择，慎重办理，亦不得加以任何限制。否则往往有假名义，暗中操纵者，其流弊所及，何可胜言。除分令外，合亟令仰该厅局署如有省市县内教科图书审查会之组织，应即一律裁撤，仰即遵照。此令。

从上面的令文看来，吾们值得注意的有两点：

1. 教科图书之审查，应归教育部统一办理。

2. 学校教师得凭教学经验，自由选择教科用书。

吾们认为第二点与教育部向来的政策冲突得最厉害；照第二点看来，教育部还有编制统一教科书的可能吗?！教科图书由学校自由采用，不但在学生会考上增加一种困难，进一步说，也不易达到全国国民训练的共同标准。至于书贾因竞争销路，多用宣传费，提高书价，增加学生负担，以及与各校教员校长之种种勾结等等，真是“其流弊所及，何可胜言”！

再就世界教育趋势看，大概采取整齐划一政策的国家，小学教科用书多由中央编订的，如法、意、日本和苏俄都是。日本最近文部省还想把中学校、女学校、农工商业学校等中等学校教科书全部，和小学教科用书一样的，由文部省监督编辑和发行，这是于中等教育的统一，有很重要的意义。吾想教育部要给全国儿童造成一个共同的文化基础，促进将来一般国民内心的结合，光是把一切的教科用书，加以审查还是不够的吓［呵］！

（载《教育与中国》1933年第3期）

选用教科书问题

宋苇庵

自新课程标准颁布以后，各书坊为适应各学校的需要，与推广自己的营业起见，莫不竞揽专家，从事于适合新课程标准的教科书的编著。

小学教科书，需用尤切，销行更广，所以各书坊对小学教科书的编辑，尤为注意。务期其尽善尽美，以加惠于儿童。所以在上年度终了本年度开始的时候，各书坊更不惜巨资，大登广告，大送样本，除呈部审定外，更大请其名人批评；宣传鼓吹，不遗余力！同时各学校亦希望在此新课程标准颁行之初，有一极适合标准，适合儿童心理与程度之教科书出版，以应所需。可是因为各家皆说得天花乱坠，反使人有扑朔迷离，雌雄莫辨之憾！要想采用，又无所适从。其实，既经部审定，皆可采用；无如在事实上却不尽然；因竟有虽经审定，而内容仍有不合呢！于是各小学对于教科书，就不得不加选用。要想选用，则必须审查；否则，盲目购买，未有能合用的。

其实，审查教科书的工作，最好由教育厅或教育局（或教育科）负责举行，较为容易而切实。延聘专家，从事审查，合格者，令饬各校选用；如此，则各校既不感用书之恐慌，而新课程之推行实验，亦易收效。

现在此种工程，教厅及教局既未举行，各校势不得不自己去做。惟审查时有两种问题须待解决而亦为本文所应研究者，就是审查材料问题与审查方法问题。

审查的对象既为教科书，而教科书之来源，又不外两方面：一为各书坊所赠送的；一为各学校所索取的。惟坊间所赠送与各校索取者，多为样本及初级国语（亦有赠别种者，但是很少）第一二诸册，其能赠送某一科各级（高级、初级）全套或某一级（高级或初级）各科全套者，固不多见，若望其能赠小学全部教科，则更等于梦想。此固由于成本关系，不能如此赠送，使经济蒙极大之牺牲；同时亦不肯使全部教科，受人审查。因万一被审查落选，于他营业大有关系呢！所以他们只存赠送初级第一、二册《国语》之类，使人审查。要知，这类国语教科书，大多无甚出入，皆可采用；不若其他各级所用之其他各种书之大有好歹也！审查教科书，以得窥各家教科书之全豹为满意，今既如此，则很令人失望！

我校（海师附小）于上学期终了时，亦曾做审查工作，彼时搜集各家新书很多，但多半为《初级国语》，亦间有《算术》；《高级社会自然》，则很少很少。所以现在所购之书，多不合用；《高级社会》尤尚［上］黑当。为什么呢？因我校所采用的是商务《复兴社会》教科书；那知它即是《基本社会》的变相。其内容是否确合新课程标准，吾人此时姑不置论，即就它排列而言，已经令人不满。它的第四册的材料，就是基本第三册的材料；它的第三册的材料，也就是基本第四册的材料（是指大部分说）。如此颠倒排列，在该馆以为一新面目，而不知以前采用《基本社会》如我校者，此时六年下期再用《复兴社会》第四册，则有材料重复之叹，而无以为学！不知该馆编书时亦曾顾及此点否？不审查者固不必说，已审查者尚有如此困难，益见选用教科之难呵！

我以为要想解决此种困难，最好将各书坊如商务、中华、世界、民智、大东、北新等各家所出之书，各买一全套，切实审查，以定去取。择善而从，固不必据用于一家。如此，则不合用的困难悉除了。不过，全套购买，于学校经济很有关系，地方小学，恐难胜任。最好由教育局或省立小学行之。将审查结果，建议到各地方小学；如此，则减少地方小学不少困难，而加惠于儿童亦匪轻了。至于已经从事审查未得圆满结果而仍感用书之苦如我校者，仍不妨继续审查，以图补救于将来；不然，则永远受困了。

这是我对审查教科书“审查材料问题”的意见。

至于审查方法，最普通的，就是组织审查委员会，订定审查标准，以从事审查。

审查委员会会员，由各科教员充任之。为便利审查起见，将各科分组审查，如国语组、算术组、社会组、自然组、卫生组，或合社、自、卫为常识组等；各组即由各当课教员组织小组会议，依据标准，从事审查。最后签注审查意见，交由委员会主席整理，决定去取。如此，则良窳悉分而困难尽除了。

至于审查标准，当然是见仁见智，各有不同；兹仅就个人所见，列举纲要如左，以供采择。

（1）课数的多寡；

（2）篇幅的长短；

（3）生字的分配；

（4）插图的情况；

（5）内容的涵义；

（6）取材的方法；

（7）审查的意见。

这是我对于审查教科书“审查方法问题”的意见。

（载《江苏教育通讯》1933 年第 1 卷第 5 期）

教材形式与健康之研究

周法均

儿童健康问题，在教育上占着重要的地位，这是谁都不能否认。所以我们实施教育者，随时随地应该注意到儿童的身体健康。就是认为极小的一件事，也须顾到儿童的生理心理。教材形式一事，初视之，似乎对于儿童身体，少有关系；其实加以仔细的推考，很有影响于儿童眼睛的健康。美人邵午（Shaw）氏他对于教材形式与眼睛的关系，有一段很恳切的话，他说：“凡学校校长教师，及学校管理人，都应该备一米达尺及一放大镜，各种书册都须审查一下，以决定其字体之大小、行距的广阔等，是不是可以证明不致伤害儿童的眼睛。不论何书，虽已发行而有成效者，倘若字体大小不能合用，发行的人，须重行改换一下。”

我们读了邵午氏的一段话，更可证明教材形式与儿童健康关系之重要。是以欧美各国，对于儿童用书之审查，不但审查书本内容方面，教材形式，亦加以深切之注意。德俄等国，审查教科书更为认真。我国人近年来虽亦渐渐注意及此，然尚无明确之标准规定。

所谓教材形式，与儿童健康有关系者，约有下列各项：

1. 字体的大小

2. 行与行之距离

3. 行列之长短

4. 横行与直行

5. 印刷和用纸

兹将以上五项，分述如次：

1. 字体大小与健康

据 Griffing 和 Frang 二氏实验的结果：凡字体的大小递减，则眼的疲倦亦递增。可知字体大小，于儿童目力有密切关系，大概字太小，能使视力疲劳；太大，有影响于阅读的速率。盖儿童发育未全，不能以全副精神去集中于一点，于是看过小之字，就容易发生疲倦。

但字体究竟大小如何程度，才能适合儿童阅读？这个问题，我国人未问［闻］对此有作科学之研究者，欧美各国教育家，则曾有实验之结果。美国邵午氏著《学校卫生》（Shaw：*School Hygiene*）一书内，对于儿童用书的字体，有规定下列之标准：

一年级用字体——字的高度至小须二・六耗

二、三年级用字体——字的高度至小须二耗

四年级用字体——字的高度至小须一・八耗

五年级以上用字体——照成人所用的至小限度再放大一点

成人限度，在 Haely 所著 *The Psychology and Pedagogy of Reading* 一书上有下列之规定：

字体高度至小须一・五耗

纵竖至细须〇・二五耗至〇・三耗

纵竖间距离至近〇・三耗至〇・五耗，每糎内大约可容六七个字母

以上所述，虽是西文字的标准，不能拿来用之于中文字。但是根据了这个大体的标准，用比例方法来对照我们的字体，或者不无借镜之处。

凡一个英文字母里，并行的至多有三纵竖的地方，Shaw 所举的例，一年级用的字体，一糎不过三个多字母；那么一糎平均包含有七个纵竖和六个空间，每间约有一耗多，照此推论，一年级的字体，普通在六横画以内的字，至少要有八耗长，像“農”字至少要有一一・五耗长，“響”字笔画更多，至少要有一七耗长了。高年级字体，照成人的标准算，一种内容六个字母，约平均有十五纵竖。每纵竖有〇・三耗，每空间〇・四六耗，照此推论，高级字体普通横画在六画以内之字，至少要

有四·一粍，像“農”、“響”等字，因横画较多，至少要有五·八七·八粍长了。否则画与画间，便不能有清楚之界限，儿童阅读时间较久，当然容易发生疲倦。

根据以上比例的推算，我国儿童用书字体的大小，大概可得到下列的结果：

一年级用的字体——至少一粴见方
二年级用的字体——至少九粍见方
三年级用的字体——至少八粍见方
四年级用的字体——至少七粍见方
五年级用的字体——至少六粍见方
六年级用的字体——至少五粍见方

这个由英字标准用比例来推算出的中文字标准，当然不能十分适合，但大体可算不错了。魏冰心著《儿童文学概论》一书内，他规定各级的字体，与此亦相合，如下列：

低年级用字体——一粴见方
中年级用字体——八粍见方
高年级用字体——六粍见方

调查现在各书坊现出版的儿童用书，字体都略嫌小些，字与字的距离，亦嫌太接近。因各书坊对于儿童用书，除活体字外，大都用三号四号五号铅字排印。三号铅字，不过五粍见方；四号铅字，不过四粍见方；五号铅字更小了，不过三粍见方。如《国音学生字汇》、《国音字典》等，更用六号字排印，则每字仅不过二粍见方了，这是很不适合的，我们不能轻轻看过，儿童因视力疲劳而养成近视，因看字糊涂而使认字不正确，因读书迟缓而阻碍求学的进步，都是字体不适合之过失。这问题深希教育行政者和各书坊注意及之。

2. 行与行的距离与健康

行与行的距离，简称之谓行距 Leading，行距太狭，使阅读时眼睛容易发花，并且据 Griffing 及 Frang 的意思，行距的增加，与明度也有关系。Cohn 谓行距至小须二·五粍。Sack 亦表示赞同此意。Shaw 更有具体之规定如下：

一年级——行距的阔度至小须四・五粍

二、三年级——行距的阔度至小须四粍

四年级——行距的阔度至小须三・六粍

五年级以上——行距的阔度至小须二・五粍

儿童用书上之中文字大小，比西文字大约加一倍多，是以行距当然亦须加倍。我们根据 Shaw 的规定，就也可得到我们的标准：

低年级——行距九粍至一糎

中年级——行距七粍至八粍

高年级——行距五粍至六粍

也可说行距与字体一与一之比。就是字体一糎，行距也须一糎；字体五粍，行距也五粍。

3. 行列的长度与健康

行列的长度，各家都以为较短为好。行列太长，最易使读书发生疲倦；并为产生近视眼及增加近视的一个原因。盖行长则眼的运动，常有不能平均适应之弊，行列愈长，此弊愈甚。此外行列太长，还有一个缺点，就是儿童第一行读完，回到第二行时，常常感觉困难及迷乱。愈长迷乱愈甚，眼的运动也愈多。反之，用较短之行列，比较长的行列，每一注目（Firation），可以多看得几字。例如六〇・五粍长的行列，每一注目，可以看到三・六五字，倘换看九八至一二一粍长的行列，那么每一注目，只有二字可看得。据 Dearborn 博士在哥伦比亚大学实验的结果，近每句的起端，眼睛停止的时间最长，停后乃开始去阅览，等到近每句的末端，眼睛又作一停止，此停止亦较其他停止时间的平均数要长。所以不十分长的行列，比过长的行列，可以使阅读时格外容易。并且对于眼睛有节奏规则的运动，亦可以使之容易。氏又说明儿童用书，行列最好一律长短，因为读者对于每行眼睛所应运动及停止的次数，看了几行之后，即可造成一习惯。倘若行列长度不等，就可以混乱及阻止此种临时习惯之养成。

关于行列长短之限度，Haely 认为九〇粍为最大限度。Javal 则谓宜在九〇粍以下，九〇粍已嫌太长了。大概儿童用书行列的长度，六〇至八〇粍最为适宜。

4. 横行直行与健康

我国书籍之印刷，向用直行，近数年来，亦有用横行者。就是儿童用书，亦有主张改印横行。读本如陈鹤琴、盛振声合编之《儿童国语教科书》，补充读物如中华出版之《小朋友》等，是已实行采用横行的一个例子。横行与直行两者，究以何者为适合？这是一个很难解答的问题。美国黑哀教授 Prof. Huey 曾用三种方法来实验，实验的结果，在他所著《读法心理及教学法》（*Psychology and Pedagogy of Reading*）一书上有如下的说明：

"朗读无意义的文字，直行排列的与横行排列的速率差不多。朗读有意义的文字，直行排列，亦不过此［比］横行排列慢百分之七至百分之十。但是这些被试者，对于阅读横行排列的材料，都已有充分的练习，对于阅读直行排列的材料，完全是一种新奇的经验，今结果尚且如此，可见实际上直行排列或可较胜于横行排列。"

照黑哀氏实验的结果，似乎直行有胜于横行，他的理由是：

1. 阅读直行排列的英文时，眼看字的中部，一目可看四五个字；他若阅读横行排列的英文时，一目不过看一二个字。

2. 阅读直行排列的英文时，视点上下的边影（Retinal periyheay），帮助理解内容的范围，是字（Words）的全部；他若阅读横行时，视点左右的边影，帮助理解内容的范围，不过是字母而已，故前者的速率可较胜于后者。

3. 直行排列的英文，左右行不易混杂，故视点位置的选择，亦较为自由便利。

惟英文与中文性质绝不相同，中文所有的字，大小均一，字的上下左右长度，也没有差别，无论直行横行排列，其距离亦相仿，故黑哀氏的实验，似不能应用之于中文。并且黑哀氏的实验，着重在阅读的速率，而少研究到眼球上下左右转动的疲劳情形。所以我们要解答儿童阅读横行与直行，对于眼球的作用，究竟那一种适合，我们更须研究我们的视野（Field of vision）和眼球的活动。我们的视野，究竟横面和纵面那一面宽大？据巴森斯 G. H. Parsons 用一个光亮四方的东西，大约有一〇粍大，做视点的标准，放在被试者面前，距离有四十五粴远，来实验视野的形状。他找到一眼的视野，适成一个横的椭圆形，向上可见六〇度高，向下可见七〇度低，向外可见九〇度远，向内可见六〇度深。于此可知横行所见多于直行，是乃人类眼睛天然构造使然的。并且人类眼睛是左右并列，并非上下相叠，所以看见横面排列的东西，多于纵面排列，亦是自然的道理。

我们再来研究眼球的转动，向上下便利，还是向左右便利，来证明用横行排列与直行排列，何者为适合。眼球的转动，据生理学上说，全恃乎眼球上六根筋肉的作用。内外两根筋肉（Medial rectus and lateral rectus）使眼球向内外转动；上下两根筋肉（Superior rectus and inferior rectus）使眼球向上下转动；另外两根筋肉（Superior obliqus and inferior obliqus）使眼球向斜角倾偏的转动。虽现在对于这些筋肉因运动发生疲劳的情形如何，尚少科学的研究，但眼球上下转动较左右转动容易发生疲倦，这是无可疑义的。因为眼球上下转动时，不特眼球自身转动，就是上下眼皮亦跟着运动，是以上下两根筋肉所需之努力，比眼球左右转动时所需之左右两根筋肉的努力大，遂觉易于疲倦。

我们还常有一种错觉（illusion），就是一横一直两条相等的直线，往往看起来直的比横的长些，心理学家告诉我们说：这就是因眼球上下转动时，比左右转动时，更须努力的缘故。

根据这视野的范围、眼球的转动两层理由，我们就可知道对于儿童眼的卫生，阅读横行排列的文字，的确比较阅读直行排列的文字来得适合。其他如陈礼江直接比较阅读横行直行排列的中文及划去横行与直行排列的中字、英字、数字的实验；杜佐周用几何图形来研究眼停时间及其所认知的范围，以比较阅读横直行的效率。实验的结果，横行均胜于直行，所以我们此后的儿童用书，希望书局方面，不妨来更改一下。

5. 印刷及用纸与健康

教材的印刷和用的纸张，对于儿童眼睛的健康，也很有关系。印刷不清楚，用纸有反光，儿童阅读时最容易伤害视力而发生疲劳，所以这虽系小事，书坊和教师们，也不能不加以注意。

印刷儿童用书，第一当然是要清楚，各个字与字间要分排均匀，每个字的笔画，也须笔笔清晰。印的颜色，以深黑色为最宜。倘低年儿童，用深蓝色、深绿色也很适合。因为蓝色与绿色，照生理的研究，是很适合于眼睛的。红色虽也为幼年儿童心理所爱好，但不为眼睛所欢迎，以不用为好。用纸的颜色，以纯白最为适宜。据 Haely 的意思，也是这样。他说："纸的颜色，纯白色的最为合宜，然不宜有光亮，有光亮对于眼睛有妨害。" Javal 则以为纸张稍带黄色者，也没有什么害处，只须印的颜色与背境，两相对照的明度，支配得不差就是了。惟如灰色或他色纸，就要减少此等两相对照的明度，那就不可用了。

儿童用书的纸张，除颜色外还须顾到纸的厚薄。欧美各国儿童用书的纸张，多么厚而坚实，而我国坊间出版儿童用书的纸张，因为顾到成本关系，实在太薄了！不但儿童阅读时很容易破碎，甚至纸这一面印的字句图画，那一面可以隐约看出，这很能使眼睛认字迷乱。所以 Haely 说过：

"印刷的时候，有一事最宜注意者，就是每张纸一面印的字句图画，不宜使那一面可以看出；又一面所印的，不宜有妨碍那一面的平度(Euenness)。"

大概纸张的厚薄，照 Cohn 和 Sack 的意思，至少限度须要有〇·〇七五粍。我们中国虽因儿童家庭间经济力薄弱，不能照他们的办法，但至少照现在的纸张要加厚些吧？

结论

总之教材形式之适合与否，完全有关系于儿童眼的健康。眼为吸收知识之媒介物，是我人身体上最重要之器官，眼睛伤害，此人等于废物。是以我们要保护儿童眼的健康，关于教材中字的大小、字的疏密、行列的长度与行距、横行和直行、印刷及用纸等等，均须加以深切的研究和实验。本文所论，仅就个人参考所得，不过是个大概，未敢认为适合，深希同志们大家来作科学的实验后，再来规定出一个适宜的标准吧！兹将本文所述，归纳如下表，以作结论。

- 教材形式与健康
  - 字体
    - 字体不适合之弊病
      - 太小——使视力疲劳
      - 太大——影响阅读速率
    - 适合之字体
      - Shaw 规定之英字
        - 一年级——字的高度至小二·六粍
        - 二、三年级——字的高度至小二粍
        - 四年级——字的高度至小一·八粍
        - 五、六年级——字的高度至小一·五粍
      - 根据 Shaw 之规定用比例来定出中字之标准
        - 一年级——至小一粴见方
        - 二年级——至小九粍见方
        - 三年级——至小八粍见方
        - 四年级——至小七粍见方
        - 五年级——至小六粍见方
        - 六年级——至小五粍见方
  - 行距
    - 行距阔狭之影响——行距的增加有影响于明度
    - 相当之行距
      - Cohn 之规定至小二·五粍
      - Shaw 之规定
        - 一年级——至小四·五粍
        - 二、三年级——至小四粍
        - 四年级——至小三·六粍
        - 五、六年级——至小二·五粍
      - 根据 Shaw 之规定加倍之作为中文之行距
        - 低年级——至小一粴
        - 中年级——至小八粍
        - 高年级——至小五粍
  - 行长
    - 行列过长之弊病——易使阅读时发生疲劳
    - 各家之规定
      - Dearborn 实验之结果——短的行列比过长的行列阅读容易
      - Haely 行长之规定——最大限度九十粍
      - Javal 行长之规定——九十粍以下
    - 最适合之行长——六十粍至八十粍
  - 横行与直行
    - Prof. Huey 之实验英文之结果——直行似胜于横行
    - G. H. Parsons 实验之结果——横行胜于直行
    - 根据眼球的转动——左右转动比上下为容易
    - 根据错觉的原因——眼球上下转动比左右更须努力
    - 陈礼江、杜佐周实验之结果——横行胜于直行
  - 印刷
    - 颜色——深黑色最好，低年级可用深蓝色
    - 排印——字与字之距离须相当，笔画须清楚
  - 纸张
    - 颜色——纯白色最好，其次略带黄色
    - 厚度——Cohn 和 Sack 之规定至少限度须〇·〇七五粍

（载《大上海教育》1933 年第 1 卷第 3—4 期）

不准用外国文课本

农

报载教育部通令全国中学校，除外国语外，一律不准采用外国文册籍作为学校课本。并为倡率起见，本年度会考，概用中文题目。在这醉心洋化的时候，教部此举，不可谓非独具深意，近百年来，吾国人对外心理，其始为盲目的排外，继则由排外而变为畏外，再则由畏外而变为媚外，最后则由媚外而进为恃外。在一般人的心理与行为是这样，在教育界又何能逃例外。年来一般醉心外化的学校，无一不力求其“化”的迫真。言必杂英语，服必用洋货，课本必用外国文书籍。意谓不如是，不足以显示时髦，更不足以标异于流俗，风气所趋，相率以洋化是竞。而对于本国文字历史等，则久已视为非时代所需要了。

吾国科学兴起较晚，科学的出版物又至贫弱。为培养学生能阅读外国文参考书计，似不能不采用外国文课本以为准备。实则中西学制不同，强以他人的册籍作为自己课本，于学程上决难吻合。且事实证明，采用外国文课本，实质上匪①为无益，有时反足以增加青年进取的困难。现代青年中，有不少对于自然科一门特别觉得乏味，若再益以文字上的困难，那只好束之高阁，任令弃置，今日一般学生自然科程度的低下，于此当有极大关系。

吾国出版界的贫弱，自亦无可讳言，以极贫弱的出版物，而强学生不他求之于外国册籍，自非探求学术的至道。于此不能不希望于负介绍西洋文化的留学生，少做一些洋货的推销，多做一些学术的介绍，则匪惟对此矛盾现象，可不至发生，即于国家前途，亦不无裨补。尤望教部于提倡本国文学之余，再注意及国内科学出版物的掖进。否则所谓禁用外国文教本，恐徒以养成自封的政策而已。

（载《学校生活》1933年第20期）

① “匪”字疑衍。

小学教科书问题

董任坚

小学教科书与中学大学所用的完全不同：他的编辑原则甚不同，我们采用教科书的态度亦不同，小学生应用这些教科书和中学生大学生也完全不相同。关于本问题的实际研究材料，非此短时间中所能详说，现在先提出几条原则来讨论。

教科书是否在小学中占有重要的位置？这是颇可讨论的问题，但是要解决这个问题当先决定我们如何去教儿童。就是我们因先解决了教法，然后才能决定教科书的地位。譬如说“我教你书”这一句话，有两种看法：第一种是我教书，第二种是我教你，前者是重在书本，而后者则重在人。书本的教育，自然脱离不了教科书，将民族的经验，人类的知识，都容纳在书里，注入儿童脑中，不论他们是否能接受，接受了又有什么用处，都不过问。这是旧的教育，也可以说是书本的教育。至于后者，以人为对象，人是活泼泼的，不能用一固定的方式限止的。这样以人为中心的教育，当然不能太看重教科书，这是新的教育。从新的教育立场看，教科书的地位，实在是微小得很。

现在教科书的来源，不外三种：（一）商编，由商人或书店聘请有经验的人编辑的。（二）部编，如最近教育部所从事的。（三）学校自编，如学校教员所编的讲义等。如教科书注意人化，以人为中心，则编辑颇为不易，因为人化的条件有三：（一）教育须以人为本位。（二）教育须注意人的个性差别。（三）教育须注重人的社会化。在此三条原则之下，想编辑一本教科书，适应各个儿童，真是千难万难之事，

至于应用教科书起来，要晓得它是供教师和学生用，而不是仅仅供学生读的。而且学生用教科书，不是一种两种即行，应当多备几种；而且它们不能像现在图书馆那样集在一处，应当将教科书分配在需用的地方。这是最简单的说法，还有许多统计材料，请看将来的书面报告。

（载《儿童教育》1933年第5卷第6期）

关于编制小学教科书问题

百　刚

（一）如何编制小学教科书

编制小学教科书真不是一桩容易的工作。在这里不说“编纂”，也不说“编辑”，特用“编制”两字。我觉得编纂与编辑，仅适于平常书籍。因为只要有材料，各人可以根据各人的主观，编排一下，集拢来就成一册书了。所以同样的材料，可以依编纂者主观之不同，成多种的文章。可是小学教科书便不同了。成衣匠替人制衣服，虽有了材料不能照自己的想像裁剪，愈科学化的成衣匠，愈要一次一次地给客人试样，一方面要适合客人个人的身材嗜好，一方面还要顾到全社会的流行式样。编制小学教科书也是一样道理，处处要设身处地，顾到儿童：材料的内容适合儿童的脾胃吗；材料的编排，适应儿童的学习吗；文字的难易、语句的构成能不使儿童感觉困难吗；甚至于连纸质的精劣、字体的样式、铅字的尺寸、绘画的色彩都没有一样可以马虎过去的。但是这些条件不是凭主观可以想得出，必须经长期的研究、调查、统计、试验，定出一标准作为准则才行。

欧美诸国对于小学用书的编制大多有一种通行的标准，使编制者有所遵循。即就用纸一项而论，质地如何，厚薄如何，色泽如何，大小如何，多应当有一普遍的标准。此种标准可就教育方面、卫生方面、经济方面着眼：用何种纸才能引起儿童的兴趣，适应儿童的学习；用何种纸才不害儿童的目力；能用国产纸当然最好，万一国产纸一时不能用，也得想出一最经济的办法。至于字体的大小、距离，也应得有一标准，据美国学校卫生联合会所规定的小学一年级用书的字体标准：（1）字的高度二・六粍，（2）字的阔度〇・四—〇・六粍，（3）各字母内的距离〇・八—〇・九粍，（4）各字母间的距离一粍，（5）字与字间的距离三粍，（6）两行间的距离四—四・五粍。我国不但没有通行的标准，甲书局与乙书店的当然不同，就是同一书店《国语教科书》第一册与其他教科书第一册的字体大小就不同，漫无标准可想而知了。这些多是形式上关于儿童知觉方面的。他如关于儿童注意方面、想像方面的标准，更是重要了。某一科目在某一年级当使儿童的注意集中于那一点；由幻想到现实，由现实到理想，材料上分量的分配，进展的迟速，衔接的圆浑，当如何按儿童心理编排；主知的材料和主情的材料，分量之多少轻重究应如何；一个习闻的故事，如何安排一下，才能刺激儿童的思想和兴趣；一桩平常的事物，如何说明一下，才能使儿童发生问题，引起研究兴味；这些都非有极缜密的考虑、实地的试验、多方的调查不可，决不是一二编纂人员，照平常写任何文章一样地写下来就算了事。

所以在着手编制小学教科书之先，应得先有一相当范围的委员会，网罗教育家（尤其是实际从事小学教育的人）、心理学者、文学家、语言学者、童话研究者、艺术家等组织之。其工作的步骤应当是：

1. 调查搜集国内外的儿童读物及关于编制的方法。

2. 咨询各方的意见。

3. 厘定各项的标准。

4. 汇集诸种可用的材料。

5. 材料之审查。

6. 将已经审定之材料按标准编制。

7. 决定印刷、纸质、字体、大小等项。

8. 指定若干学校试教并令其报告指定各项的成绩。

9. 得有成绩报告后再详加研究，多数报告认为某一点不合实际情形者，则再行修改，然后制定正式的教科书。

10. 经若干年后，前所制定的教科书，再加一度修改。

我们理想中的儿童用书总应得经过上列的手续。听任坊间书肆的粗制滥造，果然不行，然而由二三部员借政治的权势，凭主观的决定，就这么编纂一套，其危险性也是可想而知的。

（二）我国初期小学教课书的概况

我国第一部的小书［学］教科书要算光绪辛丑年（一九○一年拳

匪乱后）朱树人编南洋公学出版的三本《蒙学读本》；体例模仿英美，但是没有图画。第一册第一课是：

“禽兽燕雀鸡鹅牛羊犬豕之属曰善飞走翼足有故　燕雀鸡鹅之属曰禽，牛羊犬豕之属曰兽。禽善飞，兽善走。禽有二翼故善飞，兽有二足故善走。”

这是开始就以单字和语句并列，因为当时进蒙学堂的人年纪较大，而且已经稍识文字，和现在小学一年级生是不能相比的。

翌年壬寅上海文明书局发行《蒙学读本》七编。此书因编者俞仲还氏先在无锡三等公学堂随编随教，已经过实地试验，故发行以后，不胫而走，至光绪三十年已印十余版，而各地尚多翻印冒售者。此书在我国初期小学读物中，实占相当的势力。前三编就眼前浅理引起儿童读书的兴趣，间及地理、历史、物理各科之大端。第四编专重德育；用《论语》弟子章为材料，兼译东西各国哲人的言行。第五编专重智育；采辑子部喻言，每课系以问答。第六编前半为修辞，以奥衍富丽的文字写游戏习惯的事实，为儿童读《史》、《汉》巨篇的预备；后半系议论文，为作文的引导。第七编选《史》、《汉》、《通鉴》中最有兴会的文章及《左传》、《国策》、周秦诸子中隽美之篇，以及唐宋以来之名家论说。后三编的程度已和目前初中国语科相埒。兹举第五编第一课课文于后：

楚人有涉江者，其剑自舟中坠于水，遽契其舟曰，是吾剑之所从坠，舟止，从其所契者，入水求之，舟已行矣，而剑不行。求剑若此，不亦惑乎。人之固执不通者，何以异此。

问：楚人何以有剑？答：剑为古人常佩之物。

问：未涉剑在何处，方涉剑在何处，已涉剑在何处？答：未涉剑在身，方涉剑在舟，已涉剑在水。

问：剑何以在水？答：自舟中坠下也。

问：剑坠于水，当如何求之？答：当止舟求之。

问：楚人若何求之？答：契舟为记以求之。

翌年癸卯商务印书馆延请张元济、高凤谦两氏编辑最新教科书，日人长尾、加藤两氏襄助之，教科书之形式方备。此后丙午、丁未年间中国图书公司及集成图书公司先后出版各种小学用书，但多无久长之历史。丁未年春，学部的图书局所编辑的《初小国文教科书》第一册，《修身教科书》第一册发行出来。此书半仿商务、文明所出的体例，更加入许多不合儿童心理的材料，纰缪百出，时论非之。至宣统二年部编者悉数出版。因政治上的势力部编教科书与商务的《最新教科书》同在当时占有地位。

（三）国定制与审定制

我国自从学部自编教科书一次失败后，自民国以来即允许书商自由出版，由教育部加以审定。故近年来自商务、中华以次出版小学教科书者不下十余家。纷然杂陈，较大的书店延聘通人负责，所出者尚能成书；下焉者视为厚利所在，由一二人东抄西凑，内容是捋扯饾饤，凌乱芜杂，印刷模糊，纸质恶劣，几不堪一阅。有的以极陈腐的材料，草草编纂，不合时代的潮流；有的以浮夸过激的辞句，专事描写，言重意轻，有害国民的思想。因为地方辽阔，教育部的功令未能严厉执行，故一部分未经审定粗制滥造的出品，也有它的销路。即使已经审定者或因审查标准不密，审查工作不周，仍多有可疵议之处。欲求一适应儿童心理，吻合学习程度，装订坚实，插图鲜美，思想稳健，立言中正者，真是凤毛麟角，不可多得。于是最近教育部又有自编中小学教科书之倡议。虽不明言采用国定制，亦不敢取消审定制，意欲两者并行。一方面仍允许私人著作，借收自由竞争日益改进之效，以保持审定制之长点；一方面则欲自树模范，以遂行民族复兴之大计，且借此厉行新近规定的课程标准，并予一般书肆以积极的指导，用意诚属至善。办法业经规定：共分三期，至民国二十四年十二月即可全部发行。计中小学全部教科书、教授书、必要参考书共三百五十七册。当此国难日深，全国皇皇之时，教育行政当局能有此宏猷擘划，着眼于根本之图，不可不说是空谷的跫音。

教科书采行国定制而著有相当成效的，要推日本了。日本在明治五年颁布学制时，即规定教科书国定制度，一直到现在还不允许私家编制，全国小学校读的教科书仅有文部省编的一种。此外如德、法、英、美、意等教育发达的国家，小学教科书概非国定制，不过大概有一定的标准，使编制者有所遵循。至于日本的划一主义，虽则行之多年，国内非难之声，时有所闻。尤其是一班文人如菊池宽等攻击尤烈。他说："国定教科书和书店出版的儿童杂志、儿童书报等的进步速度，两相比较，如同龟兔竞走。国定教科书简直是只兔子，十六年间一直睡眠着，一步也不向前进。因为并无乌龟做对手，所以是狠安心的。"日本现行的小学教科书（自本年起一年级第一册的国语读本已改编了）还是大正七年（民国七年）时候发行的，所以菊池宽说它一直睡眠到今年，已经有十六年了。不过从今年春季始业的日本小学生，多读新编的《国语读本》，这次的内容加增用彩色印刷，和原有的不可同日而语了。原有的《国语读本》第一册开始几页仍以单字起，这大概是被攻击的焦点。日本从前的国语教科书，开始是教授五十音图，以后晓得这个办法是绝对不适合儿童的学习，所以进一步从一个一个的单语教起，继续将五十音图及浊音、拗音、促音、音便等教完，这是所谓"范语法"，如同我国从前识方块字差不多。这个办法仍是不合儿童心理，因为儿童口中吐露出来的每一个单字的内容思想往往含有断定、愿望、惊异、恐怖等观念在内。儿童说"花"的时候，不是"我要这朵花"，就是"这朵花真美丽"的意思，决不是孤立的"花"的概念。因此由范语法进而为范句法，就是由文字的教育进步为国语的教育。所以到了大正年间，日本的国语入门书，大加改革。但是积重难返，最初的三页仍是单语。就这一点而论，我国的国语教科书较日本进步略早，"人手足刀尺"的时代在我国是早已过去了。

以上由国定制和审定制谈到范语法和范句法，说到叉路上去了。现在再说日本何以能长期保持国定制的原因：这大约是基于日本国民精神中潜存着的划一主义吧。以前日本的小学读本由文部省制定一套，全国通用，曾经有人主张制定两套，任人选择，以期打破这不适地方情形的划一主义。文部省也居然俯顺舆情，另行制定一种，称为"白读本"，原有的一种称为“黑读本”。但自白读本一出，黑读本即无人采用，完全是白读本的天下了。所以表面上虽有人喊着打倒划一主义，实际仍奉行划一主义。其次是因为日本一般研究教育的人，虽则是热心到了极点，虽则高喊着排斥主知主义，体行实验主义，以及主张教育的生活化，但究其实际，大多未脱概念主义的窠臼，未能就地方的实情为切身的体验，所以对于选择教科书仍以国定为便利。

最后吾人须考虑的是我国究应采国定制还是审定制的问题。这层不必烦言，像我国这样幅员广袤、民情复杂的国家，要想和日本一样施行划一主义是万万办不到的。上面吾人对于教育部最近编纂全套中小学教科书之举加以赞许者，并不说此后我国教科书也要行国定制，是在希望有一套可以作为模范的读本出现，不要也和前清学部所编的一样，名为模范，实以人为模范呢。

(四) 乡土教材的编制

近来几家大书店出版的小学地理教科书有的是以天津为出发点沿北宁路而讲长城和东三省；有的是以上海为出发，溯江而上讲长江流域的情形。这种编制方法，当然已经进步得多了。但是我们想到这些课本倘若给两湖、云贵等省的小朋友读，儿童的感想是如何？

各书店的高小历史地理课本大多有一半的外国材料，这实在是值得大加考虑的问题。我想譬如浙江余姚县乡间的一个小学生，与其使他知道耶稣是葬在耶路撒冷，罗马帝国如何分为东西，如何瓦解，不如使他知道余姚王守仁、朱舜水的言行来得能引起儿童的兴味。在绍兴的小学生与其告诉他一八二九年希腊脱离土耳其独立，一八三一年比利时脱离荷兰独立，不如告诉他绍兴的秋瑾、徐锡麟等烈士的事迹。地理一科，也是如此。小学生由教室窗口望得见的高山的名称、来脉、高度还不知道，使他学习阿尔帕山脉的形势，这是多么一桩矛盾的事啊！

德国的基础学校 Grund schule 中设有乡土一科 Heimatkunde，在诸种课程中历史最长，地位最重要，成绩亦最显著。教学根据“由近及远”的原则，以“家乡研究”为出发点。一九二〇年德国中央教育科通令全国小学国语读本中应加入乡土教材，以讨论本乡历史、风俗、习惯、美术、物产、工商业等为主旨。欧战后全国基础学校一年级的功课完全采用混合教学制 Gesamtunterricht，全部材料均应与家乡问题有关。其研究之对象为下之三类：

（一）自然——山川、地势、田园、原野、森林、动植物、矿产。

（二）社会及工作——家庭、商店、街道、交通、教会、社会。

（三）历史——本地名人、风俗、习惯、诗歌、故事、童话。

我想近年来我国青年的心志不安，思想彷徨，不但不知国家为何物，即爱乡爱家的观念都狠淡薄，仅趋向着个人主义，结果徒然招来了个人的毁灭。这原因虽有种种，其中因从小受的教育不能使他获得整个国家的认识，全部家乡的观察，要未始不是一个根本的原因。

个人的意见以为这种工作应当中央和地方分担，有两种办法可采用：

一、教育部仅定标准，分别规定各科乡土教材和非乡土教材的分配，令各省教育厅按照标准分别编制一套，以树模范。

二、关于乡土部分的教材由教育厅编制，关于非乡土部分的教材由教育部编制。

两种办法中以第二种较为合理而易行，于统一之中仍兼顾地方的需要。各省教育厅中原有编审人员，使之负担这一部分工作，并不需要特别的经费。至于印行办法，则仍可交由书商经理。其他私人所编制者如合于标准，仍许通行，不过审查务必慎重。总之像我国幅员这样广，历史这样久，文字这样难，文化水准这样低的国家在六年的小学期间内，要通中外，明古今，真是难于上青天。结果不特中外不通，古今不明，而且本乡本省本国的情形，还是莫明其妙。能够实行各科中加增乡土教材后，虽则不能做一个有世界智识的人，至少还能做一个道地的本乡人吧。

（五）封面和插画

初入学的儿童，一书入手，最引他注意的是封面，其次是里面的插画，文字的注意还在最后。讲到这一层，近来坊间出版的教科书，真觉可怜得很。（开明书局于去年出版的几册小学用书，插画字体都还过得去）教育部既然要想编一套示范，关于此点，应特别注意。

现在通行的教科书的封面，真是杀风景。这些书给我们大人一看知道是儿童读的教科书，儿童看了决不能自己从心坎中承认这是小孩自己的书籍。有的仅仅乎横排着书名、著作者、校阅者的姓名，出版的书店名，这些是不是儿童所要关心知道的？老实说，这些都是给我们大人看的，与儿童的生活，与儿童的想像，丝毫不发生关系。有的总算画上一点图样或人物，但也都粗俗得非凡，不过总算聊胜于无了。理想中的教科书的封面，是要使儿童一见就知道这是儿童的书，起一种要求的欲望，等到知道了这本书真是给他读的，那时他心中的愉快是如何？而且教科书务必是在各种儿童用书中最使儿童爱护的一本，那末才能收到最大的效果。照现在这样杀风景的封面和插画，难怪儿童尽量地向书摊上租阅连环画本看了，这岂不是教育的失败吗？总之，封面的纸质要坚牢，色彩要鲜明，图案要儿童化、艺术化，这是我们所希望的。

至于插画的效用更比封面大了。近来英、法、德等国小学初期的入门书，大都丰富地加入儿童本位的插画，并施色彩，以帮助儿童的理解力，引起学习的兴趣，莫不认为有重大的教育效能。用各种实物的图形来教授阿剌伯数字，将故事中的非人格的物件用拟人法绘图，这些近来我国的教科书中也都应用了。德国的小学教科书对于这点最注意，最有进步，近来有利用插画教授母音的发音，例如教“W”这音的一页上，画着两个裸体的小孩，一个在浴盆里，一个在浴盆外，努起了小嘴在吹水面上浮着的一只小船。这是多么有趣味有效果的一幅图画啊。

我国坊间教科书虽也有插画，但缺点甚多：（一）不施彩色仍引不起儿童的兴味；（二）大多是绣像式的细笔描法，只可以给大人看，不合儿童的脾胃；（三）人物都千篇一律，无适当的表情，无特殊的个性；（四）全体的调子都是静的，没有动的表现。我们所想的儿童本位的插画，是要：

（一）要有彩色。儿童对于色彩的兴味，大都儿童心理学上已有实验的研究。儿童最能理解的色彩是红、绿、堇等单色。因为使用单纯色彩，对照强烈，反能引起初期儿童的趣味，年级稍高，就得用温和的色调了。

（二）教科书的插画和绣像或博物书上的图谱要有区别。因为插画的性质主情的成分更多于主知的成分。最好用儿童的画风，是一种没骨式的大胆的略画，寥寥几笔，将要表现的特点完全露出。

（三）人物所表现的个性和表情，要和课文中相照应。

（四）全体都应当有动的表现、力的表现。

以上拉杂言来，一无统系，倘若因此能引起社会人士对于小学教材的注意，那末抛砖引玉，幸甚幸甚。

（载《复兴月刊》1933 年第 1 卷第 10 期）

战败国对于小学教材应有的彻底改革

周光先

一

在没有提到本题之前，让我先举两件事来证明小学教育力量的伟大。在普法战争的时候，德国打败了法国，当时的德皇把那次胜利的功绩，不归于俾士麦和毛奇将军的奋勇，而说是小学教育的力量；还有，在日俄战争的时候，日本打了胜仗，他们举国上下也都认为是小学教育的力量。因为当他们正在激战的时候，日德两国的小学教师都拿敌国的蛮横来刺激儿童，使儿童的仇敌思想更加深刻，因此他们终于获得了胜利。在这里，我们可以看出小学教育的力量实在伟大。不过我们要明白，小学教育收效的伟大，全靠小学教材的力量，假使教材不好，教育也不能收好的效果。所以我们可以说：小学教材是推动教育的原动力。日德两个战胜国之所以获胜，可说是小学教材的力量；反过来说，战败国之所以失败，也可说是小学教材的没有力量。到了这里，就发生了一个问题，就是："战败国对于小学教材要不要彻底改革?"这个问题，也就是今天我所提出来讨论的。

要讨论这个问题，我以为我们必须有下面的三个概念：

第一，好的小学教材是促进国家进步的要素。

第二，小学教材是养成国民的民族意识的最基础的工具。

第三，小学教材的内容是要随着时代的需要而改变的。

把上面的三个概念说得比较清楚一点，就是：第一，要使一个国家进步，对于小学教材就要特别注重，因为小学教材是促进国家进步的最基础的要素；第二，国民对于国家应当有绝对爱护的天职，就是每个国民对他的国家都要有一种共存共亡的意识，这种意识的养成，要算在受小校教育的时候所养成的最坚强。因此，小学教材就成为养成国民的民族意识的最基础的工具；第三，一切思想学术的价值，都是跟随着时代的轮齿而转变的，小学教材当然也不能例外，它是必须适应时代的需要的。否则就是“学非所用，徒劳无益”。譬如现在我们中国受日本的侵略，已到了极点，所以我们今后所需要的是一种能养成儿童的仇日思想的小学教材。

二

对上面的这三个概念，假如有了清晰的认识以后，我们就可以来解答“战败国对于小学教材要不要改革”的这个问题。无疑的，而且是绝端无疑的，战败国对于小学教材应该而且必须加以彻底的改革。我希望诸位不要轻视了小学教材的力量，日本对于这方面就很注意。举个例来说吧，我曾看见过一本日本小学国语读本，上面有一课讲的是“梨子”，是说支那天津的梨子最好吃，日本的梨子就不行，日本儿童要吃最好的梨子，就要到支那去。又说天津和满蒙一样的是日本的生命线，日本没有满蒙和天津，就不能生存。教师在讲书的时候，并且拿出地图来指示儿童天津在地图上所在的位置，和从日本走到天津的方法。诸位看看，人家对小学教材是这么的用心，他们要养成每个儿童都有“到支那去”的野心；还有苏俄对于小学教材，也特设专门研究会去研究。可是，我们的呢？从前是“人手足刀尺”，现在是“猫儿叫，狗儿跳”，或者就是“大门开，客人来，我请客人里面坐，我请客人吃糖果”。请看，这种毫无作用、毫无力量的教材对于国家有什么用？所以，这一次我们与日本战争，目下虽常有小胜小败，但是最后的结果，我们无论是胜是败，我们今后的小学教材，总应当而且必须加以一番彻底的改革。

所以总结起来，我的意思就是：

战败国对于小学教材应当而且必须加以彻底的改革。战败国的小学教材，应当从毫无作用、毫无力量的改变为能够灌输他的儿童的仇敌思想的教材。因为我们相信，而且绝端的相信，小学教材是养成儿童的民族意识的最基础的工具。

最后，我再说几句：现在的儿童，就是二十年后最勇武的战士。现在假如有有作用有力量的小学教材给他们以暗示，那么，他们将来与敌人战争的时候，就是有民族意识的战争，一定可以操必胜之券的。所以，战败国不想复仇则已，假如还想抬头，就必须将他的小学教材加以一番彻底的改革。

（编者按：桑戴克说：教育是有变的意义，其意以为社会日在推进之中，教育者势不能固执不化。丁兹国难之时，所谓基本教育之小学教材，应否彻底改革，确为目前值得研究的一大问题。编者对于以往之小学课本，亦颇滋疑虑，以为民国元年以前，教育之中心，仍以首孝悌，次见闻，承统而下，所有人间是非，一以儒家家说为依归；自民国改革以还，新旧交乘，莫衷一是，而所出之小学教材，不出神仙鬼怪，兽语禽言，流风所及，荒诞不经！在破除迷信条目之下，已显著矛盾之攻，作者此文，颇有见到之处，世不乏小学教育专家，必能睹此而作进一步研讨也。）

（载《江苏学生》1933 年第 2 卷第 6 期）

小学常识教科书问题

教材的是否适宜？与教学效率有直接的关系；所以小学里常识一科，要不要采用课本，这是一个重要的问题。照现在一般研究新教育者的意见，大都主张以废除课本，自编教材为宜。这在理论方面，当然有充分的依据，不容否认。可是就事实上言之，采用课本和自编教材，各有利弊，不能执一而论的。采用课本的短处，固然很多，却也未始没有他的长处。自编教材，固然有许多优点，然而缺陷之处，亦在所难免，现在就管见所及，提出来商榷一下：

甲、有了教科书，教学实施，便利得多；教师精力之消耗，也可节省不少。

乙、有了教科书，可以使儿童预知学习的事项，因而对于这种教材，有预加研究的便宜。

丙、有了教科书，儿童日后复习，大为便利，因为教科书上每课学习的材料及研究的结果，都有正确的文字和图表记载着，儿童只要凭借这种工具，便可以将过去研究所得的观念加以整理。

丁、教科书有系统的组织，深浅难易，层次井然。所以用教科书教学，儿童所得到的智识，必较为合理而有系统。

戊、教师对于教材的讲解，容有错误或不完全的地方，有了教科书，儿童就可以免掉一时的误听或曲解。

以上所述，都是教科书的长处，但是他的坏处，亦复不少，兹仅就其荦荦大者，略举数端：

甲、选择教材的标准，应该因地制宜，因人而异，可是现在坊间所出版的教科书，关于地方性和时间性，往往不能合于儿童所处的生活环境，这是因为书坊里的常识课本，大率是以适合全国常识教材为目标，由少数编辑先生，坐在编辑室里面，凭个人的思想判断，编辑出来的，以中国区域的辽阔，各地方风俗习惯、气候物产种种的不同，加以小学春秋季始业之别，因此往往有未曾下雪，而教科书里已讲到雪景，还在冬天，而讲蚊蝇的害处，乡村小学讲电车、电扇的构造，城市小学讲山居畜牧的生活，在北方研究香蕉，在南方研究裘毛等等现象的发生，这样不合现实生活环境的教材，即使教师有天大的本领，能说得天花乱坠也必劳而无功。

乙、坊间所出版的教科书，他的教材选择和排列，概已固定，缺乏弹性的作用，导师既不能随时随地，利用环境的刺激和偶发的事项，引起动机，迎合儿童心理上的需要，同时儿童从课本里所得到的的智识，往往与实际生活不生关系，所学既不能致用，当然不能鼓起继续研究学习的兴趣，于是遂使儿童很发达的求知欲望，在无形之中，大受摧残。

除此以外，采用教科书，还有许多容易发生的弊端，兹列举于左：

一、有了教科书，教学时，教师往往只以课本为限，而不知其他，另行多多地参考，一若教完了教科书，便以为尽了自己的本分了，这样儿童所得到的智识，便有限得很了。

二、有了教科书，教师和儿童往往把他看做金科玉律，只从文字上研究事实，而发生疏忽观察和思考的弊端。

三、有了教科书，教师往往把他的教学法，当做自己唯一的师傅，有时简直等为魔王，一切言语、行动、思想、教学过程、教具……都要受它的指使和支配，而失去了自由研究的精神。

四、常识科采用课本教学的结果，往往易使一般儿童发生能讲解而不能实验，能识图像而不能识实物，陷于能说不能行的流弊。

总之，我们如果将上述常识科采用课本的好处和他的坏处，互相比较一下，那末很明显的，当然是得不偿失，罪在不赦的。所以现在那些比较进步的小学，为求常识科教学效率的增进起见，大都已能根据儿童的需要自编适宜的教材。那当然是求之不得的事情。不过这是只能在经济富裕、教师能力充足、时间也稍裕的小学，方可试行，至于一般条件不具备的乡村小学，那就要感觉到许多困难了。

甲、人材问题。编书是一桩繁难艰巨的工作，尤其是小学教科书，非于小学教育，有多年的研究，而具有编书的经验者，必不能胜任愉快。现在乡村小学的教师，教育能力优越的固不乏人，但经验学识，两感缺乏的实居多数，这是毋庸讳言的。这些教师平日应付教育上普通问题，已觉力有不逮，当然不克担负这种艰巨的工作，纵有少数优良教师可以做到，但是所编的教材，是否优于书坊里的课本，恐怕还是一个值得讨论的问题。记得我从前也曾看见过几册小学里自编的教材，但是结果不是取材失当，便是意义不明，不是意义不明，便是文句不顺，不是文句不顺，便是别字难免，加以抄写的不善，印刷的不工，以致讲义糊涂潦草，反是阻碍了儿童学习的心理，这岂不是事与愿违了吗？

乙、经济问题。在现在生产落后、民生凋敝的中国，教育经费已濒山穷水尽之境，故一般小学的经常费，莫不拮据万状，尤以乡村小学为甚，几乎要购备一铃一钟亦有力不从心之慨。在这样经费拮据的小学里，如也自编教材，那末印刷方面就要发生一个很大的问题。因为由店里印刷，既然没有如许的经费，自行缮印，又非有昂贵的蜡纸及讲义纸不可；加以钢板哪，印刷机哪，一一齐备，起码要费上十数元。且自编教材，一定需要很多的参考书籍，这也和学校经济发生关系。以上种种问题，有一不能解决，儿童就受很大的影响，所谓画虎不成反类犬，那末，我们又何必庸人自扰呢？

丙、时间问题。照本县情形，乡村小学教师，每周起码要担任十七八小时以上的教科，还要兼理校务，工作已非常繁重。有的小学，不过一二位教师，校长是他，教员是他，管理是他，教学也是他，并且门房厨房做的工作，也要他自己来担荷，所以一天到晚，似乎忙得不容喘气，星期例假，虽然是照例休息的日子，然而稍为认真一点，有时候还要举行家庭访问，或参加各种纪念会。在这样情状之下，小学教师已觉屁滚尿流应付无措，那末怎能有空闲的时间，给他多方参考，从容构思，来自编适宜的教材呢？

还有一点，小学里常识一科，如自编教材，往往因儿童对保护讲义的习惯缺乏训练，以致东抛西掷，直折横包，弄得皱皱不成样子，衣袋里也有、抽屉里也有，今天教过，明天就不容易找了。这样非但儿童学习的心得大受影响，且常引起家属的责难，谓学校里学期过了，一本书也不发，一句书也不教，真是不成样子，这岂不是使乡村小学教育的发展，无形中蒙莫大的损失了吗？

综上所述，可见在乡村小学里，教学常识，采用课本既属不妥，自编教材，又是不好，那末应该怎样办呢？权宜之计，只有慎择教科书，并活用教科书，一方在可能范围内亦可另编补充教材，或者足资补救两者的缺憾。

大家要知道，现在坊间出版的教科书多如牛毛，内容适合、材料充实、有采用价值的，固然不少，但是内容芜杂、陋简，错误百出，纯以营利为目的的，亦所在多有，尤其是常识科教科书，大部分是研究社会现象的，每因时代的变迁，选材编制，时有变更，所以我们于采用教科书的时候，不可不慎加选择。以免受书局广告的宣传和推销员的怂恿，大上其当。常识科教课书选择的标准，有如下述：

一、教材内容是不是时代所需要的。世界不断的进化，只有适合者方能生存，这是天演的公例。我们既然是二十世纪的人类，那末对于现时代的社会就非有明确的认识不可。同时还应该具备在现社会下如何适应生存而并谋改进的能力。小学里教学常识科的目的，就是要想担荷这一重大任务的。所以教材内容，必须是足以改正社会恶习的，合于社会思潮的，能助长社会人类生存的，方为适合。

二、教材内容是不是足以发展民族精神的。我国革命，在表面上虽已粗告成功，实则列强的侵略、压迫，仍变本加厉，有加靡已，使我民如水益深，如火益热，如何摆脱列强的羁绊，达到国际地位的平等，这是目前中国唯一的要图。因此在小学里教学常识，应该注意到足以发展民族精神的教材，借以培养儿童革命的思想和牺牲奋斗的精神。

三、教材内容是不是与实际生活有密切关系的。同样是现代的人类，但是生活的方式，每随社会环境的不同大异其趣。甲国有甲国人民生活的方式，乙国有乙国人民生活的方式，就是同属一国之内，一省一省人民的生活状态，一地一地人民的生活状态，亦往往微有出入，所以常识科教材的内容，是不是和当地的实际生活，有密切的关系，是不是有帮助我们改善实际生活的可能，我们不可不特别加以注意。

四、教材内容是不是合于儿童经验的。现在小学里所施行的教育，应该是儿童本位的教育。设备管教，以及学校里的一切设施，一言以蔽之，都应该是为儿童的。儿童的年纪很轻，入世未久，当然不能像成人那般的富有经验，所以小学里常识教材，绝不可过于抽象、过于艰深，务须与儿童身心发育程序相适宜，那末儿童学习起来，就可有左右逢源之乐了。反之，如所选的教材，都超越儿童的经验范围，那末儿童因阅读研究力不胜任，未有不望望然而去的。

五、教材内容是不是富于兴趣的。克伯屈说“兴趣生努力”；又说：“兴趣愈浓厚，努力愈勤奋。”所以任何富有价值的教材，若儿童不感兴趣时，其价值便要锐减，甚至等于零。如使儿童感到兴趣时，定能努力学习，浅显而简单的教材，当然极易领悟，即使教材稍为深奥繁复，也会易于了解。

六、教材内容是不是便于观察及实验的常识一科。首先实验及观察，如果离开了观察和实验，儿童便不易领会，所以常识教科书的教材，须选择那些易于实验、易于观察的，才会收到良好的效果。反是，如拿那些事理过于深奥而又与儿童痛痒无关的事物，作为常识科的教材，那末儿童不但得不到事半功倍的效果，而且会发生言者谆谆，听者藐藐的弊端。

七、教材分量是不是均衡的。常识科的内容，包括历史、地理、卫生、自然、公民等五项，这五项材料的分量，应有一均衡的比例，以免发生偏枯之弊。我们在选择的时候，应将全书教材的内容，分析研究一下，看他是否均衡，以决定取舍。

八、文体的叙述记载是不是合于儿童程度的。这只要稍稍研究，就可以得到相当结论的。大概文体叙述记载，而合儿童口吻的，儿童阅读起来，比较容易明了，比较容易进步。不然，字句艰深，组织繁难，儿童所用的功夫，往往大部费在文字形式上，关于意义的获得、内容的研究，反致失掉种种的机会，这也是选择教科书不可不顾及的一个条件。

在形式方面，与选择普通教科书的标准，没有多大的差异。如装订的要坚牢美观，字体大小行间距离的要适宜，纸张的要坚厚无光等——都是很主要的条件。不过有一点于选择常识教科书的时候，是要我们应该特别加以留意的，就是插图问题，插图有辅助文字的作用，插图的适当不适当，和儿童学习兴趣、了解能力，成一正比例，其重要也就可想而知了。关于常识教科书的插图，可以分质、量两方面讲。量的方面，插图以愈多愈妙，质的方面，插图的内容须生动详明，而富有意义，低年级最好多些彩色的图画，当更易于引起儿童的兴趣吧。我们无论选择那级常识教科书，都应根据上列各项标准，下一番分析的研究，以为最后的决定，教科书既经选定了以后，其次再来谈一谈活用问题。

小学里常识教科书应怎样活用呢？我以为应遵守下列几个原则：

一、要切合儿童需要。在小学里教学常识科，不能照课本一课一课的教。遇到儿童为好奇心所驱使，因是发生研究某种事物的动向的时候，如果这种材料是教科书里所有的，那末做教师的就应利用机会，将该课课文提前教授，这样儿童学习的兴趣，一定异常浓厚，而能获事半功倍之效。

二、要合乎时令的变迁。儿童活动的范围，每每受环境的支配，环境有了变化，儿童所感所想所行，也就因而不同。一年四季，春夏秋冬，忽冷忽热，变化靡常，自然界的现象，人事界的推移，也往往受其影响，所以常识教科书里课文内容，不合时令的，应该先后对调，以便儿童实验和观察。

三、要依习惯和纪念。这一年之间，国庆啦、国耻啦、总理诞辰啦等纪念日，非常多多，同时，社会的习俗如重阳、中秋、端午等节，一年之间，亦复不少。这种纪念及节日，与我人实际生活关系密切，当然是常识科最适宜的教材，但是坊间的教科书，关于这种材料的课文排列，往往与实际节日纪念日的时间，未必相合。并且因各小学开学有迟早，教学进行有快缓的关系，如果一课一课的教，那末这种节日纪念日的材料，未必能恰巧与实际生活发生联系；所以我们必须在遇到纪念日或节日的时候，方可教学课本里这种材料，那末儿童学习起来，必更觉亲切而有味。

四、要合乎特殊事项的。这是指当时当地偶然发生的事项而言的。譬如今天我们学校里有一个学生偶然得到一尾金鱼养在瓶子里，大家攒聚着正玩得很有意味；那末，我们教员就应利用这大好的机会，将教科书关于鱼或金鱼的课文提出教授，如金鱼的形态怎样？金鱼的生活怎样？金鱼是胎生的，抑或是卵生的？金鱼为什么是黄色的等，和儿童讨论起来，自然津津有味，对于教学便格外深切而有意义了。

至于那些时代地方不对，或与实际生活痛痒无关的，尽可完全删去，以免徒费光阴，学非所用。反过来说，如果是在环境里常常遇到，在儿童生活里需要得到，而教科书上没有，或者很简略的，那末教师就应尽量参考，多多补充，使儿童澈底明了，切不可专斤斤于课文的讲授，所谓照书请客而已。讲到补充教材，当然需要自编，但是乡村小学，因为经济人才时间等等发生问题，不易实行，所以我主张由各区比较完善的中心小学，担负编辑的工作，每学区将各该区内富有地方性及时间性的教材编成讲义或小册子，由各校视学生的需要随时向其采购，以供教学或参考之用，这原是我理想中的计划，但实行起来，或许很困难吧。

临了，当这打破课本实行设计教学的呼声，弥漫全国小学教育界的时候，而我竟不识时务主张活用教材书，岂不是有复辟之嫌吗？不过我认定从事教育事业，应该脚踏实地的去干。不应专事好高骛远，而无补实际。现在一般的乡村小学，照我历年视察所得的经验，一切设施，实在是太简陋了，非但谈不到设计教学、自编教材等等，不易实现，即求其能按照教授书切实教学的，亦不可多得，那末我们怎可以躐等以求呢？不过在低年级的儿童，因为没有文字的能力，对于常识科□妨废除课本，未始不可以代以故事式的口授，实物的观察和实事的表演等；不过在初试行的时候，学生家属会不会责难，我们也不可不顾到的，这是孔老二先生说过的，行远必自迩，登高必自卑。我们要改进全县常识科教学，当然不能希望过奢，而有许多新的教育方法，断不是毫无研究小学教师，一蹴而就，我的意思，只要全县的乡村小学，对于常识科教学，都能活用教学书，那末，我们也就可稍稍自慰了。

（载《平阳教育》1933 年第 1 卷第 8 期）

小学教材研究之一脔

吴伯昂

引　　言

常谓教育为国家之命脉，命脉要充实生动，那末要靠纯良的血流。假使血流不纯良，这个命脉也可以想见的了。教育既是命脉，这血流是什吗？便是教材！所以教育是否充实生动，全看教材是否适宜。教材是否适宜，当然要选择，怎样选择？不得不有赖于客观的研究。一切教材有赖于客观的研究谈何容易！就把教材的意义缩小范围，单指正式教育中所用之材料足以改变经验而增加其适应生活能力之意义来研究教材的对象，已觉浩如烟海。我们为了时间和能力计，又为了初进的教师依赖教科书的地方很多，所以就把教科书所包含的教材作一个初步的研究。

研究的对象决定了，我们究竟怎样的着手研究？我们自己觉得研究的内容比较在枝节上做的工夫多，统整的研究比较少。这一点受了何日平先生在《中华教育界》十九卷四期所著的《教学做合一下之教科书》的暗示很多。他在这篇文章里有一段对于中国教科书之总批评，有这样几句话："我们试把光绪年间出版的教科书和现在出版的教科书比较一下，可以看出一件惊人的事实，这事实便是卅年来，中国的教科书在枝节上虽有好些进步，但是在根本是一点儿变化也没有……"这几句话给了我们一个有力的暗示，决计把统整的研究抛弃，注意枝节的研究。这个枝节的研究又受了它一个暗示，把文字当作中心，他在上述文中同一段里说："中国教科书不但用不好的文字作中心，并且用零碎的文字作中心，每课教几个字，传授一些零碎的智识。学生读了一课以为完了，再也没有进一步追求之引导……"这样一来我们的研究又偏向到以文字作中心来作一个比较的研究。我们根据上面的几点可以推想到我们的研究枝节到如何程度了。为明了起见，把几句简明的话来说明我们的研究：我们的研究在纵的方面把以前的教科书和现在的教科书作一个局部的比较，发现现在的教科书在那几个枝节上是有进步的；在横的方面把文字作中心来比较现在的几种教科书的内容那几种比较完备一些。

研究的方向决定了，我们就开始工作，但是发现了两个困难。一个困难是在纵的方面研究所遇到的，就是旧教科书不容易搜罗完备，我们本来想纵的方面比较，要把清代兴学时所出版的教科书、新学制后出版的教科书，和现行的教科书作一个枝节的比较；因为清代兴学时出版的教科书不容易全体搜罗到——我们的小学历史博物馆里找到几部。还有一个困难，在横的方面所遇到的困难，就是现在各书局的出版的教科书，虽然不能说它"千篇一律"，说它"大同小异"总不至于武断。何日平先生因为不满意小学教科书所用的文字不是第一流的，他拿文字的流品作一个比较：

甲家书馆　　乙家书馆　　丙家书馆

大狗叫，　小小猫，　小小猫，
小狗跳。　快快跑。　小小猫。
叫一叫，　小小猫，　快快跑，
跳两跳。　快快跑。　快快跑。

文字上如此，内容何尝不如此；甲书讲狗，乙书讲猫；甲书研究青菜，乙书研究萝卜。要想在这样情形之下，作一个比较，加以褒贬，这不是一个极困难的事情吗？有了这两个困难，研究的结果，当然枝节平庸到十二分了。

研究结果的大概

研究的大概，把它按照科目的分类依次说在下面：

甲、党义之部。通常教授小学党义，最困难的事情要算解释名辞了。假使我们把许多名辞生吞活剥的传给儿童，谁都知道是不妥当的事情。如世界书局魏冰心所编之《三民主义课本》第五册十一页有《中山主义思想的来源》的课文，共有三课，把一课写在下面：

中山主义的来源，第一是采取我国固有的思想。最显著的约有四项：

一、依据仁爱的伦理，做主义的基础。

二、运用孟子民贵君轻的思想，表示主义的趋向。

三、利用《大学》上格物、致知、诚意、正心、修身、齐家、治国、平天下的科学方法，解决问题。

四、采纳《礼运·大同》篇之学说，造成新社会。

全文寥寥一百〇八字，属于抽象名辞凡四十一字，属于专有名辞凡九字，总计全篇课文之二分之一之字数为名辞。这样的教材不问儿童如何学法，就是教师怎样教法？我们不禁替小学的党义教师捏一把汗，这样的课文应该编入什吗《考试必携》、《党义精华》才配，第五册的小学党义教科书可以这样的吗！我以前和几个朋友说笑话，因为他们去应高等考试、普通考试，想抱抱党义的佛脚，把几块钱买些《考试必携》一类的书籍，我对他说化几分钱买一部小学党义教科书好了！实在有什吗两样？还不是上面加一些"黄儿问"和"母亲答道"而已。

因为这样，我们就决定来看看现在的党义教科书，那一种名辞多。所研究的党义教科书，计有商务书馆之《新时代三民主义教科书》、《新时代党义教科书》，新国民图书社之《新中华三民主义》课本，世界书局之《三民主义课本》四种。据研究结果，其名辞数与全书字数之比例，以商务《新时代党义教科书》为最多，占百分之一二・三一；以《新时代三民主义教科书》为最少，占百分之三・六二。

再从内容方面加以比较，他们的内容，大都以党的认识、民族、民权、民生、建国大纲、建国方略之材料为主，其百分比各占百分之十二至二十之间；其次列强侵略关于国耻部分的材料，也占到百分之十与百分之五之间，各书没有十分的差异。不过有一点可以特别提出来说一说的：党义方面关于国家认识的材料，除了世界《三民主义课本》有百分之五的材料外，别的教科书都没有。这一点是不是叫儿童对于党有认识之外，国家的认识就可以不要了。

为帮助了解内容的插图，当然在教科书方面也占了一个很重要的地位。它的分量以《新时代三民主义教科书》为最多，占全书页数百分之一七・六，《新中华三民主义教科书》为最少，占百分之六・七五。

乙、国语之部。国语教科书值得研究的问题很多，在初级的国语教科书内容要不空洞而富有生动曲折的意义，所以全书总字数要多。全书总字数多，假使里面新字增多，则儿童阅读困难，而且新字的反复次数减少，认识文字亦较困难，所以全书新字数要少，新字反复的次数要多。从前俞子夷先生把中国的小学国语教科书和美国小学读本做了一个简单的比较。他把商务出版的《新法国语教科书》作比较的根据，他比较的结果：

全书字数	新字数	新字与全书字数之百分比	新字反复次数	应用时间
中国读本一五五〇	四九〇	三二%	三	半年
美国读本六七三〇	一二五	一・八%	五三	半年

那本《新法国语教科书》还是新学制以前出版的，现在怎样？我们为了初级小学读国语重在阅读兴趣和文字的认识，所以就把全书总字数的多少，和新字的多少，新字反复次数的研究做了中心。所研究的书有商务《新时代国语教科书》、世界《国语读本》、新国民《新中华教科书初级国语读本》。全书总字数最多的，要算《新时代国语教科书》了，计有五万三千五百九十一字；最少的要算《新中华初级国语读本》，计四万五千六百六十八字，和上一种相差有万余字之多。至新字数——也可以说不计重复的全书字汇，与全书总字数之比例最少的也是《新时代国语教科书》，全书新字数计二千三百八十三字，占全书总字数百分之四·四四；最多的以世界的《新主义国语读本》，全书新字数计二千七百二十三字，占全书总字数百分之五·五。

讲到新字反复的次数，最多的反复有二百二十次，好像“了”字等，最少的三次，好像“雷”字等。平均反复次数最多的，也要推《新时代国语教科书》为最多，平均反复次数为六四次。关于这一个研究，我们是任择二十个字来做的，因为个人所选择的不同，比较欠公允些，以后有机会想把最常用的几个字，并且要分配到动、代、名、状……方面，作一个较公允的比较来补成这一个研究。现在从大体看起来，只要有了全书总字数和生字数的比较，也可推想它的新字反复次数的大概了。

高级的国语教科书向来缺乏文艺的性质，从前程湘帆先生在他所著的《小学课程》里面说：“在昔坊间小学国语国文教科书，大都强纳修身、地理、历史、自然科学等材料于国文教科书内。故大部国文教科书成百科全书化。殊不知教学国文与教学知识不同。知识重事实，国文重情感……否则平铺直叙，简短枯窘，与从前之《百家姓》、《千字文》……有何差异。”这个批评乃指新学制前大部的文言文的国文教科书而言。从这一点推想，我们对于高级国语教科书应当注重体裁的研究，它们的体裁是否属于文艺的。另一方面还应当注意特用文的有没有，好像尺牍、柬启一类的东西，也应该要充分的介绍和注意，不论小学毕业或升学，或是就业，对于这一点谁都承认是一个重要的工具。

我们就把这几点来做研究高级国语教科书的中心，所研究的书籍有世界《新主义国语读本》，商务《新时代国语教科书》，新国民《新中华国语读本》。它们的体裁以诗歌、故事为最多，均占百分之二十五以上，其他游记、小说、剧本等各有若干，但以特用文为最少，除世界《新主义国语读本》有百分之○・七的特用文外，其他两种简直一些也没有。

再为协助儿童读音正确起见，注音符号是最好的工具，有注音符号的只世界的《初级用国语读本》是有注音符号的。插图也以这本书比较多些，占百分之四五；高级方面则全无插图。

丙、算术之部。算术的教材应归着实用，向来把算术当作训练思想的主张，渐渐的淘汰了。所以欧美方面要想客观的定夺教材的价值，就向各城市的教育家、视学员和职业方面实际从事的人，作种种的调查。有许多材料主张废止的，好像“均中比例”、“假分数”等；有许多材料主张忽略的，好像“经度”、“时差”等；有许多材料主张加意练习的，好像“整数四则”、“诸等”这一类的东西。他们所主张要加意练习的都是社会习用部分，主张要忽略的都是社会非习用部分。再讲到题目的体裁，除掉基本结合要多练习，要用机械的符号练习——通常所称的草式外，应用题的分量要多，应用题要采用故事体和游戏体，使算术教材更近于实际而有兴味。

我们要想把第一个问题来研究，去鉴别现在的小学的算术教材是否归着于实用，只有较省事的方法，把许多题目看它属于四则的呢，诸等的呢……就可以知道一个大概。假使算术教科书是依照老式组织的，好像整数命法、读法、写法，整数加法、减法、乘法、除法，诸等……求积，开方的，那是比较容易研究的。现在的算术教科书是一律采用新式混合组织的，所以把各个的题目仍旧照老式组织的门类排列起来。所研究的教科书计高级适用的新国民的《新中华算术课本》，世界的《新主义算术课本》；初级适用的商务《新时代算术教科书》，世界《新主义算术教科书》。它们的内容以整数四则、分数、比例为最多；小数、求积为最少，小数占百分之四・八左右，求积占百分之三・八左右。至习题的体裁只有《新中华算术课本》加以研究，计草式占百分之七一・八，应用题占百分之二八・二。应用题所用之体裁，通常叙述体占百分之八二·四，故事体占百分之一〇·一，游戏体占百分之七·五。

丁、自然之部。小学自然教材，那几种是最小限度最重要的知识，向来没有客观的标准，所以各书局出版的教科书的内容最不一致的，要算自然教科书了。我们研究了高级适用的商务《新时代小学自然教科书》，新国民《新中华自然课本》，世界《新学制高等自然课本》，初级适用的商务《新时代自然教科书》，新国民《新中华自然课本》。它们的内容：有的把学校用具占教材大部的，好像新国民《高级用新中华自然教科书》关于学校用具的自然教材几占二分之一——百分之四八；有的是把物理方面的智识占主要材料的，好像商务的《新时代小学自然教科书》占百分之三二·二九。其他也有把动、植、矿并重的，或是植物和物理并重的；惟天象一项则同为少注意之材料，其比例数均不论百分之十。上边的几种还都是教部《暂行课程》颁布以前编的，所以个人卫生方面的知能都没有。好在现在小学的正式课程又把卫生成为单独的科目，亦没有多大的出入了。

再论到教学自然，教便物是很重要的。我们就根据现在各书局自然教科书的内容，把教便物分标本、仪器两项，一共需要多少，那几种可以自造的，那几种非买不可的。统计的结果，可以自造的平均数皆在百分之五十以上。这样看起来各校自然教学的设备，经济不问他如何困难，尽力自造则应有二分之一以上的设备，但实际情形恐怕相差甚远。

自然教科书的插图比较注意些，平均数量大都占三分之一弱的情形——自百分之二一·七到百分之二八·五。

戊、社会之部。社会教材的内容按照《暂行课程》所定的要项乃包括历史、地理、公共卫生三项。各项的分量也没有一致的标准。所研究的社会教科书有新国民《新中华社会课本》，商务《新时代社会教科书》。它们的内容有史地、卫生、社团生活。各项的分量有的把卫生占重要部分的，像《新中华社会课本》占百分之二六，有的把历史占重要部分的，像《新时代社会教科书》占百分之二四·六。地理方面的材料都是占少数，前面的一种占百分之四·五，后面的一种占百分之一〇·九。

高级的社会教科书都是史地分列，所研究的有新国民之《新中华历史教科书》、《地理教科书》，世界《新主义历史教科书》、《地理教科书》，商务《新时代历史教科书》、《地理教科书》六种。历史教科书都能注意整个民族方面的材料而少一姓一人的材料；近代史多于其他时代的材料。地理亦能注意民生方面和大都的叙述，而少疆界面积等的机械的叙述。凡此都是史地教科书应有的改革。不过有一个问题很值得我们研究的，就是历史方面的国耻史材料，和地理方面的割地记载，有些是多，有些是少。国耻史料多的占到百分之一二·五，少的只占到百分之〇·七八；割地记载方面多的占百分之一〇，少的占百分之五；这种材料多好呢还是少好，实在是值得研究的。有的人主张多，可以刺戟儿童，培植自强的观念；有的主张少，免得儿童对于自国的失望和灰心。这一点非有待于实际教学的结果怎样，才能下断语了。

从前的史地教科书的内容，最不令人满意的，就是一篇课文里面堆砌满了人名和地名，简直把一部教科书变成了平铺直叙流水账。这种例子举不胜举，把一个简短些的前中国图书公司赵钲铎编的《高等小学新历史教科书》第二册二十九课《晋之六卿》举在下面：

> 晋自文公以降，虽累世继霸，而政权操于六卿。六卿者曰范氏、曰中行氏、曰智氏、曰韩氏、曰赵氏、曰魏氏。及春秋末，自相并吞。智氏灭范氏、中行氏，与韩氏、赵氏、魏氏专政，谓之四卿。智氏最强。未几，韩、赵、魏复共灭智氏，而三分晋地。

这样的一篇课文砌满了人名，枯寂乏味，可以想见。为了这一点，把上面的几种教科书的人名地名统计一下，最多的占百分之二〇·九，最少的占百分之一·四。插图方面，大概都在四分之一左右，也可以说得丰富的了。

己、常识之部。常识是合并了社会自然的材料在一起，内容庞杂和“见仁见智”的不一致格外的利害了。研究的常识教科书有商务《新时代常识教科书》，世界《前期小学常识课本》、《新主义常识课本》，新国民《新中华常识课本》。教材内容有的是历史占最多，如《新主义常识课本》占百分之二七·一六，有的把自然方面的植物占最多，如

《新中华常识课》占百分之一八·七四，其他亦不必列举了。可以研究的问题，急待改进的地方，实非集合多人的共同研究和客观的调查是不能解决的。插图方面最多的占百分之七〇，如《前期小学常识课本》；最少的也占百分之二九，如《新时代常识教科书》。可以说各种教科书的最富有插图的。

庚、美术之部。美术教学用教科书的很少，普通不过备了几种供给教师参考就是了。照暂行课程规定作业要项分研究、欣赏、制作；制作方面分绘画、剪贴、塑造三种。根据了这一点来研究教科书的内容。研究的有商务《新学制形象艺术教科书》、新国民《新中华形象艺术教科书》，还有中央书店的《高级小学图画教本》。编制的体裁，前两种比较的新颖些。它们的内容以研究为最多，占百分之四十，制作、欣赏次之。制作方面以绘画为最多，绘画又以实物画为最多，图案画亦有相当注意，商务的占百分之一六·五，中华的占百分之七·二。中央的图画教科书完全是供给儿童临画的范本，可以当它旧时代的美术教科的代表。内容也是实物画为最多，所用的笔法都是超现实的图画画法，离实物太远，轮廓也不易捉摸，根本不能当作儿童用的教科书。

上面把各种教科书内容的研究说了一个大概，现在再把形式方面简单的再说一说：各书的装订都是和装，封面的纸张都是灰色或是黄色的包皮纸，很坚韧。不过封面画很少，普通都是干燥无味、呆呆板板的印上一个书名，商务的《新时代教科书》是有封面画的，既不生动又不能象征各种教科书的内容。印刷纸张都是新闻纸，行列除了算术教科书是横列的，其他都是纵列直行。这一点在课文字数少的还没有多大出入，在高级用书方面，课文的字数多而小，也应该采用横列才好，这是已经许多实验证明横行的要方便得多，字体大都初级用楷书，高级用宋体；由楷书到宋体并没有经过混合过渡的时期，找一些美丽的行书也没有。墨汁多是黑色，偶然有几种教科书附有一两张彩色插图，也觉得单调而不起美感。课文方面用色彩来增加文字表情的，也找不出一些来。

结　论

上边把枝节而平凡的研究说了一些，因为顾到读者的干燥起见，有许多不甚重大的数量比较把它略去了。又因为不要十二分占去篇幅起见，没有把各种教材的编辑的体裁，拿新的旧的列举的比较一下，除掉几处是必要的。所有各种教科书比较的数量都是上一届毕业的师范科同学悉心统计出来的，虽然没有能把各种教科书都完全的研究一下，这一个学期又补充了许多，好像商务新出的《基本教科书》比较的进步的多些，想等这一次的工作完了，再来做一个综合的比较，那时再来发表罢！我们在上面的几个方面的研究，是把事实来证明了何日平先生说的现在的教科书在枝节上进步了很多，好像国语方面的字汇增加，新字反复次数的增多，算术的混合编制，和故事体游戏体的题目的增添，社会方面的人名地名堆砌的躯壳也逐渐的减少……这许多都是进步的地方。但是许多地方实在没有多大的进展，尤其是社会自然方面的教材没有一个客观的标准，究竟是那几种智识是必要的，我们总得在这一方面定出一个最小的限度来。再从内容的量的方面来讲，离开充实二字太远，就页数来讲国语算术比较多些，低级约四五十页，中级约七八十页，高级不过一百页左右；社会自然较少，低级不过四十页左右，高级不过六七十页，供给一学期的教材，终觉不足。再加了质的方面又非失之浅薄，即失之空洞，那是根本谈不到启发基本智识的意义。俞子夷先生说："自从改了白话文，教科书的内容没有加多，教学的方法没有改变，仍旧把从前处置艰深的文言文的方法来处理极容易的白话文，不免把学生的光阴空费了呢……"这亦可以说是于量的不充实表示不满。还有一层，许多的教科书成了一个具体而微的格局，虽然有许多教科书名辞和专门术语比较从前缩减了许多，这不过全书的字数平均的看，假使抽出几课来看仍旧免不了从前的窠臼。俞先生对于这一点也说："小学教科书，便成功了中学教科书的缩本，譬如小学自然研究教科书一定要把中学里关于动物、植物、矿物……一起缩在簿文的八本成十二本小册子中。缩到无可缩时，只剩了几句科学上的术语和解释罢了。所以有人说教科书是没有皮肉的骸骨，教科书是缩本小字典。从一点看小学教科书有的又是艰深少兴味了。至于课文的杂凑而没有中心，编辑体裁的信笔所至；形式方面的插图多少的不均衡，缺少意义，简陋枯燥，那似乎对现在的教科书还不是最重要而急切的评议咧！我再把上文提及的何日平先生说的几句话当作结论罢："中国的教科书在枝节上虽有好些进步，但是在根本上一点儿变化也没有……"

（载《儿童与教师》1933年创刊号）

小学教材的两面观

史泽之

教材不就是教科书，这是我先要说明的一句话，以书本上编成的文字材料才认为教材，是旧的死的看法。所谓教材，范围很广，举凡一切教学的内容，可以影响或指导儿童的生活，改变或扩张儿童经验的种种活动或材料，都是教材。说得广大些，人生生活全部都是教材，人生生活是多方面的。巴必得分为公民生活、健康生活、职业生活、休闲生活和语言生活五大类。庞锡尔分为公民生活、健康生活、职业生活、休闲生活四大类。教育只是一种工具，用来达到传递、增进和改造儿童的经验，使儿童的生活格外丰富、圆满而愉快的目的。凡是与上述目的有关系的一切活动或材料，都是教材的内容，所以教材可以说是人生生活的全部，教材绝不仅是教科书，教科书最多只能作为教学的参考，绝不是教师教的全部教材，或儿童学的全部教材。

教材的范围既包括人生生活的全部，教材的内容更影响儿童生活的全部，所以小学教材的选择和编配，实在是很重要的问题，我以为编选小学教材，以下两点是不能不注意的。

一、小学教材要适应并指导儿童生活。

二、小学教材要发扬并陶铸民族精神。

第一点可以说是儿童的观点，第二点可以说是社会的观点，我们不必举出杜威、巴必得的主张和方法来证明，作为立论的根据，我们只要在事实上、需要上着眼，便可以知道，两者都是不容忽视的。

小学教育的对象是儿童，儿童不是成人的缩影，儿童有儿童的宇宙，儿童有儿童的生活，我们不进到儿童的世界里，去改造儿童的经验，丰富儿童的生活，以求适应，而站在成人的圈子里，用成人的经验和生活作教材，勉强儿童来适应，这是摧残儿童的生活，戕贼儿童的个性，谁都知道的；同时，儿童毕竟是儿童，随处需要指导的，所以教材方面，关于生活指导的成分是不能疏忽的。以上是第一点的解释。

我们承认，教育即生活，同时又是预备生活。现在的儿童固然有他们的天地，到将来便是成人，要负起对于社会国家的责任。在小学教育阶段，要立下巩固的基础，一方面应发扬固有的优良的民族精神，一方面应陶铸未成型的新中国的民族精神，我们如果希望中国有一天在世界舞台上占一席地，那末，对于小学教材要发扬并陶铸民族精神的一点，不能不加以深切的注意。

我们主张儿童中心教育，有人以为我们只知道适应儿童生活而忽略培养民族精神，这是错误的。主张儿童中心和培养民族精神，两者并不是冲突的，不过观点有些不同，步骤有些先后而已。我们如果在教材的形式上或表现上充分的儿童化，在实质上注意民族精神的发扬，和陶铸的材料，兼筹并顾，必能达到我们的理想的。

（载《儿童研究》1933 年第 5 卷第 6 期）

现代小学教材问题

蒋立峰

“教育救国”、“ 读书救国”这种声浪，已震动了全国人的耳鼓。的确，处于现在情势之下，惟有施良好的教育，方可建中国的危亡；惟有读有用的书籍，方可挽中国之颓唐。所以以往的教育大家，像中国的孔子、孟子……西洋的苏格拉底、裴斯泰洛齐……没有一个不主张“教育救国”；也没有一个不主张“读书救国”的。所谓“人不学，不知义”，“少小不努力，老大徒伤悲”。这不惟表示着读书的重要；并且表示着读书的黄金时代，是在少小时期——也就是现在的小学教育时期了。

我国办理新教育，垂三十余年，不惟对于国家地位没有提高，反而弄得民德日益堕落，民气日益消沉，民生日益困窘。因之内忧外患，纷至沓来，乃造成现在的“大道俱成棘于林”，“国破家亡无限恨”！这实在是不能不说是中国教育整个的失败！我以为尤其是小学教育，应负一大半责任。因为小学教育，是义务教育，在质的方面，它是组成国家的主要原素，在量的方面，它包括了全国大部分的国民。并且在受小学教育时期的人们，拿墨子的话来说就是“染于苍则苍，染于黄则黄”。拿孔子的话来说就是“性相近也，习相远也”。假若在这个时候，受不到良好的教育，那他日后的做人，就不堪设想。所以德之胜法，日之胜俄，都认为是在小学教育上获得的良果，也就是这个道理。

现在我国的教育宗旨，既数更变；即课程标准，也屡有改革，然而施行起来，何以反得不到良好的效果？其中最大的症结，就是教材的编纂，未能适合课程标准，而课程标准，又未能尽符教育宗旨。以现在一般小学所用的课本而论，课程标准，虽早经官厅规定；但教材内容，则一任各书局之自由编纂，书局既以营利为目的，故其取材，亦多标奇立异，以冀销路畅达。例如：“猫问狗答啦”，“牛鬼蛇神啦”，“驼子骑骡子啦”，“四姑娘出嫁啦”。像这一类的文字，其能否合于编辑原理，能否合于课程标准，姑且不论；单就教育宗旨上说：则此种教材，是否是充实人民生活？扶植社会生存？又是否能发展国民生计？延续民族生命？实为目前一绝大问题。

以个人见解，现代小学教材，所急应注意者，约有二点：1. 宜根据全国普遍需要，2. 宜顾及各地特殊的环境。

先就第一点言之：所谓宜根据全国普遍的需要，就是先要考察中国现在所发生的，都是那些问题，所应当对症下药的，又需要些什么材料。因而作课程的标准，也就是选材的标准。例如：中国所以混乱到这个样子，大都是由于民德堕落，民气消沉，民生困窘。想恢复民德，就当预先把总理所说的固有道德——忠、孝、仁、爱、信、义、和平，管仲所说的四维——“礼义廉耻，国之四维，四维不张，国乃灭亡”这一类的材料加入进去。想振作民气，就当利用儿童的好奇心理、好群心理、冒险兴味、模仿兴味，把中外名人的丰功伟业，家族民族急需团结的意义这一类的材料，加入进去。想解除民生困窘，就当把增加生产和限制消耗的方法这一类的材料，加入进去。这是就普遍需要方面说的。

再就第二点言之：所谓宜顾及各地特殊的环境，就是除掉普遍需要外，然后再详察各地的特殊环境，以编纂特殊的教材。例如山脉绵亘的区域，就当编纂开发山林的特殊教材；临近河海的区域，就当编纂营谋水利的特殊教材；工业区域，就当编纂使用机器和制造机器的特殊教材；农业区域，就当编纂除虫选种和耕耘收获的特殊教材。这是就特殊环境方面说的。

关于第一点，拟由海内教育大家，合组一编纂委员会，共同编纂。关于第二点，拟由各省教育专家，斟酌各地特殊情形，分别编纂，然后印交各校采择应用。如是则学行就可以打成一片，学者既可试之于行；而行者又可本于所学。那么，才算是实际的“教育救国”、“读书救国”。管窥之见，不识当代教育家以为然不？

编者按：作者此文，意旨与编者十年前所主张似出一辙，大家知道教育的重要，大众知道小学教育是教育的命脉；但是营利书局的教科书，充斥全国，“大狗跳，小狗叫”，弄得乌烟瘴气，不知所云！本来营利的书局是只问销路，不问正义的，最可怪，负有全国教育责任的教育家，为什么不编订基本教课书，来培养中华民国的国民。这是一个重大问题，我们大家来努力！希望在最短期间促其实现吧。

（载《江苏学生》1933年第2卷第2期）

编纂小学国语教科书的意见

杨聘渔

现在要编新的小学国语教科书，心知已出版的各课本有不同的地方，否则何必多此一举！依照目前的局势，教育方面，确有大大改革的必要。现在就把编纂小学国语教科书讲，鄙意要全力贯注到下面三点：一救贫，二救弱，三救浮。根据上面三项目标，再就应该积极采取的和消极避免的两方面，约略说几条出来：

甲、应该积极采取的：

1. 要救济目前的贫穷，关于职业陶冶的材料，要多多采用。

2. 要挽救人民身体的软弱，应该多用提倡游戏、运动的材料。

3. 要纠正现在浮而不实的恶劣风尚，必须多用关于国耻，如救国方策等材料。

4. 所用材料，多要实实在在可以做的。或者有关于职业的陶冶或者有关于游戏运动，或者可以表演，或者可以宣传，或者可以实地试验……

5. 文字不妨重于应用。

6. 注意全国语言统一，对于注音符号，要十分注重。

7. 要多设练习的机会。

乙、应该消极避免的：

1. 近于花言巧语的文字。

2. 无调的诗歌。

3. 绝对没有用处的弹词等格调。

（载《大上海教育》1933年第1卷第3—4期）

小学高级社会科的教材编订问题

黄晋父

（一）

依据最近教育部颁布的小学课程标准，规定小学社会科的目标有三：

1. 指导儿童认识个人与社会的关系，并培养儿童良好的道德习惯和参加社会活动必须的智识经验。

2. 指导儿童了解国家民族的历史演进、地理概况和文物制度的大概，并培养儿童爱护国家、努力自卫的精神。

3. 指导儿童明了人类生活状况、世界大势和文明进化的意义，并培养儿童尽力社会、爱护人类及促进世界大同的愿望。

我们从这三项目标看来，和以前的《小学暂行课程标准》显有不同的地方，至少有下列三点：

1. 公民材料的加入。所谓“个人与社会的关系”，“良好的道德习惯”，所谓“尽力社会”、“爱护人类”等等，这似乎是公民科的重要目标，现在很显明的定入社会科的目标中，可见一部分的公民材料，应加入社会科中教学了。

2. 自卫精神的提倡。我国近百年来，迭受帝国主义者的压迫，“九一八”以后，国民尤为愤激，凛然知抵抗侵略，实为国家独立、民族生存的必要手段。所以这次编订小学课程标准，在社会科中特地规定“培养儿童爱护国家、努力自卫的精神”，这是有很深的意义存乎其间，我们应特加留意的。

3. 党义部分的归并。所谓“促进世界大同的愿望”等等，虽未可谓即专指党义而言，但在附录教学方法要点中，则明定“社会教材尤须着眼于三民主义建国方略、建国大纲的了解”等语，是大部分的党义材料，也须归并入社会科中教学了。

这几点都是和从前标准不同的地方，我们在编订课程细目和编订教材时，应特别注意的。

(二)

小学课程标准，既和以前的不同，因此课程的内容，也和从前的有些差异了。照以前暂行课程标准所规定的社会课程，是包括历史、地理和公共卫生三种，而现今则公共卫生已经划出，另行加入公民和党义两种材料。所以现在的社会课程，在初级是和自然、卫生两科合并为常识科，而在高级则包括中外历史、中外地理、党义以及公民等四种课程。

课程是教育的工具，是用来做编订教材的依据，以满足儿童的需要的；一定要适合儿童生活，适合国情，并且能适应社会，是要从多方面考查观察，有科学的依据和客观的标准，方能得到比较完善的①。在从前我们因为编订小学社会教材的问题，也曾经依据了暂行课程标准，草拟了小学社会课程细目，想照了它从事于小学社会教材的编订，而且也曾经费掉一些时间，拟编了一小部分的教材，在校内应用。但是现在小学社会科的课程变更了，课程细目，又须有待于重订，在这极短的时间里，是不容易做到的。然而我们却仍存着妄想，仍要想依照了最近颁布的课程标准，从事于研究试验工作，以全校同人的力量，来试编一个小学社会课程的细目，拿来做编订社会教材的依据。

（三）

现在我们要谈到小学社会科的教材编订问题了。因为个人十余年来，一向是担任高级的社会功课，为便利计，所以就把高级社会的教材编订问题，提出来讨论。

讲起社会教材来，好像是非常宽广的。纵的过去，横的现在，宇宙间的一事一物，都可以取来做社会的教材。但是选择起来，却也很为困难的。初级此地不谈，且专谈高级。

我们曾经从许多地方小学询问过，大致用自编社会教材来教学的比较的并不多，大部分都是用坊间出版的教科书。最普通的是采用商务《新法历史教科书》、《新法地理教科书》和中华《高小历史课本》、《高小地理课本》，也有用世界《历史课本》和《地理课本》的，还有一小部分是用商务《基本教科书社会课本》。我们对于坊间所出的社会教科书，并不觉得不可以用，有许多却是也很费了无数时间无数精力斟酌完善而编成的。我们所觉得可以研究的，教材方面，现在已有许多地方不很适用，编制方面，也大可以商量，教学起来，又很少有伸缩的余地，这都是可商榷的。我们的愚见，以为社会教材，最好能依最新课程标本，取混合编订而且富有弹性，最重要的，是不要把它分割为历史、地理两部分。商务的基本教科书《社会课本》，好像是合而为一的了，而且这部书的编制，却也是煞费苦心的，把历史、地理、公共卫生能顾

---

① 疑有脱字，原文如此。

到多方面的联络。但是它的缺点也正多，固无论现在社会课程，已无需有公共卫生的材料，就是教材的内容，也不免有许多理论过深的地方。形式方面，生字难句的多见，在教学时为了求文字的了解要费去不少的无谓时间，这最使我们觉得不十分满意的。因此我们就不得不要想自己来试编，以供教学时的应用。

近数年来，我们曾不自量力，努力于自编社会教材，也已经有一小部分的草就。选材的标准是这样的：1. 依照社会课程标准的；2. 适合现时代的需要的；3. 和社会发生重大关系的；4. 和儿童的现实生活有关系的；5. 能提起革命精神、爱国精神的；6. 能养成公民习惯的；7. 能适应本地方的需要的。在文字方面，竭力避去深奥难解的句子，以减少文字上的困难。组织方面，是要试用大单元的设计编制，而且极富于弹性的。我们觉得经过设计组织的大单元教材，是可以把历史、地理、党义、公民等材料溶［熔］化于一炉，各科都能得充分的联络。因为在儿童的观念中，它本来最整个的，本来是无分于历史、地理、党义、公民等科的，我们能就这个观点上去试编，那末教师所教的，就是儿童所要学的了。这种编法，至少有下列几种优点：1. 儿童学习有中心，容易发生兴趣；2. 儿童所得到的知识观念是整理的；3. 富弹性，教学时间可伸缩；4. 儿童学习起来，比较的可以少重复。这都是显著的事实。

（四）

现在且先来举一个从前编订社会教材的实例。

我们曾经经过不少次数的商量，因为要顾到大单元的设计组织，于是把要编的社会教材，决定了一个格式。每一个大单元的教材，都分成四个步骤编次：1. 导言，2. 问题，3. 推究，4. 参考。这四种步骤，应得加以说明。

“导言”是用极简单的叙述，拿来说明这个大单元所研究的事项的，字句力求简明浅显，可算是研究单元的绪论或者是引子。“问题”是决定了研究单元，由儿童自由提出的，因为节省时间起见，提问题都在课后举行。每个儿童都发给他一张问题纸，提好了交给学级领袖，再由教师指定三个优等儿童审查，将结果汇交教师处，然后再由教师去取增删而确定的。“推究”这一项的问题，一部分是采取儿童有价值的问题，还有一大部分是由教师提出的。“参考”一项，完全由教师指定参考图书，令儿童各自去看书参考，以为研究讨论的依据。

下面是一个实例：

单元名称　我国革命的研究

（一）导言

什么叫做革命？凡政治上或社会上有重大变革的，就叫“革命”。所以革命有改革社会或政治的意思。我国五千年来，政治上或社会上，不知经过多少次的革命，但是最初的革命在什么时候？重要的有价值的革命有那许多？革命最可纪念的地方在那里？我们来逐一研究罢！

（二）问题

1. 君位世袭的制度，那一个开始行起来的？

2. 夏朝到什么时候亡了？为什么会亡的？汤为什么要起来革命？

3. 商朝什么时候亡了？为什么会亡的？武王发为什么要起来革命？

4. 汤武革命，有什么意义？

5. 刘邦为什么要起来革命？经过是怎样的？

6. 他的革命，有什么意义？

7. 朱元璋为什么要起来革命？经过是怎样的？

8. 他的革命，有什么意义？

9. 洪秀全为什么要起来革命？经过是怎样的？

10. 他的革命，又有什么意义？

11. 最近革命伟人孙总理怎样革命的？

12. 孙总理创造三民主义和五权宪法，有什么深意？

13. 现在最可纪念的地方在那里？南京为什么做历次革命重视的地方？

14. 南京的沿革怎样？形势、交通、物产、名胜是怎样？

15. 南京的政治地位是怎样的重要，中山陵墓是怎样的伟大？

（三）推究

1. 君位世袭的制度为什么不好？

2. 对于桀纣暴虐和秦皇专制的批评怎样？

3. 贵族革命和平民革命的意义怎样？

4. 民族革命的意义又怎样？

5. 洪秀全革命为什么失败的？

6. 孙总理革命，屡次失败，为什么不灰心？

7. 我国京城，为什么要择定南京？

8. 南京和北平，比较起来怎样？

（四）参考

1.《新中华高级历史课本》第一册第四课《汤武革命》、第九课《从平民崛起的汉高祖》

2.《新中华高级历史课本》第二册第十二课《洪秀全的革命》、第十五课《孙文革命的第一声》、第十八课《中华民国与国民党》

3.《新时代高小三民主义教科书》第四册第一课、第二课《孙中山先生传略》

4.《新中华高级地理课本》第一册第四课《南京·中山陵墓》

5. 朱元璋故事

6. 太平天国革命演义

7. 中山演义

（五）

小学高级的社会教材，照这样编订，经过相当时期的试验，比较用教科书是便利得多了，但我们又发见了几个缺点：1. 导言一项，似乎没有多大意义。2. 没有编定的教材，供儿童阅看，似太无依据。3. 儿童课外参考书籍，向儿童图书馆去看，人多书少，极难普遍，大概优等儿童尚能做到，中下等儿童，他便有所借口，即逞此偷懒了；如各个儿童要备许多参考书，事实上又不可能。4. 参考资料，如欲印发，材料又很多，为教师设想，似又太苦了；如不印发，儿童研究讨论，又只有一小部分人能发言。因为这许多原因，我们现在又觉得这种编订方法，尚有应行改进的必要。

因此在本学期中，我们要弥补这几个缺点，就改为1. 问题、2. 研究、3. 讨论、4. 参考四项来编次。现在再举一个实例如下：

研究单元　山东问题

（一）问题

1. 山东问题的发端怎样？

2. 胶州湾、青岛胶济铁路的形势怎样？

3. “五九”国耻怎样会来的？

4. “二十一条”的大要怎样？

5. 五四运动发生的原因和结果怎样？

6. “五三”惨案怎样会发生的？

7. 现在的山东怎样？

8. 山东在我国文化上的地位怎样？

（二）研究

民国前十五年，山东乱民杀了德国的两个教士，德国便派兵舰占据胶州湾，强向清政府租借该湾作军港，并且取得胶济铁路的建筑权和沿路百里内的矿产开采权。同时被租的还有俄租旅大、英租威海卫、法租广州湾。

胶州湾在山东半岛南岸，是山东沿海第一军港；青岛市在湾的东岸，是一个良好的商港；胶济铁路从这里直达省会济南，可算是东省内横贯的交通命脉。

民国三年，欧洲大战起，日本借着对德宣战的名义，派兵攻打德国租借地胶州湾，并沿胶济路直侵入济南，我政府促其撤兵，他反于四年一月向我提出“二十一条”最无理的要求。

“二十一条”的内容，最酷毒的是强迫聘用日本人做政治顾问，干涉中国内政，和侵占山东、南满、东蒙、福建的路矿权等。是年五月七日，日本又致最后通牒于中国，强迫袁世凯承认，袁无奈，竟于五月九日承认，这就是五九国耻的由来。

后来我国也对德宣战，等到战事停止，各国开和会于巴黎，我国也派代表出席，预备收回山东权利，不料各强国竟帮了日本，将德国在山东的权利，转移给日本，我国人大愤，就在民国八年的五月四日，起了轰轰烈烈的学生运动，结果我国代表，对于德约拒绝签字。

民国十年，美国召集太平洋会议，山东问题，经美英两国的调停，始勉强解决，日兵退出山东，胶州湾、青岛交还我国，铁路由我国备价赎回。

可是日本对山东的野心，依然不死，在民国十七年的五月三日，在济南又发生了大惨案，我国军民被害的不下数千人。后经一年多的交涉，日兵始退去，损失终究没有赔！

到现在，伤痕还未复原，青岛胶州湾算是收回了，胶济铁路也快要赎回了。省会济南东有胶济路，南北有津浦路，交通非常发达。渤海沿岸的威海卫也收回了，烟台商业，或能渐渐兴盛。

我们回想到从前，山东在文化上是非常占地位的。民国前二千四百余年，曲阜产生了孔子，是我国极伟大的人物；邹县产生了孟子，是我国主张民权学说最早的一个人。所以山东省不但在我国海防上重要，文化上也极占重要地位的。

（三）讨论

1. 沿海港湾租借，在我国国防上有什么危险？

2. “二十一条”那几条最酷毒？为什么？

3. 五四运动是什么一种运动？价值怎样？

4. 我们对“五三”惨案有什么感想和觉悟？

5. 我们应该怎样注意我国的海防？

6. 我们应该怎样纪念孔子？

（四）参考

1. 中华《高小历史课本》第二册第十六课《各国租借港湾》、第十九课《山东问题》

2. 中华《高小地理课本》第二册第六课《两个半岛上的商港》

3. 中华《高小历史课本》第一册第六课《孔子孟子》

4. 商务《高小基本教科书社会课本》第四册第廿课《世界大战》

5. 商务《山东省一瞥》

6.《本国纪念日史》

7.《中国国耻史略》

照这样编制，1. 问题是仍由儿童提出审查后经教师决定而编排的；2. 研究材料是教师根据问题而编辑的一种教材，供儿童研究时应用的；3. 讨论问题的大部分是教师提出的，因为普通的社会教学，大都仅能注意到“什么”的一个问题，而忽略了“为什么”和“怎样”，这是大缺点，因此我们对于讨论的问题，比较的要特别重视些。参考项所开的书籍，儿童图书馆中都有的，以供优等儿童作进一步的研究；但如果中下等儿童不去参考，他能仔细阅看研究材料，也足够了。这一种改革，似比以前的较为妥适些，未知阅者以为怎样？

这许多词费的记述，不过是说明个人对于高级社会教材的选择、编订、改进等等的经过罢了，倘使能借此而得到阅者的许多指教，使得课程细目确定后，继续编订社会教材时，再能有很多的改进，那是个人十二分希望的！至于教学的方法和课程细目的编订等种种问题，想以后再谈。

（载《儿童与教师》1933年第2期）

小学工艺教材应该怎样

顾赓甫

工艺这门学科，在小学课程里面要算是占很重要的地位，它本身的价值，可使儿童涵养心智，锻炼体魄，及造成刻苦耐劳、节约审美诸德性；并且从艺术陶冶中，可获得良好的技能，以为职业的准备；可是中国中小学校对于此项学科，殊少成就，要其缺点有二：一以材料购置失当，一以社会厌恶而减少其价值，以致形同虚设了。

一、材料购置的失当——普通的一般小学，多属经济困难，设备简陋，尤以乡村小学为特甚，在这种情形之下，那里能够有余钱去买那五颜六色的洋纸来玩手工呢？但是一般教师，除了买东洋纸外，又没有别法来代替，中国教育愈普及，日货的推销也就随之而普及，为推销日货而办教育的中国，焉得免除国难呢？有人说中国不亡，是无天理，的确是不差的。

二、社会厌恶的原因——学校既有手工一科，当然是要按时上课，既然不能脱离日货的范围，又不能独出心裁去制造切于实用的东西，反而将有用的材料，造成冥用的器具，消费愈多，成就愈寡，社会上所需要的，学校不能供给，学校所供给的，又非社会的需要。印度甘地先生的不合作主义，在我中国学校里面，是有充分的表现，社会舆论那有不厌恶的道理呢！

余深惧再蹈覆辙，曾与栖霞乡师，及江西、浙江乡师诸学子，深切讨论，都认为过去是错误的，非力图改革不可，先从材料一方面说——照现在中国小学的经济状况，不但是东洋货的蜡光纸、玻璃纸、皱纹纸、造花纸等无力购办，即中国货的竹木纸等材料，亦复需费甚多；在无可设法中，个人主张以消费低廉为原则，须以最少的金钱，成就最多的事业，方能适合现在的环境，即使学校经济万分窘迫，亦可利用废物为工艺教材，决不使受经济影响而停顿：如利用农作物的豆、米、果壳、棉花、灯草、麦秆、稻草、麻等，以及天然间的贝壳、泥土、树叶、羽毛、蛋壳、废纸、竹头、木屑等，制成价廉工省的用品，当能获得社会信仰，人群的需要。

再从制品方面说——中国每个学校，必有成绩室，其所陈列的，未尝不琳琅满目，五光十色，究其功用，既当不得用具，更当不得玩具，供诸冥用，或可说得过去，以很多的金钱，很好的洋货，其所成就的，乃竟不能为人间所有，好像中国干手工先生们结了很大的同盟，誓曰“学校工艺，必冥具是尚”。

余为手工先生中的败类，每与学生们讨论，即以自然界的废物，或低廉的材料中，何者可为玩具，何者可为用具，详为审度。前在赣省乡校，曾嘱高级生，各创一闻，本我的口授，再以各个人的设计，计成二十余种，刻已脱稿，学生们都个个做得津津有味。这种教材，虽然不能说是尽美尽善，却也算是我们从做上得来的一点经验，或许也可以做小学教师一点的帮助，不致再如上面所说的困难吧！

（载《江苏学生》1933 年第 2 卷第 4—5 期）

编辑低级读文教材的先决问题

——口语字汇调查的建议

于祥文

（一）

凡从事低级读文教学的教师，只要有一半年的教学经验，对于儿童的说话喜欢留心考察，并能明了儿童说话的范围的广狭及其深度，他一定感觉现在任何书店发售的国语教科书及其他插满绘画的读物里，有一大半的材料是出于儿童经验以外，每课内容事项的组成，是否切近儿童的生活环境，姑置不论；专就其组成形式方面的用字、下词以及语序、语式等，已经够生疏艰涩、东拉西扯、南腔北调、不易通读了！这并不须举例证明，略事翻阅，即可发现。至于认识、了解、记忆、运用等，更是费尽千辛万苦，设法练习，尚不能完全为儿童所有。这是低级读文教学的困难，尽人皆知的。

此等不适用，以及教学困难的感觉，是近年来极为普遍的现象，人人如此说，人人都想自己编辑。据我所知，有好多进步的教师，曾经实行自编，或师生合编，实施教学结果，虽未能将两种材料施用后的效率，作比较的证验，仅就教学时儿童欣欣然勃勃然的反应看起来，已经比普通教科书好得多了。不过此等自编教材的办法，虽然很好，而取材的根据，若不经过系统的、基本的，将实际需用的字加以详细调查统计，恐怕要流于散漫、揣测、掺杂偏见。至于排列的先后，字汇的多少，语序的形式，更无确定的标准程序，因此重复、浪费等不经济的毛病，都要相继出现，那么，这就大有研究的必要了！

最近教部《新课程标准》的颁布，并通令各地，根据标准编辑适应地方之各科教材。本省教育厅对于此项重要编辑工作，行将分科规划，准备开始。而低级读文教材的编辑，我认为最关重要。因为低级各项符号教学中首先和儿童接触者，为读文教材，所谓三 R 的第一位就是“读”，儿童到校的第一要求也是“读”，一般社会、一般家长所希望于学校的第一要务也是“读”；文字教育的开始，符号观念的发展，生活内容的加深加广，以及知识的启迪、思想的锻炼，更要靠着“读”；读文既如斯之关紧［系］，那么组成读文材料的来源及根据，就更有研究的必要了。

（二）

本文标题所谓编辑读文教材的先决问题，并非组成篇章的内容和形式的方式问题，乃是组成教材所用的字汇问题。所谓字汇，并非陈鹤琴氏《语体文常用字汇》、王文新氏的《小学分级字汇》、庄泽宣氏的《基本字汇》等，乃是儿童说话所用的口语字汇。他们那些字汇的来源，是从一般通行的书报、信函或儿童作文等文字方面调查统计出来，是偏于成人的、间接的，并且是受过文字教育训练以后，所谓人造的不自然的产物，可适于较高年级及普通社会行文之用，而不是低级儿童能说、常说，并且能完全了解，自由运用的机会最多最广的东西，所以不能完全作为编辑小学低级读文教材的真正根据。可作真正根据的，只有儿童平常说话所用的口语字汇。

儿童自呀呀学语，至入小学一年级以前的四五年中，对于环绕他周围的事事物物，因感觉的需要和原始的冲动，已经由听觉的了解，渐渐习得许多简单的字句，以之表达自己的思想及愿望；更由此等简单字句的引伸，随伴生活意识的渐次丰广及了解事物意义的程度逐渐增高，日积月累，于是儿童口语字汇的数量极迅速的增加起来。所谓幼稚期儿童语言的发展，较任何时期都要特别迅速。这种发展的顺序、性质及数量都是由实际生活的应用而产生，事物的意义与声音的结合，是极其自然而且确实。儿童的心理生活的全部，如思想、记忆、兴趣等，悉数表现在口语字汇里。从儿童接触各种境遇时所表示的话语的总量，可以直接测知他的生活内质究竟是些什么。试看他随想随说，随说随做，内外一致，毫无隐讳的种种情形，即可概见。

若用这些自然的表出生活内质的符号——语言编辑读物，它的好处，可以说不胜枚举；既可与生活密接，不致中断，又可予生活以再现或复认的机会，更是理解或建创新意象新理想所必须凭借的适合联念的阶梯。因此，儿童口语字汇的调查采用，是儿童初级文字教育必须的重要工作。但是现在中国尚无人从事此等调查，美国妮丝夫人曾和别人共同研究从事记录、统计，结果虽偏于局部，不能作为一般的正确标准，但此等口语字汇之可以记录统计，已成为确切的事实。据她的记录结果如下。

（一）在字汇的数量方面：

三岁　一三三八字

四岁　一八四三字

五岁　四二二五字

六岁　三一〇三字

（二）在字汇的性质（词类性质）方面：

名词　百分之五六・八

动词　百分之二〇・七

形容词　百分之一三・七

副词　百分之五・四

代介接等　百分之一・五

他如项氏、项氏夫人及派侃都有此类的调查统计，借作研究儿童读物的标准。

根据儿童口语字汇编辑低级读文教材的重要理论及其需要，可约分下列三项：

（1）适合统觉原理：已往的经验对于新动境的反应或新事物的了解有很大的影响。这是教学的常识，不须多讲。若根据儿童操纵纯熟的字句，编辑读文，不但容易读、容易懂、容易记忆，更容易引起想像、唤起联念，并且容易得到类化，以增加其了解和运用的能力。

（2）适合练习定律：读文的字句既为儿童口语常用的字，在生活的各方面，不论何时何地均能得到许多自然的、实际的练习和应用的机会。读的书就是说的话，说的话就是读的书，彼此印证，互相联结，在无形中已经收得多方学习的好处，不需许多特定的机械的练习，就能得到记忆和运用的最大效果。

（3）适合地方原则：本地儿童说本话，读本地儿童话所组成的文字，这更是最好的办法。所谓“本地风光、就地和泥”，最切合儿童的生活环境及经验。

（三）

口语字汇的实际需要及其所根据之重要原理，大体已如前述，至于调查的方法如何，乃一实际的问题。因无先例可循，无从参考，兹就拙见所及，略述于下，是否适用，不敢武断，尚须热心科学教育者之共同研究。

一、字汇的调查记录

这个工作，表面上是很机械很烦琐的，并且需时较长，但是欲从事科学调查，这一步工作确是必须的经程，别无其他省事的巧法，兹分作：一、调查的年岁；二、调查的方法；三、记录的分类；四、调查的期限；五、调查的人数；六、调查的地域。依次略述于后：

（一）调查的年岁，分两项

（1）入学前的调查，普通的家庭是不能做这种工作的，只有幼稚园的和初级一年级上期的教师可以从事，调查的儿童以六岁为限。

（2）入学后一二年级的调查，由担任一二年级各期教师纪录，以七岁至八岁的儿童为限。

（二）调查的方法，分直接与儿童谈话和听儿童和别人谈话两项，谈话的时期，分：（1）课间谈话。由上课时就儿童谈话作各别之纪录。（2）课外谈话。随时随地和儿童作各项问题之谈话，作各别之纪录。

（三）记录的分类

（1）单字或词的纪录：就儿童说话所用的各个单字，或数个单字组成的词，各别记录之。

（2）整句的纪录，将儿童所说单句或复句整句记录之。

（3）字汇纪录的分类。

①属于自然界的，如动、植、矿、风、云、雨、雪等。②属于社会的，如家庭、街市、节日等。③属于生活应用的，如衣、食、住、行、用具等。④属于玩赏的，如玩具、风景、画片之类。

（4）记录表簿：每儿童各占一册，按字汇大体属类，依时纪录簿中。

（四）调查期限：按照自然季节变化的顺序，以一年为限。在此一年中，因时令关系，所有口语字句，自然要尽量表出。

（五）调查人数：愈多愈好，统计虽甚烦难，结果多则正确。

（六）调查地域：以口语相同，生活环境无大变异为限。如开封市自成一域，人数最多，为调查最好之区域。

二、字汇的统计

根据调查各个儿童的记录，作详细的统计。如字汇的数量、字汇的性质，及各年岁字汇发展的质量的比较，以及各年岁每字发现的次数，分别统计，表列出来。除去偶然的发现及特殊的情形，就其最普遍、最多数的字汇，求出各年岁的总数。再就整句纪录之各材料，研究其各年岁每句所用字数多少，及其各种语法的形式，分别汇集起来，那么，这个口语字汇的调查工作就算完成了。

（载《开封教育旬刊》1933年第1卷第12期）

对于现代初级小学常识课本之批评

陆 庄

近几年来，在教育方面逐渐呈现着一种综合的趋向，小学常识课本的出现，就是教育上内在统一的一种表征。常识这一项科目在《小学课程标准》上是没有明白载着的，因为常识是自然、社会、卫生三科综合而成的。在批评小学常识课本以前，我们必须知道常识的目标究竟是什么。

（一）常识科之目标

常识包括自然、社会、卫生三科，所以常识的目标，也就是自然、社会、卫生三科综合的目标，在《小学课程标准》上，教育部对于这三科所规定的目标如下：

A. 自然科之目标——（1）理解和认识自然，并养成科学之研究；（2）利用自然；（3）养成欣赏自然之兴趣。

B. 社会科之目标——（1）认识个人与社会之关系，养成儿童良好道德习惯，并参加社会活动；（2）了解国家民族历史的演进及地理状况；（3）明了人类生活状况及世界大势。

C. 卫生科之目标——（1）养成卫生习惯；（2）培养卫生知能；（3）养成对于个人、家庭、社会卫生之兴趣。

把以上三科的目标综合起来，我们就可以知道常识科的目标是什么。总之，常识是要使儿童认识并澈底地了解他四周的过去和现在的一切人物和自然的环境，并设法改造之，同时养成健康的、乐于团体生活的、良好的公民。

（二）现在初级小学常识课本之内容

我这次所根据的常识课本有两种，一种是大东书局出版的，一种是世界书局出版的，每种八本，供初级小学四年之用。关于它的内容和编制，现简单的说明如下：

A. 形式方面之编制

（1）一年级全用图画；文字极少，只有一句或数句。

（2）二年级图画仍很多，文字渐加多，每课后面有作业要项。

（3）三年级图画减少，每课文字加长，除作业要项外，课文前加小标题，为每课的大纲。

（4）四年级图画很少，有几课只有文字而无图画，课文前仍有小标题，作业要项很多，如研究、比较、调查、实验、讨论、表演等。

B. 内容方面之编制

（1）自然、社会、卫生三科在分量上差不多平均分配。

（2）两课或三课组成一单元。

（三）对于以上两种常识课本之批评

在看了以上两种常识课本以后，我不由得发生了小小的一点感想。我对于两种课本的意见可分两方面说。

A. 优点

（1）教材的编制按照时令排列——社会科中的纪念日，自然科中之植物、动物，卫生科中之种痘、灭蝇等，都按照时令；如常识课本第一册，讲到秋天的风景、十月十日国庆日、孙中山先生纪念日、冬日的雪景，第二册讲春天的各种花木、种牛痘、三月二十九黄花岗纪念、夏季的莲和菱、怎样灭蚊等，以后第三册再从秋季开始至冬季，第四册由春季至夏季，是循环式的。这非但切合当时的实际情境，而且教员和学生都可随时利用实物讲解和制作。

（2）作业要项可养成儿童自动的能力，并使儿童从做上去学，使教学做打成一片。如讲拿破仑或陈英士的时候就叫儿童把这个故事表演起来，并自己搜集关于拿破仑和陈英士的材料，如讲莲的时候，就叫儿童自己去采莲种莲、剥莲子等。

B. 缺点——关于以上两种书的缺点，我从三方面来批评，即选材、编制和图画。

（1）选材方面

（a）太抽象——在常识课本第五册和第六册上，讲到人类的权利义务、立国的要素、国体和政体。像这样一类抽象的材料占据很多，我相信教员讲到这种材料的时候，除了照书直讲以外，没有办法可使儿童得到一个正确和具体的观念，而且三年级的学生年龄很小，对于这种抽象的材料是一定不会了解的。

（b）太难——在三四年级的常识课本中，讲到汽机怎样运动、怎样利用水力，救火机、灭火机的构造，虽然这种科学的知识是应该给于儿童知道的，可是靠着一个简单的图画，几句短少的字句是不容易把它说明的，这种复杂的机器的构造，就是领导儿童看了实物恐怕还不能了解，何况靠几句抽象枯燥的文字呢？儿童既感不到兴趣，又不能了解，这种原因都因为教材太难，不适合于幼小的儿童。

（c）太复杂——在三年级常识课本中有两课是游历世界，它的次序是从中国出发，经过日本再到美洲，再由美洲到欧洲，经过了亚洲、美洲、欧洲并许多著名的国家。这种复杂的材料，就是有一点地理常识的中学生，也会感到杂乱和厌烦，何况没有一点地理知识的小学生。他们只感到凌乱和复杂，除非勉强的记忆，他们不能获得个有系统的观念。

（d）不需要的——在常识课本中有一课是讲到韩康卖药，他全课的内容是这样的："韩康在街上卖药，货真价实、老小无欺。"还有一课是《云的种类》，云有卷云、叠云、横云、雨云四种。像这种材料都不是儿童所需要的，韩康不是伟人，何必给儿童知道，他的卖药又不是一种特殊的行为，亦没有说明的必要。至于说到云的种类，这不是一种普通的常识，只要使儿童知道云的成因就够，要讲什么是卷云，什么是叠云，恐怕小学教员自己亦讲不来呢。

（e）太都市化——讲到走路要当心，就画着一条热闹的街道，有许多马车汽车等，有一课讲为什么要造桥，就画着两座大洋桥。还有一课是"冬天屋内暖，外面冷"，屋内画着一个火炉，这种种都是给于都市中儿童知晓的，都是都市中学校的教材。

（2）编辑方面

（a）太呆板。一年级大多用问句，如这是什么鸟？这是什么声音？

猫做什么事？狗为什么叫？三四年级都用叙述式，很平淡的刻板式的叙述出来，没有问答式和故事式，这种没有变化的语句，会使儿童感觉厌倦，没有兴趣学习，有妨材料的内容。

（b）编制不按照单元。有几课单独插入，且单元与单元间亦不联络，如上一个单元讲游历世界，下一个单元讲玩具，中间插入两课，一课是怎样种莲，尚有一课是昆布和紫莱，两课自身既不衔接，且和上下两单元亦不能联络。尚有上面一个单元讲邮局和寄信，下一个单元讲初民，中间有一课是孙中山先生小时候的衣食，这一课和上下均无联络可能。至于单元与单元间则更不衔接，如上一单元讲猫和狗，下一单元讲孙中山先生。

（c）社会、自然、卫生的编制不联络。常识既包括社会、自然、卫生三科，教材的编制应当求其联络，不可划然分开。如讲游公园时为社会，公园里的花木是自然，在公园中可呼吸新鲜空气，不能随地吐痰是卫生，应当把自然、卫生、社会三科组在一起成一单元。

（d）深浅不按次序。教材编制的原则是应当由近至远、由浅入深、由简单至复杂。以上两种常识课本，有几课并没有按照这原则。如四年级常识有一课是常见的工具，如锯子、铇子、锉子等，另一课是救火机、灭火机。这两课深浅的程度相差很大，锯子、铇子是日常常见的工具，很容易明白的，救火机、灭火机的构造，则很难懂。把这两课程度不同的材料组在一起，是不合编制的原则。

（e）重复。教材之编制有很多地方都重复的，如第二册上讲到莲和菱，第八册上又讲种莲，这种重复的材料既不经济，又易引起儿童生厌。

（f）作业要项太难太多。作业要项果然可引起儿童自学的兴趣，但有几个问题太难，是教员和儿童所做不到的，而且每课的作业要项太多，若要完全去做，时间上是来不及的。

（3）图画方面

（a）图画和文字不合——图画不能帮助文字使更明白，反易引起误解。如有一课是《羊穿衣服吗?》，上面一张图是几只羊，下面一图是一个人在剪羊毛。这两图不能表示这一句文字的意义。与其用一句

“羊穿衣服吗”来解释这图画，还不如说羊有什么用处为切合。

(b) 图画中充满着西洋化——图画中的男子大半都穿西装，还有日用器具如沙发、火炉等都太西洋化，容易引起儿童奢侈的习惯，而且乡村儿童对于沙发等器具，简直不知是何物。

以上是对于这两种常识课本三方面的批评。总之，我们看了这几本书以后，给予我们的印象好像是一家杂货店，古今中外的材料都有，各式各样的把它放在一块给儿童吞下去。这样，儿童既感到吞不下的痛苦，而且对于他自己又没有益处。

(四) 对于常识课本改进的一点意见

常识的范围既是这样大，自然要把这许多丰富繁复的材料组织起来，切合儿童的生活、教育的原理，确是一件不易做到的事。其实常识是不应该有课本的。常识的教材是随时随地都有的，儿童四周一切的环境，教员都可利用它作为常识的教材。不过，若是这样，常识的教材又太多了，教员不能把这许多教材在短短的时间中都教授儿童，因此我们不得不想一个补救的办法，一方面使教员不致茫无头绪、无从选材之苦，一方面使儿童可得到一种有系统的知识，这就是要改良现在的常识课本。怎样的改良法，我略有点意见：

A. 常识的内容须丰富。除以上几种抽象的、不需要的、太难及太复杂的材料外，我以为常识的教材确是应该包罗万象的。他应有关于儿童日常生活和四周环境中的一切事物，要有乡村的材料，同时也要有都市的教材。关于常识的内容，至少须较现在的增加一倍以上，尤其是应该增加儿童实际生活中所需要的教材。

B. 常识课本需用活页，可以让教员自由选择。常识的内容既增加，当然在同样的时间中是来不及教授的，所以常识课本须用活页，教员随时随地因儿童的需要而选择教材，如乡村小学中教常识，须多选乡村儿童需要的材料，删去关于都市生活的教材，这样可以让教员自由活用，不受课本的限制。

C. 常识的编制须按照由浅入深、由近及远、由具体至抽象、由今至古的原则。儿童所需要的是关于现实生活中的一切事物，所以一二年级常识的教材，须儿童日常生活中最切要的事物，然后渐渐地推广。

D. 常识的编制须按照单元且自然、卫生、社会须组成一单元，不能截然分开。这一点在上节批评中已有说明。总之，编制常识课本是一件最不容易的事，上面的常识活页课本亦只能稍加补救，不能说是完善的办法。唯一的希望是小学教常识的教员们，除了呆板的常识书以外，能随时随地将活的教材教授儿童，整个的宇宙都是儿童常识的课本，只凭教员体察儿童的需要，去自由选择，与儿童共同去求得活的知识和活的经验。

（载《儿童教育》1933 年第 5 卷第 10 期）

读所谓“满洲国”小学教科书后

宗　孟

友人自东北来，赠所谓“满洲国小学教科书”四种——修身教科书、国语教科书各十二册，历史教科书、地理教科书各四册。披读一过，怵目惊心，痛觉暴日此种灭国亡种之手段，实为他日并吞我东北独一无二之武器！

回忆暴日在东北之文化侵略政策，如奴隶学校之设施，文化事业之操纵，历时虽久，然犹仅限于旅大租借地及南满铁路沿线各地，尚未能普及也。迨至“九一八”之难作，举凡东北各学校及文化机关，悉被其摧残蹂躏，破坏无余。于是在武力占领之下，为贯澈其奴化教育起见，始又迫令恢复少数之中小学校，而擅改教科书，非法取缔党义之蛮横举动，竟将其阴毒手段，揭露无遗！伪国成立益得假借名义，从事操纵，如伪造教育制度也，制造奴隶教育工具也，编审教科书也，凡可以奴化我东北民众之种种方法，无不次第实现矣！

“九一八”前，暴日在旅大租借地及南满铁路沿线各地专为中国人设立之公学堂，其方针不外：（一）违反中国教育部章，破坏中国教育系统。（二）由满铁特别编订侮辱中国、颂扬日本之教科书。（三）教学方法，日文日语化。（四）避免中国历史、地理之讲授，阐发日本历史、地理。综言之，惟在力谋如何消灭我民族意识，减少我国家思想而已！此种奴化教育在“九一八”后，更极力谋扩大普及。当伪国成立之初，教育行政即隶属于伪民政部（设有“文教司”），去岁三月二十五日，首由伪国务院发布一荒谬之令文，令行伪民政部曰：“嗣后各学校课程，着用四书、《孝经》讲授，以崇礼教，凡有关党义教科书等一律废止。”此为暴日正式实行奴化教育之开始。嗣此三令五申，要不外厉行伪制，消灭旧规。至六月十四日，复重诬三民主义教科为排外教材，再行申令取缔。如所谓：“查我国（伪国）肇造，已届三月，各地学校主办人员，间有尚未洞悉建国精神，仍蹈三民主义覆辙，用排外教材……今后……对于排外教材，应切实取缔。”盖此时各小学既间有被迫开学者，而所用教科，一时既苦无替代之课本，亦惟有加以严厉之限制已耳！

迨至去岁七月伪文教部成立，公布伪官制之职掌，即谓为“关于教育、宗教、礼俗及国民思想事项”。由其伪组织言，是为“文教司”之扩大，由其伪制度言，是为奴化教育之推广。盖将宗教、礼俗等之所谓“教化”事项及特别标明“国民思想”事项，悉皆与教育并列，一炉而冶之。故所谓“文教”者，即奴化之意也，非教育之意也。如此对我国教育制度根本改造，不惟其用心险恶可诛，而污辱我民族实甚矣！

暴日在东北奴化教育之初步施行，以辽宁为首倡。其始在去岁四月初，省城各小学被迫开学，并有伪令限所用教科，须就民国十二年以前商务、中华两书局出版之旧教科书，关于与国家观念有关系及国耻事迹，则又须概行删除，始准教授，同时即又于辽宁伪教育厅组织“图书编审委员会”将从前所用各科教本，重加删订，即今各小学采用之修身、国语教科书是。此外历史、地理两科则根本改造，完全新编。此虽辽宁伪教厅在去岁六月以前所施行，但至七月初，即由伪文教部通令各省采用。故今所披读各教科书之封面，莫不有“文教部审定”与“满洲国小学校用”之字样显刺人目也。

在我国小学课程中，列有修身一科虽由来甚久（清光绪二十九年订初等小学完全科课程为修身、国文、算术、体操、手工、图画、唱歌等科），但至民国十二年新学制小学课程实行以来，即已无修身之一科目（初小并公民、卫生、历史、地理为社会科，高小分为四科）。所以然者，在小学施以抽象的德性之涵养，究不若利用具体的事物之陶冶为有效也。惟是暴日之教育目的，既在奴化，自以旧式修身教学之愚弄为宜，于是十年前修身之古董教科书遂复现于东北各小学校中，亦良可慨已！

审读此修身十二册中，前五册除摭拾陈言，缕述消极腐旧之德目外，无何新的增易。惟至第六册之末一课，则“满洲国”出现矣。录其原文如左：

> 满洲国，是奉天、吉林、黑龙江、热河、兴安五省合成的。国都在新京，溥仪为执政，年号大同，这是东亚的新国家。有三百二十九万方里的土地，有三千万的人民。这个新国家，是全国人民公共的，应该各尽一分心，各出一分力，保护这个新国。将来国势兴旺，是大家的光荣。

第十一册中更则述及“满洲国”之“统治机关”，“政府”及“法院”，语多妄诞，尤为可笑。

《国语》全部亦十二册，充满猫狗花鸟之故事，关于可以激发民族精神、国家观念之文字，扫除净尽。在第一册中，开始六课悉为猫、狗、老鼠之故事，末后更有两课之赓续。最后一课猫鼠的故事如左：

> 猫先生说：“老鼠呀！好宝宝买的糖食，你们不要吃掉！好宝宝造的纸房子，你们不要去咬！好宝宝脱下来的裤子，你们也不要去咬！谁不听我的话，我就要捉住谁！”

此种借猫鼠为喻，隐然表出其恫吓之暗示，全书中盖数数见也。

《国语》第五册第一课即以标题《红的红》描写伪造之“国旗”，字句牵强，几不成读。故录之。

红的红，红花满地春融融。蓝的蓝，蓝天绿水连青山。白的白，白雪丝棉和米麦。黑的黑，黑字图书千万册。黄的黄，黄金百宝土中藏。大国旗，谁染得？几千万年不变色。

第九册第一课安述及所谓“建国”。在全书十二册中，文字最荒谬绝伦者，以此课为最，尤不可不纪。

满蒙旧时，本另为一国。（何所根据？胡说！）后来变为中国，在历史上已有好久的沿革了。虽然地处边陲，开化较晚，但就局部观察：确有繁殖的人口，肥美的土地，丰富的物产；倘用良善政策来治理，自然可以驯致富强的了。（谁来治理？谁致富强？）

回想自从辛亥年共和民国成立以来，到了现在，已经二十多年；中间变乱相寻，政治腐败，无一不是军阀争夺权利所造成的。我们三千万民众，无论何人，莫不直接或间接受了莫大的痛苦：这不是一件极不平的事情么？（何劳代抱不平！）

那末，我们满蒙的民众，既不甘久困在这水深火热般的政治之下，应该怎样才好呢？所以大众才有独立的运动，一心一意，起来建设一个新国家，叫做满洲国。年号叫做大同：顾名也就可以思义了。

新国在西历一千九百三十二年三月一日，宣告成立，即以是年为大同元年。国旗定为五色：旗地用黄色，旗的左上角用红蓝白黑四色。民族约有汉族、满族、蒙古族，以及其他在东亚的同文同种民族等。（日本民族自然在内了！）

建国的宗旨：大概以顺天安民为主，对内采取王道主义，一切都尊重真正的民意；对外实行门户开放主义，讲求亲仁善邻种种方法。（说来真像！）

我们民众，既然有这样的建设，就当共同努力，发展教育，开拓利源，打破种族、国际上的畛域（要日“满”合为一体）；总要使国家有日新月异的气象：那才不愧为新国民啊！（末附叛徒宣言从略）

其余各册，多裁取中外毫无意义之掌故，率多属于颓废文字。如属于我国者，有“包公审石头”、“武松打虎”、“草船借箭”、“空城计”、“刘姥姥”之类。属于外国者，有“波斯国王的新衣”、“约翰献宝”、“威廉受赏”、“死象案”、“宝石案”之类，无待赘述。

高小课程之历史、地理两科，教科书各四册，均系新编。牵强臆造，较之修身、国语，尤为荒谬绝伦！历史前二册，纯系截取中国历史之一部属于东北者，断章取义，杂凑成篇。兹将两册节目录左，以见一斑。

古代满洲的民族　匈奴南侵与万里长城　汉人移殖满洲　挹娄和秩余、高句丽的创兴　高句丽的衰亡　渤海的疆土和风俗　渤海的建国和文化　契丹的勃兴　辽的建国　辽人灭晋　辽复国号契丹　宋与契丹媾和　女真的勃兴　金的建国　宋金联合夹攻契丹　金的逼宋　金的文化（以上第一册）　蒙古的勃兴　成吉思汗的武功　蒙古约宋灭金　元世祖的开国　元代的东西交通　满洲的崛起　太祖大破明兵　大清的建国　清的统一中国　清的隆盛时代　清的满蒙政策　清俄的交涉　清的满洲实边策　清日战争的起因和结果　《清俄密约》和《旅大租借条约》　日俄战争的起因和结果　清的变法和继位　最近的满洲（以上第二册）

在此三十六节中，虽竭尽编者之鬼蜮伎俩，丝毫未能证明在历史上东北非中国之领土，此固“事实胜于雄辩”无可如何者。但在“最近的满洲”一节中则又以“满洲本为清朝发祥之地，不料清宣统逊位以后，竟入张作霖的势力范围了”一类的妄说，巧为掩饰。在缕述张作霖之势力消长，“在途中被炸而死”一语后，遂大可畅叙其制造伪国之一幕矣。原文录左。

张作霖死后，他的儿子学良继承父业……二十年久住北京，不回奉天。竟于九月十八日发生空前绝后的事变。他的势力，遂完全被逐于满洲以外。二十一年二月间，东北各省长及蒙古王公等，会

> 议于奉天，议决建立新国家。国号满洲，年号大同，三月九日，推戴清逊帝溥仪为执政。建都长春，定名新京。从此新国建立，物归故主，世界历史上，又添了重要的一页了。

三四两册，中日历史，相间叙述，其用意已极险恶，文字间凡所以贬损中国而赞扬日本者，尤无所不用其极，尤足令人痛心！

《地理教科书》之前二册，将我辽吉黑热四省之自然、人文、地理等现象，系冠以“我国”之字样。而在叙述“我国的住民和政治”一节中，论及“日本人”则曰：“清的末世，日华两国的亲睦程度，日渐增加，所以日本人，移住满洲的，亦渐渐加多。到了我国成立，因为地域相邻，益具‘唇齿’、‘辅车’的关系了。”行文可谓巧妙！第二册末后只七节述中国地理大势，第三册则有十节述日本地理，虽系平等叙述，而详略倒置，盖已将我国与其他各国并列也，可不痛哉！

（载《行健月刊》1933 年第 3 卷第 3 期）

十年来中学国语教科书的进化

胡伦清

去年冬天，我接手本会执委会的嘱托，整理各方交来国语科教学组底研究题：我亦拟了一部分的题目加入，中间有一个“高初中国文教材选用坊间教本与担任教师编印讲义两者孰较妥善”底题目。我底意思，无非想借此给我们担任国文教课底朋友，引起一点反省：去检查自己所凭借的教本或讲义，究竟有什么优点和缺点？在对象的学生方面，究竟那一种能博得较好的效果？后来把全部研究题分发各会员，而这个问题，果然引起了许多会员底兴趣，加以详密的讨论，表示很好的意见，在分组会议中更因此通过了一个由本会编定国文精读教材底议案，影响不可谓不大。但这个问题，内涵实太闳深，假使没有精密的探究，而轻易地下着断语，是不一定能得到正确的结论的。此刻我只能担任这个研究题一部分的工作，对于这最近十年来坊间国语教科书底趋势，加以简略的叙述，而观察它目下究已演进到若何程度，以作我们的参考，这或者当不是无聊的事吧。

通常对于教科书和讲义两者的区别：大约由书局编辑或发行，明定价值，公开任人选购的，谓之教科书；由教师自行编选，交学校印发发学生，不公开任人选购的，谓之讲义。但实际上两者作用的目的均系一致，且并无判若鸿沟底界限。在教师案头破烂的油印讲义，未必本人都是抱着藏之名山的耐心，在某种情势下的必要时，尽有化为书局中教科书的可能的；不过一变为书局中底教科书，形式和内容，总得要较谨严些了。

固然，教科书和讲义，各有各不可讳饰的缺点，但同时我们亦不可忽略这两者也各有各不容抹杀的优点。关于国语讲义一层，我很惭愧搜集不到很多的材料，作一个系统的研究——虽则曾于六七年前国民革命军底定浙江后，我在浙省教厅工作时，曾有将各中学底讲义送厅审核的建议，并拟了这么一个通知各中学底令文。后来各校因种种关系，未能一律办到，但坊间底国语教科书，是容易得到的。近来我因专任讲授，关于中学底国语教科书，颇时取以浏览，觉得最近十年来中学底国语教科书的各方面，已有显著的进步，假使能够于此中仔细研究，择善从长，不仅在教材上可得到有益的参证资料，并且关于整个的国语教学底各方面，亦同时可得到极大的帮助。我们对于坊间底教科书，是不宜抱着它们以牟利为目的而应得加以鄙夷的态度的。

从一九三三年的今年，回溯到一九二三年，我为什么要仅把这十年间的中学国语教科书加以论列呢？我国自编教科书的开端，不得不推一八九七年（清光绪二十三年）南洋公学编底《蒙学课本》。到一九〇二年（清光绪廿八年）颁布那破天荒的壬寅学制系统后，中学教育始占了一个地位，才有中学教科书的编纂；接着又有癸卯（光绪廿九年）学制系统的修正。民国成立，教育起了剧烈的震荡，于是壬子、癸丑（民元、二年）的学制系统，除了民六于中学添设二部这样一点小小变更外，竟一直维持到十年之久，到一九二二年十一月新学制正式颁布，才另开一个新途径。我们试检察新学制未成立前，一般教育界底状况，满呈着沉滞杂散的景光，一般的教科书，自然亦容易蒙上同样的色采而徘徊于歧路了。我所以仅就新学制颁布后最近十年来的中学国语教科书加以叙述的缘故，实缘在这个期间教育界上比较的富有生气，而国语教学方面，亦似较多变化繁复，较有更多的人从事研究试验，把它整理起来，根据过去努力所获得的成绩，再求精进，总可达到较完善的境地了。

无论任何一种事件的发生和形成，都不是偶然的、突发的，其中必有客观的环境条件与社会背景作基底，而非一朝一夕间所能急就的。这最近十年来中学国语教科书逐渐递嬗演变的趋势，亦不能逃出这个范围而特具例外的。这最近十年来的中学国语教科书，固然如上文所说，与学制的变革有莫大的关系；但和这十年间国内外政治上、社会上状况，和学术思想的倾向，亦何尝不息息相关，具有极浓厚的空间时间上底背景呢？假使我们能有闲暇的工夫、剩余的精力，把它分析解剖，再就教科书中的各方面，演绎归纳地比附引申起来，实无异阅读了一部社会进化史；但我这篇谫陋的短文，是绝难负荷这个重任的。我只能就自己架上所有而曾披阅过的几种，约略的为这个问题画一个轮廓，开一条道途，给与对于这问题有研究兴趣的朋友们更深刻更详密的探讨罢了。

最先，我把仅有的那几种中学国语教科书，作一个简单的登记表，如下：

书　名	程　度	编　者	出版处	出版年月
《国语文读本》	初中（六册）	孙俍工　沈仲九	民智	民十一、十二、三
《国语教科书》	初中（六册）	范祥善　顾颉刚 吴研因　叶绍钧 周予同	商务	民十二、十三、二
《新中学古文读本》	初中（三册）	沈星一	中华	民十二、十三、五
《新中学国语读本》	初中（三册）	沈星一	中华	民十三、十四、八
《新中学古文读本》	高中（三册）	穆济波	中华	民十四、十五、二
《高级国语读本》	高中（仅出一册）	穆济波	中华	民十四、九

《国文读本》	高中（两册）	江恒源	商务	民十七、五
《新时代国语教科书》	初中（六册）	胡怀琛　陈彬龢　汤彬华	商务	民十七、七、八
《新中华国语与国文》	初中（六册）	朱文叔	中华	民十七、十八、九
《高中国文》	高中（六册）	朱剑芒	世界	民十八、十二
《初中国文》	初中（六册）	朱剑芒	世界	民十九、九
《初中国本教本》	初中（六册）	张弓	大东	民十九、二〇、一
《新中华国文》	高中（三册）	沈颐	中华	民十九、二〇、十二
《北新混合国语》	初中（六册）	赵景深	北新	民十九、廿一、五
《现代初中国语》	初中（六册）	庄适	商务	民十九、十一
《基本教科书·国文》	初中（六册）	傅东华　陈望道	商务	民二〇、廿二、二
《初中国文》	初中（六册）	扬州中学	南京书店	民二〇、廿一、四
《高中国文》	高中（六册）	扬州中学	南京书店	民二〇、廿二、二
《基本教科书·国文教本》	初中（六册）	周颐甫	商务	民廿一、十
《国文教科书》	高中（六册）	孙俍工	神州国光社	民廿一、十
《开明国文读本》	初中（仅见四册）	王伯祥	开明	民廿一、十二
《国语教科书》	初中（六册）	戴叔清	文艺	民廿二、二
《初级中学文选》	初中（六册）	周乐山	广益	民廿二、二
《创造国文读本》	初中（仅见四册）	徐蔚南	世界	民廿二、二
《复兴初中教科书·国文》	初中（现出一册）	傅东华	商务	民廿二、五
《国文读本》	高中（二册）	柳诒徵　王焕镳	钟山	
《文章模范》	高初中（仅出二册）	汪静之　符竹因	神州国光	民廿二、二

《活叶文选》	高初中	夏丏尊	开明	民二〇、八
《活叶文选》	高初中	赵景深　姜亮夫	北新	民廿一
《中国活叶文选》	高初中	胡怀琛　胡韫玉 柳亚子　潘兰史	广益	民二〇
《活叶本国文选》	高初中	王耘庄	非社出版部	民二〇
《活叶国文》	高初中		文化学社	民二二

在以上各种的中学国语教科书和专供中学任意择用的活叶文选，自然编者都各有他们底主旨，都各有他们底编法，不能轻易判断谁优谁劣的。——《活叶文选》比较的散漫些——但就大体上观察，却是向着进化的道途日渐迈往，试取十年以前的旧教科书以相比较，显然可以见得这种进展的轨迹的。这里我约略举出那个期间中学国语教育底几个特征来说明一下罢。

（一）语体文基础的确立　自民国五六年间胡、陈等在《新青年》中提倡文学革命，拟努力造成“国语底文学”以来，四方景从，以前难登大雅之堂，嗤为引车卖浆者鄙俗的口语，骤然获得一般人的崇信使用，“的么了呢”，大有取“之乎哉也”而代之的气魄，至少亦能分庭抗礼，占着极隆重的地位。“五四运动”之后，这种运动似更深刻普遍，从前中学里底国文讲席，大抵为一般弯腰曲背的老夫子们所垄断，那时才逐渐受生气勃勃的青年教师的压迫，而个个地没落下去；从前那些《古文观止》变相的中学国文教科书，亦自然很快的失去了威权，而被异军突起的语体文所打倒。我们试把十年来上列所举的教科书检点起来，可说最显见的差别，就是极大多数已将文语互编，而初中方面，语体总是较多于文言，有的竟全为语体的。试看前表排列最前，出版最早的孙俍工、沈仲九所编的《国语文读本》，系全选集语体文而成。沈仲九曾著《中学国文教授的一个问题》一文（《教育杂志》第十六卷第五号），举出种种理由，说是文言无写作阅读的必要。他主张初中应得全用语体文。这六册的《国语文读读本》，他们在吴淞中学中试行道尔顿制时，且据以为精读之书（见《教育杂志》第十四卷第十一号沈作《国文科试行道尔顿制的说明》中），这些迥不犹人的见解，和富有意义的实验精神，是很值得赞佩的；然而私人虽尽管可以把自己底意志在相当范围内自由活动，但在那时新学制颁布的前后，就各方底情势观察，初中尽教语体而废止文言，事实还是不可能，所以稍后范、吴、周、顾、叶等所编的《国语教科书》，对于文语的支配定有相当的比例，且要使与小学及高中相衔接了。此后虽亦间有文语分编为两种教本的，但语体文总是占着教科书中不能排摈的要素，这是已不庸怀疑的。

（二）内涵包罗的宏富与充实　我国过去对于国文底观念，总是把经史子集一切的文字记述，笼统地归纳在国文之下，内涵是无所不包，不可谓不宏富了，但究竟是算不得正确的。至于过去一般旧式的国文教科书，大多是专选那维持旧道德旧伦理和无病呻吟、毫无真实情感底迂腐空疏的文章，当然亦只配充作废纸笼里底材料了。但自十余年间新文化运动起来后，我国过去的一切文化，都得在时代底天秤上，从新估定应具的价值，将这样的异彩，映射到中学国语教科书中，于是它底内涵乃起了剧烈的变动。我们试检这十年间的中学国语教科书，专就教材底内涵看，都是很能鲜明地把时代精神表现出来，虽则里面所包罗的举凡古今中外一切文化，都可以叙述论列，似乎较旧的更为宏富，但觉充实得多了。关于中学国语教材应得注重内涵的意见，穆济波在《新制中学国文科课程标准纲要问题》一文（见《中华教育界》十三卷第八期）中已经说得很详细，是可供参证的。假使我们暂时丢开其余的不讲，专从文学一方上看，亦觉较旧的正确充实得多，如前节所提的文学革命运动，一方尽量解放古文的束缚，扶植尚未被人注意的文学作品；一方又竭力输入国外底名作，以为借鉴改进的地步。于是有多量的译作，遂进入中学国语教科书中，歌德、莫泊三、易卜生、王尔德等名字，已和李、杜、苏、陆同样地被人熟习了。还有纯文学中底小说戏曲，在我国过去的评判，仅可供酒后茶余消遣之用，是排摈在文学范围之外的；但有文学革命之后，小说戏曲的重要，已被一般人所认识，还给了它们应有的地位。试检十年间中学国语教科书中，那一种能深闭固拒小说戏曲底踪迹的侵入呢？这又可算是内涵上较旧的为正确充实的一证。

（三）形式法则的周密与切实　文章究竟应得偏重内容呢？还是偏重形式？这是一个耐人寻味的问题。我个人底偏见：文章而没有内容，固然已失去最重要的原素，根本难以成立，但所谓内容广博得很，有一部分固然应得由国语教师负责，不能旁贷的；但还有很多的，各科教师都是负着供给整理的责任。至于文章形式上的各事，除了国语教师外，他人是不能越俎代庖的。而且我觉得文章底形式，是学习过程中最基本的必要工作，任你有怎样精到的思想、丰富的情感以及其他良好的质素，要把它们表达出来使人们起感染作用，假使你底文理不顺，体裁不合，违背写作的法则，缺乏修辞的素养，那所期待的效果，必定茫若捕风，不能获得的。所以文章形式，必须认真讲究，是绝无疑义的。在旧式国文教师底教学方法，对于文章底形式，大抵抱可以意会而不可言语传授的神秘态度的，或教学生熟读死背，遵奉那扬子熟读千赋始能作赋的秘诀的；或教学生学习起承转合等呆板的间架和种种腔调，充满着寒酸的八股秀才气味的。这些都不是我们所要讲的文章上底形式。我们所要讲的文章形式，最重要的，如文法、作文法、修辞学等，都有密切注意的必要。它们底法则，都应得熟习后在实际上去应用。虽则亦尽多“不知亦能行”，暗合法则而不自觉的，不过我觉得凡事知道了才去实行，明白了一切法则才去试验，究竟是经济脑力的方法。这十年来对于国语教学形式上的事，已逐渐引起甚大的注意。起初还是把这一类讲究形式的书，另行编纂，于是产生了许多文法、作文法、修辞学底本子；亦有主张编辑混合文典的，如孟宪承底《初中国文教材平议》（《教育与人生》第二十八期）最先有这样的意思；后来何仲英底《初中混合文典之编制和效能》（《新教育》第十卷第三期）把这个主张更具体化了。然与教材分编，固然自有相当的作用和意义，但假使能和教材严密的连合起来，似更能得较大的效果。近来有几种中学国语教科书已能留意于此，如北新《混合国语》就是采取这样的编制，是值得称述的；不过该书第一二册专注文法，第三四册专注作文法，第五六册专注修辞，是否应分划得这样清楚，还待讨论，然总已于国语教科书底编法中，启一崭新的途径。稍后傅、陈编底《商务基本教科书·国文》，亦是采取这混合编制法，似更较完善。这种编法，系把文法、作文法和修辞学底知识具体地灌输给学生，免去从前讲得太抽象太枯燥的弊病，给予教学上的助力颇为不小。

（四）注解说明和练习的协助进修　教育应得注意学生的自动，教师仅居于从旁辅导的地位，这原是极合理的，所以应先发教材，使学生预习，如查检难词、典故、地名、人名以及标点、分段、了解大意等，固然是必需的；但这样预习亦往往要遇到困难，如学生缺乏工具书或腾不出余暇的时间去从事，那就无法施以进一步的指导。注解和说明，就是要解除这样的困难而设的。坊间旧式的国文教科书，原亦多有注解和说明，但似还比不上近年新出的国语教科书那样的精密。如王伯祥编底开明《国文读本参考书》，其中解题、诠释、敷演三项，注释说明中像它那样地详明真确是不容易见到的；又如朱编底世界《高中国文》，在每一种文体，每一个时代或派别，及每一种文学类别之前，总有些扼要的说明，使得读者能先具一个清楚的概念，亦是极有意义的。至于练习一层，在学习过程中亦甚紧要，因为经过一番实地练习后所得的知识必更真切而有用。最先使用练习的方式的，当为穆编底《中华高级国语读本》中每篇之末，附有本篇研究一项，拟有许多问题，供读者的参考练习。北新《混合国语》和开明《国文读本参考书》中，都有这样的配置，使教材和读者之间发生更深切的关系，亦为从前编书的人所不能办得到的。

（五）教材的排列具有极谨严的体系　要教学奏效，不仅在选择教材、排列教材的得当与否，亦占重要原因。常见有些国语教师对于教材没有预定的程序，适当的编次，纯就他偶然的兴趣去支配，必定闹得杂乱无章，一盘散沙似的没有黏着的力量，如此而要求达预期的目的和标准，当然是绝对无望的。至于旧式的国文教科书，其选择的漫无标准，和排列的散乱无纪，亦是有同样的情状。但近年来这种现象，已大大地改观了。就一般的编排方法，大约可分：

（1）按文体分类　全书就文体编制若干单元的，要推孙编底神州社《高中国文教科书》作代表。它于各年级对于文体的支配分析得极为细密。

（2）以问题为纲　这一类，要推张编底大东《初中国文教本》最为完整。它每一组还有组序，拿来说明这组里所组成各篇何以这样编列的理由，虽则每组是系合许多单篇而成，但似自成一个有机体。

（3）照时代编次　胡适在《中学国文的教授》（《文存》第一集）中已有这个主张。现在还找不到全书采取这样的编制的。至于部分的使用，有扬中编底《高中国文》，是用溯时代的方法，世界编底《高中国文》，是顺流时代的方法。

（4）同旨趣成组　不论所选的文是属于何种体裁，只要能在一个中心意义下有所发展和裨补，就把它们组合在一起，穆编底《高级国语读本》，就是取这样的编制，在卷首并一张教材支配表，可见其如何这样分组的旨趣。

（5）依程度作准　由低年级至高年级，由初中至高中，程度的深浅，差异得一定很大。教科书底作用，在要使学生由浅入深，循序渐进，方无躐等的弊病，凡注意这种编制的，颇为不少。如傅、陈编底《基本教科书·国文》，此旨似更显著。

以上所举的五种方法，虽不能包括得详尽，但最习见的编法，大略不外乎此。这几种方法有时交互使用，有时大同小异，而分成若干单元或组别的趋势，这似乎是共同的。

（六）课程标准能密切的遵守　无论任何种学科要提高它底程度，整齐它底步趋，标准是不能不定的。在新学制成立以前，政府里何尝不曾对于国文定有标准，但抽象简略，政府既不责成学校去实行，教师亦何曾能留意到这种地方，至于教科书的编辑，亦不能对此有什么贡献，所谓标准，仅成一种表面的点缀品罢了。但在新学制颁布之后，一般人已渐密切注意到此。如吴、范、周编底商务《国语教科书》第一册《编辑大意》中说是依照全国省教育会联合会学程起草委员会所定《初级中学国语课程纲要》编辑。按新学制的改造，是第七八届全国省教育会联合会讨论决议所酿成，后来教部所召集的学制会议，成立新学制，亦几全根据于此。这十年来坊间所编的中学国语教科书中，能最先依据标准编制的，要推此书为最早。自国民革命军统一全国后，教育又走入了一个新阶段，政府既对于课程有深切的注意，编书和教书的亦多认真的探讨；最重要的，是在民十八年所拟订的暂行课程标准，就中学国文暂行课程标准来讲，它关于目标、作业要项、时间支配、教材大纲、教法要点、毕业最低限度的标准等项，都能一一详细规定，且大体妥适，可说是一种空前的成绩，于是坊间都依据着编。我统计这暂行标准颁布后的数年间，一切国语教科书十之七八，是依照标准的。最近新颁布的课程标准，亦已有遵守编制着。这种趋势，是可见得一般人已群倾向于课程的内部用力，使得表现切实佳良的成绩，这是显然的。

我粗疏地约略举了这六项，已可窥见这十年间中学国语教科的一斑。它不仅是单纯的教材问题，对于整个的国语教学各方面，都有连类而及的关系。编者处处要顾到教师讲授的便利和需要，同时又须适应学生底能力和兴趣；抑制个人主观的成见，以就客观的标准。我们试把近年来的中学国语教科书检点起来，发见许多编者正在绞着脑汁、费着时日，使用各种式样的编法，勾心斗角地竞争着，和那十多年前沉滞幼稚的情状来对照比较，悬隔得确是太辽远了，这种演变的趋势和形成现在的实况，只得以进化两字说明之。

各校国语教师使用讲义的，我是不明白究竟作怎样的实况，但至少教科书中底优点，是值得他们严重的考虑和精密的参证，任意单就个人底嗜好和成见，去编次教材，往往是容易陷于偏枯散漫的流弊的。

最后我觉得无论使用教科书和讲义，一切的教材，都是死的，最重要的，还在生机盎然活泼强干［悍］的教师本人怎样去使用它；要看教师本人有否热忱和毅力去应付它。教育事业，是不舍昼夜地循着时间底道路在进展着。在目下一般不景气的状态底下，人们终日在生活的苦闷中，也已尽够烦闷了，然我觉得神圣的教育事业，究竟不应全为物质所笼罩所屈服的。我们要时常地反省：除了按时上课之外，还要注意到教学技能的研究、修养精神的持续、协作力量的增高和个人人格的锻炼，才能获得巨大的效能，达到崇高的目标，这区区教材出入的研讨，微渺得不过等于太仓之一粟罢了。

（载《浙江教育行政周刊》1933 年第 4 卷第 49 期）

中学国文教本编辑意见

曹来葆

导　言

现今各地中学国文程度之日趋低落，确为显见事实，关心教育者莫不怒焉忧之。是不仅损失中等教育效能，抑至有影响于本国文化之保存与光大。

一般中学国文教师非必全无国学修养；厥因无从获得完善教本，致罕能收良好效果。盖中学其他科目，多有程序可循，惟国文一科，漫无轨范。概由各个国文教师本其性向与所见，随意定教材取舍。或偏重于专论学术之文，或欣迷于纯粹文艺之作；即令内容较善，而不失之于太深，则失之于过浅，求其至当，百难获一。加之目下盛行活叶文选，教者更可不取确定教本，东采西拉，一味趋势，毫无灼见于衷。致使中学六年国文，等于虚设，学生仍无表情达意工具。甚至缘教材不当，遗青年性格上思想上以种种恶陋影响，害实大矣。

教育当局近年来迭有课程标准之厘订，于中学分初中及高中两段，初中以授语体文为原则，高中则授文言文。从而规定国文教学目标，指列国文教材大纲，冀一洗以往国文教学之歧失，增进青年国文之程度。然标准虽立，实施依人。求达目标，厥重教本。如何搜选材料，编辑完善之中学国文教本，以符颁定之标准，实属目前急务。

良以国文一科，关系中学青年最切，举凡人生观之指示，社会生活之供，与夫本国文化之认识，民族精神之陶铸，皆惟国文内容是视。倘国文教师克利用纯妥精美教材，吻合学生之心理，鼓励学生之学习，是必能左右学生意志之趋向，引导青年入于正途，而文学欣赏力之增进，文字应用技能之获得，犹其余事。况中学国文允居各科之中心，一切学科皆借本国文字之陈说，即外国语文之学习，在某方面，亦可引为国文教学之利助。国文造诣有成，无论其研求各种学问，或发表所学之心得，皆得迎刃而解，水到渠成，无扞格不入，隔靴搔痒之病。今日中学生固国文程度之低浅，影响及于别种学科之前进，极易证知。

然则中学国文教本之编辑，事诚重且大矣。着手之道，惟有观察一般中学国文教本编制之得失，比较各种组织方法之短长，确定至当至善之原则，以作选取材料之依据。要点尤在（一）符合课程标准中国文一科之目标，（二）确能达到编辑教本所预期之效果。今将个人对于中学国文教本编辑意见，依次抒出，作从事进行之张本。年来置身教育，中曾历任中学教职，于国文教材，常多致力，恐所见偏浅，尚盼国内中学国文教师及课程编制专家，不挟成见，慨予指正，则中国青年幸甚，中国教育幸甚，中国文化更幸甚。

编辑中学国文教本之原则

中国文学范围，极其广泛，选材若无遵循之原则，则教学极困，弊病丛出。故本诸深思与广察之所及，精定六项原则于后。选材能尽达原则之意义，方可用作中学青年之读物。

一、陶冶性格。青年时期，性犹流水，高之下之，一受其所学之暗示。国文教材之选用，稍一不审，每易诱纯洁青年堕入淫靡萎顿之渊。非谓抒情写爱之文词一律应弃，要在所选是否参照学生身心发展之情形。一般国文教师多求合学生浅薄兴趣，教材内容极欠纯正，窒害青年之性格殊巨。窃意国文教材可采选有关修养之文字，指示青年以生活之意义，俾陶冶学生纯正之人格。学生可于字里行间领悟贤哲立身之道，敦品励德之方。宜选前代文言文中：1.《论语》中之文章，2. 曾文正之《家书》，3. 程颢之《讲学语录》等。现代文中：1. 梁启超之《最苦与最乐》，2. 胡汉民之《习惯之打破》，3. 宗白华之《学者的精神与态度》等。

二、培植思想。中学生思想多纷歧庞杂缺少系统，惟有利用讨论学术思想之文字，以灌输之，免使落后或偏激，遗憾于终生。并借此以锻炼青年思想之组织，培养其对于某种学说之信仰。材料如：1. 蔡元培之《理信与迷信》，2. 蒋梦麟之《杜威之论理学》，3. 梁启超之《思想解放》，4. 梁漱溟之《人生的三路向》，5. 傅斯年之《人生问题之发端》，6. 陈大齐之《真理是什么》，7. 墨子之《兼爱》篇。

三、认识本国文化。任何国家生命之永延，莫不基于文化特质之保存。国文一科为本国文化精神所寄托，能使学者感无穷之神往。中学青年初离小学，对于本国文化极少认识。欲坚其对本国爱护之观念，最善惟于国文教授上，予以深澈认识。务使明了中国文化之特质所在，及对本国文化应负光大之责任。选材如：1. 梁启超之《中国人对于世界文化之大责任》，2. 章太炎之《中国文化的根源和近代学问之发展》，3. 柳诒徵之《中国文化史大纲绪论》，4. 胡适之《国语的文学，文学的国语》。

四、发扬民族精神。教育目的，最大仍在民族生命之延牍。中国民族今已达极点之艰危。苟思有以振作固有精神，舍致力青年国文之教学无再要者。盖各个民族特殊精神，类多表现于文学中间。中国民族之温柔敦厚，象征于《诗经》。和平守礼，象征于《礼记》。《老子》、《易经》蕴藏我民族哲学根源。《论》《孟》《学》《庸》，包容我民族伦理法则。中学青年为未来之民族支持者。对民族精神，有负责保守并发扬之义务。故国文教材，应极重此点。如当选：1. 胡化鲁之《恢复中国民族主义的方法》，2. 梁启超之《少年中国》，3. 文天祥之《正气歌》，4. 汪精卫之《和平奋斗救中国》等。

五、提供时代生活之需要。今日国文教学，绝不能囿于"古典主义"，致遗"象牙塔里"之讥。中学国文，本不在使青年皆成文艺专家。只求对于时代之文艺思潮，有普通正确之明了，及本国文学对现代应有之贡献。更当审酌眼前社会生活之需要，以培养学生日常应用文字之技能，庶中学毕业学生，置身社会，有运用文字表达情意之便利。当选：1. 郭沫若之《文学与革命》，2. 潘梓年之《文学的变迁及派别》，3. 胡适之《建设的文学革命论》。其他应用文字之采选，下便论及。

六、适合学生身心之发展。根据学习心理之研究，一切教学均宜适合学生身心发展之状态。中学六年生活，青年身心之变迁极著。初中学生，多天真敏活，选材当以自然流畅状物写景文字为最便易欣赏。高中学生则思考渐熟，方可授以说明辩论之文。至于爱情文艺之教学，尤要选材妥善，当于青年发育至相当时期，借以指示其性的正常观念。惟初中仅可授以关于母爱之文艺，若早示以男女抒情之作，亦为其所不能深解。盖文艺感人至深，读近人郁达夫之文，罔不颠迷于恋爱之途，颂郭沫若之作，令人兴奋迈勇为之气。青年行动每易受文艺之影响。倘教材能适合学生之生理与心理，自无泛滥横决，颓废萎放之虞。

中学国文教材之选取

中学国文教本编辑之原则，已如右述。兹当接言选取国文材料之范围。总析一切文字，俱不出（一）文艺文（二）学术文（三）应用文三者之外。以个人教学心得及参照部定之标准，初中应授文艺文，占十分之五，应用文占十分之二，学术文占十分之三。高中应授文艺文占十分之三，学术文占十分之四，应用文占十分之三，方可适应中学生各期之兴趣，与实际之要求。

（一）文艺文

（1）关于批评与研究者，分古代现代两方面，古代论文文章自《毛诗序》、曹丕《典论》迄明清各家，如钟嵘《诗品》、刘勰《文心雕龙》、章学诚《文史通义》及研究文法之《马氏文通》等，并各代关于文艺批评之文章中择要采入，使学生略知中国文学的演变之趋势。现代自文学革命以来各家文艺论文，如胡适《文学改良刍议》、郑振铎《研究中国文学的新途径》等，讲述文章之内容充实、思想正确者，亦择要采用，使学生认识文学之现代性与文艺思潮之一斑。如鲁迅之《壁下说丛》、郭沫若之《译诗选》等。

（2）关于作品者，亦分古代现代两方面。古代自《三百篇》、楚骚起，词赋诗词、戏曲小说分类选辑以外，小品文字结构精密、内容丰富者，亦择佳选入，使学生认识中国文学之美术性。现代之小说（以短为主，长篇则由教者授课时择重要作品与教材内容相近者介绍，令学生自行阅读），诗歌戏剧，不论翻译或创作，取其艺术性丰富，结构精丽者，选以示例。间将各国近代文学作家评传，约略介绍，以鼓励学生之创作兴趣与培养其对于文艺之欣赏力。

（二）学术文

古今学者每以精洽流畅之文，发表其思想及学术上之主张与造诣。学生读之能增进研求学问之兴趣，发表见解之技能。故自古代诸子文章，能代表一家精神思想之著作，如墨子《十论》，庄子《逍遥》、《齐物》、《养生》，荀子《性恶》、《天论》、《劝学》，韩非《五蠹》、《说难》、《六变》，或诸子互相批评之篇，如庄子《天下》，荀子《非十二子》篇，韩非《显学》，淮南《要略》以及历代论学术思想之文章，如王充《论衡》，顾亭林《日知录》，刘师培之《论文杂记》等，皆可择要采入。此外关于近代学术思想之论著与批评者，亦择精列入教本，如夏曾佑《中国历史》中论学术数篇，梁任公《清代学术》之绪论，周作人之《文学批评杂话》，以及《独秀文存》、《胡适文存》，使学生对于近代学术思潮，亦可得一明晰概括之系统观念。

（三）应用文

从广义言，所有文字，何在而非应用。第自日常社会生活之需要观之，则不能无界限之划分。一般中学国文教本，遍查均少关于实际应用文字之列入，以致学生于人事交际上之运用，至感痛苦，编辑教本，绝不能忽略现实之需要，应用文当然在重视之列。自初中以遂高中，学生年事渐增，投身社会之期弥近，应用文之教学，尤当逐渐增加其质量。其内容，当以左列为准：

（1）书札及电报——一切书信之格式、内容及电报文字之结构等。

（2）告白及柬帖——日常所用之通告、邀柬及请帖。

（3）规章及条例——使明瞥规章之草拟及条例之订定的格式与手续。

（4）契约及单据——使明了格式及手续。

（5）文牍文件——包括呈文、公函及布告之文等及其格式。

（6）典礼文——如哀挽、贺词、祭文、誓语等。

中学国文教本之编列

中学国文之编列，人各异见。有以问题为中心，采单元教学者。有以文字体裁之异同，分类编列者。有以写作品时代之远近，定排列之先后者。各有长短，未可概加是非。理先分序三者之方法于后：

一、单元。此种排列以某种问题为中心。如定为“战争问题”，即选材上古代方面有（1）《赤壁之战》（2）《淝水之战》（司马光）（3）《吊古战场文》（李华）（4）《折臂翁》（白香山）；近代方面有（1）《西线无战事》节录一百一十九页至一三一页（Remargue）（2）《一个军官的笔记》（冰心女士）（3）《去兵》（傅斯年）（4）《谈兵》（《学汇选本》第一集）（5）*Tolncasta on Going to The War Loeelace*①（洪深译）等。既可集中学生作文之兴趣，兼可使学生明悉对此问题各种之抒发。

二、体裁。以文学体裁之不同，分类编列，由来之《古文辞类纂》及曾氏《经史百家杂钞》，均属其例。近人分列文字之体裁有所谓：记叙文、论辩文、美术文，更进而有抒情文、写景文、状物文、想像文、说明文、辩论文等项。以文体类别编列教材，固可使学生于读某类文体时能有广密透到之研究，并从而审知各种文体之同异，但每失之程序板滞，学生易感枯涩。况有某种写作，体式模棱，难列适当之门类。抑于教学进行上，不定在较久时期中专授一体之作品，抹煞整个问题普遍之兴趣。

三、时代。国文排列有以时代分，如分为汉文、唐文、明文、清文等，《古文观止》为时代分类之先例。依胡适之中学国文的教授主张：“第一学年专授近人的文章……后三年应该多读古人的文章……选本不分种类，但依时代的先后……每一个时代文体上的重要变迁，都应该有代表。”这种由近溯古国文教学之主张，多为一般教者所采用。一方面可使学生欣赏各时代精明之作，另方面可借此获一中国文学演变之史的概念。惟仅依时代之先后，每难确定文艺之性质。秦汉以前，非无简单

① 疑有误，原文如此。

之作品，宋元以下，亦有繁富之篇章，强从时代分割，于教授上亦有不便之处。

综上所陈，可知国文教材之排列，无论以时代分、以文体分，均有长处可取。而尤以问题为中心，采单元编列，最利于教学之进行。故鄙意当采三种方法之优点：即主张以问题为单元之中心，在此单元范围中应选取之教材，其编列顺序，或以文体之致别而定，或以作品时代之先后而分，一视问题之性质，与夫教学之便利为断。假定“文学本质及方法”问题为单元之中心，则编列教材以时代先后为顺序，借易明了历代文学意义之演变。例左：

单元——文学本质及方法问题

1.《毛诗序》2. 曹丕《典论·论文》3.《文心雕龙·物色》篇 4. 白乐天《与元微之书》5. 刘师培《文说》五则 6. 梁启超《奔迸的表情法》7. 胡适《建设文学与革命论》8. 周作人《人的文学》9. 朱自清《一个文学的界说》10. 郭沫若《艺术家与革命家》11. 本间久雄《文学与时代》12. 文却斯德《批评之定义与范围》。

尚有数要点为编辑所不容忽视者：（一）符合教部颁布中学国文科各项标准；（二）取材深浅，适合各年级进度；（三）每册质量须是敷一学期教学之用，各单元当有联络；（四）教材注出来源及参考所在，便教者之充分准备，多收效益。

余　　论

深惟中学国文教本之编辑，实属艰巨重要之工作。当此新旧文学方待接合，中外学术正趋沟过［通］之际，中学国文一科，极感纷歧与困难。鄙意以为今日已无须有文言与语体之争，选材要以新中国文化发展之途径为依归。守旧者视新文学为引车卖浆者之言，固不足置论，而维新者视古文学为陈古董、死文学，又何尝尽是。新文学必须在旧文学里生根，否则从摘西洋之花，粘于中国树上，鼓腹耀于人曰：此中国新文学也，是乌乎可？至于中外思想之激荡，反映于文学之转变，确系不可避免之事实。在能采撷外国文学之精华，培溉我新文学之生长，斯为要着。近今新作品产量甚丰，教材贵深鉴慎取。译文精当者不多，更不宜滥充读物。新诗戏剧，尚在吃乳时期，教学尤宜审酌。要之，中学国文应重视青年之前途与本国文化之滋长，教者不可无文学之修养，与教学之技能。本文以时力所限，申义取例，或有不周，异日自愿肆力焉。

草于暨大教育研究室 一九二三，五，廿。

（载《暨南季刊》1933 年创刊号）

两种国文教科书

谢六逸

每个大学招考新生时，无不感到投考学生国文程度的低落（包括发表思想和阅读能力等等），这是一般的现象。考其原因，不外中学时代国文教师的不良和国文教本的不当。为学生着想，在中学生时代没有打好国文的根底，实在失却一个最可宝贵的机会。在大学里虽然也可以学习国文，但是教学的方法根本上和中学校的不同。就是说中学生所受的国文训练和大学生所受的国文训练应该有差别。举例来说，向中学生讲解一篇《赤壁赋》和对大学生讲解一篇《赤壁赋》，教师所用的方法是完全不同的。就学生方面讲，还是以完全听受这两种不同的讲授方法为好。

现在每家书局都出版一两种国文教科书，因为是“教科书”，所以销路大，销路大则可以多获利润，何况“国文”又占教科书中的首席呢？国文教科书是任何人都可以编的，同时任何人也不会把它编好。所以国文教科书的种类虽多，对于“教”、“学”两方面的人仍然没有什么益处。例如选材杂乱，就是目前国文教科书的最大病根。编辑者的桌上放着许多书籍新刊，或是别家的国文教科书。手执利剪一把，在一二小时内，不难编成一部国文教科书。我揣想有一部分的国文教科书是用这种方法编成的。其次选材雷同，也是一个病根，旧的文章大家都会选，你选了一篇《桃花源记》，我同样也选一篇。新的作品除了现代的几位作家而外，没有什么可选的。近年来我国作家的生产力似乎不大好，编辑先生只好把那几篇作品选来选去。又如文章的编排没有一定的计划，前后的联络并不注意，也是最大的弊病。

国文教科书是中学生学习国文的工具，工具好教法好，学生才能获益。现在各书局出版的国文教科书我都看过，令我满意的很少。在许多国文教本里面，我以为徐蔚南氏所编的《创造国文读本》（世界书局版初中用，已出四册）和傅东华、陈望道两氏所编的《国文》（商务印书馆版初中基本教科书之一，已出三册）要算最适宜的书。现在略把这两种教本的优点介绍一下，以供中学国文教师或研究国文教育的人作为参考。

初中《创造国文读本》的卷首编者有一篇关于初中创造国文读本的文章，足以说明编者的方针和方法，引用如左：

一、我国中学国文教科书，自来只是《古文观止》一类的变相，在国文教育的意义上，实无多大价值可言。十年前，国语文学运动勃起，又以教育制度的改革，国文教科书的编辑，才起变化：第一，国文教科书分为初中高中二部；第二，国文教科书的名称，一变而为国语教科书；第三，所教选材，多白话作品，即素被轻视的小说戏曲亦被选用了。国文教科书之为国语教科书，变化虽大，然除推广国语运动的一点功效而外，关于国文教育的目标以及学生的心理和程度均应未遑顾及，贡献殊少。迨至国民革命成功，初中国文教科书，乃又踏前一步：第一，已知国语教科书名称之不当，而恢复国文教科书之名称；第二，教材之排列，已知学生的心理与程度，而由记叙文而说明文而议论文，不复似先前初中国语教科书开始即选议论文或名人演讲了。但考察国民革命成功后所出之初中国文教科书，我们觉得教材的选择，还不免因袭旧书；至于如何使初中国文教科书达到国文教育的目标，以及如何使初中国文教科书具有活泼泼的生命，以求教员之爱教，学生之爱诵，而收国文教育之实效者，更加没有一点注意，以致我国初中学生直至如今不仅还得不到一部爱诵的国文教科书，并且因为不满于现有的国文教科书，甚至对于国文教科书课程也觉得乏味起来了。

二、民国十八年教育部刘大白先生等所订的《初级中学国文暂行课程标准》公布后，初中国文教育始具正确鲜明的范围。准备中所定的三个目标，即：

（一）养成运用语体文及语言充畅地叙说事理及表达情意的技能；

（二）养成了解平易的文言文书报的能力；

（三）养成阅读书报的习惯和欣赏文艺的兴趣。

这三个目标尤为世人公认为十分具体，十分精确的。《标准》中教材选用的标准，教材排列的程序，对于国文教科书的编辑也都能给以切实的南针，我们设能依据标准教材大纲而编辑，固然可以编成为一部进步的国文教科书了。但依《标准》教材大纲编的教科书，却并不就是能够达到《标准》中所定的目标的好工具。要使教科书达到目标，真能成为国文教育的好工具，那末我们在编辑时，除开依据教材大纲外，同时不可不把那三个目标，改成为三个问题来澈底研究一下：

（一）如何能养成运用语体文及语言充畅地叙说事理及表达情意的技能呢？

（二）如何能养成了解平易的文言文书报的能力呢？

（三）如何能养成阅读书报的习惯和欣赏文艺的兴趣呢？

如果初中国文教科书能把这三个问题来解决，当然也就达到国文课程的目标了。

三、三个目标所改的三个问题中，第一第二两个问题比较还易于解决。因为第一个问题的核心，是在使学生会得作文；第二个问题的核心，只在养成了解平易的文言文能力。我们编辑时，就这两个问题的核心，用力下去，就可告相当的解决。只有第三个问题最为难。专载社会秽闻的朝报，不用训练，学生看得津津有味；见鬼见神的小说，不用诱导，学生百读不厌。如果要说对于正正当当报告世界政治、经济、科学等新闻的报纸，养成阅读的习惯，那就为难了。要对于要仔细深味的文艺作品，养成欣赏的兴趣，那就更为难了。因为愈是高级的书报，愈是严肃，愈是不肯迁就人，那就是愈难养成阅读的习惯；愈是优良的文艺，愈是高洁，愈是淡远，那就是愈难养成欣赏的兴趣。这第三个问题，因之盘旋我们脑际最久，甚至发生无从解决之感。近者，对于这三个问题的解决，都已找出相当的具体的途径来了。我们就想应用这新辟的途径来试编一部初中国文教科书，命名为“初级中学创造国文读本”，编辑方法，略如下述：

1. 本书教材的选用和教材的排列悉依部定标准。

2. 本书为养成运用语体文及充畅地叙说事理及表情达意的技能起见，每册中选辑议论作文法的文章约五六篇，而此种文章的本身，仍须不失为精读教材的，错综排列书中，乃得收作文法和范文两者真正混合之效，而免绝然两物硬凑一起之弊。

3. 所选教材，篇篇都是积极的、建设的、适合国情的，文艺作品则尤注重于深入浅出而又耐人寻味者。

4. 本书为养成阅读书报的习惯和欣赏文艺的趣味起见，除选文外，复插入多数字画照片，或为作者之小像，或为作者之签名墨迹，或为与文中有关系之艺术作品，务使本书具有跃如的生命，不仅成为教师当教、学生当读之书，且复成为教员爱教、学生爱读之书。

5. 选文注解，一般都注在每篇之末，翻阅并不便利，却有损美观。本书将各篇注解，汇集一处，统列书末，但各课注解仍各各分开，翻阅之便利当不让于注解于各篇之末者，而支离灭裂之弊，却已可免。

6. 著名的《创造国文读本》，并非自敢夸大，只是因为本书的编辑方法，在中国国文教科书中，还是第一个尝试，用“创造”两个字来和一般初中国文分个区别罢了。

编者曾和我谈起选文的苦心，他说：

“选文极难。例如讽刺的幽默文章，小孩子读不懂，而且也不适宜，所以鲁迅氏的佳作，人家都选，我却没有选。读本选文不过给学生做一文章的根本，而中国文章的体裁种类又那么多，常常棘手。人家新方法，文选之后加以文法，好则好矣，奈硬凑何[合]。且中心混乱了，究以文法为中心呢，还以读文为中心呢？法国的文法读本，上即大字定义，下边就选文章做练习。我的，将文法修辞放在注释里，自三册起。

文章排列亦一问题，常常排列，不是因为深浅关系，便因季节关系，还有文章的长短，文言或白话，诗或文等使人弄得手足无措。我的办法是想把第一课至第末课弄到一气贯串。例如第四册，先是子对母，次父对子，再次女对父而及战事。至此换一中心，由战争出发。议论的文章是作为承上启下的转换机关，可惜一二册没法办到一贯。

因为每册书都是放假后开学用的，学生在假期中过的是家庭生活，所以每册开始选家庭的材料，然后才选社会的以及其他。”

看上面引用的文章和编者自述的意见，可知这部教科书的编撰是很有计划的——尤其是材料的选择和次序的编排，颇用了一些工夫。在我看来，原书的最大优点是在于内容富有变化，处处能够引起学生和教科书亲近。编者要达到这个目的，他在每课里，插入和文字有关系的照相或图画，甚至于作者的墨迹和照相也苦心的搜求得来，或插入本文，或用为补白。教科书里面的文字常被学生认做干燥无味的东西，这样一来，学生的兴味增加不少；教师也极便利，可以用图论文，吸引学生的注意力、观察力、想像力，实为一举而数利备的办法。在选材方面，如第一册里的《男子汉的一言》、《七月初九日清风阁望钊儿》（诗）、《爬山》、《金山夜戏》（张岱作）、《北京的茶食》（周作人作）、《文章底原素与作文的态度》（陈望道作）、《工作》（李石岑作）诸篇，都为别的国文教科书所未采用的，这一点也值得称许。把注释和作者的传略，放在每册的卷末，这比较放在每课正文的后面好些，因为对于教师有益也。

（载《文学旬刊》1933年第1期）

中学国文教材改用专集之建议

刘询牧

近代一般中学所用的国文教材，大都是零篇的。有的连相当的组织都没有，有的就文章的内容分组几个单元，也有一学期的教材集中在一个或几个目标上的。一校各级的国文教材，前后没有系统，没有相当的组织，几乎全凭教师的主观采用，这样的教材选择，当然是不合理的；也可说徒然供给教师偷懒的机会。这样教学，学生得益很少，进步很难，至于其他种种流弊，也不必说了。即使是有组织的，在这所谓组织之中，也无非是东选一篇，西选一篇，虽则有个范围，究竟不免混杂，不能统一。最大的毛病，便是学生今日读白话，明日读文言，今日读唐宋，明日读汉魏，今日读韩愈，明日读屈原，五花八门，无所适从。在好的方面说，固然可以使学生知道各家的作风、各体的作法；在坏的方面说，便是琳琅满目，美不胜收，竟不知何所取法。有时也许读着李白的作品，很有兴味，但过几天忽然来了一个杜甫，对于杜甫还没有认识清楚，王维又跑来了。这些都可以做他的模范，然而结果也许使他无从模起。近来偶然想到从前人学习国文，总是从专集着手的。小孩子进私塾，程度高一点的，读《左传》、读《孟子》、读《古文观止》，并不是东读一篇，西读一篇的。我们学习英文，也总是读《鲁滨孙漂流记》、《天方夜谭》、《双城记》等专集，不是东读一篇，西读一篇的。即使有时选读零篇，不过“有时”而已，不过作为辅助的。今日的中学国文教材，中外古今，包罗万象，在学生大有“吾谁适从”之叹。我们要补救这种弊病，最好废除选读零篇的办法，改用专集。所谓专集，便是《孟子》、《左传》、《史记》、《唐诗》、《水浒》、《呐喊》、《子夜》之类。

我们觉得今日中学学生国文程度低落得可怕。这原因当然不止一个，例如学习的时间太少，也是原因之一。然而即使有充分的学习时间，今天研究这篇，明天又研究那篇——所谓这篇与那篇便是性质不同的两篇，这样朝三暮四的学习，能有怎样的成就，殊不敢说。近来也不是没有人洞悉这种弊病，因而有提倡课外阅读，以作补救的。且勿论这种课外阅读实施得是否切实，我以为既已觉察到这种弊病，便应进一步谋补救的澈底。我们现在教学国文大都是以课内教授零篇为主，课外阅读专集为辅；我想应该反过来以专集研究为主，以零篇为辅。即使不以专集为主，总得选择同性质的零篇，作长时期的研究。一则同一作家或同一性质的作品必须给他相当时期去学习，才有成就。再则五花八门的选择，实有妨碍学习的可能。

最近听说复旦大学选用茅盾的《子夜》作为课本，他们教学的实况以及效果我还没有探悉，我觉得这是一个有价值的尝试。至少能使学生知道怎样以现实来作文艺题材，这种效果似乎不是零篇选读所能获得的。中学里也不妨用合乎教育原理的方法来做个实验。譬如从初中（或高中）一年级起，分别两组，一组选读零篇，以专集为辅，一组选读专集，以零篇为辅。同一教师，教学三年，看是否有特殊的变异。我以为中学正是培植基础的时期，而中学国文教学，是以训练发表的工具为最大目标，所以这个问题不能忽视。我们以习字作例，习字总是以一家书法为对象的，稍有成就，再图别家，来融会贯通。如果今天习欧，明天习柳，结果便是一无所成。学文也是一样。中学生他们没有相当根柢，也并不是个个研究文学的。学习一种，能有心得，再换一种，由这一种并可以旁及其他各种，这才是有中心的、有系统的学习，决不是选读零篇这样杂乱的。研究专集，因为前后联贯，较有兴味。专集既有各式具备的内容与形式，又有前后统一的特质。例如《水浒》，里边有写人、写情、写景，写各式各样的人、各式各样的情、各式各样的景；记叙、议论、说明都有，甚而至于诗词歌曲都有；有的地方足以启发你的理智，有的地方足以挑动你的情感；你可以领会怎样用现实来作为文艺题材，又可以了解怎样用文艺作品来描绘现实。全集有伟大的结构，有不同的技巧，更有一贯的作风。所以专集有零篇所有的长处，更有零篇所不能有的长处。专集能研究得多，将来要做高深的研究，也可便利许多。像现在这种零篇选读，无论选得怎样合理，例如各家各派，各体各类，各时代各地方，统统顾及，然而终究不如研究专集比较得益。

我正式建议：今后中学国文教材，改用专集。每学期选读专集一种或数种，必要时选读零篇，以为辅助。专集的选择当然要费一番斟酌的，怎样教学也得详细研究。我不敢自信我的建议有多少价值，但我觉得鄙见还可以请教高明，因此虽则这建议尚未十分具体化，且把它发表了再说。

一九三三，五，一。

（载《江苏省立上海中学校半月刊》1933 年第 72—73 期）

中学公民课本编制的商榷

黄 炎

去年年底教育部有个议决案，将中小学校的党义课改授公民。在表面上看来是个课程的新改革；其实“公民”这个名词可说“老翻新”。在民国十年全国教育会联合会未议订“新学制”草案前，各学校皆没有修身一科，迨民国十一年北京教育部召集学制会议，将（民十）全国教联会所通过的新学制草案，加以审订，确定将修身课改公民。至民国十五年，中国国民党誓师北伐胜利后，在国民政府势力范围以内，有形无形的将公民课取消，代以“党化教育”、“党义教育”、“三民主义教育”种种名目。国民政府于民国十七年召集第一次全国教育会议，始正式议决各学校一律教授党义，公民课正式取消，这是由修身改为公民，由公民改为党义，党义复改公民的大概情形。

去年年底我看到教育部的议决案，将党义课改为公民的时候，我就想“公民”这个名词虽是复活了，但它的内容与民国十一年北京教育部所定的公民课的内容当然有大大地不同了。随时留意报章杂志登载公民课程的新标准，迄未看到。同时本校的附中决定自本学期把党义课改授公民，请炎教授几课。炎很着急的找寻材料。

第一，找觅现成的教本　找来找去好容易找得两种现成的课本，但都系初中用的。

1. 商务印书馆出版的《新学制公民教科书》第一、二两册，是在民国十二年四月发行的，其第三册为《新撰初级中学公民教科书》（第三册《经济》），民国十四年一月发行的，核其内容，其中有一部分还可适用。但大部分已失了时间性，在十五年以前的社会状况、政治组织、法制内容、经济情形和现在相较都有很大的变动，假使仍用这种课本，不是开倒车闹笑话吗？

2. 中华书局出版的《新中学公民课本》第一二两册系在民国十二

年八月发行的，第三册于民国十三年一月发行的，舒新城先生在编辑大意里说得好：“教科书不是‘传之万世’的著作，其内容以时代精神为转移……”所以于民国十七年由冯顺伯先生即就原本加以重编，《重编者言》里面有句话“……三民主义的新时代精神降临了……本书的修正是以三民主义的新时代精神为中心的……”核其内容，较商务印书馆民十二出版未经修改的《公民教科书》，以时间性讲，当然要好得多，但恐怕未必与去年年底教育部议决公民课的新标准相符，我觉得未便就采为教本，况且炎所教的为高中，更用不着，所以就下了决心自行编著。

第二，开始搜罗教育部最近编制的中小学校的课程标准。细阅之下，独缺公民一种，乃询问中华书局总编辑舒新城先生，据云教育部尚未公布，嗣又径函教部探询，复函谓“公民课程标准，本部现正着手商定，尚未颁布”。

第二个搜罗标准自编的计划又告失败，那末难道公民课就此停止不教吗？

我想不管教育部有标准也好，没有标准也好，我们只要明了公民课的目标，就可以谈内容的材料。窃按公民课程标准，虽未经教部明定。但社会现成的事实，国际间客观的环境，与夫各个人应有的认识与应走的途径，这些活的材料，我们应该要搜罗进去。假定这些是为今后公民应有的知识，那末我们就可本了这个广大的目标，选取教材，我和同事唐先生拟定下面的《中学公民课本》取材的标准，还祈教界明达有以教之。

初中部

A. 第一学年

社会生活的种种

一、人和社会环境

a. 人群问题

1. 人群起源

2. 人文地理

3. 人类生活
4. 人民与公民

b. 民权问题

1. 民权的由来
2. 民权的应用

直接民权　间接民权　民权初步

c. 交通问题

1. 交通的设施（参阅《建国方略》）
2. 交通与语言
3. 交通与文化
4. 交通与经济
5. 交通与人生

d. 宗教问题

1. 宗教的价值
2. 宗教与个人
3. 各种宗教的比较
4. 各种宗教的现况

e. 民族问题

1. 民族的构成
2. 世界各民族的分布及其现况
3. 中华民族的特质
4. 中华民族的危机及其补救法

二、家庭生活

a. 家族制度问题

1. 家族制度的评价
2. 大家庭的优劣比较
3. 小家庭的优劣比较

b. 家庭教育问题

1. 子女的养获［护］
2. 子女的教育

3. 家庭经济的预算

4. 家庭生产方法的改进

B. 第二学年（续）

一、现代政治组织

一 政府组织

a. 中央政府的组织

1. 现在与过去的比较

2. 中央执行委员会与中央政治会议

3. 中央政治会议与国民政府

4. 国民政府的组织

5. 宪政时期的中央政府

b. 省政府的组织

1. 现在与过去的比较

2. 省政府与省党部

3. 省政府与各厅

4. 省政府与特别市政府

5. 宪政时期的省政府

c. 地方政府的组织

1. 县政府的过去与现在

2. 县政府与县党部

3. 县政府与市政府

4. 区公所与乡、镇、公所并区分党部的关系

5. 宪政时期的县政府

二 地方自治

a. 训政时期的七项运动

b. 训政时期筹备地方自治的步骤

1. 调查户口

2. 测量土地

3. 修筑道路

4. 办理自卫

5. 训练四权
6. 生产与分配的计画

c. 改善农村问题

1. 农具与农产（正产与副产）的改进
2. 农村合作问题
3. 民众消闲问题
4. 乡容与野容
5. 乡村医院
6. 民众自卫
7. 民间舆论

d. 地方教育

1. 义务教育
2. 社会教育
3. 与教育有关系的其他事业

二、民治与法治

一 民治

a. 何谓民治

1. 民治的意义
2. 民治的过去与现在
3. 民治的理想

二 法治

a. 何谓法治

1. 法治的意义
2. 法治的内包
3. 法治的将来

b. 民治与法治的关系

c. 国家与宪法

d. 民法

e. 刑法

f. 其他法律

三　民生问题

一、世界民生现况

二、中国民生现状

三、解决中国民生的方法

C. 第三学年

一、伦理浅说

一　伦理的涵义

二　新旧道德的界说

三　孙中山先生的伦理观

四　青年生活

二、社会情势

一　社会变迁与现状

二　社会制裁的力量

三　社会上几个重要问题

四　社会的将来

三、国际形势

一　国家

a. 国家的意义

b. 国家的起源

c. 国家的要素

d. 国家的类别

e. 国家与公民

f. 国家与政府

g. 国家的将来

二　世界

a. 世界民族

b. 世界物产

c. 世界军备

d. 世界经济

e. 世界文化

f. 国际组织

g. 世界的将来

初中部已完

（载《大夏周报》1933 年第 9 卷第 15、16 期）

初中本国史教材之研究

韩尚德

I 编历史教材之原理原则

（一）适合时代精神。“历史系纪载社会的群体之活动中所有重要事实，从前的社会生活本与现在的社会生活相连续，故由研究既往之陈迹，而寻出其间之联络，可以帮助吾人了解现在的社会制度与习惯。”此杜威博士之言也（《民本主义与教育》页二五二—二六四）。可见教授历史时，不可以之为过去的事实之簿账，当将其与现时相连络；由现在以追溯其所由来，而阐明其间之关系。从前之历史家专纪述王公侯伯耀武扬威之史绩，即较进步者，亦无非夸耀其本国之光荣；在吾人所认为重要之事实，竟丝毫不载，及大书特书其焚杀、奸谋、篡夺等等无益而有害之事实；此种无关宏旨之纪载，与人果有何关系耶？所以杜威又谓：“发生于千百年以前之事，若完全不能予吾人以解决现在问题之光明，此等事实，均为死的、无用的历史！”吾人对于此项毫无生趣之历史，若强以之为教授之资料，不唯不经济，且令学生头脑为此等死的零碎之事实所缠扰，而不能了悟，此种教材，吾无以名之，名之曰为违反时代精神之古董货，万不可取为教材之用也。

然而人生本来甚暂，而学生期尤短，故欲将吾国所有之廿四史九通五纪两五鉴纪事本末乃至于其他无论新旧史料全部读完，乃为实事上所不可能者；故授此科时，不得不选择其与现时有关系之点。将个人之小经验圈子渐渐推广，使此等事实，能助人明白自己与人类之现在及将来，所以吾以为编制历史教材，应注意其能否适合时代精神，倘仍然不切合时代，将所有历史教材一一不管其好坏堆在一块。则吾人宁可不读，宁可不必教也。

（二）适合社会需要。任何人皆明白教材是应适合社会需要也。盖环境永远变迁，人生需要亦继续更改，适应方法亦须随时而异，此教育上之所以不能有固定之教材。即如中国五十年前，海禁未开，社会单纯，明经可以治国，所谓治者阶级之教育，其教材亦限于经典。迨海禁大开，社会繁复，治国与谋生，均非有专门学识与技能不可；故今日之教材应该面面顾到，而不能有所偏废。又例如在西方之古代希腊雅典，其人民性嗜美术，故其教育目的，在“人格之表现，而尤重视理智之发育，与美感之陶冶”；故于体育则重视姿态之优美，于音乐则重视音节之调和，以视斯巴达人之致力于强健体格之锻炼者，固大有别。罗马人民为实际之民族，社会所尚，在使人人能履行其义务而享其权利；故实用人材之养成，为其教育之着眼点，而摹仿为其方法，传纪、法律、文典为其教材。降及中世，宗教势炽，教会要旨在深自敛抑以求洗涤罪恶，而升天堂；故其课业，无非社会之仪礼，与冥索之事，自文艺复兴乃至近世，各时期之需要不同，教材自亦随之互异，不必一一详举，可以明矣。

上述教材因时代需要而变迁，即同时代亦因各地之需要而不同，教材不得不随之而互异，中国南方所用之教材，不能适用于北方，农村社会所用之教材，不能适用于都市之学校，此皆显而易见之事实也。吾人选择历史教材，亦须顾及此种情形，以适合社会需要为原则，明乎此，则所编教材，庶几近矣。

（三）适合青年心理。吾人在中学所教之对象为人类中之青年也。故教材又当以青年经验为至鹄：盖人生各种能力，非随时随地能自动者；所以尚须借环境之刺激，引起各种活动之趋势或兴趣；有此趋势，遂有活动。尤其须知青年能力往往受环境之阻碍，而不易表现；若有兴趣，则感觉愉快，能力顿时而增，将阻碍打破，尽量发泄。然活动虽经发动，而其能否继续，尚未可必；因青年之能力有限，环境之困难无穷；故仍须兴趣鼓舞之，使全力坚持，困难征服，活动继续而底于成。因此一般主张无论任何教材，皆须使之成功为儿童经验化。所谓经验者，即以学生经验为教材，或以经验为教材之张本，就以上言，比方初中历史之教材，应照青年心理与程度而定，间有教材尽管在客观上非常重要，但对于青年毫不生兴趣，亦不能了解，此种不适合于青年心理之教材，应该尽量避开，然适合于此原则之理想编制，应注重以下几点：

A. 具体化。青年对于抽象之原理原则，当然不易了解，民族、国家、社会等大体之变迁，在青年学生看来，毫无兴味，转是英雄豪杰之个人传记觉得有趣。青年学生之所以爱读小说而不喜阅正史，正因为正史缺少具体之描写，因此历史之编制，年级愈低，则愈注意于具体之事物的描写，但此法亦有两种弊病：第一，易俟［使］青年崇拜英雄而忽略群众；第二，所选之教材不能代表历史之主要思潮。然若要免去上述病端，则宜一面所写人物，择其足以代民众，如美国的五月花故事，一面又要于具体描写之中，暗将当时大势表出，夫如是，其弊可除也。

B. 以旧观念引起新观念。所谓具体化者，并非专指英雄个人之传记而言也。盖青年对于拿破仑、成吉斯汉等英雄事业之不了解，亦无异不了解进化原理与经济法则也，历史教材应先从青年切身环境所耳闻目见之材料讲起，然后就青年所已有之旧观念扩充之，陆续增加新观念，则青年自易了解；但非主张一定须自乡土历史教材而教起，只求其所叙述之内容多半为青年所易解之观念而已。

C. 简单化。青年学生对于时间空间之观念，概是模糊不清，故若在历史中叙述太详，势必反使青年茫无头绪。不如单以最重之时代与地域以及重要人物之名提示足矣。但此亦有困难，因青年人头脑单纯，决不想像某世纪距吾人之远近，于某地方之大小。故只有多注重事实而少搀入此种观念，年级越高，此观念始可越多也。

Ⅱ　国内现行初中历史课本之研究——以教部审定者为标准

（A）商务本国史课本之研究

（1）名称：新撰初中本国史

（2）编者：陆光宇

（3）版期：民国十六年

（4）定价：七角

（5）内容：请参阅原文

（6）批评：

（A）优点：

（1）有总括之观念。本书分总论与分论两部，而冠以绪论，能引起总括之观念。

（2）注重文化之史的发展。在分论部分述民族之融化，学术之进展，宗教之传布，风俗之变迁，实业之发达，法制之兴发，最后述近代之外交，罗列国际间种种重要问题，确有独到之处。本来中小学生学习历史之目的，一面在启发自己之智能，一面在认识国家社会之环境。中国今日问题千变万化，但总括起来，不外愚、弱、贫、乱四字而已，教授历史，亦可补救其缺点，比方该书列论近数十年外交之失败，指出帝国主义及国内军阀之双重压迫，将种种困难情形，实际详知青年，自然极易养成爱国心理。

（B）劣点：

（1）过于简单。查该书共计一百十六页，中国数千年来之历史，能在此区区百余页述其梗概，似觉甚善；然此书之材料，太过单纯，教授时固累教者之无法详释，即在时间上之分配，亦属不敷，按今初中三年，规定前四学期分授本国史，每周二小时计算，每学期至低限度亦有十八周，统计四学期有一百四十四小时，而该书只有一百十六页，平均每钟头尚不足一页，此得毋过于简单乎？

（2）图表不明。统计该书有历代地图十张，及历代兴亡表四张，世系表四张，外加各租借地之地图四张，共二十二张，借以确实其空间观验，颇合原则，然细阅各图，绘法不正明了，吾以为应将历代地图，加以着色，例五代十国图，元朝之疆土图，版图复杂，面积辽阔，非有明显之色料，不易引起确切之观念也。

（3）习题编制之不妥。读书之练习，已成为教学上不可缺少之阶段，尤其是读历史，非有完全了解不为功，但令学生死记、死读，恐怕不唯无益，而且有害，要想使学生读史之后，获得相当之观念，则非有练习不可。该书亦有总论与分论之习题，但编在最后之一页，据编者言“以便自修时之研索”，此种编制，吾认为不妥，不若在每一朝代述完之后，附以其中最重要之问题，以便每次教完时，由教师将所列问题令学生一一解答或讨论，借此以明了某时某时之重要史迹，与现在人类社会，究有何关系。

（1）名称：新时代本国史教本　民国十九年四月教部审定

（2）编者：王钟琪　吴敬恒校

（3）版期：民国十八年六月初版

（4）定价：上下二册共一元

（5）内容：读者欲知其详，请看原本。

（6）批评：

（C）优点：

（1）取材适当。本书编制分上下二册，各二十五课，上册一百五十四页，下册一百四十一页，连共二百九十五页，恰敷初中二年本国史之用。

（2）适合时代。本书之取材，在古代则注意学术思想之流变与制度风俗之由来；在近代则注意帝国主义之侵入与国民革命之发展，以时代精神为指归，并不受朝代传统之地域所牵制，颇合时代精神。

（3）文笔生动。历史事实，完全属于过去，若使组织不善，或叙述不活动，则陷于呆板无生气，青年读之徒觉生厌。今此书能以生动，简括之写法，叙其事实；例如上册叙三国之鼎立，内云：“曹操既统一北方，遂下南阳，收降张绣。时刘备因袁绍失败，投奔刘表，操更因此南逼，进攻荆州。刚巧刘表新死，他的少子刘琮便投降北军，刘备只得东奔夏口。曹操既得荆州，风势益盛，很想乘势吞并东吴，发展他统一中国的野心。因此修书给孙权，先下一个恫愒，竟说‘今治水军八十万众，将与将军会猎于吴’。形势这样紧张，到底酿成一场赤壁之战，而曹操兵几乎全军覆没。”（六十二页）。此种描写，作者以为最合体裁，最感快活，不致干燥无味，死气沉沉。陈衡哲所编之《西洋史》其笔法正相若也，且在以中国历史之常识，供给一般人士，未为教科书之体例所限制，亦未尝为教科之故置入毫末未消化之意见，比之其他编制，确有胜人一筹之处者也。

（4）注解说明：本书礼课文中含义稍广之字句，内容稍复之事实，均分别辑有注解，使教学两者，可省却许多寻找之麻烦，得有临时参考之机会，亦可引起扩大研究之兴趣等。

（D）劣点：

（1）缺乏图表。本书各种图表，皆付缺如，而编者以为插入图表，反足阻碍自动搜求之进路，不若读者自寻参考之为有益云云，此在编者个人自有其不同之见解；但吾以为图表乃读史者必不可缺少之要件，盖历史为过去陈迹，非若新闻事实之现成而易懂，若图表明白精美，则可免去极多无谓之麻烦，且可以帮助学者容易获得整个历史之观念，故作者对编者见解，殊觉不满。比方汉武时之经略域外，匈奴、西域、朝鲜、南越、西南夷等之归服中国，皆为重要之史迹，然徒靠文句之叙述，无当时形势图表以明之，试问其能明白若干否？其他如历史上之重要人物，不管其忠奸，皆须设法搜刊其遗像，即如道光年间之林则徐、太平天国之洪秀全、丧权辱国之李鸿章、扶清灭汉之曾国藩，或有功于社会，或为民族而争光，或为卖国之罪魁，或为汉家之败类，印其像于篇内，一以明事，一以瞻仰，某也忠，某也奸，兴趣至多，获益尤大。

（2）分段不明。本书不分上中近及现代诸期之分述，在理想上自然颇合原理，但在事实则不然也，作者经验所得，认为历史非分期叙述，实在无法可得历史之观念。因为中国数千年来之史迹，复杂万分，若想完全明白了解，恐有所不能，惟其如此，则读史者，至低限度须明了某一时代之特征，及其与现在有何关系。但欲达此目的，非分开叙述不可，将某一时代述完之后，提出其社会、风俗、文化、经济等等演变情形，作一综核之概说，以求其“知往察来”，“温故知新”，故为使青年明了时代之为序，渐渐养成因果观念起见，似乎应依时代排列为佳。

（3）其他缺点。是书除上述几点外，其余大致尚妥，但细查各篇，仍有多少错误，下册第三页第八行云“墨西哥银币却因此间接输入中国了”。按葡人发见好望岬后，西班牙又于明季宗弘治五年（一四九二）使哥仑布西航寻求新地；明年遂于太平洋西边发见美洲；后西班牙即取墨西哥为殖民地，又航太平洋西上取菲力宾群岛，因靠近中国，便遣使来明，请求通商，葡人阻之，未得要领，但西班牙银圆却从此输入中国矣。该书云墨西哥银圆盖恐有误耳。又如明末总督陕西三边军务之杨鹤，误为杨鸣鹤（下册二十页），虽无关宏旨，然差之毫厘，谬于千里，未可等闲视之。日俄战后，于光绪三十一年议和于美国朴资茅斯之条约，关系于吾国者至大且巨，作者认为应叙入正文，以示要紧（下册八十二页）。

最近国民政府所办之外交，如一九二七年之收回汉口、九江等英租界及宁案解决协定，关税自主等较著之事件，应该列入，而该书二十三节北伐成功与最近外交（一百二十六页）竟漏述之，未免太忽视矣。

又比如在一百三十三页关于科学的进步与国学的整理固已阐发无遗，然关系百年大计之教育宗旨的递变，又未见言及，何轻此而厚彼耶？此外支节零星之事无关大体，可毋庸提及矣！

（B）世界书局《本国史课本》之研究

（1）名称：初中本国史

（2）编者：朱翊新　黄人济　陆并谦

（3）版期：民国廿一年八月

（4）定价：共四册，每册五角

（5）内容：从略

（6）批评：

世界书局出版之《初中本国史》全书四册，第一册内容分绪论上古史与中古史三节，绪论首定历史的定义及估量历史之价值，史学之研究法，简括叙述，读者可知其梗概矣。

第二册内容接连前册之中古史，自唐至明，计共十九节，九十九页，中古历朝地势图及兴亡表并岳飞、朱熹、喇嘛僧、王守仁诸人之遗像，统计十六幅，搜罗尽有，为他书所不及。第三册内容为近古史，自明季至清末，共亦分十九节，一百十四页，插图亦极丰富。至第四册则为现代史自清季迄最近，共有廿节，一百零一页，插图尤为明显齐全。

其编制完全根据教部所颁行之初中历史暂行课程标准，故其内容，颇能注意民族、民权、民生诸问题之症结所在而以详细之阐发，但凡曾经人家讨论而成为老生常谈之事实，一概不再重提，而将最精要者，尽量搜入，不致陷于千篇一律之老调。比方绪论内，先提出“历史为什么东西”及历史与生活之关系，一面指出历史之意义，一面讨论研究历史之方法，又如一册三节总述“中国疆域的沿革”用以引起地域沿革整个之观念，（第一册十一页至十二页）及加入古代的社会情形（一册三三页）。特别着重农民、工商、社会、教育等演变，又西汉末王莽之改革，两汉之尊崇儒学，表彰六艺，罢黜百家，俱以简括之笔调，略略述出（五七—六三）确乎与众不同。其次，每章之末，均附以研究之提要，使学生有讨论之机会，同时亦可增加读史之效能，凡读一书不能不有精确之讨论，愈讨论，其价值愈高，所谓推陈出新，即其意也，然而，善则善矣，而不知尚有错误及美中不足者在？

（一）完全用西历纪年之不妥。夫纪年者何义也？时也者，过而不留者也，立乎今日以指往日，谓之去年，谓之前年前十年，推而上之则词穷矣。然人生在世，仅数十寒暑，其此年与彼年，交涉比较之事，不一而足，而人之愈文明者，其脑内所容之事愈繁，故历史者，过去繁杂之事也，为纪述数百年或数千年前之事实，不得不标以年号而明之，以便记忆。中国史家以帝王纪年，而西洋史家则以公历而纪年，一中一西，自各有其便，未可抹煞也。然而纪述中国之历史，自应以帝王纪年为主，西历纪年为辅，两相为用，藉作参照，决不可顾此而失彼。今本书完全采用西历纪年，毋乃太过？且也初中学生程度浅陋，对于西历纪年，因茫无头绪，当然难以记忆。比方云“公元一六〇〇年耶教士利玛窦来北京，而于一六一〇年死”。是问“一六〇〇年”当中国明朝之何年？一六一〇年又当中国何年？若不加以中国帝王之纪年，资为印证，则难明也。

（二）事实字义亦有遗漏。历史事实，有在客观上极重要者，必须尽量叙述，不可畏繁而忽之，本书第一册魏晋六朝之思想与社会，竟未见笔之于书，只叙南北之盛衰（七七—七八页），岂非忽视文化之重要乎？又如第二册清光绪十年中法战争后，和议于天津（六五—六六页），而中国全权代表李鸿章之名，又未列入。及刘永福之再败法军于安南；法将孤括（Conbet）率舰攻福州海口，而又坐困澎湖，旋死去，凡此种种，非但关系于当时至大，且影响于后来尤巨。他如中日之战，所举《马关条约》重要条款四项，第四……漏去“并许内河通航”四字（三册三七页），又同册六页云：“一六〇〇年利玛窦便和他的朋友庞迪我到北京，贡献方物和基督圣母图”，但利玛窦乃于一六〇一年即明万历十九年与庞迪我来北京，非于一六〇〇年也。尚有明嘉靖三十一年耶教士方济各（Francois Xavier）由印度之卧亚来华，道行粤之川岛死。虽未偿愿，而关于后来之传教者，不无重要，该列入正文或详于注解。其他如民国十六年四月间之“清共运动”及“宁汉分裂”等史实，应以第三者之正直地位，略加叙述，但是书第四册《国民政府的成立与北伐成功》（七八页）未见列入，似有不妥。

（C）中华《本国史课本》之研究

（1）名称：新中学本国历史

（2）编者：金兆梓　戴克敦　张相等校阅

（3）版期：民国十二年初版民国廿一年卅六版

（4）定价：二册共一元二角

（5）内容：从略

（6）批评：

该书叙述全用白话体裁，甚为浅显。全书分上下二册，上册内容分上古与中古，而上古自开国至秦约计二四五〇年，中古自秦至宋之统一，约一二〇〇年。比世界书局出版之本国史，其编制显有不同，一则自秦至宋，一则自唐至明，此二种划分中古史之法，孰为妥善，作者学力不深，未敢遽断其优劣，原来划分史期，史家常有争辩，反对划分者以为历史乃整个的，一贯的，绝不能强以之分。此派所言，表面视之，似有相当之理由，然而社会上，时代有一时之特点，彼此有不同之进化阶段，比方石器时代之进化，到铜器时代之进化，再到铁器时代之进化，其间各有其特殊之点，自不能轻以否认者，故吾人为认识社会进化之阶段起见，将历史划分数个阶段，直与整个史无关。但假如不明进化阶段，任意划分，不惟一塌糊涂，而且失却研究历史之价值，即如划分中古史，言人人殊，莫衷一是，有从秦至隋为中古史者，有从秦至五代为中古史者，有从秦至明为中古史者，更有自唐至明为中古史，自秦至宋之统一为中古史者，言者纷纭，究竟以何者为标准？愚见认为以上诸说，皆未认识进化阶段而随意划分，此种任意划分，俱非研究者所应出，吾人只好按照中国社会基础，及其构造组织而划分之。盖秦以前之社会状况吾人已承认矣，而秦以后直至最近，皆无特别变迁，所以由秦至元末可决定为中古史。此时期之特点，有豪绅地主之政治，专制君主之存在，科学制度之运用与士大夫阶级及学术思想之停滞，数百年来，未尝有变。至近代自欧人来华通商之后，中国社会情形，始起剧烈之变动，由是而言，故对于金先生在是书所分之中古史期，未敢赞同也。下册内容分第三编为近古史，自宋之统一至清末约九五〇年，第四编为现代史，民国时代，分廿九章，一百八十二页，其叙述能处处着眼于历史之因果关系，并力谋彼此事迹之联络而明其递嬗之迹，以成一整个之历史时代观念，使读者不致茫无依归，确为最近课本进步之表征。且该书附以历史图表，共三十九幅，均着以鲜明之色彩，既美观又明显，一目了然，毫无涩晦，予教学上以极大之帮助，厥功甚伟！

又查该书叙述方法，极其完善，分编之后分章，章之中分成小节，提纲挈领，眉目清楚，且每一朝代之文化、经济，种种变迁之趋势，特别提出，甚合现代新历史学之原则；然而，在坏的方面，亦未能免，即如每章未附练习之提要也，盖普通教学有应用教科书、讲解、令学生自习及考问学生四种步骤，缺一而不可；但每一步骤中，详细分之，各有种种不同之方法，即以考问一层，在新的教授原理，本为注重学生自动学习而师长但处于辅导地位，帮助学生解决难题，故教师不能但以照书顺讲或指定篇页令学生背诵为满足，必须令学生有自习之机会，在每编或每章凡可告一段落之处，总须将该编或该章重要之事实，提出其要点，附于章末，以备教完之后，一一考而问之，使之明了而后已。惟此点在该书独付缺如，殊为美中之不足耳。要之本书之编制，虽不能谓为至善，然大体上令人满意，若能加以改善，则可成为模范课本矣。

（D）开明及大东《本国史课本》之研究

开明周予同所编之开明《本国史教本》，共分二册，定价每册五角五分，上册分第一编，包有上古、中古两时代，计一百六十二页，上古史述神话传说与石器时代之文，别列以考古家所发现之器物，证明中国古史空间观念之延长。处处以统合方法，说明历史之因果，标题明晰，叙事简括，虽有方法上之不同，但亦殊途而同归。下册分为第一编述近古史，第二编近世史，第三编为现代史，尤注意于现代中国受帝国主义之压迫及民族运动之高潮，陈陈相因之关系，阐发透澈，可为民族复兴之借镜。

至装订之美观，纸张之坚固，犹为余事也，其他，则因未有深切之细究，不敢妄事指摘与批评，致惹大雅之所讥！

其次大东出版吾师梁园东先生所编之《初中本国史教本》，因经教部审查，改良极多，新本又未印出，自不敢根据原有刻本，随便非议者也。

除上列诸课本外，尚有民廿一年四月中华出版郑昶所编之《新中华本国史》教科书上下二册，用白话记述，生动有趣！细阅此书之所以优于他作者无他，其序事条分缕晰，眉目最清，以若干干燥无味之事实，而有一线索以贯，诵之不令人生厌！每序一事，以事体之重要与否而繁简，俱必叙其原因结果，毫无遗漏！此其特长？然间有以求简之故，或言之而不能尽，此又无可如何者也！上册计有百四十页，下册计有一百十一页。末附本书主要参考书十五种，定价各六角，采为教本或参考之用，均无不可。

Ⅲ　我之理想的本国史教本

（1）注意历史之进化现象。梁任公谓“宇宙间之现象有二，一曰为循环之状者，二曰为进化之状者。何谓循环？其进化有一定之时期，及时周而复始，如四时之变化，天体之运行是也；何谓进化？其变化有一定之次序，生长焉，发达焉，如生物界及人间世之现象是也”。由此可知凡循环而复来，止而不进者，可以谓之为自然学，进化则往而不返，进而无极，凡此之类者，可以谓之为历史学。天下万事万物，皆在空间，又在时间，而自然界分历史界实占两间之范围，然而历史学者，研究时间之现象者也，以历史觉察宇宙，则见其生长而不已，进步而不知所终，故其体为不完全，且其进步，又非一直线或尺进而寸退；或大涨而小落，其象如一螺线，明此理者，可知历史之真相矣。

进化之义既定矣。虽然进化之大理，不独人类为然，即动植物，亦常有进化现象之所在，而通行历史所纪述，常限于人类者，果何故耶？不徒吾人之自私其类而已。人类之进化，真无穷极。其变化千形万状而不可终也，欲言历史之广义，则非包万有而并载之，无以完成之，至语狭义则惟人类之为界。但历史之范围，可限于人类，而人类之事实，不能尽纳诸历史。夫人类不过一种动物耳，其一生一死固不免于循环，即其日用饭饮，言论行事，亦不过大略相等而无进化之可言，故欲求进化之迹，必于人群，使人人折而独立，则进化终不可期；而历史终不可起！盖人类进化云者，一群之进也，非一人之进也，由是而言，历史上所最当致意者，惟人群之事，苟其事不关系人群者，虽奇言异行，而必不足入历史之范围也。故历史之第一目的，在注意养成或促进群体之成功与发展，真正抛弃个人主义，而实现大我之群体生活，最要者在精神而不在物质，因为只有组织与行动上所拼成之群体形式，而精神上则仍保持其个人自私自利之思想习惯，真正之群体生活必不能出现，至多不过形式之联合而已。然而果欲达到真正大群之意识，则非靠心建设不为功，而历史即为建设群体意识之最有力而几乎唯一的工具。在已往之历史，完全为各时代之人所利用而作种种偏私之工具，代帝王辩护，替宗教宣传，替特殊阶级作向导，连篇累牍，胪列无关世运之人之言论行事，使读者往往作呕，然而此非历史本身之过，实由于环境使之也，故今后历史应注意人类进化，使进化之迹，一一现之于现在，以为青年求知之引导。

（2）养成人类之同情心。历史最大之功用，在人群，前已言之。现进而论历史何以能建设群体之意识，个人本位主义之教育家亦承认历史可以帮助个人建设群众生活之习惯，但若辈之着眼仍以本位而出发，彼以为个人之需要群体生活，乃由于为帮助个体生活之便利起见，此种意起仍为错误。群体生活有时不惟不便个体生活，反而于个体自由与利益有冲突，然吾人仍需要群体生活，可见群体生活非仅为个体生活之便利而设也。在生物进化之大法上，个体既是真实，而群体亦为真实，两者皆时时刻刻在进化，两种进化俱为关联，且通计之个体之进化，不过群体进化之预备，个体进化之最终目的乃为构成整个之群体生活，故教育不能与此而相背，同时，历史在此种目的之下，其功用殊伟大矣。盖历史乃帮助吾人抛弃个人狭小之自私自利之见解，使之走入广大群众集团生活之最得力的工具，吾人既知个人之整个人格，是由于许多过去、现在、此处、彼处，片段之心理过程所构成，但许多片段之心理学，何以能构成为整个之人格？此全靠记忆之作用，因吾人有记忆之作用，所以吾人能将过去与现在之“我”，整个融成而为独立之形体。群体之为形亦如是也，彼不惟有实际之组织与活动，即在精神上，亦有独立之心灵。然又何以能合许多孤立之心灵，联合而构成广大之总人格？此亦为历史之功用所奏效，无论任何偏见与奇诡之史家，其所予以吾人者，终是如斯普泛之同类意识，尽管历史家尽力描写“超人”，便在吾人眼中视之，其“超人”之性格少，而人之性格多，因此历史第一步之功用，使吾人自然发生同类之意识。使吾人觉察我非孤立人世间，在吾之前后左右，尚有许多与我相若之人类，同在宇宙而活动，纵其活动方式有不同，但吾人仍可分辨彼为吾辈之同类，故历史之第二步功用，在使将吾自己放于群中适当之地位。吾人既读历史，即可知吾为现在西历纪元一九三二年，在我时代之前，已经有若干年，并可知我现在亚洲大陆东端之中国，而在中国之外，尚有无数国家以围绕。凡此种种，都可使孤立之我，而被推入群众组织之中，知与群众荣辱休戚，发生密切之同情心也。

中国至今日之所以如此衰败，皆由于“各人自扫门前雪，休管他人瓦上霜”之自私心有以致之，此个人主义之发达，小之则促进民族灭亡，大之则妨碍世界之进化！吾人无论为宇宙为人类为国家为民族起见，皆宜打破之，但打倒之法，在教育观念之根本改造，几十年来英美式之个人主义教育哲学非有澈底取消不可。教育乃为群体而设，而非为个体而设，教育所要发展者，为群体之生活，不是个体之生活，教育之目的是帮助小我之消灭与大我之构成，是促进整个而有机的群体意识之出现并以引起人类之同情心，惟其如此，故不得不需要历史之帮助，不得不努力以求历史之帮助，此其所以为历史之伟大也。

（3）注意民族症结之所在。作者已言初中历史教材之选择，应以时代为标准及以中国为标准，以青年身心环境为标准，合乎此则为良好之教材，但现今一般历史教材，多不能切合此项标准，比方以时代标准而论，间有选材过于陈旧，未免落后；或专凭空想，又大超乎时代，其他二标准莫不如此，现对于其不合之处，未暇一一加以评述。只就作者个人提此三项以为选材之讨论也。

夫中学之地位与大学显有不同，中学是预备普通教育之机关，所学功课只能以普通为标准，决不能涉及高深之问题，中学生学习历史之目的，一面在启发自己之能力，一面在认识国家社会之环境，而中国今日之环境，总括之亦不外愚、弱、贫、乱四字而已，教育应设法补救其缺憾，以青年与担当创造中国之责任，历史对于上项诸端，俱可谋补救之。

a. 试以愚而言之。补救之法，自应以科学教育而入手，但历史亦可尽一部之责，盖历史示吾人以人类社会与国家演进之大势，比自然环境与人类之关系为更切。因此历史之取材不能不注意及之。即将自有人类以来，特别将吾人之祖先与自然大势力奋斗之演进，及与野蛮民族之奋斗精神以至于今日中国之如何环境，受尽种种之压迫，尤其关于近代史上中国之实在情形，更应该详切叙述，使之明了国民生活之关系。同时应启发青年之求知心，因此许多有趣味有价值之疑难问题，亦不妨略示端绪，以为引起青年求知研究之热忱，比如中国史上之民族西来问题、中国史之真伪等，俱应使青年略知其梗概。

b. 试以弱而言之。今日中国之弱，一由于国民无一致之爱国心，二由于无应付困难压迫之勇气与智识能力。历史对于爱国心之养成，最为有力，中国今日需要国家观念比欧美更为迫切，因过去中国人之国家观念，非常薄弱，自九一八以迄于今。被压迫之程度，更甚畴昔，历史将民族国家艰难缔造情形，明示青年，自然容易培养爱国心，但止有爱国心尚不能应付困难，尤其要者在有勇气与智识能力也。故今日中国历史，应特别注意外力之压迫及国内军阀之罪源，吾人不妨多搜反抗异族侵略与人民自动争取民权自由之实例，以启发青年之勇气与能力也。

c. 试以贫而言之。中国今日致贫之因，其主要在于生产之不发达及帝国主义经济之侵略，其次始为分配之问题，反对帝国主义经济之侵略与对于中国受经济束缚之事实，当然须详细分述，即关于生产之智识，亦为青年所需要。历史应该注意经济地理之叙述，使青年注意本国之富源，同时对于现代工业之发展与支配，尤须有特别之叙述，以引起青年之企业心。分配亦为世界难题之一，中国虽无显著阶级之分化，然社会主义共产主义已在中国有□当之活动，故历史对于社会问题之内容与经过，自应酌量加以叙述，使青年了解其内容，并明了中国今日之经济环境之真象，方无隳入一偏之见。

d. 试以乱而言之。中国之所以乱，固由于政治环境之不良，而主要原因，实由于人民无控制政治之能力，不知如何运用政治以入于正轨。故历史对于本国外国之良好制度，应加以详细之叙述，方可使青年养成建设之智能。

以上四点皆为目前中国民族症结之所在，亦为今日中国之急须注意者。综而言之，今日选择中国史科之应注意者一为人类进化之痕迹；二为中国民族发展之痕迹；三为中国今日之困难问题；四为历史上解决困难之途径；五为旧制度可供新建设之参考；六为青年所了解与切身需要感觉兴味之材料。

（4）依照时代排列参以时代特点。欧美学校历史课程之编制，普通有如下几种：一种主张依据儿童兴味与天然趋势而排列历史之材料；二种主张依文化分期之原理；三种主张依由近及远之原理；四种亦主张依儿童青年了解之程度而定。四种主张各有其真理，但历史排列以依照青年心理与兴趣及程度而定之原则，已为大家所公认，作者理想编制所应注意之点，在前面第三页已有略述，故以后编制即遵照其原则而行，以依照时代排及参与每一时代之特点，并适合青年心理为依归，终要求其有整个之历史观念，打破历来分章零碎之办法，用注重历史上极大事变，分述其事变之趋势，并每期述完后即附以结论，推因求果，尤以中国文化为中心。至于图表、提要等等，极力求其丰富，鲜明有意义，并酌量情形，予学生以讨论之机会，务使其学习历史之后，得有深切之印象，不致干燥无味，视学习历史为畏途。

（5）附列教材大纲。根据民国廿一年十二月廿日教部公布初中课程标准，惟按照作者愚见，稍有增减耳。

（甲）绪论

一、历史之解释　二、历史研究法之概说　三、历史与人类之关系　四、历史在科学上所占之地位

（乙）上古史

一、太古之传说　二、中国民族之建国　三、唐虞夏商之政治　四、上古之文化与社会　五、周之建国及其政教　六、春秋与战国　七、周代之社会概况　八、春秋战国之学术思想　九、本期之结论

（丙）中古代

一、秦代之统一与疆土之拓展　二、两汉之政治概况　三、两汉疆土之开拓与对外交通　四、两汉之学术与宗教　五、两汉之社会概况　六、三国之分裂与晋之统一 七、中国民族之新融合　八、两晋南北朝之文化与社会概况　九、隋之统一与唐之继起　十、隋唐之武功与对外交通　隋唐之政治概况　十一、隋唐之学术文艺　十二、隋唐之社会与宗教　十四、中国文化之东渡　十五、唐之衰亡与五代之纷乱　十六、宋之统一与变法　十七、辽夏金之兴起与对宋之关系　十八、宋之学术思想与社会概况　十九、元之武功　廿、中国文化之西渐　廿一、明之内政与外交　廿二、元明之文化与社会概况　廿三、本期结论

（丁）近代史

一、中西交通之渐盛与西学之输入　二、清代之勃兴　三、清初之政治与武功　四、中国民族之扩大　五、清初之外交与中叶之政治　六、鸦片战争　七、太平天国　八、英法联军与中俄交涉　九、中法战争与西南藩属之丧失　十、中日战争与外力之压迫　十一、维新运动之始末　十二、八国联军之役　十三、日俄战争与东北移民　十四、清代之政治制度与末年之宪法运动　十六、清代之文化与社会概况　十七、清代之经济概况　十八、本期结论

（戊）现代史

一、孙中山与革命运动　二、辛亥革命与中华民国之成立　三、民国初年之外交　四、反动政治与军阀纷乱　五、欧洲战后之外交　六、国民革命之经过　七、国民政府成立后之内政外交　八、最近之文化经济与社会状况　九、结论

综论

一、中国民族之逐渐形成与现在之复兴运动　二、中国之文化演进及其光荣　三、国际现势下之吾国地位。

Ⅳ　尾声

兹篇所作，为余课外研究，性属尝试，非敢云创作。然废时半月，更稿数次，自谓方法当无大错。但末学不文，理论恐有未周，是在爱吾师友，匡救教正之，则又幸矣！

附录参考书

罗廷光《普通教学法》

何炳松《新史学》

常乃德《历史教学法讲义》

《梁任公近著·第一辑》

杜威《民本主义与教育》

教育部《中小学课程标准》

何炳松译《历史教学法》

梁启超《饮冰室全集》

一九三三年五月廿三日于群策斋。

（载《教育研究》1933年第3期）

乡土教材的价值

梁上燕

（一）我写这篇文字的动机

不久以前，我因公到桂柳去，沿途所经，关于道路的交通，各地的人情风俗，山水风景，以及各种的农产品等，给我以不能忘记的印像。因此我便感觉到广西所有的特殊事物，应该介绍广西的青年学生认识。

所以我便有写这一篇文字的动机，想提出一些意见，使从事教育的同志们，对于这个问题，特别加以注意、研究。说一句老套话，这一篇文字是为惹起大家对于乡土教材的研究而作，目的是在“抛砖引玉”啊！

（二）现行教科书的缺点与乡土教材的需要

目前中国的教育，还是脱离不掉书本，教育界的同人，大多数还是承认书本是教育的重要工具，惟其是教育的重要工具，因此教科书在教育上所占的地位便十分的重要。不过讲到现在流行的教科书，依我的观察，最大的缺点，便是缺少地方性的教材。譬如就地理方面来讲：一般的教科书，除了介绍世界和本国的几个重要之点，如河流、山脉、地名等等之外，便没有什么了。可是这就某一个地方的特殊情形来讲（譬如就广西而言），关于地理上的需要，如龙州的镇南关，是有国防上的关系及历史价值的，邕宁与宾阳交界的昆仑关，也是军事上重要的地方，并有历史的价值的，这些都应该采集作为教材。可是事实上，现在流行的教科书，对于这种地方性的教材，便都随便忽略了。

这种缺点，我们原不必向编辑教科书的人责备，事实上编辑教科书的人，倘使把全中国各省市县乡区村镇，所有的具有乡土教材价值的事物，编进教科书去，不独是繁冗，而且甲地特有的乡土教材，未必适合于乙地。因此缘故，教科书是为了供给全国各学校应用的，对于各地的乡土教材，自然不能完全编入。

但是对于乡土教材，无论从那一方面来讲，都是需要的。试问我们对于与本身有密切关系的环境中的一切事物，能够没有深切的认识吗？倘若需要认识，则对于乡土教材，实在是应该采作补充教材的一种。

（三）乡土教材的范围

我国地面广阔，各省有各省不同的环境，无论在地理上、气候上、风俗习惯上，以及其他种种社会上的现象，自然界的现象，都有不同的地方，所以讲到乡土教材的范围，也是非常的广阔。现在我仅略举几个要点如下：

1. 交通。交通是经济的命脉。凡是在这一省或县的范围之内，无论是陆路或是水路，其交通上的干线有若干里，经过若干市镇，以及所经过的市镇上的社会状况，都应该采集，编为乡土教材。

2. 风俗。各县的风俗多有不同的地方。良好的风俗，自然应该采集，使大家知道良好风俗的价值，努力提倡。就是恶劣的风俗也应该采集，加以严格的批评，并指出改良的方向，使大家知道改革。

3. 农产。因为气候与土壤的关系，各县和各乡区的农产有特别较为良好的。譬如就广西而言，贵县的藕，容县的柚子，荔浦的芋头，都是我们常常听到人们称赞的，这些物产，究竟是因何而特别较优，是土壤，抑或是肥料的关系？这些是很值得提出研究的。

4. 气候。气候不独对于生活上有关系，热带的苦于酷热，寒带受寒冷的侵害，于生活上有特别的影响；其农业上，尤为重要，所以某一个地方的气候如何，则这个地方的人，应该首先要研究的。

5. 土壤。土壤关系于农业生产至为重要，荔蒲芋头移植于龙州的石山，未必见其适合，这种显然的例子，无须多举。各地的土壤如何，宜于栽种何种植物，是何质地，即应该研究采作教材的。

6. 人口。我国对于人口的调查，还是晚近才注意到的，过去都不大注意，所以每每问到某地有若干人口，人口的密度如何，都不容易得到一个确切的回答，其实这些也是非常重要的，在乡土教材之中，也应该搜集进去。

7. 经济。各地的经济状况，无可疑义的，该地方的人一定要有相当的认识。近来大家都拼命的呼叫农村经济崩溃，在如此的情况之下，一般人尤不能不了解其实况，而知所努力。

8. 历史遗迹。一个地方有一个地方的历史，一个地方有一个地方的古迹，从这些历史和古迹里，很容易使人想起古来圣哲的丰功伟绩，而激发向上努力的心理，所以有关于各地的历史古迹，也应该采集为乡土教材的。

总之，凡是某个地方所有的一切特殊的事物，无论是属于某一方面的，都应该编进去。

（四）乡土教材的价值

乡土教材的范围和需要，都已在上面说了一个大概。现在再仔细分析乡土教材的价值。我以为乡土教材的价值至少有左列几种：

1. 激发爱护乡邦。记得在小学生时代，唱一个纪念“五九”的歌，内中有几个歌词，很能激发人爱护国家的，记得歌词是：“好同胞，锦绣山河，大家要保好，国弱民愚，恨恨恨，倭奴得计了！”其所以能够激发一种爱国心，全是在“锦绣山河，大家要保好！”这两句做骨干。实在的，假使我们设一个比喻，乡邦如同一个宝贝，当着这个宝贝，没有人去估定它所有的价值之前，我想谁也不去爱护它的。倘使有人估定它的价值之后，知道是一件贵重的宝贝，大家才去爱护它。

怎样估定其价值，而激发大家爱护乡邦呢？必须要把乡邦特有的一切良好事物，伸说其具有价值的地方，例如：土地是如何的肥沃，山川是如何的秀丽，气候是如何的温和适中，一切的一切，都表现出一种可爱的地方，形成了所谓“锦绣的山河”，然后才能激发人们爱护乡邦的情感，增进人们爱护乡邦的热忱。而要能够使人们认识乡邦是如何的可爱，则全恃乡土教材去估定其可爱的价值。这是乡土教材的第一种价值。

2. 惹起特殊的研究。前面已经说过，无论是山川地理也好，气候土壤出产也好，风俗习惯也好，各地都有特殊的地方。岭南的荔枝，何以不能移植北平的西山？这是各地的气候土壤不能同一样，于是许多的特殊问题便发生了。这种特殊的问题，无论指出那一项，风俗也好，经济状况也好，都含有科学的价值，都是值得研究的问题。

现在教科书所编制的教材，自然没有把各地方的乡土教材完全编进去，因此缘故，事实上各地学校每每不注意去采集各地方特有的种种足供研究的材料。像这样的把各种值得研究的教材，置之不理，实在是教育上一个很大的缺陷，要弥补这一个缺陷，那就非靠乡土教材不可了，这是乡土教材的第二种价值。

3. 适应环境的需要。教育的实施，应该适应环境的需要，这原是一条定而不移的原则。教科书是教育的工具，自然也不能是例外，不过讲到教科书的能否适应环境的需要，一方面固然是要看编制的良好与否，可是同时他方面尤其要看应用教科书的人能否斟酌当地的情形，编制补充的乡土教材，因为乡土教材所包括的都是当地的材料，其能适应受教者的需要，当无疑义，并且一般人的经验总是由近而及远，应用乡土教材以为扩展各个人经验的起点，尤其来得重要！这是乡土教育的第三种价值。

4. 实施生活的教育。教育即生活，这是目下最流行的教育学说。但是这句话的意义究竟是怎样呢？扼要的说：就是要教育和实际生活打成一片，申言之，就是教育者所要教的，便是学者生活里所需要的，同时，学者生活里所需要的，也就是教育者所要教的，这样把教育和生活分不出彼此，便是我们最理想的教育。不过普通学校里，每每因为拘泥于教科书上的教材，不知道注意学生生活的需要，以致造成一种呆板而无生气的教育，要弥补这个缺憾，固然需要各方面的改革，然而注重乡土教材的补充教学，也是一个最有效的方法，因为乡土教材的内容，就是学者生活环境中的材料，拿这种生活环境中的材料，来使儿童们共同研究，这确实是使生活和教育打成一片，这是乡土教材的第四种价值。

（五）结语

乡土教材的价值，已略如上述。末了，我希望从事于教育的同志，都能抽出一部分的精力，搜集乡土教材，使青年学生对于本身有无密切关系的环境，能够认识、适应，这才不失教育的价值！

（载《教育周报》1933 年第 2 卷第 13 期）

乡土游戏教材的讨论

傅骏铭

游戏教育之在欧美各国，可说是最讲究的了，他们借游戏的方法，为发达儿童本性之工具，增长知识，发育体魄之要则，于是积极提倡，不遗余力。作为教育的中心，各幼稚园及小学里，均以游戏为主体，而各级学校，亦有正式游戏指导之聘请，此足证各国对于游戏，可谓重视矣。

试环视世界各国最优秀之人民，即在儿童时用游戏方法教育之有以成也，考诸历史，知从古最强之国，亦无不以游戏运动为根源，苏俄幼稚园之建筑大规模露天运动场，与夫尽量扩充儿童运动器具者，无一不在谋人民之天性及各种性质，得以一一发展，而成一自动之人也。回顾凡百落后之我国，体育事业，当然不能例外，这虽由于政治的紊乱，经济的衰颓有以成之，但受了“勤有功，嬉无益”的余毒和谬论，过去指导者之不得其法，也不无相当关系，负责体育的同志们啊，这是多么值得我们严重反省的一个问题?!

际此国家多故，社会不宁，若欲使一切丧辱殆尽之中国，一跃而成为健全的国家，自然要靠健全的青年们来补助国家的元气，来建设簇新的社会，所以没有一人不认定少年人是准备着将来对国家对社会来贡献的，因为年少人思想是纯洁的，本性是天真的，他们是最容易接受我们训练的，欲实现我们所期望的新中国，必需是从儿童入手，予以完善游戏活动的机会。

最近教育部所颁布的课程新标准，体育一科，在小学则专重游戏，柔软操所需要的不过是几个基本动作及队伍之集合而已，这正因专用体操，虽可发达人之体格，而其天性与各种之性质，无一机会可应用，无复发达希望之故也。

综上而论，是则游戏运动者，诚为提倡体育之第一急务。窃以为游戏方法繁多，范围极难有限制，适或偏在心意上的活动，仅能及于思想的快活者，岂能得真正之功效，而认为完善乎？故教材亦有郑重选择之必要矣。乡土游戏，乃按各地风土人情编配而成，除身体、心意二方面可以活动外，同时能保存良好风俗，而含有生存之意义，可谓最适合于小学生之脾胃，且经济之节省（因乡土游戏无须多大之建筑与器具）尤合我国实际之情形，鄙意以为普及乡村体育，实有赖于斯也。

去年秋，在萧山曾与黄孝南同志作一次之商酌，拟搜集各地土风游戏，汇编成册，第恐各地风土不同，人情各异，合于南者未必宜于北，是故未敢着手。今特将其注意之点，不揣冒昧提出，祈诸阅者予以切实的指正焉！

（智）选择教材时应注意之点：

1. 所选教材须合儿童之天性及本能，但天性有动静之分，本能有跑跳、追逐、攀、掷、踢、击、避等之别。

2. 所选教材须按儿童的体格而选用之。

3. 所选教材须依本地气候而变更之。

4. 所选教材须合学校情形，如经费、设备、场所、人数等条件。

5. 所选教材须有联络而且多有变化，以引起受教者的兴趣。

6. 所选教材须合科学意味。

7. 所选教材能包含有德、智、体、群、美五育的训练者为最佳。

8. 所选教材能使受教者的身心无害为佳。

（仁）选择玩具时应注意之点：

1. 适当儿童发育的程序，并顺着儿童好变的天性随时变换。

2. 适合儿童的个性，性别和境遇等而能有助长补短之益。

3. 能和实际生活发生关系以为他日生活之预备。

4. 能发达儿童的想像力或推理力。

5. 含有审美的意味，能使儿童养成美感。

6. 多给儿童运思和配组的机会。

7. 体制合于教育原理。

8. 材料坚固耐用不生危险并于卫生上毫无妨害。

（勇）教授时应注意之点：

1. 教授者须振作精神且具热烈的兴趣。

2. 教授新游戏时须先说明方法及规则等件。

3. 教授者须于课前有充分的预备并支配时间及更换的教材等。

4. 教师自己须具有活泼的态度及丰富的感应力。

5. 教师应与学者同玩，不可以以我是教师应自尊使学者限于拘束。

6. 受教育者有错误时当婉言劝导，不可以尊严态度待之。

7. 教授者宜多备游戏方法，时常更换，使受教育者不厌倦，有自动性。

8. 有犯规及故意玩皮者应严重处罚，提高游戏价值。

（载《浙江体育半月刊》1933年第29期）

应用卡通为活动教材之刍议

张谔 蔡雍 王存坤 康同衍

A. 绪言

随着电影艺术飞跃地发展进步的过程上，“卡通”（Cartoon，画片电影）的出现更整个地完成这艺术上、科学上以及其他种种部门上的任务，这已是近来被确认了的事实。

“卡通”的正当的应用，在电影艺术诸形态对观众所引起的直接影响中，成为有效率的主力，这事实亦由其基本形式的特征很清楚地说明了的。

第一，在普通电影不能表现在银幕上的事物，“卡通”的出现，便完全解决这一类的困难。它不仅可以说明事实的真相，并且更可以解剖事实的发展过程和内在的关系，这样便成为阐明现实和认识现象最有效力的工具。

第二，“卡通”的成功，给与现代科学方法的教育一种簇新的形式，它的成功将要被引为一般教育上最适当的活动教材。例如在向广大的群众解说经济和政治上种种部门的联系，或是解剖动物体的组织，天文气候的现象，微小霉类的生活形态及其对于人类的毒害，以至于其他化学的物理的现象。“卡通”能用生动的联系的形式将所要表明的事物的外在的内在的关系，整个地忠实地映示在大众的面前。

第三，“卡通”的另外一个特性便是它的表现力底目的意识性，它能把事物底复杂过程单纯化，在这种简易的方式中，有阶层地显示事物发展的连续，从而意识地指出未来的必然性，这是非“卡通”的电影很难达到的。

第四，“卡通”的出现将艺术的形式更向上发展了。它将利用一切画版上的绘画艺术底既存形式，而另给以广大的活动领域。正如绘画对于照像一样，“卡通”艺术家给电影加上了由想像力所造出的形式调子。

“卡通”的重要性和特殊性，素来是被忽略。

在过去曾一般地被采用做有闲阶级滑稽消遣的“卡通”艺术，至是应适应着目前中国社会对于社会科学和自然科学的迫切的要求，借着它特有的性质，在社会教育上，组织大众的集团情绪与生活上，发扬一种新的艺术底社会实践的作用。

同时“卡通”亦决不是和普通电影对立，这是一件事物的两种功效，只有这两种功效的结合，才能澈底地表现出电影艺术底全般形态的伟大的力量！

我们“卡通”绘制的计划，便在这样的原则与认识下开始筹备，因为这个领域所包括的太广泛，希望每位有实际经验的热心同志同情我们，进而提挈我们。

B. 题材

a. 性质：

一、暴露的。

二、讽刺的。

三、宣传的。

四、教育的。

b. 种类：

1. 社会方面——包括暴露、讽刺、宣传、教育等。

(甲) 社会科学的。

一、经济的——例一，见另表。

二、政治的——例二，见另表。

三、各种上层建筑的——例三，见另表。

四、其他。

（乙）社会生活的——以暴露、宣传、教育为主。

一、工农的——例如工农生活的现状，工农生活方式的不同的对照等。

二、妇女的——例如妇女生活为残余的封建势力摧残，及妇女运动前途胜利的条件等。

三、儿童的——例如儿童的自然的生理发展与目前社会条件之相互间的影响等。

四、其他。

（丙）文化生活的。

一、扩大识字运动与消灭文盲。

二、保护胎儿，减低儿童死亡率。

三、保育幼儿。

四、救济失学儿童。

五、其他。

2. 自然方面：

（甲）自然现象的。

一、动植物之形态、生长过程以及与人的关系。

二、天文气象之变化。

三、物质的化学现象。

四、物质的物理现象。

五、其他。

（乙）生产状态的。

一、各种机器之发明、改良以及应用。

二、汽车、轮船、飞机等之构造和应用。

三、电灯、电报、无线电等之构造和应用。

四、其他

（丙）卫生知能的。

一、人体各部器官之构造和功用。

二、各种疾病的发生、预防和医治。

三、中西医药的比较。

四、个人卫生的常识。

五、公共卫生的常识。

六、其他。

(附) 例一：经济的。

资本主义社会商品生产之过程

原料—机器—工场—工人—资本家—市场—战争

例二：政治的。

世界的分割

地球分割的开始—分割下的奴隶—觉悟—叫喊—对照—地球的污迹的洗刷—大改造—全人类的地球。

例三：各种上层建筑的。

两种艺术

生产的过程—作为玩具的艺术和作为武器的艺术—两种艺术底社会实践的作用等。

（载《明星》1933 年第 2 卷第 1 期）